山东大学(威海)年鉴

(2020～2021)

赵玉璞　张海波　主编

山东大学出版社
SHANDONG UNIVERSITY PRESS
·济南·

图书在版编目(CIP)数据

山东大学(威海)年鉴. 2020～2021 / 赵玉璞，张海波主编. —济南：山东大学出版社，2023.9.
ISBN 978-7-5607-7928-7

Ⅰ. ①山… Ⅱ. ①赵… ②张… Ⅲ. ①山东大学—2020—2021—年鉴 Ⅳ. ①Z525.23

中国国家版本馆 CIP 数据核字(2023)第 177194 号

策划编辑 张晓林
责任编辑 谭婧婺
封面设计 牛 钧 王秋忆

出版发行 山东大学出版社
社 址 山东省济南市山大南路 20 号
邮政编码 250100
发行热线 (0531)88363008
经 销 新华书店
印 刷 山东新华印务有限责任公司
规 格 787 毫米×1092 毫米 1/16
37 印张 18 插页 905 千字
版 次 2023 年 11 月第 1 版
印 次 2023 年 11 月第 1 次印刷
定 价 160.00 元

《山东大学(威海)年鉴》
编纂委员会

《山东大学(威海)年鉴(2020～2021)》
编委会

编写说明

年鉴编纂是记录过去、存史资政的基础性工作，也是校园文化建设的重要内容。《山东大学（威海）年鉴》（2020～2021）（以下简称《年鉴》）全面、客观、系统地记录了2020～2021年山东大学（威海）事业发展及重大活动的基本情况。

《年鉴》分概述、特载、重要文件、管理与服务、教学与科研、毕业生名单、各类委员会与领导小组名单、表彰与奖励、聘用相关专业技术职务及岗位人员名单、新聘研究生指导教师名单、组织机构与干部任职名单、教职工名单、基本情况统计、大事记等栏目。部分内容依据实际情况在时限上略有延伸。

《年鉴》由山东大学（威海）党工委（校长）办公室组织编纂，书中有关材料、名单、统计数据等均由相关单位提供，在此谨表示感谢。由于时间仓促，编撰人员水平所限，《年鉴》难免存在缺点和不足，敬请读者提出宝贵意见，以便改进。

编　者

2023年8月

2020 年 1 月 10 日，山东大学国际问题研究院英国研究中心成立

2020 年 4 月 30 日，由山东大学（威海）与威海市委组织部合作共建的威海人才协会对韩联络处成立大会暨中韩人才合作项目签约仪式举行

2020 年 5 月 27 日，威海市委副书记、代市长闫剑波到山东大学（威海）走访推动校地合作

2020 年 6 月 23 日，山东大学党委副书记、纪委书记陈向阳一行到威海校区调研学生就业工作

2020 年 6 月 23 日，威海高新区山大实验学校签约活动举行

2020 年 6 月 24 日，山东大学威海工业技术研究院特种纤维及复合材料工程中心签约活动举行

2020 年 9 月 24 日，山东大学（威海）举行 2020 级学生开学典礼

2020 年 9 月 25 日，山东大学威海工业技术研究院举行项目集中签约和工程中心揭牌仪式

2020 年 9 月 26 日，山东大学发展战略咨询委员会第三次会议在威海召开

2020 年 11 月 3 日，由教育部高等教育司指导，教育部新文科建设工作组主办的新文科建设工作会议在山东大学（威海）召开，教育部高等教育司司长吴岩、山东大学校长樊丽明共同为“全国新文科教育研究中心”揭牌

2020 年 11 月 3 日，教育部高等教育司司长吴岩到山东大学（威海）调研

2020 年 11 月 3 日，山东大学与威海市政府召开深化校地合作联席会第二次会议

2020 年 11 月 3 日，全国人大常委会委员、全国人大监察和司法委员会副主任委员

徐显明教授受聘山东系统与计算法学研究中心咨询委员会首席咨询专家

2020 年 11 月 5 日，山东大学副校长、山东大学（威海）校长刘建亚教授做客第七届名校名师公益讲堂

2020 年 11 月 6 日，山东大学校长樊丽明赴威高集团推动校企合作

2020 年 11 月 7～8 日，山东大学（威海）举办 2020 前沿交叉管理国际会议

2020 年 11 月 13 日，山东大学（威海）与歌尔公司举行校企产学研合作座谈会暨歌尔奖学金发放仪式

2020 年 11 月 17 日，中国科学院院士宋微波受聘山东大学双聘院士

2020 年 11 月 24 日，山东大学党委书记郭新立调研指导工作

2020 年 12 月 6 日，中国公共外交协会副会长、中国前驻马来西亚特命全权大使、
外交部前驻澳门特别行政区特派员公署特派员胡正跃做客第 37 期“大使讲坛”

2020 年 12 月 26 日，自贸试验区建设与区域海洋经济高质量发展高端论坛在山东大学(威海)举行

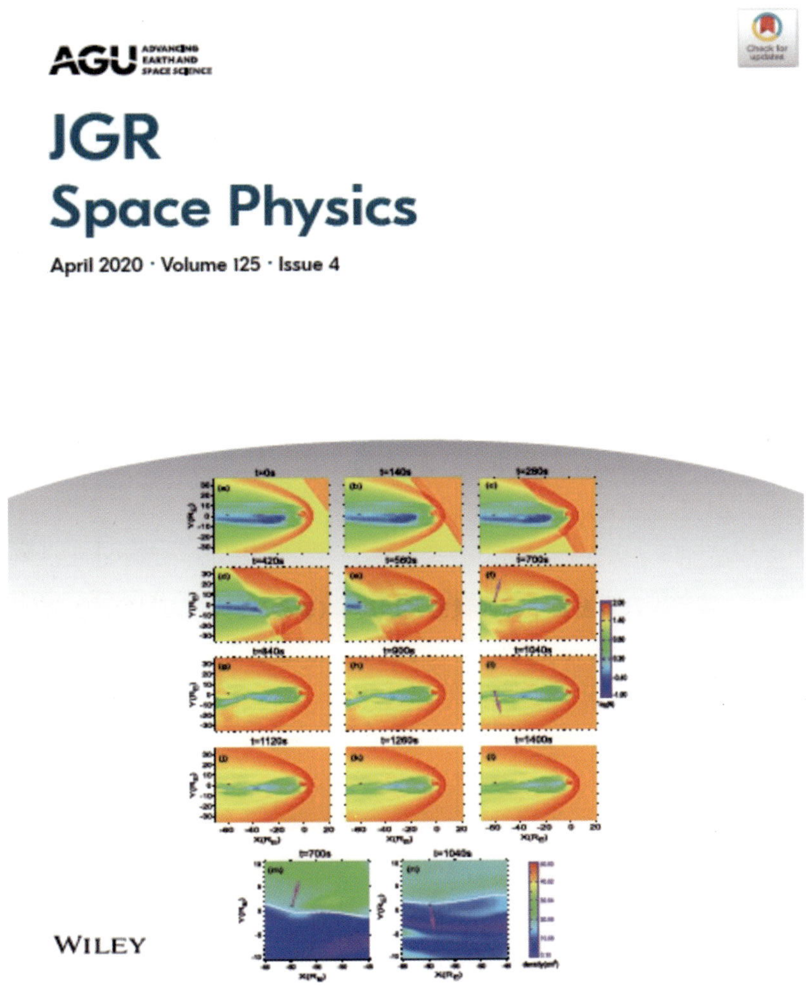

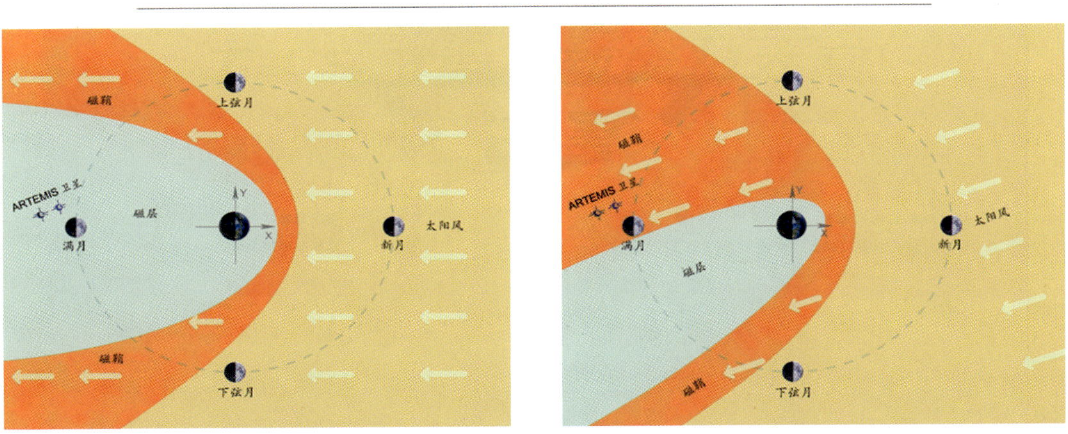

2020 年 4 月，空间科学研究院史全岐教授团队联合国内外科研人员发现月球暴露于太阳辐射的新模式，相关研究成果发表在业内权威杂志 *Journal of Geophysical Research Space Physics* 上。下方两图为从地球北极上空向下看，在通常的太阳风条件下(左)以及偏离日地连线的太阳风条件下(右)月相和磁层的位置

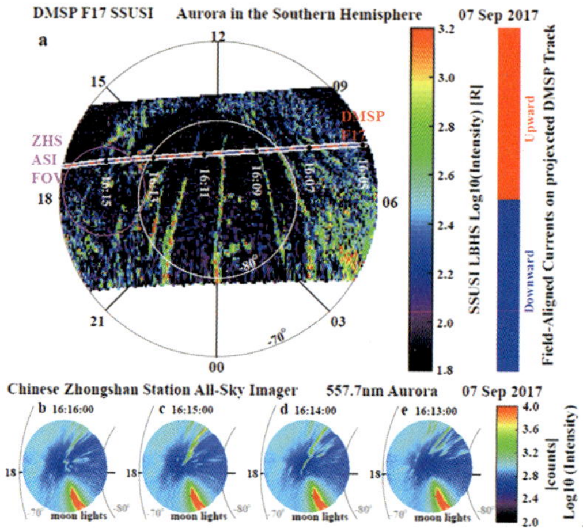

2020 年 6 月，张清和教授团队提出“跨极盖极光弧”新的形成机制。图为 DMSP 卫星与我国南极中山站极光观测图像被投影在地磁与磁地方时坐标系中，从南极上空往下看的效果

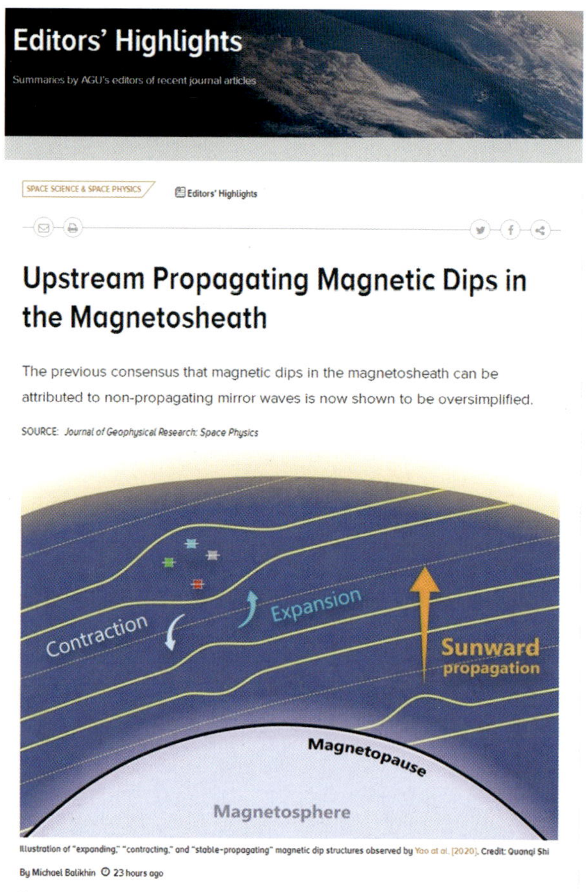

2020 年 7 月，空间科学团队关于地球磁鞘中磁洞传播演化特性的研究入选美国地球物理学会亮点。图为 EOS 报道页面以及地球磁鞘中扩张、收缩与日向传播磁洞的示意图

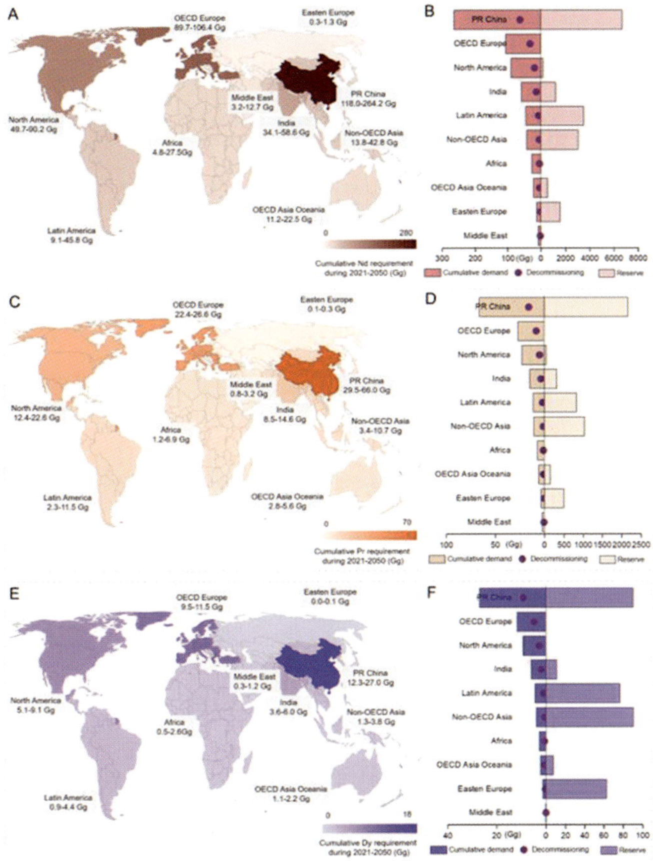

2020 年 7 月，山东大学威海前沿交叉科学研究院环境经济学团队领衔在 *Cell* 子刊——*One Earth* 发表题为“Critical Rare-Earth Elements Mismatch Global Wind-Power Ambitions”的论文。图为区域稀土储量和 2021～2050 年区域风电行业稀土累计需求量

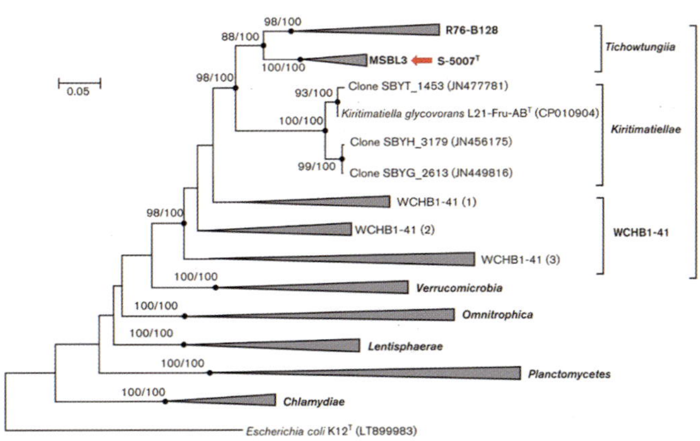

2020 年 8 月，海洋学院杜宗军教授课题组在海洋微生物系统学研究方面取得重要进展，成功分离培养出一株深度分支的海洋细菌，建立了海洋细菌一个新纲，并命名为童第周菌纲（Tichowtungiia classis nov.）。图为童第周菌纲系统发育树分析

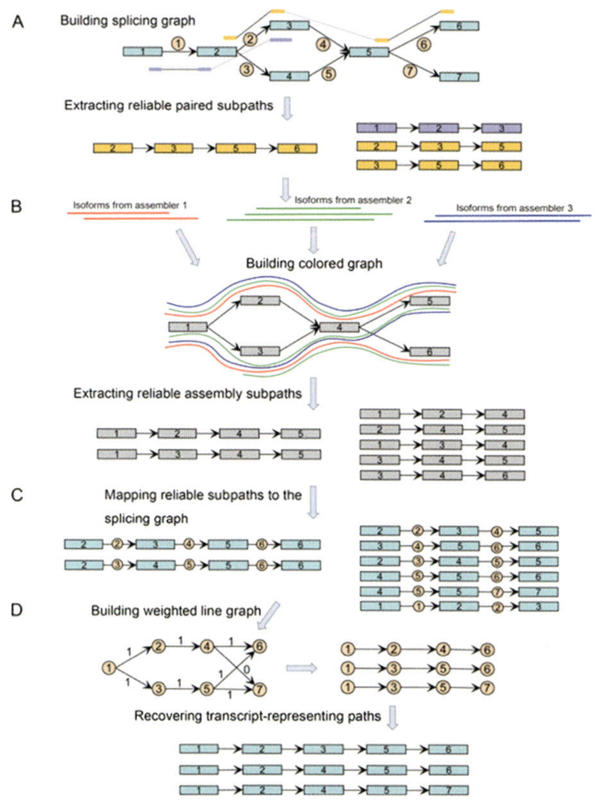

2020 年 8 月，数学与统计学院柳军涛等在国际顶级期刊 *Genome Research* 发表重要研究成果。图为 TransBorrow 算法流程图

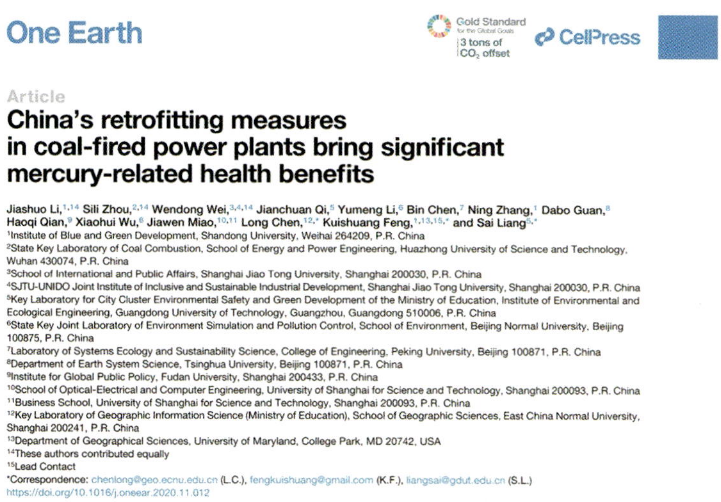

One Earth

Gold Standard for the Global Goals
3 tons of CO_2 offset
CellPress

Article

China's retrofitting measures in coal-fired power plants bring significant mercury-related health benefits

Jiashuo Li,[1,14] Sili Zhou,[2,14] Wendong Wei,[3,4,14] Jianchuan Qi,[5] Yumeng Li,[6] Bin Chen,[7] Ning Zhang,[1] Dabo Guan,[8] Haoqi Qian,[9] Xiaohui Wu,[6] Jiawen Miao,[10,11] Long Chen,[12,*] Kuishuang Feng,[1,13,15,*] and Sai Liang[5,*]

[1]Institute of Blue and Green Development, Shandong University, Weihai 264209, P.R. China
[2]State Key Laboratory of Coal Combustion, School of Energy and Power Engineering, Huazhong University of Science and Technology, Wuhan 430074, P.R. China
[3]School of International and Public Affairs, Shanghai Jiao Tong University, Shanghai 200030, P.R. China
[4]SJTU-UNIDO Joint Institute of Inclusive and Sustainable Industrial Development, Shanghai Jiao Tong University, Shanghai 200030, P.R. China
[5]Key Laboratory for City Cluster Environmental Safety and Green Development of the Ministry of Education, Institute of Environmental and Ecological Engineering, Guangdong University of Technology, Guangzhou, Guangdong 510006, P.R. China
[6]State Key Joint Laboratory of Environment Simulation and Pollution Control, School of Environment, Beijing Normal University, Beijing 100875, P.R. China
[7]Laboratory of Systems Ecology and Sustainability Science, College of Engineering, Peking University, Beijing 100871, P.R. China
[8]Department of Earth System Science, Tsinghua University, Beijing 100871, P.R. China
[9]Institute for Global Public Policy, Fudan University, Shanghai 200433, P.R. China
[10]School of Optical-Electrical and Computer Engineering, University of Shanghai for Science and Technology, Shanghai 200093, P.R. China
[11]Business School, University of Shanghai for Science and Technology, Shanghai 200093, P.R. China
[12]Key Laboratory of Geographic Information Science (Ministry of Education), School of Geographic Sciences, East China Normal University, Shanghai 200241, P.R. China
[13]Department of Geographical Sciences, University of Maryland, College Park, MD 20742, USA
[14]These authors contributed equally
[15]Lead Contact
*Correspondence: chenlong@geo.ecnu.edu.cn (L.C.), fengkuishuang@gmail.com (K.F.), liangsai@gdut.edu.cn (S.L.)
https://doi.org/10.1016/j.oneear.2020.11.012

2020 年 12 月，山东大学威海前沿交叉科学研究院李佳硕研究员团队在中国燃煤电厂汞减排健康效益评估方面取得进展，相关成果在国际顶级期刊 *Cell* 子刊 *One Earth* 上发表

2020 年 9 月，山东大学(威海)在第十五届全国大学生智能车竞赛中总成绩位列全国第一

2020 年 10 月 28 日，徐天河教授(前排左三)荣获 2020 年度“夏坚白测绘事业创业与科技创新奖”

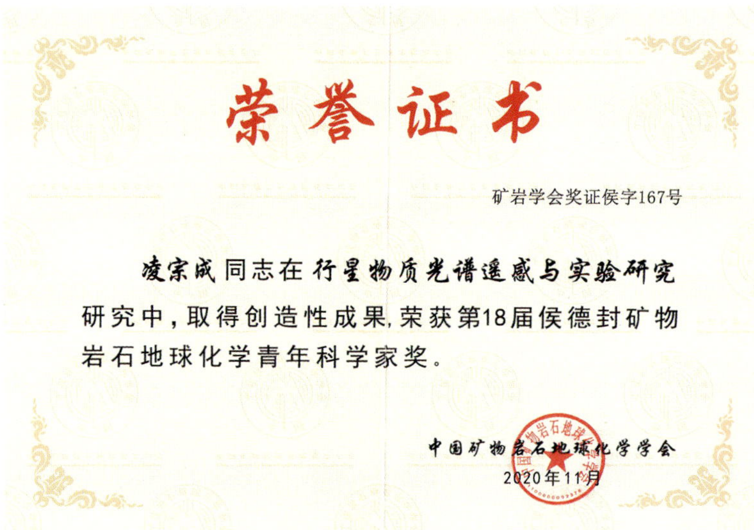
荣誉证书

矿岩学会奖证侯字167号

凌宗成同志在行星物质光谱遥感与实验研究研究中，取得创造性成果，荣获第18届侯德封矿物岩石地球化学青年科学家奖。

中国矿物岩石地球化学学会
2020年11月

2020 年 11 月，凌宗成教授获中国矿物岩石地球化学学会第 18 届侯德封矿物岩石地球化学青年科学家奖

2020 年 12 月 6 日，山东大学（威海）代表队荣获全国高校国际组织菁英人才大赛一等奖

2021 年 1 月 18 日，山东大学(威海)机关干部政治能力提升班开班，党工委书记尹作升作开班报告

2021 年 3 月 18 日，共青团山东省委副书记尚胜波(右列前三)一行到山东大学(威海)
调研共青团建设及学生创新创业工作

2021 年 4 月 24～25 日，第一届全国党内法规学博士研究生论坛在山东大学(威海)举行

2021 年 4 月 28 日，中国民间智库察哈尔学会东北亚事务首席研究员、中国前驻韩国大使邱国洪做客第 38 期“大使讲坛”

2021 年 4 月 28 日，山东大学（威海）聚焦“我为师生办实事”开展现场办公活动

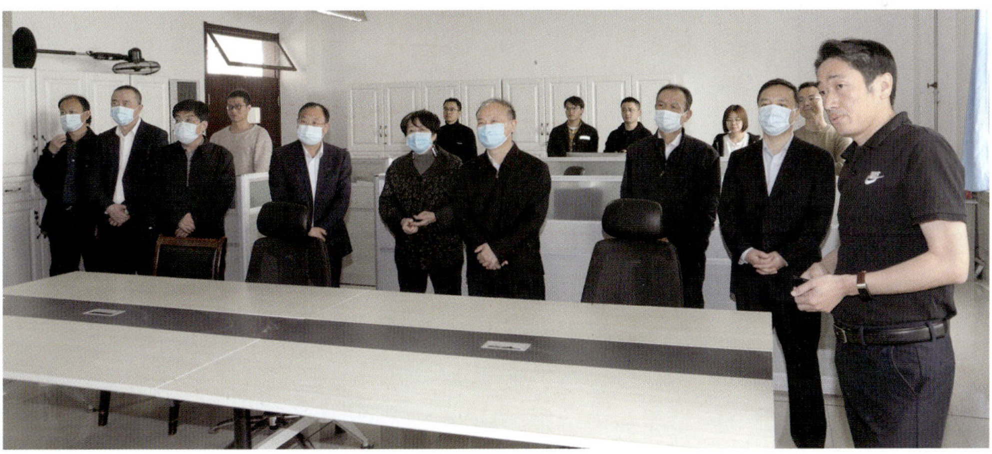

2021 年 5 月 7 日，山东省政协常委、教科卫体委员会主任郭建磊（前排右四）一行到山东大学（威海）考察调研

2021 年 5 月 29～30 日，“第三届世界文化论坛暨第二届中国文化分论坛”学术研讨会在山东大学（威海）举行

2021 年 6 月 1 日，中共威海市委副书记、市长闫剑波到山东大学(威海)开展党史学习教育主题宣讲

2021 年 6 月 9 日，校区领导班子赴胶东党性教育基地开展党史学习教育，并在马石山十勇士纪念馆揭牌成立山东大学党性教育基地

2021 年 6 月 17 日，山东大学（威海）举行“庆建党百年”党员宣誓暨“光荣在党 50 年”纪念章颁发仪式

2021 年 6 月 25 日，山东大学（威海）举行 2021 年毕业典礼暨学位授予仪式

2021 年 7 月 6 日，山东大学（威海）举办韩国留学人才云上对接会

2021 年 7 月 28 日，山东大学健康医疗大数据研究院（威海）在威海市立医院揭牌

2021 年 8 月 31 日，山东大学(威海)与国网威海供电公司签署校企合作共建框架协议

2021 年 9 月 1 日，威海高新区山大实验学校启动仪式暨 2021 级学生开学典礼举行

2021 年 9 月 25 日，山东大学（威海）举行 2021 级学生开学典礼暨迎新晚会

2021 年 10 月 12 日，山东大学附属威海市立医院（校医院）揭牌仪式举行

2021 年 10 月 15 日，山东大学（威海）举办“百廿山大，强校兴国”校庆升国旗主题团日活动

2021 年 10 月 17 日，山东大学（威海）承办城市治理现代化高层论坛暨第十六届清华大学公共管理高层论坛

2021 年 10 月 22 日，山东大学（威海）主办人工智能背景下的健康、旅游、人才发展国际会议（2021，AIHTT）

2021 年 11 月 30 日，山东大学（威海）举行材料与空间科学科研楼竣工仪式

2021 年 12 月 3 日，山东大学（威海）与韩国仁川广域市教育厅视频签署合作协议

2021 年 1 月，空间科学攀登团队证实“地球风”可在月球表面生成水，研究成果被 *Nature* 杂志和美国天文学会收录为研究亮点。图为月球在磁层中，地球风产生月球水的效果图

 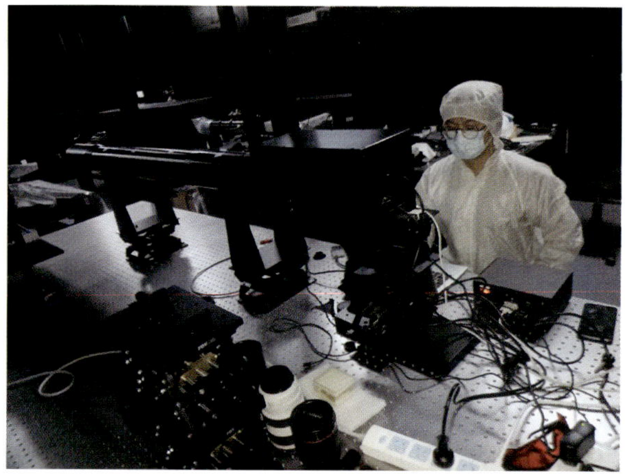

2021 年 2 月，空间科学攀登团队研制的日冕仪首次成功获得白光日冕图像

2021 年 2 月，空间科学攀登团队在地球极区电离层上空发现“太空台风”，研究成果被 *Nature* 选为研究亮点。图为“太空台风”示意图

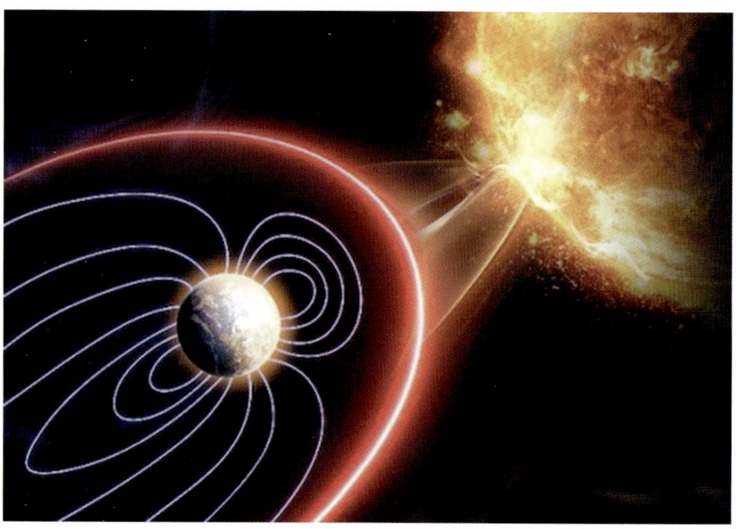

2021 年 3 月，空间科学攀登团队在 *Nature Physics* 上发文揭示太阳耀斑辐射扰动磁层空间。图为太阳耀斑影响整个地球空间的示意图

2021 年 5 月，山东大学(威海)参赛作品获第十七届“挑战杯”全国大学生学术科技作品竞赛红色专项国家特等奖

2021 年 8 月 24 日，山东大学(威海)智能车代表队在第十六届全国大学生智能汽车竞赛中总成绩蝉联全国第一

2021 年 8 月 27～28 日，山东大学（威海）参赛团队在第十四届全国大学生节能减排社会实践与科技竞赛决赛中荣获国家一等奖 4 项、二等奖 1 项、三等奖 3 项，同时荣获优秀组织奖

2021 年 10 月 18 日，山东大学(威海)参赛团队在第四届中国虚拟现实大赛全国总决赛中荣获国家一等奖 1 项、二等奖 2 项

2021 年 11 月，山东大学(威海)参赛团队荣获第七届全国大学生工程实践与创新能力竞赛国家级金奖

2021 年 12 月 16 日，山东大学(威海)体育代表队在山东省大学生运动会上荣获团体及单项冠军 18 项(次)、亚军 21 项(次)、季军 15 项(次)

目　录

2020 年

2021 年

2020年

概　述

2020年山东大学(威海)发展综述

2020年，威海校区党工委在学校党委的坚强领导下，以习近平新时代中国特色社会主义思想为指导，围绕学校实现“由大到强”历史性转变的目标，坚决落实一体发展要求，以高质量发展为主线，以“抓党建推改革，调结构提质量，保安全强保障”为抓手，统筹推进疫情防控、安全稳定和事业发展，努力打造“双一流”建设新亮点。

一、抓党建推改革，党建引领取得新成效

1.落实党委决策部署。加强党的政治建设，用好习近平新时代中国特色社会主义思想这把“金钥匙”，突出党建引领，不断强化师生理论武装，进一步增强“四个意识”、坚定“四个自信”、做到“两个维护”。全年召开党工委会、党政联席会21次，专题会93次，学习传达学校党委对校区有关工作指示批示精神，及时研究解决校区改革发展稳定中的重要问题。制定落实学校文件精神、会议任务清单29份，明确重点任务61项，确保将学校党委的各项决策部署落到实处。制定巩固深化“不忘初心、牢记使命”主题教育成果具体举措清单，推动主题教育各项任务落地见效。加强督导检查，校区班子成员深入分管联系单位督疫情防控、督学生就业，蹲点食堂督导饮食安全，层层传导责任，推进工作落实。

2.抓好管理体制机制改革。制定了落实《管理体制机制改革实施方案》“1＋4＋N”工作体系，以体制机制改革为突破，协同推动“优化运行机制、增强发展动能、提升管理效能、做好特色服务”四驱并进，服务学院、做强学科，为校区改革发展强力赋能。目前，已形成落实改革各项工作成果27项，制定完善了强化特色增值服务、校区领导班子联系帮包学院、推进“放管服”改革、师生思想动态研判、机关部门履职尽责考核等一系列制度，“学院吹哨、部门报到”的保值增值服务体系已基本确立。

3.提升基层党建质量。加强党建品牌建设，打造一批创新性强、有特色的党建品牌。抓好党组织书记抓突破项目、党组织立项及校院两级“两优一先”推荐评选工作，合计立项42项；遴选3个学院、6个党支部、9个党支部书记作为校区党建工作创建标杆，加强示范引领。2人获评山东大学优秀共产党员、1人获评山东大学优秀党务工作者、1个基

层单位获评山东大学先进基层党组织。组织开展2020年度基层党建交流研讨活动,取得较好效果。

4.加强干部队伍建设。注意做好干部队伍建设的基础性工作,对23个机关及直属单位的中层班子运行情况和干部思想状况进行全面调研,凝聚"一体发展""强院兴校"的思想共识、行动共识。在学校党委统一部署下,配合做好干部选拔工作,年内有18名年轻干部充实到领导岗位,为推进高质量发展增添新动力。认真组织好干部教师挂职工作,全年派出和接收校内双向挂职人员44人,选派8名干部教师到政府部门挂职锻炼,挂职干部教师经受了锻炼,增长了才干。

5.夯实意识形态责任。签订年度意识形态工作责任书,重点加强网络安全阵地管控。年内召开6次专题会议,组织检查了17个基层党组织的责任制落实情况,分析研判、消除意识形态安全隐患。加强师德师风建设,1人获评山东大学优秀教师、1人获评山东大学先进教育工作者、1个单位获评山东大学先进集体。开展师德师风专项整改,突出问题导向,切实补强薄弱环节。

6.推进全面从严治党。构建完善齐抓共管、协同发力的管党治党工作格局。研究制定校区落实全面从严治党责任三清单。建立党建与思政工作书记例会、师生思想状况定期研判、党建与思政工作交流研讨、党建与思政工作督导等6项制度,补短板、强弱项。结合校区党风廉政建设实际,召开党风廉政建设专题会,对各单位主要负责人以及机关部门重要岗位、关键环节干部进行廉政谈话,观看警示教育片,在全校区开展党风廉政建设警示教育活动。

二、调结构提质量,校区发展迈上新台阶

1.学科建设亮点频出。"空间学科"深度参与"国家子午工程二期"建设和"地球观测与导航"重点研发计划,启动国家重点实验室联合申报工作,新建月球样品实验室,"天问一号"有关论文等4项重要研究成果在业内权威杂志发表,为北斗系统、火星探测、嫦娥工程等国家重大空间探测任务提供了山大智慧。"东北亚研究"进一步推动国别问题研究和智库建设,国际问题研究院入选中国智库索引(CTTI)来源智库,一项成果获外交部表彰。威海前沿交叉科学研究院获批成立,环境经济学研究团队在*Nature*子刊、*Cell*子刊等顶级学术刊物发表多篇论文,2人入选"全球高被引科学家"。

2.科研水平大幅提升。承担国家重大、重点项目能力显著增强。自然科学领域1项项目获批国家重点研发计划,获国家自然科学基金重点项目2项、其他类别项目27项。人文社科领域获批国家社科基金等各类国家级项目20项,占学校立项数近1/4,其中国家社科基金重大和重点项目立项数取得历史性突破;获批教育部人文社科研究项目10项,占学校立项总数的43%。年度科研立项经费超1.2亿元。社科智库作用日益彰显,先后在《人民日报》《光明日报》等发表理论文章8篇,被各级政府采纳智库成果9件,为统筹推进疫情防控和经济社会发展提供智力支撑。

3.人才引育实现突破。年内遴选全职杰出人才16人，其中双聘院士1人、加拿大皇家科学院院士1人，入选全职杰出人才数量较2019年增加60%。2人获评“泰山学者”青年专家，1人获得省海外高层次人才专项资助。科学制定《威海校区专任教师高级职务岗位方案》，优化师资队伍结构，提升师资队伍建设水平。

4.人才培养佳绩频传。加快结构优化步伐，年内减少8个专业、减招200人，持续改善学生的层次结构和学科结构。强化专业课程建设，获批国家级、省级一流专业22个，4门课程入选国家级、省级金课。全国新文科工作会议在威海校区举办，展示办学成果和特色，教育部给予充分肯定。创新人才培养成绩斐然，在全国数学建模、“挑战杯”等赛事中获国家奖25项、省级奖118项，智能车代表队在全国比赛收获一等奖5项、二等奖1项，总成绩位列全国第一名。

5.校地合作成果丰硕。“山大系”在服务地方经济社会发展中全面开花。工研院加入半岛科创联盟，新成立5个技术研究中心，与威海市7个单位签署合作协议；1项合作项目获评2020年山东省科技进步一等奖（威海市唯一）。基础教育学校正式签约，齐鲁医学医联体工作进展顺利，山东大学附属威海市立医院（筹）顺利揭牌，共建区域健康医药大数据协同创新平台，助推健康威海建设。山大人服务地方力量日益彰显，得到威海市广泛赞誉。

三、严防控保安全，常态化疫情防控和安全工作得到新提升

校区党工委高度重视疫情防控工作，全面落实上级和学校的工作部署，召开疫情防控工作专题会59次，编发《校区疫情防控每日信息》300期，全面部署防控措施，确保疫情防控各项工作到位有效。开设“‘疫’线党旗红”栏目，及时宣传报道各基层党组织和党员干部抗疫故事、先进典型、特色做法。做好疫情防控工作常态化督导检查，通过明察与暗访、现场查看与线上查访相结合的方式开展专项督查工作37次，督促问题整改落实。推进安全稳定工作一体化建设，优化校区各项安全工作方案，落实网格化管理，做好总值班、重大事项重要信息报送等，持续做好对重点领域的隐患排查整治，坚决遏制各类校园安全事故发生。

四、强保障惠民生，服务师生实现新进展

努力做好就业工作，构建全员参与就业工作格局，落实“一生一策”，多措并举推动毕业生高质量就业。重点基建项目进展顺利，专家公寓竣工交付，材料与空间科学科研楼项目、新工科与交叉学科科研楼A区已封顶。积极向有关部门争取，落实新聘教职工驻威高校同城化待遇。协调威海市立医院建立师生查体就诊“绿色通道”，大力推进“网上办”“掌上办”“业务代办”等，服务师生十件实事基本完成，广大师生的获得感、幸福感进一步提升。

特　载

山东大学校长樊丽明在2020级新生开学典礼上的讲话

（2020年9月24日）

尊敬的各位老师、亲爱的同学们：大家好！

山海相依，滋兰树慧；松涛谡谡，弦歌再起。今天，我们在这里隆重举行山东大学威海校区2020级新生开学典礼。首先，我谨代表学校，欢迎各位新同学加入山东大学这个大家庭！并通过你们向辛勤付出的家长、老师致以亲切的问候和诚挚的感谢！

今年注定是新中国历史上极不平凡的一年。突如其来的新冠疫情打乱了大家学习生活的节奏，也深刻影响着人类世界的发展进程。面对严重疫情，全国人民风雨同舟、众志成城，一次次逆行、千万个壮举、无数名英雄，构筑起疫情防控的坚固防线。经历此次疫情，我想每一位同学都会思考关于自我与时代、个人与国家、人类与世界等问题，并尝试用自己的方式去回答。

数学与统计学院的李生铭同学，来自湖北恩施的你身处疫情防控的中心，在抗疫一线的医生母亲是你心中的榜样，高三学习的冲刺阶段，你坚持到医院做一名志愿者，运送医疗物资、分发医疗物品，在你忙碌的身影中，我们看到了青年一代的激昂风采。欢迎你来到山东大学，因为山东大学是一所有历史担当的大学。山东大学成立于1901年。当时的中国深受列强凌辱，民不聊生，国家危难。反抗侵略、争取独立成为仁人志士的共同追求。当年10月，由光绪皇帝御批的《山东省城试办大学堂暂行章程》，宣告了继京师大学堂之后第二所国立大学——山东大学堂的诞生。章程中有这样一段话：公家设立学堂，是为天下储人材，非为诸生谋进取；诸生来堂肄业，是为国家图富强，非为一己利身家。百余年来，山东大学始终牢记为国育贤的办学初心，担当着奋发图强的历史使命，踔厉奋发，坚毅前行。同学们身处威海校区，大家都知道，正是在威海发生的甲午海战，成为中国历史走向的分水岭。同学们的入学教育将会到刘公岛——也就是北洋水师的驻地参观学习。习近平总书记在刘公岛考察时强调:“要铭记历史教训,13 亿多中国人要发奋图强。”作为山大的学子,在威海这个三千年未有之变局的国殇之地、在中华民族伟大复兴的见证之地读书求学,同学们要将“为国家图富强”作为基因、融入血脉,以历史领航、用青春奋斗,为祖国担当、为人民担当、为山大担当!

东北亚学院的孔勐勍同学,从小你就励志成为一名外交官,在全国英语竞赛、全国青少年国际交往能力大赛等赛事中获得的荣誉,都是你追逐梦想的印记。期待在未来世界的舞台上有你发出的中国声音,因为山东大学是一所有家国情怀的大学。自学校诞生之日起,山大人就把自己的奋斗与国家、与民族紧密联系在一起。著名诗人臧克家,冒着硝烟炮火奔走在抗日战争前线,用诗歌和文学鼓舞民族必胜的信心。中国雷达之父束星北一生孜孜不倦追求真理,为拯救于存亡之际的国家,他毅然转变研究方向,经过无数个日夜的钻研与摸索,中国第一台雷达就此问世。在物理系任教的两弹元勋王淦昌,为铸造“国之重器”隐姓埋名 17 年,“我愿以身许国”是他一生科学报国的真实写照。特别是疫情发生后,我们的齐鲁医院、第二医院先后选派 300 余名白衣天使奔赴抗疫一线,舍身忘我,英勇无畏,为战胜疫情作出了山大贡献。“国家有需要,人民有需要,我们就得冲上去!”——全国抗击新冠肺炎疫情先进个人、山东大学第二医院马承恩大夫的铿锵之言,挺起了“抗疫有我”的山大脊梁;“我们是山东大学齐鲁医院的!”——武汉天河机场的一句互相致意感动了无数国人,彰显了“抗疫必胜”的山大力量。百余年来,这份深沉的家国情怀成为全体山大人的精神底色,塑造了山东大学鲜明的文化特质。希望同学们以这些前辈为榜样,厚植家国情怀,筑牢成长之基,把好人生之舵,在为国家、为人民的奉献中焕发出绚丽光彩。

空间科学与物理学院的研究生张端同学,本硕期间,你积极参与“国家子午工程二期”重大科研项目,开展空间天气研究,为保障国家空间活动和空间安全努力拼搏。祝愿你在博士期间学习更上层楼,因为山东大学是一所矢志创新的大学。在学校的历史上诞生了许多中国乃至世界的第一。“中国克隆之父”童第周、“中国藻类研究之父”曾呈奎等著名科学家都曾在山大任教,产生了“童鱼”等国际上为数不多以中国人命名的重大成果。我校的数学学科创立了非线性期望“中国学派”,彭实戈院士也被授予 2020 年未来科学大奖,为学校赢得了殊荣。王小云院士创造的密码分析方法,为构建国际密码的中国话语权作出了重大贡献。面对“卡脖子”难题,学校研发的一种晶体打破技术封锁,被李克强总理称为“国家的宝贝”。李术才院士的隧道掘进机超前预报技术,攻克了重大灾害防控的工程难题,实现了由“跟踪并跑”到“国际领先”的超越。学校发挥“文史见长”的学科优势,“全球汉籍合璧工程”获得国家重点立项,《杜甫全集校注》获全球华人国学大典“国学成果奖”,举办承办“世界儒学大会”“尼山世界文明论坛”等,为中华文明发扬光大打上了山大烙印。目前,学校的 5 个学科进入 ESI 全球排名前 1‰,12 个学科进入国际主流学科排名前 100,学校的“双一流”建设成效显著。希望同学们在坚持不懈地学习和积累中,开拓思维边界,厚植创新素养,凝聚创新力量,努力做大学问,不断创造出有益国家、服务社会、造福民众的创新成果。

同学们,回溯校史,一代又一代山大人与祖国共呼吸,与时代同步伐,始终走在民族复兴、国家建设、时代发展的最前列。展望未来,相信同学们能够传承山大基因、弘扬山大文化、涵养山大精神,砥砺奋进、开拓创新,努力谱写新时代青春奋斗者的山大之歌!

重要文件

山东大学(威海)2020年党政工作要点

2020年,威海校区将以习近平新时代中国特色社会主义思想为统领,紧紧围绕立德树人的根本任务和学校“由大到强”的历史性转变,坚决贯彻落实学校党委各项决策部署,以落实一体发展为动力,以深化重点领域改革为抓手,以推进高质量发展为主线,坚持“优化结构、提升内涵”的总目标,努力打造山东大学创建世界一流大学的新亮点。

一、坚决打赢疫情防控的阻击战

1.守护师生生命安全。深入贯彻落实习近平总书记重要指示批示精神和上级关于疫情防控的各项决策部署,严格按照学校和威海市工作要求,引导基层党组织和广大党员充分发挥战斗堡垒、先锋模范作用,切实将每一项防控任务落实落细落地,以对全体师生员工生命和健康高度负责的态度,筑牢防疫抗疫的“铜墙铁壁”,坚决打赢疫情防控战。(牵头落实单位:疫情防控工作专班及各专项工作组)

二、深化重点领域改革

2.深化体制机制改革。落实《关于深化一校三地管理体制机制改革的意见》,积极稳妥地推进校区综合改革,优化内部治理体系,完善决策机制,加强工作协同,抓好工作落实,在思想认识、事业发展、管理体制、安全稳定四个方面,全面落实一体发展要求。[主要责任单位:党工委(校长)办公室、组织部、人事处、保卫处等]

3.科学谋划校区发展。梳理总结《“双一流”建设行动方案》建设成效,科学谋划校区“十四五”建设和发展,着眼于全面提升学术水平、优化学科结构层次,制定实施校区《落实一体发展战略推进高质量发展三年行动方案(2020～2022年)》。[主要责任单位:党工委(校长)办公室]

4.深化强院兴校改革。落实“强院兴校行动计划”,聚力做强学科、做强学院两大重点,以学院的事业发展和师生员工的需求为导向,深化“放管服”改革,推动管理重心下

移，创造性地做好增值服务和特色服务。[牵头落实单位:党工委(校长)办公室]

三、全面加强党的建设

5.强化党的政治建设。坚持将习近平新时代中国特色社会主义思想作为办学治校的根本遵循，持续学懂弄通做实，以“金钥匙”武装头脑、指导实践、推动工作，巩固“不忘初心、牢记使命”主题教育成果，从严从实抓好整改工作。(主要责任单位:宣传统战部、组织部)

6.提高党建工作质量。以党组织书记抓基层党建突破项目为抓手，加强党建“双创”工作，健全“双包双联”工作机制，推进党建工作与中心工作的深度融合，促进基层党组织全面进步全面过硬，为校区高质量发展提供坚强的组织保证。(主要责任单位:组织部)

7.全面加强从严治党。推动正风肃纪向纵深发展，持续强化监督执纪问责，强化政治监督，做实做细日常监督，严格贯彻中央八项规定精神，持之以恒纠正“四风”，落实领导干部“一岗双责”，以钉钉子精神抓好作风建设，打通服务师生“最后一公里”，营造风清气正的良好政治生态。(主要责任单位:组织部、纪检监察审计办公室、机关党委)

8.加强干部队伍建设。选优配强干部，落实干部队伍“五大体系”建设，拓宽年轻干部多岗位锻炼培养，分层次分类别抓好干部培训，完善考核评价机制，不断强化日常监督管理，激励广大干部担当作为，全面提升干部的治理能力和水平。(主要责任单位:组织部)

9.做好宣传思想工作。全面落实意识形态工作责任制，建立常态化工作督查机制，完善网络信息安全管理与防控体系，不断提升宣传工作水平，切实发挥全媒体矩阵效应，展示校区良好形象。(主要责任单位:宣传统战部)

10.抓实思想政治教育。健全完善教师思想政治工作长效机制，加强和改进师德师风建设。丰富完善“三全育人”工作体系，深化本科生导师制改革，加强思政工作队伍建设，积极拓展网络思政新阵地，规范学生社团和学生组织建设管理。(主要责任单位:宣传统战部、学生工作处、团委)

四、提升学科发展水平

11.优化学科布局。理学坚持“聚焦前沿、瞄准一流”，人文秉承“小而精致、强化特色”，社科强调“交叉融合、打造品牌”，工科按照“瞄准产业、突出应用”的原则，由“单点突破”转变为“集群发力”，推动构建四大版块协同发展的“雁形阵”，带动校区学科发展质量的冲刺跃升。(主要责任单位:学科建设与研究生处)

12.强化重点学科建设。加强空间学科、东北亚学科建设，确保高峰学科可持续发展。落实学校学科激励计划，加大商学院、机电与信息工程学院、海洋学院等单位的学科方向整合凝练力度，推动学科“长高、变强”。(主要责任单位:学科建设与研究生处、相关学院)

13.推进学科交叉融合。完成威海前沿交叉科学研究院实体化运行报批工作，强化对蓝绿发展研究院等学科团队的支持力度。汇聚学科高端人才、引领前沿交叉研究，组织开展“学科交叉沙龙”“院长沙龙”，推进跨校区、跨学院的学科协同发展。（主要责任单位：学科建设与研究生处）

14.优化学科建设管理。按照学科一体发展的要求，结合校区综合改革，组织开展学科建设项目 KPI 考核，抓好各学科建设规划目标推进落实，高质量做好“双一流”动态监测、第一周期期末评价和第五轮学科评估参评相关工作，编辑学科建设进展通讯。（主要责任单位：学科建设与研究生处）

五、加强人才队伍建设

15.加大人才引育力度。落实人才工作目标责任制，发挥人才体系政策和地方人才政策的优势，围绕学科集群揽才蓄才，支持举办 10 场次齐鲁青年分论坛，全年引育高层次全职人员不少于 36 人。（主要责任单位：人事处）

16.实施岗位分类管理。制定编制和岗位管理方案，实行二级单位人员总量管理、自主配置，建立编制岗位动态调整机制。深入推进师资职聘工作一体化进程，进行教学科研单位人事人才工作专题调研，开展教师外专技岗位、管理岗位职责修订，实施岗位流动制度和人员分类管理考核。（主要责任单位：人事处）

17.提升人事工作水平。完善以岗位绩效工资制为主的多元分配模式，实现校内人才与引进人才待遇并轨。根据学校统一部署，做好岗位绩效工资第二次增长相关工作。健全教职员工能力提升机制，分批次建立覆盖各项人事业务的管理信息化应用平台。（主要责任单位：人事处）

六、提高人才培养质量

18.加强教育教学改革。进一步压缩本科招生规模，加速专业结构调整优化和内涵提升进程，深化教育教学资源共建共享，推进课堂教学信息化，重点建设 10 门精品在线开放课程和 6 部精品教材，打造 3 门国家级、省级“金课”，争取 2 个特色本科专业获批国家级或省级一流专业。（主要责任单位：教务处）

19.加强研究生创新培养。扩大研究生招生计划，加大对理工科的支持力度。整合优化研究生招生专业，组织开展培养方案制（修）订，推进研究生分类培养，推进研究生课程现代化工程，切实强化学位论文质量，提高研究生教育国际化水平。（主要责任单位：学科建设与研究生处）

20.深化创新创业教育。办好“挑战杯”“创青春”“互联网＋”等大学生创新创业赛事，持续开展大学生就业见习“青鸟计划”，积极应对疫情对就业工作带来的影响，充分运用信息化手段，大力开展精准服务，促进毕业生更加充分、更高质量就业。（主要责任单位：教务处、团委、学生工作处）

七、增强科研创新能力

21.强化科研团队建设。在科研项目、科研团队等方面加快推进一体化。强化“海洋经济—能源—环境可持续发展”研究创新团队建设,在持续支持 2019 年度立项重点培育团队的基础上,继续遴选和培育 2～4 支优秀学术团队。(主要责任单位:科研处)

22.实现重点项目突破。发挥学科带头人的科研组织作用,探索重大科技项目形成机制,争取“人文社科振兴计划”专项资金,力争在国家级重大重点项目上有所突破,实现年度科研立项经费 1.5 亿元。(主要责任单位:科研处)

23.提升科研统筹能力。多种形式创新科研服务,持续优化科研环境,做好项目申报组织,修订科研业绩奖励划拨办法,完善技术成果转化机制,继续深化科研横向合作。(主要责任单位:科研处)

八、做好服务山东工作

24.深化校地合作对接。依托校地合作工作专班,发挥校区的桥梁纽带作用,加强“山大系”同威海市的精准对接、全面对接,着力落实与威海市深化校地合作协议,协同做好威海工业技术研究院、威海发展研究院、威海山大实验学校等平台启动运行(建设)的各项工作。[主要责任单位:党工委(校长)办公室、科研处]

25.积极拓展办学资源。做好校友工作,推动成立学院校友会,加强校友工作同招生拓展、创新创业、社会服务的协同联动,打造“玛珈校友论坛”“玛珈院长大讲堂”等校友品牌活动。按照学校百廿校庆工作要求,广泛争取社会各界对校区事业发展的关心和支持。[主要责任单位:党工委(校长)办公室]

九、推进国际交流合作

26.提升国际合作水平。集中全校资源,进一步强化联合理学院办学保障,努力提升办学质量。新增 2～3 所世界一流大学合作伙伴,与威海市共建英国研究中心,实施学生海外经历项目层次提升工程,力争全年派出学生超过 600 人。(主要责任单位:国际合作与交流处、澳国立联合理学院)

27.积极推进趋同化管理。进一步理顺国际学生培养管理工作流程,完善相关工作规范和制度体系。举办“威海讲堂”短期访学项目,力争国际学生规模达 600 人。(主要责任单位:国际合作与交流处)

28.拓展国际合作领域。支持教师海外交流合作和教学培养,启动职员海外研修计划,深入实施“国际科研合作种子基金计划”,争取引进海外师资课程 25～30 门,获批省部级以上外专项目 3～5 项。(主要责任单位:国际合作与交流处、学生工作处)

十、继续强化支撑保障

29.做好财务工作。落实综合预算改革任务,加强内部控制建设,推进实现财务工作一体化。落实校地共建资金、银校合作资金,压缩日常运行支出,多渠道筹措办学经费。(主要责任单位:财务处)

30.加强条件支撑。实施教学科研用房绩效考核评价,全面优化空间资源配置,做好公共技术平台规划论证建设,推进实验室建设的标准化规范化。加强国有资产出租出借管理。推进材料与空间科学科研楼、新工科与交叉学科科研楼项目建设,确保校区东门外专家公寓项目能够"拎包入住"。(主要责任单位:资产与实验室管理处、基建处)

31.推进信息化建设。加强信息化校园基础设施建设,完善安全保障体系,提升运维管理能力,保障信息资源一校三地开放共享,构建面向学科的文献资源建设和保障体系,推动智慧校园建设实现新突破。(主要责任单位:网络与信息管理中心、图书馆)

32.强化后勤服务。严格落实卫生管理各项要求,推进食堂"明厨亮灶"改造。做好学生公寓、雀园餐厅、体育场地、家属住宅区等项目的修缮改造,持续绿化美化校园环境,建成维修服务与监督平台。(主要责任单位:后勤管理处)

33.确保校园安全。落实一校三地安全稳定工作体系,统筹整合智能安防平台,建设校园安全应急指挥控制中心,设立校区警务室,加强联防联控,构建安全文明和谐稳定的校园环境。(主要责任单位:保卫处)

34.启动校庆筹备工作。紧扣"百廿山大　强校兴国"主题,按照学校部署制定校区筹备工作方案,推动"同一个山大"建设,增强师生员工与校友的凝聚力和向心力,汇聚发展力量,提高办学水平。[主要责任单位:党工委(校长)办公室、宣传统战部]

山东大学(威海)中外合作办学专业学生转专业学习管理规定(试行)

第一条 为贯彻落实以学生发展为中心和因材施教的教育理念,更好激发学生的学习动力和专业志趣,促进学生全面发展,根据《山东大学(威海)本科学生学籍管理规定》(山大威校教字〔2017〕12号)、《山东大学(威海)在校本科生转专业学习管理规定(修订)》(山大威校教字〔2019〕8号)等文件精神,结合校区实际,制定本规定。

第二条 本规定适用于通过全国统一高考直接录取的在威海校区接受普通高等学历教育的中外合作办学专业全日制本科在校学生。

第三条 山东大学澳国立联合理学院的数学与应用数学、应用物理学、生物科学、应用化学4个专业之间可以互转,各专业最终学生人数不得超过本专业教育部批准的招生人数。

第四条 金融学、机械设计制造及其自动化、计算机科学与技术等3个中外合作办学专业之间可以互转,各专业根据实际学生数与教育部批准数量之间的缺额情况确定转专业接收名额,满额专业不再接收转专业,转专业后造成的缺额不再补录。转专业后原则上学生须选择“4+0”模式,“2+2”模式依据合作高校有关规定执行。

第五条 山东大学澳国立联合理学院的4个专业不允许与其他学院的3个中外合作办学专业互转。所有中外合作办学专业不允许与普通类专业互转。

第六条 中外合作办学专业学生转专业与普通类专业学生转专业工作同步开展,有关工作程序和要求参照《山东大学(威海)在校本科生转专业学习管理规定(修订)》(山大威校教字〔2019〕8号)执行。

第七条 本规定从2019级学生开始施行,其他年级按照原政策执行。

第八条 本规定由教务处负责解释。

山东大学(威海)食品安全突发事件应急处置预案

为规范食品安全突发事件应急处置工作,提高学校预防和控制食品安全突发事件能力和水平,保障师生身体健康与生命安全,指导和处置食品安全突发事件工作,根据《中华人民共和国食品安全法》等法律法规,结合学校实际,制定本应急处置预案。

一、成立突发事件应急处置工作小组

组　长:刘建亚

副组长:刘　海

组　员:陈广奕　韩延伟　谢军红　冯　静　管松刚

各食堂负责人

二、小组成员职责分工

组长负责总体指挥协调,进行工作部署。

副组长负责现场的整体工作安排,收集记录调查相关情况。

组员负责提供一线的情况,查明事因,及时落实相关工作安排,并向师生及家长做好解释工作。

三、工作程序

(一)报告原则

食堂员工有义务在第一时间报告或越级报告本食堂所发生的疑似食品安全突发事件。

(二)报告程序

1.发生疑似食品安全突发事件时,食堂经理应立即向中心主任报告。

2.中心主任立即向后勤管理处处长报告。

3.后勤管理处处长了解情况后,立即向分管副校长报告并在2小时内及时向事故发生地辖区食品安全监督管理部门、卫生行政部门报告。

4.食品安全突发事件报告应达到30分钟内口头报告,1小时内形成书面报告的要求;后续定时报告或零报告,直至突发事件处置完毕。任何部门或者个人不得对食品安全突发事件隐瞒、谎报、缓报,不得毁灭有关证据。

(三)报告内容

1.初次报告。尽可能清楚报告疑似食品安全突发事件发生的单位、时间、地点、危害程度、发病人数、死亡人数及报告时间、报告单位联系人员及联系方式、突发事件发生原因的初步判断、突发事件的简要经过、突发事件发生后采取的措施及事故控制情况等。

2.阶段报告。既要报告新发生的情况,也要对初次报告的情况进行补充和修正,包括突发事件的发展与变化、处置进程、突发事件原因等。

3.总结报告。包括食品安全突发事件鉴定结论,对突发事件的处理工作进行总结,分析突发事件原因和影响因素,提出今后对类似突发事件的防范和处置建议。

(四)食品安全突发事件处置

食堂发生疑似食品安全突发事件后应立即停止经营活动,对引起食品安全突发事件的可疑食品、食品留样、原料、加工设备用具、包装物、盛器、餐饮具立即封存,等待调查人员查验,禁止继续使用和擅自销毁;对制作、盛放可疑食品的工具、容器以及厨房等现场进行控制;备好可疑食品索证索票及进货查验记录和出入库记录凭证,在执法人员到达后,积极配合执法人员对突发事件进行调查处理。

四、责任追究

1.各食堂经理为食品安全第一责任人,各自对本食堂的食品安全管理负责。

2.饮食管理服务中心在发生食品安全突发事件时,要及时并实事求是上报,不得迟报、漏报和瞒报,如因报告不实,影响领导决策和事件处理的,要追究有关责任人的责任,给予相应处理;哪一级发生迟报、漏报、瞒报的问题,由哪一级负责;对因迟报、漏报、瞒报造成严重后果的,要严肃查处。

附件:1.食品安全突发事件报告电话明细表(略)

2.疑似食品安全突发事件初始接报记录表(略)

3.食品安全突发事件报告记录表(略)

4.食品安全突发事件处置记录表(略)

山东大学(威海)
2020年学生爱国主义教育活动实施方案

为推动《新时代爱国主义教育实施纲要》学习宣传贯彻落实，扎实开展深入、持久、生动的爱国主义教育，着力培养德智体美劳全面发展的社会主义建设者和接班人，教育引导广大学生从感性到理性、从自在到自为，激发爱党爱国爱社会主义的巨大热情，凝聚奋进新时代、实现民族复兴的磅礴伟力，经校区研究决定，举办学生爱国主义教育系列活动。具体方案如下：

一、活动主题

“我的中国心”

二、活动时间

2020年5～12月

三、活动内容

(一)爱国主义原创作品征集评选展示

参加人员：全体在校学生

活动时间：5～6月

活动内容：面向全体在校学生征集包括绘画、书法、摄影、短视频等体现爱国主义内涵的作品，要求全部作品必须为原创。以学生处微信公众号为载体对征集的作品组织进行网上投票，评选出人气作品并在微信平台进行宣传展示。开学以后为获奖人员发放奖品，向活动参与人员赠送纪念品。

负责单位：党工委学生工作部(处)

(二)爱国主义电影、书籍“荐”赏

参加人员：全体在校学生

活动时间：5～12月

活动内容：以学生处微信公众号为载体，面向全体学生推介具有爱国主义教育意义的电影、书籍等佳片佳作，让同学们在艺术作品中陶冶情操，升华爱国情感。

负责单位：党工委学生工作部(处)

(三)"青春告白祖国"之三行情诗、歌词征集展示活动

参加人员:全体在校学生

活动时间:5～6月

活动内容:以"青春告白祖国"为主题,面向全体在校学生征集包括三行情诗、歌词等形式的向祖国告白的作品,要求全部作品必须为原创。以学生处微信公众号为载体对征集的作品组织进行网上投票,评选出优秀作品并在微信平台进行宣传展示。开学以后为获奖人员发放奖品,向活动参与人员赠送纪念品。

负责单位:党工委学生工作部(处)

(四)"时代楷模"之"历史名人的朋友圈"史上知名爱国人士事迹系列宣传、现当代国家功勋模范人物和先进典型的突出事迹系列宣传

参加人员:全体在校学生

活动时间:5～12月

活动内容:以学生处微信公众号为载体,以朋友圈截图的方式将历史上知名爱国人士的事迹面向全体学生进行系列宣传,通过将古人现代化的方式来减少同学们的距离感;进行现当代国家功勋模范人物和先进典型的突出事迹系列宣传,进一步激发同学们的爱国情感,培育他们的爱国主义情怀。

负责单位:党工委学生工作部(处)

(五)"灿烂文化"之仪式教育系列专题宣传、重大纪念日和重大历史事件系列宣传教育

参加人员:全体在校学生

活动时间:5～12月

活动内容:以学生处微信公众号为载体,推出仪式教育系列专题专栏,面向全体学生广泛宣传国旗升挂、国徽佩戴、国歌奏唱等礼仪,强化同学们的国家意识和集体观念;对相关重大纪念日和重大历史事件的内涵进行挖掘宣传,通过增强同学们对中国传统文化的认同感进而不断增强同学们的民族认同感,进一步增强同学们的爱国意识。

负责单位:党工委学生工作部(处)

(六)"五四"青年节主题宣传教育实践活动

参加人员:全体在校学生

活动时间:5～6月

活动内容:为深入贯彻学习习近平总书记关于疫情防控工作的系列重要讲话和指示批示精神,激励和引导广大团员青年在疫情防控常态下坚定制度自信、体现青年担当,集中开展"青年大学习"主题团课、五四青年科学报告会、"战'疫'新青年,奋斗燃青春"网络青晚、"青春担当·战役有我"专项社会实践、"趁少年,起风华"青年 vlog 大赛等"五四青年节"主题教育实践活动。

负责单位:校区团工委

(七)“共升国旗,同唱国歌”主题升旗系列活动

参加人员:全体在校学生

活动时间:9～12 月

活动内容:在国庆节、国家公祭日等重要节点,开展集体升旗仪式活动,结合日常主题团日升旗活动,强化学生的国家意识和集体观念。

负责单位:校区团工委

(八)“小我融入大我,青春献给祖国”分享报告会

参加人员:全体在校学生

活动时间:9～10 月

活动内容:邀请社会实践、公益服务、学习科研等方面的校区青年典型,面向新生开展事迹宣讲报告会,发挥优秀学子的榜样引领作用,激发广大新生的爱国情、报国志,引导新生尽快找到大学前进方向,在为祖国奋斗中实现人生理想和价值。

负责单位:校区团工委

(九)“山大学子国庆看中国”网络媒体活动

参加人员:全体在校学生

活动时间:10 月

活动内容:在校区学生中招募百名“青年观察员”,利用国庆节假期感受新中国成立 71 年来的巨大变化与辉煌成就,通过学生视角撰写文章、摄影、拍摄短视频记录祖国发展巨变,展现山大学子浓浓爱国情怀。

负责单位:校区团工委

(十)“红色故事”短剧大赛

参加人员:全体在校学生

活动时间:10～11 月

活动内容:通过学生自编自导自演的舞台剧形式演绎红色故事,生动还原革命岁月里的动人篇章,深入挖掘红色精神内涵。教育引导师生在新时代厚植爱党爱国情怀,传承红色基因。

负责单位:校区团工委

(十一)纪念一二·九运动暨新团员入团仪式

参加人员:全体在校学生

活动时间:12 月

活动内容:在一二·九运动纪念日,集中召开新团员入团仪式,增强团员的先进性和使命感,强化广大青年团员坚定不移跟党走中国特色社会主义道路的信念决心。

负责单位:校区团工委

(十二)校友思政大讲堂

参加人员:全体在校学生

活动时间:9～12 月

活动内容:举办 1～2 场校友思政大讲堂,搭建在校学生和优秀校友之间沟通交流、互学互鉴的桥梁。通过优秀校友现身说法,帮助在校生直观感悟党的正确领导和祖国发展脉搏,强化学生文化认同、国家认同,教育引导在校大学生更加明晰未来奋斗的方向,坚定学习成长的信心,明确努力奋斗的价值所在。

负责单位:党工委学生工作部(处)

四、活动要求

爱国主义是中华民族的民族心、民族魂,是中华民族最重要的精神财富,是中国人民和中华民族维护民族独立和民族尊严的强大精神动力。在全校扎实开展深入、持久、生动的爱国主义教育,是培养德智体美劳全面发展的社会主义建设者和接班人的重要内容和有效途径,校区党工委对此高度重视,各基层党委和有关部门要切实提高站位、统一思想,积极动员学生参与,做好宣传引导和经验总结,共同推动系列活动走向深入。广大团员青年和各级各类学生组织要深刻领会活动的目的和意义,发挥主观能动性,积极参加各项教育活动。活动结束后,校区将根据各学院的活动组织情况评选表彰若干优秀组织单位。

山东大学(威海)专家公寓暂行管理办法

第一章　总　则

第一条　为加强对校区新建专家公寓的管理,提高服务保障水平,根据山东大学公房管理有关规定,结合校区实际,制定本办法。

第二条　专家公寓为校区周转性住房,主要用于专家学者来校短期居住以及新进教职工临时居住。

第三条　专家公寓产权属于学校,只租不售,实行契约化管理。

第二章　管理体制

第四条　人事处负责审核申请人的租住资格、确定租住期限,并根据校区事业发展规划及年度人才引进计划,结合可用房源情况,统筹安排;外籍教师由国际处负责审核。

第五条　资产与实验室管理处负责公寓内设施配置、日常运行及管理服务。

第六条　财务处设立专门收支项目,代扣或收取住房租金及其他相关费用,落实管理、服务、维护、维修等相关费用。

第七条　后勤管理处负责公寓公共区域物业管理及水、电、暖等费用收取;负责房屋质保期后的修缮及配套设施维修。

第三章　公寓类型

第八条　专家公寓根据面积、户型等分为三类,Ⅰ类房为BCD区除阁楼之外的房间,结构基本为三室(少量二室);Ⅱ类房为A区除阁楼之外的房间,结构基本为两室;Ⅲ类房为阁楼,结构有三室、二室。根据户型不同配备不等数量、不同规格的家具家电。

第九条　专家公寓分为月租房、日租房两种。月租房为长期(与学校签有长期聘用合同)来校工作人员租住用房,入住人需自行添置床品、炊具、餐具等日常生活用品;日租房为短期来校工作人员租住用房,配备有基本的日常生活用品。

第四章　租住对象

第十条　租住对象及期限

(一)Ⅰ类房:入选山东大学杰出人才体系岗位的各类全职人才及兼职讲席教授、特聘教授;异地任职的学院及职能部门主要负责人。

(二)Ⅱ类房:兼职杰青、兼职齐鲁;新进长聘、预聘及合同制教学科研人员;新进外籍教师、统招统分博士后、兼职教授、客座教授;来校异地任(挂)职的非单位主要负责人。

(三)Ⅲ类房:公开招聘录用的新进管理及其他专业技术职务人员、专聘科技人员。

(四)其他经校区研究同意租住的人员。

(五)新入职人员租住期限为首个聘(任)期;现职人员聘(任)期期满不足 3 年的,租住期限不多于 3 年。

第五章　租住流程

第十一条　拟租住月租房的,由本人提出书面申请、所在单位审核、人事处(国际处)审定租住资格及租住房屋类型,并根据申请人聘期或任职状况确定租住期限,资产与实验室管理处根据审批意见与申请人签订租住合同,办理入住手续。

第十二条　月租房租住期满后,租住人需结清房租、水、电、燃气、网络、电视收视、采暖等费用,经管理人员检查住房、清点室内家具设备无误后,方可办理退房。

第十三条　申请续租月租房的,租住人需于合同期满前三个月向所在单位提出书面申请,人事处(国际处)审核同意续租的,凭书面材料到资产与实验室管理处办理续租手续。

第十四条　月租房租住人在威海市区购买自有住房或因调离、辞职、辞退、合同终止等原因离开校区及出国可能导致逾期的,需提前归还住房。

第十五条　拟租住日租房的,由租住人聘用单位提出申请并提供担保,资产与实验室管理处视房源情况予以安排,租住人根据要求办理入住及退房手续。

第六章　租金交纳

第十六条　租金标准

月租房按套内建筑面积计算,Ⅰ、Ⅱ类房月租金为 13 元/月/平方米,Ⅲ类房月租金为 10 元/月/平方米;日租房租金按套计算,Ⅰ类房(三室)为 200 元/套/天,Ⅱ、Ⅲ类房(二室)为 150 元/套/天。月租房水、电、暖、燃气、网络、电视收视等费用另行收取,其中采暖费按租住房套内面积计算;日租房不再收取上述费用。

租金标准包含物业费;校区对入住人员租金减免有明确规定的,按有关规定执行;租金标准根据市场变化适时调整。

第十七条 交纳方式

月租房租金由租住人授权,财务处从其薪资账户中代扣;日租房租金由租住人直接向财务处交纳。

第十八条 月租房租金正常租期内按标准收取,经批准延期续租的,每延期一年,租金标准是上一年的2倍。

第七章 使用管理

第十九条 租住人必须遵守国家法律法规、山东大学及威海校区的规章制度,自觉服从管理。

第二十条 租住人须签订《山东大学(威海)专家公寓租住合同》,明确相关权利和义务。

第二十一条 租住人入住期间禁止下列行为:

(一)擅自改变房屋原有结构和布局,擅自改变房屋设计用途。

(二)私自搭建、扩建,私自占用公共场地和部位,损害他人合法权益。

(三)饲养宠物犬、猫、禽、畜等各类动物。

(四)在公寓区域开展商业活动。

(五)法律法规禁止的其他行为。

第二十二条 租住人对所租住的房屋、室内设施、家具家电等负有保管、爱护义务,如有缺失、损坏,须根据国有资产管理的有关规定进行赔偿。

第八章 违约责任

第二十三条 租住人有下列行为之一的,校区可提前终止租住合同,租住人须无条件退还住房。

(一)提供的申请材料不实或伪造材料的。

(二)转借、转租、转赠或者擅自调换租住房的。

(三)改变租住房用途的。

(四)破坏或擅自装修租住房,拒不恢复原状的。

(五)在租住房内从事非法活动的。

(六)无正当理由连续六个月(含)以上闲置不住的。

(七)无正当理由连续三个月(含)以上未交房租的。

(八)其他认定应当退回的。

第二十四条 月租房租住人须按照租住合同约定及时缴纳房租,逾期不缴纳房租的,每逾期一天,按月房租的1%收缴滞纳金。

第二十五条 月租房租住期满,租住人应及时办理退房手续,自手续办理完成之日起15日内腾空住房。逾期不办理退房手续或不退交住房的,按届时房租标准的2倍收缴,直至退交住房为止。

第九章 附 则

第二十六条 本办法自公布之日起实施,由资产与实验室管理处负责解释。

山东大学(威海)
党政会议制度与议事规则

第一章　总　则

第一条　根据《山东大学党政会议制度与议事规则》《山东大学(威海)管理体制机制改革实施方案》等文件,结合威海校区实际,制定本规则。

第二条　以政治建设为统领全面加强党的建设,全面贯彻执行党的教育方针,坚持社会主义办学方向,落实立德树人根本任务,坚决贯彻落实学校党委各项决策部署,把党的领导贯穿办学治校、教书育人全过程。

第三条　校区党工委作为学校党委派出机构,代表学校党委履行校区管党治党、办学治校责任,确保学校党委各项决策部署落地见效。校区通过党工委会议、党政联席会的形式对有关事项进行决策。

第四条　坚持民主集中制,实行集体领导和个人分工负责相结合的制度。严格遵循重大决策法定程序,确保决策制度科学、程序正当、过程公开、责任明确。凡属“三重一大”事项,必须按照集体领导、民主集中、个别酝酿、会议决定的原则,由校区领导班子集体研究决定。

第五条　校区领导班子要以高度的政治责任感,认真学习贯彻落实学校各项决策部署,按照一体发展要求,以追求卓越、只争朝夕的精神状态,深入推进强院兴校行动,不断优化管理服务。校区领导班子成员之间要互相信任、互相支持,增进团结,增强协同,推动校区各项事业高质量发展,努力打造学校双一流建设“新亮点”。

第六条　本规则所指党政会议是指校区党工委会与党政联席会。

第二章　校区党工委会议事决策范围及议事规则

第七条　党工委会议事决策范围

校区党工委会讨论决定以下事项:

(一)学习贯彻习近平新时代中国特色社会主义思想,落实党的路线方针政策、上级党组织和学校党政决策部署。

(二)党的政治建设、思想建设、组织建设、作风建设、纪律建设和制度建设等工作。

(三)党的纪律检查工作、党风廉政建设、督查督办工作。

(四)重要规章制度以及党工委工作报告、年度工作计划和总结等。

(五)在管理权限内的干部选拔任用管理监督、干部队伍建设、人才队伍建设等工作。

(六)师生思想政治工作,师德师风建设,意识形态工作,校园文化建设等。

(七)统战工作、老干部和离退休工作。

(八)工会(妇委会)、共青团、学生会、学生社团等群团组织工作。

(九)综合治理、安全稳定工作,重大突发事件处置等。

(十)需提交学校党委常委会研究决定的重大事项。

(十一)上级交办的有关事项。

第八条 党工委会议事规则

(一)党工委会由党工委书记召集并主持,书记不能参加会议的,可以委托党工委副书记召集并主持。党工委会的出席成员为党工委委员。会议必须有半数以上党工委委员到会方可召开;讨论决定干部任免等重要事项,必须有 2/3 以上党工委委员到会。党工委委员因故不能出席时,须在会前向党工委书记请假。

不是党工委委员的校区领导班子成员,党工委办公室主任,一般情况下列席会议。议题相关单位负责人可以列席会议,涉及师生切身利益的重大议题可以邀请师生代表列席,该议题结束后,列席人员退场。列席人员有发言权,无表决权。

(二)党工委会议题由党工委书记提出,也可以由党工委其他委员或校区领导班子其他成员提出建议、经党工委书记综合考虑后确定。重要议题党工委书记应当在会前听取校长意见,意见不一致的议题应暂缓上会。集体决定重大事项前,党工委书记、校长和有关领导班子成员要个别酝酿、充分沟通。属专门工作范围内的重大事项,一般须由专门委员会(或领导小组)讨论研究并提出初步意见或建议,再提交党工委会。涉及校区多位分管领导、多个部门的议题,事先应当协调沟通,达成一致意见;未达成一致意见又必须提交党工委会审议的,应当将不同意见一并提交会议讨论决定。需上会研究的议题,如校区分管领导缺席,原则上不予讨论研究。

议题由校区党工委办公室汇总审核后报党工委书记审定,未经审定的议题不予上会。凡属党工委委员自身职权范围内决定的事项,一般不提交党工委会研究讨论。

(三)党工委会应当健全决策咨询机制,对拟研究讨论的重要事项,议题相关单位应当深入开展调查研究,充分听取各方面意见,进行合法合规性审查和风险评估,提出明确决策建议。对专业性、技术性较强的重要事项,应经过专家评估及技术、政策、法律咨询,涉及学术事务的重要事项,应充分听取学术委员会等学术组织意见;对事关师生员工切身利益的重要事项,应广泛听取师生员工的意见。

(四)党工委会议题实行一事一报制度,议题相关材料须经校区分管领导审阅同意并签署意见,提前提交至党工委办公室,由党工委办公室提前将会议议题及相关材料送达有关参会人员。

（五）党工委会按既定议程逐项进行，无特殊情况或未经会议主持人同意，一般不临时动议议题。

（六）党工委会议题由党工委委员或校区分管领导汇报，议题上报单位负责人也可参加汇报。议题审议时，应当通知相关单位负责人到会，听取意见，回答问询。

（七）党工委会议事决策实行民主集中制，在与会人员充分发表意见、酝酿讨论的基础上，按照少数服从多数的原则形成决议或决定。如对重要问题发生较大意见分歧，一般应当暂缓作出决定。党工委书记、校长应当最后表态。

（八）党工委会讨论决定重要事项时应当进行表决，表决可以根据讨论和决定事项的不同，采取口头、举手、无记名投票或者记名投票等方式进行，赞成票超过应到会党工委委员半数为通过。未到会党工委委员的意见可以用书面表达，但不得计入票数。会议讨论和决定多个事项，应当逐项表决；决定多名干部任免时，应当逐人表决。

紧急情况下不能及时召开党工委会决策的，党工委书记、副书记或者其他委员可以临机处置，事后应当及时向党工委会报告并按程序予以确认。

（九）党工委会决议分为以下几种：批准或通过；原则批准或通过，按要求作相应修改后实施或发布；暂不形成决议，责成相关单位另行提出意见再行研究；不予批准。

第三章　校区党政联席会议事决策范围及议事规则

第九条　党政联席会议事决策范围

党政联席会是校区行政议事决策机构，讨论决定以下事项：

（一）贯彻学校的决定、决议和有关文件精神；需报请学校党委常委会和校长办公会研究决定，涉及威海校区建设和发展的重大事项、重大项目投资、大额资金使用等。

（二）发展规划、学科建设、教育教学、科学研究、经费预算决算、人员编制、基本建设等各项行政工作中的重要问题和重要事项。

（三）教学、科研、管理等规章制度和工作计划安排。

（四）审议校区年度审计报告和研究确定50万元以上（含50万）100万元以下预算外大额资金的安排使用和预算内大额资金的调整（50万以下预算外大额资金的安排使用和预算内大额资金的调整由校区制定具体细则报学校备案；100万元及以上的预算外大额资金安排使用和预算内大额资金的调整经校区党政联席会议研究后，须按照学校规定提交学校校长办公会或党委常委会研究决定）。

（五）人才引进、培养、使用等工作的重要事项。

（六）教师和其他工作人员的人事聘任、解聘、考核、晋升、管理等重要事项。

（七）专业设置与调整、年度招生就业、学生毕业等重要事项。

（八）重要项目安排、重要资产处置、重要资源配置等事项。

(九)服务国家和地方经济社会发展的重要事项。

(十)对外交流与合作的重要事项。

(十一)研究决定各专门委员会的组织章程、委员会成员及主任人选,有关学术组织提交审议的相关事项。

(十二)群团组织有关行政工作的提案、意见办理事项。

(十三)校区安全稳定和后勤保障工作的重要事项。

(十四)事关校区事业发展、师生员工切身利益的重要事项。

(十五)其他需要研究的事项。

第十条 党政联席会议事规则

(一)党政联席会由校长召集并主持。校长不能参加会议的,可以委托党工委书记召集并主持。会议成员一般为校区领导班子成员。会议必须有半数以上成员到会方能召开。会议成员因故不能出席时,应当在会前向校长请假。

校区校长办公室主任、纪检监察审计办公室主任一般情况下列席会议。议题相关单位负责人可以列席会议,涉及师生切身利益的重大议题可以邀请师生代表列席,该议题结束后,列席人员退场。

(二)党政联席会议题由校长提出,也可以由校区领导班子其他成员提出、校长综合考虑后确定。重要议题应当在会前听取党工委书记意见,意见不一致的议题应暂缓上会。集体决定重要事项前,校长、党工委书记和有关领导班子成员要个别酝酿、充分沟通。属专门工作范围内的重大事项,一般须由专门委员会(或领导小组)讨论研究并提出初步意见或建议,再提交党政联席会。涉及校区多位领导、多个部门的议题,事先应当协调沟通,达成一致意见;未达成一致意见又必须提交党政联席会审议的,应当将不同意见一并提交会议讨论。需上会研究的议题,如分管领导缺席,原则上不予讨论研究。

议题由校区校长办公室汇总审核后报校长审定,未经审定的议题不予上会。凡属校区领导班子成员自身职权范围内决定的事项,一般不提交党政联席会研究讨论。

(三)党政联席会应当健全决策咨询机制,对拟研究讨论的重要事项,议题相关单位应当深入开展调查研究,充分听取各方面意见,进行合法合规性审查和风险评估,提出明确决策建议。对专业性、技术性较强的重要事项,应经过专家评估及技术、政策、法律咨询,涉及学术事务的重要事项,应充分听取学术委员会等学术组织意见;对事关师生员工切身利益的重要事项,应广泛听取师生员工的意见。

(四)党政联席会议题实行一事一报制度,议题相关材料须经校区分管领导审阅同意并签署意见,提前提交至校区校长办公室,由校长办公室提前将会议议题及相关材料送达有关参会人员。

(五)党政联席会按既定议程逐项进行,无特殊情况或未经会议主持人同意,一般不临时动议议题。

(六)党政联席会议题由校区分管领导汇报,议题上报单位负责人也可参加汇报。议题审议时,应当通知相关单位负责人到会,听取意见,回答问询。出席人员应当充分讨论,对决策建议明确表示同意、不同意或缓议的意见,并说明理由。未到会领导班子成员的意见可以书面形式表达。校区校长、党工委书记应当最后表态。

(七)党政联席会研究讨论议题时,校区校长应当广泛听取与会人员意见建议,在此基础上对研究讨论的事项作出决定。如对重要问题发生较大意见分歧,一般应当暂缓作出决定。

(八)紧急情况下不能及时提交党政联席会研究讨论的事项,可由校区校长与校区分管领导共同商议临机处置,事后应及时向党政联席会通报。

(九)党政联席会决议分为以下几种:批准或通过;原则批准或通过,按要求作相应修改后实施或发布;暂不形成决议,责成相关单位另行提出意见再行研究;不予批准。

第四章　会议组织及相关要求

第十一条　党工委会、党政联席会原则上每两周召开一次,如遇重要情况经会议主持人同意可以随时召开。

第十二条　校区党工委(校长)办公室负责党工委会、党政联席会的会务工作,主要包括:收集议题,印发会议材料,通知参会人员,做好会议记录,编发会议纪要,分送校区领导和有关单位,归档会议材料。会议组织的主要程序包括:

(一)党工委(校长)办公室提前一周征集会议议题,统筹、汇总并预排时间后报会议召集人审定。

(二)审定后的议题,由相关负责单位准备议题材料,经校区分管领导审定后,提前 3 个工作日提交至党工委(校长)办公室。

(三)党工委(校长)办公室提前 2 个工作日将会议时间、地点、议题和有关材料等报送会议出席人员。

(四)党工委(校长)办公室做好会务统筹,由专人负责会议记录,撰写会议纪要。

(五)党工委会议纪要由党工委书记签发,或由党工委书记委托的会议主持人签发。党政联席会议纪要由校区校长签发,或由校长委托的会议主持人签发。

第十三条　完整的会议材料应包括议题说明书、议题材料和 PPT。议题材料应当简明扼要,除重大问题和重要事项外,字数一般控制在 4000 字以内,汇报时间一般控制在 10 分钟以内。研究决策类议题时应写明需议决事项。

第五章　议定事项执行与监督

第十四条　党工委会、党政联席会决定的事项,由校区分管领导或相关单位负责牵头组织实施,并及时向党工委书记(或党工委会)、校区校长(或党政联席会)汇报执行情况。如遇特殊情况无法执行，或在实施过程中发现新的情况，需作重大调整的，应当提交党工委会或党政联席会决定；需要复议的，按照前述有关规定重新提交议题。

第十五条 建立有效的督查、评估和反馈机制，确保各项决策贯彻落实。党工委(校长)办公室负责对党工委会、党政联席会相关的决议、决定的落实情况开展督促检查，每学期至少向党工委会、党政联席会报告一次贯彻落实情况。

第十六条 党工委会、党政联席会决定的事项，校区领导、相关单位及个人应当及时执行；对执行不力的，应当依照有关规定追责问责。

第六章 会议纪律

第十七条 实行回避制。凡研究涉及出席和列席人员本人、配偶、子女及亲属的相关议题或涉及其他需要回避的问题时，本人必须回避。

第十八条 会议形成的决议、决定，任何个人无权改变，个人有不同意见的，在无条件服从的前提下，允许保留，也可以向上级组织反映；但不得有任何与会议决议、决定相违背的言论和行动。

第十九条 参会人员应当遵守保密规定。对需保密的会议内容和限制传达范围的决议事项，与会人员不得在规定传达范围之外泄露会议决议和讨论情况；会议决议、决定在未正式公布之前，与会人员不得向外谈论有关细节和内容。如有泄密，严肃追责问责。

第二十条 会议决定的事项、参与人及其意见、表决情况、结论等内容，应当记录并存档。会议记录未经同意不提供查阅。会议材料应妥善保管，其中涉密材料和内部资料，会后应及时收回。

第七章 附 则

第二十一条 本规则由校区党工委会、党政联席会负责解释，具体工作由校区党工委(校长)办公室承担。

第二十二条 本规则自印发之日起施行。原《山东大学威海校区党工委会议制度(暂行)》和《山东大学威海校区党政联席会议制度(暂行)》(山大党字〔2017〕22号)由学校废止。

管理与服务

党工委(校长)办公室工作

2020年,威海校区党工委(校长)办公室在党工委的坚强领导下,在校内各单位的大力支持下,紧紧围绕学校中心工作,落实"强院兴校"行动,统筹疫情防控、安全稳定和事业发展,突出特色服务和增值服务,努力提升工作水平,全力做好参谋助手、组织协调和服务保障工作,圆满完成各项工作任务。

一、强化政治建设,突出理论武装

坚持以习近平新时代中国特色社会主义思想为指导,深入学习贯彻党的十九大精神和十九届二中、三中、四中、五中全会精神,深入落实学校党委和校区党工委各项决策部署,强化"政治机关"属性,加强政治建设。此外,通过强化组织引领力,不断增强办公室的凝聚力、执行力,坚决做到服务校区中心工作、服务师生需求。

二、落实一体发展,加强工作协同

一是认真贯彻落实学校《一校三地管理体制机制改革》文件精神,牵头谋划《山东大学(威海)落实一体发展战略推进高质量发展三年行动方案(2020～2022年)》《党政会议议事规则》等"1+4+N"工作体系,为深化综合改革奠定了坚实基础。二是主动加强与校本部办公室沟通协同,共同制定了办公室系统的《一校三地工作协同机制》,建立了联席会议、定期沟通制度,确保无缝衔接。发挥统筹协调、桥梁纽带作用,推进校区各职能部门、教学院部与校本部对口单位的协同交流。

三、坚持慎终如始,做好常态化下疫情防控和安全工作

认真落实上级和学校工作部署,抓紧抓实各项防控工作。发挥综合协调作用,组织召开疫情防控工作专题会59次,编发《校区疫情防控每日信息》300期,做好疫情防控信息报送工作,组织圆满完成了开学条件核验、省教育厅督导、学校以及威海市多次疫情防控检查;做好学生返校、离校接送站及新生报到接站工作,利用OA系统,做好校外人员

入校审批工作,多措并举确保防控工作落实到位。发挥沟通协调作用,优化校区各项安全工作方案,落实好总值班、重大事项重要信息报送等制度,助力平安校园建设。

四、抓好重点工作,推进提质增效

一是提升综合服务水平。持续优化各项工作流程,协同推进校区 OA 系统的结构调整,不断提升工作信息化能力。做好印信管理使用工作。全年加盖校区及领导签名章印章 2 万余个,出具刻制印章介绍信 19 份,对外公函 12 份。畅通信息渠道,做好校长信箱、信访上访等工作,全年协调校区各单位回复师生关切信函 325 封。全年完成重要事项签报 202 件,办结率 100%。做好法务工作,年内法律顾问单位代理诉讼和非诉讼案件 21 件,提供专业咨询 10 起,合同法务审阅 571 份。做好疫情期间会议服务工作,全年完成了视频会议、节目排演、日常会议等服务 672 场次。认真做好教职工子女入学外联工作,落实了 76 名子女入学、转学事宜,解除职工后顾之忧。高质量完成 2020 年校区高等教育统计调查工作,加强对客观数据的科学分析,形成《校区 2019 年教育事业统计调查数据分析报告》。

二是做好文字信息工作。认真完成文字、信息工作,全年完成撰写整理各类总结、报告、方案、讲话稿、会议材料等近 40 万字。规范材料报送流程,形成报送材料批阅单 45 份。及时妥善处理学校校长信箱来信 111 个、省政务热线 56 个。形成党政联席会、党工委会纪要 21 个,专题会纪要 94 个,较上年增长 40%。严格按照行文要求把好文字关,精简文件数量,提高文件处理效率,全年编发党政文件 118 个,较上年减少 1/3,基本实现 3 个工作日完成编审印发工作。编印 2019 年度党政文件选编和会议纪要汇编,方便领导和各单位的文件资料查阅工作。

三是做好校史档案工作。全年共接收、整理、归档各类档案 1200 余卷/件,部分单位实现了电子文件与纸质文件的同步归档,校区档案库藏不断丰富和完善。为校友提供扫描、电邮、快递等服务,共提供档案借阅利用服务 1500 余人次,出具相关档案证明和提供借阅共 4100 余卷/件,出具学校组织机构代码证、法人证复印件证明 105 份;此外,配合教育部做好往届毕业生的成绩、学历、学位认证等工作,共完成各类认证 165 份。完成《山东大学(威海)年鉴(2018～2019)》的组稿、审校等工作;撰写完成威海校区 2020 年大事记,完成《威海年鉴》《山东大学年鉴》中有关内容的撰写和报送工作。

四是做好机要保密工作。规范公文管理,强化保密意识,全年处理省市、学校各类来文近 2000 份,共处理密级文件 245 个,及时签收、分办,并按时清理、保管,主动督促落实各职能部门办理的文件,做到文件处理及时、安全、不失控,全年无失泄密事故发生。

五是加强督查检查工作。建立“威海校区落实学校会议/文件任务清单制度”,主动认领任务,构建全链条落实机制。全年形成任务清单 29 个,明确重点任务 61 项,确保将学校党委的各项决策部署落到实处。抓好学校下达督办任务的落实,随时跟进重点事项落实情况;加强督办分类管理,综合采用过程督办、绩效督办、重点督办、专项督办、即时督办、定期督办等多种手段,突出校区特色、提高办结质量。

六是高质量推进校地合作共建。校地合作重点项目成效显著,工研院成立特种纤维及符合材料等 5 个工程中心,与 7 家单位签约,获得省科技进步一等奖 1 项(威海市唯一)。发研院揭牌成立英国研究中心,与威海市统计局在统计大数据应用等领域开展全方位合作,与威海市检察院合作共建"民事行政检察研究中心"等。年内基础教育学校已正式签约,目前基建工程基本竣工,首批跟岗教师已到济南山大附中开始学习。山东大学各附属医院与威海市立医院学科对接签约,山东大学附属威海市立医院(筹)揭牌,健康大数据威海协作中心框架已初步形成,"山大系"服务威海市经济社会发展优势日益彰显。

七是扎实做好校友工作。年内新成立法学院、海洋学院校友分会,艺术学院、机电与信息工程学院、文化传播学院等正在积极筹备过程中。充分利用校友资源,推动校友企业积极参加空中就业双选会,助力毕业生实现高质量就业。

(王　松)

纪检监察审计工作

2020年4月，根据学校《关于威海校区、青岛校区党政管理机构设置调整方案》(山大编字〔2020〕8号)文件精神，威海校区纪检、监察、审计办公室更名为纪监审办公室，以延伸管理为主。在学校纪委、校区党工委和纪工委的正确领导下，纪监审办公室以习近平新时代中国特色社会主义思想为指导，深入学习贯彻党的十九大和十九届四中、五中全会精神，紧紧围绕学校、校区2020年党建工作要点及《山东大学(威海)落实一体发展战略推进高质量发展三年行动方案(2020～2022年)》，认真履行监督执纪职责，确保学校党委的各项决策部署在校区落地生根。

一、加强政治建设，突出思想引领

树牢“四个意识”，坚定“四个自信”，坚决把“两个维护”落实到纪检监察工作全过程。坚持和完善集体学习制度，专题学习习近平总书记重要讲话和指示批示精神、十九届四中、五中全会及十九届中央纪委四次全会精神，并结合部门职责认真贯彻落实教育系统全面从严治党工作会议和学校全面从严治党工作会议精神。2020年度，召开纪工委全委会3次，组织专题学习3次，参加学校纪委组织的一校三地纪检监察干部理论专题学习10次，切实做到学懂弄通做实，以实际行动践行“两个维护”和初心使命。

二、加强政治监督，层层压实责任

把各级党组织贯彻落实习近平总书记重要指示精神、中央重大决策部署和学校党委重要部署作为重大政治责任和监督重点，严肃查处不敢担当、作风漂浮、推诿扯皮等问题，督促各单位党政主要负责同志认真落实主体责任，确保学校各项工作部署精神落实到每位师生。

按照学校党委相关工作要求，成立了专项督查工作组，制定了《疫情防控督查工作方案》和《常态化疫情防控督查工作方案》，通过明察与暗访相结合、现场查看与线上查访相结合等方式开展专项督查工作37次，发出纪律检查建议书1份，提出6条整改建议，督促整改落实，夯实监督实效。按照学校党委对学生就业工作的相关要求，深入校区7个学院进行就业工作督导，针对存在的问题，现场督促落实整改。

三、聚焦重点环节，做实日常监督

通过日常监督、执纪审查、提醒谈话、提出纪律检查建议书、廉洁教育、警示教育等，抓实近距离常态化监督，一体推进“三不”机制体制。积极开展对各级党组织“一把手”落实主体责任约谈工作，紧盯关键少数、关键人员、关键岗位及权力运行各个环节，强化日常监督，早发现、早提醒。加强对校区招生考试工作的督查，5月份，配合校区学科建设与研究生处开展校区硕士招生复试录取工作督导检查11次。严格审查拟提拔、拟推荐的党员干部，回复出具廉政意见及廉洁自律情况130余人次。

四、完善信访处理流程，严格执纪审查

对信访举报定期梳理、综合分析，对问题线索集中管理、分类处置。推动日常监督与执纪问责、审查调查相衔接，强化线索研判、问题查处和责任追究，持续保持惩治腐败高压态势。对业务范围内的信访件依规依纪开展核查，并对核实的违纪人员给予党纪处分。

五、加强作风建设，巩固深化成果

严格落实中央八项规定精神及学校中央八项规定精神实施细则，把日常检查和集中督查结合起来，盯紧重要时间节点进行提醒。紧盯疫情防控常态化中的“四风”问题，持之以恒纠“四风”。对校区基层党建经费及其他差旅费、会议费等涉及八项规定精神的经费支出进行了专项审计，巩固落实中央八项规定精神成果。

六、落实谈话制度，加强警示教育

对校区违纪案件，做到“查处一案，警示一片”，以案促改，以案明纪。11月份，开展了对校区组织部、人事处、财务处、资产与实验室管理处、基建处、后勤管理处、教务处等部门重要岗位、关键环节的科级干部廉政谈话。12月份，组织校区广大党员观看学校纪委提供的警示教育专题片，在党支部层面做到警示教育全覆盖。

七、加强专项审计，突出审计重点

积极开展财务收支、经济责任及各类专项审计工作，年内完成各类审计项目7项，提出审计意见21条(见下表)。根据《教育部办公厅关于向审计署提供电子数据的通知》(教财厅函〔2018〕28号)等文件精神，协同各部门顺利完成威海校区审计署电子数据报送工作。按照学校统一部署，及时、认真完成了威海校区内部控制报告编报工作评价及风险评估模块的基础工作。

表1　2020年度财经审计项目统计

审计项目名称	提出审计意见(条)
领导干部经济责任审计(3项)	4
山东大学(威海)疫情防控专项审计	6
山东大学(威海)2019年度预算执行及财务收支专项审计	5

续表

审计项目名称	提出审计意见(条)
山东大学(威海)2019 年度八项规定执行情况专项审计	2
饮食管理服务中心 2019 年度财务收支的审计报告	4
合计:7 项	21

八、完善工程审计流程,提升审计效率

一是重点加强基建工程全过程审计工作,对建设中的材料与空间科学科研楼、新工科与交叉学科科研楼认真开展全过程跟踪审计,参与审查工程暂估项目的招标文件及控制价、审核工程变更签证及工程进度报告,防范工程造价管理风险。二是完善了工程审计流程,将工程审计送审额起点从 2 万元提高到 5 万元,进一步细化工程送审资料的要求,以便被审计单位顺利完成送审工作,及时规范地提供工程结算资料,有效推进审计工作的顺利开展,促进了校区基建、修缮工程的科学管理。

截至 2020 年 12 月底,威海校区基建、修缮工程共审计 74 项,审计金额 9377.59 万元,审减金额 256.35 万元,审减率 2.73%,其中,全过程审计完成一项:东门教职工周转房工程(土建)全过程审计,审计金额 4428.25 万元,审减金额 202.36 万元,审减率 4.57%。

九、加强队伍建设,提升业务能力

组织纪检监察干部深入学习党的十九届四中全会、五中全会精神和十九届中央纪委四次全会精神,组织学习中央印发的《纪检监察机关处理检举控告工作规则》等规章制度。利用"学习强国"等网络平台抓好纪检干部的线上业务培训,提高纪检监察人员的理论业务水平和工作能力。10 月下旬,按照省纪委和学校纪委要求,组织了纪检监察业务知识应知应会闭卷考试,检验了干部业务水平和业务能力。审计人员参加了教育审计学会组织的综合管理审计培训、山东省教育审计学会组织的全省教育审计负责人培训以及中国内部审计协会组织的在线直播培训课程等培训与交流活动。

(刘伟娇)

组织工作

2020年4月21日，根据山东大学《关于威海校区、青岛校区党政管理机构设置调整方案》(山大编字〔2020〕8号)文件精神，威海校区机关党委与党工委组织部合署办公。

一、狠抓整改落实，推进主题教育常态化制度化

坚持收尾不收兵，扎实做好“不忘初心、牢记使命”主题教育后半篇文章，针对主题教育查找的突出问题，建立整改台账，细化整改措施，压实整改责任，实行销号式管理，确保整改落实取得实效。严格落实中央《关于巩固深化“不忘初心、牢记使命”主题教育成果的意见》，结合学校党委要求和校区实际，制定具体举措清单，明确责任单位和具体举措，推动巩固深化主题教育成果各项任务落地见效。

二、夯实党建基础，不断提升基层组织力

(一)优化组织设置，推进党支部规范化建设

进一步理顺基层组织设置，顺利完成1个学生党支部和17个机关党支部按期换届工作；按照专业、学科团队优化支部设置，在学生社团、宿舍公寓设立党员活动室，强化党组织在学生工作中的组织领导和政治核心作用。扎实开展党支部建设规范提升行动，推进党支部标准化规范化建设，督促党支部对照列出的问题清单、任务清单立整立改，边整改边规范、边规范边提升，着力打造过硬党支部。

(二)强化示范引领，培育基层党建工作品牌

着力打造一批创新性强、有特色的党建品牌活动，遴选3个学院、6个党支部、9个党支部书记，分别作为校区党建工作标杆院系、样板支部和“双带头人”教师党支部书记工作室创建单位，指导做好1个省高校党建工作样板支部培育工作，给予一定的经费和政策支持。指导各级党组织开展基层党组织活动立项和书记抓基层党建突破项目，总结验收结题67项，2020年申报立项42项。

(三)严肃党内生活，健全基层党建工作保障机制

严格规范“三会一课”、主题党日、组织生活会等制度，每月发布《基层党组织主题党日活动指南》，为每个教工党支部印发《大学习大研讨大谋划》参考资料。优化党费和党建专项经费管理使用，将返还党费比例提高至50%，下放党费管理使用权限至二级单位党组织，明确责任监督，严格使用范围。

三、严格标准要求，不断加强党员队伍建设

(一)注重服务指导，规范发展党员工作

进一步规范二级党组织发展党员审批流程，编印《发展党员工作实务手册》，梳理明晰发展党员时间线，规范发展程序步骤，有针对性指导基层党组织解决发展党员实际困难，为基层党建提供增值服务。配齐配强学院专兼职组织员22名，充分发挥其在发展党员工作中的审查把关作用，确保发展党员质量。年内共发展党员550人(其中教工12人)，转正预备党员596名，在教学科研骨干、学术带头人等群体中发展党员人数有所增加。

(二)注重过程培养，党员教育培训有序进行

坚持线上与线下相结合，培训入党积极分子942人、党员发展对象561人。举办党支部书记专题培训班和组织员培训班，不断提升新形势下党务人员做好基层党建工作的能力和水平。

(三)发挥模范作用，强化党员日常教育管理

做好校院两级“两优一先”推荐评选工作，制作2期宣传栏展示，发挥身边榜样力量，营造良好争优赶先氛围。加强毕业生党员教育，以多种形式组织毕业生党员开展线上“最后一课”教育活动。完成175名新生、697名毕业生党员组织关系转接和党员信息管理工作。

四、坚持从严管理，努力建设高素质干部队伍

(一)落实管理体制机制改革方案，做好机构优化设置和部分中层领导干部调整补充工作

扎实推进校区管理体制机制改革，对校区23个机关及直属单位进行了广泛谈话调研，通过调研全面掌握了各单位中层领导班子运行情况和领导人员现实表现情况，听取教职工对一校三地体制机制改革的意见建议，摸清年轻干部的思想状况和现实表现情况，了解各单位工作中的难点、堵点、痛点。在学校党委统一部署安排下，顺利完成校区党政管理机构12个空缺副处级岗位和部分学院党政副职的补充调整工作，优化了中层干部队伍年龄结构，激发了干事创业活力，为进一步提升校区管理服务规范化、科学化水平，打下坚实的干部队伍基础。

(二)落实“强院兴校”行动，做好干部教师挂职锻炼工作

鼓励和引导年轻干部教师到直接联系服务师生的一线岗位经受锻炼，提高服务师生员工、处理实际问题和应对复杂局面的能力，认真组织好干部教师校内双向挂职和校地双向挂职工作，全年派出和接收校内双向挂职人员44人，选派8名干部教师到威海(文登)、江苏挂职锻炼，接收5名威海市青年企业家来校区挂职相关学院副院长，干部教师挂职锻炼人数为历年之最。通过挂职交流，推进校区间一体化融合，推进机关部门与学院间的沟通交流，架起了校地合作的桥梁，干部教师经受了锻炼，增长了才干。

(三)落实干部教育一体化培训体系，做好干部教育培训工作

深入落实一校三地体制机制改革，按照学校党委干部一体化培训要求，克服新冠疫

情影响，同步开展各类线上培训，先后组织开展十九届四中全会精神专题培训班、国家战略需求与国际科技前沿趋势系列专题报告会、双向挂职干部教师岗前培训班、党务干部专题培训班、“十四五规划”专题培训班等，校区全体处级干部、科级及以下管理人员、双向挂职干部、教工党支部书记、组织员、党务秘书、学术骨干和学科带头人等近1500人次参加了各类线上专题培训，干部教育培训的覆盖面更加广泛，统一了思想、凝聚了共识，达到了高质量教育培训干部、高水平服务学校事业发展的目的。

（四）落实全面从严治党要求，做好干部管理监督考核工作

严格落实全面从严治党“一办法三清单”和学校党委干部监督管理有关规定，层层压实监督责任，强化对处级领导干部兼职管理和出国境审批等日常监督管理，提升干部自我监督管理的自觉性；注重加强干部党风廉政建设和作风建设，坚持早发现、早提醒，结合典型案例定期开展干部警示教育，营造风清气正的政治生态环境；协助做好中层领导班子和领导干部年度考核、新提拔处级干部试用期考核，协助校区分管领导做好考核结果反馈谈话，对考核中发现的问题，及时提醒、立行整改，激发干部干事创业积极性。

五、着眼提质增效，促进机关服务水平提升

深化落实一校三地管理体制机制改革，以“强院兴校”行动为内核，以“师生办事只跑一趟”为宗旨，着力推动“放管服”落地落细，推进管理重心下移，使转作风、强服务成为校区机关干部的行动自觉。坚持文化引领，强化责任担当，积极主动作为，完善线上线下服务功能，方便师生随时随地办理业务。深入推进落实“一体化战略”，组织机关科级干部“强院兴校”主题征文活动，开展庆祝新中国成立70周年职工合唱比赛、“我与山大共发展”教职工演讲比赛、教职工第九套广播体操比赛等多样化文体活动，营造主动担当、各负其责、勇创佳绩的干事创业氛围。主动服务地方，组织机关干部群众为石家泊村捐款16000余元，为贫困村民纾难解困，助力脱贫攻坚。

六、发挥组织优势，全力打好疫情防控阻击战

党工委组织部、机关党委积极主动履职、有效发挥作用，第一时间转发部署中央、学校防疫要求，强化宣传引导，在网站开设“‘疫’线党旗红”栏目，及时宣传报道各基层党组织和党员干部抗疫故事、先进典型、特色做法；按照上级下拨党费1∶3比例，从校区管理党费中划拨12万元，用于购买防疫物资，慰问疫情防控一线党员群众；组织校区党员通过微信、支付宝等线上支付方式捐款16万余元；开展校区党组织常态化疫情防控“四个一”行动，组织遴选优秀党课，形成“战疫故事汇”，向上级党委报送活动优秀作品；创新疫情期间支部活动形式，指导组织各党支部利用“山东e支部”开展形式灵活的网上组织生活，充分发挥基层党支部的战斗堡垒作用。

（杨　青　高佚婧）

宣传统战与教师工作

2020 年 4 月，根据《关于威海校区、青岛校区党政管理机构设置调整方案》(山大编字〔2020〕8 号)文件精神，威海校区工会、妇委会挂靠党工委宣传统战部，调整后为党工委宣传统战部(教师工作办公室)，挂靠单位：工会、妇委会。

在学校党委和校区党工委的坚强领导下，党工委宣传统战部(教师工作办公室)始终坚持以习近平新时代中国特色社会主义思想为指引，毫不动摇地用“四个意识”导航、用“四个自信”强基、用“两个维护”铸魂，围绕中心，服务大局，把牢政治方向和舆论导向，压紧压实工作责任，落实落细工作举措，不断提升政治判断力、政治领悟力、政治执行力，为校区夺取疫情防控和事业发展双胜利提供思想保证和精神支持。

一、以疫情防控为契机，检验党建成效

(一)强化疫情防控分析研判

牵头承担起疫情防控宣传舆情专项工作组和教工工作组的工作，制定疫情防控教职工工作方案、涉新冠肺炎疫情舆情应急预案等，每日实时统计掌握教职工出行动态，及时传达学校和属地各项防疫政策，研判教职工疫情防控形势，全程参与山东省高校开学条件核验工作，参与疫情防控演练 5 次，统计汇总各类表格信息 800 多份，筑牢教职工生命安全防线。

(二)突出疫情防控宣传引领

结合学校党委不同阶段的防控重点要求，抓住疫情防控初期、“停课不停学”、疫情防控趋于稳定三个阶段节点，紧扣主题、把握主动，分类推进、持续用力，先后上线“新冠肺炎防控工作专栏”“延期不延学系列报道专栏”，编发防疫稿件 300 多篇，在人民网、光明网、学习强国平台刊发理论文章 8 篇、校区疫情防控稿件 35 篇，进一步坚定师生防控疫情的信心和决心。

二、以思想引领为主线，把牢政治方向

(一)加强思想理论学习

制定党工委理论学习中心组学习安排和教职工政治理论学习安排，开展 9 次集中学习研讨。制定基层党委书记学习例会制度、教职工政治理论学习制度，全年下发了 18 期理论学习材料，转发 50 期《抗疫：舆论正能量》，及时更换 8 期宣传栏内容。以基层党委

(党总支、直属党支部)为单位成立宣讲团,通过思政课"同城大讲堂"、学术讲座、主题党日等形式积极组织开展宣讲 67 场次。

(二)推进思想政治建设

制定威海校区落实教育部等八部门《关于加快构建高效思想政治工作体系的意见》的工作台账,出台推进形势政策报告会制度化常态化工作方案,成立思想政治工作专班,督查相关单位落实 2020 年思政工作任务。组织 2020 年度校区思想政治研究项目立项评审,涉及党建、意识形态、学生培养等方面的 38 个项目获批立项。

(三)强化师德师风建设

制定教职工思想状况定期研判制度,开展教职工思想状况调研,组织学习《山东大学关于加强和改进新时代师德师风建设的意见》,整理汇编师德师风文件学习手册,印发至全体教职工。

三、以文化引领为载体,凝聚宣传合力

(一)坚持文化建设领航

深入开展《山东大学文化引领战略实施纲要》学习宣传活动,制定校区"十四五"文化引领战略规划,结合教职工政治理论学习、党支部"三会一课"、专题报告会、讲座等形式,先后组织文化委员会专家委员开展宣讲 18 场次。以"一院一品"、"四史"文化教育、特色文化彰显为突破,组织开展丰富多彩的校园文化活动,推动师生员工深刻领会山大文化内涵。作为威海文明城市复查考核点,为实现文明城市"三连冠"加分添彩。

(二)一体宣传齐发力

联合学校党委宣传部完成新文科大会宣传报道任务,被新华网、人民网、山东新闻联播等媒体重点报道 24 次,参与百微山大团队拍摄校区视频 7 部,向山大日记推送头条日记 14 篇、山大视点要闻稿件 80 篇,协助校区各单位开通微信公众号,全面展示校区团结奋进的精神风貌。

四、以服务保障为切入,提升统战工作服务能力

承办学校统一战线政治培训班,组织 100 多名统战委员赴胶东党性教育基地接受爱国主义教育,并安排党外知识分子代表赴青岛学习培训。进一步完善党外人士数据库,推荐省级无党派人士 5 人。

(戚伟良)

学生工作

一、学生思想政治教育工作

2020年，校区以疫情防控宣传教育为契机，结合“青春告白祖国”系列活动，充分发挥新媒体平台作用，加强学生理想信念和家国情怀教育。校区以组织收看山东大学援鄂医疗队表彰暨事迹报告会、发放山东大学援鄂医疗队事迹宣传手册、新生入学教育、开通线上“抗疫情”专题等形式，全方位、多角度弘扬“抗疫精神”，营造崇尚英雄、学习模范的良好风尚。2月10日，校区举办“战‘疫’吧——学校和你在一起”网络直播活动，累计吸引125778人次观看，同时在线人数最高时达到1.7万人。

2020年，校区共评选省级先进集体和个人29个，校级先进集体、优良学风班40个。校区还开展了“校长奖”“自强之星”“研究生道德风尚奖”等榜样评选及宣传工作，发放《榜样的力量》优秀学子宣传册，在创先争优中强化学生主人翁意识，引导学生建功“双一流”。

校区坚持网络思政教育平台“内容为王”原则，强化对学生的主流价值观引领，“学生在线”微信公众号全年共推送各类原创文章及各类推文304篇，学生工作处网站“有问有答”栏目回复学生问题310余条。

二、学生党员教育工作

校区通过“四史”教育系列活动、“初心讲堂”、学生党员“教育实践示范活动”和先进个人评选等形式，理论与实践相结合，推进学生党员教育工作常态化开展。校区评选出2019年度学生党员“教育实践示范活动”8个、“学生党员教育示范活动先进个人”16人，并进行表彰。

三、学生发展指导

（一）学生心理健康教育与指导

校区建立心理危机预警库，全面掌握疫情对学生的心理健康发展状况影响；开展“向阳而生”帮扶行动，制定心理帮扶方案，坚持“一生一案”，严防学生因心理问题引发危机事件；通过网络直播、网络心理支持邮箱、线上咨询服务和线上团体辅导等形式，帮助学生缓解因疫情而产生的不良情绪。

校区全年共接待咨询学生140多人次,完成4168名2019级新生心理普查工作,筛查约谈343人;开设心理健康教育必修课1门,心理健康教育通选课10门;开展“走进心灵”心理健康教育系列讲座43场,开展心理团体辅导活动32场;开展心理健康教育精品活动立项5项;培训辅导员234人次,培训心理委员和心理信息员2889人,培训新生班级心理委员和宿舍心理信息员778名。

(二)学生就业指导

校区以学生需求为导向,丰富就业指导形式。邀请智联招聘专家通过网络直播,为毕业生答疑解惑;开展校友导师就业指导沙龙6期,共邀请18位校友担任分享嘉宾,与同学们就转变就业观念、网络招聘面试技巧、国际组织实习与海外工作、国有企业和公务员等专题与学生在线交流;以校区全球治理与国际组织协会为抓手,做好国际组织人才培养与推送工作;校企合作开展大学生职业生涯规划比赛,促进学生职业发展实践;做好校友导师续聘工作,充分利用校友资源,提升就业一校友工作合力,助力学生就业能力提升。

(三)资助育人

校区丰富“添翼工程”内容与形式,强化第二课堂的育人功能,拓展全过程育人途径。在暑期社会实践的基础上,增设“绘画心理”、游泳、艺术欣赏等美育体育课程,同时依托校外培训机构开展“学习云课堂”(涵盖感恩教育、实用礼仪、情商提升等在线课程学习),累计培训400人次。

(四)学业指导

校区继续开展“积分筑梦”学业帮扶活动,开设帮扶课程2门,累计授课20学时,250名学生报名参与;修订本科生导师考核激励办法,拓展专任教师指导本科生渠道,完善本科生导师奖励机制,鼓励学院创新工作模式,共同搭建更加丰富多元的全员育人平台。

(五)学生国防教育

校区充分发挥军事理论课征兵宣传的主渠道作用,引导学生树立入伍报国的家国情怀,全年共有24名大学生应征入伍,入伍人数比2019年翻一番。

四、学生事务管理工作

(一)疫情常态化防控下校园管理工作

2020年,校区抓好“八个落实”,确保各项疫情防控任务做实做细,坚决防止疫情在校园输入蔓延。建立在校学生身体状况档案,形成湖北籍学生、海外访学学生、国际学生等重点关注对象管理台账。制定《学生工作处开学前后新型冠状病毒感染的肺炎疫情防控预案》《学生公寓新冠肺炎疫情防控消毒规程》等规章制度,建立健全疫情防控工作体系。落实上级疫情防控工作精神、要求,反复摸排、研判,做好疫情常态化防控下学生返校、毕业生离校、新生开学、应急处理、进出门管理等日常管理工作。

（二）学生奖学金评定和违纪处理

校区用好奖助政策，引领带动广大学生承担使命，追求卓越。2020 年，校区共评选省级先进集体和个人 29 个，校级先进集体、优良学风班 40 个，校级评奖评优 7700 余人次，发放各类奖学金 1545.43 万元。

（三）学生资助与保险

2020 年，校区共认定家庭经济困难学生 2007 人，占在校生比例 13.9%；为 308 名因疫情导致生活拮据、亟须资助的学生发放疫情临时困难补助 11.23 万元；设置勤工助学固定岗 1263 个、临时岗 502 个；各类资助金覆盖经济困难学生 3000 余人，资助总额 1297.6 万元。

6 月份，校区通过公开招标的方式，对 2020～2023 学年学平险进行了招标，确定了威海市新华保险公司和威海市人寿保险公司两家保险公司。组织在校生参加威海市居民基本医疗保险，为在校生缴纳商业保险费 72.94 万元；受理 499 名学生门诊报销材料，报销门诊费用 21.08 万元，受理商业保险理赔 188 件。

（四）宿舍管理工作

2020 年，校区坚持“安全为纲”，把疫情防控放在全年公寓管理工作的首位。成立学生公寓疫情防控领导小组，制定形成《学生公寓疫情防控工作手册》，为有力有序有效开展防控疫情工作提供制度保障。加强人员管理，强化岗位培训，不断提升公寓管理服务人员疫情防控意识、技能和应急处置能力。继续实施公寓文化内涵提升工程，完成 12 栋公寓楼的环境文化内涵提升建设；推行学生党员宿舍和学生党员床位挂牌制度，鼓励学生党员在公寓内发挥示范引领作用。

（五）学生就业工作

2020 年，校区把“稳就业”“保就业”作为政治任务来抓。实施包干负责制，强化就业指导中心与学院的联系和督导；做好毕业生群体分类指导，加强就业信息精准推送，一生一策做好个性服务，提高就业工作的针对性和时效性；充分发挥导师、任课教师、校友的作用，共同助力毕业生就业。以华为 welink 智能工作平台为基础，实现用人单位线上宣讲、面试一体化。同时加强与政府和线上招聘平台合作，强化与校本部的沟通协作，线上线下招聘效果和优势互补，多渠道开拓就业市场。校区共举办校园专场招聘 141 场，毕业生春季空中双选会，秋季双选会等各类招聘会全年累计提供就业岗位 10 万余个。

五、辅导员队伍建设

2020 年，校区招聘专职辅导员 4 人，保资辅导员 12 人。同时选派 301 人次参加各类专题培训和考察交流，开展保资辅导员实习培训。2020 年学生工作队伍共发表论文 30 篇；主持省部级项目 3 项，校级项目 17 项；获得校级以上荣誉表彰 166 人次。

（孙丽霞　闫红伟）

共青团工作

2020 年 4 月 21 日，根据山东大学《关于威海校区、青岛校区党政管理机构设置调整方案》(山大编字〔2020〕8 号)文件精神，威海校区团委调整为团工委，挂靠党工委学生工作部(学生工作处、武装部)。

校区团工委以习近平新时代中国特色社会主义思想为统领，紧紧围绕立德树人根本任务，坚决贯彻落实学校疫情防控决策部署和一体发展总要求，以疫情宣传教育为抓手，以学生组织改革为重点，以推进“三全育人”体系为主线，不断增强共青团的政治性、先进性、群众性，为培养德智体美劳全面发展的社会主义建设者和接班人贡献青春力量。

一、创新思想引领方式方法，提升思政育人质量

(一)扎实开展疫情宣传教育和志愿服务工作，服务学校疫情防控工作大局

疫情期间推出宣传教育原创图文近百篇，短视频作品 200 余个，各平台累计播放量超过 500 万；发挥各级团学组织合力，开展“防控疫情，从我做起”特别主题团日，答题战“疫”防疫知识竞赛累计答题 3.2 万余人次；通过摸排志愿者信息、发放慰问信等形式指导防疫志愿服务工作，开展社区防疫抗疫志愿服务、“青春志愿汇，榜样的力量”主题活动 60 余次，1500 余人参与；93 支团队立项开展“青春担当 · 战疫有我”社会实践活动，参与防疫志愿服务 30 小时以上的校区学生有 152 人，5 名学生获得山东省“大学生青春贡献奖”；以素质拓展项目为主线持续推进拓展培养计划，其中校级活动 26 项，院级活动 88 项。

(二)组织开展“五四”青年节系列活动，传承和弘扬山大抗疫精神

校区共有 50 个集体、1800 余人次获得 2020 年度山东大学五四表彰；4 名学生、2 个项目获评山东大学第十一届学生五四青年科学奖，获奖人次创新高；举办“战‘疫’新青年，奋斗燃青春”网络青晚、五四青年节 vlog 大赛、传扬“五四精神”暨“青春担当 战疫有我”志愿服务先进典型选树活动，开展“五四传薪火，携手战疫情”知识竞赛及“五四青年科学报告会”系列活动。

(三)发挥团组织优势，推进团员青年政治理论学习

团组织深入学习贯彻党的十九届五中全会精神，各基层支部结合“三会两制一课”开展专题学习活动 200 余场。组织团员青年参加“青年大学习”网上团课。组建第五期“青马工程精英班”，组织学员开展《习近平与大学生朋友们》、“四史”教育专题培训，坚定理想信念。

(四)设计开展“家国情怀”系列思政活动

围绕新时代青年思想引领,组织开展“山大故事”剧本征集大赛、新生思政美育公开课迎新晚会、“四史”故事短剧大赛、习近平新时代中国特色社会主义思想研究专项立项、“玛珈青语”直播间、“向上吧！青年”、毕业生线上晚会、“云游山大”等系列活动,有3万余人次参与,在青年中涵养家国情怀。发挥学生榜样示范引领作用,空间科学与物理学院尹若彤、机电与信息工程学院智能车团队获得2020年度山东大学“榜样的力量”学生年度人物称号,法学院高颂、机电与信息工程学院李柯林获评中国“大学生自强之星”。

二、全面深化学生组织改革,规范学生组织自身建设

(一)召开学代会、研代会

全面落实团中央、教育部关于学联学生会改革的十项举措,开展学生会、研究生会深化改革评估工作。11月28日,召开第十七次学生代表大会、第八次研究生代表大会。

(二)完善学生权益维护机制、创新服务同学机制

举办学代会各职能部门提案答复会,开展了七期“权益直通车”活动,解决与回复学生权益问题431个,进一步完善学生民主管理体系。建立10个学生自我服务工作室,搭建同学互相服务平台;举办山东大学“十佳学生会”“十佳研究生会”校区评选活动。联合山东14所高校召开第六届半岛研究生论坛。

(三)加强社团骨干管理

开展团校培训之学生社团骨干培训班;加强社团品牌化建设,开展学生社团创新项目大赛、社团文化节、社团风景线、社团星级评定等工作。

三、坚持“三全育人”“五育并举”理念,服务学生成长发展

(一)扎实推进寒暑期和日常社会实践工作

以“决战脱贫攻坚,投身强国伟业”为主题,组建318支社会实践团队,设立添翼、青鸟计划等6个实践专项,2157名实践队员通过“互联网＋社会实践”新模式开展实践活动,实践团队获全国暑期“三下乡”社会实践活动优秀团队和“千校千项”社会实践最美团队,37个团队及个人获评山东省社会实践优秀集体和个人。

(二)倡导人人都做志愿者,营造浓厚志愿服务氛围

举办校区第十一届志愿服务月活动,参与人数达4000余人;招募选拔7名优秀应届毕业生参加山东大学第23届研究生支教团;捐助6个“希望小屋”,对接8名贫困儿童,开展爱心义卖活动,捐款1.2万余元;获中国计划生育协会青春健康高校项目A类立项,开展新冠病毒和学生常见病的预防工作,举办专家讲座3场,受众人数7000人;组织140名志愿者开展威海市国际化语言纠错志愿服务活动,引导学生为威海“精致城市”建设做贡献。开展志愿服务典型选树活动,评选出校级志愿服务优秀项目3个,优秀集体和个人98个。

(三)青鸟聚威,大学生就业见习成效显著

举办"青鸟计划"企业线上就业促进行动 3 期,受益应届毕业生 400 余人;发布就业实习信息 1000 余条,涉及 1 万余个就业见习岗位。举办"青鸟计划"暑期就业见习成果汇报会,评选先进个人 20 名。采取团干部结对模式,定点聚焦帮扶 189 名家庭经济困难学生和"建档立卡"家庭学生,开展线上就业技能培训 8 期。

(四)不断强化大学生基础学术创新能力的培养与训练

第十五届本科生科研训练计划项目,共立项本科生科研作品 553 项,参与学生人数超过 2500 人。开展第十二届本科生科研助理、第十四届科研班主任的选拔工作,共选聘本科生科研助理 619 人,科研班主任 67 人。举办第八届"成才杯"大学生科技学术节,进一步营造校区大学生创新创业文化氛围。

(五)以"挑战杯""互联网+"等高水平赛事为抓手,充分发挥竞赛的实践育人功能

在做好"三级"赛事的同时,举办"双创"冬令营,成立竞赛专家组,开设线上"双创"咨询室,开展"挑战杯"种子项目立项等活动扩大竞赛的参与面,受益学生超过 3000 人次。在第十二届"挑战杯"大学生创业计划竞赛、第六届中国国际"互联网+"大学生创业大赛以及第十一届山东省大学生创业计划大赛中,校区共获得国家级奖项 3 项,省级奖项 50 项,其中省级最高奖 12 项。校区再次获山东省"挑战杯"竞赛"优胜杯""优秀组织奖"以及山东省"互联网+"竞赛优胜奖。校区团队获全国研究生数学建模竞赛一等奖 1 项、二等奖 1 项、三等奖 2 项,再创新高。

(六)积极开展创业促进工作,助力学生创业公司逆风飞扬

新冠肺炎疫情发生后,校区团工委及时调研创业团队需求及困难,通过开展线上创业咨询指导,为学生创业企业协调校外临时办公场所,积极对接工商、税务、人社部门等措施,最大限度地为学生创业公司争取资源,促进学生创业企业复工复产。据统计,2020 年孵化园中创业公司的销售收入突破 5000 万元,比 2019 年增长近 1 倍。在孵企业威海猎屋渔具有限公司负责人申登攀荣获第五届"山东优秀大学生创业者"称号。

(张文学　谈　般)

工会、妇委会工作

2020 年 4 月，根据学校《关于威海校区、青岛校区党政管理机构设置调整方案》（山大编字〔2020〕8 号），威海校区工会、妇委会挂靠党工委宣传统战部。

2020 年，工会、妇委会深入贯彻党的十九大和十九届四中、五中全会精神，落实山东大学第十四次党代会任务目标，紧紧围绕山东大学“双一流”建设，结合学校工作重点和单位中长期发展规划，按照“人文关怀、精准服务、突出特色、服务大局”的思路，加强工会建设，打造人文型、服务型、学习型、创新型工会。

一、充分发挥工会职能作用，助力打赢疫情防控阻击战

1.深入贯彻习近平总书记重要指示批示精神，落实上级和学校党委、校区党工委关于新冠肺炎疫情防控有关部署，充分发挥工会组织作用，坚持从严从早全面防控。

2.加强宣传引导，坚定战胜疫情的决心和信心。向教职工发出倡议书，普及科学防疫知识，大力营造科学防控、关爱一线职工的舆论氛围。密切关注国家、学校有关政策措施和疫情动态，通过工会网站、微信、QQ 工作群等网络渠道面向教职工做好宣传解读工作。

3.认真履职尽责，积极有序有力参与疫情防控工作。严格落实值班制度，值班领导在岗带班，值班人员坚守岗位。督促指导基层工会结合自身实际，做好对坚守疫情防控一线职工的关心关爱工作。做好防疫期间和疫情结束后职工的心理疏导工作，鼓励职工积极进行体育锻炼，保持乐观心态，打赢疫情阻击战。

二、完善民主管理

1.协助做好学校四届二次教代会暨十九届二次工代会相关工作，督促各基层工会做好教代会提案征集工作，督促相关职能部门做好提案回复工作。

2.为进一步拓宽教职工参与学校民主管理的渠道，充分发挥教职工的主人翁作用，积极做好“做一名出彩山大人——金点子征集”活动，共有 6 人“金点子”获奖。

3.聚力强院兴校战略，构建一体发展下的威海校区民主管理体系。进一步完善二级教代会制度，提高基层单位对二级教代会地位和作用的认识。开展学院二级教代会建设调研活动，修订完善相关制度，建立二级教代会考核评价机制，全面提升学院二级教代会制度化、规范化建设水平。

三、深化建家活动

持续深化建家活动，进一步强化把工作重点放在基层的观念，切实把建家作为一项经常性、长期性的工作来抓，与时俱进，开拓创新，努力把建家活动提高到新水平，推向创新发展的新阶段。

1.树立服务大局的意识，把建家活动同围绕中心，促进发展结合起来，正确把握开展建家活动与推进学校建设发展的关系，把广大教工的智慧和力量凝聚到推动学校“双一流”建设上来。

2.坚持建家活动体现时代性、把握规律性、富于创造性，尊重基层的实践，不断赋予建家新内容，拓展新领域，注入新活力。

3.以教工之家建设为引领，以会员是否满意为基本标准，建立健全基层工会建设综合考核评价体系。

4.建立模范教工之家建设、考核、表彰、复查等制度，提升教工之家影响力。

5.坚持依靠会员办工会，推进会员评家、会务公开等工作，落实会员的知情权、参与权、选举权和监督权。

四、持续加强工会自身建设

充分认识新形势下加强工会建设的重要性，强化政治意识、服务意识，转变观念和作风，加强制度建设，加强与校本部一体化融合发展。

1.不断加强党风廉政建设，强化责任担当，严格落实责任，自觉接受全校教职工监督，树立工会干部良好形象。

2.深化“放管服”改革，完善工会经费使用制度。协同财务处为各基层工会设立“基层工会经费”项目，进一步规范经费使用，优化经费支出结构，提高经费使用效益，将更多的经费用于为教职工服务和开展工会活动，维护教工的合法权益，增强工会服务教工的能力，激发了基层工会的主动性和创造性。

3.更好地发挥教代会和工会在学校建设中的作用，开展山东大学工会工作先进集体及个人评选工作，共评选山东大学优秀工会工作先进集体 5 个，工会先进个人 65 人。

五、促进和谐校园建设

充分发挥工会服务学校中心工作、服务大局、服务广大教工职能，开展丰富多彩的文化体育活动，有力调动了教工的积极性、创造性，增强了教工凝聚力、向心力，使教工以饱满的精神状态投入到“双一流”建设。

1.配合校工会开展疫情期间山大人共同记“疫”文稿和作品征集。

2.开展传统节日主题纪念活动，促进优秀传统文化普及推广，传承发展中华优秀传统文化。举办第二届“迎新春、写春联、送春联”教职工新年雅集活动。

3.积极组织教工参加全省教师线上线下网路健步走比赛活动,10 人获得最美学校运动达人。

4.开展第九套广播体操比赛,校区共有 15 个基层工会参加,取得良好效果。

5.开展“我与山大共发展”主题演讲比赛,共有 11 名选手参加预赛,获得决赛二等奖 1 名,三等奖 1 名。同时组织参加省教育工会“时代新人说”演讲比赛,获得二等奖 1 名。

6.开展《民法典》教工网络知识竞赛第一期比赛,大力营造学法守法用法的良好氛围,共有 300 余人参加比赛。

六、深入推进民生工程

建立健全教职工互助机制,把教职工互助互济活动与扶贫帮困、送温暖工作结合起来,增强教职工的幸福感、获得感和归属感。

1.疫情期间,为切实关心防疫一线人员,工会购置暖手宝、暖贴、保暖手套、棉袜、面包、火腿肠等日用物资,为防疫一线人员送去温暖和学校的关怀。

2.在校区党工委和行政高度重视和大力支持下,在春节、端午节等重要节日,开展教职工节日慰问工作,提升教职工幸福感。

3.开展退休教师纪念活动。为退休教师发放纪念品,增强退休教师的荣誉感和归属感。

4.开展“爱心一日捐”活动,共募捐善款 224899 元。

5.积极组织我校教职工参加威海市总工会第十期职工大病重病医疗保险,全校共有 1104 人参加互助保险。截至 11 月底,共有 25 人住院获得理赔,共理赔 54000 余元。

6.2020 年,继续和威海市人寿保险公司联合开展女性安康工程、银龄安康工程、男性保障工程等保险工程,将年龄超过 50 岁的教职工以及教职工亲属纳入保险范畴,共计 591 人参加,解决了教职工的后顾之忧。

7.在疫情防控常态化阶段,为切实保障教工的身心健康,为校区教职工配发保温餐盒和电子运动手环,体现学校的关心爱护。

8.为关心教职工的生活,积极开展困难补助发放和送温暖活动。截至 12 月,共为 25 名教职工发放各类困难补助 15500 元。

七、大力开展妇女工作

开展妇女工作先进评选活动,共评选省山东大学三八红旗手 3 名、三八红旗集体 1 名、妇女工作先进个人 1 名;山东大学(威海)三八红旗手 6 名、妇女工作先进个人 2 人,激励广大女教职工的积极性、创造性。

(丛岗滋)

离退休工作

2020年4月，根据《关于威海校区、青岛校区党政管理机构设置调整方案》（山大编字〔2020〕8号）文件精神，威海校区离退休工作办公室（离退休党委）与人事处合署办公。截至2020年底，威海校区共有离退休教职员工317人，其中党员164人，党员占51.7%。

一、党建工作

（一）抓好党的组织建设

采取切实有效措施，加强和改进党费收缴、使用和管理工作。一是通过多种渠道对全体党员进行党性教育，加强党建知识学习，不断增强党员缴纳党费的积极性和自觉性。二是完善党费管理制度，做到了专人专管、专账专记、专款专用。三是规范党费使用范围，把党费用于开展党员党性教育活动的开支和有关学习资料和学习用品的购置。

（二）抓好党的作风建设

把习近平新时代中国特色社会主义思想以及《习近平治国理政》第三卷等重要指示批示精神学习教育常态化、制度化，把学习宣传贯彻十九大精神和山东大学第十四次党代会精神作为党员作风建设的主要抓手，强化离退休党委中心组学习和“三会一课”制度。通过线上线下相结合的方式，开展支部活动。重视宣传舆论阵地建设，把党的方针政策和有文化品位的视觉材料传递给离退休职工。规范微信群管理，把微信群变成思想引领、沟通情感、联系工作的有效工具。

（三）抓好党的反腐倡廉建设

离退休党委根据学校关于开展警示教育的相关指示精神，结合“三个凡是”以及疫情防控等有关要求，开展反腐倡廉“警示教育周”活动，不断提升学习成效。各支部书记、委员通过线上会议、观看反腐倡廉警示教育相关案例、内部讨论等多种形式，带头开展了相关廉政教育的学习，在全体离退休党员中形成了党委委员及支部委员带头、全员参与、切合实际、循序渐进的方式和方法，迅速开展由上而下的警示教育活动，党员干部政治敏锐性和纪律意识有所增强。通过开展以及观看反腐倡廉专题纪录片，提高了离退休党员干部对党风廉政建设和反腐倡廉建设等重要内容的学习成效。

二、管理与服务工作

（一）加强责任分工，深化细致管理

继续完善体制机制建设，细分责任领域，确立四级网格化管理，明确主体责任，做到

权责清晰,权责一致。在疫情防控期间,结合防控措施,对于活动室的开放以及办公区域的管理做到了严格执行防控要求。

(二)加强联系沟通,树立服务意识

从威海校区离退休人员队伍不断扩大,人员结构、文化程度多样化的实际出发,发挥党员干部和文体骨干的作用,畅通信息渠道,通过电话、微信群、走访和慰问等多种形式,加强和离退休职工的沟通,广泛征询离退休职工的意见和建议,了解离退休职工的生活状况和各项需要。只要有退离休职工患重病住院,离退休办工作人员就第一时间前去慰问,并且根据病情,不定期到病人家中探望,一年中看望慰问了十几位有困难的和有重病的离退休职工,还积极与家属配合做好退休职工去世的善后工作。积极协助患有重病、经济困难的职工办理困难补助。在春节、中秋节、端午节等节日,通过发放慰问品的方式,把学校领导的关怀送到每个人的心坎上。

(张大勇　葛彩云)

人事管理

2020 年 4 月，根据学校《关于威海校区、青岛校区党政管理机构设置调整方案》(山大编字〔2020〕8 号)，威海校区离退休工作办公室(离退休党委)与人事处合署办公，调整后为人事处、离退休工作办公室(离退休党委)。

2020 年，人事处坚持以习近平新时代中国特色社会主义思想为指导，深入贯彻落实山东大学第十四次党代会精神，紧紧围绕《山东大学(威海)落实一体发展战略推进高质量发展三年行动方案(2020～2022 年)》和《山东大学(威海)2020 年党政工作要点》要求，提高站位、强化担当、主动作为，加强疫情防控工作，加速推进各项工作开展，聚焦“六大战略”及“121”行动路径，助力校区高质量发展和学校“双一流”建设。

一、精准到人、注重关怀，做好出入境教职工疫情防控工作

制定《新学期人事人才服务工作方案》，组建人事处疫情防控期间人事人才工作小组和联络小组；制作和更新人事处春季学期工作台账与预案、线上办理业务流程、疫情防控期间暂缓办理工作事项及替代方案；建立“联络服务员”制度、“教职工出入境情况日报告”制度，以及“业务代办”制度，发挥线上办公优势。

二、攻坚克难、统筹协同，积极引进培育高层次人才

(一)广揽海内外杰出人才，入选数量增加明显

聚焦国家级高层次人才、海外杰出人才、优秀青年人才，精准发力，取得了较为丰硕的成果。2020 年 9 月，宋微波院士加盟海洋学院，正式签约山大双聘院士；2020 年 10 月，加拿大皇家科学院院士 Jonathan Locke Hart 签约山大讲席讲授；2020 年，校区共入选全职杰出人才 16 人、兼职杰出人才 7 人，其中山东大学讲席教授 1 人、山东大学特聘教授 4 人、山大杰青 4 人、齐鲁青年学者 6 人、兼职特聘教授 1 人、兼职杰出中青年学者 5 人、兼职齐鲁青年学者 1 人。入选全职杰出人才数量较 2019 年增加 60%。此外，2020 年度还引进中青年专任教师 36 人(含博士后 10 人)，其中，副高及以上职称人员 9 人、合同聘用制教师 17 人。

(二)积极开展人才遴选培育工作

组织推荐长江学者、泰山学者申报工作，2 人获评泰山学者青年专家。组织首批山东省海外高层次人才快速认定申报工作，1 人获得省海外高层次人才专项资助；组织开展齐

鲁青年学者、山大杰青、特聘教授、讲席教授、荣聘教授等各类校内杰出人才体系申报工作。

(三)创新管理服务机制

实行人事工作联络员机制,定期汇总研究学院人事人才的相关问题;建立人事工作"一把手"工作联系平台和"人事人才看板",及时向学院通报人才队伍建设的最新动态、阶段性成果和最新的人事人才政策;推行人才直通车机制,校区领导通过座谈、走访、信函、电话、网络等形式与高层次人才保持联系,征询有关意见和建议;设置人才服务专员,全面提升高层次人才服务水平,营造成就人才、服务人才的良好氛围;组建高层次人才信息库,对工作于国内各大高校和科研机构、且已取得国家级人才称号的山东籍人才进行系统梳理。

三、优化结构、提升质量,全面提升教职工队伍建设水平

(一)深挖潜力、提高目标,师资队伍结构不断优化

截至2020年12月底,校区有教职工1285人。专任教师773人(专任教师占比60.2%),其中具有副高级以上职称的428人(正高级152人、副高级276人),占总数的55.4%(正高级占比19.7%、副高级占比35.7%)。

(二)以专业技术职务聘任工作为抓手,队伍质量逐年提升

科学制定《威海校区各院(部)2019～2022年专任教师高级职务岗位方案》,优化师资队伍结构比例,引导学科建设和教学科研能力提升。2020年专业技术职务评审结果获得新突破:校区首次获评山东大学评审的教学型副教授1人、中小学副高级职务1人,三年内第二次在工程实验系列获评正高级职务1人,连续第二年有教师获评破格教授,各系列高级职务呈现出全面开花的良好局面。

(三)增强博士后科研队伍建设,做好师资队伍的蓄水池建设

统筹协调校区教学科研单位和科研流动站,顺利通过国家评估。深入推进博士后工作的一体化发展,全年有23名博士后进站,20名博士后出站。加强博士后的在站管理,推进博士后分类资助体系建设,有2名博士后入选特别资助类博士后;积极筹备组织校区首批重点资助类博士后的遴选工作。

(四)落实中央精神,组建完善思政课教学师资库

按照山东大学、威海市通知要求分别遴选入库师资19人和14人,同时吸纳积极承担思政课教学的辅导员师资44人。

(五)积极引导,全面提升教职工国际化水平

派出山东省政府公派项目1人。获得国家留学基金委公派项目派出资格4人;获批省校联合培养计划4人、国家留学基金委"青骨"项目1人(申报成功率均为100%),教职工海外研修呈现出资助项目多元化、申报成功率稳步提高的态势。

(六)加强管理服务队伍和非编队伍建设,切实做好能力提升工作

开展事业编管理人员职员职级岗位聘任工作,聘任 28 名管理人员七级职员及以下职员职级岗位。聘任 48 名高等教育、幼儿教育、专业技术岗位和文员岗位相应非事业编制岗位(劳务派遣岗位);分别选派 15 人、19 人参加 2020 年教师外人员英语能力提升班和 2020 年管理人员公文写作及处理能力提升班,提升教职工英语实用能力和工作写作能力。

四、落实"两不出""一张表"要求,积极推进人事信息化建设

对标校本部人事工作信息化建设工作动态,借助信息系统实现各项业务的规范化、精细化,切实解决职称、在职证明开具等工作中信息化工作滞后的问题。初步建立了覆盖人事处内部常规工作业务管理模块的人事应用平台,面向教职工提供统一、便捷服务,提升人力资源服务水平。

(杨　柳)

本科教学

2020年，教务处不忘初心，牢记使命，在新冠疫情的严峻考验下，反应迅速，行动果断，高效贯彻落实教育部决策部署和学校要求，有力保障了疫情下本科教学的顺利开展。同时，深入贯彻落实学校“强院兴校”行动和一体发展战略，为学校“双一流”建设打造新亮点，做出新贡献。

一、招生管理与服务

（一）多种渠道促进本科招生拓展

组织各学院录制学院及专业介绍视频，以“专业”为中心进行全方位宣传。利用腾讯会议等线上形式开展数百场“与招生老师面对面”“教授带您选专业”等直播活动。专业教师积极参与招生宣传，成为招生拓展主力军。构建学院介绍、历年分数、录取查询、智能回复、人工答疑等高效互动的一站式服务招生网站。开展“优秀学子母校行”活动，在校生利用寒假回高中母校宣传学校。空间科学与物理学院组织开展“未来山大人”项目，收效良好。

（二）恢复音乐舞蹈类专业校考，优化招生专业结构

音乐舞蹈类专业面向全国30个省（区、市）实行校考，首次采用网上上传考生考试视频的形式，报名人数5253人，创历史新高。朝鲜语专业合并至外国语言文学类进行招生，首次实行跨学院专业组成专业大类招生新模式。停招材料成型及控制技术、数字媒体技术、市场营销、人力资源管理、物流管理、电子商务、旅游管理、日语八个专业。英语专业增设英日双语方向；朝鲜语专业设置经贸、翻译两个方向；工商管理专业设置创新创业、数字营销、组织与人力资本管理、旅游与大数据、商务智能五个方向；新增供应链管理专业。

（三）本科生源质量再创新高

在北京、天津、山东、海南四省（市），录取位次均达到预期。在上海和浙江，录取位次明显提升。在未实行高考改革的24个招生省（市），普通文科录取分数线超过一本线60分以上的省（市）有17个，排名在1800名以内的省（市）有18个；普通理科录取分数线超过一本线100分以上的省（市）有17个，排名在8000名以内的省（市）有16个。艺术类专业计划完成率为99.27%，生源质量良好。中外合作办学专业持续受到考生和家长的关注与认可，大部分省（市）文理科生源质量明显提升。

二、教务管理与服务

(一)组织开展线上教学,保障教学秩序平稳运行

面对新冠疫情,春季学期和暑期学校共计组织1204门课、2358个教学班全面开展线上教学,停课不停教、停课不停学,全力保障教学秩序平稳运行。秋季学期951门课、2445个教学班中有439门课、868个教学班开展线上教学。组织开展了“相聚云端,同屏共振”线上教学征文大赛,评选出一等奖9项、二等奖18项、三等奖27项、优秀奖若干,另评选出优秀组织奖5项。

(二)做好大类分流、转专业、实验班选拔,助力学生个性化发展需求

完成2019级和2020级本科生总计2556人次大类招生专业分流和173名学生的转专业工作。完成天文与空间科学菁英班、量子信息工程实验班、会计中法国际实验班、数据科学与人工智能实验班、“法学+英语”五年制双学位班、“国际经济与贸易+英语”五年制双学位班、“国际政治+国际经济与贸易”五年制双学位班的学生选拔工作。

(三)完成推免和毕业审核工作,助力学生成长成才

2020年度威海校区共有472名优秀本科生被成功推荐到各类高水平大学和科研院所读研,占2021届应届本科毕业生总数的12.54%,推免生数量和占比均创历史新高。2020年威海校区共计毕结业学生3778人(含毕业3668人、结业换毕业69人、结业41人)、获学位3923人(主修学位3733人,双学位190人)。

(四)教务组织规范有序,学籍管理严谨细致

完成春季、秋季学期和暑期学校的排课、调课及学生的选课工作,完成教学进度录入工作870余人次。完成教师出国、读博、生病等各类原因调课420余人次,完成因复学、交流返校、云大交流生选课、转专业等原因更改、补录选课信息960余人次,完成理论课教学工作量统计4555人次。全年共处理学籍异动802人次(含国际学生123人次),完成新生学籍注册3487人(含统招生3469人、国际学生18人),保留入学资格2人、放弃入学资格29人,老生学年注册14580人,完成毕业生图像信息采集3550人,补办毕业证明书14人,对65人次本科生进行了学业成绩警示。

三、教学改革与教学研究

(一)加强一流专业建设,推进新文科建设

校区现有金融学、舞蹈编导等国家级一流专业13个,国际经济与贸易、空间科学与技术等省级一流专业9个,其中舞蹈编导、空间科学与技术为校区独有专业。首届新文科项目申报工作,校区共立项新文科项目7项;深度参与国家《新文科研究与改革实践项目指南》编制工作。协同本科生院、校办等单位,做好教育部新文科建设工作会议会务组织工作。出版校区新文科建设成果集《新形势,新使命,新内涵,新路径——山东大学(威海)新文科教育教学改革与实践》,出版校区教育教学改革成果集《高等学校教学改革与

教学管理论丛》。

(二)明确思路、注重规划,加强课程和教材建设

建设16个在线开放课程建设项目、13个金课培育项目、10个精品教材建设项目。获山东大学本科教学成果奖一等奖2项、二等奖4项。校区1个重点项目、6个面上项目、1个培育项目共计8个项目获得山东省教学改革项目立项。校区推荐4部教材申报首届国家级优秀教材。“英语国家文化”等12门课程在中国大学慕课或智慧树网上线,“大众传播学”入选国家级金课,“市场营销学”等3门课程入选省级金课,《等离子体物理学基础》等3本教材顺利出版,其中,《等离子体物理学基础》入选“十三五”国家重点出版物出版规划项目。

(三)落实一体发展战略,推进教育教学资源共建共享

与校本部一体启动2020版培养方案修订工作,面向全体本科生开设《习近平新时代中国特色社会主义思想概论》。校区8个共建专业与校本部对口专业共建课程59门,举办讲座63次,共享实习基地27个,举办(参与)各类学术会议14次,共同申报课题4项。引进校本部14门创新创业荣誉课程。校区共5人入选崇新学堂,9人入选强基计划,12人入选尼山学堂。山东大学2020年微专业项目面向一校三地同步招生、统一培养。2020年为哈工大(威海)提供20门优质通识教育课程。

四、考务管理与服务

全年共安排期末考试2595场(其中线上考试828场),组织完成97门课程试卷抽查。完成6月、9月、12月三次全国大学英语四、六级笔试,合计设置考场517个,报名学生14923人。组织全国大学英语四、六级口语机考,设置14个批次,1470人参加机考。完成新生文化课复试,设置考场75个,考生3500人。完成5个批次、9个考场、1601人参加的全国计算机等级考试。完成2021年硕士研究生全国统一入学考试,设置121个考场,3622人参加考试。全年举办校区学术报告110场,其中“稷下讲坛”16场,报告场次数量和层次较往年都有较大提升。

五、实践教学管理与服务

(一)远程互动和封闭培训相结合,竞赛成绩稳中有升

2020年受疫情影响,很多赛事由线下改为线上方式进行。校区通过采取远程互动指导和到校封闭培训等针对性措施,努力确保备赛质量。校区在山东大学保研单列赛事中共获国奖25项,省奖118项。其中智能车代表队在省赛中一举斩获所有比赛项目五个参赛组别的第一名,四轮组别更是包揽山东赛区前四名,第四次取得山东赛区总成绩第一;国赛中收获国家一等奖5项,国家二等奖1项,总成绩位列全国第一,创造了历史最好参赛成绩。

（二）认真筹办暑期学校，拓展学生学习经历

为应对新冠肺炎疫情影响，暑期学校课程全部采用线上授课。校区开设暑期精品课程53门、海外师资课程26门，所有课程均面向济南、青岛、威海三地全体本科生开放，实现一校三地同步选课、同步教学、同步考核。威海校区共有180人跨校区选修济南、青岛校区课程，涉及课程门数111门。全年完成海外经历外派学生205人，其中长学期9人，其余为短期交流且均为线上授课。完成23项国家大学生创新创业训练计划项目，完成60人合计111学分的创新学分认定。

（三）拓宽网络资源，积极开展适态实践教学

疫情封闭期间，校区利用国家虚拟仿真实验教学项目共享平台，开展线上授课和实验，22个实验项目满足了1483名本科生线上实验需求。利用“大学生论文抄袭检测系统”对2020届本科生毕业论文查重，抽检论文1796篇。使用“课程作业管理系统”对本科课程作业进行检测，30多门课程、2552名学生使用了该系统。出台《2020届本科毕业论文（设计）线上答辩指南》，2020年校区3700余名毕业生通过“云答辩”形式完成毕业答辩。

六、教学促进与教师发展

（一）做好教师比赛组织和教学荣誉评选

2020年，在各类教学比赛和教学荣誉评选中，校区收获丰硕。7位教师获山东大学在线教学比赛一等奖，8位教师获二等奖，12位教师获三等奖；5位教师获山东大学课程思政优秀教学案例比赛一等奖，6位教师获二等奖，17位教师获三等奖，获奖人数创新高；1位教师获山东省第七届“超星杯”高校教师教学比赛省级二等奖；1位教师获山东省第六届“超星杯”高校教师教学比赛（信息化教学比赛）优秀奖；2位教师获山东大学2020年度青年教师教学比赛一等奖，4位教师获二等奖，5位教师获三等奖；1位教师获山东大学优秀教学奖。

（二）做好教师培训和教学督导检查

圆满完成省属院校新入职教师教学培训任务和甘肃农业大学新入职教师教学法模块培训任务。开展校区新入职教师在线微格教学工作坊、教学设计讲座、混合式教学培训等在线培训活动。按照时间节点，推进学期初、期中教学检查；做好高等质量监测数据统计和教学质量报告编制工作；组织线上线下相结合的教学督导工作，及时反馈督导专家听课意见、建议；完善学生评教工作，提升学生评教规范化和评教结果科学性。

七、“致力于打造一支懂教育的教学管理与服务队伍”

以“制度化管理，人性化服务”为宗旨，教务处“致力于打造一支高素质，懂教育的管理服务队伍”。2020年《齐鲁晚报》共发表教务处5篇总结性报道，涵盖线上教学纪实、招生改革新举措、在线教学督导、国家级考试组织、智慧教室二期建设等多层面；正式出版6

部教育类著作,涵盖教学改革、招生宣传、线上教学、新文科建设和学术报告等多个主题,成为团队前期工作的里程碑,今后工作的助推器,校区工作的展示台。

八、细化管理服务,保障教育教学

完成网络楼208、402机房的环境改造和246台计算机设备更新。完成194间教室、4间机房、3间考务办、2间分控室、1间主控室和1间保密室的日常设备维护,为校区的正常教学及各类考试提供技术保障。协同校区相关部门完成文学楼、图东教学楼及东北亚学院共90间智慧教室和可视化控制中心的二期建设。完成校区视频课程(精品课、微课、慕课等)、学术报告、微课大赛、学校重大活动等的视频录制和后期制作。参与校区学生返校疫情防控演练,录制实时演练视频并按要求进行后期制作。

完成2017～2020级学生教材费按学期结算工作,做到学生教材费“一人一账”。完成教材采购、仓贮、发放等任务码洋570万元,课前到书率达99%以上。按照疫情防控要求,加强公共教学楼宇管理,在教学楼宇入口设置测温通道,做好疫情防控常态化下的公共教室管理。完成全年所有课程试卷印刷及教师自编讲义的印刷工作。

(赵　辉)

科学研究

2020年是国家"十三五"发展规划收官之年，在校区党工委、行政的领导下，校区科研工作严格按照学校2020年工作要点及各项工作安排，聚焦"双一流"建设，深入落实学术兴校、服务山东、一体化发展战略，统筹安排、有序推进，经全体师生的共同努力，较好地完成了各项工作任务。

一、科研工作总体概况

（一）科研项目情况

项目数量：2020年，校区各单位共有347项科研项目获批立项。其中，国家级项目立项56项，省部级项目立项82项，地厅级项目立项13项，其他纵向及企事业单位委托项目196项。

项目经费：2020年，校区科研项目批准总经费超1.2亿元，全年实到外来科研总经费超1亿元（其中，纵向经费8524.78万元，横向经费2668.58万元）。

（二）科研成果情况

论文：2020年，校区共发表论文689篇，其中各类检索论文数量为470篇。

专利：2020年，校区共申请发明专利86件，授权发明专利90件。

著作：2020年，校区共出版学术著作36部、艺术12辑。

二、科研工作亮点

（一）人文社科类

获批各类国家社科基金项目19项，立项数量及经费数量较历年最好时期增长50%。其中研究阐释党的十九届四中全会精神国家社科基金重大项目2项、国家社科基金重大项目1项，重点项目2项，其他年度项目11项，后期资助项目3项；获批教育部人文社科研究项目10项；获批山东省社科规划年度项目24项、省社科规划重点项目1项。

获批5项34届山东省社会科学优秀成果奖，其中一等奖1项，二等奖3项；5项山东省高等学校优秀科研成果奖，其中一等奖2项。

校区学者先后在《人民日报》《光明日报》等发表理论文章8篇，为统筹推进新冠肺炎疫情防控和经济社会发展工作提供高质量智库成果。

海洋经济—能源—环境可持续发展研究创新团队两位学术带头人入选2020年度全

球高被引科学家名单。

山东大学人文社科一体发展态势基本形成,2020 年度获批山东大学人文社会科学研究项目 11 项(重大项目 2 项、自由探索 8 项、后期资助 1 项目),山东大学首届人文社科青年学者优秀成果奖 2 项,高端学术论坛资助 3 项,青年学术沙龙 6 项,推动了人文社科科研资助体系一体化,为校区学者创造更好的学术环境,同时为打造“山大学派”贡献威海力量。

(二)自然科学类

空间科学与物理学院获批国家重点研发计划重点专项项目 1 项,立项经费 1958 万元。

校区获批国家自然科学基金优秀青年科学基金项目 1 项,立项经费 150 万元;获批国家自然科学基金重点项目 2 项,立项经费 546.5 万元。

机电与信息工程学院与威海市驰云网络科技有限公司签订的“基于大数据平台的智慧农业研究与实现”项目,合同经费 500 万元。

校区“太阳爆发及其对行星空间环境的影响”攀登团队取得多项重要研究成果。其中,关于“月球在满月期间可能脱离地球磁场的保护并暴露于高能太阳粒子的辐射风险之中”的最新研究成果作为封面文章发表在业内权威杂志上;关于地球磁鞘中磁洞传播演化特性的研究入选美国地球物理学会亮点;首次揭示了我国渤海重力变化的成因,为我国近海海平面变化及其机理研究提供重要参考;关于“跨极盖极光弧”研究的最新成果发表在国际著名刊物《美国科学院院刊》(*PNAS*)上。

海洋学院海洋微生物团队成功分离培养出一株深度分支的海洋细菌,建立了海洋细菌一个新纲,并命名为童第周菌纲。

空间科学与物理学院荣获中国矿物岩石地球化学学会第十八届侯德封矿物岩石地球化学青年科学家奖和 2020 年度“夏坚白测绘事业创业与科技创新奖”各 1 项。

发明专利申请量和授权量再创新高,连续四年获得威海市专利创造大户荣誉称号。

三、有关统计数据(截至 2020 年 12 月 31 日)

表 1　2020 年自然科学类各类省级以上项目立项及批准经费情况

项目类别	数量(项)	经费(万元)
国家重点研发计划	1	1958
国家自然科学基金	30	2115.54
装发预研项目	1	36
山东省重点研发计划	3	29
山东省自然科学基金	32	584

续表

项目类别	数量(项)	经费(万元)
山东省技术创新引导计划(国家重点科研项目补助和奖励)	1	55.31
农业农村部专项	1	7
中国博士后科学基金	5	37
合计	74	4821.85

表 2　2020 年人文社科类省级以上项目立项及批准经费情况

项目类别	数量(项)	经费(万元)
国家社科基金重大项目	3	240
国家社会科学基金项目	13	290
国家社科基金后期资助项目	3	75
国家古籍整理出版资助项目	1	7
国家社会科学基金专项	1	25
全球汉籍合璧工程子课题	3	102
教育部人文社会科学研究一般项目	7	62
教育部哲学社会科学研究后期资助项目	2	20
教育部哲学社会科学研究重大课题攻关项目子课题	1	20
国家民委民族研究项目	1	1
山东省社科规划基金项目	25	70
中国博士后科学基金	3	22
中国侨联课题	1	3
合计	64	937

表 3　2020 年自然科学类各单位科研项目统计数据

单位	科研项目立项(项)					经费(万元)	
	国家	省部	地市	其他纵向	横向	批准经费	实到经费
海洋学院	6	7	1	5	23	888.66	940.63
机电与信息工程学院	4	12	3	11	43	2419.05	1801.43
空间科学与物理学院	13	12	0	17	16	3346.12	2601.72
数学与统计学院	4	5	0	0	1	629.51	756.35
山东大学威海前沿交叉科学研究院	5	2	0	2	1	725.62	338.72
合　计	32	38	4	35	84	8008.96	6438.85

注:以上经费为竞争性外来经费。

表 4　2020 年人文社科类各单位科研项目统计数据

单位	科研项目立项(项)				经费(万元)	
	国家	省部	地市	横向	批准经费	实到经费
东北亚学院	3	4	2	7	198	286.20
商学院	7	12	3	25	484.3	328.44
法学院	5	9	0	6	371	362.57
文化传播学院	7	2	0	0	148	221.50
翻译学院	0	3	0	5	69	96.00
艺术学院	0	5	1	27	257.65	252.54
马克思主义学院(威海)	2	7	1	1	78	60.00
体育教学部	0	0	0	0	0	3.50
其他单位	0	2	2	6	37.75	33.75
合　计	24	44	9	77	1643.7	1644.5

注:以上经费为竞争性外来经费,其他单位指非教学单位。

表 5 2020 年自然科学类各单位发表论文情况

单位	SSCI 收录（篇）	SCI 收录（篇）	EI 收录（篇）	CSSCI 收录（篇）	检索论文共计（篇）	论文总数（篇）
海洋学院	0	88	2	0	90	108
机电与信息工程学院	0	84	47	1	132	143
空间科学与物理学院	0	55	1	0	56	69
数学与统计学院	1	36	0	0	37	40
山东大学威海前沿交叉科学研究院	0	2	0	0	2	3
合计	1	265	50	1	317	363

表 6 2020 年人文社科类各单位发表论文情况

单位	SSCI 收录（篇）	CSSCI 收录（篇）	KCI 收录（篇）	EI 收录（篇）	SCI 收录（篇）	检索论文共计（篇）	论文总数（篇）
东北亚学院	1	15	4	0	0	20	39
商学院	14	30	0	2	8	54	69
法学院	0	20	0	0	0	20	33
文化传播学院	0	26	0	0	0	26	57
翻译学院	0	8	0	0	0	8	32
艺术学院	0	15	0	0	0	15	37
马克思主义学院（威海）	0	5	0	0	0	5	9
体育教学部	0	2	0	0	0	2	7
其他单位	0	1	0	2	0	3	43
合计	15	122	4	4	8	153	326

注：其他单位指非教学单位。

（王擘擘　邹晓光　方利平）

学科建设与研究生教育

2020年4月，根据学校《关于深化一校三地管理体制机制改革的意见》(山大党字〔2019〕59号)以及学校《关于威海校区、青岛校区党政管理机构设置调整方案》(山大编字〔2020〕8号)文件精神，撤销原学科建设与研究生处，设置学科建设与研究生教育办公室，以延伸管理为主。学科建设与研究生教育办公室认真贯彻落实教育部、省教育厅和山东大学疫情防控相关文件精神，在山东大学"一校三地协同发展"总体框架下，按照《山东大学(威海)落实一体发展战略推进高质量发展三年行动方案(2020～2022年)》要求，全面完成学科建设与研究生教育相关工作。

一、学科建设

(一)高峰学科建设进展顺利

"空间学科"参与子午工程二期建设并取得积极进展，"天问一号"火星探测预选着陆区 Isidis-Elysium 平原的尘暴概率研究论文在 *Earth and Space Science* 杂志发表，攀登计划创新团队"卫星导航与遥感"课题组使用卫星观测数据首次揭示了我国渤海重力变化的成因，"跨极盖极光弧"研究的最新成果发表在业内著名刊物《美国科学院院刊》(*PNAS*)上，关于地球磁鞘中磁洞传播演化特性的研究入选 EOS 编辑亮点。"东北亚研究"组建山东大学国际问题研究院，进一步推动国别问题研究和智库建设，获批国家社科重大项目和国家海洋信息中心项目，张蕴岭教授相关研究成果发表于《人民日报》。

(二)"新工科"板块坚持产学结合，强化应用，为地方经济发展提供智力支撑

机电与信息工程学院先后立项山东省重大科技专项(项目经费400万)、服务地方科技专项(威海市文登区，项目经费500万)等一批重大项目；海洋学科人才引进工作取得重大突破，中国科学院宋微波院士(双聘)加盟海洋学院，海洋微生物系统学研究方面获得重要研究进展，相关成果在国际微生物分类学权威期刊发表，梁振林教授团队入选农业农村部海洋牧场建设专家咨询委员会第一批科技团队工作站。

(三)"新文科"板块稳步推进

法学学科瞄准国家治理现代化重大需求，构建法律方法与立法学、公法治理与计算法学、党内法规与监察法学等交叉性、创新性学科平台，"基于国家制度与治理现代化的党内法规和一体化研究"2个项目获批国家社科重大项目立项，孙光宁教授在《光明日报》发表署名文章；文化传播学院依托学校人文学科的整体优势，以文艺理论、文化传播为重

点，学术贡献度显著提高，2020 年获批国家社科基金项目 5 项，教育部项目 1 项，“西方自然美学通史”获批入选国家社科基金重大招标项目立项名单；商学院杨林教授在《光明日报》发表署名文章，并获批 1 项国家重大社科项目，实现了商学院在国家级重大项目上零的突破。马克思主义学院（威海）与总校马院在“学者、学院、学科”一体化方面成效明显，并在国家级科研项目立项方面成果显著；翻译学院先后引进 3 位高层次人才，为学科建设的后续发展提供了良好的人才支撑。艺术学院与山东大学艺术学院共同谋划艺术学科的发展，明确了各自未来建设重点，为其他学科一校三地一体规划一体发展提供了参考样板。

（四）威海前沿交叉科学研究院正式成立

7 月 20 日，学校发文成立威海前沿交叉科学研究院，其下辖的蓝绿发展研究院在学科交叉、人才引进、科学研究等方面成果突出。2020 年，冯奎双教授、张宁教授入选全球高被引科学家名录，多项科研成果在 *Nature* 子刊、*Environmental Science & Technology* 等顶级学术刊物发表，威海前沿交叉科学研究院已成为校区打造学科建设新亮点的重要载体。

（五）延伸管理运行模式初步形成，推动“学者、学院、学科”一体发展

认真贯彻执行《山东大学（威海）管理体制机制改革实施方案》和《关于威海校区、青岛校区党政管理机构设置调整方案》文件精神，与校本部学科建设与发展规划部、研究生院工作协同进展顺利，细化工作流程，建立定期远程会商机制，形成了与校区特点相适宜的延伸管理运行模式。2020 年，完成校区 2640.45 万元学科建设项目经费的测算与划拨和 2020 年度绩效工资学科建设部分测算，突出体现“奖优助强”。配合学科建设与发展规划部和研究生院，启动“双一流”建设第一周期总结评价、第五轮学科评估和专业学位水平评估工作，协助学院和相关学科做好迎评材料准备。

二、研究生教育

（一）不断强化研究生课程建设

按照疫情防控总体部署和工作安排，积极利用在线平台组织开展研究生教育教学活动，推进网络课程体系建设，累计开展线上教学 354 门次；落实山东大学 2020 年研究生培养方案修（制）订工作；积极推进校区学科交叉公选课程体系建设，多渠道拓展课程资源，实现一校三地教学资源的互通共享。

（二）大力推进研究生教育教学改革

投入经费约 70 万，用于研究生教改项目，创历年课程教学改革建设经费投入新高；获批山东大学试点专业学位人才培养改革专项 2 项、专业学位人才改革培育专项 2 项、课程思政立项 7 项，公共课智慧教学立项 2 项，国际化课程立项 13 项，获批山东省专业学位案例库项目 1 项，课程改革成效显著。

（三）持续创新研究生培养模式

推进学科交叉融合培养，打造高水平学科交叉学术交流平台，共举办博士高端学术

讲坛53期,暑期学校开设30门课程,获山东大学学术成果奖10项;积极稳妥推进国际化建设,研究生海外交流工作扎实推进,共44人次参加海外攻读博士学位、交流访学、联合培养等活动,其中国家高水平大学公派项目录取14人,创历年新高;积极推动专业学位实践基地建设,开展研究生联合培养基地调研,加强产教融合,2020年共新签18个山东大学联合培养基地。

(四)做好研究生招生工作

2020年威海校区研究生招生规模大幅增加,录取硕士研究生745人,较原计划(465人)增加60.2%。其中全日制录取678人,非全日制录取67人,推荐免试研究生122人,较2019年增加34.1%。生源质量稳步提升,本科毕业于"双一流"高校的学生296人,占总录取人数的44%。博士研究生招收59人,较2019年增加13.5%。制定2021年研究生招生计划分配方案,积极协助各学院开展"优秀大学生暑期夏令营"活动。

(五)学位论文质量稳步提升

威海校区获评山东大学优秀博士学位论文2篇、优秀硕士学位论文3篇,其中推荐评选山东省优秀博士学位论文、优秀硕士学位论文各1篇;1名同学获山东大学研究生学术之星提名奖。

(六)管理服务水平不断提升

在相关技术部门的帮助下,实现了校区研究生成绩单、在学证明、优秀成果奖证书线上打印,申请材料线上流转审核,针对有就业、深造等纸质材料审核签章需求的研究生,开辟绿色通道,提供便捷周到服务。

三、学术(学位)委员会工作

截至2020年12月10日共组织召开威海校区学术委员会9次,学科学术委员会4次,学位评定分委员会7次,主要议题有科研项目评审、学科建设项目论证、学术违纪处理、学术评议、人才引进、岗位招聘、职称认定、导师资格认定、学位授予等内容。

(陶　扉)

财务管理

2020 年，威海校区财务工作紧紧围绕世界一流大学建设目标，统筹谋划校区事业发展所需财务资源，严格执行财务管理体制，提高财务管理水平，发挥财务服务效能，为校区各项事业发展提供了有力的财务支持和经费保障。

一、加强党支部建设，发挥党员先锋模范作用

充分发挥党支部战斗堡垒作用，坚持以习近平新时代中国特色社会主义思想为指导，继续推进“不忘初心、牢记使命”主题教育活动，进一步增强党员的“四个意识”，坚定“四个自信”，坚决做到“两个维护”，守初心，担使命。面对疫情这场没有硝烟的战斗，财务处干部迎难而上，做到守土有责，守土担责，每位党员发挥先锋模范作用，坚决打赢疫情防控阻击战。积极开展发展党员工作，2020 年财务处党支部共培养预备党员 1 名，入党积极分子 1 名，党员队伍进一步壮大，支部活力进一步提升。

二、优化收支结构，提升财务保障能力

2020 年，校区上下全力组织各项收入，全年实现 8.94 亿元，收入规模创历史新高，为校区各项事业发展提供了坚实的财力支撑。支出方面，根据党中央“过紧日子”要求，支出有保有压。进一步加大行政支出压减力度，严控“三公支出”，规范运行支出，优化支出结构，足额安排“双一流”建设、职工待遇和学生资助经费。做好关键领域财务保障，充分满足与校区事业发展、与师生利益密切相关的资金需求。校区 2020 年实际支出 8.54 亿元。

三、落实综合预算改革全面试点，统筹编制 2021 年预算

落实学院综合预算改革要求，切实做好校区 2021 年财务预算编制工作。2021 年校区将全面试点学院财务综合预算改革，针对学院综合预算改革所面临的重点、难点，财务处积极筹划，主动联系学院，通过召开预算编报培训会进行全面部署，确立“学院吹哨，财务报到”服务机制，学院对财务处提出的问题做到及时回应，确保全面试点综合预算改革的顺利施行，切实提高财务资源的配置效益和使用效率，激发学院办学活力。

四、严格执行各项制度，不断提升财务管理水平

加强内部控制建设工作，对内控建设全面梳理，协助完成内控建设测评工作，完善风

险防范和管控机制,逐步健全规范有序、科学高效经济活动秩序;加强会计基础工作,全面执行政府会计制度,重构会计核算模式,顺利实现政府会计制度元年的平稳过渡,为科学核算培养成本和全面实施预算绩效管理打下基础。

五、深化“放管服”改革,将服务工作做深、做细

扩大科研经费使用自主权,建立以信任为前提的科研管理机制,赋予科研人员更大的经费支配权。积极利用财务微信联络群,及时解答师生财务咨询,加强与师生的联系。加强财务信息化建设,进一步推动北京商联收费系统启用工作,校区后勤水、电、物业收费陆续更新上线,开发了留学生收费模块,进一步优化学生收费系统等,为校区各项事业活动提供财务便利。

(宋　婷)

国际合作与交流

2020年，在学校党委和校区党工委的领导和部署下，国际合作与交流处认真学习贯彻党的政治理论和路线方针政策，深入贯彻落实学校提升治理体系和治理能力现代化、助推“双一流”建设的系列文件政策，增强“四个意识”、坚定“四个自信”，围绕学校、校区2020年工作要点及“三年行动方案”等各项重点工作，高起点谋划，寻求重点突破，积极打造山东大学国际化建设工作新亮点。

一、支部党建工作

2020年，国际合作与交流处党支部将党建工作和业务工作紧密融合，召开党员大会并推选出新一届支部委员会，开展主题党日活动8次、集中学习研讨8次，支部书记微党课、民主生活会各1次。在抗击新冠疫情的战役中，党支部坚决贯彻习近平总书记重要指示精神和党中央决策部署，落实党支部主体责任，充分发挥支部战斗堡垒作用和连接党群关系的纽带作用，细致做好境外中国学生、境内国际学生和本单位职工的管理服务工作。

二、合作网络方面，应对疫情创新发展，国际合作得到认可与奖励

2020年，面对突如其来的疫情，国际合作与交流处积极应变，多方沟通，开展“书信外交”，维护现有合作关系，拓展新合作伙伴。全年新增合作院校7所，分别为美国加州大学伯克利分校，英国伯明翰大学，法国诺欧商学院，俄罗斯远东联邦大学，韩国梨花女子大学、忠北大学、忠南大学，全年新签续签合作协议10项，合作网络不断拓展，合作高校层次不断提升。

基于多年的努力与合作，威海校区被中教国际教育交流中心和美国州立大学与学院协会评为《中美人才培养计划》121项目最佳合作单位，项目负责人耿菁璐被评为优秀工作者。2005年以来，威海校区100余名学生赴美方项目院校学习并获双学位，以此为基础开展了系列教师交流、课程引进、文化交流活动，为校区国际化发展奠定了良好基础。

三、学生国际化方面，引进国外名校“云课堂”，开启海外经历新体验

克服疫情不利影响，先后推出英国牛津大学、美国华盛顿大学、韩国庆北大学等质量优、费用低的线上课程。全年参与海外经历项目学生205人，其中线上项目167人。

疫情期间，与澳大利亚合作高校保持不间断联系，确保中外合作办学项目学生通过线上方式正常上课，在中澳双方指导下完成学业。督促澳方高校分别于7月、12月向校区提交澳方毕业成绩单进行毕业审核，保证了70名中外合作办学学生按时毕业。

多措并举，扎实推进国际学生疫情防控管理。校区及时准确地建立国际学生健康台账，做好政策传达和防疫信息数据统计报送工作，积极妥善处置突发事件。继续推进以学院和教授为主体的招生制度，采取线上招收录取和注册报到，来自韩国、俄罗斯、印度、蒙古等20个国家全年在校长短期国际学生共527人次。

四、教师国际化方面，克服疫情影响，高端人才汇聚实现新突破

校区已构建覆盖纵向高水平外专项目的引进国外智力格局，全年引进外籍院士2人，新聘高层次外国专家讲席教授1人，齐鲁青年学者1人，兼职讲席教授1人，普通长期外籍教师3人，外籍博士后1人，成功申报“威海市友谊奖”1项。年内在校长期外籍教师35人，短期外国专家8人，涵盖18个国家和地区，涉及多个学院。

校区通过立项资助、简化流程、提高服务效率等有效措施，鼓励支持学者教授线上积极参与国际合作。立足中外合作办学项目，遴选8名合作办学专业教师与澳方高校教师定期开展课程建设方面线上沟通与研讨，优化了课程结构、引进了教育资源、拓展了合作空间。

五、课程国际化方面，启动课程国际化应急预案，保证国际课程“云”到位

疫情之初，国际合作与交流处迅速启动了课程国际化应急方案，主动联系外方合作高校，实施在线教学，保证外教课程“云”到位。中外教师采用线上与线下相结合的灵活方式，加强课程衔接，全年校区中外合作办学项目和合作办学机构完成了28门澳方专业课程的教学工作，为172名中外合作办学及“2＋2”学生开启了网上课程，确保了学习不延期，毕业不延期。

在疫情防控常态化的背景下，校区开设线上国际课程20门，共有505名学生参与选课，实现选课631人次，学生不出校门就能共享国外优质教育资源，体验世界高水平院校师资授课方式。

六、科研国际化方面，合作平台建设引领，国际科研合作迈向多方面、高层次新征程

“2020年中澳先进制造业联合研究中心线上研讨会”顺利召开，推动山东大学威海工业技术研究院与中国科学院计算技术研究所泛在智能研究院、韩国成均馆大学机器人研究院签署三方合作协议。成功召开“中西修辞学国际研讨会”“2020交叉管理国际论坛”和“第五届中华复兴论坛”等3个线上国际会议，预报国际会议16个。国际科研合作迈向多方面、高层次、全面合作的新征程。

2020年校区获批“国家外国专家引进计划”2项，“外国青年人才计划”1项。全年增聘文理工各个领域国际合作联络教授11人,校区国际合作联络教授总数达到34人,助力学校加速推进“双一流”建设。

七、国际文化合作方面,连接海外服务地方,国际化作用日益凸显

承办教育部2020年“平安留学”威海地区行前培训会,全方位地帮助留学师生做好留学准备,提高安全风险防范意识和应对风险的能力,真正实现平安留学、健康留学。

与威海市委组织部联合共建威海人才协会对韩联络处(“金桥联盟”秘书处),配合威海市政府举办第三届中韩创新大赛,联合发起“中韩高校创新创业共同体”,搭建山东省中韩高校创新创业合作平台。

(陈雅婷　李晓霞)

校地合作与校友工作

自2020年11月起，校地合作与校友工作办公室从党工委（校长）办公室分离出来，单独成立并正式运行。

一、部门成立及工作职责

（一）部门成立情况

2020年，山东大学党委调整威海校区机构设置，成立校地合作与校友工作办公室，统筹开展校区社会服务，资源拓展，校友联络等工作。2020年11月，根据校区党工委部署，部门正式运行，设合作发展科、校友工作科、社会资源科三个科室。

（二）部门工作职责

校地合作与校友工作办公室是校区校地合作与校友工作服务管理部门，属于校区党政管理机构中的发展性部门。履行校区校地合作、校企合作，社会资源拓展、校友工作业务推进与服务管理职能。

二、校地合作与服务山东工作开展情况

（一）重点项目带动校地共建

年内，校地合作与校友工作办公室扎实做好学校与威海市政府共建的六个重点项目建设推进工作，全力推进与威海市合作共建，重点项目建设成效显著。山东大学威海工业技术研究院完成注册并正常运行，组建近20人的专职研发与服务团队，成立特种纤维及复合材料等5个工程中心，获省科技进步一等奖1项（威海市唯一）。山东大学威海发展研究院理事会成立大会召开，聘任的运营班子到位，基本完成注册材料收集，英国研究、经济普查服务威海等项目进展顺利。2020年6月23日，威海高新技术产业开发区管委会、山东大学（威海）、山东山大基础教育集团签署合作共建威海高新区山大实验学校协议，学校基础建设全面展开，首批跟岗教师到济南山大附中学习。山东大学附属威海市立医院（筹）揭牌成立，共建威海区域化健康医疗大数据协同创新平台，齐鲁医学医联体共建工作取得阶段性成果。协助举办第三届中韩创新大赛，积极推动中韩高校创新创业共同体建设。2020年11月3日，山东大学与威海市政府深化校地合作联席会议第二次会议在威海校区举办，会议对校地共建重点项目建设成效给予充分肯定，并部署下一阶段工作。年内，威海市给予学校平台共建与“双一流”建设资金3000万元。

(二)区域合作推动校地融合发展

年内,校地合作与校友工作办公室主动谋划发展,牵头组织编写校区“十四五”服务社会专项规划。加强合作对接,深化与温州市鹿城区,威海市科技局、统计局,各市县区以及中船重工第七一六所、威高集团、海尔集团等政府部门、企事业单位对接,加快推进校地科教融合、产教融合,在大项目合作、大平台共建等方面积极寻求新突破。与威海高新区山大实验学校签约共建,为威海高新技术产业开发区凝聚高层次人才,吸引青年创新创业提供了条件支撑。推动与中船重工第七一六所、天津麒麟信息技术有限公司等签署合作协议,共建麒麟云实验室。持续深化与威海经济技术开发区合作共建,签署深化校地合作协议,为其精致城市样板区建设提供科教、人才、智力支持。与环翠区共建的海洋科技创新中心,为威海市加快浅海科技湾区建设,打造国际海洋科技城提供了创新动能;校区计算机专业团队与文登区企业开展农业大数据领域项目合作,实现了校企合作单项经费历史性突破。推动校区新材料科研团队全面参与威海临港经济技术开发区和山东大学威海工业技术研究院共建的特种纤维及复合材料工程中心建设,实现创新资源共建共享共用。

三、社会资源工作

(一)筹措社会资源,服务学校师生

2020年威海校区接受社会捐赠款物共计370余万元。其中接受企业及校友捐赠款项125万余元,接受仪器设备及口罩等物资价值共计248万余元。通过筹措更多的资源,为智慧校园建设、校园安全、疫防补给、服务师生做出积极贡献。

(二)协同一体化工作,服务基层筹资

紧跟学校一体化发展战略思路,对威海校区社会捐赠管理工作相关政策制度以及工作机制进行了及时调整,统一按照学校的整体规章开展各项工作。同时做好各学院、部门筹资工作的政策咨询指导、沟通协调,年内各单位筹资工作广泛开展,为建校120周年庆社会筹资打下良好基础。

(三)贯彻“强院兴校”战略,落实学校筹资工作部署

根据建校120周年庆筹资工作方案部署,各单位明确筹资目标任务,进一步谋划筹资方式、方法,拓展对外联络工作。校地合作与校友工作办公室按照要求协同推进、重点突破,推动学院建立具有特色的捐赠文化,策划捐赠方案,进行捐赠项目接洽。

四、校友工作

(一)加强学院校友会组织建设,强化校友与校区联络互动

协助学院做好校友会成立的筹备工作,推动法学院(威海)、海洋学院成立学院校友会;筹办机电与信息工程学院校友会;推动学院校友会开展校友学术交流等活动,为学校发展和地方建设汇聚更多校友人才与智力资源;开展“玛珈校友论坛”系列讲座、组织2期

线上及线下校友论坛，打造校友与母校共享的文化共同体。

(二)加强校友信息数据库的扩充与维护

汇总统计 2015～2020 届毕业生信息，为各学院及时提供校友名单和毕业生去向，同时逐步完善校友信息数据库，实现校友信息即时查询、修改以及分类筛选等功能。

(三)调动校友资源，服务地方经济发展

收集国内及海外优秀校友信息，调研、走访校友企业，积极将学校专家库及相关资源对接威高等多家校友企业，促使“山大系”合作资源在威海落地生根；积极协助威海市委、市政府筹备“山大校友威海行”活动，链接校友企业与校地资源链接，赋能地方经济发展。

(四)对接校友企业，助力学生就业

与学生处就业创业指导中心、各学院、各地校友会积极合作，充分利用校友资源，链接校友企业和校内学生，推动校友企业进行空中就业双选会；联合地方校友会和校友导师举办 5 期空中就业指导沙龙，有效地解决学生实习和就业难题。

(五)百廿校庆校友系列活动，营造浓厚的校庆氛围

积极配合学校和相关部门做好 120 周年校庆组织、联络、宣传等各项工作，协助制定方案并筹备地方校友会联合捐赠校园建设、艺术作品等相关事项。

(裴　水　段兴立　王伟莉)

资产与实验室管理

2020年，资产与实验室管理处在校区党工委、行政的正确领导及各部门大力支持下，认真贯彻落实山东大学第十四次党代会精神和校区“双一流”建设行动方案，按照学校党政工作要点及本部门工作设想，在党的建设、疫情防控、资源调配、实验室建设、资产管理等方面，圆满完成各项工作任务，为“强院兴校”行动发挥了重要支撑保障作用。

一、谋划党建新举措，加强思想引领

（一）夯实理论基础，树牢理想信念

按照校区疫情防控工作要求，积极探索思政网络学习新阵地。通过线上和线下相结合、自学和集中研讨相结合、理论与实践相结合的方式，合理安排每月学习专题，组织干部职工结合学校事业发展规划专题学习党的十九届五中全会精神，牢固树立“四个自信”，坚决做到“两个维护”，夯实理论基础，树牢理想信念。党支部《以“红·绿·蓝”三原色绘就基层党建工作“七彩虹”——机关党支部党建工作与业务工作深度融合研究》获校区思想政治教育研究会项目立项，从理论与实践两方面对机关党建与业务融合展开研究，彻底破解“两张皮”现象。

（二）学习榜样精神，致敬抗疫英雄

积极响应校区党工委号召，组织全体干部职工通过学校新闻网“战疫在一线”“媒体看山大”等新闻报道，学习了解援鄂医务员工勇挑重担、冲锋在前、敢于牺牲、舍小家顾大家的精神品格，致敬山大援鄂医务员工。以庆祝建党99周年为契机，组织观看《榜样讲党课》专题节目，学习“抗疫榜样”的感人事迹，激励党员干部坚守初心，立足本职敬业奉献。

（三）践行初心使命，永葆党员本色

春季学期学生返校复课及秋季学期新生开学期间，支部党员积极报名参加校区接站志愿服务，累计接送学生及陪同家长千余人，并向校区相关部门提交了《关于接站工作的几点思考》，对疫情防控常态化下迎新接站工作提出建议。在新冠疫情防控关键时期，支部党员主动担任所在社区生活服务志愿者，扛起疫情防控责任，用行动彰显入党决心，以担当坚守初心使命。

二、完善治理新机制,提升治理能力

(一)扎实做好疫情防控,严守安全底线

根据疫情防控部署,制定《实验室疫情防控工作方案》,发放《防疫台账记录本》《实验室安全工作参考手册》,要求实验室管理人员每天对实验室消杀,严格管控人员进出,对实验室防疫工作不定期抽查检查。提供大量虚拟仿真实验线上资源,切实保障疫情防控与实验教学两不误。

根据疫情防控工作需求,闻需而动,闻令而行,将文轩苑全部房间调整为隔离区,提前对房间设施设备全面检修和整体消杀。协同制定《文轩苑隔离管控暂行办法》,邀请疫情防控专家讲解安全防护知识,多措并举为返校隔离师生创造安全舒适的隔离环境,共为来自不同国家和地区的 30 余位师生提供了热情周到的隔离服务。

(二)加强实验规范建设,确保安全稳定

筹措实验室建设经费 1350 万元,对 8 项实验室建设项目进行立项建设;统筹 150 万元实验材料经费,保障了教学科研的正常开展。组织申报山东大学实验室建设与管理研究项目 28 项,获重大立项建设 1 项、重点建设 2 项。积极推进虚拟仿真实验教学项目建设,协助商学院、空间科学与物理学院、海洋学院开展"网红产品开发""食双星测光与光谱观测""海洋牧场"等虚拟仿真课程项目调研、论证、规划及建设工作。

严格实验室安全准入,组织实验室管理人员、实验教师及海洋学院部分学生 993 人参加"全国高校实验室安全管理培训班(网络)"培训。组织相关人员参加高校科研实验室安全检查启动暨培训会等系列线上培训 10 余次。印发实验室安全手册,共计 3013 名本科生、研究生通过实验室安全考试,提高了师生安全意识和防护能力。组织开展学院自查、校区排查两级安全检查,协调各学院按"一个隐患点、一套整改方案、一揽子措施"整改消除安全隐患。改造海洋学院危化品废弃物暂存库和药品暂存库,更新实验室防火门、老化线路,购置化学药品存储柜、医用药品箱等安全用品,多措并举守住实验安全底线,确保年度无安全事件发生。

牵头对楼宇地下室及无人看管或使用空间进行专项安全隐患排查,汇总出 64 处排查点、33 项安全隐患点,上报并跟踪落实隐患整改。

(三)实施公房绩效考核,优化资源配置

协同修订《山东大学教学科研用房实施细则》,深入教学科研单位充分了解用房状况及需求,宣讲与解读该细则,结合校区实际对年度用房使用绩效进行测算,为正式实施教学科研用房绩效考核奠定基础。根据新建科研楼功能定位及工程进展情况,结合各单位发展目标及用房定额标准,本着布局科学、分区合理、相对集中、节约共享原则,草拟了校区公房调整方案。

(四)搭建大仪共享平台,提高使用效益

积极推进大型仪器设备共享系统建设,采用智能物联网管理系统对大型仪器设备全方位高效管理，提高大型仪器设备使用效益。组织专家对2021年预算中39台50万以上大型仪器设备进行统筹规划、集中论证，提高资产配置科学性，促进大型仪器设备配置与学校“双一流”建设相契合。推荐山东大学自研自制仪器设备项目评审1项，提升大型科研仪器设备自主创新与装备水平。开展45次大型仪器设备购前论证，对全校128台20万元以上大型仪器设备进行年度效益考核，切实掌握大型仪器设备的使用现状。

（五）强化内控体系建设，提高风控能力

组织干部职工认真学习贯彻国家及学校资产管理文件精神，严格按规办事、遵规行事，高质量完成内控制度建设报告。根据内控工作要求，以升级资产管理信息系统为抓手，进一步规范工作流程，资产购置、报增、报账、维修、调拨、报废的全生命周期管理全部线上办理。严格按照学校招标采购实施细则等文件要求，与纪监审办公室、招标办和使用单位密切协作，规范物资设备采购流程，确保公开、公平、公正。

利用资产管理服务信息系统，采用个人自查与单位核查相结合方式，全面对校区土地、房屋、设备家具、图书及陈列品进行盘点核查，确保固定资产实现账账、账实、账卡相符，有效推动了资产实名制管理。进一步做好资产出租出借论证评估、公开招租、报批报备，对7处51家拟出租的房屋进行了测绘与评估，对资产出租出借及合作使用情况进行全面摸排。按时完成威海山大学术交流中心、山东大学威海分校电子系统实验所两家校属企业清算注销。

（六）深化“放管服”改革，落实服务承诺

提高教学科研仪器设备招标采购额度，扩大使用单位资产采购权限，便于项目负责人根据实际需求自行采购或网上竞价，大大缩短了教学科研仪器设备采购周期。减少进口设备业务审批程序，外贸代理协议用户单位项目负责人签字盖章后，由资产与实验室管理处直接寄送校本部，减少负责人签字盖章环节，办理周期进一步缩短，一体发展的认同感、获得感增强。

牵头相关单位统筹制定校区《“十四五”支撑保障专项规划》，对国有资产管理与实验室安全方面进行了系统谋划。完成年度国有资产决算报表编制、高等教育基础数据统计编报及年度本科教学质量评估报告。

三、打造管理新亮点，提升保障能力

启用“资产工作一码通”二维码，为“做强学院、做强学科”提供精细化管理和增值服务。只需“扫一扫”，就能在手机等移动端浏览、查询相关政策解读、业务流程、联系电话、常用表格等信息，破解了师生员工办理资产业务时“制度不熟悉，流程不明晰”等困惑，打通了服务师生“最后一公里”。

积极响应国家及学校“过紧日子”号召，通过启用大型仪器开放共享预约系统、开放待报废资产调剂信息平台、建立废旧资产“公物仓”等工作举措，将“过紧日子”的行动落实落细。2020年累计对折射天文望远镜、化学气相沉积设备、台式电脑等17台拟报废设备进行了再利用,提高了废旧设备资产使用效率;首次对报废设备在中国拍卖平台进行公开竞价拍卖,增加了残值回收效益。

完成专家公寓家电安装、调试、验收和部分房间家具等生活设施配备,确保按时实现“拎包入住”。制定专家公寓暂行管理办法,明确了入住人才层次、收费标准、入住时限及日常管理办法。为36间单身公寓安装空调,彻底解决了职工反映强烈的单身公寓冬冷夏热问题。

(谢萌萌)

安全保卫工作

2020 年，保卫处全体干部职工深入学习贯彻习近平总书记重要指示批示精神，认真落实疫情防控的各项决策、部署、要求，坚持以总体国家安全观为指导，以守护师生生命安全为责任，积极攻坚克难，始终坚守校园疫情防控工作最前沿。严格落实“五个一律”和“六个必须”等各项制度要求，认真组织安全教育、综合治理和重点防控等各项工作，持续构筑完善校园师生生命财产安全防线，有力推动一校三地安全稳定工作体系建设。2020 年9 月，保卫处被山东大学表彰为先进集体。

一、党建为旗，扎牢校园安保组织防线

面临突如其来的新冠疫情，全体安保人员在党员干部带领下，始终保持昂扬向上的军心士气，坚持一丝不苟的工作标准，在校园一线攻坚克难。面临疫情防控任务重、人员少和压力大等突出问题，安保干部职工到校门一线重点部位带班值勤，到一线队员中听取意见、解决问题和化解矛盾，全面加强队员思想引导、心理疏导，积极调动安保人员的工作积极性。

积极发挥校园警务室作用，加强与公安机关的联系，定期召开校警联席协商会议，了解分析当前校园周边安全形势变化，制定针对性防范措施，着力构建内外联系、力量联勤、网格联动的校园安防体系。

二、教育为先，扎牢师生安全思想防线

坚持“安全第一、制度保证、重在预防、以人为本”原则，在线上线下采取各种形式，广泛开展疫情防控、消防、交通、人身防护、网络防诈骗等各类安全常识学习教育，扎实开展“4・15全民国家安全教育日”“5・12 全国防灾减灾日”“11・9 消防安全日”和山林防火教育宣传等专题活动，组织师生积极参加“山东大学第四届消防安全知识竞赛”。

针对形势变化，及时修订完善各类安全预案，邀请公安、消防专业人员来校培训指导，不断提高安保人员的综合能力素质，以疫情防控为重点的安全保卫工作扎实开展，开学核验准备扎实有效，新生入学、迎新晚会、新文科工作会议和各类大型考试等活动安全顺利。

三、制度为标，扎牢校门安全管控防线

严格落实校园管控制度，认真做好开放校门、通道的人车通行管理，加强家属区门和

封闭校门的值班管理，每天完成千余人次和600余车次的身份核实、信息登记和体温监测。

严防校外无关人员随意进入校园，严格按照专班要求，做好申请入校人员车辆的审批、核实、登记等工作，并提醒校内活动时注意安全防护。各批次学生返校、入学和大型考试期间，设置专用通道，严格落实疫情防控各项制度。

四、防控为重，扎牢校园安全治理防线

治安、消防、山林、交通和校园各门、校内各楼宇的巡查值勤人员，日夜不息、兢兢业业，共同构筑校园安全的严密防线。

突出加强消防巡查整改，消防值班人员每天巡查校园消防设施，确保校园消防设施处于良好运转状态；山林防火队员每天巡逻山林，加强防火期的山林管控，严禁无关人员进入；全面加强图书馆、学生生活区等重点区域的安全巡查，发现问题及时督导整改。认真完成了省市消防安全专家组专项检查问题清单的整改落实。

着力加强传达值班和交通管理，组织传达人员加强所负责楼宇的安全值班，全面加强人员的出入管理；积极协调交警部门做好开放校门处的交通协管，保障教职工出入校门安全，重画校园内有关区域的交通线路，规范校内车辆通行秩序。

全面加强校园安全巡逻，针对安保力量薄弱的问题，加强视频值班和校园巡逻的有效联动，发现问题及时通知校园巡逻人员前往处理，有效提升校园安保工作效率。

五、科技为翼，扎牢科技兴安技术防线

启用校园疫情出行管控系统，并对人脸识别速通门进行改造，增加体温测量功能，提升校门通行速度。在校内文华苑前外卖取放点和工程实验楼、艺术楼、美术楼等部分楼宇内部安装监控近百个，健全完善“校园天网”。加强消防中控巡查、视频巡视和校园巡逻的有效联动，认真处置校园突发火情、冲突、纠纷和师生求助等情况，年内妥善处置火情3次，发现并严肃处置伪造相关通行证件进入学校活动人员2次、送餐人员盗拿学生外卖问题2次，帮助师生找回失物30余次，挽回经济损失3万余元。

（万　伟）

基本建设

2020年是威海校区基本建设任务艰巨的一年，在校区党工委的正确领导下，在相关部处、学院的大力支持下，基建处全体人员齐心协力，团结奋进，严抓管理、勇于担当、防疫、施工两不误，圆满完成了全年各项工作任务。

一、强化党建引领，加强基建队伍建设

（一）加强理论学习，不断提高政治站位

组织全处党员干部认真学习习近平新时代中国特色社会主义理论，党的十九届四中、五中全会精神，进一步增强"四个意识"、坚定"四个自信"，牢固树立基建工作为学校事业发展、为师生服务的根本理念，坚定不移的贯彻执行学校党委、校区党工委的各项工作部署。

（二）加强廉政风险教育

进一步完善工作流程、廉政纪律等规章制度，坚持每周进行党风廉政建设和反腐败学习教育。按照学校纪委要求，对关键岗位、关键节点认真梳理廉政风险隐患，提前采取预防措施，对相关管理人员定期警示谈话，从制度上、思想上筑牢防腐红线，基本形成风清气正、为学校事业发展干事创业的工作氛围。

（三）加强疫情防控

面对新冠肺炎疫情，基建处于2月14日起全面进入工作状态，并根据工作实际，制定疫情防控措施。严格按照山东大学疫情防控要求和《基建处施工现场疫情防控预案》实施，推动各项疫情防控措施落地落实落细。

（四）强化作风转变

严格落实首问负责制、限时办结制、责任追究制和印章管理制度。组织学习《山东大学学校管理人员行为规范》，明确工作职责，逐步建立健全事前计划、事中督办、事后总结的工作机制。把转变工作作风和全面提升管理服务水平相结合，建立起完善的管理工作服务体系。加强业务知识学习，满足新阶段基建管理能力需求，努力提高工作管理水平。

（五）强化一校三地一体化管理

为落实一体发展战略，加强一校三地协同工作，基建处参与修订了《一校三地协同工作体制机制实施方案》；建立一校三地基建管理微信工作群；每月及时上报《工程项目形象进度表》《双一流项目进度投资情况表》《科研楼项目月报》等报表；启动基建工作信息

平台建设工作。8 月 19 日,在威海校区组织召开山东大学一校三地基本建设管理制度修订研讨会,讨论修订《山东大学基本建设管理办法》等六项基建管理规章制度。

二、全面履职尽责,推动各项工作深入开展

(一)“十四五”基本建设规划编制工作

基建处作为校区“十四五”基本建设规划编制工作的牵头部门,在财务处、人事处、教务处、学生处、资产处等 11 个部门的大力配合下,广泛听取教职员工意见,从九个方面编制论证,经过 4 个月的不懈努力,基本完成校区“十四五”基本建设规划编制工作。

(二)预决算工作

完成了专家公寓项目、科研楼项目等 20 余项工程结算初审工作及形象进度初审工作;完成学生宿舍 24 号楼的城建档案整理,并移交高区档案馆和校区校史档案室存档;完成“十三五”基建规划执行情况的总结和分析;完成 25 份工程合同审核工作。

(三)科研楼项目

科研楼项目是山东大学和威海市的重点建设工程,基建处在疫情期间坚持防疫、生产两不误,在质量、造价、进度、设计优化等各个方面加强管理、精心组织,成效显著。科研楼项目全年共召开 81 次工地周例会,42 次技术专题会和专家论证会,外出考察 11 次。2020 年 8 月 20 日,新工科与交叉学科科研楼项目 A 区主体封顶,10 月 14 日,材料与空间科学科研楼项目主体封顶,两个科研楼建设项目在工程质量、投资控制、工程进度各方面均处于良性可控状态。

(四)专家公寓楼项目

专家公寓楼于年初移交校区资产部门,基建处积极配合其进行家具设备的安装及维保期内的维护工作,完成燃气污水改造工作,配合纪监审办公室对专家公寓楼工程决算进行审计。

(五)改造与维保(置换)

协助空间科学与物理学院完成天文台改造工作,协助机电与信息工程学院完成实验室改造工作,完成高层学生宿舍及体育训练馆质保期内的维修保养事项,连续跟踪维修解决多雨季节雨水渗漏问题。

(陈姣姣)

后勤管理与服务

2020年4月，根据学校《关于威海校区、青岛校区党政管理机构设置调整方案》（山大编字〔2020〕8号）文件精神，威海校区后勤管理处、后勤管理处党总支合并为后勤管理处，在后勤管理处设立党总支。在学校党政的正确领导下，后勤管理处全体干部职工围绕学校中心工作，贯彻落实"六大战略"，积极应对新冠肺炎疫情挑战，很好地完成了全年各项工作任务。

一、党建工作

时刻牢记全面从严治党的工作要求，建立意识形态工作责任制，形成思想共识。按照学习计划，积极开展线上线下各项专题教育与学习活动，组织召开总支会11次、理论中心组学习5次、廉洁教育2次。切实把教职工的思想行动统一到后勤保障、疫情防控和学校各项工作中来。

二、防疫保障工作

按照学校要求，积极制定疫情防控相关管理规定和工作方案；组织签订疫情防控承诺书；按时上报防疫信息统计、核酸检测信息等；建立疫情防控联络员微信群；严格执行学校外来人员进出网上预约制度；做好返威人员隔离登记工作；严格执行复学查体制度；认真做好师生员工的定期核酸检测等工作，为后勤管理处、保卫处、图书馆、学生公寓及体育教学部等一线服务保障人员进行核酸检测10000余人次；组织召开多次疫情防控会议，及时传达防疫工作方针政策和学校疫情防控精神，发放宣传册，开展知识讲座，加强传染病预防宣传，将疫情防控工作抓实抓细。

严格按照学校防疫物资采购与出入库管理等各项规定执行，努力做好开学季及日常防疫物资储备，确保一次性口罩、消毒液、消毒湿巾、纸巾、手套、喷壶等消耗量大的物资供应，满足疫情防控需要。

三、生活保障工作

严把食品安全质量关，保证食品安全，完善餐厅所有记录台账。制定《山东大学（威海）食堂防控新型冠状病毒预案及供餐指南》，多次组织应急供餐演练，通过了省市两级核验组开学条件核验。秋季学期启用周转仓库，所有食堂原材料通过中转仓库统一验收入库,尤其加强了冷链食品的验收管理,确保食品安全。餐厅所有餐桌设置隔板、出入口设引导员、餐厅外设外卖点、启动食堂中转库房等各项举措,为学生们提供安全丰富的饮食服务。

根据学校防疫要求,制定了《学生浴池疫情防控预案》《学生浴池洗浴流程图》《学生浴池服务承诺书》《学生浴池消毒方法指南》《洗浴须知》等规章制度并严格执行;采取加装隔断和排气扇、更换淋浴喷头、置物架等措施,满足同学洗浴需求。

完成校区272台电热水器滤芯更换、故障报修和清洁保养等工作。监管保障学生宿舍楼190台网络洗衣机正常运行并定期进行清洁和消毒。

四、修缮改造工作

开展学生宿舍4号楼维修改造、校园屋面防水、体育场改造、学生宿舍及东北亚学院更换钢门、文泰苑一层双创中心改造等大小工程30余项,总造价1500余万元。

五、水电保障工作

加大疫情期间值班巡查力度,实行24小时值班值守。对中大型供水供暖阀门进行了更换;对公共教室的桌椅、灯具、门窗等设施先后进行了6次全面检修;完成维修工程12项,零星报修7200多项;抢修暖气设施、自来水设施21次;对学校51个大小配电室、20个室外配电箱、26部电梯、空调以及水电暖等设备设施进行定期保养、巡检、排查、清扫并做好记录;利用节能平台分析处理相关校舍用电用水情况20余处,统计软硬件故障210余处,解决故障130余处;配合基建处做好新建新工科与交叉学科科研楼高压供电方案。

六、绿化保洁工作

认真做好校园绿化养护并实施了校园绿化喷灌、松林内休闲广场、行道树补栽、绿化带补栽绿篱、绿化带内铺设管路、东门外专家公寓绿化等绿化工程。积极协调各物业公司和院系部处,克服人员少、工作强度大、感染风险高等困难,有效开展日常消毒工作。

七、幼教服务工作

顺利完成幼儿园躲迁工作,保证了第一批170名幼儿在9月1日顺利入园。幼儿园立足“团队双向建设、师幼共同成长”的实施理念,家长满意度高达99.29%,在全区54所幼儿园中排名第二。

(何　睦　于文浩)

图书馆工作

2020 年 4 月，根据学校《关于威海校区、青岛校区党政管理机构设置调整方案》(山大编字〔2020〕8 号)文件精神，威海校区图书馆、图书馆直属党支部合并为图书馆，在图书馆设立直属党支部，图书馆以延伸管理为主。在山东大学党委和校区党工委的正确领导下，威海校区图书馆严格执行学校疫情防控政策，紧紧围绕“强院兴校”“一体化发展”“文化引领”建设目标，精心组织，周密安排，较好完成了各项工作。

一、加强组织建设，把好疫情防控安全关

1.加强理论学习，切实提高全体党员干部的政治站位。严格落实主题党日、“三会一课”、组织生活会、民主评议党员等各项制度，开展“四史”学习教育，组织线上线下专题学习研讨会 8 次，全体党员大会 8 次。

2.加强党对宣传思想工作的全面领导，严格落实意识形态责任制，严把意识形态的领导权和话语权，制定了《威海校区图书馆舆情风险防范与应急处置预案》《图书馆信息发布制度》《图书馆网络群管理制度》《图书馆文献资源采购工作细则》等规章制度，加大对境外捐赠书刊审核验收、网站信息发布运行管理以及微信、QQ 等新媒体的建设管控和重点岗位人员的教育管理。

3.成立图书馆疫情防控工作领导小组，建立健全制度措施，多次组织全体馆员参加疫情防控培训和应急演练，制定了《威海校区春季、秋季学期图书馆疫情防控应急预案》，根据疫情发展变化调整开馆时间和服务方式，最大限度满足师生对资源和服务的需求。开展教职工思想动态调查，及时关注教职工疫情期间的身心健康。

二、聚焦用户需求，全面服务线上教学

1.截至 2020 年 12 月 31 日，图书馆纸质文献总量 168.78 万册，其中，中文图书 153.06 万册，外文图书 11.75 万册，中、外文过刊 3.59 万册；学位论文总量 3656 册。新增中文图书 3.33 万册，新增外文图书 2093 册。订购纸质中文期刊 1997 种，外文期刊 7 种，中文报纸 119 种；购买各类型数据库 16 个。

2.全年共接待读者 54.8 万人次，借还图书 10.6 万册，周服务时间 101.5 小时，系统与服务器 7×24 小时服务。

3.多渠道、多方式推进用户驱动的文献资源建设模式，逐步建立起以院(部)、教师、学

生需求为一体的文献资源体系。开展专题学科图书及重点出版社图书的专项采购，邀请校区师生参加线上春季书展，选出图书 800 余种，丰富了馆藏资源。

围绕校区学科建设开展文献资源建设，保证特色学科、重点学科和交叉学科对文献的需求，保持重要文献和特色资源的完整性和连续性。与校区院（部）合作，联合开展“AGU 数据库”“KISS 韩国学术期刊数据库”“MathSciNet 数据库”“IOP 数据库”“瀚堂近代报刊库”等学科专题数据库的共建。

4.与教务处联合启动了山东大学（威海）本科教学参考文献数字化建设工作，征集图书目录 150 余种。配合人事处完成了山东大学（威海）校友及山东籍杰出人才资料收集工作，配合学科建设与研究生处完成了山东大学（威海）SCI 科技论文影响力分析。

三、提升服务实效，实现资源服务无“障”利用

1.自 2 月 14 日起，面向师生全面开展无接触委托借阅服务，为校内读者借还图书 9.3 万册。自 5 月 16 日起，恢复一校三地委托服务。全年委托借出图书 4525 册、借入 625 册。

2.开通 CASHL（中国高校人文社会科学文献中心）文献免费传递服务、CARSI（下一代互联网校园学习生活交流平台基于中国教育科研网统一认证与资源共享基础设施）服务助力校外科研资源访问和线上外语学习资源推荐平台；梳理了 VPN、校外访问系统等途径访问电子资源的操作流程，并通过图书馆主页、图书馆微信公众号等平台推送，助力师生居家做科研。

采取线上预约提交检索申请和线下取检索报告相结合的方式，为本校师生和威海市、省内部分高校完成文献的引证 880 余份，计 2800 余篇，提供近万条检索数据，完成 CALIS（中国高等教育文献保障系统）、CASHL 请求 87 次。

3.加强与院部联系，通过学科馆员及时将图书馆文献资源和服务形式推介到各院部，在线为师生读者答疑解惑，共推送各类文献 6747 份，解答师生问题 2500 条。技术上多措并举保障图书馆资源远程访问 24 小时无障碍。

4.采取预约入馆、发放借书板、开放信息共享空间的方式，最大限度地满足读者需求。5～12 月，座位管理系统选座 22 万人次，信息共享空间全年开放 3235 小时，接待 0.9 万人次。

四、开展线上教学培训，持续推进馆员能力提升

1.面向全校师生开展信息素养教育。利用“新生入馆教育培训系统”，对 3000 余名新生开展入馆培训，实现了读者快捷规范利用图书馆的目标；在校区率先引进“雨课堂”先进教学模式，为本科生提供文献检索课教学服务；面向海洋学院、艺术学院、机电与信息工程学院等教学院部开设研究生专业文献阅读课程。

2.利用“云课堂”系列讲座，让馆员宅家不停学。组织馆员在线收看“智能图书馆馆藏

资源建设”和“公益云讲堂”系列讲座，参加“2020 年高校图书馆知识服务与创新应用高级线上研修班”，举办全馆应知应会业务知识竞赛活动。

五、聚焦文化引领，继续擦亮图书馆文化品牌

发挥党建在校园文化建设中的推动作用，聚焦学校文化引领战略，开展形式多样、内容丰富的线上文化活动。举办了以“战‘疫’有书香，明德助飞扬”为主题的第六届读书节和以“青春不散 · 携梦同行”为主题的毕业季系列活动。组织开展了“一院一书”导师领读佳文共赏活动 4 期、“有声荐读”活动 13 期，推送疫期专题阅读 5 期，指导阅微读书会举办“宅”家读书会 14 期。通过系列活动的举办，提升了师生阅读素养与文化修养，在校园文化建设中发挥了积极作用。

六、荣誉与奖励

2020 年，图书馆荣获首届全省师生线上线下网路健步走比赛“优秀组织奖”和“山东大学第九套广播体操一等奖”。

（薛　鹏）

网络与信息化建设

2020年4月，根据学校《关于威海校区、青岛校区党政管理机构设置调整方案》（山大编字〔2020〕8号）文件精神，威海校区网络与信息管理中心更名为信息化工作办公室，以延伸管理为主。

一、网络基础设施建设

2020年，信息化工作办公室完成了校园网核心网络的升级改造，骨干网带宽由10G提升至40G；新增校园网出口带宽2G；完成教育网节点设备扩容；完成91间公共教室光纤改造任务；完成学生区分中心机房配电改造工程；实施了东北亚学院楼智能配线间试点建设；实施了家属区弱电通信设施规范整理；完成7栋学生宿舍弱电间改造及线缆规整；完成纯IPv6无线网建设；配合校本部推进一校三地专网建设，实现三地安防系统互联互通；协调各运营商完成校园5G宏站及学生宿舍通信室分二期建设；完成保密机房及电子政务内网建设；完成核心机房UPS及电池、配电改造工作。

二、数字教学

2020年，信息化工作办公室在一期已建成51间智慧教室的基础上，进一步加强与教务处、资产与实验室管理处、后勤管理处等部门沟通协作，成立了多部门联合建设小组，协同推进二期智慧教室系统各项工作实施；共完成二期88间智慧教室建设，其中包括76间录播教室、6间互动教室、3间研讨型智慧教室、2间微课互动教室及1间可视化控制中心；上线智慧教室直点播平台，根据课表自动完成教师流、课件流、学生流的多流直播/录制，在线完美复现整个课堂实景和教学过程，实现人人皆学、处处能学、时时可学；同时上线课程督导平台，为优质教学资源评价及共享提供保障。

2020年，信息化工作办公室完成了基于融合架构的桌面云建设，通过深度整合服务器虚拟化、桌面虚拟化及存储虚拟化，将原来绑定在计算机上的桌面、应用和数据全部集中到数据中心；进一步推进桌面云系统的推广与使用，为教师开通桌面云账号，并在所有智慧教室安装桌面云终端，既能有效保障数据安全，又能实现移动教学备课跨平台资源共享；在商学院和机电与信息工程学院建设桌面云实验室7间，其中包含一间GPU实验室，安装桌面云终端249台，配置还原模式的桌面云系统；在图书馆调试安装69台桌面云终端，用于图书编目、借阅检索以及楼层工作等。

2020年，信息化工作办公室建成了课程中心平台，实现视频的录制和上传、转码和编辑、发布和互动以及数据分析；自动生成报表，精准掌握观看者的观看行为和热点分析，提供OCR光学识别功能，能够搜索PPT及视频内出现的文字。

三、应用系统及信息化建设

2020年，信息化工作办公室购置了6台高性能服务器，用以满足疫情期间在线教学需求和提升信息服务的支撑保障能力；完成了数据中心自建数据库和财务系统云平台迁移；配合相关部门完成网络综合报修系统、学工系统等校区核心业务系统建设。利用博达网站群部署和维护各学院、机关的网站；推广校区VPN和山大云盘。优化新生人脸比对报到系统，实现新生刷身份证比对人脸报到，院系负责人可通过系统查看新生报到率。采购添加测温模块的人脸测温一体机，并在学生宿舍安装部署，实现学生刷脸测温进出宿舍；在校区教学楼、食堂部署人脸测温一体机，实现教工、学生测温进出。

2020年，信息化工作办公室自主开发部署多个系统，主要包括授课方式在线查询与管理系统、空闲教室查询系统、学生成绩单查询系统、四六级成绩查询系统、排名绩点管理系统、本科生毕业审核系统、留学生收费管理系统、艺考生人脸比对系统、招生拓展辅助平台、出入校门申请与审批管理系统、学生晚归提醒系统、测温报警统计系统、疫情期间学生轨迹打卡系统、财务处收费管理系统、对接课程中心账号系统、门禁权限申请管理系统等。

2020年，信息化工作办公室持续推进三地一体化建设，完成与校本部的数据对接和同步工作，将威海校区门户平台、统一身份认证、服务大厅与校本部对应平台进行合并；对接校本部电子证照，实现校区教职工和学生各类证明材料的自助申请；自助打印一体机数据源及打印模块与校本部对应平台合并；收集、整理全校教职工的教学、科研、思政项目和成果数据，并将数据接入校本部数据中心和人力资源系统，配合人事处完成线上职称评聘工作，进一步推进三地数据共享。

2020年，信息化工作办公室继续协同三地推进“四个一”工程，“一网通”方面完成财务、人事、安防等业务专网的构建，实现三地用户认证模式、认证平台、账号密码统一；“一卡通”方面，实现了三地校园卡统一数据、统一平台、统一服务与无感知使用，实现用户在济南、青岛、威海三地内均可完成身份识别、日常消费、图书借阅等功能，实现校区间无差别服务，部署并启用山东大学校园卡“V卡通”App和山东大学校园卡微信公众号；“一号通”方面完成三地统一身份认证；“一表通”方面建立起以数据质量为核心、一校三地四个维度的服务体系。

四、网络与信息安全系统建设

2020年，信息化工作办公室完善了各虚拟服务器之间的系统和数据安全，初步制定了校区新上线系统管理规范；联合相关部门多次开展网络安全宣传教育活动；组织本单位员工参加网络安全教育培训;配合上级单位进行网络信息安全检查及攻防演练工作,消除安全隐患,并在重要时期全面做好网络信息安全应急保障工作;根据学校总体部署完成ISO 20000及ISO 27001体系认证,进一步完善了运维体制机制和工作流程。

(何荣毅)

继续教育工作

2020年,继续教育学院坚持以习近平新时代中国特色社会主义思想为统领,贯彻学校“双一流”建设和“强院兴校”行动战略,落实继续教育发展规划,大力推进校区继续教育工作。

一、加强党建工作

充分发挥党支部战斗堡垒作用,坚持“三会一课”制度,推进“不忘初心、牢记使命”主题教育常态化、制度化。加强和规范党内政治生活,严格落实党风廉政建设责任制,认真履行“一岗双责”。引导全体党员和员工增强“四个意识”、坚定“四个自信”、做到“两个维护”,紧扣立德树人根本任务和高质量发展主题,强化工作纪律,提高工作成效,改进工作作风。

二、稳步发展学历继续教育,创新思维优化服务

根据山东大学巡视结果以及相关制度规定,为规范办学、防范风险,暂停学历教育招生,并全面停止成人学历教育合作招生,将工作重心放在提高培养质量、做好学生服务上来。继续教育学院主动服务学生,及时向学生发布成人学历教育全部教学环节,多渠道多方式督导促学,极大提高了学生毕业率。全年为948名学生办理毕业手续,其中44人获得学位,推荐、审核35位优秀毕业生。加强对学业顾问的指导和管理,提高学业顾问服务学生的能力和水平,为学生提供良好服务,提高学生满意度,努力促进校区成人学历教育稳步健康发展。

三、积极发展非学历继续教育,落实服务山东战略

根据《山东大学(威海)关于进一步规范和促进非学历继续教育工作的意见》要求,切实做好校区非学历教育培训的管理服务工作。一方面,严格管理流程、严格报备制度、严格落实疫情防控各项措施,确保各方面安全;另一方面,积极支持相关学院开展非学历教育培训,在校区既有培训项目与相关教学学院培训项目有重叠时,学院主动停办并全力支持教学学院办学。积极与各学院相关负责人联系,协调配合、督促跟进非学历教育培训工作的开展并做好各类数据的汇总、更新,校区各办学单位全年共承办非学历教育培训80期,培训7722人次。

四、扎实开展整改,促进学院工作健康有序发展

按照山东大学党委对全校继续教育工作巡视要求,继续教育学院多次召开专题会议,对反馈意见中提出的问题进行学习梳理,结合工作实际分析研究,提出整改方案并严格落实。继续教育学院以此次整改为契机,全面梳理学院各项工作,规范办学流程,严格办学纪律,建立工作风险预防、监控和应对机制,确保学院各项工作健康安全发展。经过整改和优化工作制度、程序,学院凝聚了思想共识,进一步提升责任担当,按照一校三地继续教育工作目标,努力为学校"强院兴校"战略和"双一流"建设作出新的更大贡献。

(刘　书)

教学与科研

东北亚学院

2020年，东北亚学院在校党委、校区党工委和学院党委的领导下，以习近平新时代中国特色社会主义思想为指导，深入学习贯彻党的十九大精神，认真落实学校第十四次党代会提出的目标和任务，推进强院兴校行动。

一、党建工作

东北亚学院充分发挥党委领导的核心作用，不断强化班子建设，重视党建工作，强化政治引领，以夯实学院主体地位为契机，推进学科融合、协同发展。

2020年度，学院理论学习中心共组织开展集中学习12次。完成上一年度党组织书记抓基层突破项目结项2项，其中，本科生党支部项目获得优秀成果奖。完成上一年度基层党组织立项活动结项3项。申请2020年党组织书记抓基层突破项目2项，申请2020年基层党组织活动立项2项。学院党委获评2020年度“山东大学先进基层党组织”。

进一步提升基层党支部规范化、标准化建设，制定了师生党支部建设规范提升清单、台账。完成了3个基层党支部的届内调整和支部委员增补工作，新发展党员24名，推荐入党积极分子68名。

为深入推动山东大学“文化引领”战略落实落细，全面加强文化建设在学院发展和学科建设过程中的思想引领作用，制定了《东北亚学院关于贯彻落实〈山东大学文化引领战略实施纲要〉的实施方案》。

二、学科建设与科研工作

(一)师资队伍建设

2020年，东北亚学院进一步充实新文科高水平学术团队，畅通与一校三地相关学院的学术联系，融合三地学术资源，重点培育有竞争力的新文科学科方向和四个高水平学术团队。全年引进7名学者，其中海外学者2人，人才体系2人，国际问题研究院科研骨干基本到位，为下一步工作奠定了坚实基础。

(二)科研工作

开展2020年学术资助评审，在持续资助2019年度立项青年团队的基础上，遴选培育团队。2020年学院教师发表学术论文52篇[含CSSCI17篇、SSCI1篇、KCI2篇、《人民日报》(理论版)1篇]。获批国家级专项委托子课题1项、省部级立项4项、地厅级课题2项、校级课题2项，委托承接横向课题3项。刊发《东亚评论(第32辑)》，出版专著5册，译著3册，编著1册。举办国内会议10场、东北亚学术讲坛14讲、国际观察讲堂3讲。提前超额完成2018～2021年四年规划科研经费目标任务。

2020年，学院首次获批1项国家海洋信息中心项目，首次获批1项山东省人民政府决策咨询研究重点课题。智库建设方面，山大智库采纳咨政报告7份，山东省人民政府采纳咨政报告1份，国务院主管领导批示对策建议1份，中共中央对外联络部采纳咨政报告1份。学院16篇文章被知名国际问题综合性刊物《世界知识》杂志采用，提高了学院的学术声誉。

(三)平台建设

东北亚学院推进“1＋5”平台建设，打造区域国别研究重点基地：一个国际问题研究院、五个研究中心。以打造国内一流的高端智库为目标，全力推进山东大学国际问题研究院的建设。按照建设高等研究院的定位，做好学术规划和团队建设，国际问题研究院已入选中国智库索引(CTTI)来源智库，并积极做好申报教育部重点基地准备工作。明确五个中心的特色化建设方向。完成智库类专题研究报告24期，专报22期。“山大国际观察”微信公众号推送1130篇文章，“朝鲜半岛”微信公众号推送1000余条信息。与威海市政府合作成立英国研究中心并开展研究，首批项目已经确定。

(四)国际交流

2020年，因疫情影响国际合作工作未能按计划实施，东北亚学院在以下几方面深化拓展国际交流合作：在夯实与韩、日、朝合作的基础上，拓展与欧美、东盟国家合作，与泰国皇太后大学、韩国湖西大学技术管理学院签署合作协议，积极落实海外大学生实习基地；推进国际化课程建设；常规化海外学者讲座，举办了4期海外学者线上学术交流活动；召开线上大型国际会议1场；启动“中朝文化教育交流合作研究中心”建设。

三、人才培养工作

(一)本科生培养

以学科交叉融合为着力点，推进高水平人才培养。修订完善本科生培养方案，优化培养目标。同时，对现有专业进行优化升级，朝鲜语和日语专业获批国家级一流专业，国际政治专业获批省级一流专业。在新修订的双学位班培养方案中，本院任课教师占35%，跨学院跨学科教师和校外教师占46%，外籍教师占19%，充分体现出学科的交叉融合。重视国际化课程和课程思政建设，成功获批三门国际化课程和一门课程思政项目。外语类专业已经基本实现了使用对象国语言进行授课,有效提升了国际政治专业和双学位实验班的双语授课课程和全英文授课比例。设立校外学生社会实践教学基地,强化实践教学,建立了威海综合保税区和电子产业园区两个学生社会实践教学基地。

2020 年度,在第二届全国高校国际组织菁英人才大赛中,东北亚学院 5 名本科生组成的参赛团队荣获一等奖,为学校争得了荣誉。此外,1 名本科生入选赴联合国工业发展组织实习,2 人入选联合国青年领袖冬季精英班,3 人入选青年领军人才训练营。另有 1 名学生被评为山东省优秀学生,1 名学生被评为山东大学十佳共青团员,1 名学生获校长奖学金。

(二)研究生培养

在研究生培养方面,扩大硕、博研究生规模,增加招生数量,新增世界经济硕士点,进一步完善东北亚学院“本科—硕士—博士—博士后”人才培养体系,致力于培养高端东北亚研究人才。

(三)学生工作

全面构建“三全育人”格局,扎实推进网格化管理制度、党员责任田工作机制。开展班级品牌项目立项活动和优秀宿舍创建活动。借助学科平台优势,打造高端讲座和活动平台。强化学生领导力提升与实践,学生参与科创实践、国际组织实习等活动的热情不断提高,成绩为历年最好。

着力抓好学生就业工作。学院领导认领毕业班级,实施一类一案、一生一策,推行 3A 帮扶工作机制,为学生提供精准就业帮扶。发动教师、校友、企业等一切资源为学生提供就业指导与帮扶。

(张琳琳)

商学院

2020年，商学院党政班子围绕贯彻落实学校第十四次党代会精神，以高质量发展为根本，按照校区《“双一流”建设行动方案》及做强学科、强院兴校的要求，在应对疫情的同时，守正创新，努力推进学院发展新格局。

一、党政工作

2020年，学院党委立足新时代，全面加强和改进党的建设，统筹推进疫情防控、事业改革发展和安全稳定。

加强理论学习。开展理论学习中心组学习和常态化组织理论学习，开展强院兴校大学习大讨论，学习贯彻《山东大学文化引领建设纲要》，持续实施“党支部品牌培育计划”，建设品牌项目21项，“旗帜讲堂”开展至第七期。

扎实做好党员发展工作。全年共发展党员111名，其中教工党员2名。

健全党风廉政建设制度，严格落实意识形态责任制，定期进行宗教信仰排查，细化措施在课堂纪律、教材选用、教师引进和学术讲座等方面把好政治关，规范新媒体管理。

加强课程思政建设，开展师德师风建设专项教育，不断促进学生思想政治教育实效。

党建与中心工作深度融合，党建质量不断提升。2项党建突破项目获学校优秀成果奖，1项获学校优秀基层党支部活动一等奖；另立项党组织书记抓党建突破项目2项、基层党组织活动项目4项，管理系教工党支部参评校区“双带头人”工作室。

二、师资队伍建设

2020年，商学院共有全职教职工136人，其中教师岗102人，非教师岗34人；在编人员127人，编外人员9人；年内新入职、校内调入12人，荣休1人；教授22人，副教授、副研究员46人，讲师、助理研究员34人。另有兼职人才4人(教授3人，副教授1人)。

建设新文科，努力打造交叉融合的教学科研队伍。培育国家优青1名。引进“常青藤”特聘教授1名、兼职特聘教授1名、兼职山东大学杰出中青年学者1名、兼职齐鲁青年学者1名。入选校区青年学者未来计划2名。

三、学科科研与服务地方

(一)科研与学科建设

1.通过一校三地协同发展，科研工作取得新突破。获批国家社科基金重大项目1项、重点项目1项、一般项目和青年项目4项,国家自然基金面上项目2项,教育部项目1项,省社科项目3项。高水平论文发表数量明显增加,共发表SSCI/SCI二区以上论文30余篇,《经济研究》论文1篇,科研水平和学术社会影响力不断提升。

2.面临新发展,努力推进学科建设转型升级,打造文理融合的新商科专业。本科凝练为金融学、国际经济与贸易、会计学、工商管理、供应链管理5个专业,其中2个国家级一流专业、2个省级一流专业、1个教育部新文科专业。各专业嵌入大数据、编程技术等课程,为学生提供综合性的跨学科学习平台;金融学专业加入"区块链金融"等金融科技类课程;与翻译学院联合培养"国贸+英语"五年制双学位学生。经济类研究生按照应用经济学方向一级学科招收、培育硕博士研究生,硕博贯通;管理类培育管理科学与工程研究团队,更好融入一校三地学科一体发展之中。

(二)服务地方工作

基于新格局,努力拓展服务社会领域。面对省、市经济社会发展所需要解决的新问题,开展各类横向课题研究28项。克服疫情带来的困难,先后承接了山东省市场监管局、山东高速等单位的管理培训,并开设ACCA(国际注册会计师)创新精英班、CFA&FRM(特许金融分析师&金融风险管理师)金融实验班等非学历教育,取得良好的经济和社会效益。

四、人才培养

(一)本科生教育

2020级本科招生11个专业共700人,年内转入学生21人,2020届毕业学生917人,升学率为37.67%。

围绕"立德树人"和"以本为本",推进课程思政建设,加大教育教学改革,构建新商科卓越人才培养体系。41人次获国家奖学金,获创业创新大赛、学科竞赛、社会实践等国家级奖项10项、省级奖项25项。五大金课建设实现突破:2门课程获评省级一流课程,新建6门慕课和2个虚拟仿真实验教学项目。

(二)研究生教育

2020年,商学院有博士学位授权点2个,硕士学位授权点7个,其中专业学位硕士授权点4个。博士研究生导师11人,硕士研究生导师35人。录取硕士研究生193人,博士研究生5人。年内有146名硕士研究生毕业,其中全日制硕士研究生102人。

回应新需求,努力推进"三全育人"综合改革。加大研究生科研项目资助力度,开展第一届研究生"学术新星"评选活动。创立《山威商研学志》综合性学术季刊,丰富研究生学术文化生活。

五、对外交流合作

克服新困难,努力促进人才培养和学术交流的国际化。克服新冠疫情影响,主办

2020 前沿交叉管理国际会议，应邀参加山东大学—忠南大学国际学术研讨会，邀请多位外籍专家进行线上学术讲座。暑期学校线上顺利完成 12 门海外师资课程、20 门精品课程和未来山大人项目。

六、学生发展与校友工作

(一)学生发展

在疫情防控常态化背景下迎接新挑战，开拓学团工作新局面。开展"熔铸战疫精神，激荡爱国情怀"等主题教育，营造人人参与、人人有责、联防联控、群防群治的战"疫"氛围，1 名同学获评共青团省委"青春贡献奖"；建立健全困难群体毕业生就业帮扶机制与实施方案，实现"一对一"精准帮扶；加强班级建设和学生骨干培养，获评省级优秀班集体 1 个，省级优秀学生干部 2 人，省级优秀学生 2 人，校长奖学金 2 人；大学生社会实践和科技创新活动稳中有进，"深蓝之洲"社会实践团获评全国大中专学生志愿者暑期"三下乡"社会实践优秀团队。学院团委被评为"山东大学红旗团委"，同时获评"学生创新创业工作先进集体""学生社会实践工作先进集体""学生社团工作先进集体"，12 名团干部受学校表彰。

(二)校友工作

加强对学院各地校友分会指导力度，密切与校友的联络，丰富服务校友手段。年度组织校友工作研讨会 1 次、行业发展研讨会 3 次、迎新活动 3 场，初步形成校友之间的互帮互助、合作共赢的局面。

(张　晨　荆晓文)

法学院

2020年,法学院以习近平新时代中国特色社会主义思想为指导,深入贯彻党的十九大和十九届三中、四中、五中全会精神,以党的政治建设为统领,着力推进学院治理体系和治理能力现代化。根据《山东大学2020年工作要点》《中共山东大学委员会2020年党建工作要点》等文件精神和工作部署,依据《2018～2025法学院发展规划》,坚持以学生成长为中心,坚持双擎领航的一体化发展思路,以八年规划稳定发展方向,以任期规划把握目标导向,全面推进学院各项工作和事业发展。

一、党建工作

发挥党组织先锋作用,坚决打赢疫情防控阻击战。自疫情暴发以来,学院党委迅速成立了以党委书记、院长为组长的疫情防控工作小组,明确责任分工,制定应对措施,完善网格管理,全院师生坚定信念、同舟共济、科学应对,为统筹推进疫情防控和学院常规工作提供坚强政治保证、思想保证和组织保证。

完善政治学习制度,强化基层党组织建设。制定《法学院2020年理论学习中心组学习计划》《法学院2020年教职工党员理论学习计划》《法学院2020年学生党员理论学习计划》,以"三会一课"为基本制度,以党支部为基本单位,引导师生党员做到政治合格、执行纪律合格、品德合格、发挥作用合格。2020年,开展党支部专题政治学习活动30余场次;党委领导班子成员和党支部书记讲党课近20课时;发展预备党员60人,转正党员39人,培养积极分子132人。

二、学科建设

以新文科理念引领学科交融。以全国新文科建设工作会议精神为指导,进一步塑造新公法学体系,除传统优势学科方向外,重点建设党内法规与监察法学、计算法学、应急法学等领域和方向,继续完善传统优势、重点建设、重点培育、交叉发展学科构成的学科布局。

发挥高水平人才的学科作用。2020年,引进2名青年教师、1名副研究员,另有3位预引进的校外教授通过山大特聘教授、杰出中青年学者的评审,高水平人才的学术能量和学科效应在学科建设中的权重逐步加大。

协同青岛校区法学院和政治学与公共管理学院做好法学学科及博士后流动站的评

估工作,以学科评估和博士后流动站考核评估为切入点,推进两个法学学科板块协同发展。

三、人才培养

以新法科建设推进专业交汇。加强政治学与行政学、司法社会工作和法学专业交汇,规范法学本科大类招生、分类培养,结合法律硕士教育改革,计算法学、应急法学和党规监察法学等领域试点专业复合,推进研究生优势培养工作。

不断完善法科人才培养体系。突出学科交叉和专业交汇,以本科生特色教育和研究生优势培养,合成完整的法科人才培养体系。2020年5月,成功获批山东大学"学科交叉法律硕士培养"项目,并招收学科交叉方向法律硕士,使计算法学、党内法规和监察法学人才培养基本实现本、硕、博连线,为实现"横向连通、纵向贯通"的复合型法科人才培养体系奠定基础。

加强教育教学人才队伍建设。优化本科教学师资队伍,推进本科教学团队和研究生导师团队建设,深化教育教学改革,强调有组织的教学,深化一流专业和一流课程建设,教育教学研究获得新进展。

四、科学研究

加强学术组织规范化建设。围绕新公法学体系建设,加强多个研究中心的整合工作和规范运作,发挥法治中国研究所的作用,论证成立监察法学研究中心。

组织开展高水平学术活动。线上线下主办全国性学术会议6场,举办学术报告50余场。建立了"习近平治国理政思想研讨班",承办习近平法治思想学术研讨会。筹划出版法学院建院25周年学术文丛和学术辑刊,打造高质量学术辑刊平台。

产出更多高水平学术成果。2020年,发表学术论文34篇,其中CSSCI论文15篇,出版著作5部;获批国家社科重大项目2项,重点项目1项,一般项目2项,教育部项目2项,山东省社科项目4项,累计到账经费364.02万元(其中纵向经费265.8万元);获得山东社科一等奖1项、二等奖1项,山东高校优秀成果三等奖1项。

五、对外工作

深入推进社会服务工作。举办各类培训班24期,横向课题立项4项,与山东博瀚源、浙江京衡(郑州)等律师事务所开展合作,服务、捐赠等收入110多万元。

加快推进校友会工作。筹备成立法学院校友会,以此为契机推动各地成立校友分会,健全和完善校友支持学院事业发展的机制和方式。

六、学团工作

完善学院"三全育人"格局,开展线上"学风建设月"活动,构建多层次、立体化网络思政格局，放大“团校培训”“新蕾计划”等对学生党员、学生骨干培养的效应；借助“法治文化节”“玛珈山法政论坛”特色品牌建设更高水平育人平台。

健全学团工作体系，成立“知行”“砺行”学生自我服务工作室；2018 级计算法学班获评山东省先进班集体，2 名同学获评山东省优秀学生，1 名同学获评山东省优秀学生干部。

优化科创生态，做细实践管理。2020 年，荣获第十六届“挑战杯”全国大学生课外学术科技作品竞赛先进集体，5 名教师获评优秀指导教师，参赛作品获全国三等奖 1 项，省级二等奖 2 项，省级三等奖 3 项；获第五届中国“互联网＋”大学生创新创业大赛省级铜奖 1 项；获 2020 年国际刑事法院模拟法庭竞赛（英文）中国赛区二等奖 1 项；获第十届“众成清泰”杯山东省高等学校大学生模拟法庭大赛团队二等奖 1 项；获第十四届中国大陆地区红十字国际人道法模拟法庭竞赛全国三等奖 1 项。

建立班子成员包班、全院合力、全员参与就业工作机制，推进就业教育、心理疏导、暖心服务等多位一体，实行“一生一策”工作方案，针对学生不同就业意向进行分类指导，做好就业追踪、不断线就业服务工作。

（时　珊　黎海鹰）

文化传播学院

一、党务工作

充分发挥学院党委政治引领和支撑保障作用。坚持学院党委理论学习中心组学习制度，以习近平新时代中国特色社会主义思想“金钥匙”武装头脑、推动工作；认真落实民主集中制原则，完善网格化管理。

做好顶层科学规划。召开学院发展规划专家咨询会，修订任期目标，党政同心协力，推进强院兴校计划。

贯彻落实文化引领战略。结合新文科建设发展要求，制定学院《文化建设实施方案》。

注重加强党支部建设。扎实推进“两学一做”学习教育常态化制度化，优化党建“双创”工作，积极申创高校“双带头人”教师党支部书记工作室，严把发展党员质量关。

二、学科建设与科研工作

学科特色凸显，马克思主义文艺理论研究、现代诗歌研究、新媒体技术研究方面取得突破性成果。中国现当代文学入选威海校区优秀青年学术团队，语言学团队逐渐成形，一些成员研究特色已显现。围绕“全球胜任力研究院”展开的跨文化传播方向，规划设计的思路已逐渐清晰。与中心校区相关学科融入的程度进一步加深，通过领导班子任期目标的修订，学科发展的方向性更加明确。

2020 年度，学院教师发表学术论文 57 篇，其中 CSSCI 来源期刊论文 20 篇，出版学术著作 7 部；获第 34 届山东省社科优秀成果奖二等奖 2 项，获首届山东大学人文社会科学青年学者优秀成果奖 1 项；立项国家级课题 6 项，其中国家社科基金项目 5 项，国家古籍整理出版专项 1 项；立项教育部课题 1 项，中国博士后基金二等资助 1 项。

三、师资队伍建设

引进齐鲁青年学者 1 人，引进副研究员 1 人、副教授 1 人。现有教师队伍中，1 人破格晋升教授，1 人晋升副教授。

四、教学工作

严格疫情防控，加强教学组织管理。学院班子、各基层教学组织负责人深入课堂一线，加强线上线下教学工作的过程监管和质量督导。

深入领会“新文科”建设思路，凝练专业学科特色。从2020年开始暂停汉语国际教育专业招生，摸索按文学方向和语言学方向对学生进行分类培养的新模式。

人才培养质量提升。9名学生入选尼山学堂，学院本科生第三次斩获选拔考试第一名。7名学生入选山东大学强基计划，共29名学生被推荐到北京大学、中国人民大学等高校免试攻读研究生，推免生数量和比例均创新高。

研究生招生规模和导师队伍稳定发展，1门课程获山东大学研究生教育优质课程建设立项。

顺利完成融媒体实验室建设，改造与新建VR实验室项目完成招投标工作。

以“一流课程”建设为导向，加强课程思政建设和教改项目培育，促进教师发展，取得重要成果。年内多名教师获得教学奖项：张毅、朱新林、宋琦3位教师的教学改革项目获得威海校区立项资助；朱新林获得山东大学“新文科研究与实践项目”立项资助；朱新林的“国学基础”、张毅的“传播学概论”2门课程获得山东大学2020年度课程思政优秀教学案例二等奖；张毅申报的“大众传播学”线上线下混合式课程入选首批国家级一流本科课程。

五、国际化建设与留学生工作

山东大学研究生国际化课程立项工作中，邓晓玲申报的“基于第二语言教学的汉语专题研究”国际化课程成功入选。

利用暑期学校项目申报契机，成功联系邀请3位知名海外高校教师为学院学生开设全英文授课的暑期国际课程。

严守安全稳定责任底线，推行网格化管理，建立留学生管理队伍和班主任双渠道工作机制，留学生线上教学秩序井然有序。

六、学生工作

以落实文化引领战略为契机，以社会主义核心价值观为统领，拓展“文化育人”途径，推进“三全育人”综合改革。

2020年度，1支队伍获得第十二届“挑战杯”山东省大学生创业计划竞赛省级金奖；1支队伍获全国千校千项最美团队奖；1支团队获评暑期社会实践省级优秀奖；排演短剧《永怀之歌》获威海校区第三届“四史故事”短剧大赛第一名；公众号“山东大学威海文化传播学院团委”荣获威海校区团学组织传媒联盟“校园优秀新媒体平台”。1人获校长奖学金、2人获入围奖；2人获评山东大学“自强之星”。1人留校担任“保资辅导员”，2人进入“研究生保研支教团”。

高度重视就业，将就业作为党组织书记抓基层党建重点突破项目，制定“一生一策”。班子成员下沉一线，学生工作队伍全部投入促进毕业生就业工作，全程参与就业指导服务。

七、服务地方

智库建设方面,贾文山教授有 4 篇内参报告通过《山大智库快报》上报;张超教授 2 份研究报告提出的建议被中央广播电视总台外语频道采纳,1 篇内参报告的建议被省委宣传部采纳,并上报中宣部。

服务威海方面,与威海高新区合作成立"大学之道文化创新服务中心";与威海市作家协会合作,加强文学写作培训。

服务山东方面,与潍坊市昌乐"中国地质博物馆"合作,建立大学生文创实习基地与"创客空间"。

(刘　琼)

翻译学院

一、学院概况

翻译学院在山东大学外国语言文学学科一体化发展的大背景下，坚持以观念更新为先导，以制度创新为动力，以师资和学科建设为核心，以培养符合社会发展需要的复合型国际化人才为目标，深化师资等资源共享，全面强化素质教育，形成了以本科教育教学为主体，大力发展研究生教育以及博士后培养工作的完整育人体系，以翻译学教学为优势，以“英语＋×语种”和国际化为特色的办学体系。

翻译学院拥有外国语言文学一级学科博士学位授权点，下设英语语言文学、外国语言学及应用语言学 2 个二级学科博士学位授权点；拥有外国语言文学一级学科硕士学位授权点，下设英语语言文学的二级学科硕士学位授权点；拥有翻译硕士专业学位授权点，下设英语笔译 1 个专业。

截至 2020 年底，翻译学院共有专职教师 89 人，其中教授 8 人、副教授 16 人，博士生导师 5 人、兼职博士生导师 3 人、硕士生导师 16 人。获得博士学位及在读博士 54 人，加拿大皇家科学院院士 1 人，获国务院政府特殊津贴 1 人，教育部新世纪优秀人才 1 人，山东省教学名师 1 人，山东省优秀研究生导师 1 人，山东大学兼职特聘教授 2 人，杰出中青年学者 2 人（兼职 1 人），齐鲁青年学者 1 人，未来学者 3 人，近 2/3 的教师拥有国外著名大学留学、访学经历。翻译学院拥有一支具有创新精神和发展潜力的学术队伍，多名教授在全国和省级学会中担任会长、副会长等职务，并有多名国内外知名学者、专家被聘请为翻译学院的兼职或客座教授。

二、党建工作

翻译学院党委着力加强政治建设，充分履行政治责任，为开创学院教育教学工作新局面提供坚强有力的政治保障。

强化理想信念教育，推动师生思想政治教育提质增效。深入构建“不忘初心、牢记使命”长效机制，2020 年开展防疫抗疫专题思政大课 2 次，党委委员主题党课 5 次，线上统一观影等全院性主题党日活动 10 余次，开展了“疫情面前的中国力量”线上话题讨论等活动。“党建＋专业”工作理念开枝散叶，举办第二届“丹心热血 · 尺素春秋”红色家书诵读活动、“回味经典 · 砥砺情怀”红色诗词译读等活动。

夯实组织建设的基础，严把发展党员“入口关”。2020 年翻译学院组织开展入党积极分子、重点发展对象培训班各2次,发展学生党员45人。

扎实做好群团工作。翻译学院加强对工会工作的领导,组织师生参加"山东省全省师生线上线下网路健步走比赛""广播操大赛"等工会活动,继续做好学院职工健身房的优化建设;切实提升学生工作队伍的职业化、专家化水平,深入研讨"党建带团建"的有效模式;坚持科研育人、实践育人和文化育人的工作理念,学生成长发展势头良好。

三、师资队伍与学科建设

大力做好人才引育工作,力促"人才兴院""人才强院"。2020年翻译学院引进山东大学讲席教授(第一层次)、加拿大皇家科学院院士 Jonathan Loke Hart 教授,引进兼职特聘教授刘建军教授和兼职杰出中青年学者徐彬教授,引进副研究员1名。

落实学科建设的各项指标。翻译学院召开第二届西方修辞学高端论坛暨中西修辞学国际研讨会,被相关主流媒体转载报道;组织"博雅论坛"讲座30余场、"翻译认知研究工作坊"学术讲座11场、"博士研究生高端学术论坛"学术讲座10场、"比较文学与世界文学"名家系列讲座4场。外国语言文学学科被评为山东省"高峰计划"学科。

四、科学研究

2020年度翻译学院教师共发表学术论文45篇,其中 SSCI、A&HCI、CSSCI 论文16篇,出版专著、译著、编著14部;国家社科基金项目立项1项,教育部项目2项,省级项目1项,横向课题5项,立项经费总额100余万元。

落实专著资助计划,2020年度共资助3部学术专著。学院制定《翻译学院关于教师申报科研项目的激励办法(试行)》《翻译学院学生课外科技学术活动优秀指导教师奖励办法(试行)》等文件,鼓励师生从事科研活动。

五、教学工作

(一)研究生教育

积极拓展生源,举办第八届优秀大学生"英语菁英"夏令营,一志愿上线率100%,被评为"山东大学研究生招生拓展先进单位"。举办第二届外国语言文学研究生学术论坛、"认知翻译学"研究生暑期学校和"翻译修辞学博士高端论坛";1位研究生在 CSSCI 期刊发表论文,4位研究生在国际外文期刊发表论文。

(二)本科生教育

面对疫情暴发,发动全院教师全面开展线上授课。积极推动一流课程建设,"英语语言学"课程获批"山东省高等学校优质在线开放课程","英语国家文化"在线课程项目获得学校和学院双重资助。新增"英语+日语"双语班项目。积极推进课程思政建设,投入5万元经费资助5门课程进行课程思政示范项目建设。

六、学生工作

切实提高政治站位，强化思想引领，深入扎实地做好学生思想政治工作。持续组织“优秀学子事迹报告会”、“译苑英华”优秀学子表彰大会等品牌活动，结合疫情防控工作形势要求，优化活动结构，重点开展网络思政工作。

先后举办“汇聚青春正能量，防疫抗疫攻坚行”“奔跑吧，青年”“承中华文化浩然气，铸青年自信民族魂”等主题团日活动，提升共青团思想引领工作的趣味性。翻译学院团委首度获评“山东大学红旗团委”，实现历史性突破。

精准定位，精细施策，做好疫情防控常态化下学生日常事务管理和服务工作。制定对学生日常管理的要求细则，严格落实“一日三检两报告”制度；加强对学生公寓的日常走访，切实推进疫情期间对学生公寓生活安全、卫生等全方位的教育管理工作；通过主题班会、宿舍走访和班干部例会等形式，向学生普及疫情防控常态化下的校园生活规范；继续开展“绿动”青春活动、“用‘心’战疫”等活动；关心关怀学生疫情期间的心理健康状况，组织辅导员老师定期开展网络心理班会和电话家访；完善疫情期间的心理危机联络机制，积极进行心理疏导。

重视理论研究，提升工作水平。2020 年申报山东大学(威海)思政教育研究会项目 2 项，《疫情防控常态化下大学生思想政治教育的实践转向》获评 2020 年山东高校辅导员工作优秀论文三等奖。

七、国际交流与合作

翻译学院坚持提升国际化水平。在培养国际化方面，翻译学院与英国伯明翰大学签署联合培养协议，开展多种模式的联合培养项目，共计 46 名毕业生出国(境)读研。在科研国际化方面，共邀请 6 位海外专家举办高水平报告 7 场。在外籍师资建设方面，共聘用外籍教师 14 名。在国际影响力方面，由翻译学院学者主编的《国际翻译与应用语言学》期刊出版 2 期，提升了翻译学院在翻译和语言学学科的国际影响力。

八、社会服务

加强校地互动，推进服务地方，助力威海市经济建设和外语人才培养。翻译学院与威海市外事办公室签订“威海市公示语翻译项目”，第一期已顺利完成。

翻译学院承办威海市翻译协会第四届会员大会第一次全体会议及第四届理事会第一次会议，完成了协会新一届会长、副会长、秘书长、理事、监事的选举工作。翻译学院继续担任协会的法人和会长单位。

推进校企合作。顺利完成与迪尚、惠普集团签订的“商务英语提升项目”。与山东英格利国际教育交流有限公司签订语言培训合作协议，助力威海市经济建设和外语人才培养。

(丛海燕　刘肖君)

艺术学院

一、党建工作

1.巡视整改工作取得阶段性成效。学院党委政治生态明显改善，领导班子团结和谐，凝聚力、向心力逐渐增强，学院凝心聚力、干事创业的精气神初步形成，未来改革发展的新思路逐步清晰。

2.从严从实从细做好疫情防控各项工作。积极宣传推广疫情防控知识和要求，强化全院师生交流互动和心理疏导，落实网格化管理要求。

3.推进民主管理，强化建章立制。建立信息周报制度，推进党务政务公开；制定完善规章制度10余件；制定了党委会会议议事规则和党政联席会议议事规则。

4.发挥艺术专业优势，弘扬主旋律。推出“艺心战疫”系列活动，大力弘扬众志成城、共克时艰的战“疫”正能量，创作美术、设计、音乐、舞蹈等艺术作品800余件，积极通过线上展演的形式进行推送，各平台点击量20余万次。

5.教工党建工作取得新突破。发展2名教工成为中共预备党员，结束了学院10余年没有发展教工党员的历史，有4名教工被确定为入党积极分子并完成党课学习培训，2名教工提交入党申请书。

6.“团队建设年”取得初步成效。着力打造科研创新团队；研究成立党务管理与服务中心，加强党支部工作规范化、标准化建设；强化党政班子和管理服务人员的学习培训，管理效能和服务质量明显提升。

二、一体化建设

1.主动创新，引领一体化发展。积极响应山东大学一体化发展战略和强院兴校行动计划，在两地艺术学院党委和领导班子统一谋划下，完成了《山东大学艺术学科一体化发展规划纲要》和《山东大学艺术学院　山东大学（威海）艺术学院“强院兴校”行动方案》，得到了学校的充分肯定，成为一体化发展和强院兴校规划的范本。

2.推动文化建设，加强顶层设计。两地艺术学院党委理论学习中心组集体学习研讨《山东大学文化引领战略实施纲要》，就共同制定贯彻方案、深入推进一体化发展等达成共识。共同成立艺术学科“一体化”发展规划委员会及学科专业执行委员会，推动一体化的筹谋与实施。

3.推进工作协同,彰显两地艺术凝聚力。两地艺术学院领导班子和管理服务人员进行了对接,疫情初期共同发出开展抗疫主题艺术创作的倡议,共同举办"情聚山大 爱满山海"2020级新生开学典礼暨迎新晚会,共同承办山东大学艺术节,申报山东省高水平学科,开展第五轮学科评估自评及全国专业硕士研究生水平评估等工作。

三、人才培养

1.积极推进舞蹈编导一流专业建设。对标国家一流本科专业建设的总体规划与分期任务,积极开展规划研讨,形成建设规划要点,从师资建设、教研改革、科研成果、人才培养、国际交流等方面展开全面建设。新增省级科研项目2项、教改项目1项,上线慕课1门。

2.强化美育和特色建设。推进美育通识课程的设置。发挥专业优势,大力举办艺术展演活动,举办演出15场、展览22场。其中,组织完成2020年山东大学艺术节系列活动(讲座、展览、演出)共计11场。疫情期间,美术专业师生开展了抗疫主题绘画创作;设计专业师生围绕"防疫我先行"进行主题海报设计;音乐专业、舞蹈专业师生则通过音乐、舞蹈、微视频等艺术形式,创作大量优秀艺术作品;学生自主设计的欢送毕业生、迎新T恤及系列纪念品、返校张贴画等,产生了积极效应、引发了热烈反响。

3.创新完善教育教学范式,保证教育教学质量。上半年,因应疫情形势,积极探索并实施线上教学、展演;下半年及时调整美术、设计专业外出写生和考察等相关课程的教学计划。开展本科教学"以本为本"专项行动,强化教学组织和管理。制定2020版人才培养方案和艺术学理论学术学位和艺术专业硕士学位研究生培养方案、研究生实践基地管理办法和研究生助学金管理办法,优化了研究生导师遴选办法。新建专业学位研究生实践基地14个,聘任硕士研究生合作导师34人,新增硕士生导师7人。强化课程思政建设,新增山东大学研究生课程思政专项计划立项1项,荣获山东大学课程思政优秀教学案例评选三等奖1项、山东大学青年教师教学比赛二等奖和三等奖各1项。组织参加专业比赛,组织完成山东省第六届大学生艺术展演和"荷花杯"全国舞蹈比赛,研究生在省级比赛中获奖5项。

4.做好学生管理与服务。加强学生工作队伍的思想建设、能力建设,全年参加线上线下培训19人次。强化运用新媒体,以学院微信公众平台"山威艺苑"为载体,强化宣传和学习分享,2020年推出411篇文章,阅读总数19.97万次,用户关注数量增长至33000人。在山威抖音号中学院"艺术瞬间"话题年度点击量达249.4万,位居校区榜首。辅导员坚持每周二进宿舍制度。建立了"学院－班级－宿舍"三级信息系统,形成了"辅导员＋班级心理委员＋舍长"和"团体辅导＋个别指导"的心理辅导模式。开展"艺悦心晴"主题心理活动,举办心理讲座4场、专题团体辅导6场、心理主题班会50余场;2020级舞蹈编导班心理情景剧参加学校比赛获得一等奖。

5.扎实推进就业工作。依托"院领导＋系主任＋教研室主任＋专业教师""副书记＋

全体辅导员”“院学生会＋班级就业委员”三支队伍，实现学院学生就业工作全链条指导服务。全面实行“一生一策”，强化精准对接和个性化帮扶。年度总体就业率达到96.69％，位居全校前列。

四、学科建设

1.凝练特色，平台建设取得新突破。通过凝练，形成了以中国古典艺术研究为核心的学科方向，联合一校三地相关学科，获批成立了山东大学中国古典艺术研究中心，是学院首个校级科研机构，成为凝聚学院未来学科发展的重要平台。

2.优化格局，致力于打造新型团队。出台了《艺术学院科研创新团队支持计划实施办法》，根据学科特点进行分类支持，并邀请校内外专家对申报团队严格审核，首批共支持包括校区青年学者未来计划在内的6个创新团队。

3.提升内涵，学术声誉再创新篇章。在学科建设中紧紧围绕国家重大战略、社会需求和前沿领域三大面向，注重内涵发展，提升本学科国内外学术声誉，成效显著。李晓峰院长当选首届全国高校美育教学指导委员会委员，并连任第三届山东省文化艺术科学协会会长。

4.聚焦一流，深化落实科研服务意识。2020年，共立项省部级课题5项，实到经费21.9万元，其他纵向及企事业单位委托项目25项，到账经费219.1万元，共计经费241万元。共发表论文38篇，其中CSSCI论文10篇、A&HCI论文1篇、SCI论文4篇。共出版学术专著11部、艺术CD编著11部，4名教师晋升副教授。

五、国际交流与合作

针对疫情影响，艺术学院及时调整国际交流计划，制定2021年度国际化建设工作计划书，根据各专业以及各门课程特征，有针对性地制定留学生授课模式，引进外籍专家1人，同时建立并完善了学院英文网站。

（刘洁文）

海洋学院

2020年，海洋学院认真贯彻落实习近平新时代中国特色社会主义思想，增强“四个意识”，坚定“四个自信”，做到“两个维护”，按照学校、校区2020年工作要点，继续以谋大事、干大事为总体思路，以班子任期目标为工作目标，教育教学等各项工作取得突出成绩。

一、党建引领高质量发展

发挥学院党委政治建设统领作用，深入落实党委会、党政联席会议制度，严抓理论中心组学习、党支部书记培训以及党支部的政治学习，扎实开展党风廉政建设教育。推荐申报“双带头人”工作室1个，在“高知群体”中发展党员1人、入党积极分子1人。推进宣传思想工作改革创新，强化课堂思政。

二、强化本科教育

2020年，海洋学院获省级教改项目立项1项，获山东大学课程思政优秀教学案例一等奖1人次，线上教学比赛二等奖及以上3人次，获得学校多学科交叉项目资助。构建2个教学团队，举办学术与职业规划讲座8场。加大招生力度，开展以教授为骨干的招生拓展工作。

三、优化研究生培养

与海洋研究院在学科建设、博士点评估、研究生培养、举办论坛等方面聚力合作，推进海洋学科一体化发展。实施学科交叉导师团队项目，大力支持交叉团队和育人大平台建设。继续落实学术学位和专业学位分类培养要求，推进专业学位培养基地的建设及研究生应用创新力培养，提高研究生教育国际化水平。签约建立山东大学—科伦药业、山东大学—威鹰集团等专业学位研究生培养基地。研究生作品《化壳为骨——环保复合骨修复材料领航者》荣获第六届山东省“互联网＋”创新创业大赛金奖，海洋学院获山东大学先进集体。

四、多元思政育人

落实“三全育人”，强化课程思政，做好“疫情防控下的返校第一课”。通过思政大课等系列活动,加强思想价值引领。举办第二届海洋文化节等系列活动,践行海洋文化认同体系,夯实“海豚计划”。完善《海洋学院辅导员班主任谈心谈话规范实施办法》,提升心理育人质量。发挥科研优势做实科研育人质量,2020年本科生发表论文17篇(包括11篇SCI论文)。重视学风建设,加强荣誉建设,提升资助育人水平。学生参与疫情防控志愿者33人,累计服务时长1403小时。

五、提升就业水平

坚持“全员参与、悉心指导、拓宽渠道、强化服务、规范管理”的工作理念,结合专业特色和就业实际,积极拓展学生就业市场和渠道,加强校企实习就业合作。2020届毕业生升学率位列校区第一。

六、重视人才引育

推动师德师风常态化制度化建设,加大力度引进高层次人才并有所突破。2020年引进双聘院士1人、学科团队急需青年教师2人。参加海外访学、研修人员3人。

七、提高学术竞争力

制定《海洋学院强院兴校实施方案》,进一步凝练科研方向,形成重点科研团队,持续支持学院重点学科和重点引进人才。获批4项国家自然科学基金,年度实到经费近1000万元。参与山东省协同创新中心、山东省技术创新中心建设各1项。获批1个威海市重点实验室。获威海市青年科技一等奖、烟台市双百人才计划各1项。与威海市环翠区政府合作共建“海洋科技创新中心”投入使用,已入驻3个科研团队。

八、落实文化引领战略

贯彻落实《山东大学文化引领战略实施纲要》,制定《海洋文化引领贯彻方案》,利用主题报告等系列活动,扩大文化引领战略影响。成立海洋文化研究中心,形成全员参与、全员共享的良好氛围。疫情期间,联合其他单位向武汉地区儿童家庭开展“惊奇海洋线上海洋馆”10万套课程捐赠活动,树立勇担社会责任的山大形象。

九、强化安全保障

按照学校部署,制定并执行《海洋学院新型冠状病毒疫情防控工作方案(试行)》和相关预案,保证疫情防控常态下各项工作有序开展。升级改造实验室并配备防疫物品,修订、制定实验室管理规章制度,构建实验室管理的三级管理体系,定期开展实验室安全检查。海洋学院获评山东大学2019年度实验室工作先进集体。

(孙　艳)

机电与信息工程学院

2020 年，在学校党委和校区党工委的坚强领导下，机电与信息工程学院把实施“强院兴校”与实施一体化发展战略相结合，加大学院内部改革力度，健全治理体系，完善管理制度，优化组织结构，探索学院治理新模式。

一、党建工作

组织师生深入学习贯彻党的十九届五中全会精神，科学编制学院“十四五”规划。建立健全疫情防控责任体系，做好疫情防控期间的正面宣传。强化政治引领，抓好学院党委理论中心组学习。实施党支部规范提升行动，推进控制系样板支部的培育工作，制定学院未来 5 年文化建设实施方案。开展学院校友成立大会筹备工作，凝聚学院发展力量。加强对教师思想政治素质、师德师风的考察，把好人才引进政治关。健全制度规定，确保安全工作落实到位。

二、学科建设

凝练学科方向，优化学科队伍。积极与校本部相关学科对接，创新一校三地学科优势互补、资源共享、交叉融合发展模式，探索建立新工科发展的长效机制。依托学院现有学科交叉方向基础，进一步凝练形成了新材料及电机控制、机器人与海洋机电装备、大数据与多学科交叉融合方向。机器人方向团队在疫情期间开发餐厅用服务机器人，获得国家重点研发子课题支持；非晶材料及电机方向顺利开展山东省重大创新工程项目，实现非晶节能材料在高速电机上的应用，满足国家的节能减排战略发展需求。大数据与空间科学、农业、金融等领域的交叉融合成绩显著。

三、学生培养

2020 年，机电与信息工程学院将原来 9 个招生专业压缩为 7 个，制定了 2020 版培养方案，满足大类招生、一体化办学要求，新增威海校区首个人工智能新工科辅修专业和微专业，新增实践教学基地 4 个，实习实训项目 4 个，顺利安全完成各类实验课教学任务。校内金工实训中心顺利启用 1 年来，完成了全院 7 个专业 820 余人次的金工实习训练。截至 2020 年 12 月，学生实践竞赛共获得省级以上奖项 453 项，其中国家级 54 项。在第十五届全国大学生智能车竞赛中总成绩位列全国第一，智能车团队获得“山东大学 2020

年'榜样的力量'学生年度人物"荣誉称号。

研究生培养不断深化,学院研究生教育创新提升项目数量和经费明显增加。2020年学院研究生发表SCI期刊论文21篇,EI期刊论文13篇,申请国家发明专利10余项,在各类竞赛中荣获国家级奖励6项,省级奖励7项。6人成功申请国家留学基金委CSC项目,新建研究生联合培养基地7个。邀请15位专家来校讲座,举办10场博士高端学术论坛和研究生暑期学校。加强研究生思想政治教育针对性、实效性,学风端正,无重大违纪违规现象,无学术不端现象发生。强化就业指导,开展"职来职往"研究生就业经验分享会等,提升毕业生求职能力。

四、科学研究

科研工作进步显著。2020年获批国家自然科学基金项目4项,山东省面上基金10项,国家重点研发计划2项,山东省重点研发计划2项,其他纵向项目9项。2020年纵向立项经费977.21万元,到账经费合计752.22万元,其中机器人方向获得国家重点研发项目子课题一项,合同金额150万元。横向课题立项36项,立项经费1255万元,到账经费916.7万元,其中智慧农业方向获横向经费500万元。学院与中船716所签订合作协议,每年投入200万元科研经费,连续资助5年,就信息领域开展合作研究;与国企有研稀土签订战略合作协议,为下一步深入合作奠定基础。全年共发表SCI、EI和CPCI-S索引学术论文106篇,发明专利授权48项。

五、疫情防控与信息化建设

成立学院疫情防控领导小组、疫情安全信息报送组、学生疫情安全工作组、教师疫情安全工作组、疫情舆情防控工作组和疫情安全巡视自查工作组,修订学院疫情防控办法。发布《山东大学(威海)机电与信息工程学院疫情防控明白纸》,定期对网格化管理运转情况实行实时督查,确保师生防疫工作和实验室安全工作落实到位。

学院信息化建设进步明显,先后开发实验室建设系统、实践管理系统、竞赛经费管理系统等,增加学院管理的透明度,变管理为服务。

六、国际合作

依托先进制造业联合研究中心与斯威本科技大学共同招收6名博士生。健全完善来威授课外籍教师的工作规范和流程,合作专业学生有23名同学选择加入澳洲阶段网课学习,另有50人获得出国深造机会。

七、学生工作

着力抓好青年大学习,发挥主题团日活动等团组织活动主渠道作用,引领广大青年明确新时代的责任与担当。健全制度,规范管理,引导学生社团健康发展。全年学团微信、微博等学团新媒体浏览量达到921万人次，学院微博、微信平台在传媒联盟考核中均获评“校园优秀媒体平台”。以“院长茶座”、班主任制为抓手，年内挂科学生同比下降1.6%，挂科人次下降20%。2020年度1人获中国大学生“自强之星”，3人获校长奖学金，1人获金葵花奖学金，1人获山东省“青春贡献奖”，1人获山东大学青年突击手，1人获山东大学宝钢奖学金，3人获省优秀学生，2人获评省优秀学生干部；2017级测控二班团支部获评山东大学十佳团支部，6个团支部获评山东大学先进团支部，2017级软件2班获评省先进班集体。2021届毕业生推免质量稳中有升，其中34人为单列计划保研。年内举办20场院内宣讲，为毕业生实现高质量就业提供了更多机会。

（王婉霞）

空间科学与物理学院
空间科学研究院

一、党建与思想政治工作

空间科学与物理学院充分发挥党委核心领导作用，注重学院文化建设，坚持全面从严治党过程和效果相统一来指导实践。注重政治学习，提高教师政治站位。2020 年，召开全院教工大会 10 次，对学校党委的工作部署和相关要求切实做到第一时间传达、最大范围覆盖、最大限度动员。建立学院网格化管理体系，制定"两表两书"，加强对关键领域和关键岗位的监管。"一事一组"宣传模式见实效，发表山大日记 17 篇、凝练山大人物 2 篇、学术纵横 11 篇。

学院成立疫情防控工作专班，组建党员服务队，全力以赴打赢疫情防控阻击战。制定疫情常态化防控下的就业工作预案，全力以赴保障毕业生高质量充分就业。

学院党委申报党组织书记抓党建突破项目——"学院党委在推进高水平创新团队发展中如何发挥重要作用"，探索党管人才新模式，该项目获评山东省 2020 年度高校院系党组织书记抓基层党建突破项目优秀成果。

发掘先进典型，树立优秀标杆，引导基层党组织和广大党员充分发挥战斗堡垒、先锋模范作用。教工第二党支部书记工作室获批山东大学"双带头人"教师党支部书记工作室培育创建单位。教工第二党支部书记凌宗成获评山东大学优秀共产党员。

一校三地物理学科联合申报的"山东大学'一校三地'物理科技实践与文化体系建设"思想政治工作精品项目，在中期考核中获评优秀。

二、人才培养

学院坚持以立德树人为根本，强化人才培养中心地位，2020 年，空间科学与技术专业和应用物理专业同时申报国家一流专业，其中后者与校本部物理学院联合申报。推出"居家物理实验＋教师直播＋虚拟仿真实验"的多元线上实验教学计划，顺利完成大学物理实验教学任务。

夏利东教授主持的"天文与空间科学特色人才培养体系建设"项目获 2020 山东省优秀教学成果培育项目立项、校级教学成果一等奖。张鹏教授负责的"物理专业创新人才培养模式研究"获得校级教学成果二等奖。

在第十五届大学生科研作品立项中，学院共申报46项，其中获国创项目3项，山大创新项目4项。本科生发表论文6篇，其中SCI收录期刊封面亮点文章1篇。2017级本科生尹若彤以第一作者身份在 *ACS Applied Materials & Interfaces* 期刊(影响因子8.758，SCI一区期刊)上发表论文。

研究生招生培养取得佳绩。研究生一志愿生源比例大幅提高，达到53%，本校生源占比超过50%。赵凌新、韩建宇获2020年度山东省高等学校优秀学生干部，赵凌新获山东大学第四届研究生道德风尚奖。

2020年，空间科学与物理学院获山东大学新文科建设项目1项，在建慕课1门，线下金课2门，并进行省级课程项目的申报工作，组织新撰写教材1部。

三、师资队伍建设

学院深入实施人才强校战略，全方位培育、引进、用好人才。

年轻教师培育取得成效。刘晨获山东省优秀青年基金立项；许艳入选中国卫星导航定位协会“青年人才托举工程”第五届项目；聂文锋论文获中国卫星导航定位协会优秀博士学位论文。

教师队伍建设成果斐然。王守宇、杜猛分别获山东大学优秀教师、先进教育工作者，徐天河获夏坚白测绘事业创业与科技创新奖，凌宗成获中国矿物岩石地球化学学会第18届侯德封矿物岩石地球化学青年科学家奖。

新聘齐鲁学者2人(其中1人入选泰山学者青年专家)，副研究员1人，学科博士后5人(特别资助1人，重点资助2人)。

组织实验室管理人员、研究生等90多人参加了“全国高校实验室安全管理2020年第一期培训班”线上培训。

在山东大学“同屏在线、共振育人”在线直播教学比赛中，1人获二等奖，2人获三等奖；1人获山东大学(威海)2019年度学科竞赛优秀指导教师；1人在2020年度山东大学青年教师教学比赛中获三等奖。

四、科学研究

学院坚持“121”行动路径，持续做强学科，做强学院，不断提升学术核心竞争力。2020年，新立项国家自然科学基金12项，立项经费539万元，新立项山东省自然科学基金8项，其中优秀青年基金1项；新立项“地球观测与导航”重点研发计划(立项经费1958万元)，新立项“原子核多重对称性的联立自发破缺”山东省重大基础研究项目。实际到账科研经费3564.52万元。发表科研论文104篇，国家发明专利授权16项。粒子探测器制备及辐射监测实验室获2020年威海市重点实验室立项；山东大学威海天文台新60厘米望远镜成功安装；等离子体模拟实验系统顺利建成并成功运行。

代表性成果突出：行星科学团队提出计算火星探测预选着陆区尘暴时空概率的方

法;关于地球磁鞘中磁洞传播演化特性的研究入选 EOS 编辑亮点;史全岐教授团队联合国内外科研人员发现月球暴露于太阳辐射的新模式;张清和教授团队提出“跨极盖极光弧”新的形成机制。

2020 年,启动子午工程二期相关台站的基础建设;启动“大学生空间环境探测小卫星”项目;启动国家重点实验室联合申报相关工作。

五、服务地方

顺应疫情常态化防控开展线上科普活动,累计开展各类活动近 30 次,发表原创科普图文视频等超 100 篇,受众近 35000 人次。

六、国际交流与合作

顺利完成学院英文网站全新改版上线工作。聘用的外籍研究科学家 Nanan Balan 教授获威海友谊奖。

七、集体荣誉

空间科学与物理学院获评山东大学 2020 年度实验室先进单位、2020 年度人才工作先进单位、齐鲁青年论坛优秀组织单位、2019～2020 年度学位与研究生教育工作先进单位、2020 年度中层领导班子考核优秀单位等荣誉称号。

(夏雪莲)

数学与统计学院

一、不断提升党建工作水平，凝聚发展合力

数学与统计学院党委坚持以习近平新时代中国特色社会主义思想为指导，深化巩固“不忘初心、牢记使命”主题教育成果，着力加强领导班子思想建设，坚持民主集中制，修订完善议事规则，提升科学决策水平，全年累计召开党委会议 12 次，党政联席会议 29 次。

严格组织开展党支部建设规范提升专项工作，制定学院党支部建设规范提升考核办法及评分细则，健全考核体系。深化培育“双带头人”教工党支部书记工作室，总结形成“双带头人”教工党支部书记培养机制。申报党组织书记抓基层党建突破项目 1 项，组建党员强院行动先锋队，以党建引领推动“强院兴校”行动战略落实落地。

严格贯彻学校党委“3D 工作思路”，强化重点领域安全管控和安全隐患排查工作，持之以恒做好疫情防控工作，确保校园安全稳定。实行工作群、自媒体备案制度，完善学院舆情风险防范与应急处置预案。

二、加强教育教学改革，提升本科教育水平

举办数学与统计学院在线直播教学比赛，完成了 2020 版培养方案的修订和大类分流转专业等各项工作。

学院有 1 人参加学校数学学院“概率论与数理统计”在线课程，并获评国家一流精品在线课程；3 人分获山东大学“同屏在线、共振育人”在线直播教学比赛、课程思政优秀教学案例和青年教师教学比赛一等奖；学院获得“相聚云端，同屏共振”线上教学征文比赛优秀组织奖；另有 17 人获得校区学科竞赛优秀指导教师和本科教学管理先进个人等荣誉；学院立项重点教改项目 2 项，经费 6 万元。

开展暑期学校资源共建共享工作，并于 2020 年秋季学期联合开设“前沿连线新生研讨课”，线上邀请包括袁亚湘、郭雷和孙斌勇院士在内 10 余位杰出学者为本科新生作学术报告；学院还邀请 Giacomo Sbrana、张伟年和章梅荣等多位知名专家为本科生作报告，开拓了学生的视野。

成功组织校区 92 支队伍参加 2020 年全国大学生数学建模竞赛，获全国一等奖 3 项，全国二等奖 4 项，省级奖 65 项；33 支队伍参加 2020 年美国大学生数学建模竞赛，获国际

一等奖2项、二等奖11项;成功组织2020年山东大学(威海)大学生数学建模竞赛,并组织学生参加了第十二届全国大学生数学竞赛暨第十一届山东省大学生数学竞赛。

三、不断增强科学研究能力,重视研究生的培养质量

(一)增强科研能力,国家自然科学基金立项获得新突破

1.科研项目:2020年获批国家自然科学基金立项3项,经费资助423.2万元;获批山东省自然科学基金立项2项,经费资助20万元;获批中国博士后科学基金面上项目2项,经费资助16万元;横向项目1项,经费资助100万元。其中,李娟教授主持的"平均场理论和非线性数学期望"获得国家自然科学基金委重点立项,经费资助共296万元,实现了学院在国家自然科学基金立项重点项目上零的突破。2020年科研经费资助总计559.2万元,实际到账经费总计654.97万元。

2.学术论文:2020年全院发表SCI论文45篇,以第一作者或通讯作者身份发表SCI收录论文41篇,其中有外国人参与的4篇。

3.学术交流:2020年度先后邀请28位国内外知名专家、学者,通过线上或线下的形式做学术报告和学术交流共40余次。学院和中国工业数学与应用数学学会系统与控制数学专业委员会共同举办了系统与控制数学2020年学术研讨会。教师通过线上或线下的形式积极参加国际国内学术会议至少30人次,其中参加国际学术会议至少5人次。

(二)提高研究生培养质量

积极举办夏令营活动,提升生源质量。2020年度夏令营吸引136人报名,择优招收22人。研究生马悦宁和邢晓莉(提前修读)参与英国剑桥大学项目,获得英国工程院(Institute of Engineering and Technology)2020年创新大赛中"信息技术与通信"(IT and Communication)类别唯一奖项,是2020年国内高校唯一获奖单位。学院1人获山东省研究生优秀成果奖二等奖,1人获山东大学2020年度研究生校长奖。

四、人才引进和培育并举,优化人才队伍结构

2020年,学院从100多位海外人才中挑选、考察了10人,国内考察了7人,引进了1名聘用合同教师。学院教师晋升教授1名,副教授3名。

五、以立德树人为主线,全面开展学生培养的各项工作

持续推进"三项计划"加强学生思想引领,开展"先锋引领计划",通过事迹交流、活动打卡、主题报告、先进评选等互促互进,激励学生不断进取;推进"魅力班级创建计划",以学生干部成长训练营为平台,建、查、改、促贯穿始终,增强班级凝聚力,提升学生干部工作能力;做细"学生成长计划",持续关注学业困难、生活困难、心理问题学生,推进本科生导师制,构建扎实的三全育人体系。

务实素质教育,结合数学学科特点,学院将专业教育与创新教育紧密集合,通过科研

立项提升学生科创意识和科创能力，通过各类大赛促进学生创新实践。第十四届科研立项 45 支队伍，31 支队伍顺利结题，2 件作品获校区一等奖，5 件作品获校区二等奖，8 件作品获校区三等奖。第十七届“挑战杯”全国大学生科技学术竞赛，学院申报的 13 件作品均成功进入复赛，3 件作品入选冬令营培训。

全员参与做实做稳就业工作，2020 届学生国内升学率为 40.88%，较上年提升 11.33 个百分点，总体升学率为 59.7%，较上年提升 13.04 个百分点。

六、做好服务山东工作

2020 年，获得威海市文登区 100 万元横向课题，开展国内首创的“党建+信用”社会治理大数据平台项目；与淄博市社会信用协会、青岛人工智能国际客厅签订合作框架，协议共同开展学生实习、应用科学研究等工作。

七、加强国际交流

2020 年，学院邀请知名外籍专家作线上学术报告共计 5 人次；聘请 2 名境外专家给本科生完成了 2 个国际必修学分授课；招收外籍博士研究生 1 名，实现零的突破。

（刘东霞　王祎璠）

马克思主义学院(威海)

一、党务工作与思政教育

(一)深化“不忘初心、牢记使命”主题教育,用主题教育成果引领学院各项工作再上新台阶

学院党委坚持用习近平新时代中国特色社会主义思想武装师生头脑,定期组织形势报告,及时开展讨论辨析,加深理解认识,切实形成共识,常补精神之“钙”,坚持以理论上的清醒推进政治上的坚定。2020 年学院共组织党委中心组理论学习 18 次、教职工政治理论学习 10 次,各支部开展主题党日活动 11 次。认真迎接学校党委就业专项巡视和意识形态专项工作巡视,受到较高评价。

(二)始终把政治领引放在首位,服务于中心工作

新冠肺炎疫情暴发以来,学院与党中央、省委、学校党委保持高度一致,带领全院教师以疫情防控为教材开讲思政课,用好打赢疫情战这本教材,充分体现了高校思政课教师队伍的责任担当;发挥了课堂“主渠道”作用,实现了思政“小课堂”和社会“大课堂”同频共振;激发起学生与祖国同呼吸、共命运的爱国主义情怀;同时也加速推动了高校思政课教学改革,锻炼了教师队伍。

(三)努力培塑样板支部,强化领引示范作用

学院党委紧抓党支部建设不放松,选派思想政治硬、群众基础好、业务能力强的教师担任师生党支部书记,着力加强教工第一党支部样板支部建设。党的十九届五中全会召开后,在学院党委统一集中学习的基础上,各党支部分别组织主题党日活动,进一步巩固政治理论学习效果,把党的创新理论精神“进教材、进课堂、进头脑”,扎实推进思政课程与课程思政的融合。通过知识竞赛和主题党日活动的开展,进一步增强了全体师生的责任担当意识。

二、教学工作与学生培养

(一)“因地制宜、同屏共振”,全面推进线上线下混合式教学改革

一是整合优质慕课资源,推进课程建设。焦佩主持的“毛泽东思想与中国特色社会主义理论体系概论”课程获批省级社会实践一流本科课程,“中国化的马克思主义研究”课程获批省研究生优质课程。二是改革实践教学形式,提升实践成果质量。上半年组织了抗疫“微课堂”“微报告”“微历史”“微案例”的系列网络比赛,下半年举办了“绽放抗疫

青春，决胜全面小康"大学生讲思政课公开课比赛，选拔《苔花开》参加教育部"我心目中的思政课"微电影比赛，推送《悼武侯》优秀作品参加山东省中华经典诵读比赛获得二等奖。

（二）"以研促教、以赛促教"，全面提高师资质量

一是贯彻终身学习理念，支持教师参加各种培训。2020 年分别推荐教师参加"教学技能工作坊""本科生院在线培训""微格课程培训""教学竞赛培训"，共计 15 场。二是贯彻以赛促教理念，推荐教师参加各种比赛。在"同屏在线、共振育人"在线直播教学比赛、"相聚云端，同屏共振"线上教学征文大赛、课程思政优秀教学案例评选中均取得优异成绩；在 2020 年度青年教师教学比赛中，韩巧霞、吴清清分获一、三等奖。三是以研究反哺教学，持续深化教学研究。在 2019 年学院整体规划申报教改项目获批 7 项基础上，依托新文科建设平台，积极申报教研项目，其中，焦佩主持的"思想政治教育实践教学系统优化研究"获得 B 级立项、"思想政治教育资源共建共享研究"获得省级教改项目立项。

（三）"重视宣传，严格过程"，扎实提升培养质量

一是联合申报教学研究和课程建设项目。与校本部马克思主义学院共同申请研究生课程改革项目，编写研究生教材重点难点答疑教辅书，邀请本部马院专家参与研究生开题、预答辩和答辩环节，互通师资，一体发展。二是提升生源质量。学院充分利用夏令营、研究生招生拓展等方式，选拔优秀生源。2021 年研究生推免共接收 8 人，其中威海校区 7 人、夏令营 1 人。三是夯实导师责任制。建立导师定期谈话制度，完善心理辅导制度，规范前沿论坛管理制度，导师团队针对学生在学习和生活中出现的各种问题进行精准指导。四是确保毕业生全员就业。高度重视校友作用，积极开拓就业渠道，举办有针对性线上指导，保证百分之百就业。

三、学术活动与科学研究

（一）学术活动活跃，学术氛围浓厚

适应疫情防控需求，学术活动调整为线下线上学术交流，大型学术会议视具体情况而定，灵活开展小规模线上线下学术沙龙学术交流等。按时间节点做好各类项目申报的发动、督促工作，鼓励教师积极申报各类项目并从学院层面提供学术资源支持。以厚博论坛推动学术论文的写作、学术项目开题和学术研究活动进展，举办"名刊名家面对面"国内学术论坛，为多出优质科研成果创造条件、打造平台，初步形成以"名家讲坛＋厚博论坛"系列、"学术团队＋教研室学术沙龙"系列构成的全方位多层次全覆盖的学术活动体系，学术氛围空前活跃。截至 2020 年 12 月 31 日，学院举办线下国内学术会议 1 次，名家讲坛 11 人次，厚博论坛 7 次，教研室层面学术沙龙 4 次。马院老师参加国际、国内、校内学术会议 30 余人次。

推动《马克思主义文化研究》刊物线上线下良性运行，不断提高刊文质量、扩大学术影响力。进一步推进学术团队建设，为重点重大项目攻关培养有生力量和学术梯队。协

助中心校区马院做好博士后流动站评估工作和第五轮学科评估工作。

(二)科研成果取得新突破

学院获批科研项目的层次和数量显著提升，到账科研经费明显增加。2020 年新增各级各类项目 13 项，其中国家社科基金项目 2 项，教育部项目 2 项，省社科项目 5 项，山大人文社科项目 1 项；服务地方项目新增 3 项、结项 1 项。2020 年，学院教师在权威期刊、《光明日报》、《光明日报》客户端，《中国社会科学报》《中国中医药报》等报纸发文有突破。学院教师全年发表 CSSCI 以上论文 6 篇，完成著作书稿 4 部，获山东省高等学校优秀科研成果奖 1 项。

(王晓宏)

山东大学澳国立联合理学院

2020 年，山东大学澳国立联合理学院在学校党委、威海校区党工委的正确领导下，紧密围绕学校加快实现“由大到强”历史性转变、全面推进世界一流大学建设的总体目标和威海校区加快建设成为山东大学创建世界一流大学新亮点的发展规划，严格落实疫情防控主体责任，坚决保障疫情防控常态化、安全稳定常态化，积极有序开展各项工作，持续推进改革事业发展，锐意进取、勇于创新，努力开拓中外合作办学工作新局面。

一、疫情防控工作

学院坚持认真学习贯彻习近平总书记系列重要指示批示精神，全面落实党中央、教育部、山东省和学校决策部署，始终把师生生命安全和身体健康放在第一位，圆满完成师生分批次返校复学工作，实现院内师生“零感染”目标。

学院成立了疫情常态化防控工作领导小组，从严从细强化常态化疫情防控主体责任，落实落地学校疫情防控部署和应对举措，全力做好学院常态化疫情防控和应急处置各项工作。

根据学校部署安排，学院结合工作实际，建立了以疫情防控和安全稳定为主要内容的网格化管理服务体系，充分发挥各级网格职能，坚持“日报告”“零报告”制度，按照“四早”要求做好疫情防控工作。

二、党的建设工作

学院坚持以习近平新时代中国特色社会主义思想为指导，以深入学习贯彻党的十九届五中全会精神为统领，以认真落实习近平总书记关于教育的重要论述为主线，定期开展理论学习，提高政治站位，筑牢思想根基。

学院党委于 2020 年 4 月获批成立，同时成立了教工党支部和学生党支部，并按照“教工党支部书记双带头人”“样板支部”标准着力打造。积极在本科生导师中推进党员先锋岗制度、一岗双责制度，实施学院党员联系班级制度，切实发挥党员先锋模范作用。

定期召开党建工作、宣传工作等专题会议，研判形势，不断强化宣传阵地领导分工负责机制。通过认真组织文化引领战略学习宣传月活动，大力推动文化引领战略贯彻落实。

2020 年度学院党委新确定入党积极分子 49 名，其中教工 1 名、学生 48 名，注重加强日常教育引导，为党员发展打下基础。

三、本科教学工作

(一)培养质量体系建设逐渐完善

为进一步提高学生培养质量，学院与澳大利亚国立大学于6月17日召开了联合教学管理委员会，研究制定教学质量增强框架协议。该协议对学院本科教学、学术支持、学习管理、教师职责以及考试管理与试卷评分细则等方面作出详细规定。

聘任相关学院9位专家，组织成立学院联合教学指导委员会，进一步完善学院教学改革、科研创新、学生培养工作的制度建设与监督指导。

学院密切关注2019级培养方案运行情况，积极协调解决运行过程中存在的问题，对现有课程体系、学时学分进行优化，并制定了2020级新版培养方案。

(二)日常教学工作稳步开展

根据国内疫情形势发展与学校要求，学院制定并实施了疫情期间教育教学工作方案与教学计划，对因疫情导致的课程停补开、延期开设等情况，及时协调沟通，保证教学正常运转。受疫情影响，澳方教师无法来华授课，学院积极沟通相关人员，协调完成涉及2个年级、共计4门、6周授课周期、16个教学班的线上授课。

根据学校转专业相关政策成立学院转专业工作领导小组，制定学院内转专业管理规定和实施细则，并于5月顺利完成了学院2019级学生转专业工作。

(三)招生拓展工作持续发力

7月31日，学院克服疫情影响成功举办了线上开放日活动，澳方12名专家受邀出席，活动视频当日点击量13000余次。通过直播、公开课、微信平台与门户网站等新媒体手段，宣传学院办学理念与思路，提高学院声誉和知名度。

志愿填报期间，学院组织全员参与招生拓展工作，选派人员赴山东省16地市开展线下咨询，同时积极回复考生与家长的电话和网络咨询。在山东招生方式全面改革、疫情原因留学项目遇冷的双重压力下，学院生源质量稳中有升。

(四)学院教育教学条件改善

为满足学生基础实验课程的教学需要，学院对威海校区现有的化学实验室进行建设与改造，通过公开招投标方式购置了磁化率天平、紫外可见光光谱仪、傅立叶变换红外光谱仪等实验设备。

四、学生管理工作

(一)以“青年大学习”和党员教育为依托，切实做好思想引领工作

疫情期间，学院引导全体学生学习优秀共产党员的先进事迹，亲历伟大的抗疫精神。有30名学生向党组织递交了入党申请书，并写了专题思想汇报。

学院团委从宣传动员、组织引导、督导考核三个维度稳步推进“青年大学习”工作，着

力提升学习的制度化和实效性，取得了显著成效。

学院组织全体学生深入学习贯彻习近平总书记关于青年工作的重要指示精神，各团支部按时开展每月一次的常规主题团日活动，在五四青年节、十一国庆节等关键时间节点开展各项主题活动，提高学生的思想政治水平。

（二）以组织建设和信息化建设为抓手，扎实做好日常管理工作

学院高度重视团学组织与班级团支部建设，组织学习落实相关文件要求，增强学生责任意识、全局意识和服务意识。根据学校和学院团支部定级评优相关工作制度，努力打造有战斗力、有活力的基层团支部，取得了良好效果。

充分利用钉钉软件的GPS定位、人脸识别、图片与文件上传功能，解决学生上课考勤、宿舍归寝检查、日常请销假、学生活动申报、学生活动室申请等基本日常管理工作，提高了工作效率与管理实效。

学院特别关注学生心理状况，通过开展心理普测、专题讲座、心理健康类活动等一系列举措，及时关注每一位学生的心理状态，促进学生身心健康发展。

（三）以学业促进和科研提升为重点，全面做好素质拓培工作

学院围绕素养培育，制定工作计划，全面服务学生的学习和发展需要：积极组织学生利用新媒体新技术，打造专业学习和英语学习云平台，进行网上学习资源整合推送；通过开展系列讲座、青年师生座谈会等形式的交流会，促进学风建设；开展学习帮扶和答疑活动，创造良好的学习氛围和学习生态环境。

学院组织了科创宣讲、科创指导、科研立项中期检查答辩会、数学建模培训会以及节能减排大赛宣讲会等活动，帮助学生认识科研、了解科研，培养良好的科研氛围。构建了联合理学院双创平台，帮助学生能够更好地开展科研项目。

学院积极组织学生开展社会实践活动，鼓励社会实践团队结合专业特色，关注社会热点。同时引导学生参与形式多样、丰富多彩的文化活动，营造积极向上、内涵发展的校园文化环境。

五、人才引进与国际化工作

学院面向全球招聘师资，2020年度引进2位专任教师，分别为预聘制副研究员（物理专业）、合同聘用制助理研究员（化学专业）。

学院在引进国外智力方面开拓创新，在海外高端求职招聘网站HigherEdJobs上发布招聘信息，累计收到简历投递邮件30余封，全部为外籍人员。

11月，学院对拟引进的3位高水平人才（其中1位外籍人员）安排了面试试讲，3人均通过学院考查，并推荐申报山东大学齐鲁青年学者。

年内学院通过视频会议、邮件、微信等方式和澳方保持密切联系，为双方下一步深化合作交流打下坚实基础。

（王　路）

体育教学部

2020年，体育教学部在学校党委和校区党工委的正确领导下，以习近平新时代中国特色社会主义思想为指导，深入学习贯彻党的十九届五中全会精神和学校第十四次党代会精神，以山东大学党委巡视整改回访检查落实为契机，充分发挥体育育人功能，在抓好疫情防控工作的同时，各项工作均取得新进展。

一、坚持政治引领，党建工作进一步加强

1.强化理论武装。认真学习贯彻习近平新时代中国特色社会主义思想，制定体育教学部直属党支部政治理论学习计划，为党员配发了相关学习材料，通过支部党员大会集体学、党小组分类学、个人自学，开展专题党课等形式，认真执行“三会一课”制度，开展教职工集中学习会议4次、教工党员大会8次，聚焦专题，研究方案，精准发力，突出思想引领。

2.全面落实巡视整改任务。坚持问题导向，强化政治担当，发挥党组织的领导作用，从严从实推进学校党委巡视整改任务落实到位。向学校报送《体育教学部直属党支部关于巡视整改情况的报告》，政治生态和育人环境不断改善，党风、政风、教风持续好转。

3.加强班子能力建设。坚持把政治建设放在首位，以提升履职能力作为首要任务，以改进工作作风作为突破口，发挥民主集中制的制度优势，健全领导班子决策机制，促进科学决策、民主决策、依法决策。严肃党内政治生活，深入开展批评与自我批评，增强班子的凝聚力和向心力。2020年度共召开党政联席会21次、支部委员会10次，保证了各项工作任务的顺利完成。新班子积极推进思想政治工作，开展调研和谈心谈话活动30余人次，解决教师的思想问题，修复政治生态，把广大教职工的思想统一到促进发展的具体行动上来，营造团结稳定的环境。

4.加强支部组织建设。以提升组织力为重点，进一步突出政治功能。设置两个党小组，选派政治素质高、业务能力强的党员担任组长。制定发展党员年度计划，做好入党积极分子教育培养，不断提高党员发展质量，增强党的战斗力。一名预备党员按期转正，接收预备党员1名，多名教职工积极递交入党申请书。

5.推进党风廉政建设。强化管党治党政治责任，将党风廉政建设纳入整体工作总体布局。严格执行“三重一大”和党政联席会议事制度，针对重点领域和关键环节的廉洁风险采取了防范措施，强化制度约束。

6.加强作风建设。牢固树立服务师生理念，完善规章制度，优化工作流程，开展纪律作风专项整顿，坚决纠正师生反映强烈的"四风"问题，解决工作"不够实""不作为""慢作为""乱作为"等问题。加强作风建设，经常性开展谈心谈话，深入教学一线调研，解决师生实际困难。高度重视制度建设，用规章制度在实践中捋顺和规范各项工作。已经形成党建、行政、教学、群体、竞赛等方面的多项规章制度。

二、落实疫情防控，教学保障进一步加强

1.加强领导，落实责任。按照学校要求，成立疫情防控工作领导小组。通过视频会议、现场会议等方式传达上级通知精神。建立信息畅通机制，落实排查制度。

2.科学防控，保证教学。制定《教师上课过程中异常情况处理方案》《室内场馆入馆过程中异常情况处置方案》《体质健康达标测试过程中异常情况处置方案》等规章制度，为教学等提供了保证。

三、发挥专业特色，体育育人进一步彰显

1.加强师资队伍建设。2020 年度，2 位教师晋升教学科研副教授，晋升副高人数达到历史新高。

2.强化教学工作。参与起草了山东大学《疫情期间居家体育锻炼项目库》《疫情期间公共体育课程教学大纲》《疫情期间威海校区体育课线上教学方案》等一系列文件，全力保障了疫情期间体育教学工作的顺利开展。结合规划要求，修订了必修、通选课程的教学计划、大纲、内容、评价体系，以适应现代体育教学的需要。1 名教师参加山东大学"同屏在线、共振育人"在线教学比赛荣获三等奖，1 名教师参加山东大学青年教师教学比赛荣获二等奖。

3.提升科研工作。积极鼓励广大教师参与开展科研活动，组织 8 位教师参加了第四届山东省学校体育科研能力提升培训，组织参加 2020 年体育博士生高端学术讲坛。2020 年共发表 CSSCI 论文 2 篇，专著 1 部，5 人(次)参与省级以上科研项目的申报。

4.广泛开展群体工作。疫情防控期间，组织开展一校三地"居家健身，强健体魄"线上健身平板支撑、仰卧起坐挑战赛，取得良好反响。积极参与学校第十六届体育文化节，举办学生拔河比赛、五人制(男、女)足球赛、羽毛球赛、校内越野赛等竞赛项目，参与学生 1500 余人次。9 月，开展了学生体育协会换届选举工作，落实了指导老师以及社团新媒体注册等工作，督导各体育社团开展丰富多彩的各项体育活动。在工会组织的教工广播体操比赛中，主动派出 14 人指导各单位备赛，体育部荣获一等奖。

5.加强竞赛工作。因疫情原因，竞赛工作主要集中在建章立制，为今后的竞赛工作提供制度保障。修订了《山东大学(威海)校运动队教练员遴选办法》《山东大学(威海)校运动代表队经费使用管理办法》《山东大学(威海)校运动代表队参赛管理办法》《山东大学(威海)校运动代表队教练员职责及报酬管理规定》等文件制度。积极参与推进铁人三项

学院建设。

6.加强体测工作。受疫情影响,校区 4 个年级体测工作全部集中在秋季学期,为克服困难,适时调整了测试方法,对大三、大四的学生采取了以班级为单位的预约制测试,对大一、大二学生采取随堂测试的方法,在 12 月中旬顺利完成全部体测工作。在测试过程中,特别是在 50 米项目测试中,首次采用了室内测试方法,避免了因天气状况无法进行测试的弊端,保障了整个测试流程的顺利进行。

7.加强体育中心工作。及时使用场馆线上预约系统,保证了疫情防控下,场馆有序开放,提高了场馆的使用效率。认真排查体育训练馆内外安全隐患,对存在安全问题的地方,提出整改方案并积极落实。制定并完善各场馆的管理制度。对艺术学院南侧塑胶场地的网球场和足球场进行了翻新,优化教学锻炼环境。

(沈胜领)

威海前沿交叉科学研究院

山东大学威海前沿交叉科学研究院(以下简称“前沿院”)于2020年7月20日经中共山东大学第十四届委员会第61次常务委员会会议研究决定成立,2020年7月20日前属于筹建阶段。前沿院下设潘承洞数学研究所、蓝绿发展研究院、计算社会科学研究所等三个研究中心。2020年,前沿院以“双一流”建设为己任,全面落实立德树人根本任务,在学生培养、学科建设、科学研究、人才引进和对外交流方面均有了突破性进展,正加快实现“由小变大”,并为学校“由大变强”贡献学院力量。

一、党团工作

前沿院全体师生认真学习最新政治理论知识,不断强化思想理论武装。党员人数较少,暂归学科建设与研究生教育办公室党支部管理。党员干部积极参加支部学习活动,把学习领悟到的精神带回前沿院,融入平时的教学和科研工作当中,处处积极发挥党员的先锋模范作用,争做有担当的“急先锋”,坚持讲政治,担责任,守纪律,正作风,传播党的先进性思想和优良传统。

二、学生工作

2020年前沿院依托“人口、资源与环境经济学”专业新招收硕士研究生9名,通过“申请一考核”制录取博士研究生4名。开展“人口、资源与环境经济学”专业2020年暑期夏令营和2021年硕士研究生推免工作,预录取9名优秀本科毕业生。举办线上优秀大学生暑期夏令营,最终通过推免生录取3人。

前沿院重视研究生培养工作,根据学术学位分类培养要求,修订了培养方案,设置了专业特色课程,瞄准山东大学发展新亮点目标,新开设“环境经济与政策研究”和“气候变化经济学”两门专业课程。

2020年前沿院研究生共发表论文5篇,2019级博士研究生在*Cell*子刊*One Earth*发表论文1篇,2020级3名硕士研究生在*Nature*子刊发表全球新冠疫情有关的论文1篇。

三、学科建设

前沿院下设的蓝绿发展研究院研究的核心内容为人口、资源、环境与经济社会发展的系统耦合关联。具体研究内容包括气候变化经济学、海洋经济—资源—环境核算与协同发展、环境经济与政策、人口质量发展管理等，涉及经济、环境、管理、地学、数学、计算机等不同学科门类。前沿院通过引进和培育创新型人才，整合既有研究团队，建设了海洋资源研究中心、环境经济与政策研究中心、低碳研究中心和大数据研究中心等 4 个研究中心，打造海洋资源与环境经济学科平台，展开包括基础理论、宏观战略、决策咨询等多领域、多层次的交叉前沿研究。

四、科学研究

2020 年，前沿院教师以第一或通讯作者身份在国内外高质量期刊发表 SCI 和 SSCI 文章 25 篇，其中，在 *Cell* 子刊 *One Earth* 和 *iScience* 发表论文 3 篇。李佳硕教授的论文"Critical Rare-Earth Elements Mismatch Global Wind-Power Ambitions"被《中国科技报》和科学网深度报道。冯奎双教授和张宁教授双双入选 2020 年全球高被引科学家、2020 全球前 2%顶尖科学家"终身科学影响力"榜单，李佳硕研究员入选斯坦福大学发布全球前 2%顶尖科学家"年度科学影响力"榜单，并担任 Elsevier 旗下期刊 *Cleaner Production Letters* 副主编。

2020 年前沿院在国家级科研项目立项方面取得重要突破，5 个项目获国家自然科学基金委管理科学部项目资助，其中，优秀青年基金 1 项，重点项目 1 项，面上项目 3 项。此外，取得横向项目、国家博士后基金资助项目和外国专家讲座项目各 1 项。全年获批直接经费近 600 万元。冯奎双教授带领的"海洋—经济—资源—环境可持续发展创新团队"荣获 2020 年度山东大学"科研突出成果奖"，李佳硕研究员荣获 2020 年山东省教育厅人文社科成果奖一等奖，李佳硕研究员、李源教授荣获山东大学人文社科科研奖；张宁教授荣获山东省第三十四届社会科学优秀成果奖三等奖。

五、师资队伍

2020 年前沿院引进全职研究人员 4 名，其中山东省泰山学者青年专家 1 名(赵旭)、山东大学齐鲁青年学者 2 名(钟洪麟、赵旭)，优秀青年博士 2 名(其中 1 名入选山东大学特别资助博士后)。此外，前沿院成功举办山东大学"第五届齐鲁青年论坛——资源环境经济与管理分论坛"以吸引优秀的海内外专业人才。

六、对外交流

按照国家及学校疫情防控政策要求，前沿院减少了线下学术交流活动，举办了 2 场线上学术讲座和学术交流活动，分别邀请瑞士联邦水科学与技术研究所高级研究员杨红教授，英国利兹大学研究中心主任 Martin Tillotson 教授，英国社会科学院院士孙来祥教授、张鹏教授、安东尼教授做学术报告。通过学习和交流，研究院研究人员与学生进一步了解了相关专业领域国际研究的前沿热点方向，并与授课专家建立了良好的合作基础和长效的合作机制，为研究院进一步发展打下了坚实的基础。

（薛　峰　丛　菱）

2020 届毕业生名单

本科毕业生名单

东北亚学院

朝鲜语

张思敏	白益宁	蔡欣雨	陈梦格	陈雅婷	程蝶漪	程晶晶
楚双瑜	代健楠	邓　涵	丁昱含	段佳玮	范怡麟	付亚宁
付　悦	傅　璇	高　慧	高　萍	顾丽莎	管超楠	何金鸿
霍佳华	姜真如	孔玉瑶	李　慧	李　静	李　珂	李秋萍
李维政	李宜泉	李　颖	李玉娟	李卓阳	李子敬	梁明明
林雅璇	刘　朵	刘明杰	刘巧艺	刘亚芳	刘奕颖	龙昌璐
陆熙儿	吕浩冉	罗岚毓	罗新云	马小月	潘思妙	祁靖芳
齐　睿	强雪璠	任　勍	沈莹莹	史志颖	宋思安	孙楚娴
孙嘉蔚	覃雅妮	田佳欣	汪佳彬	王伯旭	王　菲	王如玉
王　玮	王文怡	王玉苗	魏啸峰	文广月	吴学梅	席明熙
夏春峰	萧婉莹	肖若兰	谢晨绚	邢经纬	徐家乐	闫聚伟
杨丽丽	杨柳青	杨钦妃	杨　洋	叶勤玉	伊圣楠	于　清
袁雪容	翟翊群	张梦倩	张宁昕	张婉莹	张喜欢	张笑雨
张子璇	赵心瑞	赵鑫仪	赵　月	赵振翔	周峙丞	朱晨蕊
庄　全						

日语

常　悦	陈世江	程　震	丁　丽	段雨晴	方盈秋	郭鲁宁
侯倩倩	金　彤	李春彬	李沐桐	林霄坤	刘瑢璇	曲芷萱

苏梦舟　孙　巍　田馨惠　王丹阳　王馨悦　吴思洋　谢依婷
杨鹏宇　叶嘉卉　叶　铮　尹纯慧　张丽杰　赵炜彤　赵一平
庄晓琪　刘文洁

法学院

法学

张佳欣　曾少奇　程苏文　黄　柳　李　琳　刘　欣　李子涵
贾佳宁　蔡澄宇　蔡秋圆　蔡泽睿　曹伟杰　柴曦艾　柴好卓
陈楷霖　陈嫣然　陈　颖　陈映辉　仇念轩　丛　奕　寸锦瑶
董明月　杜若范　段德豪　冯文倩　冯小哲　冯　璇　高安琦
高嘉悦　高小强　高钰洁　郭羽佳　韩　潇　何玮琦　何子琪
贺宇晨　胡　璇　蒋亚梅　孔如意　李佳琪　李佳荣　李金烨
李小雪　李娅琳　李雨晴　李兆钰　栗逸凡　廖　莹　林钊山
刘佳琨　刘佳敏　刘佳阳　刘家琦　刘　杰　刘　璐　刘　颖
刘　玥　陆　璐　路明宗　吕雯康　罗　平　马浩原　马荐桥
莫家霖　祁　鹏　冉钰菡　尚云琪　沈佳明　沈姝含　石冰娜
司成崇　孙　鹤　孙旭琼　孙永兴　索银花　谭馥敏　田瑞睿
庹先丽　万广辉　王菊红　王敏洁　王瑞凌　王瑞莹　王文英
王雪薇　王艳婷　王一兴　王壹祎　王予歆　王　禹　王泽锋
王中凡　韦力子　魏博涛　吴付婷　吴雯哲　吴怡潇　吴　钰
夏侯聆雪　谢浩华　邢文璐　徐志洋　许东辉　许文丽　薛炎佳
杨翠平　杨玲燕　叶赛歌　游红梅　余思婷　袁　琴　岳顺利
翟率宇　张涵笛　张季韬　张佳然　张鹏雪　张　萍　张秋影
张　滕　张天禄　张雪岩　张　颖　张永菲　赵珂玫　赵蕊蕊
赵宇航　郑　莉　周　好　周文琪　朱鹏超　朱瑞琳　朱莎莎
陈梦圆　陆姗姗　许婉怡　赵　雷　李书瑾　陈卓沁　李容蓉

行政管理

马晓曦　董吕馨月　何炎星　崔帅帅　魏涛涛　杨城府　安　伟
陈同宁　陈　悦　董欣玥　段珍美　高　爱　高　峥　郭东旭
何田甜　侯聪迪　姜　春　李　昂　李登昊　李雪晴　李转转
梁　锋　刘冬梅　刘俊霄　刘天宇　刘芯羽　刘雪香　刘岩岩

刘雨阳　吕　鹏　罗曼萧　马彦荣　马占祥　莫贵兰　聂　芳
彭　侨　任　帅　沈兴华　童　瑶　王浩宇　王　璞　王思行
王新宇　王秀秀　吴　凡　吴璐瑶　吴　雪　武　莹　肖延辉
谢红梅　邢雅婷　徐　琳　杨　晨　杨婧艺　杨俊勇　杨书康
杨　雪　姚灏鑫　禹皓瀚　昝亮军　张枫林　张慧停　张佳佳
张玲芝　张　璐　张　明　张瑞毅　张湘涵　张晓凯　张致远
郑　芮　周宇杰　周子阳　朱景艳　朱晓虎　朱晓珊　夏彤阳
周文颖　谭铭真

社会工作

范　帅　曹露馨　陈　璐　陈文亮　达琳珊洁　丁　璐　范春燕
冯翼之　高　颂　胡永健　孔　涵　李　敏　刘乔会　刘姝杉
刘雪萍　刘玥彤　龙胜文　逯阳阳　路　旭　聂法香　冉　燕
田静林　田雯君　王骐龙　王晓辉　王子椹　魏正轩　吴慧琳
谢金良　杨迎春　禹翔文　赵　源　郑林林　周乐亮

翻译学院

翻译

曹文韬　陈　璐　成鑫璐　崔荣胜　代旻明　范璐西　龚笑南
胡翠云　黄慧云　黄诗宸　姜舒萌　雷云霞　李娇珠　李劳依
李梦桐　李晓菁　李　秀　李　铮　梁宇媛　刘红靥　刘淑慧
刘雪怡　卢文杰　陆澄莹　陆合一　马沁怡　倪钰琪　潘淑珍
秦志薇　邱　钦　邱　硕　任姗娜　石贾梦　宋瑞雪　汤　倩
滕乐乐　王丹阳　王明玉　王　茜　王文彤　王馨婕　王　鑫
韦萌璇　魏　炼　吴　昊　吴　珂　杨　媛　张霭琳　张丽静
张　琪　张婷婷　张　宇　张语馨　赵洺锐　赵天慧　赵悠然
庄儒义　邹苑梅　黄　遥　李婷婷　任欣悦　屠超群　王铁瑞
沃　仑

英语

吴　翘　姚　响　刘逸群　才　媛　储德艳　邓雨欣　范静文
顾　超　郭　晶　郭亚利　何映霞　胡晓霞　黄　硕　霍延鸿

纪世航　焦镜亦　焦文慧　雷　纽　李春晓　李东岳　李梦茹
李文文　李燕捷　刘　洁　吕　杰　马婧妍　马颖晶　尚雯佳
申鹏飞　石春梅　宋浩特　宋　琳　宋　奇　孙　凡　孙琬萌
唐雪娇　王明珠　王月萌　魏云霄　徐　恺　闫艺心　杨　牧
于海昌　于佳星　张婷婷　张文郡　张文涛　张兴华　赵玲玉
赵甜月　周　萍　胡家瑞　贾青倩　王惠颖　孙晓雯

英语(英德双语)

张　迟　覃静娴　杨艳雪　邹济霞　安　琪　曹洪烁　曹文婕
陈俊洁　陈　琴　董馨宜　杜博一　段佳琦　段一可　冯乐璇
胡淑淼　黄钰书　姜嘉禾　焦玉琳　景　文　孔　琳　孔宇轩
雷震宇　李大鹏　李梦睿　李明月　李少洁　李紫薇　林欣语
刘姝童　刘晓银　刘昭旭　裴　颉　彭　蓉　谭景屹　田雯婷
涂明震　王　菲　王婉晨　王雨洁　魏　丹　肖　格　辛佳蓉
修小晗　徐慧敏　徐嘉希　许少会　杨朵朵　杨红旭　杨净娟
叶雯静　张海容　张馨艺　郑林彤　邹　蕾

英语(英俄双语)

白　玥　陈　晨　代夏红　段函孜　高　婷　胡晓倩　花　恒
阚泽莹　李佳凝　梁　泷　刘　馨　明灏松　宋昕哲　王　邈
王维暄　辛安怡　杨　丹　张琪俊　张馨匀　张　雪　赵明慧
赵文琪　钟逸飞

英语(英法双语)

张微明　冯轶群　梁侯燕　曹雨澄　常婷婷　陈　菓　单　铮
邓子微　杜田潇　杜　宇　冯灿枫　高　婷　高枭雄　郭呈轲
侯　婕　胡慧怡　蒋可馨　解超杰　金　秋　柯　宁　李安华
李称鑫　李　堃　李　灵　李思佳　李颖琦　林萱乐　蔺沛菱
刘海静　刘梦玉　刘荣豪　刘兴伟　刘颜钰　柳月悦　马诗宇
邱艺婧　商瑞琪　孙　萌　王　丹　王　静　王　丽　王姝玉
王思源　王同妍　魏　琪　吴易南　向帅文　杨采奕　杨　澜
杨童斐　伊晓敏　殷晗俏　张楚敏　张乐怡　张志慧　张卓婷
章天璇　赵　丽　赵　璐　郑　瑾

英语(英西双语)

宋悦嘉	董华勤	何　曼	黄楠枫	黄琬邱	黄胤吉	姜　蕾
来瑛瑛	刘妍真	欧阳丰盈	潘丽萍	孙　梦	孙雨昕	王雅頔
王　喆	谢　菲	邢增帅	易罗京	殷　铮	应璐洋	喻慧芳
袁健平	张　蕾	张艳萍	张　震	张志远	赵　爽	赵小娜
周嘉晖						

海洋学院

海洋资源开发技术

谭颖宁	夏子平	罗玮俊	白玉林	蔡思羿	曹庆宇	常家钰
陈海洁	陈捷腾	陈　楠	陈欣齐	陈钰莹	丛　晨	崔凌波
邓舜昀	邓婉珍	费兆民	傅永泽	高　远	郭超豪	韩雨竹
郝霄涵	何芷枫	胡方昱	胡家荣	黄浩轩	黄艳文	简亮亮
赖妙妃	李光亮	李　萍	李　庆	李永昕	李赟雪	林沁怡
刘函冰	刘明杰	刘明月	刘　杨	马洪昌	马嘉欣	满　涛
孟　晨	南　东	亓泽政	齐　欣	邱熠寰	生　威	宋文博
孙海量	孙一楠	唐　寅	陶　哲	田　硕	仝百川	王承望
王　峰	王海芬	王浩洁	王明杰	王壮壮	吴景霞	吴然燃
吴汝俊	吴笑天	吴新平	武冬梅	肖汉亭	熊家声	徐孟奇
续庭玮	薛碧清	闫吉成	阎玉洁	杨　昊	杨　君	杨雨文
臧宇飞	曾维顺	曾雨函	张成林	张宏宇	张洪升	张可欣
张凌杰	张　黔	张蓉岳	张文逸	张雅婷	赵　宁	赵忠东
周　叶	朱新坤	李林涛				

海洋资源与环境

刘善乐	陈依帆	段瑞泽	耿皓星	顾伟东	洪丽江	侯青云
侯睿智	胡　涛	黄　婷	蒋　涛	金璐倩	李常鹏	李大勇
李　璐	李薪星	李雨桐	梁雨琴	刘　彬	刘　芳	刘　佳
刘俊辰	刘馨阳	刘哲晰	刘忠诚	刘子群	马　磊	彭小龙
谭　桢	万　昕	王纪宽	王馨梅	文　艺	徐　蕾	徐文璇
殷子钰	于世雄	于泽弘	袁家祯	曾佳玲	翟相龙	张泓宇

张永吉　张誉夫　赵林卓　赵明轩　郑雅娟

生物技术

黄碧玉　陈　剑　陈俊如　陈珠洁　程道林　韩欣玮　何基泽
黄少涛　康　宁　雷仕泽　李庆元　李文博　刘静怡　刘梅影
刘巍岳　陆珍珠　马　燕　马　正　毛龄婧　钱攀婷　邱雪微
宋　琳　孙　威　唐诚谦　汪佳颖　王若兰　王行盛　王　媛
吴晨昊　吴昊楠　武世兴　向颖馨　肖微微　谢　轩　许君羽
鄢羽岐　闫星慧　杨梦磊　姚　瑶　臧宇鹏　张本旭　张晨秋
张君凯　张　鑫　张雪琦　张弋棋　张银萍　赵祺祺

生物科学

顾培瑞　韩国军　查海冬　陈儒桢　陈　琰　串子行　樊佳欣
冯孝莹　郝永鑫　扈圣婕　雷一萱　李洁琳　李双成　李　彤
李旭东　林日锦　刘俊武　刘一帆　刘玉悦　刘远翔　吕　品
马之骧　裴若怡　秦凤飞　荣霄霄　邵　迪　史志鹏　苏　琪
孙楚雯　孙世鹏　汤德鹏　陶委琦　王苏寅　王　序　王艺蓉
隗涵涵　魏子淞　吴　昊　吴玉姝　夏　晴　徐　巍　闫星辰
严　好　杨梦煊　杨学光　杨召阳　叶子惠　叶子锐　易　杨
张辰曦　张皓月　张梦茹　赵冬福　赵晓博　朱亚茹

药学

周丽萍　李傲霜　余泉碧　艾　琰　车兰花　陈书华　陈玉梅
杜雅楠　付　垚　葛安娜　黄龙文　黄　鑫　靳燕燕　李晨晖
李德尚　李齐光　李蔚廷　李延霞　李怡飞　李允兴　连玉岭
梁嫣然　刘泓池　刘彤瑶　刘潆霜　娄心怡　路宜男　苗泽方
牟　姗　彭浩宇　彭力阳　荣若男　邵志昂　沈子琳　苏晓丹
孙伟霞　孙艺铭　孙莹莹　覃　超　汪　晟　王君成　王可新
王雪亭　谢雪莹　谢俞晴　邢亚琳　徐晨静　徐　萌　叶校璇
张　峰　张　华　张鑫程　张一帆　赵　航　郑柯明　郑玲燕
郑　帅　周金全　周曦航　周一帆　周　银

应用化学

高　展　吴雨薇　王　迪　卞新宇　蔡佳倩　陈　杨　陈　义

陈玉峰　戴乐帆　冯智勇　韩继曹　何　瑞　何　睿　贺昌鑫
洪　健　洪文皓　黄　舸　李忱亮　李泽鹏　林芮羽　刘金灿
刘金芳　刘学辉　刘　雪　马景奇　马悦宁　蒙玉培　潘文进
屈亚菲　沈婕准　苏　硕　孙　亮　孙士杰　唐嘉惠　田静宜
汪志方　王嘉伟　王兴珍　王　洋　王禹文　向　阳　徐庆春
徐　颖　许冯飞　杨小娇　杨　悦　于　妍　翟志翔　张广辉
张　睿　张正甫　张正宇　赵彩云　赵瑞康　周　亮

机电与信息工程学院

测控技术与仪器

唐志渊　李　杰　陈昱霖　陈　达　边舜炽　陈敦阳　陈召民
丁　昊　冯志超　高　恒　高胜楠　高　鑫　高　兴　管由称
郭仕凤　郭子丰　何　剑　何　新　黄天雅　纪丽萍　蒋波涛
柯哲涵　李京昊　李明阳　李文君　李育卉　李哲涵　梁宇乾
廖　凯　刘　芬　刘　涵　刘宏坤　刘　伟　刘晏宏　刘　峥
吕雨航　马克坚　牟崇岭　南臻臻　任甜田　沈家盛　时跃顺
田善宁　王　菲　王　丽　王钦骅　王晓东　王云平　伍雅诗
谢　非　徐振兴　许光远　姚　栋　阴成硕　尹思文　余　涵
张　博　张晨晖　张乐豪　张亚娟　赵昱博　周晨雨　周浩荣
邹家鑫　邹　涛　王泽欣　朱诗成

电子信息科学与技术

雷苓露　刘倬良　刘子豪　罗忠垲　吴付国　胡小洋　陈伟杰
艾　宝　陈承龙　陈静茹　陈　勇　陈云昊　谌勇峰　戴云翔
单晓涵　邓　慧　狄秋雨　刁钰曦　丁吉超　丁　宁　董校廷
都　弈　杜帅宾　付　豪　耿　洋　韩　禄　韩志超　何鑫豪
侯林飞　胡君昊　黄凯威　季文昌　李浩然　李红运　李　娇
李　沛　李　强　李维勤　李　阳　梁　啸　廖　俊　刘　畅
刘汉樵　刘俊晖　刘文迪　卢赛虎　吕泊霖　马超群　马　岩
庞庆耀　庞雁文　钱瑞昊　任灵波　申铂铀　孙嘉唱　田宗玮
童小锋　王　舜　王舜尧　王　微　王祥杰　王晓青　王星然
王艳旋　王椰洁　王　颖　王泽钜　魏　维　巫佳利　吴智峰

邢德利　邢飞　徐静　徐良辉　徐菱翌　杨皓明　杨明哲
杨晓庆　杨增钦　易华明　殷宇航　余茜倩　袁超宇　袁榕齐
曾田子　张宸语　张昊　张露峰　张添峻　张文斌　张彦君
张宇森　赵坤　赵天灏　赵唯　赵翊　周星辰　周雨航
朱安琪　朱思键　凌浩程　刘子洋　王誉霖　贾玮迪　袁俊豪
李睿心　房立鑫

机械设计制造及其自动化

谢帮兴　丁一阳　刘航宇　孙诚　毕泽方　蔡臻柏　陈炳中
陈伟　成品　董文科　巩守禄　郭兴　何懿铭　胡方良
胡峰　胡兴甫　黄昭林　纪文菲　贾汐玥　姜丹桔　姜旭阳
姜元彬　蒋忠凯　经拓　鞠晓朋　李昊　李红云　李慧
李凯璇　李柯林　李柳欣　刘倍廷　刘斌　刘崇凡　刘阳
刘子岷　卢小梅　吕仲梁　栾虹瑾　毛天仪　莫芮　莫祖思
欧宇新　裴仁杰　齐鸿昊　邱鹏　尚泽瑞　盛嫣然　石天贝
史媚颜　宋树伟　孙宝山　万怡程　汪一萍　王波　王成成
王浩　王浩然　王凌哲　王晓龙　王子雄　韦文彬　吴昊泽
吴健斌　吴兆龙　吴祖茂　武晓阳　许崇喜　许久永　薛佳惠
薛茂翰　薛屹　闫彪　杨诗豪　杨朔　姚一凡　苑潇
张红博　张军　张可鑫　张灵燕　张凌浩　张瑞　张朔
张志烨　赵文杰　赵英昊　周航宇　周鹏杰　周勇　朱宝宇
朱军霞　朱钧崧　卓超杰　曹之裕　陈序飞　褚冯键　丁可宇
董一鸣　高文星　郭斯琪　韩森　胡翔宇　胡一玮　胡玉杰
贾明锦　姜天柱　李艾芮　李鸿路　李思远　李彤　李啸宇
李学硕　李宇涵　林茜　林子琛　林宗彬　刘国杰　刘浩天
刘皓天　刘欣怡　刘一帆　刘一晟　刘子渲　罗镇　马博远
马志腾　亓佳慧　宋暖　孙溢璘　滕益诺　王珏　王瑞桐
王天嘉　王铁信　王研　王一淼　王治霖　王子璇　魏浩晨
吴文迪　咸保昊　肖鹤鸣　熊荆璐　徐文辉　许嘉桐　尹晨阳
游智予　曾让　张朔　张晓鹏　张学屹　张耀宽　张雨晨
张玉妍　赵熙　郑晨睿　仲芳慧　周珂旭　周世林　周璇
朱锦耀　祝文静　孙德宇　李东琦　李嘉浩　戚圣冉

计算机科学与技术

王博文　林展辉　田镇珲　唐雪原　陈睿捷　柯直憬　钱诚

王国宇 徐泽远 张　宁 曹书画 曹维梁 常天宇 陈炳睿
陈思远 陈　希 陈兆宇 邓文婷 董世菲 段连琦 樊星萌
冯朝晖 冯　时 傅于沣 耿瑞祥 何家欢 黄　灏 黄向阳
贾靖晗 江文斐 姜　楠 姜威帆 姜兆慧 孔祥涛 李鹏波
李青苇 李雅馨 李砚笛 梁颖奇 刘葛覃 刘昊昕 刘俊贤
刘　冉 刘伟东 马金剑 马智欣 马铸鸿 孟润南 孟子迪
牛振熙 庞雪斐 彭泽浩 曲德政 施　开 宋　陆 随顺帆
孙浩展 田皓文 田金钊 王代辰 王馨笛 王怡文 魏浩楠
魏　敏 伍昶宇 武文一 肖鹏翔 辛继灏 邢一赫 徐晨阳
徐旭伟 徐仪萍 严昭阳 杨　晨 杨龙啸 杨珞珈 杨佩青
杨清清 杨　雨 杨子兴 于　淏 曾囿淞 张洪铭 张金禄
张思琦 赵舒啸 赵梓凯 赵梓良 郑志浩 朱梦姝 朱曲宁
卓大为

软件工程

刘韵秋 安　宁 明诗曼 顾金哲 王　康 于　淼 张卉婧
刘司澳 包文瑞 曹　舵 曹　硕 陈栋亭 程嘉琳 崔元振
单广威 丁　杨 董　喆 冯少康 高必欧 高晓峰 高煦庭
高兆瑜 郭恩钰 郭莫凡 郭　翔 郭鑫鹏 郭耀辉 黄　祎
贾金达 靳鹏飞 鞠艳丽 李春怡 李　峰 李江水 李美玲
李孟哲 李梦璐 李荣志 李世鹏 李思琦 李威宇 李文静
李云浩 连　理 林海强 林煌程 林岚峰 刘　杰 刘朋朋
刘小蝶 刘　震 刘智泉 罗正燚 孟祥晴 庞界宇 彭钦涛
祁润婷 曲振青 任世辉 任思颖 史佳敏 孙　帆 孙天瑞
孙　啸 唐文静 汪毅霖 王初蕾 王聪颖 王昊鹏 王江善
王金晖 王　隽 王　玮 王　燕 王宇昕 王梓森 吴佩泽
向　旺 徐　朝 徐　瑞 严梨文 杨　倩 姚劲嵩 姚　锐
叶　珂 袁　鹏 曾宇航 张家瑞 张江瑜 张路鹏 张绿茵
张　帅 张巍瀚 张梓斌 赵志浩 郑　浩 钟海婷 周弘邺
周梦琳 朱金鑫 朱向阳 吕浩然 伍文婕 耿海容 王景坤
刘顺琦 张雪益

数字媒体技术

韩庆贤 李　源 吴　月 康秦潇 张莹莹 殷曼玉 于晴晴

郝亭翰 陈冰玉 陈锐飞 陈威有 程　涵 程惠玲 崔落寒
崔庆红 丁虹文 巩凡姝 韩炜帅 何水流 何天宇 贺诗妍
胡　锦 黄泓轩 黄原浩 江圣哲 孔心怡 李文玉 梁恩铭
林　杭 刘　硕 刘　妍 刘　洋 刘奕含 鲁　萌 彭琳淇
彭滢璇 史成章 史雨欣 孙铁林 孙亦珣 孙正阳 王东钰
王　鑫 王郁山 王者飞 吴昀知 吴增港 武文哲 向　敏
姚祉伊 于子臻 余润泽 翟晓亮 张伟佳 张　叶 赵婉莹
郑　辉 钟云鹏 周嘉炜 朱　洁 邹鸿博 兰　京 谭羽婷

通信工程

罗建强 徐思覃 李　超 陈　琛 陈国威 陈奕霏 成钰洁
池欣宇 褚泽旭 宫联毅 何家安 黄嘉浛 姜禹含 焦珂欣
赖粤龙 黎　靖 李　晨 李耕岩 李云帆 李昭星 刘迪一
刘宏鑫 刘佳赫 刘璐璐 刘水欢 刘志恒 罗　赞 毛瑞源
苗泓毅 彭姿文 阮梦柔 邵振珂 沈非素 史　雯 孙　丽
孙瑞泽 谭乐昊 唐诗妍 陶晓君 田佳旻 王　焯 王诚璟
王大波 王立远 王　韬 王文溥 王寅祺 王　宇 魏家林
吴思达 伍博宇 谢　璇 徐　薇 徐　源 许　肖 杨林青
姚宇航 尹嘉峥 于学洋 余福临 郁钧涵 张　晨 张海青
张鑫健 张正聿 赵恒一 赵林青 赵朕宇 钟方淼 周　鑫
周子清 朱君婷 朱欣怡 朱　颖 邹君燕 王　浩 王永刚
白雪云 葛文翰 王　浩 夏美东 田慕晨

自动化

侯天毅 罗大鹏 岳丹妮 瞿宇珂 张振飞 曹宾原 曹浩林
曹圣彬 陈泰年 陈伟伟 陈远洋 崔天啸 代传浩 董　琳
冯思源 高玉玺 高振河 高正阳 耿俊凯 管晓婷 郭慧敏
何　甜 何　婷 胡锦程 胡兴平 黄　浩 黄文达 黄啸林
贾献磊 姜　涧 姜沛宇 蒋宝彬 金　龙 李　超 李成阳
李沛骏 李　帅 李晓露 李　振 李子珩 李祖凡 刘宏宇
刘明诗 刘毅然 刘子傲 柳　扬 罗德会 马　锋 马麒琛
马天恺 毛乙舒 缪昭明 聂鹂霆 盘玉莲 钱佩昕 秦宏达
任　鹏 盛屹君 史高鑫 司青润 宋勃仪 宋星辰 孙树新
田由甲 汪雨萌 王超超 王　浩 王皓月 王家盛 王　凯

王一帆　　王雨丰　　王钰彤　　吴思媛　　夏玮朋　　邢晓宇　　徐洪林
闫　洁　　颜子琛　　杨　倩　　尹元昊　　张虎驰　　张峻瑞　　张睿涵
张世伟　　张　鑫　　张玉鹏　　张哲瑞　　张治涵　　赵博文　　赵洪申
赵欣玉　　郑博元　　郑雅涵　　支良杰　　周浩男　　周凯月　　周廉与
周子航　　艾景坤　　华正浩　　李鹏杰　　王绪光　　陈瑞枫　　王田野
谢雨浓

空间科学与物理学院

空间科学与技术

任宇浩　　黄祎航　　鲁怡铭　　徐雪峰　　宋桓宇　　王家豪　　王　霄
林　巍　　朱玉岩　　曹靖雯　　陈红宇　　陈荣胜　　陈若颖　　邓　锐
付诗琪　　高兆瑞　　胡建昌　　霍春安　　贾　凌　　江新月　　孔祥庆
李晗羽　　李路柠　　李欣悦　　李圆慧　　林　硕　　刘宝山　　刘可心
刘文龙　　卢学金　　卢梓菡　　罗毅彬　　马龙行　　马钟骅　　孟　凡
宁保蛟　　钱阳波　　沈国诚　　孙　鹏　　台钰山　　唐永志　　王楚涵
王锡铭　　王　震　　魏上杰　　徐福祥　　殷俊杰　　岳宗顺　　张　超
张　端　　张志鹤　　赵一沣　　赵一阳　　赵寅斐　　朱昱州

应用物理学

王天傲　　程显文　　高雪阳　　王靖祎　　武晨元　　张　宇　　赵益廷
周建运　　左津铭　　艾靖凯　　白洪斐　　曹天宇　　曹雅婷　　车宜通
陈文俊　　邓　鑫　　刁肇悌　　丁星卜　　董桂帅　　杜晓凯　　付晨阳
高克凡　　郜栋川　　宫新港　　谷曦宇　　郭帅兵　　韩一笑　　何春江
黄浩阳　　黄鑫源　　季　安　　姜　璐　　金　韬　　靖骐瑞　　李晨阳
李昊泽　　李景深　　李　雪　　李炎龙　　李英健　　李子豪　　廖佩璇
廖艺星　　廖峥理　　林铖涛　　刘北辰　　刘柄言　　刘德行　　刘梦瑜
刘瀛旻　　吕浩波　　马新雨　　马雪峰　　马莹莹　　乔晨宇　　秦晓玲
秦　源　　史立鑫　　孙慧斌　　孙燕慧　　孙煜东　　孙　振　　谭淑雨
谭王文　　王　超　　王成功　　王　聪　　王丹凤　　王　焜　　王　蔓
王汝翀　　王舒欣　　王晓辉　　王亚迪　　王　园　　魏志伟　　吴文挑
徐凯强　　杨卿煜　　易　鑫　　殷若桐　　翟荣丽　　詹秀秀　　张　娟
张凌睿　　张鑫博　　张玉征　　张泽慧　　赵文谦　　赵莹婷　　周东晓

周光宇　周海洋　周　衡　邹文韬

商学院

保险学

蔡秉轩　陈梦香　崔秀冉　单　红　杜　卓　冯兆源　付靳雯
高胜男　贺婧倩　胡小凯　胡颖惠　纪　洋　李馥辰　李卫琛
李茁杨　林若涵　刘炳秀　刘恒杰　刘　鹏　刘庆港　刘　旭
刘祎昕　刘　颖　马向宏　马悦芯　潘奇伟　裴天跃　饶春阳
孙开元　孙　露　孙耀东　汤　岚　田婷婷　王慧敏　王淑雅
王熙俊　王　悦　吴志鹏　武　婷　谢　菲　谢孟航　邢　博
徐　炜　仰　菁　姚心怡　於晓燕　俞曹蓉　岳　熹　郑路艳
郑雅文　孙峥岫　赵璞玉

电子商务

陈润泽　崔王宸　代明飞　樊园园　高家辉　高子煜　顾凯杰
韩　旭　蒋佳璇　李　佳　李文彬　李文哲　李泽宇　林　娟
刘心怡　刘欣婧　卢雅君　鹿　瑶　邵　迪　司慧丽　宋春林
隋靖宇　孙小婷　王　洁　王　琦　王睿雯　王申仪　王钟霈
肖嘉颀　胥亚楠　徐　睿　杨国灿　岳明婕　詹富敏　张明状
张　琴　张　薇　张子琛　章烨铭　周炳成　张鑫晶

工商管理

黄嘉枫　安　璐　蔡文浩　陈嘉都　陈嘉琪　陈世莹　陈守拙
陈思意　陈阳阳　付梦园　郝志玲　何诚康　胡　旭　黄远瑜
姜　涛　李柯欣　李丽盈　李　娜　刘　伟　刘智恒　马凡凡
妙晨怡　平　媛　冉小瑾　石佳雨　宋广鑫　苏源雅　孙　潇
谭嘉文　王辉武　王丽娟　王敏霞　王奇超　王淑君　王玉洁
王云贺　吴晓琴　薛　彤　杨崇艺　杨佳男　杨　洋　余红达
曾凤玲　张文豪　张　琰　赵晓蓓　赵妍苑　郑倩倩　朱冰冉
朱　超　程　希　李钊成

国际经济与贸易

陈佳乐　李继航　高文浩　张龙阳　赵忠豪　曹长英　安若楠

白天颖　毕智雪　曹　阳　陈　静　邓　莎　方麒祺　付　裕
葛楚寒　耿　蒙　郭兰红　韩金磊　贺思雨　侯琦昱　荆小笑
赖化迪　李　欢　李　慧　李　凯　李天翼　李昕孺　凌晓宇
刘立群　刘　凉　刘文亿　刘　西　龙剑江　卢胜娇　吕佳坤
庞大尚　彭楚婷　齐鹏飞　时培钧　孙景娜　孙沛钰　谭子彬
汪小菡　王飞飞　王靖文　王砾旸　王　鑫　王艳杰　王　燕
王一烺　王毅章　王钰莹　吴燕平　肖子怡　谢雪颖　徐浩宇
徐巧玲　徐义薇　许慧群　闫明晓　严唯瑜　杨佶蒙　杨　芮
杨子捷　于　潇　于晓涵　张从真　张　笛　张冬妮　张发斌
张慧敏　张　琳　张千睿　张柔嘉　张睿韬　张淑茹　张晓洁
张心怡　张子涵　张子健　赵锦妍　郑佳琳　郑潇玲　钟逸婷
朱元启　邹伶俐　高春宇　边天风　胡金函

会计学

黄丽玥　黄友迪　林　甲　秦　颖　王鑫悦　曾理然　张若晗
刘夏利　徐浩然　缪铧译　王书凝　杨　铭　袁馨仪　安　迪
蔡　晨　陈　灿　陈春燕　陈巍元　陈鑫举　陈杏垚　成玉如
程有为　崔惠霖　崔文婷　丁嘉琪　丁　越　董承源　董婉玉
董亚萍　段怡静　方雨琪　房艳春　冯惠敏　冯　婷　冯箫倩
付科淼　高家璇　高世源　高文婷　葛素琳　耿　瑶　龚梓榆
巩欣萌　古　雅　管增艳　郭兴威　郭雨羲　郭子铖　韩冰冰
韩枚江　韩晴晴　韩晓晗　何广娇　何克宏　何　磊　何其哲
何倩霞　何自玉　贺鸿儒　胡芮嘉　华文婧　黄晗琛　黄璟林
黄清萍　黄维维　黄逍逸　黄馨仪　黄子薇　金泽浩　荆望舒
兰家豪　兰玉晴　李炳炎　李　博　李采蔚　李晨宇　李佳文
李丽虹　李伶灵　李思慧　李晓萌　李晓晴　李　雪　李泽旭
梁晓琴　廖浩然　林新华　林语珊　林　钰　刘泠驿　刘　玮
刘小溪　刘晓帆　刘　鑫　刘亚萍　刘妍君　刘雨溪　刘泽欣
龙德洪　娄佳佳　卢仲英　芦方昊　鲁书伶　路雪青　么月冰
孟　静　农富伊　裴卓童　彭楚喆　钱冬琴　屈梦宇　任　洁
沙淑洁　邵澍榕　盛　元　石姣姣　司　娥　宋书宇　孙成源
孙瑛铄　谭皓威　谭子健　唐　镇　陶子麟　田宛灵　田韦漪
田行健　田　源　王　畅　王楚珺　王冠超　王浩芳　王浩臻
王洁妮　王婧怡　王柯清　王平平　王恬甜　王文璐　王欣楠

王　鑫	王艺璇	王　毅	王毅琳	王与同	王昭雅	韦　苗
韦妍如	魏仁远	魏苑青	吴　威	吴振言	夏永康	肖非凡
谢　淋	熊寅莹	许慧莉	许文彬	杨伯禹	杨纪元	杨　澎
杨汝江	杨昕儒	杨　雪	杨梓钒	易雪晴	于佳艺	原泽一
袁淑婷	臧君涵	张楚伯	张带红	张　琳	张瑞丰	张婉婷
张　玮	张　雯	张逸凡	张悠晴	张　宇	张　媛	张泽青
张紫嫣	仉晓彤	赵凡影	赵希希	赵　羽	朱峰祁	朱佳楠
邹升阳	邹羽琪	崔晓晨	张　萌	程玉洁	付　月	胡竹君
徐文烁	黄小凡	黄　敏	李一诺	尚翠芸	张梦瑶	李　童
马媛媛	郭楚凡	李佳慧	李姝凝	刘晨晨		

金融学

杨晓萌	葛　炜	怯昱任	苏培根	修　政	王　麦	董彦豪
高贺颐	康偲倩	安　婷	李雪晨	刘彦杉	陈泳嘉	李小璐
刘　潇	张以恒	陈鹤凡	陈泓霖	陈奇珅	程　磊	褚璐瑕
崔雯娟	邓卓文	杜鸿磊	葛春蕾	耿嘉岐	龚洪浪	龚鹏辉
管帅康	郭浩彬	郭舒琪	韩　磊	韩先丽	侯淳彬	黄　群
黄颂尧	黄镇宇	贾琼瑶	姜　楠	焦艳双	矫雅琳	金城满
雷　结	雷雅婧	李春虹	李　纯	李东昊	李东岳	李　帆
李泓霖	李健翔	李洁威	李　沁	李　响	李雨橙	李姿毅
栗梁冉	梁清贵	梁晓娇	林子卉	刘方竹	刘恪遥	刘美琴
刘　琦	刘　琪	刘　睿	刘文月	刘雪华	刘智乐	龙枰旭
吕霄晗	栾虹悦	罗洪星	罗文明	马殿超	马谦冲	马一丹
南　丁	倪佳玉	牛子航	潘荟羽	沈玉清	施纯座	石金宁
苏海青	孙　涵	孙雨桐	唐紫璇	田诗萌	汪显曌	王淦尧
王冠群	王厚奇	王嘉欣	王靖元	王静瑶	王丽霞	王　陆
王天翔	王　瑶	王宜超	王　哲	王子瑞	魏孔瑜	吴　琼
吴　玥	武启凤	夏　群	肖竺欣	谢继东	徐浩宇	许静静
许钧晟	杨　欢	杨曼琳	杨　鸣	杨如瑾	杨桐雨	杨　妍
英佳慧	于一村	张歌窈	张　佳	张锦来	张凯天	张书源
张　松	张文华	张心怡	张　咏	张宇婷	张雨阳	张耘溪
张子怡	赵　彪	赵红蕾	郑继海	郑　豫	周紫琪	朱梦昕
朱子琦	卓　浩	鲍文畅	薄云洁	陈飞宇	陈　洪	陈　曦
陈盈君	崔仁君	崔宇航	丁泓婧	杜育文	范雯铖	方　彪

付嘉懿　高　畅　高静琳　龚筱潇　郭　昊　郭雪婷　郭芷仪
韩佳璇　洪国强　洪诗宇　胡渝晨　黄菁华　黄思扬　黄泽军
黄紫馨　贾如杨　贾欣桐　姜宏霖　孔亦泽　李昌远　李佳航
李佳祺　李建平　李秋晨　李　亭　李威序　李子维　林　瑶
刘国宾　刘　浩　刘会欣　刘姝遥　刘玮琪　刘昭宏　鲁树新
吕锦伟　马林强　马心玥　马艺玮　孟昌逸　倪志鸿　聂嘉明
彭　耀　齐天宇　邱恺文　尚　月　佘芷馨　宋连壮　孙红婷
田汝正　王文玺　王　璇　王怡妍　王钰皓　吴佳隆　吴　洁
吴可菲　肖　闲　谢旭涵　徐铖鑫　徐建东　徐巍澜　徐梓睿
许天琪　阎黎菡　杨诗怀　杨思晨　杨文晗　袁一铭　张　潞
张鹏程　张　旗　张若松　张文瀚　张文嘉　张泽海　张志禹
郑喜桐　周　磊　周梦馨　周沈欣　李近朱　陈玉彦　龙　璇
任昭璇　成书阳　杨正凯　张丽君　温宇佳　戴雨优　王雅萱
于泽昊　常　锐　李彦彤　吴雨钒　魏嘉　邵先劼

旅游管理

王　珍　陈海灵　陈梦梦　陈贞臻　丁　娜　范文青　果雯琦
韩　悦　何　晨　何俊强　李安羽　李慧茹　李姝樾　李文达
李昕宇　李徽琴　刘东梁　刘东文　刘思源　罗　国　马敬轩
石宇涵　宋　栗　谭雪华　田思雨　王思茜　王文龙　魏　歌
伍锐婷　袭　悦　杨　劲　杨　镇　姚美鑫　于凡迪　湛铄文
张慧芳　张金悦　张靖东　张　旭　赵书培　郑义明　朱嵘轩

人力资源管理

梅雨佳　周夕发　潘　璐　程　睿　程　雨　杜云瑶　冯　磊
付云菲　韩志玮　郝　悦　何玲玲　郇延虎　黄泓鑫　姜在杰
康馨予　孔丽媛　李嘉蕊　李瑾瑜　李　珊　李　潇　李雅琳
李　妍　李　源　李梓萱　梁　松　林晓晨　刘栋栋　刘汇金
刘　敏　刘　玮　刘　震　刘芷伶　刘志娟　陆　亲　马小乔
潘峤珊　平　鑫　邱西发　冉诗岚　沈若兰　施淑檬　时令雪
宋时飞　苏翠琳　唐　婧　田秋月　万元胜　王皓宁　王俊琦
王逸凡　王子成　王子攸　吴瀚琼　吴　稣　向艺菲　辛　悦
徐书凝　杨春雨　杨文康　杨燕妮　姚　越　尹婉睿　张少坤
张雅轩　张智超　赵玉洁　仲崇娇　周晓杰　周雪吟　朱珂馨

朱　倩　朱　茵　邹傲霜　曹璐瑶　冯琳泞　游思怡　刘　璐

市场营销

潘高峰　杨　进　蔡晓亮　陈　爽　陈希炳　程雪莹　楚双玮
丁梦昕　傅　奕　高　菲　郭景亭　韩　枫　何　瑶　侯雅丽
黄耀晖　霍玉颖　姜鹏博　姜子禾　康子岩　李辰雨　李双红
廖峙云　林珊燕　刘泓妤　刘佳旭　刘嘉瑞　刘晓婷　刘　寅
刘潆忆　刘予希　罗紫荆　马毓琰　孟　迪　彭　飞　荣帅同
邵长臻　石转琼　苏则雪　谭　璇　谭玉清　万安松　王福成
王虹雲　王　娟　王梦婕　王智美　魏　乐　魏泽宇　吴铠特
吴　颖　吴元龙　夏晓嵌　向媛媛　熊敬哲　徐庆林　闫家乐
衣天龙　袁方成　袁志琳　张　澈　张春芳　张化鹏　张昕琪
张　屹　张紫薇　甄雪晴　周春颖　周雨露　周语嫣　朱书睿
任佳音　赵文娟　陶梦怡　何　悦　黄美峦

物流管理

闫梦露　李凌溪　蔡伟通　曹以璠　陈茸晰　褚梦禹　丁　盛
董　慧　高　蕊　郭韬雷　何鹏辉　贺冰冰　胡凯杰　贾　斌
寇冠南　李广昊　李诗雨　李　威　刘潇楠　刘　晓　刘子涵
卢　鹤　鲁冬华　彭沛宏　彭　瑶　祁昱童　邵珠琳　石晓敏
史丽琳　舒　虹　孙华清　孙　康　孙　轶　孙钺童　王　璐
王婉名　王紫琳　武兴晟　徐至言　杨松桥　叶舒源　余张永
张顺顺　赵德瑞　赵润龙　赵振鹏　郑小杜　郑欣雨　郑　毅
钟化鑫　钟琦薇　周学晓　周　娅　祝思娴　成玫岐

数学与统计学院

数学与应用数学

费　凡　马靖坤　许云龙　陈耀伟　崔　晓　崔舟瀚　邓语桐
丁笑凯　杜娅婷　方琛源　付　鹏　何梦璇　侯康明　黄一芳
贾宜凡　简晓琳　姜　航　姜　涛　李佳璇　李晓辉　李益民
李志超　林啸鸣　刘　建　刘羽嘉　芦佳玉　陆志敏　吕泓薇
牛崧臣　潘麒至　齐乃娜　邱梓轩　宋　达　宋梦梦　索家琛

田心雨　王浩宇　王丽影　王文静　王雅博　魏兆睿　徐期梦
余　博　张本珂　张京文　张　婧　张　敏　张　钊　赵那拉
左嘉怡　邵将

统计学

张智洋　丁　辰　陈　可　范凯旋　牟则铮　徐悦颖　杨尚霖
张向楠　赵云路　李婧璇　王文欣　刘非凡　颜子皓　弭雨萌
姜　辰　李沚芰　田恩炎　丛文昱　邱　鹏　刘炳霖　宋佩璇
王超群　崔　航　乔　睿　万筱笛　吕乐雅　于　惠　潘　威
商文杰　施雅娟　邢成志　王霜榕　王一凡　张　晗　付佳皓
耿玮晨　宋思凡　孙莉莉　王治斌　杨　露　杨维盛　曹慧溪
曹鹏程　陈彬源　陈枢桓　陈思思　陈琰钰　程瑞嘉　邓云舒
邸丰瑞　樊芮辛　高　飞　葛　恒　龚健欢　韩秋晨　韩炎君
郝　影　胡黎明　胡　晓　姜淑桐　李怀懿　李佳萱　李　玲
李璐瑶　李慕君　李沛益　李庆刚　李若西　李欣妍　李子豪
廖俊蕾　林峻民　林　宽　刘梦雪　刘　薛　刘仲煜　刘尊敏
路佳楠　吕舒娜　吕晓璇　马红梅　马　俊　马玉婷　麦浩堃
孟芮妍　孟欣蓓　倪　玥　宁换茹　潘欣悦　乔浩然　任陆平
司一想　苏　恪　宿　睿　孙　林　谭思纯　田昕润　田志华
王惠宁　王婧雯　王林玉　王琳琳　王梦圆　王沛林　王　玭
王小虎　王欣童　王馨悦　王　璇　王袆晨　王　营　王玉昆
王泽航　王钟文　王梓怡　韦炳媛　吴雨桐　武　悦　谢孟岑
徐　坤　徐寅起　闫凯昕　杨　超　杨林静　杨　茹　殷汝哲
尹素敏　于依冉　于泽轩　袁　瑞　袁温馨　曾德玲　翟文丽
张　成　张　寒　张琳琳　张书贤　张　昕　张新茹　张雪钰
张　琰　章艺凡　赵丽梦　赵圣超　赵鑫源　郑德馨　钟可意
周佳昱　周　琦　朱泓波　朱佳巧　朱琦玉　宗玉暄　董毓雯
卢　锴　孙文博　张　帆　张环宇　钟皓宇　陈丽伊　钱璐琦
司　佳　宋嘉琪　王雪薇

信息与计算科学

张德铭　李明明　李宏泽　袁子博　张延钊　鲍加辉　陈长宁
陈煜斌　丁　飞　丁　茜　杜佳兴　公　元　桂雪丹　韩　惠
贺笑阳　胡其桐　李迪琨　李佳宣　李嘉豪　李润哲　李书宇

李阳　李震　梁靖凯　刘凡菁　刘旭阳　刘昱　龙文钊
闵雅　乔长征　乔宁宁　邱立坤　尚思语　沈元婷　舒辞
宋啸飞　宋永宝　苏浩天　孙妍　覃延嘉　王琛　王成
王景灏　王燕妮　王云鹤　魏山山　魏宇彤　修娴　徐珠环
闫欣　闫鑫宙　姚一枝　张鼎铄　张嘉傲　张小豪　张月迪
赵英凯

文化传播学院

汉语国际教育

刘晓宇　孙婧　王淄微　陈启月　陈思璇　陈雪晴　耿子晴
何吕玉莲　姜志勇　李嘉志　李可欣　李美令　李修智　李越
李紫洋　梁沁桐　林秀峰　刘方圆　刘佳丽　刘君陶　刘雨柔
吕冰冰　栾晖伟　孟淑英　彭思佳　彭雪妮　任若萌　商美微
孙洁　王敬蓉　王晓明　王仲玉　吴震宇　徐浩然　许嘉玥
严文静　杨兵　杨雨亭　张楚昕　张佳仪　张路荻　张睿
张亚萍　张子璇　赵婉婷　钟秋　李靖宇　许雪涵

汉语言文学

吕昀泽　卢思宇　孙瑜钒　王思琪　张晓彤　车美慧　陈璐
陈思宇　陈晓宇　陈新航　程柔　崔茜　崔紫婷　丁蒙恩
段宇冉　费潇潇　高伟琦　耿晓晴　顾文萱　韩彩琼　韩成
韩济阳　韩佳慧　韩煜　何莹莹　贺静　黄璐璐　姜泓宇
姜楠　蒋文　李姝娴　李思钰　李阳　李依凡　李志勇
刘锐　刘婷　刘新林　刘悦　刘芸岍　卢佳　吕欣羽
吕莹　马春霞　马庆香　马燕红　孟凡　孟一博　苗颖
闵沁琳　庞漉霏　逄茹　彭雨　齐璐　邵明月　宋海涛
宋亚鲁　苏敏　孙语涵　唐欣怡　万佳玲　汪莉　王斌贵
王冰倩　王璐瑶　王文鹤　王潇　王妍　王盈科　王兆其
王珍　王紫君　韦佳瑗　吴一鸣　谢奕童　辛昱璇　徐琳涛
徐甜甜　徐阳阳　许婧萱　杨杰　杨婕　杨璐　姚金
尹钒宇　油宇清　张锦儿　张娟　张峻　张璐瑶　张也
张潆月　张颖　张悦　赵丝丝　赵杨璞静　赵雨瑄　赵子瑄

郑明皓	郑　爽	周孟琪	周秋彤	周晓燕	朱明玉	张琳琳
张若曦	黄爱佳	邵梓润	吴玲莉	刘禹同		

新闻学

张语格	吕欣璐	王瑶瑶	张友姿	唐有露	卞露运	薄其雨
陈彩琴	陈洪磊	陈　睿	陈旭冉	陈怡帆	成　健	程　洁
程　莲	程明秀	楚天舒	崔　珏	崔志源	戴旭泽	戴永强
邓沙沙	董华茜	董子卿	付继涵	甘凌博	高　雨	郭　滢
韩炳诚	韩疆平	韩玉欣	黄　镜	黄　未	姜懿航	李菁菁
李　蕾	李梦文	李　婷	李纬正	李文颖	李文泽	李晓隆
李晓晔	李　扬	李　真	李振华	梁湘嵋	林亚男	刘畅宇
刘锦妤	刘　林	刘梦洁	刘瑞雪	刘　爽	刘思阳	刘文馨
卢梦雪	马　卿	牛一冰	庞秀萍	曲美伊	任　傲	沈惠惠
石义娜	石子厚	时瑜嵘	孙晓丽	庹　健	万　婷	汪兴东
王丛娇	王静喆	王　凯	王璐瑶	王若迪	王　森	王艺蒙
魏爱茹	吴虹萱	夏　雪	谢　颖	谢雨桐	徐　静	徐　蓉
徐晓萌	许瑞坤	许甜心	杨菁菁	伊俊铭	于　珊	员　婕
曾贝佳	张安然	张晨昕	张华静	张　晶	张文嘉	张晓敏
赵逸文	赵泽瑜	郑苗苗	朱瑞琪	朱晓妍	刘楠伶	宋思莹
浦子秋	柳　静	王　琦				

艺术学院

环境设计

仓婷婷	程梦影	范泽琨	冯启玥	高少齐	郜沛莹	黄　硕
李济农	李晴雪	李亚迪	李奕萱	李媛媛	李张利佳	林安琪
刘艾洁	刘东杰	刘琳琳	卢龙奔	吕音雅祺	栾　玉	罗晓琳
彭淑娴	秦雨薇	宋丽娜	孙晓梦	孙雨晴	谭艳琴	汤哲晟
唐　敏	田富城	汪超凡	王桂青	王佳琪	王丽萍	王　琦
吴研平	修雪倩	徐雨同	徐跃东	杨文静	杨　扬	余　点
张　威	张　宇	张媛媛	张增增	张振邦	赵云静	郑乐萱
周　蓓	周　尧	朱宇娴	左丹丹	解晓冉		

美术学

蔡政勤　冷思梦　陈　蕾　陈紫钰　邓梦梦　范　畅　范雨晴
方　方　高　硕　耿　伟　郭金响　郭　琴　康敬福　孔美子
李　莉　刘　霖　刘　玉　卢淳子　任圣楠　邵冰冰　邵冰清
孙　楠　孙　茜　汤可欣　滕梓涵　童　彤　汪元浩　王　菲
王　念　魏佳欣　徐　洁　闫雪晴　杨　婕　杨姗姗　杨文杰
俞若淼　张　方　张　宁　张　芮　张心怡　张一鸣　郑雨婷
周　然　朱雅兰

视觉传达设计

程大顺　程利峰　丁玉婷　方涵英　高婷婷　葛玉虎　顾昕羽
郭孟虎　江瑛瑛　赖　敏　李　丹　李林洲　李湲柯　李媛媛
梁洪玲　梁晓盛　刘　浩　宁　珂　沈晓洁　盛姝玥　时　静
孙文超　田　楠　汪　储　汪嘉梅　王　畅　席　悦　肖　茜
肖玉鹏　邢　诺　于　冲　张秉伟　张　焕　张子霜　周　媛
朱慧勇

舞蹈编导

曹桐语　程圣斐　程　颖　崔馨文　董明则　冯　越　耿闻静
郭旭柔　贺成武　贺昕媛　贺怡菲　胡　欣　孔吴双　李珂欣
李晓楠　刘宗昕　龙　俊　卢晓婷　吕洪林　吕舒宁　苗建青
沈尚应　盛　凯　石雅婷　孙海明　唐紫萱　王奥迪　王　琦
王双晖　王心怡　温莉雅　吴明伦　吴卓然　武冠宇　武军卓
许志翔　杨茹滟　余　雪　张林昕　张韵凡　赵天宇　郑　璇
钟子杰　朱思同　邹存晓

音乐学

夏子涵　赵雨菲　陈雅婷　陈一成　褚伦坤　邓茜玥　杜章肖演
段　滢　古　钰　郭毅谦　郭正哲　郝帅帅　黄　容　霍金鑫
姜舒月　蒋聪聪　金　帅　景宇鲲　雷鹏伟　李　茜　李　硕
李媛媛　梁又予　刘炳麟　刘健智　刘　乔　刘文静　刘紫晶
马佳鑫　戚书铭　申　弦　孙佳仪　孙诗怡　谭　薇　谭　迎
汤爱玲　陶泓瑾　童卓远　王慧珍　王　婷　王肇泽　温少喆

向　羽	肖家全	邢端阳	徐　慧	徐子婷	许少凯	杨粼粼
杨宇玮	姚　玥	于斯恬	张丹南	张书语	张　悦	赵　帆
赵文宁	赵雯婷	赵　鑫	周　颖	周宇娜	邹佳芯	

（教务处　提供）

双学位学生名单

法学院

法学

丁昱含	董华茜	董吕馨月	高　畅	贺昕媛	胡翠云	黄丽玥
李登昊	李健宁	李　蕾	李文泽	梁湘嵋	廖浩然	刘巧艺
鲁书伶	石贾梦	孙瑛铄	万　婷	万元胜	王辉武	王　璞
王艺蒙	韦萌璇	吴卓然	肖延辉	谢　淋	徐　炜	闫艺心
叶嘉卉	张鹏程	张世娟	张文嘉	张　琰	张一凡	赵　洺
周　磊	周子阳					

行政管理

李　婷

商学院

金融学

安　琪	曹慧溪	陈洪磊	陈　璐	陈梦圆	陈世江	陈思皓
陈思思	陈思意	陈煜斌	陈　悦	陈长宁	程晶晶	程玉洁
邸丰瑞	董华勤	杜博一	段德豪	段瑞泽	段雨晴	付梦园
高　飞	高　峥	葛　恒	管增艳	何梦璇	何　悦	侯雅丽
扈圣婕	黄　遥	贾佳宁	简亮亮	姜　涛	景　文	孔　琳
雷云霞	李迪琨	李佳萱	李嘉蕊	李洁琳	李柯欣	李劳依
李秋萍	李仁杰	李雨晴	李钊成	梁靖凯	林　钰	凌浩程
刘凡菁	刘航宇	刘宏宇	刘佳旭	刘芯羽	刘亚芳	刘　震
卢梦雪	陆志敏	鹿　瑶	吕泓薇	吕雯康	孟　晨	莫树迪
南　东	聂法香	逄　茹	冉　燕	任陆平	商文杰	邵伯峰

施雅娟　司成崇　宋浩特　宋　奇　苏源雅　孙成源　孙　康
谭嘉文　谭思纯　陶梦怡　陶子麟　田慕晨　田馨惠　王皓宁
王慧珍　王　珏　王琳琳　王璐瑶　王如玉　王一帆　王　营
王玉洁　王泽航　王智美　王子成　王梓怡　韦炳媛　吴佩泽
席明熙　袭　悦　夏晓嵌　向艺菲　肖若兰　萧婉莹　谢依婷
辛昱璇　熊荆璐　徐慧敏　徐　恺　徐　坤　续庭玮　薛炎佳
杨　超　杨婧艺　杨林静　杨玲燕　杨　铭　姚　越　叶舒源
叶　铮　殷晗俏　殷曼玉　尹婉睿　余红达　禹皓瀚　员　婕
翟翊群　张成林　张鼎铄　张　寒　张泓宇　张慧停　张佳佳
张　薇　张雪益　张誉夫　赵　雷　赵明轩　赵文娟　赵心瑞
赵鑫源　赵子瑄　郑林林　郑苗苗　周东晓　周佳昱　朱晨蕊
朱泓波　宗玉暄　邹济霞　邹佳芯　左嘉怡

(教务处　提供)

硕士毕业生名单

东北亚学院

朝鲜语口译

窦金蒙　　苟海燕　　黄嘉华　　金　豪　　李文红　　刘　锴　　刘婷婷
施清云　　苏　楠　　王海静　　徐　皓　　由麒聪　　周喜虹　　崔俊丽
董向前　　李丛丛　　李　丰　　杨明轩　　谭　斐　　李京泽

亚非语言文学

牛怡情　　贾秋梦　　吴　铭　　吴　苑　　于亦璇　　张　莉　　朱慧敏

商学院

工程管理

丛　日　　高晓林　　韩　政　　黄　翔　　李茂林　　李夏菁　　李　杨
刘佳钰　　刘晓蕾　　刘笑肖　　刘　屹　　吕　潇　　钱昌博　　曲昱霖
邵炜康　　苏　静　　孙贝贝　　孙华鑫　　孙萌钰　　孙晓楠　　王红丹
王昆伦　　王世群　　王小舒　　闫媚媚　　杨建强　　杨　雯　　张爱军
张丽娜　　张　林　　张雪磊　　张智晓　　郑海龙　　朱　凯　　邹　腾
高文锐　　孙小童

会计

韩海强　　林莉莉　　卢衍帅　　王　萍　　王梓萌　　魏一杰　　周晓薇
刘心洁　　邱　滕　　王新豪　　余　璇　　邹和怡　　李美芸　　张艺冉

金融

车安琪　　陈丽贞　　房　磊　　何　玉　　贾文博　　姜浩然　　李佳阳

李奎昕　李子言　刘纯阳　刘洁　刘捷　刘青　孙凯迪
汪戈　王立芳　魏然俊　燕若瑜　游凌燕　张杰奕　张文
邹帅　高星雨　孙艳波　陈黎威　党先　高世超　管毓洁
郭齐坤　郭晓慧　黄颖　贾逸萌　姜鲁　李冠良　李佳颐
刘心宇　潘悦　钱铖　宋成玉　宋宁宁　孙诗颖　唐晨
陶学政　滕安娜　王辰公　王宸　王淳　王康晴　王立凡
王若颖　王悦　徐兴冲　薛文霁　杨婕　伊诗琪　余洋
袁晓雯　张瑞　赵格　朱琳琪

财政学

洪源　吕会萍　秦静怡　郑凤娟　周义博

产业经济学

陈艺莹　从振楠　李奕　刘彦迪　田永霞　王玲力　谢雁翔
薛书平　杨婧　张京栋　张静

劳动经济学

滕宽　夏爽

企业管理

范宗好　高敬钰　黄俊菲　黄勇　宋丽芸　王静　王晓
王燕斌　温玉娟　张耀鑫　许杉　郇志明

西方经济学

黄德成　卢玫竹　邱贵敏　时满意　张璇

法学院

法律(法学)

陈炫　丁瑞　付培增　耿杰　顾振茹　郭昌通　黄慷
黄乾　梁超栋　罗昕　彭晓萌　祁容羽　王安琪　王珺瑶
王艺　王勇　吴亚非　杨明伟　杨宁

法律(非法学)

崔馨月　单浩然　冯　彤　宫瑜蔚　刘　楠　刘文豪　马　妍
王亚楠　吴睿佳　杨　帆　张　玥　姜婷婷　娄　秦　田树杰
汪道伍　步培培　张永娜

法学理论

蔡倩倩　姜　琳　李　梅　林　夏　杨钦月　杨文惠

行政管理

刘艳秋

民商法学

郭健宁　吴　彤

刑法学

王仲昵　徐兴悦　张国梁　周俊召　赵心荷　葛倩宁
Kim Byungwoo(外籍)

文化传播学院

比较文学与世界文学

边雅妮　崔佳雯

新闻学

张晓涵　孔令媛　王　也　张贺琼　赵晗阳

文艺学

高　硕　陆玮玮　索南卓玛

语言学与应用语言学

宫宇宸　谭　静　徐小茜　张　丽

中国现当代文学

王黎黎　苗　菲　史潇潇　许丽萍　周海威　祝晓兵

翻译学院

英语笔译

巴　图　　丛伶伶　　董兴阳　　马海源　　马晓婷　　张　辉　　张嘉琪
赵永超　　赵芷艺　　周丽华　　赵　锐　　丛丽妍　　殷美娟

英语语言文学

姜济若　　陶鑫磊　　魏丹丹　　张宏宇　　周艳玲

艺术学院

美术

陈　曼　　程鹏琳　　陶　洁　　徐浩森　　杨珏瑜　　杨　梅　　于丽娟
周宇超　　杜秋颖　　杨　丽

舞蹈

杜　雷　　李文芳　　刘　璐　　殷佳敏

艺术设计

韩艺浓　　刘盼盼　　申珂婷　　汪晓瑞　　王潇洁

音乐

丛倩男　　李莞舒　　刘吕然　　马　茜　　施力健　　张韫笛　　周之才
周子裕

海洋学院

生物工程

白　旭　　冯　超　　李　潇　　刘邦涛　　刘丽君　　孟　雪　　秦　丹
师　盼　　王　欢　　王　宇　　张　蕊　　张鑫婉　　张玉群　　周留艳

化学工程

尚宏超　　孙　哲　　吴建斌

海洋生物技术

崔梦冉　贾　倩　林啸鹏　杨　娟

生态学

曹　勇　刘芯妤　王新磊　王　静

微生物学

杜照中　李　昕　刘振伟　王新鹏

微生物与生化药学

胡　波　焦沁连　林诗琪　刘芳媛　张彩云

药物化学

代天志　金志文　陆丹丹　罗　默　王思思　张梦醒　赵文姣

机电与信息工程学院

电子与通信工程

许孟徽　毕研庆　倪天骄　王维颂　吴子栋　辛桂蕾　徐文秀
战　扬　张　沛　张庆尚　郑刘康　陈　聪

机械工程

鲍鹏远　代　勇　丁晨盼　冯胜男　韩东旭　降　勇　李　贺
李会祥　刘润晨　路　浩　潘以涛　孙建浩　田丽霞　王晓辉
刘树奇　王立栋　陶祥力

计算机技术

董慧芬　董仁玮　郎济莹　卢宇翔　岳丽丽

控制工程

陈宝健　陈金桂　邓　宇　高　晨　何芮宁　田晓杰　王传安
徐　辉　张巧曼　许金辉　张梦宇　闫振兴

材料科学与工程

李培真　刘玲钰　戚桂铭　隋清萱　孙　培　吴　爽　武峪莹
闫德隆　张玉莹

电路与系统

韩　钊　宋　凡　孙梓丹

机械制造及其自动化

何　磊　江　程　李松松　李言伟　李玉森　苏向东　唐　梁
王　辉　王志豪　魏　一　徐晓东　郑　海

计算机科学与技术

付红玉　贾潍佳　李文全　刘　超　马鸿润

控制科学与工程

蒋章伟　井普楠　刘培鑫　刘　宇　王志夫　吴立业　郑颃强

通信与信息系统

邢郅超

信息与通信工程

韩　利　金　叶　汤瑞光　王佳佳　于晓艳

空间科学与物理学院

空间物理学

方震龙　郭恺琛　刘大洋　刘　莉　申东辉　宋江波　肖　凯

微电子学与固体电子学

徐　涛　郑小龙

物理学

刁　超　陆　晓　罗晓丽　穆　琳　周夏琛

数学与统计学院

基础数学

王　凯　　杨云宇婷　张　薇

运筹学与控制论

张　宇　　范　敏　　孔　萌　　刘振伟　　张家林　　赵德豪

马克思主义学院(威海)

马克思主义中国化研究

田春晓

思想政治教育

安泽华　　陈建莹　　王文瑶　　王雅萍　　徐超群　　徐　悦　　原春艳

(学科建设与研究生教育办公室　提供)

博士毕业生名单

东北亚学院

亚非语言文学

刘　霞　　汤　振　　刘　金　　Lee Woong(外籍)

商学院

公共经济学

杨广勇

西方经济学

姜雁杰

法学院

法律方法论

史博学　　卫学芝　　孙　跃

文化传播学院

文艺学

孔建源　　付甜甜

中国现当代文学

王朱杰　　牛艳莉

海洋学院

海洋生物技术

宋　翠

微生物学

王　硕

机电与信息工程学院

计算机科学与技术

吴明磊

空间科学与物理学院

地球物理学

姚淑涛

等离子体物理

侯振永　　郭明哲　　李传洋

理论物理

陈　剑　　蒋春华　　孙张振

数学与统计学院

概率论与数理统计

梁　昊

基础数学

孙　付　　郭洪杰

（学科建设与研究生教育办公室　提供）

各类委员会与领导小组名单

山东大学(威海)食品安全工作领导小组

组　长:刘建亚

副组长:刘　海

成　员:党工委(校长)办公室、纪监审办公室、宣传统战部、学生工作部(处)、学科建设与研究生教育办公室、后勤管理处、保卫处等单位主要负责人

领导小组办公室设在后勤管理处,办公室主任由后勤管理处处长兼任。

山东大学(威海)全国硕士研究生招生考试工作领导小组

组　长:黄凯南

副组长:王湘云　周大白

成　员王　亮　王景瑞　林朝旭　宋　嵩　宋云龙

陈广奕　姜　强　赵　辉　薛施贞

秘　书:薛　峰

表彰与奖励

2020年各级各类科研成果奖

序号	成果名称	获奖时间	获奖类别	获奖等级	获奖者
1	罪刑均衡的理论基础与动态实现	2020.10	山东省第三十四届社会科学优秀成果奖	省级一等奖	刘　军
2	法律解释方法在指导性案例中的运用及其完善	2020.10	山东省第三十四届社会科学优秀成果奖	省级二等奖	孙光宁
3	新闻生产中的算法风险:成因、类型与对策	2020.10	山东省第三十四届社会科学优秀成果奖	省级二等奖	张　超
4	“比兴”与“比喻”——中西两个概念理论旨趣的差异及其成因	2020.10	山东省第三十四届社会科学优秀成果奖	省级二等奖	张红军
5	A Note on the Evolution of Directional Distance Function and Its Development in Energy and Environmental Studies 1997—2013	2020.10	山东省第三十四届社会科学优秀成果奖	省级三等奖	张　宁 崔龙录
6	埃里克·赖特的社会主义新规划思想研究	2020.12	山东省高等学校人文社会科学类优秀成果奖	厅级一等奖	马　莲

续表

序号	成果名称	获奖时间	获奖类别	获奖等级	获奖者
7	How Green Transition of Energy System Impacts China's Mercury Emissions	2020.12	山东省高等学校人文社会科学类优秀成果奖	厅级一等奖	李佳硕 魏文栋 甄　伟 郭　艺 陈　斌
8	China's Carbon Emission Peak pre-2030：Exploring Multi-scenario Optimal Low-carbon Behaviors for China's Regions	2020.12	山东省高等学校人文社会科学类优秀成果奖	厅级三等奖	孙作人 刘彦迪 于艳妮
9	法理在指导性案例中的实践运用及其效果提升	2020.12	山东省高等学校人文社会科学类优秀成果奖	厅级三等奖	孙光宁
10	高校思想政治理论课供给侧改革研究	2020.12	山东省高等学校人文社会科学类优秀成果奖	厅级三等奖	张　磊

（科研管理办公室　提供）

2020年教师获得表彰与奖励

序号	获奖者单位	获奖者	荣誉名称	获奖时间	批文文号
1	空间科学与物理学院	凌宗成	山东大学优秀共产党员	2020.07.31	山大党字〔2020〕66号
2	党工委宣传统战部	戚伟良	山东大学优秀共产党员	2020.07.31	山大党字〔2020〕66号
3	机电与信息工程学院	高佚婧	山东大学优秀党务工作者	2020.07.31	山大党字〔2020〕66号
4	空间科学与物理学院	王守宇	山东大学优秀教师	2020.08.20	山大人字〔2020〕69号
5	商学院	孔　雷	山东大学先进教育工作者	2020.08.20	山大人字〔2020〕69号
6	艺术学院	曲笛鑫	山东大学“同屏在线、共振育人”在线直播教学比赛一等奖	2020.05.18	山大教字〔2020〕10号
7	马克思主义学院(威海)	杨培祥	山东大学“同屏在线、共振育人”在线直播教学比赛一等奖	2020.05.18	山大教字〔2020〕10号
8	法学院	孙文平	山东大学“同屏在线、共振育人”在线直播教学比赛一等奖	2020.05.18	山大教字〔2020〕10号
9	马克思主义学院(威海)	吴清清	山东大学“同屏在线、共振育人”在线直播教学比赛一等奖	2020.05.18	山大教字〔2020〕10号
10	海洋学院	戚明颖	山东大学“同屏在线、共振育人”在线直播教学比赛一等奖	2020.05.18	山大教字〔2020〕10号

续表

序号	获奖者单位	获奖者	荣誉名称	获奖时间	批文文号
11	机电与信息工程学院	宁淑荣	山东大学“同屏在线、共振育人”在线直播教学比赛一等奖	2020.05.18	山大教字〔2020〕10 号
12	数学与统计学院	孙伟华	山东大学“同屏在线、共振育人”在线直播教学比赛一等奖	2020.05.18	山大教字〔2020〕10 号
13	翻译学院	于　伟	山东大学“同屏在线、共振育人”在线直播教学比赛二等奖	2020.05.18	山大教字〔2020〕10 号
14	东北亚学院	梁懿文	山东大学“同屏在线、共振育人”在线直播教学比赛二等奖	2020.05.18	山大教字〔2020〕10 号
15	法学院	马艳朝	山东大学“同屏在线、共振育人”在线直播教学比赛二等奖	2020.05.18	山大教字〔2020〕10 号
16	马克思主义学院(威海)	于少青	山东大学“同屏在线、共振育人”在线直播教学比赛二等奖	2020.05.18	山大教字〔2020〕10 号
17	数学与统计学院	常　洛	山东大学“同屏在线、共振育人”在线直播教学比赛二等奖	2020.05.18	山大教字〔2020〕10 号
18	海洋学院	于珊珊	山东大学“同屏在线、共振育人”在线直播教学比赛二等奖	2020.05.18	山大教字〔2020〕10 号
19	海洋学院	吕新芳	山东大学“同屏在线、共振育人”在线直播教学比赛二等奖	2020.05.18	山大教字〔2020〕10 号
20	空间科学与物理学院	宋淑梅	山东大学“同屏在线、共振育人”在线直播教学比赛二等奖	2020.05.18	山大教字〔2020〕10 号

续表

序号	获奖者单位	获奖者	荣誉名称	获奖时间	批文文号
21	法学院	马莉萍	山东大学“同屏在线、共振育人”在线直播教学比赛三等奖	2020.05.18	山大教字〔2020〕10号
22	东北亚学院	丁　玲	山东大学“同屏在线、共振育人”在线直播教学比赛三等奖	2020.05.18	山大教字〔2020〕10号
23	文化传播学院	李莉萌	山东大学“同屏在线、共振育人”在线直播教学比赛三等奖	2020.05.18	山大教字〔2020〕10号
24	文化传播学院	李艳娇	山东大学“同屏在线、共振育人”在线直播教学比赛三等奖	2020.05.18	山大教字〔2020〕10号
25	机电与信息工程学院	宫建红	山东大学“同屏在线、共振育人”在线直播教学比赛三等奖	2020.05.18	山大教字〔2020〕10号
26	翻译学院	朱玉堂	山东大学“同屏在线、共振育人”在线直播教学比赛三等奖	2020.05.18	山大教字〔2020〕10号
27	翻译学院	陈　啸	山东大学“同屏在线、共振育人”在线直播教学比赛三等奖	2020.05.18	山大教字〔2020〕10号
28	机电与信息工程学院	刘若伦	山东大学“同屏在线、共振育人”在线直播教学比赛三等奖	2020.05.18	山大教字〔2020〕10号
29	空间科学与物理学院	丛伟艳	山东大学“同屏在线、共振育人”在线直播教学比赛三等奖	2020.05.18	山大教字〔2020〕10号
30	空间科学与物理学院	吴爱玲	山东大学“同屏在线、共振育人”在线直播教学比赛三等奖	2020.05.18	山大教字〔2020〕10号

续表

序号	获奖者单位	获奖者	荣誉名称	获奖时间	批文文号
31	数学与统计学院	张爱平	山东大学"同屏在线、共振育人"在线直播教学比赛三等奖	2020.05.18	山大教字〔2020〕10 号
32	体育教学部	邱海业	山东大学"同屏在线、共振育人"在线直播教学比赛三等奖	2020.05.18	山大教字〔2020〕10 号
33	法学院	汪全胜	山东大学 2020 年度本科教学荣誉——优秀教学奖	2020.09.08	山大教字〔2020〕27 号
34	海洋学院	吕新芳	山东省第七届"超星杯"高校教师教学比赛二等奖	2020.08	鲁教师函〔2020〕23 号
35	海洋学院	吕新芳	山东大学 2020 年度课程思政优秀教学案例一等奖	2020.08.24	山大教字〔2020〕26 号
36	海洋学院	张建民	山东大学 2020 年度课程思政优秀教学案例一等奖	2020.08.24	山大教字〔2020〕26 号
37	海洋学院	王相伟	山东大学 2020 年度课程思政优秀教学案例一等奖	2020.08.24	山大教字〔2020〕26 号
38	马克思主义学院(威海)	吴清清	山东大学 2020 年度课程思政优秀教学案例一等奖	2020.08.24	山大教字〔2020〕26 号
39	数学与统计学院	续焕英	山东大学 2020 年度课程思政优秀教学案例一等奖	2020.08.24	山大教字〔2020〕26 号
40	文化传播学院	朱新林	山东大学 2020 年度课程思政优秀教学案例二等奖	2020.08.24	山大教字〔2020〕26 号

续表

序号	获奖者单位	获奖者	荣誉名称	获奖时间	批文文号
41	文化传播学院	张　毅	山东大学2020年度课程思政优秀教学案例二等奖	2020.08.24	山大教字〔2020〕26号
42	翻译学院	赵　翔	山东大学2020年度课程思政优秀教学案例二等奖	2020.08.24	山大教字〔2020〕26号
43	机电与信息工程学院	常树旺	山东大学2020年度课程思政优秀教学案例二等奖	2020.08.24	山大教字〔2020〕26号
44	机电与信息工程学院	宫建红	山东大学2020年度课程思政优秀教学案例二等奖	2020.08.24	山大教字〔2020〕26号
45	马克思主义学院(威海)	李谷悦	山东大学2020年度课程思政优秀教学案例二等奖	2020.08.24	山大教字〔2020〕26号
46	法学院	原蓉蓉	山东大学2020年度课程思政优秀教学案例三等奖	2020.08.24	山大教字〔2020〕26号
47	法学院	孙卓华	山东大学2020年度课程思政优秀教学案例三等奖	2020.08.24	山大教字〔2020〕26号
48	法学院	肖金明	山东大学2020年度课程思政优秀教学案例三等奖	2020.08.24	山大教字〔2020〕26号
49	法学院	孙文平	山东大学2020年度课程思政优秀教学案例三等奖	2020.08.24	山大教字〔2020〕26号
50	法学院	古莉亚	山东大学2020年度课程思政优秀教学案例三等奖	2020.08.24	山大教字〔2020〕26号

续表

序号	获奖者单位	获奖者	荣誉名称	获奖时间	批文文号
51	法学院	周　红	山东大学 2020 年度课程思政优秀教学案例三等奖	2020.08.24	山大教字〔2020〕26 号
52	艺术学院	纪维剑	山东大学 2020 年度课程思政优秀教学案例三等奖	2020.08.24	山大教字〔2020〕26 号
53	艺术学院	周婷婷	山东大学 2020 年度课程思政优秀教学案例三等奖	2020.08.24	山大教字〔2020〕26 号
54	机电与信息工程学院	宁淑荣	山东大学 2020 年度课程思政优秀教学案例三等奖	2020.08.24	山大教字〔2020〕26 号
55	机电与信息工程学院	翟　强	山东大学 2020 年度课程思政优秀教学案例三等奖	2020.08.24	山大教字〔2020〕26 号
56	马克思主义学院(威海)	韩巧霞	山东大学 2020 年度课程思政优秀教学案例三等奖	2020.08.24	山大教字〔2020〕26 号
57	马克思主义学院(威海)	张　磊	山东大学 2020 年度课程思政优秀教学案例三等奖	2020.08.24	山大教字〔2020〕26 号
58	马克思主义学院(威海)	陈永刚	山东大学 2020 年度课程思政优秀教学案例三等奖	2020.08.24	山大教字〔2020〕26 号
59	马克思主义学院(威海)	崔　微	山东大学 2020 年度课程思政优秀教学案例三等奖	2020.08.24	山大教字〔2020〕26 号
60	马克思主义学院(威海)	孙　克	山东大学 2020 年度课程思政优秀教学案例三等奖	2020.08.24	山大教字〔2020〕26 号

续表

序号	获奖者单位	获奖者	荣誉名称	获奖时间	批文文号
61	学生工作部(处)	马　莲	山东大学2020年度课程思政优秀教学案例三等奖	2020.08.24	山大教字〔2020〕26号
62	马克思主义学院(威海)	夏卫国	山东大学2020年度课程思政优秀教学案例三等奖	2020.08.24	山大教字〔2020〕26号
63	数学与统计学院	张乃千	山东大学2020年度青年教师教学比赛一等奖	2020.12.21	山大教字〔2020〕44号
64	马克思主义学院(威海)	韩巧霞	山东大学2020年度青年教师教学比赛一等奖	2020.12.21	山大教字〔2020〕44号
65	翻译学院	张雪莱	山东大学2020年度青年教师教学比赛二等奖	2020.12.21	山大教字〔2020〕44号
66	艺术学院	范文慈	山东大学2020年度青年教师教学比赛二等奖	2020.12.21	山大教字〔2020〕44号
67	机电与信息工程学院	严发宝	山东大学2020年度青年教师教学比赛二等奖	2020.12.21	山大教字〔2020〕44号
68	体育教学部	邱海业	山东大学2020年度青年教师教学比赛二等奖	2020.12.21	山大教字〔2020〕44号
69	艺术学院	姜　超	山东大学2020年度青年教师教学比赛三等奖	2020.12.21	山大教字〔2020〕44号
70	数学与统计学院	张　冉	山东大学2020年度青年教师教学比赛三等奖	2020.12.21	山大教字〔2020〕44号

续表

序号	获奖者单位	获奖者	荣誉名称	获奖时间	批文文号
71	机电与信息工程学院	苏艳蕊	山东大学2020年度青年教师教学比赛三等奖	2020.12.21	山大教字〔2020〕44号
72	马克思主义学院(威海)	吴清清	山东大学2020年度青年教师教学比赛三等奖	2020.12.21	山大教字〔2020〕44号
73	空间科学与物理学院	孙明哲	山东大学2020年度青年教师教学比赛三等奖	2020.12.21	山大教字〔2020〕44号
74	机电与信息工程学院	高　翔	山东省第六届“超星杯”高校教师教学比赛(信息化教学比赛)优秀奖	2020.04.19	鲁教师函〔2020〕6号

(组织部、人事处、教务处　提供)

2020年学生获得表彰与奖励

国家奖学金(本科生)(176人)

王　巧	林斌斌	吕紫烟	王艇戈	张雯宇	王沛雯	申庆昱
郑舒宜	董晨枫	刘峻瑜	肖思清	刘兴民	章姝颖	杭雨清
王国炜	卿欣念	张雨涵	兰姝涵	郝浩宇	王昊男	李雅瑾
高红福	王　玥	李昊辰	马天姿	邢力元	刘林忻	尹佳佳
周咏琦	齐浩桐	张同贺	江　燕	张景文	张志伟	林芳竹
于浩月	胡明政	王怡晨	吴　磊	高瑾昕	李嘉栋	高逢洲
杨弈文	张海姣	肖一鸣	徐鹏越	刘　澳	邢嘉宝	刘　派
马文亮	刘亚琪	范泰延	刘秩君	段　萌	董春青	李泊以
邱欣彤	潘震林	王若梅	苏　滢	张　奇	朱一迪	陈涵清
宋子蕤	丛佳琦	李超群	宋思怡	曹湲媛	仵　迪	谭　笑
郭　卓	刘雨霏	王艳瑜	袁　林	董艺蕾	陈　莹	罗雪怡
梁思源	夏　溢	宋瑛明	顾佳乐	耿超然	肖思童	王方怡
丛　源	宋哈妮	张帅杰	张泽贤	张庭铨	王嘉旻	李安妮
周缇萦	徐泽凡	梁钰祺	宋英囡	童　威	苏振杰	朱广举
陈晓琳	吴尚明	刘壮壮	鲁振宇	胡　青	张明钰	罗语婷
刘文秀	曾清清	吴思瑶	马　然	葛容宇	孙倩倩	高树坤
何　力	郭鹏宁	程珂欣	于　煊	曾梦越	董文琦	刘家真
刘自轩	郭子毓	李佳颖	丁亚伟	徐伟辰	庄世昌	曹汤伟
韦纪宇	胡皓翔	刘　洋	于帅聪	宋嘉瑞	郭康彪	王梦潇
许浩月	嵇长凯	任瑞龙	仇佳瑞	王文静	丁缘媛	田　鑫
邓旭尧	赵淇涛	计小宇	周梓博	吴黎明	于云聪	汪彦东
朱胤璘	陈姿君	李迎欣	杨靖怡	尹若彤	刘映好	杨博雯
王　彪	赵继楠	薛文潇	张一阳	张佳珺	韩冰清	翟雨璇
王　煜	王应时翔	高剑雄	岳明祖	赵光凯	赵玉清	都一凡
施钧瀚	柳　祺	张佳仪	孙成琪	刘雨菲	刘一帆	张清航
王佳琪						

国家奖学金(研究生)(31人)

柴　琳　姚淑涛　王晓平　王志成　曲彦蓉　程新宇　经友萍
李南希　李　佳　王梦冉　姚佩雯　妥之彧　赵　康　周杨铭
贾富娟　朱思颖　张萍萍　苏　苑　俞　露　李琼琼　王浩诚
傅　宇　孙嘉奇　王睿康　朱相明　刘志德　黄志远　黄颂扬
赵　敏　杨白莹　陈翘楚

国家励志奖学金(422人)

杨红映　白　港　唐　学　辛　雨　向洺颍　李新媞　张　娇
陈丽双　尤笑雨　黄　琴　王君恒　刘梦莉　张先浩　马晓彤
赵慧媛　郑晓雪　王鹏超　董法彬　钟黄伟　贾永琦　刘怡江
初宏轶　林锦懿　王梦茹　王　敏　张永信　廖祥磊　孙梦琦
席佳琪　王义新　顾明元　张　滋　韩耀南　伊嘉诚　孙　越
李金慧　张艺译　王　玥　孟子锐　谢　婷　刘双颖　翟雨林
李　敏　李丹丹　胡文涛　张　敏　朱逸卉　权香伊　王纪孔
孙　琳　崔　灿　王瑞敏　李张诗涵　娄　茹　孙雨辰　齐鑫钊
詹楚楚　张彬君　邵壮壮　杨　琳　王雪飞　周紫宇　雷俊丹
孙浩然　刘　勇　吴　榕　张晗月　欧阳祝平　张　烨　杨　茹
王予涵　张诗懿　原　浩　许　鑫　王　淦　李焕琳　李丹琦
张文雅　崔文慧　任婷婷　蒋　欢　兰丽菊　勒红红　冉宇婷
张思懿　王锦怡　杨晏乙　陈文政　于　成　西玉莹　刘　芾
徐　丽　王　晶　姜明佳　孔亦哲　胡晓菲　陆琪琪　刘　佩
杜小渊　张　妍　邢晓莉　向羽丽　杜帅兵　罗　鑫　曹文慧
辛稀龙　张雅琳　宁美玉　孙丽云　孙文佳　田劲卉　尹秀琳
李　卓　赵小薇　张子祺　田雪迎　张曼林　刘若川　曾　璐
吴　昊　孙蜀阳　李　明　白阿文　奚丹阳　秦聪聪　秦世玉
高慧敏　梁　诗　郭秀美　陈姿言　吕　蔓　兰许华　谭　杰
秦亚轩　刘维龙　于耀龙　张美玲　胡市航　向志宏　候丽秋
江春嬉　张梦凡　刘文一　鲍　玲　谭　倩　张颖颖　宋甜硕
王　妍　张振龙　张慧东　张　选　师建德　马雪梅　翟冰冰
李进科　吴雨晨　史雪晶　陈淑君　田钧涵　周　晓　安文洁
杨云鹏　付奥亚　王晓彤　郭丹丹　刘晓焕　赵永丽　孙丰勋
韩淑璐　廖平方　郭婷婷　张　岩　王嫣然　刘粉粉　高　佳
韩雪蕊　肖梦琪　杨　璠　赵　悦　张爱娜　李　霞　郭志炜

邢　悦　潘柳伊　马雪飞　王晶晶　李　雁　郭　燕　曾由森
苗秀娟　朱　橹　高超起　白雨欣　胡月楠　王康博　郭世平
张文康　李静毅　周思远　陈雪静　辛璐瑶　吴蕾蕾　刘梦辉
张霞霞　张　妍　陈　浩　李夏云　解玉洁　周　帆　王金帅
武静雯　谢金良　李敏敏　杨　甜　刘洋洋　刘晓明　赵文雅
单刘毫　苏　玲　姚若楠　杜高艳　杜昕霞　张绪涛　魏世龙
卢晶钰　牟　娇　张恒昊　王守超　王知信　刘金城　马珍珍
尹爱华　彭　威　李爱宇　蔡岚翔　唐伟峰　王允高　向　梦
张　志　单鑫成　曹晓颖　李子贤　许梦娇　雷晓君　胡　蝶
陈艳涛　张　华　周秀亭　何巧林　魏天真　王　晨　钱龙玥
时凯璐　唐　涛　王佳佳　杨晓科　李　萌　房　镇　潘　坤
张　振　罗　斌　王学良　娄帅超　刘　琳　王　舒　周晓英
司　玥　许蕾蕾　刘　振　司兴鹏　陈丝冉　张艺馨　孙佩珊
肖毅琼　卢英姿　张振法　韩迎雪　孙　敏　周　星　黄　悦
郭　乐　赖源水　杨梅煜　卢新悦　庞　磊　代佳丽　杜　雪
罗乐棋　田立营　李惠珍　易芝信　牛一凡　陈　瑶　王甜甜
潘玲玲　张海燕　张　龙　喻明珠　牟丽媛　沈鸿飞　王秀丽
信德君　董明洁　史立芳　陈旭洋　张先赛　胡艳茹　王晓帆
周东兴　卢世洁　姜　珊　邱　盈　刘　水　周莹莹　李欣儒
王　欢　张仁杰　赵梦阳　邓敬茹　渠子轩　林钰莹　许慧旗
席晓明　杨　文　邢晓璇　张　婷　刘书财　贾鹏旭　崔金山
李昊泽　黄　盼　张钰婷　徐新平　付　佳　周春霞　韦　薇
张晟铭　周　忆　董艳灵　赖恒国　延嘉璐　郝阳歧　马霞圆
王　妍　张淑琦　高晓雨　曹玉帆　王腾飞　孙红亮　葛　迪
孙文辉　王彩月　崔晓婕　王　珂　李杰鹏　鄢仪茹　邢智妍
刘丙帅　成天乐　李佳玲　李　迪　罗　娟　薛俊菊　于雪梅
王洪波　卢易儒　颜晓钰　李　妍　杨　雯　胡隆滔　赵晨冰
王闻韶　练　欢　邹冬炜　姜丁瑞　冯婷婷　徐　静　刘笑男
李　洁　刘慧琳　黄佳武　罗运娜　王梦媛　赵笑迎新　周瑞恒
孙　璠　崔　越　曹鑫怡　程　微　关　莹　王久燕　卢　颖
叶法钦　王一倩　张珂鑫　张亚萌　刘丽荣　胡　涛　赵兴举
施燕燕　闫佳卉　苏　瑶　陶晓雯　邵　巧　杨宇霄　杨　珍
王　淼　樊翔德　彭　思　王思梦　胡晓玥　缪朝薇　郭　满
胡静怡　杜晓燕　袁　敏　张美旗　刘同枝　张丽淑　王露露
高雪宁　郑梦骋

山东大学校长奖学金(15 人)

韦肖杭　刘　派　丁亚伟　范　哲　刘自轩　尹若彤　肖一鸣
李嘉栋　杜昕霞　余海鹏　王子豪　钟燕琳　顾　悦
王晓平(研究生)　苏　苑(研究生)

山东大学优秀研究生干部(研究生)(48 人)

张天放　温　馨　孙　欣　吴佩霖　李祎博　王月圆　张伊楠
李乐乐　张乐乐　扎玛托福　赵凌新　王韬洁　韩琛洋　郭　瑞
刘彦羽　王丹蕾　张萍萍　俞　露　张树艳　冯晨琳　姚寰宇
樊　岩　高月仙　聂兆一　柏红春　邹　启　吕培鑫　王月娇
张明宇　刘旭东　乔艳丽　郭保利　李文洁　刘志德　曹　琪
张新雨　杨　灿　王逍宇　高彩霞　鞠彦超　李晓丹　牛　尧
王　婧　郭　婷　郝凯静　翟家齐　王玉鑫　王康宁

山东大学研究生道德风尚奖学金(4 人)

孙　宇　邢茂辰　赵凌新　曹力文

(学生处　提供)

第十二届“挑战杯”中国大学生创业计划竞赛

铜奖

骆文瑞　左海姣　蔡雨晨　高红福　石翔慧　王　玥　李龙飞
孔雨昂　胡　睿　王晓辉

第十二届山东省“挑战杯”大学生创业计划竞赛

金奖

陈雪晴　杨淑玲　左培琪　赵　婷　王昊男　翁家欢

银奖

常　皓　郭鹏宁　王金帅　王艺棚　高　璐　王　雁　陈乐怡
徐莫迟　王馨怡　刘林忻　郭丹丹　张同贺　薛玉婷　贾兆彦
郭明飞　刘丽涵　李佳航　周瑞恒　吴守宇　刘江秦哲　曹麒元
尹佳佳　王昊欣　李华杰　张所航　葛树荣　牛雨晴　汪涵君
马天姿　李思源　薛于凡　卓超杰　纪文睿　曾梦越　王菡请
张　悦　叶法钦　何怡莹　赵晓琳　林子琛　朱相明　魏世龙

陈钊旸　杨　峻　方溯源　张晓月　郭康彪　王子豪　李昕恬
陶　晔　王旭泓　付同有　尚子睿　王子玥　杨东来　张天歌
邢　悦　史立芳　鲜于代为　徐鹏越　张曼林　张易锋　廖珂婧
罗语婷　李夏云　高　诚　葛晨宇　王洪波　戚　琪　陈雯娉
陈鹏飞　张博华　孙明睿　朱勋胜　王临岳

铜奖

胡　睿　蔡雨晨　韩锦涛　邢力元　郭嘉烜　赵　翔　李若彤
易伟溪　李瑞智　杜　婧　曹慧敏　张桂宇　黄紫仪　刘　澳
李雨轩　王怡晨　周咏琦　崔　凌　张发智　王予涵　颜晓钰
张晟铭　谭　栩　于彤彤　应睿淇　张潇予　徐含笑　王　鑫
周紫宇　孙淑钰　徐　亮　孙正凯　施禹彤　耿广瑞　刘佳音
李雅瑾　李　晨　刘晓禹　李　博

第六届中国国际“互联网+”大学生创新创业大赛

铜奖

杜明足　张　悦　李瑞智　王洪波　明星辰　黄　浩　邢化冉
王彩霖　史　超

第六届山东省“互联网+”大学生创新创业大赛

金奖

孙朋磊　刘佳艺　李思源　葛树荣　鲍江山　吕佑任　齐浩桐
江　燕　张景文　高　璐

银奖

周紫宇　张文雅　耿广瑞　于小宁　邵　琪　刘佳艺　陈天翔
周瑞恒　马　军　宋文哲　张博华　彭媛媛　常淮尘　王梦潇
肖丽珍　王义新　李荣俊　宁文婧　陈婷婷　潘　悦　龙　霞
吴睿佳　陈渝阳　刘博威　孟　妍　杨　燕　李　可　左海姣
高红福　骆文瑞　石翔慧　王　玥　孔雨昂　李龙飞　杨儒亚
王晓辉　骆文瑞　蔡雨晨　高红福　韩锦涛　胡　睿　邢力元
王　玥　郭嘉烜　王为正　崔相武　梁晋辉　王晓辉　张桂宇
黄紫仪　陈　伟　鲁欣睿　于福杰　李庆中　刘　澳　曹慧敏
周咏琦　崔　凌　徐文龙　萧睿尔　李佳欣　李雨轩　叶万怡

铜奖

胡　睿　邢力元　王世锰　郭忠鑫　王为正　赵劲舟　雷晓君
杨玉杰　聂　莹　邢力元　陶　晔　王纪帅　王炳人　王敏婕

刘萌萌	吕长玲	高华辰	田　源	毕晨哲	孙正凯	王志成
张中然	张晓月	郭康彪	方溯源	杨　峻	陈钊旸	魏世龙
王天翔	李玉森	周傲然	刘欢文	郭安南	胡芷晴	管昌乐
王予涵	杜　婧					

第十一届山东省大学生创业计划大赛

一等奖

李华杰	周思彤	葛树荣	张所航	汪涵君	牛雨晴	马天姿
李思源	何林坪	王羽茜	陆雅琪	席佳琪	张晗月	李彦琳
宋　纪	冯文卓	张　琪	曾子千	郭丹丹	冯　睿	罗　颖
王义新	纪楚轩	叶万怡	萧睿尔	傅韵霖	李育泽	张桂宇
崔　凌	王纪帅	苏立平	朱梓媛	崔雨萌	纪开翔	苟馨月
罗　磊	于浩月	王　萦	刘晓蓓	何林坪	岳春晓	侯奕彤
张帅杰	谭　栩	颜晓钰	匡佳洋	王昊男	卢　玥	张潇予
于彤彤	应睿淇	孟秋颖	李　仪	张博华	陈雯娉	苑浩月
许函嘉	吴锦程	文淑謾				

二等奖

钟　玥	吴一丹	郑煜民	何天心	任灏洋	赵佳怡	朱禹尧
雷晓君	李文瀚	李奕成	曾岳洋	刘馨泽	马宇航	鲍江山
宋子提	王燕玮	朱鹏阳	陈升波	张晗月	张珂鑫	朱涵悦
张明钰	朱一韬	魏方达	张　悦	盖舒晴	朱勋胜	李瑞智
纪露露	杜晓燕	孙　惠	刘贺清	高　诚		

三等奖

周紫宇	张文雅	耿广瑞	陈天翔	邵　琪	徐莫迟	王馨怡
刘林忻	郭丹丹	张同贺	薛玉婷	贾兆彦	郭明飞	刘丽涵
刘　璇	冯浩程	刘佳凝	刘俊朋	张　瑜	詹雨澈	匡佳洋
李如曦	许　婧	张雨涵	董斯涵	赵子涛	夏雨欣	陈慧敏
于延锐	王舒琪	张怡萱	孙　越	赵怡然	葛晨宇	王洪波
戚　琪	陈雯娉	陈鹏飞	张博华	闫晶晶	王临岳	

山东省暑期“三下乡”社会实践活动优秀服务团队

“疫间烟火，孔方一摊”调研团

城市建筑垃圾治理调研团

“追光”调研团

山海新疆四地区抗疫志愿服务队

"爱的三角"支教团

2020 年青年中国行全国 99 强团队

政企关系、知识产权保护力度与小微企业创新研究

2020 年青年中国行全国 100 强团队

乡村振兴背景下村企耦合机制比较研究一基于五里墩村、得利斯村、青鱼滩村、代村的实地调研

2020 年"三下乡"社会实践活动全国优秀团队

深蓝之洲调研团

2020 年"镜头中的三下乡"优秀摄影团队

山东大学(威海)文化传播学院赴山东济南关于疫情下儿童阅读的调研团队

第十七届中国研究生数学建模竞赛

一等奖

周奕杉　　杨玉杰　　杨国卿

二等奖

武　影　　张守良

三等奖

徐　达　　徐含笑　　相　力　　于世雄　　张莉娅　　窦　欢

2019 年度中国大学生自强之星

李柯林　　高　颂

山东省青春贡献奖

王洪波　　石　畅　　高　璐　　韩建宇　程方

中国青年网校园通讯社优秀通讯员

范泽琨　　耿　伟

中国青年网校园通讯社优秀通讯站

山东大学(威海)学生传媒中心

山东省“鲁学君”优秀工作站

山东大学(威海)学生传媒中心

第四届“爱我国防”山东省大学生主题演讲大赛

一等奖

叶新怡

(团工委　提供)

第十五届全国大学生智能汽车竞赛

全国一等奖

崔　凌　黄　号　张桂宇　高超起　于　泰　丁贞煜　于丰正
周　帆　万　科　郑礼靖　范　哲　贾彦灏　罗　瑞　王知信
金泽轩　李天柱　马国庆　张仁杰　王逸宁

全国二等奖

贾彦灏　甄奕豪　胡　真　赵明玥

山东省一等奖

崔　凌　黄　号　张桂宇　高超起　于　泰　丁贞煜　于丰正
周　帆　万　科　郑礼靖　范　哲　贾彦灏　罗　瑞　王知信
徐长皓　汪家锋　薛艳军　金泽轩　李天柱　马国庆　张仁杰
王逸宁

山东省二等奖

赵泽洋　张所航　魏居龙　李梅爽　王思阳　高宏宇　邹雨辰
赵国胜　陈天翔　金泽轩　李天柱　周浩睿　邹　锋　李政辛
朴晟赫　刘天宝　李文浩

山东省三等奖

孙瀚斌　钟　敏　姚凯迪　王　浩　张慧东　计小宇　周涵智
万季风

“TI 杯”山东省大学生电子设计竞赛

山东省一等奖

孙瀚斌　钟　敏　王澍文　邹　锋　李文浩　李政辛　韩富韵
徐慧东　万季风　祁昊冉　姚凯迪　骆文瑞

山东省二等奖

刘　畅　　魏庆宇　　王一帆　　张所航　　赵泽洋　　魏居龙

山东省三等奖

邹雨辰　　赵国胜　　陈天翔　　侯淳彬　　周东兴　　王浩龙　　王思阳
李梅爽　　高宏宇　　朱思宇　　钟黄伟　　高华辰　　郭安南　　金泽轩
王　旭　　李家臻　　高允龙　　朴晟赫　　田　鑫　　王守超　　郭　凯
王文静　　杨瑞雪　　马海龙　　丁缘媛　　薛艳军　　张霞霞　　马　铭
李晓桐　　王丙涛

全国大学生数学建模竞赛

全国一等奖

刘晓禹　　张靖煜　　高华辰　　高允龙　　苏成婷　　王　璐　　赵晓晴
李兰兰　　李宛谕

全国二等奖

张燕龙禹　高君钰　　李洵楷　　陈啟越　　商建航　　武昊宇　　张　笑
林暖婷　　常　鑫　　赵呈亮　　刘孟辰　　宋嘉瑞

山东省一等奖

刘润迪　　李雪劼　　尚静萱　　闫宇瑄　　孟芸竹　　汪俊敏　　王凌冉
姜开勋　　郗浩宇　　李秋萱　　赖泳言　　宋　暖　　巩克睿　　熊心平
王梦潇　　李欣儒　　王郡浩　　唐炜权　　都一凡　　任瑞龙　　董　珂
王浩龙　　马淑婕　　孙华松　　王福临　　毛梓宇　　任崇娇　　朱懿铭
仇佳瑞　　王竞由　　朱　恒　　龙厚源　　顾植誉　　吴　迪　　李傲龙
王振宇　　李泽熹　　王　彪　　韩淑璐　　张智捷　　齐润楠　　吕　龙
刘绮琪　　纪高远　　吴锦程　　夏逸斐　　梁正一　　顾语同　　刘馨泽
赵玉清　　王自豪　　陈子豪　　叶宇豪　　周坚祥　　张婧怡　　刘　宇
郭金华　　李青云　　李华域　　朱　橹　　史　晗　　聂心怡　　王璐佳
黄文萱　　陈丽臻　　张　琪　　盛靖斐　　孙易泽　　周雨菁

山东省二等奖

邱丽灵　　熊雁妃　　张弘燚　　许京禹　　刘润洲　　陆欣悦　　王一丹
李梅爽　　王思阳　　马宇航　　蒋　丁　　陈　祥　　许华桂　　银　倩
王君恒　　陆筱涵　　嵇长凯　　柯玲玲　　赵东霄　　吕　靖　　秦立振
乔城铄　　徐　迅　　曹　康　　宋启鑫　　冯雨馨　　马　铭　　刘嘉宁
潘慧蓉　　周怡君　　唐定安　　张同贺　　李宗兴　　彭　威　　李盛雄
田雨彤　　于元华　　李　雁　　王萌雨　　徐懿男　　付佳伟　　赵博涵
秦雨心　　陈书涵　　祁龙康　　邱俊冉　　乔　莎　　杨博雯　　张琳倩

曹紫荻	周　星	叶家辉	马国庆	高天昊	张星池	孔令淇
刘玥凝	项　薇	陈天翔	肖海雯	曾　好	许函嘉	李济帆
吴雨阳	凌玉坤	辉禹慷	李昊泽	吴思雨	陈斐然	涂安琦
张珂维	杨瑞雪	尹爱华	卢晓燕	胡皓翔	崔玉婷	康　喆
魏心玮	徐辛怡	徐潇涵	许新冉	史鉴兴	莫海晨	牛胜杰
李欣然	舒　丹	滕艳明	陈云泽	孙晨溪	潘柳伊	

山东省三等奖

张振法	徐鹏宇	仲志成	黄河源	李明威	刘佳音	康楚烟
张　妍	张　涵	王　萦	张昕玥	宣启楠	刘洋洋	周思远
许　鑫	王心立	赵佳乐	李昕隆	魏　振	鲍慧帅	李恩豹
卢瑞泽	王世博	吴存旭	李景祎	白雨欣	樊昕昊	赵晨妍
邓万里	钟雨晴	欧阳艳君	李静毅	达布娜	曹晓颖	冯婷婷
孙佩珊						

美国大学生数学建模竞赛

一等奖

孔欣宇	殷宇佳	侯东平	杜昕霞	韩冰清	翟雨璇

二等奖

黄逸翔	王闻达	程丽云	段璎珊	桂颖	叶小伟	于　跃
周怡佳	赵铠阳	王应时翔	刘　唱	胡明政	马澳遨	胡珑杰
熊文韬	王馨怡	张　雨	董文琦	李雪彤	殷子涵	刘高峰
江佳佳	谢巧银	李德瑞	薛　茗	李　谋	朱科达	杜镕金
辛华钰	包义颖	陈　露	李明学	郑佳成		

"外研社·国才杯"全国英语写作、阅读、演讲大赛省级复赛

山东省一等奖

刘婧雯　夏　溢

山东省二等奖

汪彦东　朱一凡

山东省三等奖

李家臻

第九届全国口译大赛(英语)北部赛区大区赛

二等奖

肖思童

“外研社·国才杯”全国英语演讲网络大赛

全国一等奖

李家臻

全国大学生英语竞赛

特等奖

王钺盛　朱晴　洪定康　陈泽燕

一等奖

叶万怡　杨伊雯　杨子怡

二等奖

王云含　刘国庆　聂袁情　李家臻　刘佳音　徐晟洋　张小薇
曾好　宋欣怡　伍歆怡　杨弈文　胡睿　齐浩桐　王欣悦
尹佳雯　郝浩宇　李佳璇　梁宇华　王一丹　王依睿　王逸航
吴雅格　臧姝珂　丁维佳　庞雨璇　吴榕　宋旭阳　王硕
顾佳乐　孙雨瑶　袁林　王悦竹　姚佰可　杨天同

三等奖

韩馨语　施钧瀚　董晨枫　孟楚翘　王馨玉　王艺雯　杨璐源
陈煜　高小雅　谷佳铭　李思源　蔺雨馨　吕紫烟　石玥
史佳玉　杨晶雯　虞若凡　张佳仪　张青羽　张文雅　仇滨译
方灵娜　林舒曼　刘雨薇　王蕊　杨廷玉　杨奕萌　姚佳澄
宋思怡　邹超越　曹柏铭　董艳灵　杨沛霖　都一凡　郭金华
王子宸　刘润泽　肖丽珍　韩雪蕊　芦敬一　马天姿　韦欣雅
杨妍冰　刘雨霏　肖思童　郝欣頔　李姝樊　曲可心　鹿瑶
裴芯　宋瑛明　王仕琦　姜颖慧　刘怡含　王晨洋　王新颖
解念潘

全国大学生节能减排社会实践与科技竞赛

全国二等奖

常皓　李夏云　郭鹏宁　王金帅　颜晓钰　金泽轩　罗瑞
张桂宇　崔凌　黄紫仪　周咏琦　张发智　高超起　宋子蕤
许东方　纪文睿　董强　程珂欣　蔡嘉宁　李明坦　郑琳琳

全国三等奖

张同贺　刘林忻　刘津　赵光凯　郑千禧　肖淼　吴守宇
岳峻宇　刘淼　朱鹏阳　刘子涵　周梓博　李佳航　刘海凌

王雨晴	段　萌	许　跃	王雪飞	陈鹏飞	仇力平	聂海慧
于彤彤	孙浩迪	汪涵君	陆晓雅	李若彤	王金帅	常　皓
杜天宇	刘子健	郭鹏宁	郑慧婕	宋文哲	王梦潇	常浥尘
肖丽珍	李荣俊	王　一	翟如岳			

山东省大学生机电产品创新设计竞赛

山东省一等奖

郭鹏宁	李方琰	曾梦越	金泽轩	刘　巍	郭安南	蔡嘉宁
胡芷晴	周傲然	吴奇政	王学良	张　琳	张　佳	林显赫
宋文哲	常浥尘	王梦潇	肖丽珍	李荣俊		

山东省二等奖

袁　浩	马志寅	任泓锦	曾相喆	周雨菁	崔潇雅	孟芸竹
马国庆	马　铭	宋启鑫	马　可	孙　潇	刘　巍	

山东省三等奖

孙　潇	刘　巍	信德君	郭鹏宁	席双军	郭康彪	胡芷晴

第十一届蓝桥杯大赛全国总决赛

全国二等奖

李济帆	亓浩男	徐海洲	杨沛霖	江　楠

全国三等奖

冯永升	朱胤璘	狄明宇	王淑婷	孙天琦	王志擎	单佳豪
张德帅	刘丰睿	郝明晓				

全国优秀奖

王萌雨	王　凯	周凌霄	王月娇

第十三届全国大学生软件创新大赛

全国二等奖

陈　果	王若瑾	王子新	杜涵彪	徐莫迟	郭明飞	贾兆彦
王馨怡						

全国三等奖

董文琦	曹　俊	谷体林	吴怡萱

第七届山东省大学生科技创新大赛

山东省一等奖

崔潇雅	孟芸竹	周雨菁	马国庆	何欣璐	谭　栩	付一彤

曾梦越

山东省二等奖

王　一　　翟如岳　　宋文哲　　伊保钊　　肖丽珍　　王洪波　　盖舒晴
刘贺清

山东省三等奖

彭道杰　　丁晓雅　　梁宝辉　　仇佳瑞　　丁亚伟

第八届全国大学生数字媒体科技作品及创意竞赛

全国一等奖

王炳人　　陈娅雯　　高　奥　　卓晓玲　　余海瑶　　孙正凯　　白　雪
毕晨哲　　胡　珺　　唐　彪

全国二等奖

汤润泽　　卢鸿锐　　魏忠航　　李铁哲

全国三等奖

石翔慧　　张倚铭　　王敏婕　　邱靖晶　　王　星　　李子轩　　高　奥
文曜华　　谢皖婷

第十三届全国三维数字化创新设计大赛

全国一等奖

孙正凯　　唐　彪　　胡　珺　　毕晨哲　　白　雪　　王炳人　　卓晓玲
余海瑶　　陈娅雯　　高　奥

全国三等奖

汤润泽　　卢鸿锐　　魏忠航　　李铁哲

CCPC 中国高校计算机大赛——团体程序设计天梯赛

全国一等奖

于帅聪　　周　鑫　　李济帆　　吴黎明　　陈龙泽

全国二等奖

孙天琦　　杨昊霖　　刘丰睿　　朱胤璘

第二届全国高校国际组织菁英人才大赛

全国一等奖

吕紫烟　　巩浩宇　　杨奕萌　　宋欣蔚　　杨晏乙

全国高校商业精英挑战赛会计与商业管理案例竞赛

全国一等奖

李佳晗　吕佑任　陈雯娉　王羽茜　周咏琦　陈鹏飞　吴　榕
徐潇宇　张连军

全国二等奖

陈　煜　王　鑫　戴　佳　徐雅雯　张　琪　张晗月　陈佳乐
张人元　王梦洁　冯　睿　管昌乐　许　诺　黄鹤飞　任灏洋

第十届全国大学生电子商务“创新、创意及创业”挑战赛

山东省特等奖

王洪波　张　悦　李瑞智　盖舒晴

山东省二等奖

匡佳洋　许　婧　李如曦　董斯涵　秦　宇

山东省三等奖

杜晓燕　刘晓涵　牛萌悦　高文馨　罗　磊　于浩月　刘晓蓓
王　萦　何林坪　崔雨萌　苏立平　纪开翔　苟馨月　杨奕萌
郭丹丹　贾茹旭　边紫卓

第一届中国山东数字经济优秀项目(产品)大赛

山东省二等奖

张同贺　徐莫迟　王馨怡　刘林忻　郭丹丹　贾兆彦　郭明飞
薛玉婷　刘丽涵

山东省三等奖

王纪帅　苏立平　朱梓媛　纪开翔　崔雨萌　苟馨月

全国高校商业精英挑战赛创新创业竞赛山东省总决赛

山东省一等奖

李佳欣　高群星　王雨曈　韩　旭　王博翰　吴　越

第一届全国“哲寻杯”公共管理案例大赛

全国特等奖

牛一凡　周晓英　王文静　万智元

全国二等奖

王佳佳　樊雨润　于　凰　吕宜芳　张天雨

中国大陆地区红十字国际人道法模拟法庭竞赛

全国三等奖

吴雅格　谢雨轩　贾雅婷　王紫冰　李　响　耿　彤

中国大学生计算机设计大赛

全国二等奖

王炳人　陈娅雯　卓晓玲　余海瑶　高　奥

山东省一等奖

王炳人　陈娅雯　卓晓玲　余海瑶　高　奥

山东省二等奖

汤润泽　卢鸿锐　魏忠航　李铁哲　张宇飞

山东省三等奖

石翔慧　张倚铭　王敏婕　邱靖晶　王　星　孙正凯　唐　彪
胡　珺　白　雪　毕晨哲　李子轩　文曜华　高　奥

第八届全国高校数字艺术设计大赛华东赛区

二等奖

孙正凯　唐　彪　白　雪　李子轩　高　奥　文曜华

三等奖

汤润泽　卢鸿锐

第八届全国高校数字艺术设计大赛全国总决赛

全国三等奖

李子轩　高　奥　文曜华

CCF 大学生计算机系统与程序设计竞赛

全国银奖

李朝阳　于帅聪

全国铜奖

庄昊霖　肖　龙　付同有

第四届全国大学生FPGA 创新设计竞赛

全国二等奖

徐慧东　陈　渡　万季风

第三届虚拟现实技术及应用创新大赛

全国一等奖

王炳人　陈娅雯　高　奥　卓晓玲　余海瑶

全国二等奖

石翔慧　张倚铭　王敏婕　邱靖晶　王　星

第十二届全国大学生广告艺术大赛

全国二等奖

廖开未　陈舒珩　郭佳丰　汤赛坤　杨辰麒

全国三等奖

廖开未　方思琦

山东省优秀奖

赵靖雯　王文瑾　吴健坤　李　雪　赵靖雯

ICPC 国际大学生程序设计竞赛 2020 亚洲区域赛(南京)

全国铜奖

于帅聪　宣启楠　周　鑫

全国大中学生第九届海洋文化创意设计大赛

全国银奖

田润雨

第十二届山东省大学生科技节——山东省大学生智能技术应用设计大赛

山东省一等奖

李兰兰　向一丹　邓　洁　袁　蕊　孔令雨　张所航　王思阳
魏居龙　高宏宇　赵明玥　刘　寅　邹　锋　李政辛　李文浩
钱龙玥　王　旭　许　晴

山东省二等奖

杜小渊　李梅爽　罗　瑞　王自豪　丁缘媛　马章涛　崔月婷
李佳美　李　眉　赵晓晴　舒　丹　李欣然　孙瀚斌　侯嘉鹏
钟　敏　温　荷　宣启楠　孙旭鹏

山东省三等奖

闫欣慧　张　琦　张　妍　朱力业　邢晓璇　李亚菲　吴思雨
何知进　周邦耀　李润浩　白晋龙　师新源　刘廷模　骆　楷

何一鸣　　周启泽　　王姝哲　　杨　涛　　盛鹏成　　马国庆　　赵凡苏
刘　畅　　周傲然　　莫治元　　任子岳　　孔亦哲　　王澍文

第十二届山东省大学生科技节——第四届山东省智能控制大赛

山东省一等奖

贺文轩　　李文涵　　李逸豪　　李梅爽　　吉泓光

山东省二等奖

崔潇雅　　周雨菁　　孟芸竹

山东省三等奖

宋启鑫　　马　铭　　张新伟　　彭冬至　　李家臻　　高东轩　　马　可

第十二届山东省大学生科技节——山东省大学生新媒体艺术大赛

山东省一等奖

陈娅雯　　高　奥　　卓晓玲　　余海瑶

山东省三等奖

孙正凯　　唐　彪　　胡　珺　　毕晨哲　　白　雪

十二届山东省大学生科技节——山东省大学生数字媒体创意大赛

山东省一等奖

孙正凯　　白　雪　　毕晨哲　　胡　珺　　唐　彪

山东省二等奖

李若飞　　于佳楠　　魏冰洋　　王艺涵　　汤润泽　　卢鸿锐　　魏忠航
李轶哲

山东省三等奖

石翔慧　　张倚铭　　王敏婕　　邱靖晶　　王　星　　王炳人　　卓晓玲
余海瑶　　陈娅雯　　高　奥

第十二届山东省大学生科技节——第十八届山东省大学生软件设计大赛

山东省一等奖

王炳人　　卓晓玲　　余海瑶　　陈娅雯　　高　奥

山东省二等奖

石翔慧　　张倚铭　　王敏婕　　邱靖晶　　王　星

山东省三等奖

李子轩　　高　奥　　文曜华　　谢皖婷　　王筱璇　　王星竹　　王一丹
王怡然

第十二届山东省大学生科技节——“赛冠杯”第七届山东省大学生电子与信息技术应用大赛

山东省三等奖

陈　浩　尹卓然　钱宇凡　彭道杰　闫加双　王丙涛　李晓桐　于云聪

第十二届山东省大学生科技节——第三届山东省大学生人工智能大赛

山东省三等奖

任灏洋　谷佳铭　王　超

第十二届山东省大学生科技节——物理科技创新大赛

山东省一等奖

石英娟　叶　颖　王广洲　杨博雯　熊雁妃　李黄欣

山东省二等奖

宛则丽莎　李雪劼　刘紫翔　贾鹏旭　姜　昂　张天泷　王勇淇　谢帅博

山东省三等奖

王　彪　赵紫旭　李泽熹　张葆坤　王　萌　刘昱赫

第十二届山东省大学生科技节——山东省大学生物理竞赛

山东省一等奖

徐子荀　胡市航　黄　盼　王鹏飞　张傲森　冯嘉麒　廖光茂　张珍茹　张　涵　陈旭峰　李世奥　吴禺辰　徐鹏宇　赵新宇　李景昊　张振法　邹沂霖　张涵峥　马海龙　孙文博　刘　宇　居颂林

山东省二等奖

贾鹏旭　王东瑞　姜　昂　王　萌　严永祺　牛俊鹏　刘民歌　吴湃湃　袁小清　卢兆旸　李　敏　仇佳瑞　邱　鑫　李梓晖　李常兴

山东省三等奖

李润泽　张弘燚　刘书财　吴　浩　徐　昊　顾　硕　李　珂　王雪纯　黄子奇　于绪昊　王晨宇　张青羽　陈毅萱　金宇辰　余晶晶　张婧芳　刘育航　杨飞龙　范浩龙　李潞琪　刘怡涵　黄　年　欧阳祝平　钟慧敏　郝睿程　宋　迪　王江腾　张　颖　谢子宸　徐邦彦　刘　阳　李峦婧　赵梦阳　祁富赟　王志成

王小彤　　周　帆

第十二届山东省大学生科技节——大学生物理学术竞赛

山东省三等奖

辛稀龙　　李昊泽　　高天昊　　邱丽灵　　王竞由　　杨博雯

第十二届山东省大学生科技节——第五届山东省大学生创客大赛

山东省二等奖

童　威

国青杯第四届艺术设计大赛

全国一等奖

张萍萍　　易芷珊

全国二等奖

李俊瑶　　张萍萍　　刘昱含　　赵慧媛　　马　娜　　朱逸卉　　孟子锐
田润雨　　张诗懿　　程凯悦　　周一茜　　张浩冬　　李欣影　　魏雨洁
岳亭晚　　田涣溶　　薛玉婷

全国三等奖

刘翼铭　　孟子锐　　童　威　　孟　蝶　　高京京　　李　雪

山东省青少年歌手大赛

山东省一等奖

郁万航

山东省二等奖

肖润源　　林铭胡

（教务处　提供）

山东省研究生优秀学术成果奖

题目:《月球暴露于太阳辐射的新模式》
作者:商文赛
导师:史全岐

题目:《分数阶微积分在粘弹性流体微流动及传热问题中的应用研究》
作者:王晓平

导师:齐海涛

题目:Significant Improved Interfacial Properties of PBO Fibers Composites by in-situ Constructing Rigid Dendritic Polymers on Fiber Surface(SCI)
作者:刘志德
导师:王丽

题目:《论我国体育产业政策的法律化——以国务院"46 号文"为例》
作者:王睿康
导师:姜世波

山东省优秀博士学位论文

题目:《多系统 GNSS 全球电离层监测及差分码偏差统一处理》
作者:聂文锋
导师:许国昌　徐天河

山东省优秀硕士学位论文

题目:《员工角色压力对过度劳动的影响研究——工作不安全感的中介作用》
作者:雷婷婷
导师:王素娟

山东大学优秀博士学位论文

题目:《极区电离层不均匀体及闪烁研究》
作者:王勇
导师:张清和

山东大学优秀硕士学位论文

题目:《近百年来沁阳方言语音演变研究》
作者:徐玮琳
导师:邓晓玲

题目:《基于关键点的数字图像复制一粘贴篡改检测算法研究》
作者:张志
导师:王成优

(学科建设与研究生教育办公室　提供)

聘用相关专业技术职务及岗位人员名单

关于聘任李盛英等548名同志相应专业技术岗位的通知(节选)

山大人字〔2021〕5号

(威海校区)

各有关单位：

根据《关于开展2020年度专业技术职务聘任工作的通知》(山大人字〔2020〕77号)等文件精神，经个人申报、单位资格审核推荐、中级评审委员会评审、校外同行专家鉴定、学科评议组评审、公示、高级评审委员会审定等程序，拟聘任李盛英等548名同志相应专业技术岗位，除特殊注明者外，聘任时间自2020年9月算起。聘任名单如下：

一、高等学校教师系列

教授四级岗：

武　飞　张　超(破格)　周　军　张　伟　刘　勇

卜育德(2020年10月起聘)　张　旭(破格)　殷　建

副教授三级岗：

和春红　赵姗姗　刘　倩　牛艳莉　李　蕊　赵　薇　赵江源

张金娣　郭　敏　张欣然　孙作人　凌士显　张　磊　王　丽

袁书营　李　岩　柳军涛　王效强　杨　杰　王　曦　李　树

孙明哲　乔　琨　马广英　袁宪锋　戚明颖(教学型)

讲师三级岗：

郑洪宇

二、思想政治教育系列

教授四级岗：

范　蕊

讲师三级岗：

丁　玲　　王萧涵　　许广义　　韦福林　　崔鹏飞　　邱　涛　　姜　文

王继涛

三、工程、实验系列

应用研究员四级岗：

王小利

高级实验师三级岗：

郭迪福

实验师三级岗：

郭战胜　　潘世会　　康　苒

工程师三级岗：

李智超

四、教育管理研究系列

副研究员三级岗：

行政：

刘会刚

助理研究员三级岗：

党务：

傅振国

行政：

李　军　　仵　眉　　张家豪　　肖文良　　肖艳楠　　宋叙咏　　张大勇

陈　茜　　韩秀峰

五、中小学教师系列

高级教师三级岗：

高　文

山东大学

2021 年 1 月 12 日

新聘研究生指导教师名单

2020年新聘博士研究生指导教师名单

序号	所属培养单位	姓　名	二级学科名称
1	数学与统计学院	张　旭	基础数学
2	数学与统计学院	张玉森	运筹学与控制论
3	数学与统计学院	孙庆峰	基础数学
4	商学院	陈学胜	公共经济学
5	威海前沿交叉科学研究院	李佳硕	人口、资源与环境经济学
6	翻译学院	崔　英	英语语言文学
7	空间科学与物理学院	李　凯	理论物理
8	空间科学与物理学院	郑瑞生	空间物理学
9	空间科学与物理学院	黄正化	空间物理学
10	空间科学与物理学院	刘　晶	空间物理学
11	空间科学与物理学院	Nanan Balan(兼)	空间物理学
12	空间科学与物理学院	P. T. Jayachandran(兼)	空间物理学
13	空间科学与物理学院	Lee Jeongwoo(兼)	空间物理学
14	东北亚学院	李雪威	国际政治
15	海洋学院	穆大帅	海洋科学
16	机电与信息工程学院	宋凯凯	材料科学与工程
17	机电与信息工程学院	褚兴荣	机械制造及其自动化
18	法学院	张小宁	刑法学

（学科建设与研究生教育办公室　提供）

2020年新聘硕士研究生指导教师名单

序号	所属培养单位	姓名	二级学科名称
1	东北亚学院	毕颖达	国际政治 国际关系
2	东北亚学院	洪　静	国际政治 国际关系
3	东北亚学院	张景全	国际政治 国际关系
4	东北亚学院	闵英兰	朝鲜语口译
5	东北亚学院	刘　畅	东亚史
6	东北亚学院	苗　威	东亚史
7	东北亚学院	刘宝全	东亚史
8	法学院	张伟强	法学理论
9	法学院	程婕婷	行政管理
10	翻译学院	黄秀国	英语语言文学
11	海洋学院	陈　浩	海洋生物学
12	海洋学院	丛　伟	微生物学
13	海洋学院	周燕霞	微生物与生化药学
14	海洋学院	厉　萍	海洋生物学
15	海洋学院	白　楠	海洋生物学
16	机电与信息工程学院	姜　斌	计算机应用技术
17	机电与信息工程学院	李　栋	计算机应用技术
18	机电与信息工程学院	宁淑荣	机械制造及其自动化
19	机电与信息工程学院	乔　琨	材料学
20	机电与信息工程学院	曲美霞	计算机软件与理论
21	机电与信息工程学院	王文玉	计算机应用技术
22	机电与信息工程学院	王延刚	机械工程
23	机电与信息工程学院	苏艳蕊	电子与通信工程

续表

序号	所属培养单位	姓名	二级学科名称
24	机电与信息工程学院	杨润涛	控制理论与控制工程
25	机电与信息工程学院	衣振萍	计算机应用技术
26	机电与信息工程学院	张克国	机械制造及其自动化
27	机电与信息工程学院	张亚涛	计算机应用技术
28	马列部	陈　宾	马克思主义中国化
29	马列部	房世刚	马克思主义中国化
30	马列部	孙　克	马克思主义中国化研究 思想政治教育
31	商学院	陈　欣	会计
32	数学与统计学院	陈　潇	基础数学
33	数学与统计学院	孙伟华	运筹学与控制论
34	数学与统计学院	廖宝超	运筹学与控制论
35	数学与统计学院	柳军涛	运筹学与控制论
36	数学与统计学院	孙午阳	运筹学与控制论
37	数学与统计学院	孙海伟	基础数学
38	数学与统计学院	蒋玉蛟	基础数学
39	文化传播学院	孟文博	中国现当代文学
40	文化传播学院	蔡象丽	语言学及应用语言学
41	空间科学与物理学院	付　辉	空间物理学
42	空间科学与物理学院	付晓辉	空间物理学
43	空间科学与物理学院	孔祥良	空间物理学
44	空间科学与物理学院	高　凡	空间物理学
45	空间科学与物理学院	孙　珲	凝聚态物理学
46	艺术学院	戴艳萍	美术
47	艺术学院	赵　鸿	舞蹈学
48	艺术学院	赵江源	艺术设计
49	艺术学院	周婷婷	音乐
50	艺术学院	郑　岩	舞蹈学

(学科建设与研究生教育办公室　提供)

组织机构与干部任职名单

中共山东大学(威海)工作委员会

党工委书记:尹作升

党工委副书记:赵玉璞　郭培良　周慧如

纪工委书记:郭培良

党工委委员:刘建亚　尹作升　韩建新　赵玉璞　刘　海　郭培良
　　　　　周慧如　夏利东　黄凯南

校长、副校长

校长:刘建亚

常务副校长:韩建新

副校长:刘　海　夏利东　黄凯南

中层领导干部

<table>
<tr><th>单位</th><th>职务</th><th>姓名</th></tr>
<tr><td rowspan="4">党工委（校长）办公室</td><td>主任</td><td>杨　玉</td></tr>
<tr><td>副主任</td><td>刘晓军（～2020.10）</td></tr>
<tr><td>副主任</td><td>顾　炜</td></tr>
<tr><td>副主任</td><td>李　松（2020.12～　）</td></tr>
<tr><td rowspan="2">纪监审办公室
（2020 年 4 月，原纪检、监察、审计办公室更名）</td><td>纪工委副书记、主任</td><td>周大白（2020.10～　）</td></tr>
<tr><td>副主任</td><td>薛施贞（2020.10～　）</td></tr>
<tr><td rowspan="2">党工委组织部、机关党委
（2020 年 4 月调整）</td><td>部长、书记</td><td>张文玺（2020.10～　）</td></tr>
<tr><td>副部长、副书记</td><td>梁奉军（2020.10～　）</td></tr>
<tr><td>机关党委</td><td>书记</td><td>王迎宾（～2020.10）</td></tr>
<tr><td rowspan="3">党工委宣传统战部（教师工作办公室）、工会、妇委会
（2020 年 4 月调整）</td><td>部长、主任</td><td>姜　强（2020.10～　）</td></tr>
<tr><td>副部长、副主任兼
工会主席、妇委会主任</td><td>朱桂华（2020.10～　）</td></tr>
<tr><td>副部长、副主任</td><td>魏　斌（2020.10～　）</td></tr>
<tr><td rowspan="2">工会、妇委会</td><td>主席、主任</td><td>朱桂华（～2020.10）</td></tr>
<tr><td>副主席</td><td>姜　胤（～2020.10）</td></tr>
<tr><td rowspan="5">党工委学生工作部
（学生工作处、武装部）、团工委
（2020 年 4 月调整）</td><td>部（处）长</td><td>王景瑞</td></tr>
<tr><td>副部（处）长兼学生就业指导中心主任</td><td>孙丽霞</td></tr>
<tr><td>副部（处）长兼学生公寓管理服务中心主任</td><td>刘会刚</td></tr>
<tr><td>副部（处）长兼
团工委书记</td><td>李彤彤（2020.12～　）</td></tr>
<tr><td>副处级辅导员</td><td>于和利</td></tr>
</table>

续表

单位	职务	姓名
团委	书记	于振涛(～2020.07)
人事处、离退休工作办公室 (离退休党委) (2020 年 4 月调整)	处长、主任、党委书记	黄建军(2020.10～)
	副处长、副主任	葛彩云(2020.10～)
	副处长、副主任	吕兆生(2020.12～)
离退休工作办公室 (离退休党委)	主任、党委书记	刘　玮(～2020.10)
教务处	处长	王湘云
	副处长	贾慧卿(～2020.10)
	副处长	赵　辉(2020.12～)
	副处长	宋　嵩(2020.12～)
科研处	处长	高　军
	副处长	吴玉阁
学科建设与研究生教育办公室 (2020 年 4 月设置,原学科建设与研究生处撤销)	主任	吴丙新(2020.10～)
	副主任	陈昌珠(2020.10～)
财务处	处　长	于燕臣
	副处长	牛光辉(2020.12～)
国际合作与交流处 (港澳台事务办公室)	处长、主任	孔海燕(～2020.04)
国际合作与交流处	处长	孔海燕(2020.04～)
	副处长	孟凡波
校地合作与校友工作办公室 (2020 年 4 月成立)	副主任	刘晓军(2020.10～)
资产与实验室管理处	处　长	王福安
	副处长	宋玉厚
	副处长	原所东(～2020.10)
	副处级干部	原所东(2020.10～)

续表

单位	职务	姓名
保卫处	处　长	林朝旭
	副处长	王绍林
基建处	处　长	王祖杰
	副处长	孙可寒(～2020.10)
	副处长	张　珂(2020.12～　)
	副处级干部	孙可寒(2020.10～　)
后勤管理处 (后勤管理处党总支) (2020年4月调整)	处　长	陈广奕
	书记	韩延伟
	副处长	宋云龙
	副处长	佟　强
图书馆 (图书馆直属党支部) (2020年4月调整)	馆长、书记	谢穗芬(2020.10～　)
	书记	辛洪云(～2020.10)
	副馆长	左　峰
	副馆长	王学福
信息化工作办公室 (2020年4月,原网络与信息管理中心更名)	主　任	王　亮(2020.10～　)
	副主任	王　伟(2020.12～　)
继续教育学院	院　长	张秉江
	副院长	井海波(～2020.10)
	副院长	贾　鹏(2020.12～　)
国际教育学院	院　长	蒋保臣
	副院长	张正武(2020.12～　)
	正处级组织员	杨金才
威海前沿交叉科学研究院	副院长	吕　健(2020.12～　)

续表

单位	职务	姓名
东北亚学院	院长(兼)	赵玉璞
	党委书记	谷丽霞
	副院长	张景全
	副院长	毕颖达(～2020.10)
	副院长	郑冬梅(2020.12～)
	党委副书记	陈　昕
商学院	院长、党委副书记	戚桂杰
	党委书记	袁相万
	副院长	杨　林
	副院长	夏　辉
	副院长	刘　超
	副院长	陈学胜
	党委副书记	郭晓妮
	党委副书记	孔　雷
	副处级组织员	井海波(2020.10～)
法学院	院长、党委副书记	肖金明
	党委书记	汪全胜
	五级职员	牛文军
	副院长	姜世波
	副院长	刘　军
	副院长	张　乐(～2020.10)
	副院长	门中敬(2020.12～)
	党委副书记	侯丽娜

续表

单位	职务	姓名
文化传播学院	院长、党委副书记	张红军
	党委书记	于培丽
	副院长	管恩森
	副院长	张文祥(～2020.07)
	副院长	周新顺(2020.04～　)
	副院长	尹海良(2020.12～　)
	党委副书记	周玉宏
翻译学院	院长、党委副书记	申富英
	党委书记	栗庆冬
	副院长	李万军
	副院长	李　克
	副院长	梁　远
	副院长	崔　英(2020.04～　)
	党委副书记	常伟东
	正处级组织员	王迎宾(2020.10～　)
艺术学院	院长(兼)	李晓峰
	党委书记	李恒江
	副院长	张　剑
	副院长	纪维剑
	副院长	赵　鸿
	党委副书记	宗文婷
	正处级组织员	刘　玮(2020.10～　)

续表

单位	职务	姓名
海洋学院	院长(兼)	贾　磊
	党委书记	孙文范
	常务副院长(聘)	梁振林
	副院长	杜宗军
	副院长	李　霞
	副院长	葛长字
	党委副书记	范　蕊(～2020.12)
	党委副书记	牛志强(2020.12～　)
机电与信息工程学院	党委书记	彭兆强
	常务副院长、党委副书记	王　丽
	副院长	刘若伦
	副院长	陈　原
	副院长	姜　斌
	副院长	宋凯凯
	副院长	郭春生(2020.12～　)
	党委副书记	单登科
	党委副书记	高佚婧
	正处级组织员	叶军堂(2020.03～　)
	正处级组织员	辛洪云(2020.10～　)
空间科学与物理学院	党委书记	迟　涛
	常务副院长(副处级)	王守宇
	副院长	陈　耀
	副院长	胡绍明
	副院长	吕英波
	党委副书记	李　冶
	副处级组织员	贾慧卿(2020.10～　)
空间科学研究院	行政副院长	杜　猛

续表

单位	职务	姓名
数学与统计学院	院长(聘)	张益唐
	党委书记	单丙波(～2020.07)
	党委书记	于振涛(2020.07～　)
	常务副院长、党委副书记	綦建刚
	副院长	李　娟
	副院长	齐海涛
	副院长(聘)	郭　亮
	党委副书记	王鹏飞
马克思主义学院(威海)	院长、党委副书记、兼马克思主义学院副院长	吴文新
	党委书记	郝书翠
	正处级组织员	李洋修
	副院长	马秋丽
	副院长(聘)	焦　佩
山东大学澳国立联合理学院	院长(兼)	刘建亚
	党委书记	孔海燕(～2020.07)
	党委书记	单丙波(2020.07～　)
	执行院长	吕广世
	党委副书记	范其学
	副院长(聘)	柏　铭
	副院长(聘)	常晓梅(2020.06～　)
	副处级组织员	姜　胤(2020.10～　)
体育教学部	直属党支部书记	叶军堂(～2020.03)
	直属党支部书记(兼)	郭培良(2020.03～　)
	主　任	张　颖(～2020.12)
	主　任	孙晋海(2020.12～　)
	副主任	王友坤
	副主任	张　奇

续表

单位	职务	姓名
非实职处级干部	正处级干部	邹　海
	正处级干部	徐希锋

（组织部　提供）

机构设置

<table>
<tr><th>部门名称</th><th>内设机构名称</th></tr>
<tr><td rowspan="8">党工委(校长)办公室</td><td>行政事务科</td></tr>
<tr><td>外联与会议服务科</td></tr>
<tr><td>文秘科</td></tr>
<tr><td>信息管理与督办科</td></tr>
<tr><td>校史档案室</td></tr>
<tr><td>校区总值班室</td></tr>
<tr><td>收发室</td></tr>
<tr><td>挂靠单位:法律事务办公室</td></tr>
<tr><td>纪监审办公室</td><td>—</td></tr>
<tr><td>党工委组织部、机关党委</td><td>挂靠单位:党校办公室</td></tr>
<tr><td>党工委宣传统战部(教师工作办公室),
挂靠单位:工会、妇委会</td><td>挂靠单位:校报编辑部</td></tr>
<tr><td rowspan="8">党工委学生工作部(学生工作处、武装部),
挂靠单位:团工委</td><td>学生管理科</td></tr>
<tr><td>大学生资助管理中心</td></tr>
<tr><td>大学生心理指导中心</td></tr>
<tr><td>大学生就业创业指导中心</td></tr>
<tr><td>学生公寓管理服务中心</td></tr>
<tr><td>研究生工作办公室</td></tr>
<tr><td>学生思想教育科</td></tr>
<tr><td>挂靠单位:大学生科技创新中心</td></tr>
</table>

续表

部门名称	内设机构名称
人事处、离退休工作办公室（离退休党委）	人事科
	师资与专业技术职务管理科
	工资与社会保障科
	综合信息服务科
	档案科
	博士后工作办公室
	离退休综合科
	挂靠单位:杰出人才工作办公室
教务处	教务科
	考试管理科
	教学研究科（高教研究所）
	实践教学与学科竞赛管理科
	教学服务科
	招生办公室
	电教中心
	挂靠单位:教学促进与教师发展中心
科研处	科学技术办公室
	人文社科办公室
	服务地方办公室
	重点（军工）项目办公室
学科建设与研究生教育办公室	研究生综合业务科
	研究生培养科
	学科建设办公室
财务处	财务管理科
	计划管理科
	核算科
	基建财务科
	招投标工作办公室

续表

部门名称	内设机构名称
国际合作与交流处	境外专家事务科
	国际交流服务中心
	国际交流科
	留学生事务管理科
	国际教育合作科
	海外经历工作办公室
校地合作与校友工作办公室	国内合作办公室
	校友工作办公室
资产与实验室管理处	实验室管理科
	仪器设备管理科
	物资管理科
	产权管理科
	公房土地管理科
保卫处	综合治理科
	校卫队
	校内交通与车辆管理科
基建处	工程技术科
	规划预算科
	综合管理科
后勤管理处	综合管理科
	房产科
	爱卫会办公室
	水电与设备管理办公室
	家属区管理委员会
	卫生健康中心
	饮食管理服务中心
	水电维修服务中心
	学生生活服务中心

续表

部门名称	内设机构名称
后勤管理处	园林管理中心
	幼儿园
	收发室
图书馆	办公室
	文献建设部
	读者工作部
	信息技术部
	信息咨询部
信息化工作办公室	综合科
	网络信息技术部
	一卡通管理部
继续教育学院	办公室
	教学管理部
	培训部
	学生管理办公室
国际教育学院	—
威海前沿交叉科学研究院	—
东北亚学院	办公室
	团委
	挂靠:山东大学东北亚研究中心
商学院	办公室
	团委
法学院	办公室
	团委
文化传播学院	办公室
	团委
翻译学院	办公室
	团委

续表

部门名称	内设机构名称
艺术学院	办公室
	团委
海洋学院	办公室
	团委
	实验中心
机电与信息工程学院	办公室
	团委
	实验中心
	计算中心
空间科学与物理学院	办公室
	团委
空间科学研究院	办公室
数学与统计学院	办公室
	团委
马克思主义学院(威海)	办公室
山东大学澳国立联合理学院	综合事务部
	教学事务部
	学生事务部
	对外交流与合作发展部
体育教学部	办公室
	挂靠单位:体育场馆管理中心

(人事处　提供)

教职工名单

2020年各类在职人员名单

校区领导

刘建亚　尹作升　韩建新　赵玉璞　刘　海　郭培良　周慧如(女)
夏利东　黄凯南

党工委(校长)办公室

丛良日　司献英(女)　李　松　杨　玉　杨　强　何　峰
宋修静(女)　赵林林(女)　姜　刚　顾　炜

纪监审办公室

王　晶(女)　刘伟娇(女)(其他聘用人员)　李　晨(女)　周大白　薛施贞

党工委组织部、机关党委

李祥鹏　杨　青(女)　宋艳霞(女)(其他聘用人员)　赵　昆　梁奉军

党工委宣传统战部(教师工作办公室)、工会、妇委会

丛岗滋　朱桂华(女)　刘　波　刘胜民　姜　强　戚伟良
傅振国　滕丹丹(女)　魏　斌

党工委学生工作部(学生工作处、武装部)、团工委

刁伟燕(女)　于和利　于淑一(女)　王志辉　王　松
王明霞(女)　王彦涛　王继涛　王景瑞　王　婷(女)
刘凤华(女)　刘会刚　刘红芬(女)　刘佳宁(女)(其他聘用人员)
刘　萍(女)　闫红伟(女)　许进善　孙丽霞(女)
孙秀影(女)(其他聘用人员)　李彤彤(女)　李海静(女)　李琦辉
邹　伟(女)　宋　青(女)(其他聘用人员)　张文学　陈　剑
陈　莹(女)　邵俊杰(女)　房永超　赵笑菊(女)　施见勇
姜　红(女)　秦小云(女)　谈　殷(女)

人事处、离退休工作办公室(离退休党委)

马学峰(其他聘用人员)　王亚飞(女)　田晓琼(女)　吕兆生
李传先　杨　柳(女)　宋叙咏(女)　张大勇
张韫笛(女)(其他聘用人员)　张　雷　赵亮云　黄建军
葛彩云(女)

教务处

万　春(女)　马晓红(女)　王湘云　王　群(女)　边　婧(女)
朱　慧(女)　华　慧(女)(其他聘用人员)　刘立山　刘　冰
刘晓玲(女)　孙伟松　李世康　李　楠(女)
邹玉平(其他聘用人员)　沙　沙(女)　宋　光　宋　嵩
张　帆(女)　林晓清　赵　梅(女)　赵　辉　姜学思
袁伟(女)　栗　春　徐心如(女)(其他聘用人员)　韩秀峰
薛　峰　戴虹(女)

科研处

王龙祥(其他聘用人员)　王倩倩(女)(其他聘用人员)　王擎擎(女)
方利平(女)　邓宏军　吴玉阁(女)　邹晓光　高　军
崔孟暄

学科建设与研究生教育办公室

王文思(女) 邬 迪 吴丙新 陈昌珠(女) 陶 扉
韩鲁青

财务处

于燕臣 万 辉(女) 王 靖(女) 牛光辉 冯 群(女)
邢恩静(女)(其他聘用人员) 朱学芬(女) 刘 俊(女) 李 齐(女)
肖建会 宋 婷(女) 张新风(女) 胡国盼(女)(其他聘用人员)
洪佩群(女) 徐 伟 栾 红(女) 韩卓飞(女) 蔡玲玲(女)

国际合作与交流处

孔海燕(女) 仵 眉(女) 刘 书(女) 刘 亮 张家豪
陈 超(女) 陈雅婷(女)(其他聘用人员) 孟凡波 耿菁璐(女)
高绍山

校地合作与校友工作办公室

王伟莉(女) 刘晓军 段兴立 裴 水(女)

资产与实验室管理处

王福安 乔 威 孙巍峰 牟 峰(女) 李国华
肖艳楠(女) 宋玉厚 张先军 林娇艳(女) 胡小林
原所东 韩秀莉(女) 韩 凉 谢萌萌(女)(其他聘用人员)
谭 明

保卫处

万 伟 王绍林 车吉龙 尹风琴(女) 刘 杰
刘保安(其他聘用人员) 刘 海 孙茂云(其他聘用人员)
杨海剑(其他聘用人员) 肖文良 吴志强 林朝旭

胡启超　　袁海龙　　戚永臻(女)　　崔永庆(其他聘用人员)

隋连君

基建处

王祖杰　　刘运春　　孙可寒　　李　强　　连海宁

张立铎　　张　珂　　陈姣姣(女)(其他聘用人员)

金世玉(女)　　姚云龙　　秦　耕　　蔡可心

后勤管理处

于文浩　　于占秋(其他聘用人员)　　于承志　　于德军

王东彦(女)　　王洪瑞　　王桂芬(女)　　牛晓军　　尹明柱(女)

冯　静(女)　　邢小云(女)　　吕明军(其他聘用人员)　　朱　玲(女)

刘永军　　刘庆忠　　许志升　　李军端　　李　昕

李忠欣　　杨卫华　　杨　刚　　杨枢华(女)

杨海江(其他聘用人员)　　何　睦(女)　　佟　强　　邹　静(女)

邹德杰　　宋云龙　　宋修记　　宋新强　　张华虎

陈广奕　　陈　晶(女)　　赵玉屏(女)　　祝洪波　　徐　斌

高　文(女)　　高海刚　　高　巍(女)　　郭亦辉　　梁可志

梁滋学　　韩延伟　　程广文　　程　倩(女)

谢军红　　管松刚(其他聘用人员)

图书馆

王兰英(女)　　王　玮(女)　　王　忠　　王学福　　王春华(女)

王钦丽(女)　　王振妘(女)　　王晓萌(女)(其他聘用人员)　　艾　雰(女)

左　峰　　史琳琳(女)　　毕艳娜(女)　　师晓青(女)　　刘　丽(女)

刘　旸　　刘　静(女)　　刘　聪(女)　　李　静(女)　　杨　威

邹莉莉(女)　　宋　梅(女)　　张　进(女)(其他聘用人员)　　张　杰(女)

张果红(女)　　张晓丽(女)　　张海砾(女)　　张维彬　　陈乃强

陈　丹(女)(其他聘用人员)　　陈　静(女)　　林凤姬(女)(其他聘用人员)

岳　理(女)(其他聘用人员)　　郑　磊　　赵　洁(女)　　赵　萍(女)

胡水亮　　胡长华(女)(其他聘用人员)　　姜玉晶(女)　　聂麟枭

高　雪(女)　　郭学娟(女)　　郭海红(女)　　陶一瑄(女)　　陶桂芬(女)

曹　爽（女）　崔　明　鹿　遥（女）　谢穗芬（女）　慕春川（女）
阚洪海　薛　芹（女）　薛　鹏　戴颖梅（女）（其他聘用人员）

信息化工作办公室

王小群（女）　王　伟　王　亮　王　淼（其他聘用人员）
付　达　阮慧丰　李　军　李智超　杨浩志
何荣毅　宋显隆（其他聘用人员）　陈楷丰　岳　鹏
袁胜忠　董　凯（其他聘用人员）　程雨芊（女）　谭业红（女）

继续教育学院

马　杰　王宝红（女）　王　聪（女）　田容雨　刘钧仁
宋立新（女）　张秉江　贾　鹏　徐海峰

国际教育学院

刘田恬（女）（其他聘用人员）　张正武　徐希锋　蒋保臣

威海前沿交叉科学研究院

于艳妮（女）　马逍天（女）　王　娜（女）　丛　菱（女）（其他聘用人员）
冯奎双　吕　健　刘　茜（女）　齐　超
李　伟（女）（其他聘用人员）　李佳硕　李　源（女）　赵　旭
钟洪麟

东北亚学院

丁　玲（女）　于明燕（女）　于莉颖（女）　王欣媛（女）　王宝霞（女）
王彩芹（女）　方浩范　尹锡万　石　坚（女）　丛衍萍（女）
毕颖达　刘加明　刘宝全　刘晨晨（女）　刘惠莹（女）
李冬新（女）　李　远　李学堂　李荣荣（女）　李海榕（女）
李雪威（女）　杨延龙　谷丽霞（女）　闵英兰（女）　张　进
张体勇　张京青（女）　张琳琳（女）　张景全　陈　昕（女）

武　鹏　苗威(女)　和春红(女)　金　刚　金　哲
郑冬梅(女)　郑艳(女)　赵姗姗(女)　赵艳华(女)　柏宝清(女)
洪　静(女)　徐海娜(女)　高梓菁(女)　郭秀梅(女)　黄永哲
黄明玉(女)　崔明旭　梁懿文(女)　潘雨晨

商学院

于晓雪(女)　于静静(女)　马万里　马卫红(女)　王一兵
王小梅(女)　王长全　王兆祥　王　杰　王春平
王素娟(女)　王晓燕(女)　王萧涵　王锡秋　王　磊
井海波　车路刚(其他聘用人员)　卞慧丽(女)　尹文清(女)
尹金龙　孔　雷　布乃鹏　卢书泉　付光新
付宜强　仪富强　白锐锋　宁光杰　师韵茗(女)
曲国霞(女)　吕岩威　吕爱权　吕淑华(女)　朱顺贤
朱　峰(女)　朱峰峻　刘　一(女)　刘丹丹(女)　刘　文(女)
刘　平(女)　刘永仁　刘　沛　刘　艳(女)　刘爱静(女)
刘　超　刘　喆(女)　刘　锋　刘　震(女)　齐军领
许　先(女)　孙　丹(女)　孙作人　孙虹(女)　孙　恒
孙素梅(女)　杜宏宇(女)　巫威威(女)　李依凭(女)　李昭辉
李晓霞(女)　李　超　李　瑞(女)　李　静(女)　李　慧(女)
李　燕(女)　李　燕(女)　杨　林(女)　杨　茗(女)　杨　雯(女)
杨　慧(女)　吴佩林　谷祖莎(女)　沈　君　宋迎春(女)
宋祎品(女)　宋奎艳(女)　张永成　张志平(女)　张建波
张信信(女)　张爱荣　张　晨　张舒婷(女)　陈　伟
陈　欣(女)　陈学胜　陈　茜(女)　苑　迪(女)　罗润东
岳　军　金京玉(女)　周　军　周宏燕(女)　周桂梅(女)
周晓歌(女)　孟　红(女)　赵天舒(女)　郝延伟
荆晓文(女)(其他聘用人员)　段　敏(女)　侯　慧(其他聘用人员)(女)
姜文立(女)　宣　锋　袁相万　夏　辉(女)　徐　萍(女)
徐　婷(女)(其他聘用人员)　凌士显　郭建强　郭晓妮(女)
陶　宏　崔丰慧(女)　崔宇明　崔　昕　梁文玲(女)
梁　军　董昭江　董斐然(女)　蒋守芬　蒋　鹏
韩　冰(女)　韩国圣　程子健　谢清华(女)　路少英
臧运蕾(女)　樊　敏(女)　鞠传宝　魏文忠　籍　刚

法学院

于立强	门中敬	门潇洪(女)	卫学芝(女)	马春霞(女)
马艳朝	马莉萍(女)	王　娆(女)	王　强	王瑞君(女)
牛文军	牛方玉	方　芳(女)	古莉亚(女)	冯　威(女)
刘　军	刘　佳(女)	刘　洋	刘　涛	刘培茜(女)
闫　玥(女)	安玉萍(女)	许敏兰(女)	阮竹君(女)	孙文平(女)
孙光宁	孙希尧	孙卓华(女)	牟利成	李秀芬(女)
李　波(女)	李新廷	杨永伟	时华忠	汪全胜
宋琳璘(女)	张小宁	张世全	张　乐	张伟强
张传新	张其山	张景明	武　飞(女)	金玄武
周　红(女)	周　慧(女)	赵　沛	钟玉珍(女)	侯丽娜(女)
姜世波	姜爱丽(女)	贾焕银	贾景峰	原蓉蓉(女)
郭剑雄	黄兰松(女)	崔永春	程婕婷(女)	谭　谦
黎海鹰(女)				

文化传播学院

于京一	于培丽(女)	王艳丽(女)	王瑞华(女)	尹海良
邓晓玲(女)	包　宇(女)	曲　敏(女)	朱新林	朱慧敏(女)
刘小源(女)	刘久廷	刘北野	刘　冰	刘　倩(女)
刘　琼(女)	闫　冰(女)	江志全	汤　瑞(女)	许广义
许丙泉	许　东	许　乐	孙飞翔(女)(其他聘用人员)	
芮　欣(女)	杜丽荣(女)	李　丁(女)	李荣章	李艳娇(女)
李莉萌(女)	李缙英(女)	杨海燕(女)	杨　慧	吴　静(女)
邱　崇	宋　琦(女)	张　中	张红军	张晓曼(女)
张银堂	张　超	张德苏	张　毅(女)	苟振红(女)
林　宇(女)	周玉宏	周　妍(女)	周　俊	周新顺
郑　薇(女)	孟文博	胡小平	胡玉华(女)	战立忠
侯玲文(女)	姜亚林	洪树华	耿　平(女)	贾文山
徐　来	徐秀春(女)	唐鹏举	崔春(女)	鹿晓燕(女)
梁　艳(女)	韩松涛	曾　英(女)	蔡象丽(女)	管恩森
魏　红(女)				

翻译学院

于　伟(女)	于秀莲(女)	马　坤(女)	王小敏(女)	王飞飞(女)
王苏华(女)	王迎宾	王晓青(女)	王德萍(女)	王　蕾(女)
王　璐(女)	韦福林	牛艳莉(女)	仇　敏(女)	孔　文(女)
孔维珊(女)	丛海燕(女)	冯　超	邢路威(女)	曲　奕(女)
吕丽丽(女)	朱玉堂	刘天放	刘　凤(女)	刘玉娥(女)
刘刚义	刘伟丽(女)	刘祥田	许全娜(女)	孙凤芹(女)
孙占萍(女)	孙田丰	孙立华(女)	孙萃英(女)	李万军
李玉梅(女)	李　克	李　杰	李依思(女)(其他聘用人员)	
李　玲(女)	李　彦(女)	李晓丽(女)	李淑康(女)	李　蕊(女)
杨　欣(女)	谷秀春(女)	张文静(女)(其他聘用人员)		张　君(女)
张树玲(女)	张莉莉(女)	张晓君(女)	张晓菲(女)	张梦佳(女)
张雪莱(女)(其他聘用人员)		张彩波(女)	张淑娟(女)	张　雄
张殿玉	陈怀凯	陈　啸(女)	周守玉(女)	周美青(女)
郑　艳(女)	单小芳(女)	孟子艳(女)	赵　云(女)	赵玉珊(女)
赵晏黎(女)	赵菊青(女)	赵　翔	赵　鹍(女)	赵　薇(女)
赵　巍(女)	胡红娟(女)	胡晓雪(女)	柯　晓(女)	咸慧慧(女)
姜琳琳(女)	宫　丽(女)	栗庆冬	贾文峰	徐高楠(女)
郭全照	唐　正(女)	唐鑫梅(女)	黄秀国(女)	黄　爱(女)
曹春玲(女)	戚玉晶(女)	常伟东	常晓梅(女)	崔英(女)
崔莹辉(女)	崔鹏飞(女)	梁　远(女)	董　薇(女)	程　丽(女)
靳　锁	蔡东玲(女)	熊云菲(女)	黎东良	

艺术学院

王友斌	王　岩	王春杰	王黎娟(女)	尹建宏
孔繁文	司维东	曲　轩	曲笛鑫(女)	吕　琳(女)
任　灏	刘　玮	刘　卓	刘怡汝(女)	刘彦鹏
刘洪展	刘　楷	安祥祥	许　耘	纪维剑
杜　祎(女)	李　宁	李恒江	李　静(女)	吴晓林
吴　静(女)	吴静寅	邱　涛	何林东(其他聘用人员)	
谷海燕(女)	汪明强	张传涛	张　兵	张纯梅(女)
张欣然(女)	张金娣(女)	张　剑	张娅妮(女)	张铁成

张　锐　　陈国亮　　邵力华　　范文慈(女)　　季慧慧(女)
周婷婷(女)　　郑　岩(女)　　宗文婷(女)　　赵　丹(女)　　赵江源
赵　青(女)　　赵　鸿　　赵　燕(女)　　荚立刚　　钟晓红(女)
侯新茹(女)　　姚桂丽(女)　　袁亚妹(女)　　袁　莉(女)　　贾乾初
顾云亮(女)　　徐　驰　　徐德雷　　高　锐(女)　　高颖囡(女)
郭　立　　郭　敏　　郭瑾(女)　　陶晓丽(女)(其他聘用人员)
曹桂红(女)　　常　丽(女)　　章　勇　　梁　军　　董薇薇(女)
靳雅权　　詹保国　　穆潇雨(女)(其他聘用人员)　　戴艳萍(女)

海洋学院

丁　一(女)　　于　方(女)　　于秀霞(女)　　于珊珊(女)　　万培红(女)
马庆林　　王亚民　　王　刚　　王相伟　　王　硕(女)
王　曦(女)　　车玉菊(女)　　牛志强　　尹　帅　　孔令明
厉　萍(女)　　叶萌祺(女)　　田　芯(女)　　白　楠　　丛　伟
邢　翔　　曲春风　　吕新芳(女)　　朱立新　　乔丽娜(女)
庄静静(女)　　刘　旭　　刘　建　　刘春利(女)　　刘洪展
刘莹莹(女)　　刘爱秋(女)　　刘雪芹(女)　　刘　燕(女)　　关洪斌
许明淑(女)　　孙文范(女)　　孙　艳(女)　　孙晓红(女)　　杜宗军
李玉春　　李志华　　李丽芳(女)　　李英秀(女)　　李　树
李海蓓(女)　　李裕强　　李　霞(女)　　连子如(女)　　肖　玲(女)
佟海燕(女)　　谷　珉(女)　　邹　海　　怀其勇　　宋　波
宋春霞(女)　　宋　萃(女)　　宋淑亮　　宋　雯(女)　　张小葵(女)
张丹丹(女)　　张　伟　　张法忠　　张　莉(女)　　张　倩(女)
张　鹏　　陆　榕(女)　　陈冠军　　陈　浩(女)　　陈景帝
苗艳丽(女)　　苗晓庆(女)　　金艳梅(女)　　周燕霞(女)　　郑凤英(女)
孟凡君　　赵丽华(女)　　赵　宏　　郝志鹏　　柏　铭
柳　瑶(女)　　侯旭光　　侯俊峰　　昝肖肖(女)　　姜　波
姜昭阳　　祝　茜　　夏海峰　　柴迎梅(女)　　高　举(女)
郭战胜　　梅俊学(女)　　戚明颖(女)　　龚　亚(女)　　梁振林
梁　浩　　宿美玲(女)　　葛长宇　　韩晓弟　　谢卫东
谢旭光　　谢武德　　赖鹏翔　　翟俊伟　　潘世会
穆大帅

机电与信息工程学院

于冬梅(女)	马广英(女)	王小利	王天宇	王文玉(女)
王　为	王成优	王延刚	王　丽(女)	王　良
王　松	王　侃	王春鹏(其他聘用人员)		王挺侹
王胜海	王艳玲(女)	王婉霞(女)(其他聘用人员)		王　瑞
牛万程	牛淼淼(女)	仇腾飞(女)	卞玉龙	方　腾
孔红英(女)	孔晓明(女)	叶军堂	叶　准	丛小茗
冯　东	宁淑荣(女)	毕云峰	毕超杰	曲向宁(女)
曲昌荣(女)	曲美霞(女)	吕　强	朱林森	乔　琨(女)
刘若伦	刘　杰	刘　祎	刘　勇	刘　娟(女)
刘萍萍(女)	刘　猛	衣振萍(女)	许中卫	许庆阳
孙甲冰	孙　宁	孙合友	孙宏刚	孙　洁(女)
孙　蛟	孙　祺	严中华	严发宝	苏艳蕊(女)
苏　琨(女)	杜清府	李巧云(女)	李光明	
李会强(女)(其他聘用人员)		李　岩	李　栋	李　勇
李素梅(女)	李晓坤	李倩(女)	李　捷(女)	李雪莲(女)
李敦峰	李　婷(女)	杨　飞	杨晓慧(其他聘用人员)	
杨润涛	杨慧鑫(女)	肖　鹏	邹汶洋(女)	邹晓玉(女)
辛洪云	宋玉美(女)	宋礼鹏	宋凯凯	宋　勇
张乃波	张见全	张　立	张亚涛	张军蕊(女)
张志伟	张克国	张丽娜(女)	张欣媛(女)	张承进
张　亮	张桂芳(女)	张　斌	张　遥	张德敬
陈　原	林淑霞(女)	岳振明	金长龙	周东涛
周　岩	周　晓(女)	周　强	庞　豹	郑亚民(女)
郑　舒	单登科	孟令涛	赵永健	赵志勇
赵海慧(女)	赵瑞杰	俞军涛	姜元先	姜　文(女)
姜秀娥(女)	姜佳男	姜　斌	洪晓英(女)	宫建红(女)
贺　红(女)	袁宪锋	袁　灏(女)	徐东亮	殷　建
高东兴	高志峰	高佚婧(女)	高　翔	高寒竹
郭春生	郭荣生	郭　娜(女)	郭尊华(女)	郭　楠(女)
郭　新	黄文高	黄香君(女)	曹立军	曹　海
常树旺	崔文韬	康钦马	梁立凯(女)	梁成辉
梁　莹(女)	彭传校	彭兆强	彭　鹏	董晓舟

董晓剑　董恩清　董　超　韩爱丽(女)　程　杰(女)
程　昀(女)　路士州　窦尚孝　褚兴荣　蔡辉涛
翟　强　翟　鹏　潘景昌

空间科学与物理学院

丁　强(女)(其他聘用人员)　于　惠(女)　王　冰　王守宇
王昆仑　王　勇　王爱芳(女)　王　硕　亓　斌
尹红星　孔祥良　艾佳明(其他聘用人员)　石米杰
石维彬　申　新(女)　田安民　史全岐　付晓辉
付　辉　丛伟艳(女)　冯士伟　邢赞扬　吕茂水
吕英波　乔　乐　刘　芬(女)　刘　晨(女)　刘维新
刘　晶　关成波　江　楠　汤朝灵　许　艳(女)
阮桂平(女)　孙大鹏　孙明哲　孙　珲　杜桂强
李延辉　李　冶(女)　李　凯　李　波　李　勃
李　敏　肖　超　吴爱玲(女)　辛艳青　宋红强
宋胜男(女)(其他聘用人员)　宋淑梅(女)　迟　涛(女)
张长明(其他聘用人员)　张　江　张树芬(女)(其他聘用人员)
张清和　张　鹏　张鹏彦(女)　陈　旭　陈绍霞(女)
陈　耀　武中臣　武　昭　范璐璐　郑卫民
郑瑞生　胡绍明　姜云国　洪　峰　贾　慧(女)
贾慧卿(女)　夏雪莲(女)　倪宇恒　凌宗成　高　凡
高东洋　高建华　郭迪福　陶琳(女)　黄正化
曹　晨　康　苒(女)　韩建平(女)　路　光　霍秋红(女)
穆大鹏

空间科学研究院

杜　猛

数学与统计学院

卜育德　于　波　于振涛　王金涛　王育松
王祎璠(女)　王　树(女)　王　勇　王效强　王紫山
王鹏飞(女)　亓兴勤(女)　卢　红(女)　皮庆华　刘东霞(女)

刘甲国　刘扬(女)　齐海涛　孙午阳　孙立杰(女)
孙伟华(女)　孙华清(女)　孙庆峰(女)　孙春艳(女)
孙爱军(女)(其他聘用人员)　孙海伟　孙　磊　孙　薇(女)
牟超洲　李太玉　李秀艳(女)　李　娟(女)　李　斌
李　静(女)　杨丰凯　杨　秀(女)　杨　兵　杨　杰(女)
杨金才　肖　华　吴晓驰　宋慧敏(女)　张乃千(女)
张玉森　张　冉　张永平　张　旭　张爱平(女)
陈　伟(女)　陈明涛　陈　剑　陈　潇　周丽(女)
赵华祥　赵銮磊　胡琴琴(女)　柳军涛　袁海静(女)
郭明哲　郭　亮　郭新伟　曹恒春　曹祝楼
曹　鲁　常　洛(女)　续焕英(女)　蒋方翠(女)　蒋玉蛟
傅宗奕　解兵　綦建刚　廖宝超　穆增超
魏晓丽(女)

马克思主义学院(威海)

于少青　杨永兴　王晓宏　夏卫国　鲁法芹
孙　克　秦　淮　杨发源　陈　宾　房世刚
宋　群　吴文新　付文忠　孙阳阳　杨培祥
李谷悦　高万库　陈永刚　李洋修　吴清清(女)
陈　旭(女)　韩巧霞(女)　崔　微(女)　闫惠惠(女)　马　莲(女)
张　磊(女)　马秋丽(女)　焦　佩(女)　郝书翠(女)
李　燕(女)(其他聘用人员)

山东大学澳国立联合理学院

王君涵(女)(其他聘用人员)　王　春　王　路　王蔚(女)
刘芳芳(女)(其他聘用人员)　孙晓晨(女)(其他聘用人员)　李志泉
吴　静(女)　宋无为(其他聘用人员)　范其学　单丙波(女)
姜　胤　贾宏福　徐　鑫(女)(其他聘用人员)

体育教学部

王友坤　王　丽(女)　曲爱宁(女)　吕海东　孙绍轩
牟利明　李志伟　李　兵　李岩杰　李胜杰

李　博(女)	邱海业	沈胜领	宋修妮(女)	张　奇
张　顺(其他聘用人员)		张鹏飞(其他聘用人员)		张　颖(女)
陈孟松(女)	苗　波(女)	范　珣	郑志磊	郑洪宇
战文腾	姜　川	贺海宁	袁书营	高同进
高　辉	展　凯	曹　鹏	蔡　红(女)	

(人事处　提供)

2020 年离退休人员名单

丁双林　丁吉山　丁新杰(女)　卜庭瑞　于秀珍(女)
于建中　于贵良　于洪浩　于淑兰(女)　于曙光
万建都　上官千红(女)　马庆振　马晓莲(女)　王乃愚
王　水(女)　王月英(女)　王凤林(女)　王书源　王玉珍
王玉梅(女)　王业国　王永菊(女)　王吉玺　王亚玲(女)
王向晨　王兴臣　王丽敏(女)　王宏秀(女)　王国和
王　迪(女)　王宝萍(女)　王宜华　王相民(女)　王桂荣(女)
王晓兰(女)　王爱兰(女)　王爱丽(女)　王海立　王培一
王常瑞(女)　王淑琴(女)　王寄鲁　王维权　王翠萍(女)
王德忠　云昌钦　牛运祥　计旭东　尹玉洁(女)
尹永财　尹相信　邓庆妮(女)　卢　新　叶　青
丘昌武　丛亚丽(女)　丛培杰　丛新(女)　包树珍(女)
冯永江　毕庶玲(女)　师恩培　曲洪启　曲桂月
吕国文　吕静萍(女)　朱小莉(女)　朱友善　朱东彦(女)
朱启忠　朱榜芹(女)　乔桂英(女)　仵从巨　任怀平
任莉娜(女)　邬绍伟　刘玉堂　刘玉殿　刘宁仁
刘延芳(女)　刘秀华(女)　刘秀萍(女)　刘押兄(女)　刘昌泰
刘　明　刘学荣(女)　刘建平　刘绍玲(女)　刘笃坤
刘润兰(女)　刘润芝(女)　刘家相　刘敏华(女)　刘琳琳(女)
齐　娜(女)　闫国智　闫涛蔚　闫耀玫(女)　汤庭跃
许玉琪　许志浩(女)　许伯群　孙玉华(女)　孙玉梅(女)
孙玉燕(女)　孙光云(女)　孙芳功　孙秀玲(女)　孙秀梅(女)
孙迎春　孙建国　孙素梅(女)　孙　颖(女)　孙翠兰(女)
牟国章　杜新民　杜新胜　李中章　李玉玲(女)
李　华(女)　李志洲　李　丽(女)　李岚萍(女)　李宏君
李　林　李建宁(女)　李绍明　李重阳　李桂荣(女)
李浩然　李淑兰(女)　李淑琴(女)　李森林　李善杰
李福早　杨元明　杨田林　杨兰田　杨永竹

杨机红(女)	杨在斑	杨志敏	杨志强	杨　丽(女)
杨学强	杨律高	杨莲芬(女)	杨培德	连文锁
肖梅香(女)	时敬芹	吴传智	吴孝堂	吴　苹
吴　怡(女)	吴宪君(女)	吴淑芳(女)	何立清(女)	何剑平
何艳霞(女)	何恩宗	谷敏照	谷源秘	邹积敏
沈春梅(女)	宋乐永	宋进庆	宋志平	宋英(女)
宋宗勤	宋春华(女)	宋洪秋(女)	宋桂英(女)	宋晓玲(女)
张义贞(女)	张卫国	张文军	张　平	张永霞(女)
张宇宏(女)	张军杰(女)	张宏智	张英珊(女)	张旻昊(女)
张忠豪	张　鸣(女)	张佳梁	张学智	张宝堂
张宗正	张建民	张建芬(女)	张建琪	张荣芳(女)
张　威	张桂香(女)	张桂琴(女)	张爱萍(女)	张家臣
张崇禧	张　铭	张淑梅(女)	张景芬	张智奎
张瑞萍(女)	张　静(女)	张德成	陈丽华(女)	陈　忠
陈建民(女)	陈绍著	陈章通	邵文利	邵志勤(女)
武秀英(女)	苗进义	范　军	范远安	范智伟(女)
范智敏(女)	林治冰(女)	尚桂红(女)	易新民	岳士肖(女)
金玉兰(女)	金西平(女)	金　霞(女)	周玉美(女)	周玉梅(女)
周幼兰(女)	周坤林	周　怡	郇艳丽(女)	郑大材
郑长春(女)	郑　阳	郑恒秋	郑淑敏(女)	孟喜君(女)
赵永先(女)	赵　延	赵自强	赵笃玲(女)	赵　原(女)
赵恩华	赵　晶(女)	赵　焱(女)	赵福吉	郝玉琴(女)
胡志明	胡启萍(女)	修永伦	侯桂英(女)	施永友
姜　平	姜树东(女)	洪惠民	姚丽荣(女)	骆功建
袁建华(女)	耿生民	聂中庆	聂传凤(女)	栗　霞(女)
夏丽华(女)	柴月禄	徐世荣	徐立和	徐　华(女)
徐振东	徐桂华(女)	徐桂珍(女)	殷　馨(女)	栾昌大
高万云	高伟志	高　举(女)	郭秀兰(女)	郭　洁(女)
陶遵信	梅玉芳(女)	曹大英	曹玉玲(女)	曹　红(女)
戚务政	龚　蓬(女)	崔风松	崔新东(女)	康凤华(女)
康振国	梁一儒	梁　丽(女)	隋济民	董文毅
董以山	董　莹(女)	董献忠	韩圭东	韩孟勇
景　梅(女)	焦凤秀(女)	焦成秀	焦秀兰(女)	曾　伟(女)
谢琴肖(女)	靳明忠	蔡　瑾(女)	管　立(女)	谭云秀(女)

谭文焕	翟晓黎(女)	黎全民	德　智	潘吉钦(女)
薛　青(女)	戴　蓓(女)	鞠玉清(女)	魏中华(女)	魏新华

(人事处　提供)

基本情况统计

2020年教育事业统计基本数据

一、在校生情况		统计数值
本科生及研究生	本科生	14590人
	硕士研究生	1748人
	博士研究生	210人
	合计	16548人
成教学生	成人专科生	9人
	成人本科生	507人
	网络本专科	1644人
外国留学生		653人
在职攻读硕士学位学生		97人
在校生总计		19458人

续表

二、教职工情况			统计数值
教职工	本部教职工	专任教师	827 人
		行政人员	217 人
		教辅人员	162 人
		工勤人员	36 人
		合计	1242 人
	科研机构人员		19 人
	附设机构人员		4 人
	总计		1265 人
聘请校外教师			50 人
离退休人员			312 人
三、职称情况			统计数值
全体教工	正高级		156 人
	副高级		355 人
	中级及以下		754 人
	总计		1265 人
专任教师	正高级		145 人
	副高级		280 人
	中级及以下		402 人
	总计		827 人

续表

四、校舍情况		统计数值
校舍总面积	教学及辅助用房	164959.54m^2
	行政办公用房	41691.39m^2
	生活用房	208478.72m^2
	教工住宅	97040.7m^2
	其他用房	23411.37m^2
	合计	535581.72m^2
五、资产与信息化建设情况		**统计数值**
学校产权占地面积		875629.10m^2
固定资产总值		157231.71 万元
教学科研仪器设备总值		24949.88 万元
信息化设备资产		6143.98 万元
图书		175.11 万册
网络多媒体教室数		220 间
管理信息系统数据总量		1580GB
六、其他情况		**统计数值**
本科专业		62 个
省(部)级重点学科(二级)		1 个
省部级设置的研究(院、所、中心)、实验室		6 个
定期公开出版的刊物数		4 种
直属院(系)数		13 个

统计节点:2020 年 9 月 30 日

统计时期:2019 年 10 月 1 日至 2020 年 9 月 30 日

[党工委(校长)办公室　提供]

本科招生专业

朝鲜语	国际政治	法学
社会工作	政治学与行政学	翻译
英语	英语(英德双语)	英语(英俄双语)
英语(英法双语)	英语(英日双语)	英语(英西双语)
海洋科学	海洋资源开发技术	电子信息工程
机械设计制造及其自动化	计算机科学与技术	人工智能
软件工程	通信工程	自动化
空间科学与技术	应用物理学	生物科学
应用化学	工商管理	供应链管理
国际经济与贸易	会计学	金融学
数学与应用数学	统计学	信息与计算科学
汉语言文学	新闻学	环境设计
美术学	视觉传达设计	舞蹈编导
音乐学		

(教务处　提供)

硕士招生专业

世界经济
国际政治
亚非语言文学
朝鲜语口译
世界史
西方经济学
人口、资源与环境经济学
应用经济学
金融
会计学
企业管理
会计
工程管理(非全日制)
项目管理(非全日制)
法学理论
宪法学与行政法学
刑法学
法律(非法学)
法律(非法学)(非全日制)
法律(法学)
法律(法学)(非全日制)
行政管理
文艺学
语言学及应用语言学
中国现当代文学
新闻学
英语语言文学
英语笔译
英语笔译(非全日制)
艺术学理论
音乐
音乐(非全日制)
美术
艺术设计
艺术设计(非全日制)
机械制造及其自动化
材料科学与工程
信息与通信工程
控制科学与工程
计算机科学与技术
电子信息
电子信息(非全日制)
机械
机械(非全日制)
材料与化工
海洋科学
微生物学
材料与化工
材料与化工(非全日制)
资源与环境
资源与环境(非全日制)
生物与医药
生物与医药(非全日制)
药学
物理学
地球物理学
基础数学
概率论与数理统计
运筹学与控制论
统计学
马克思主义理论

(学科建设与研究生教育办公室　提供)

博士招生专业

国际政治
应用经济学
宪法学与行政法学
中国现当代文学
材料科学与工程
海洋科学
生物与医药
地球物理学
概率论与数理统计

亚非语言文学
企业管理
文艺学
外国语言文学
信息与通信工程
微生物学
理论物理
机械
运筹学与控制论

人口、资源与环境经济学
法律方法论
语言学及应用语言学
机械制造及其自动化
机械
资源与环境
粒子物理与原子核物理
基础数学
统计学

（学科建设与研究生教育办公室　提供）

大事记

2020 年大事记

1 月

4 日　校区领导班子和机关及直属单位中层领导班子汇报评议会在知行楼六楼多功能会议室召开。校区党工委书记尹作升出席会议，学校党委委派组织部龙力超同志列席会议。校区领导班子成员、全体副处级以上领导干部以及其他方面代表参加会议。

8～10 日　校区党工委副书记、纪工委书记郭培良应邀率团对日本早稻田大学、日中文化交流中心、京都大学联盟等高校和合作机构进行访问。

10 日　山东大学国际问题研究院英国研究中心成立大会在东山宾馆举行。亚太安全合作理事会中国委员会会长、中国前驻英大使马振岗，省外办党组成员、友协常务副会长李荣，威海市副市长高书良，英国驻华大使馆区域合作事务参赞康恩俊出席活动并致辞。校区党工委副书记赵玉璞、山东大学国际问题研究院院长张蕴岭教授等出席活动。山东大学国际问题研究院英国研究中心是山东大学与威海市合作共建的研究机构，主要从事有关新时代中英关系发展，特别是威海与英国交流合作研究、有关威海与英国产业科技合作、文化教育交流合作研究，以及有关威海与英国历史关系的档案、文献、文物的发掘与整理等。

13 日　根据山大编字〔2020〕3 号文，经中共山东大学第十四届委员会第 43 次常务委员会议研究，决定成立山东大学威海工业技术研究院。

同日　山东大学威海工业技术研究院理事会成立大会暨第一届理事会第一次会议在威海校区举行。山东大学常务副校长王琪珑主持会议。威海市政府副市长张伟,山东大学副校长、威海校区校长刘建亚出席会议。大会审议通过了山东大学威海工业技术研究院第一届理事会成员名单,并选举王琪珑、张伟为第一届理事会理事长,选举威海火炬高技术产业开发区党工委书记兼管委会主任刘伟、刘建亚、威海市政府副秘书长荆文、山东大学威海校区党工委副书记赵玉璞为第一届理事会副理事长。中国工程院院士、哈尔滨工业大学杜善义教授任独立理事。

本月　由海洋学院、中国动漫集团、河北茗漫信息技术有限公司、惊奇地球(北京)科技文化有限公司联合出品的"惊奇海洋线上海洋馆"面向武汉地区 3～12 岁儿童家庭免费捐赠 10 万套,总价值 1990 万元。

本月　环境经济学研究团队李佳硕研究员在地球科学与环境领域权威期刊发表了两篇研究论文。其中,"How Green Transition of Energy System Impacts China's Mercury Emissions"一文发表在地球科学综合领域顶级期刊 *Earth's Future* 上,李佳硕为第一作者;"A City-level Inventory for Atmospheric Mercury Emissions from Coal Combustion in China"一文发表在大气环境领域顶级期刊 *Atmospheric Environment* 上,李佳硕为唯一通讯作者。

2 月

11 日　校区组织召开 2020 年春季学期本科教学工作网络视频会议,研究部署延期开学期间本科教学工作。校区副校长黄凯南出席会议并讲话。

12 日　《光明日报》理论・经济学(第 11 版)刊发山东大学(威海)商学院杨林教授署名文章《在战胜疫情的同时确保经济平稳发展》。

17 日　校区 2020 年春季学期"线上"教学工作顺利开展。校区师生相约"云端",通过"雨课堂"、慕课、智慧教室课程平台等多种网络教学模式,借助腾讯会议、腾讯课堂、微信、QQ 等辅助手段,33 门研究生课程、244 门本科生课程、415 个教学班如期开课,实现了"开学延期,教学如期",教师"停课,不停教",学生"停课,不停学"。校区领导进行了线上听课督导。

同日　法学院成立卫生健康与应急法治研究中心，整合政治学、公共管理学、社会学和法学等各学科力量，主要开展公共卫生法律体系建设与健康中国法治保障研究，公共卫生应急管理体系、重大疫情防控体制机制、重大疫情发布机制研究，应急响应机制、领导指挥体系、应急社会工作体系研究，《传染病防治法》《野生动物保护法》《突发事件应对法》等法律实施评估与修法立法研究，疾病预防控制体系、重大疾病医疗保险救助制度、重大传染病救治制度研究，以及卫生法学、健康法学、应急法学基础理论研究等方面的内容。

19 日　学生工作处组织召开校区学生工作视频会议，校区党工委副书记、纪工委书记郭培良主持会议并讲话，专题研究 2020 届毕业生就业工作。

21 日　山东大学副校长、威海校区校长刘建亚视频主持召开校区领导班子专题工作会，研究校区开学准备工作等有关事项。校区党工委书记尹作升出席会议，校区领导班子成员参加会议。会议还研究了《山东大学(威海)2020 年党政工作要点》《山东大学(威海)落实一体发展战略推进高质量发展三年行动方案(2020～2022 年)》以及在建建筑工地复工等有关事项。

25 日　校区印发《山东大学(威海)2020 年党政工作要点》(山大威党字〔2020〕4 号)。

27 日　山东大学副校长、威海校区校长刘建亚参加所联系班级、数学与统计学院 2017 级数学与应用数学班“在线抗疫情，共迎新学期”网上主题班会活动。

同日　中国科学院国家空间科学中心、子午工程二期项目工程指挥部组织召开实施及管理计划线上视频评审会议。子午工程二期项目建设指挥部副总工程师、山东大学(威海)副校长夏利东出席会议并讲话。山东大学空间科学研究院相关人员参加会议。

28 日　校区党工委书记尹作升参加所联系班级、机电与信息工程学院 2017 级量子信息工程实验班的新学期“云”班会，与同学们线上沟通交流。

同日　校区召开新学期研究生教育工作视频会，传达学习学校有关文件精神，总结开学两周来研究生线上互动教学工作开展情况，部署研究生招生、复试和学位授予有关工作。校区副校长夏利东出席会议并讲话,各研究生培养单位有关负责人、学科建设与研究生处全体工作人员参加会议。

本月　商学院获批增设供应链管理专业,并从2020年开始招收第一批供应链管理专业学生。

3月

9日　根据山大人字〔2020〕19号文,决定聘任威海校区芮欣、崔英、张剑、吴静寅、陈学胜、孙庆峰、赵宏、侯旭光、汤朝灵、宋凯凯、宋勇为教授四级岗;聘任武鹏、周妍、黄秀国、安祥祥、王岩、刘彦鹏、周婷婷、李宁、张伟强、张志平、于静静、孙克、牟利明、杨丰凯、卢红、李秀艳、蒋玉蛟、丛伟、侯俊峰、宋波、邢赞扬、路士州、杨飞、张立、王文玉、王艳玲、张斌、郭晓妮为副教授三级岗;聘任蒋守芬、邢翔为高级实验师三级岗;聘任艾雰为研究馆员四级岗;聘任赵林林为副研究馆员三级岗。聘任时间自2019年9月算起。

同日　根据山大人字〔2020〕20号文,决定聘任威海校区孔海燕、吴文新、张颖、潘景昌教学科研岗位三级岗;聘任朱峰、宋慧敏、魏晓丽、宫建红为教学科研岗位五级岗;聘任于京一、王宝霞、王胜海、车玉菊、石维彬、毕颖达、吕英波、刘冰、刘畅、刘勇、刘燕、许乐、阮桂平、孙伟华、怀其勇、张晓君、赵瑞杰、姜斌、夏卫国、鲁法芹、戴艳萍、魏文忠为教学科研岗位六级岗;聘任于立强、马艳朝、丛伟艳、李莉萌、陈欣、郑岩、徐萍、常丽、崔文韬、程昀为教学科研岗位八级岗;聘任于波、王苏华、王效强、王彩芹、王曦、叶准、叶萌祺、曲笛鑫、吕丽丽、吕琳、吕新芳、庄静静、杜祎、李英秀、李岩、李晓霞、杨杰、张欣然、张亮、郑艳、赵青、柳军涛、昝肖肖、贾文峰、徐驰、凌士显为教学科研岗位九级岗;聘任范蕊为思想政治教育岗位六级岗;聘任李捷、陶宏、臧运蕾为思想政治教育岗位八级岗;聘任吕淑华、李静、周守玉、赵海慧、宿美玲、董薇薇为思想政治教育岗位九级岗;聘任宋淑亮、袁胜忠为工程、实验岗位六级岗;聘任刘芬、何荣毅、郭迪福为工程、实验岗位六级岗八级岗;聘任孔令明、朱慧、刘莹莹、刘萍萍、孙大鹏、李敦峰、武昭、彭传校为工程、实验岗位九级岗;聘任司献英、毕艳娜为图书、档案、文博岗位六级岗;聘任姜玉晶、崔明为图书、档案、文博岗位八级岗;聘任王玮、王忠、刘聪、薛芹为图书、档案、文博岗位九级岗；聘任万辉、肖建会为会计、审计岗位八级岗。以上人员自2019年9月起聘。

同日　根据山大人字〔2020〕21号文，决定聘任威海校区陈景帝（自2019年5月起聘）、冯奎双（自2019年1月起聘）、门中敬（自2019年5月起聘）、于艳妮（自2019年2月起聘）、郑瑞生（自2019年4月起聘）、李雪威（自2018年11月起聘）、刘晶（自2019年9月起聘）、贾焕银（自2019年12月起聘）为教授四级岗；聘任李源（自2019年9月起聘）为研究员四级岗；聘任孔祥良（自2018年12月起聘）、李冬新（自2018年11月起聘）、李佳硕（自2019年3月起聘）、苗晓庆（自2019年9月起聘）、张乃千（自2019年11月起聘）、刘沛（自2019年12月起聘）、卞玉龙（自2019年12月起聘）、乔乐（自2019年12月起聘）为副研究员三级岗；聘任李谷悦（自2018年9月起聘）、刘晨（自2018年12月起聘）、孙立杰（自2018年9月起聘）为讲师三级岗；聘任宋雯（自2019年11月起聘）、孙虹（自2019年12月起聘）为助理研究员三级岗；聘任郑洪宇（自2018年7月起聘）、崔鹏飞（自2018年7月起聘）、丁玲（自2018年7月起聘）、王萧涵（自2018年7月起聘）、许广义（自2018年7月起聘）、尹金龙（自2019年7月起聘）、李倩（自2019年7月起聘）为助教二级岗；聘任康苒（自2018年7月起聘）、潘世会（自2018年7月起聘）、孟令涛（自2019年7月起聘）、丛小茗（自2019年12月起聘）、韩建平（自2019年12月起聘）为助理实验师二级岗；聘任李智超（自2018年7月起聘）、付达（自2019年7月起聘）、杨浩志（自2019年7月起聘）、陈楷丰（自2019年9月起聘）为助理工程师二级岗；聘任刘俊（自2019年7月起聘）为助理会计师二级岗。

10日、11日　山东大学（威海）2020届毕业生春季就业空中双选会在智联招聘平台顺利举行。双选会期间，校区党工委副书记、纪工委书记郭培良到部分学院实地调研指导毕业生就业工作。本次空中双选会打破了地域空间的限制，共有来自全国各地27个省（自治区、直辖市）1250家用人单位参会，提供了4725个职位，岗位需求数69705个，参会省份数、企业数、职位数和岗位数远远超过了历次线下双选会。

12日　威海市统计局党组书记王京伟一行来校区就第四次经济普查数据

分析与应用等校地合作事宜进行洽谈。校区党工委副书记赵玉璞出席座谈会。威海市统计局副局长范振萍及双方相关人员参加会议。

20 日　根据学校党委部署要求,深入学习贯彻党的十九届四中全会精神推进学校治理体系和治理能力现代化专题培训处级干部班第十七班召开集体讨论视频会,第十七班班主任、校区党工委书记尹作升出席会议并讲话,副班主任、党工委副书记赵玉璞、周慧如参加会议。

21～23 日　校区通过线上直播的方式举行 2020 年平板支撑挑战赛。

27 日　山东大学“教授带您选专业”威海校区专场在腾讯课堂直播平台顺利开讲。校区教务处处长王湘云教授以“启才明慧　钩深致远”为题,为考生和家长介绍了校区的本科专业设置与培养情况。

30 日　根据山大党任字〔2020〕15 号文,经 2020 年 3 月 30 日第十四届党委第 53 次常委会研究决定:郭培良同志兼任体育教学部直属党支部书记;叶军堂同志任机电与信息工程学院正处级组织员,免去其体育教学部直属党支部书记职务。

4 月

3 日　校区党工委副书记赵玉璞率团赴威海(荣成)海洋高新技术产业园就校地合作共建进行工作对接。荣成市委副书记(挂职)、海洋高新园管委会主任单浩仁,海洋高新园管委会副主任宋伟锋以及有关负责人参加了活动。

同日　山东大学印发《山东大学(威海)管理体制机制改革实施方案》(山大党字〔2020〕26 号)。

9 日　山东大学印发《山东大学(威海)落实一体发展战略推进高质量发展三年行动方案(2020～2022 年)》(山大党字〔2020〕29 号)。

10 日　《中国科学报》刊发对山东大学空间科学研究院陈耀教授的专访《探秘太阳爆发》。

14 日　校区法学院院长肖金明教授作为首席专家主持的“基于国家制度与治理现代化的党内法规和国家法律一体化研究”、法学院门中敬教授作为首席专家主持的“构建科学有效的行政权制约监督体系研究”两个项目获批研究阐释党的十九届四中全会精神国家社科基金重大项目立项。

21 日　山东大学印发《关于印发〈关于威海校区、青岛校区党政管理机构设置调整方案〉的通知》（山大编字〔2020〕8 号）。根据文件要求，威海校区党政管理机构根据机构性质按照三类进行设置，即综合性部门、发展性部门、保障性部门。党政管理机构处级领导干部原则上按照 1 正 1 副设置，含挂靠单位的可增设 1 名副职，挂靠单位负责人一般由机构副职兼任。为便于统筹调配，实现综合高效，各单位内设机构原则上按照扁平化管理设置，科级岗位数量按照处级以下人数的 60%配备。威海校区机构调整情况：

1.纪检、监察、审计办公室更名为纪监审办公室。

2.机关党委与党工委组织部合署办公。

3.工会、妇委会挂靠党工委宣传统战部。

4.团委调整为团工委，挂靠党工委学生工作部（学生工作处、武装部）。

5.离退休工作办公室（离退休党委）与人事处合署办公。

6.撤销原学科建设与研究生处，设置学科建设与研究生教育办公室。

7.后勤管理处、后勤管理处党总支合并为后勤管理处，在后勤管理处设立党总支。

8.网络与信息管理中心更名为信息化工作办公室。

9.图书馆、图书馆直属党支部合并为图书馆，在图书馆设立直属党支部。

10.国内合作办公室、校友工作办公室合并成立校地合作与校友工作办公室。

调整后威海校区机构设置情况：

1.设综合性部门 4 个

(1)党工委（校长）办公室

(2)党工委组织部、机关党委

(3)党工委宣传统战部（教师工作办公室），挂靠单位：工会、妇委会

(4)党工委学生工作部（学生工作处、武装部），挂靠单位：团工委

2.设发展性部门 11 个

(1)纪监审办公室

(2)人事处、离退休工作办公室（离退休党委）

(3)教务处

(4)学科建设与研究生教育办公室

(5)科研处
(6)财务处
(7)国际合作与交流处
(8)校地合作与校友工作办公室
(9)基建处
(10)信息化工作办公室
(11)图书馆
其中:纪监审办公室、学科建设与研究生教育办公室、信息化工作办公室、图书馆以延伸管理为主。
3.设保障性部门 3 个
(1)资产与实验室管理处
(2)后勤管理处
(3)保卫处
4.设直属机构 2 个
(1)继续教育学院
(2)国际教育学院

同日　根据山大党任字〔2020〕17 号文,经 2020 年 4 月 13 日第十四届党委第 54 次常委会研究决定:周新顺同志任文化传播学院副院长,试用期一年;崔英同志任翻译学院副院长,试用期一年。

22 日　威海市文登区科技局党组书记、局长于进军一行来校区就深入开展校地科技合作事宜进行洽谈。校区副校长夏利东出席洽谈会。

30 日　威海人才协会对韩联络处(“金桥联盟”秘书处)成立大会暨中韩人才合作项目签约仪式在威海校区召开。山东大学副校长、威海校区校长刘建亚,威海市委常委、组织部部长刘运出席会议并致辞。威海人才协会有关成员单位代表以及“金桥联盟”成员单位代表、韩资企业代表共 50 余人参加会议。会上,校区与威海市委组织部签订了威海人才协会对韩联络处合作共建协议。

本月　北京市法学会体育法学与奥林匹克法律事务研究会、山东省法学会体育法学研究会、山东大学(威海)法学院联合主办东京奥运会延期相关法律与伦理问题学术研讨视频会议。

本月　山东大学“太阳爆发及其对行星空间环境的影响”攀登团队成员,空间科学研究院、空间科学与物理学院史全岐教授团队联合国内外多个单位科研人员,发现月球在满月期间可能脱离地球磁场的保护，暴露于高能太阳粒子的辐射风险之中。相关研究成果发表在业内权威杂志 *Journal of Geophysical Research-Space Physics* 上。这一工作被美国宇航局(NASA)以“发现月球暴露于太阳辐射的新模式”为题进行了报道，指出其可为人类登月活动提供月球辐射环境方面的重要参考。同时，本项工作被国际著名期刊 *JGR-Space Physics* 选为当期封面文章。

5月

9日　山东大学副校长、威海校区校长刘建亚，校区党工委书记尹作升督导检查开学条件核验准备情况。

16日　校区与威海市驰云网络科技有限公司“基于大数据平台的智慧农业研究与实现”项目签约仪式举行。项目合同金额500万元，是校区单项合同金额最大的企业委托项目。

18日　根据山大学字〔2020〕20号文，威海校区仪富强、刘楷、孙宁、时华钟获评山东大学2019年度优秀青年工作者。

20日　校区与威海市立医院工作交流座谈会在知行楼304室举行。山东大学副校长、威海校区校长刘建亚，威海校区党工委书记尹作升，威海市立医院党委书记林治军、院长李振光出席会议并讲话。校区党工委副书记赵玉璞、副校长刘海，威海市立医院副院长于松杨、殷积芳出席会议。

23日　校区在知行楼举行校友捐赠仪式。校区2004级计算机科学与技术专业本科生、“长江学者奖励计划”青年学者、杭州电子科技大学颜成钢教授向校区捐赠两套由其牵头研发的智能红外体温检测系统。

25日　校区与威海市外事办公室工作交流会在知行楼417室举行。山东大学副校长、威海校区校长刘建亚，威海市外事办公室党组书记焦华、主任赵广洪出席会议并讲话。校区党工委副书记赵玉璞、副校长夏利东，威海市外事办公室副主任于国春出席活动。

26日　校区召开加快构建校区思想政治工作体系专题会议，全面学习领会《教育部等八部门关于加快构建高校思想政治工作体系的意见》精神，部署校区贯彻落实工作。校区党工委副书记周慧如主持会议并讲话。

27日　威海市委副书记、代市长闫剑波来校区走访推动校地合作。山东大学副校长、威海校区校长刘建亚,威海校区党工委书记尹作升出席活动。

同日　威海青年企业家来校挂职座谈会在知行楼215室举行。校区党工委副书记周慧如出席会议并讲话。参加挂职锻炼的威海市青年民营企业家,校区党工委组织部、接收挂职干部的各学院等单位负责人参加座谈会。

本月　校区2项课题获2020年度教育部哲学社会科学研究后期资助项目。

本月　校区召开纪工委委员工作会议,部署开学后督查重点工作。会议由校区党工委副书记、纪工委书记郭培良主持。

6月

1日　山东大学(威海)、威海市统计局签署战略合作协议暨第四次经济普查课题合作研究协议签约活动在知行楼举行。山东大学(威海)党工委副书记赵玉璞、威海市统计局党组书记王京伟出席仪式,并共同签署战略合作协议。威海市统计局副局长范振萍、商学院院长戚桂杰共同签署《威海市第四次经济普查课题合作研究协议书》。

10日　校区党工委副书记、纪工委书记郭培良在知行楼主持召开2020届毕业生教育暨就业派遣工作会议。

18日　校区设视频分会场参加全国学校安全工作会议,教育部党组书记、部长陈宝生,公安部党委委员、副部长林锐出席会议并讲话。会后,校区就贯彻落实视频会议精神、进一步加强校区安全工作提出了具体要求。

23日　山东大学与威海市举行校地合作工作推进座谈会。会前,山东大学常务副校长王琪珑一行会见了威海市委书记张海波。威海市副市长张伟,山东大学副校长、威海校区校长刘建亚,威海校区党工委书记尹作升、副书记赵玉璞出席相关活动。

同日　威海市高新区管委、山东大学(威海)、山东山大基础教育集团合作共建威海高新区山大实验学校签约活动举行。山东大学常务副校长王琪珑,副校长、山东大学(威海)校长刘建亚,山东大学(威海)

党工委书记尹作升，威海市高新区党工委书记、管委会主任刘伟出席活动。活动中，刘建亚，威海市高新区党工委委员、管委会副主任、组织部部长侯成阳，山大基础教育集团总校长、山大附属中学校长赵勇共同签订协议书。山东大学（威海）党工委副书记赵玉璞，山东大学合作发展部、山东山大基础教育集团、威海校区党工委（校长）办公室，威海市高新区科技局、财政局、建设局、自然资源和规划分局、教育体育处、怡园街道等单位负责人参加活动。

同日　山东大学党委副书记、纪委书记陈向阳一行来威海校区调研学生就业工作，围绕“促进毕业生充分高质量就业”与校区部分学院进行座谈。校区党工委副书记、纪工委书记郭培良，山东大学纪委副书记兼监察处处长张桂珍，正处级纪检员高山，校区学生工作处相关负责人，相关学院党委书记、副书记参加座谈会。

24 日　威海临港区管委会和山东大学威海工业技术研究院共建特种纤维及复合材料工程中心签约和揭牌活动在威海举行。山东大学常务副校长王琪珑，山东大学副校长、威海校区校长刘建亚，威海校区党工委书记尹作升，威海市副市长张伟出席仪式。威海临港区党工委书记、管委会主任于文江主持仪式。仪式上，山东大学威海工业技术研究院和临港区管委会有关负责人共同签署合作协议，王琪珑、张伟共同为山东大学威海工业技术研究院特种纤维及复合材料工程中心揭牌。

27 日　威海校区 2020 年春季学期毕业生返校报到工作顺利结束。至此，按照学校分批次、分类别，有序返校的工作要求，校区分四批次共有 4897 名学生返校。

28 日　山东大学举行 2020 年研究生毕业典礼暨学位授予仪式。典礼全程采用一校三地连线直播的形式举行，主会场设在中心校区科学会堂。全体研究生毕业生分别在主会场、分会场或通过观看网络视频直播共赴毕业盛典。校区党工委领导班子成员陪同毕业生在分会场观看典礼视频直播。

本月　山东大学“太阳爆发及其对行星空间环境的影响”攀登团队成员、空间科学研究院张清和教授带领的国际团队在业内著名刊物《美国科学院院刊》（PNAS）在线发表了关于“跨极盖极光弧”研究的最新成果。该成果首次揭开了发生在地球南北极的“跨极盖多重极光弧”的神秘面纱，提出了新的形成机制。

7月

14日	根据山大研字〔2020〕54号文,商学院杨林获评山东大学第十二届"我心目中的好导师"荣誉称号。
17日	根据山大党任字〔2020〕34号文,经2020年7月16日第十四届党委第63次常委会研究决定:单丙波同志任山东大学澳国立联合理学院党委书记,免去其数学与统计学院党委书记职务;于振涛同志任数学与统计学院党委书记,免去其威海校区团委书记职务;免去孔海燕同志的山东大学澳国立联合理学院党委书记职务。
18日	生态环境部华南环境科学研究所来校区就海洋垃圾污染防治进行专题座谈。山东大学副校长、威海校区校长刘建亚,华南环境科学研究所党委书记胡克梅出席会议并讲话。山东大学(威海)副校长夏利东、华南环境科学研究所主任温勇出席会议。
20日	根据山大编字〔2020〕14号文,经中共山东大学第十四届委员会第61次常务委员会会议研究,决定成立山东大学威海前沿交叉科学研究院。
同日	根据山大威党组字〔2020〕4号文,经2020年6月19日第8次校区党工委会议研究决定,聘任常晓梅为山东大学澳国立联合理学院副院长。
本月	山东大学威海前沿交叉科学研究院环境经济学团队领衔在*Cell*子刊——*One Earth*发表论文,题为"Critical Rare-Earth Elements Mismatch Global Wind-Power Ambitions"。
本月	山东大学"太阳爆发及其对行星空间环境的影响"攀登计划创新团队、空间科学研究院磁层和太阳风相互作用课题组利用卫星观测数据,揭示了地球磁鞘中磁洞的传播特性,此项研究成果被美国地球物理学会(American Geophysical Union, AGU)会刊*EOS*(Earth & Space Science News)作为编辑亮点工作(editor highlight)进行了报道。

8月

13日	中国电子学会、温州市鹿城区、山东大学(威海)产学研合作座谈会

在知行楼召开。山东大学(威海)副校长夏利东、中国电子学会会员中心主任任小元、温州市鹿城区科技局副局长张忠出席会议并讲话。

16 日　校区 2020 年普通类招生录取工作取得开门红。山东大学副校长、威海校区校长刘建亚,威海校区党工委书记尹作升高度重视本科招生工作,提出明确要求。威海校区副校长黄凯南到招生录取现场,关注本科招生录取情况。

20 日　根据山大人字〔2020〕69 号文,威海校区空间科学与物理学院王守宇获评 2020 年"山东大学优秀教师";商学院孔雷、空间科学研究院杜猛获评 2020 年"山东大学先进教育工作者";保卫处获评 2020 年"山东大学先进集体"。

本月　海洋学院杜宗军教授课题组在海洋微生物系统学研究方面获得重要研究进展。课题组成功分离培养出一株深度分支的海洋细菌,建立了海洋细菌一个新纲,并命名为童第周菌纲(Tichowtungiia classis nov.),以纪念我国著名生物学家、曾任山东大学副校长的童第周先生。此新纲的建立,是学校海洋微生物系统学研究的又一重要成果,显著提升了我国在这一领域的国际影响力。该成果发表在国际微生物分类学权威杂志 *International Journal of Systematic and Evolutionary Microbiology*,在此期刊建立的细菌分类学新单位将直接得到国际承认。

29 日至 9 月 1 日　第六届山东省"互联网＋"大学生创新创业大赛决赛举行。校区参赛队伍获金奖 1 项、银奖 7 项、铜奖 4 项。

31 日至 9 月 1 日　山东大学党委副书记、纪委书记陈向阳一行来校区调研,检查督导校区秋季学期开学准备工作,确保全面恢复教育教学秩序。山东大学副校长、威海校区校长刘建亚出席活动。校区副校长刘海,党工委副书记、纪工委书记郭培良参加有关活动。

9 月

7 日　新学期开学第一天,校区领导深入教学一线开展调研,走进课堂看望师生并听课。

8 日　校区在威海职业技术学院新兵役前训练现场召开 2020 年应征入伍学生欢送会。校区党工委副书记、纪工委书记郭培良出席座谈会。校区13名应征入伍学生及家长代表,学生工作处(武装部)、教务处等相关部门负责人,有关学院分管学生工作副书记参加了座谈会。

10日　山东大学副校长、威海校区校长刘建亚,校区党工委书记尹作升走访慰问教职工代表。

同日　校区召开庆祝2020年教师节座谈会。副校长刘海、黄凯南出席会议。会议由校区党工委副书记周慧如主持。

11～13日　2020级新生开学报到。

15日　山东大学(威海)与中船重工第七一六研究所合作签约仪式在知行楼举行。签约活动前,校区党工委书记尹作升会见了七一六研究所党委书记李卡一行。校区党工委副书记赵玉璞主持仪式,并与中船重工第七一六研究所所长助理、威海研发中心主任张建国分别代表双方签署合作共建协议。

23～25日　山东大学(威海)分别与澳大利亚国立大学、西澳大学、皇家墨尔本理工大学召开2020年度中外合作办学项目联合管理委员会会议。山东大学(威海)副校长夏利东、黄凯南出席会议。

24日　山东大学(威海)2020级新生开学典礼暨迎新晚会隆重举行。山东大学校长樊丽明出席典礼并讲话。山东大学副校长、威海校区校长刘建亚主持典礼。威海校区党工委书记尹作升出席活动。典礼后,现场举行了山东大学(威海)2020年"信仰的力量"新生美育思政公开课暨迎新晚会。活动特别邀请山东大学援鄂医疗队队员、齐鲁医院外科专业护师宋飞与新同学们分享了援鄂医疗队员心系国家、不畏艰险、勇于担当,用生命守护生命、用大爱温暖患者的感人抗疫事迹。

25日　山东大学威海工业技术研究院项目集中签约和工程中心揭牌仪式在威海举行。仪式前,山东大学校长樊丽明会见了威海市市长闫剑波。山东大学副校长、威海校区校长刘建亚,威海校区党工委书记尹作升,威海市副市长张伟出席签约和揭牌仪式。山东大学威海工业技术研究院执行院长朱波主持活动。其中,山东医疗器械工程技术研究中心由工研院与山东药品食品职业学院联合共建。

同日　根据山大党任字〔2020〕39号文,经2020年7月31日第十四届党委第64次常委会研究决定:免去张文祥同志的文化传播学院副院长职务。

26 日　山东大学发展战略咨询委员会第三次会议在威海校区召开。发展战略咨询委员会主任委员赵沁平，委员李守信、谢克昌、周其凤、杨卫、谢和平、周绪红、张大良、谢焕忠、赵路，山东大学党委书记郭新立、校长樊丽明，威海市委书记张海波等出席会议。会上，郭新立为中国工程院院士、中国科协原副主席谢克昌颁发委员聘书。会议由山东大学副校长、威海校区校长刘建亚主持。校区党工委书记尹作升，校长助理易凡，校区领导班子成员，齐鲁医学院有关负责人，一校三地有关学院和职能部门负责人参加会议。

27 日　校区 12 项课题获 2020 年度国家社会科学基金立项。

29 日　根据山大字〔2020〕25 号文，学校审核通过东北亚学院学术委员会委员名单：

主任：张蕴岭

副主任：尹允镇　张景全

委员：尹允镇　刘宝全　李学堂　李雪威　张景全　张蕴岭　苗威　金哲　赵玉璞

30 日　校区"庆国庆，学四史"升国旗主题团日活动于图书馆广场举行。校区党工委副书记、纪工委书记郭培良出席活动，2020 级全体新生参加活动。

本月　空间科学与物理学院 2017 级本科生魏恒远在国际知名期刊 *MNRAS：Letter* 上发表论文，题为"How Eruptions of a Small Filament Feed Materials to a Nearby Larger-Scaled Filament"。

本月　校区代表队在第十五届全国大学生智能车竞赛中，获国家一等奖 5 项，二等奖 1 项，总成绩位列全国第一名，创校区参赛以来最好成绩。

本月　校区 27 个项目获 2020 年度国家自然科学基金资助，直接经费 1674 万元。

10 月

4 日　山东大学澳国立联合理学院 2020 级新生开学典礼在知行会堂举行。山东大学副校长、威海校区校长、联合理学院院长刘建亚，澳大利亚国立大学副校长 Sally Wheeler，联合理学院执行院长吕广世，澳大利亚国立大学理学部部长 Kiaran Kirk 在典礼上致辞。典礼通过新华社“现场云”平台播出,威海晚报传媒对活动进行全程现场直播。

14 日　校区材料与空间科学科研楼正式封顶。校区党工委副书记赵玉璞出席封顶仪式。“材料与空间科学科研楼”项目为威海校区“十三五”基本建设规划实施项目,属于山东大学重点建设项目,使用教育部“双一流”国拨资金建设,于 2019 年 6 月份启动建设,计划 2021 年竣工。该项目占地面积约 6580 平方米,总建筑面积约 3.6 万平方米,建筑高度达 91.9 米,其中地上 23 层,地下 2 层。

15 日　校区设视频分会场,参加山东大学 119 周年校庆纪念暨 120 周年校庆动员大会。会上正式公布《山东大学 120 周年校庆工作总体实施方案》,发布山东大学 120 周年校庆第一号公告、校庆标识和主题。

17～27 日　校区举办第五届齐鲁青年论坛分论坛,邀请来自美国普林斯顿大学、马里兰大学、新加坡南洋理工大学、澳大利亚昆士兰大学、韩国首尔大学、香港大学、武汉大学等 13 名国内外知名高校的青年人才,分别参加了商学院、东北亚学院、海洋学院、机电与信息工程学院、前沿交叉科学研究院举办的多场分论坛活动。分论坛期间,东北亚学院承办了“百年变局下的东北亚与世界分论坛”。

21 日　根据山大人字〔2020〕85 号文,决定聘任威海校区闵英兰(自 2019 年 9 月起聘)、李凯(自 2020 年 6 月起聘)为教授四级岗。

24 日　“多彩校招”山东省 2020 年高校毕业生集中招聘活动暨山东大学(威海)2021 届毕业生就业双选会(秋季)在校区网球场举行。山东大学(威海)副校长刘海,党工委副书记、纪工委书记郭培良到现场指导工作。本次双选会共有 246 家用人单位参会,提供就业岗位 9300 余个。

27 日　校区召开党工委理论学习中心组会议,深入学习习近平总书记关于教育的重要论述、《关于加强高校党的政治建设的若干措施》和《党委(党组)落实全面从严治党主体责任规定》。校区党工委书记尹作升主持会议并讲话。

28 日　山东大学空间科学研究院徐天河教授获 2020 年度“夏坚白测绘事业创业与科技创新奖”,成为 2020 年度全国高校唯一获奖人。

29 日　根据山大党任字〔2020〕47 号文,经 2020 年 10 月 26 日第十四届党委第 70 次常委会研究决定:

张文玺同志任威海校区党工委组织部部长、机关党委书记；

梁奉军同志任威海校区党工委组织部副部长、机关党委副书记；

姜强同志任威海校区党工委宣传统战部部长、教师工作办公室主任；

朱桂华同志任威海校区党工委宣传统战部副部长、教师工作办公室副主任兼工会主席、妇委会主任(原正处级不变)；

魏斌同志任威海校区党工委宣传统战部副部长、教师工作办公室副主任；

周大白同志任威海校区纪工委副书记、纪监审办公室主任；

薛施贞同志任威海校区纪监审办公室副主任；

黄建军同志任威海校区人事处处长、离退休工作办公室主任、离退休党委书记；

葛彩云同志任威海校区人事处副处长、离退休工作办公室副主任；

吴丙新同志任威海校区学科建设与研究生教育办公室主任；

陈昌珠同志任威海校区学科建设与研究生教育办公室副主任；

刘晓军同志任威海校区校地合作与校友工作办公室副主任，免去其威海校区党工委(校长)办公室副主任职务；

王亮同志任威海校区信息化工作办公室主任；

谢穗芬同志任威海校区图书馆馆长、图书馆直属党支部书记；

井海波同志任商学院副处级组织员，免去其威海校区继续教育学院副院长职务；

王迎宾同志任翻译学院正处级组织员，免去其威海校区机关党委书记职务；

刘玮同志任艺术学院(威海)正处级组织员，免去其威海校区离退休工作办公室主任、离退休党委书记职务；

辛洪云同志任机电与信息工程学院正处级组织员，免去其威海校区图书馆直属党支部书记职务；

贾慧卿同志任空间科学与物理学院副处级组织员，免去其威海校区教务处副处长职务；

姜胤同志任山东大学澳国立联合理学院副处级组织员，免去其威海校区工会副主席职务。

免去：

孙可寒同志的威海校区基建处副处长职务，另行安排；

原所东同志的威海校区资产与实验室管理处副处长职务，另行

安排;

毕颖达同志的东北亚学院副院长职务;张乐同志的法学院(威海)副院长职务。

以上因机构调整职务名称发生变动的同志原任职务自然免除。

本月　校区5项成果获山东省第三十四届社会科学优秀成果奖。其中一等奖1项,二等奖3项,三等奖1项。

11月

1日　由文化传播学院张红军教授担任首席专家的国家社科基金重大项目"西方自然美学通史"开题报告会以采取线上线下相结合的方式举行。山东大学文艺美学中心名誉主任、终身教授曾繁仁出席会议并致辞。中国社会科学院原副院长、国家社科基金中文专业专家评审组组长张江教授担任专家组组长。

3日　由教育部高等教育司指导、教育部新文科建设工作组主办的新文科建设工作会议在山东大学威海校区召开。会议研究了新时代中国高等文科教育创新发展举措,发布了《新文科建设宣言》,对新文科建设作出了全面部署。教育部高等教育司司长吴岩作"积势蓄势谋势　识变应变求变——全面推进新文科建设"的主旨报告,教育部新文科建设工作组组长、山东大学校长樊丽明宣读《新文科建设宣言》。会上,依托山东大学成立的"全国新文科教育研究中心"正式揭牌。吴岩、樊丽明共同为中心揭牌。

会议由教育部高等教育司副司长范海林主持。山东省政府副秘书长张建德,山东省委教育工委常务副书记、教育厅厅长邓云锋,威海市委副书记、市长闫剑波出席活动。来自全国130余所高校的党委书记、校长,教育部新文科建设工作组成员,教育部高等学校文科类教学指导委员会主任委员、秘书长,有关知名专家、媒体记者在主会场参加了会议。会议全程网上直播,各地各高校及社会人士进行了线上收看。

同日　教育部高等教育司司长吴岩、副司长范海林一行来威海校区开展工作调研。山东大学校长樊丽明出席汇报会。山东大学副校长、威海校区校长刘建亚主持汇报会。威海校区党工委书记尹作升出席活动。

同日　　全国人大常委会委员、全国人大监察和司法委员会副主任委员徐显明教授受聘山东系统与计算法学研究中心咨询委员会首席咨询专家仪式在威海举行。山东大学校长樊丽明向徐显明教授颁发聘书并致辞。山东大学副校长、威海校区校长刘建亚主持活动。威海校区党工委书记尹作升出席活动。

同日　　山东大学与威海市深化校地合作联席会第二次会议在威海校区召开。会议总结了2020年校地共建情况，就进一步推动共建协议落实见效，助力学校“双一流”建设与威海精致城市建设进行部署安排。山东大学常务副校长王琪珑，威海市政府副市长张伟出席会议并讲话。山东大学副校长、威海校区校长刘建亚，威海校区党工委书记尹作升参加会议。

同日　　山东大学威海发展研究院理事会成立大会暨第一届理事会第一次会议在威海校区召开。山东大学常务副校长王琪珑，威海市政府副市长张伟出席会议。

4日　　山东大学校长樊丽明一行赴威高集团调研并举行座谈会。座谈会上，樊丽明为山东大学校友、威高集团董事长张华威颁发了山东大学校友会副会长聘书。威高集团副总裁龙经、总监雷志刚、副总工程师王晗，山东大学常务副校长王琪珑出席活动。

5日　　深圳虚拟大学园第七届(2020)名校名师公益课堂第四讲于校区闻天楼西报告厅举办。山东大学副校长、威海校区校长刘建亚教授应邀作了题为“数学的魅力”的报告，讲座全程网上直播。

7～8日　　“2020前沿交叉管理国际会议”在威海校区举行，本次会议的主题为“旅游与交叉管理”。山东大学副校长、威海校区校长刘建亚在开幕式上致辞。会议邀请了英国社科院院士、教育部长江学者、国际著名期刊主编、海内外知名大学教授学者作主旨演讲。来自美国、英国、法国、瑞士、澳大利亚等国家和香港地区以及国内的专家学者通过线上方式参加了会议。会议同时还举办了“青年论坛”，青年学者及研究生进行了讲座汇报和学术交流。

10日　　校区召开会议专题研究学生就业工作。校区党工委副书记、纪工委书记郭培良出席会议并讲话。

13日　　校区与歌尔股份有限公司在知行楼举行校企产学研合作座谈会暨歌尔奖学金发放仪式。校区党工委副书记赵玉璞、歌尔公司高级副总裁高晓光出席活动，并为获奖学生代表发放歌尔奖学金。

17 日　中国科学院院士宋微波双聘院士聘任仪式在威海校区举行。山东大学副校长、威海校区校长刘建亚出席仪式,并为宋微波院士颁发聘书。威海校区副校长刘海出席活动。

20 日　第三届中韩创新大赛暨第二届中韩工业设计大赛颁奖活动在威海举行,韩国驻青岛总领事馆总领事朴镇雄、威海市人民政府副市长张伟、威海校区副校长夏利东以及部分驻威高校负责人等出席会议。本次活动由颁奖典礼、中韩高校创新创业共同体启动仪式、中韩科技合作线上签约、中韩人工智能创新合作论坛等四个部分组成。其中,中韩高校创新创业共同体由山东大学(威海)联合哈尔滨工业大学(威海)、北京交通大学(威海)、哈尔滨理工大学荣成校区、山东交通学院等驻威高校,以及韩国汉阳大学、仁川大学、中源大学、启明大学、湖西大学、又松大学 6 所韩国高校共同发起。夏利东代表中韩高校发表了共同体宣言。在中韩科技合作线上签约环节,山东大学威海工业技术研究院副院长蒋保臣代表研究院与中国科学院计算技术研究所泛在智能研究院院长陈益强、韩国成均馆大学机器人研究院院长文炯弼共同签署了三方合作协议。

26 日　校区设视频分会场,听取山东大学党委书记郭新立为师生医务员工作党的十九届五中全会精神宣讲报告。

28 日　山东大学第三十六次学生代表大会、第十八次研究生代表大会一校三地召开,威海校区第十七次学生代表大会、第八次研究生代表大会同步召开。校区副校长刘海,党工委副书记、纪工委书记郭培良,校区 165 名学生会、研究生会代表于威海校区分会场同步参加会议。

本月　空间科学与物理学院、空间科学研究院凌宗成教授荣获第十八届侯德封矿物岩石地球化学青年科学家奖。

本月　山东大学推荐 2021 年优秀本科毕业生免试攻读研究生工作基本结束,威海校区共有 472 名学生被成功推荐免试攻读研究生,占校区 2017 级应届本科毕业生总数的 12.54%,数量和比例均创历史新高。

12 月

3 日　校区召开党风廉政建设专题工作会议。山东大学党委副书记、纪委书记陈向阳出席会议并讲话。山东大学副校长、威海校区校长刘建亚主持会议，威海校区党工委书记尹作升出席会议并部署校区党风廉政建设工作。会上，校区党工委副书记、纪工委书记郭培良就有关工作作了汇报。校区领导班子全体成员、学校督查巡察办公室负责人、校区各职能部门主要负责人参加了会议。

同日　校区在知行楼召开文科科研助力威海发展工作推进会，围绕文科科研如何助力威海发展问题进行了深入研讨交流。校区副校长黄凯南出席会议并讲话。

3～5 日　山东大学统一战线专题政治培训班在威海校区举行。威海校区党工委书记尹作升出席开班仪式并致辞，山东大学党委统战部部长秦承涛主持开班仪式。青岛校区党工委副书记郭邦礼、威海校区党工委副书记周慧如出席活动。来自一校三地的基层单位党委书记、统战委员，统战部门和相关职能部门负责人，齐鲁医院、第二医院统战部门负责人，威海校区部分学院团委书记、辅导员等 130 余人参加相关活动。

4 日　由教育部国际合作与交流司主办、教育部留学服务中心承办、威海校区协办的 2020 年平安留学威海地区行前培训会在威海举行。教育部留学服务中心出国处处长黄立琼、威海校区副校长夏利东出席会议并致辞。

5 日　校区与威海市政协科技科协界科技合作座谈会在知行楼举行。校区党工委副书记赵玉璞，威海市政协委员、威海市科学技术协会主席宋华东、副主席杜常君等人参加会议。

6 日　中国公共外交协会副会长、中国前驻马来西亚特命全权大使、外交部前驻澳门特别行政区特派员公署特派员胡正跃，做客校区第三十七期“大使讲坛”，为校区师生作题为“中国东盟关系现状与前瞻”的报告。校区党工委副书记赵玉璞主持报告会。

同日　校区代表队以综合排名第一的成绩荣获第二届全国高校国际组织菁英人才大赛决赛一等奖，1 名同学获大赛最佳风采奖。

9 日　香港特区政府驻沪办副主任翁荣桢一行访问威海校区，威海校区副校长夏利东会见了来访客人，威海市人民政府台港澳事务办公室、威海校区港澳台事务办公室相关负责人陪同会见。

14 日　根据山大党任字〔2020〕58 号文，经第十四届党委第 64 次常委会研究决定：范蕊同志任党委学生工作部副部长，免去其海洋学院党委副书记职务。

15 日　根据山大党任字〔2020〕59 号文,经 2020 年 12 月 7 日第十四届党委第 74 次常委会研究决定:

李松同志任威海校区党工委(校长)办公室副主任;

李彤彤同志任威海校区党工委学生工作部(学生工作处、武装部)副部长、副处长兼团工委书记;

吕兆生同志任威海校区人事处副处长、离退休工作办公室副主任;

赵辉同志任威海校区教务处副处长;

宋嵩同志任威海校区教务处副处长;

牛光辉同志任威海校区财务处副处长;

张珂同志任威海校区基建处副处长;

王伟同志任威海校区信息化工作办公室副主任;

贾鹏同志任威海校区继续教育学院副院长;

张正武同志任威海校区国际教育学院副院长;

吕健同志任山东大学威海前沿交叉科学研究院副院长;

郑冬梅同志任东北亚学院副院长;

门中敬同志任法学院(威海)副院长;

尹海良同志任文化传播学院副院长;

牛志强同志任海洋学院党委副书记;

郭春生同志任机电与信息工程学院副院长。

以上新提拔担任非选举产生领导人员的,试用期一年。

同日　根据山大党任字〔2020〕60 号文,经 2020 年 12 月 14 日第十四届党委第 75 次常委会研究决定:孙晋海同志任体育教学部主任;免去张颖同志的体育教学部主任职务。

18 日　校区召开基层党建工作专题研讨会。校区党工委书记尹作升出席会议并讲话,党工委副书记周慧如主持会议,各基层党委(党总支、直属党支部)书记、副书记,部分校区机关部门负责人参加会议。

21 日　山东大学副校长、青岛校区校长韩圣浩到山东大学澳国立联合理学院调研,并与学院领导班子成员举行座谈。威海校区副校长夏利东出席活动。

22 日　山东大学副校长、威海校区校长刘建亚在知行楼 410 会议室会见威海市高区公安分局局长马一东,就进一步加强警校共建进行座谈交流。

同日　山东大学党委副书记、纪委书记陈向阳在知行楼304会议室主持召开座谈会，与学生代表就一体发展等方面内容展开深入交流。威海校区党工委副书记、纪工委书记郭培良参加活动。

同日　山东大学党委副书记陈宏伟来威海校区进行专题调研，分别就一校三地一体发展、强院兴校、专业科研机构管服团队建设等主持召开三场专题座谈会。

同日　校区召开中层领导干部集体谈话会。山东大学党委副书记、纪委书记陈向阳，党委副书记陈宏伟出席谈话会并讲话。校区党工委书记尹作升主持会议。

23日　威海高新区山大实验学校项目举行封顶仪式。山东大学(威海)党工委副书记赵玉璞，山东山大基础教育集团总校长、山大附属中学校长赵勇出席仪式并致辞。高新区管委会副主任、党群工作部部长侯成阳宣布项目封顶。高新区建设局、教育分局、高新控股集团和建设单位、监理单位主要负责人参加仪式。威海高新区山大实验学校作为独立事业单位法人运行，属于威海火炬高技术产业开发区投资兴办、委托山东山大基础教育集团管理运行的公办学校，分为小学部和初中部，该项目总建筑面积8.2万平方米，由8栋教学楼和餐厅、报告厅、风雨操场等组成，是威海市教育系统的重点工程。

同日　校区印发《山东大学(威海)党政会议制度与议事规则》(山大威党字〔2020〕14号)。

24日　校区党工委书记尹作升在知行楼215会议室主持召开专题会议，研究部署考试安全工作。

26日　山东大学自贸区研究院和商学院共同主办的第二届自贸试验区建设与区域海洋经济高质量发展高端论坛在威海举行。山东大学(威海)副校长夏利东，山东工商学院副校长刘冰、副校长王艳明，上海财经大学自贸区研究院首席专家孙元欣，山东财经大学海洋经济与管理研究院院长殷克东，天津财经大学自由贸易研究院执行院长刘恩专，山东省海洋经济文化研究院副院长孙吉亭，山东省商务厅、烟台商务局、烟台高新区、威海商务局等单位领导出席开幕式。开幕式由山东大学自贸区研究院院长、商学院院长戚桂杰教授主持。

本月　商学院杨林教授作为首席专家主持的“全面开放格局下区域海洋

经济高质量发展路径研究”获 2020 年度国家社科基金重大项目立项。

本月　山东大学作为牵头单位组织申报的“国家 PNT 体系弹性化架构设计与关键技术示范验证”计划项目获科技部 2020 年度国家重点研发计划“地球观测与导航”重点专项立项,项目总经费为 1958 万元。山东大学“太阳爆发及其对行星空间环境的影响”攀登团队成员、空间科学研究院卫星导航与遥感课题组 PI、山东大学杰出中青年学者徐天河研究员担任项目负责人。

本月　校区 8 个项目获山东省 2020 年本科教学改革研究项目立项,其中优秀教学成果培育项目 1 项、重点项目 1 项、面上项目 6 项。

本月　山东大学威海前沿交叉科学研究院李佳硕研究员团队在中国燃煤电厂汞减排健康效益评估方面取得进展,在国际顶级期刊 *Cell* 子刊 *One Earth* 发表了题为“China's Retrofitting Measures in Coal-fired Power Plants Bring Significant Mercury-Related Health Benefits”的研究论文。

学校建筑面积:53551.72 平方米。

在校全日制本科生 14590 人,博、硕士研究生 1958 人,留学生 653 人,成人教育及网络教育学生 2160 人。

在职教职工 1265 人,其中专任教师 827 人,教职工中副高及以上职称 511 人。

2020 年招收本科生 3465 人,本科毕业生 3668 人。

(赵林林)

2021年

概　述

2021 年山东大学(威海)发展综述

2021 年,威海校区在学校党委的坚强领导下,以习近平新时代中国特色社会主义思想为指导,坚决落实学校党委决策部署,以一体发展为引领,全面推进“新亮点”建设,调结构、促改革、提质量、抓安全、强保障,各项事业取得明显成绩。

一、坚持党委统一领导,校区党的建设取得新成效

1.强化党的创新理论武装。深入学习贯彻习近平新时代中国特色社会主义思想,认真学习宣传贯彻党的十九届六中全会精神,深入领会习近平总书记“七一”重要讲话和给《文史哲》编辑部全体编辑人员重要回信精神,精心组织“庆建党百年”党员宣誓等主题活动,建立 2 个党性教育基地,开展党工委集中学习研讨 7 次,组织学习重要回信精神专题会议 20 余场。

2.扎实开展党史学习教育。构建“1+5+N”工作体系,上好示范引领“专题党课”、能力提升“培训课”、思想碰撞“研讨课”、主题教育“体验课”、现场办公“实践课”。开展学习宣讲 50 余场,3 次被中央党史学习教育官网关注报道。扎实推进“我为群众办实事”实践活动,中管高校党史学习教育第八指导组调研期间评价“工作扎实,颇具特色,富有成效”。

3.深入落实一体发展战略。认真列席党委党委会、校长办公会,第一时间传达学校主要领导指示批示精神,定期召开对口部门工作联席会。以 120 周年校庆为契机,筑牢“同一个山大”的思想根基。强化一校三地安全稳定工作体系,加快人事、资产信息一体化部署,实施一体化招标采购。开展制度文件专项清理,计划废止规章制度 58 项、撤销议事协调机构 9 个。

4.认真做好意识形态工作。严格落实意识形态工作责任制,出台《党工委理论学习中心组学习安排意见》《基层党委书记学习例会制度》等文件,组织开展“解放思想,追求卓越,凝心聚力,转型发展”大讨论,扎实做好师德师风建设,进行 2 次信教情况排查、3 次校园网站和新媒体信息排查。先后在人民日报、中央电视台等媒体平台发布稿件 60 多篇。

5.不断提升基层党建质量。出台《党建引领高质量发展实施意见》,推进党建与中心工作深度融合,创新党建工作载体。协助做好中层领导干部选拔任用工作,选派5名干部教师到政府机关挂职,接收4名威海青年企业家到校区挂职。教师党支部实现“双带头人”全覆盖,获评学校标杆学院1个、样板支部3个、“双带头人”工作室3个,5人次获学校和上级表彰。

6.纵深推进全面从严治党。严格落实全面从严治党“一办法三清单”,落实主体责任和监督责任,深化正风肃纪反腐,开展执行中央八项规定情况专项审计、办公用房使用监督检查和违规发放津补贴自查。开展与二级单位主要负责人谈心谈话30余人次,出具廉政意见函11份,回复党风廉政意见193人。

二、抓好整改任务落实,以整改带动工作有了新提升

1.做好中央巡视有关工作。将迎接巡视为一项重大政治任务,确保师生思想稳定、教学秩序正常。巡视反馈后,第一时间动员部署,严格落实“四个融入”要求,按照动员部署、集中整改、总结验收、深化整改四个阶段,深化落实推进整改措施。校区党工委巡视整改报告获评“优秀”,17个二级单位党组织有16个被评为“优秀”或“良好”。

2.系统推进党委巡视整改。成立领导小组及8个专项工作组,建立定期调度工作机制,将每周五确定为督导整改专题工作日,构建“全员参与、上下联动、纵深推进”的工作机制。编发《巡视整改工作简报》,出台《专题会议制度与议事规则》等24个制度性文件。

3.扎实做好各类专项整改。深入开展聚焦“四个落实”自查自纠、未巡先改专项行动,全面梳理已存在问题的整改落实情况,深挖细查当下存在的新问题。扎实做好“深化审计整改　加强风险排查”专项行动,开展13次下沉督导调研,排查各类问题154项。全面强化疫情防控和安全隐患排查整改,精准科学防控,切实保障师生员工的生命安全和身体健康。

三、树牢安全底线思维,民生保障得到新改善

1.持续筑牢校园安全防线。建立校区领导班子包片分工制度,构建安全检查、督导、整改的管理闭环。年内召开安全工作专题会9次,疫情防控专题会22次,开展各类专项检查20余次,疫情防控演练5次;严格实行24小时专人在岗政务值班制度,落实“日报告”“零报告”制度和重大突发信息报送制度。动态完善疫情防控工作方案,压实疫情防控责任,科学精准规范做好校门管控、人员管理、核酸检测、疫苗接种、环境消杀、物资储备和后勤保障等疫情防控各项工作。

2.着力改善综合办学条件。落实综合预算改革,在10个学院进行全面试点。开展实验室6S管理试点,实施海洋学院实验室通风、上下水改造。收回2754平方米的出租出借房屋,用于教学科研和师生活动。启用一校三地涉密机房和保密会议室,推进智慧教室平台优化升级。材料与空间科学科研楼项目顺利竣工,东门专家公寓正式启用,新工

科与交叉学科科研楼建设有序推进，为校区带来了新空间、提供了新动能。

3.不断巩固深化作风建设。将2021年作为“作风建设深化年”，制定校区班子“联系帮包学院”“现场办公”“学院直通车”等制度。开展“服务师生机关作风大改进”行动，制定《机关作风监督员制度》，首批设立30名机关“党员先锋岗”。出台《落实强院兴校行动计划　强化特色增值服务实施意见》，实施为学院发展“汇智”“减负”“蓄能”“强基”4大行动，完善以面向学院发展为核心的特色增值服务体系。

4.扎实推进各类民生工程。高标准、高质量推进服务师生十件实事。全面升级改造校医院，争取地方支持资金1600余万元对家属一区进行改造，与威海共建高新区山大实验学校。从源头把控饮食安全，大幅增加自营食堂比例，雀园餐厅成为“网红餐厅”。实施学生宿舍网络升级改造，新增宿舍楼内浴位262个，实施校前区景观改造，新建校园快递综合服务中心，不断提升广大师生的获得感和幸福感。

四、持续深化改革攻坚，事业发展再上新台阶

1.立德树人成效显著。坚持“五育并举”，深化“三全育人”综合改革，扎实推进教学资源共建共享，出台新文科、新工科建设方案。新增7个专业（含辅修）和11个微专业，9个国家级和2个省级一流专业建设点、6门省级一流课程、2门省级思政“金课”、16个研究生联合培养基地，获评省级教学比赛奖2项、省研究生教育创新计划7项。学生获评创新竞赛国家级奖项52个、省部级奖项437个。1项作品获“挑战杯”红色专项全国特等奖，是学校历史上首次获得该奖。

2.学科建设亮点频现。组织开展学科建设调研，启动实施学科交叉团队培育项目，强化威海前沿交叉科学研究院建设，着力推进学科交叉汇聚融合发展。“推动黄河流域生态保护和高质量发展研究”课题获批国家社科基金重大项目立项，深度参与“子午工程Ⅱ期”建设，嫦娥五号“采样区撞击历史”研究取得突破成果，“极光亚暴”研究成果登上权威期刊封面，有关韩国研究、高句丽渤海研究成果引起教育部的高度重视并得到肯定。

3.科研能力显著增强。2021年度获批自然科学类国家级项目31项，其中重大项目2项、重点类项目4项、“优青”项目1项，载人航天重大专项、国家重大科研仪器研制项目、“问海计划”课题等3个项目经费均超1000万元。获批人文社科类国家级项目17项，其中社科基金重大项目2项、教育部人文社科研究项目5项，在学校首次获批社科基金冷门绝学研究专项。年度科研立项经费共计1.38亿元。

4.人才引育实现突破。新增全职入选杰出人才体系16人，其中特聘教授3人、杰出中青年学者5人、齐鲁青年学者8人；柔性引进兼职类杰出人才9人。获评国家级人才3人，其中长江学者特聘教授、长江学者青年专家、国家“优青”各1人；新增8人通过校内杰出人才体系遴选。新增入选威海市“高层次人才库”21人，选派参加各类教职工能力提升培训212人次，顺利完成事业编制人员省直社保转接工作。

5.国际合作不断拓展。与德国慕尼黑工业大学（亚洲）等签署或续签合作协议16项，合作院校增至15个国家和地区的120所高校,484人参加海外经历项目、290人继续海外深造,申报新加坡国立大学、美国加州大学伯克利分校等优质线上课程62门,举办“2021年磁场重联国际研讨会”等高端国际学术会议8场次。获批科技部外国专家项目6项,1名讲席教授当选欧洲科学院院士(外籍),1名专家获评“山东省人民友好使者”。

6.校地合作成果显现。山东大学威海工业技术研究院获批山东省新型研发机构,成立工程中心10个、孵化企业12家。威海发展研究院与清华大学共同举办“城市治理现代化高层论坛”,威海高新区山大实验学校(小学段)正式启用,挂牌成立山东大学健康医疗大数据研究院(威海),举办“韩国留学人才云上对接会”。编制《服务胶东经济圈县域经济社会高质量发展行动方案》,深化“一区一案”合作。与文登区联合开发的“信用码上见”平台投入使用,成为全省首个信用惠民数字化工程。

7.校庆工作推进顺利。围绕文化校庆、学术校庆、开放校庆、平安校庆,研究确定了7个方面、24项重点工作,组织策划72项校庆重点活动,先后举办高水平学术活动近400场、校庆主题文体活动10余场。充分发挥校区艺术学科优势,助力建校120周年音乐舞蹈晚会、“百廿山大”重大历史题材美术创作工程等顺利进行。

特 载

山东大学校长樊丽明在2021级本科生开学典礼上的讲话

（2021 年 9 月 25 日）

尊敬的各位老师、亲爱的威海校区 2021 级同学们：

大家晚上好！

9 月的威海玛珈山下，硕果盈枝秋色满园，弦歌又起斯文在兹。今天，我们隆重举行山东大学威海校区 2021 级新生开学典礼。首先，我谨代表学校，欢迎各位新同学加入山东大学这个大家庭！并通过你们向辛勤付出的家长、老师致以亲切的问候和诚挚的感谢！

同学们来到山大已经有一段时间，在军训场上展示了积极拼搏、意气风发的良好精神风貌。海洋学院的邢芊露同学，在家乡河南巩义遭遇特大暴雨后，你立即加入防汛救灾和灾后重建的先锋队，在你挥汗如雨的身影中我们看到了青年一代的使命担当。联合理学院的蒋自然同学，多年来，你走进大山、走进农村，捐款捐物，帮助推销农产品，千方百计帮扶贫困户。有这份责任、坚毅和执着，相信你未来的人生路会行稳致远。法学院的许慧轩同学，你追随姐姐的脚步，如愿以偿共圆“山大梦”“法学梦”。希望你不忘学法初心，保持学习热忱，开启精彩的法律人生。在此，我想对每一位 2021 级的新同学说，感谢你们选择了山东大学。正是你们的到来，让这所即将迎来 120 岁生日的百年学府文脉绵延、晖光日新。

今年，是中国共产党成立 100 周年，也是山东大学建校 120 周年。同学们幸运地成为百年大党和百廿校庆历史交汇的新一届山大学子。回溯历史，100 年来，中国共产党团结带领中国人民，以“为有牺牲多壮志，敢教日月换新天”的大无畏气概，实现了中华民族从“站起来”“富起来”再到“强起来”的历史跨越；百余年来，山东大学和每一代山大人与祖国同呼吸、与时代共奋进，不忘初心、牢记使命，踔厉奋发、踵事增华，为国家经济社会发展作出了卓越贡献。

民族存亡之际,山大自强不息,矢志救国。创校之初,学校即宣示:“公家设立学堂,是为天下储人材,非为诸生谋进取;诸生来堂肄业,是为国家图富强,非为一己利身家。”办学初期,虽数经变迁、几度分合,但历久弥坚、薪火相传。抗战期间,学校组织全校师生分批南下,历尽千辛万苦,辗转四川万县办学复课,为实现民族独立、人民解放培养了一批中坚力量。

新中国初创阶段,山大艰苦创业,勠力建国。新中国成立后,积极推进“社会主义新山大”建设,举办《文史哲》杂志开风气之先,组织“政治大课”树马克思主义教育样板,创设晶体材料学科助力国防事业,唱响了“为社会主义建设”的奋斗凯歌。尤其是院系调整时,无私支持十余所高校建设,为新中国高等教育发展作出重要贡献。

改革开放时期,山大砥砺奋进,锐意报国。在创新与改革中不断迸发生机与活力,学校先后进入国家“211 工程”和“985 工程”建设项目。2000 年 7 月,原山东大学、山东医科大学、山东工业大学合并组建新山东大学,汇聚学科齐全综合优势和办学特色,实现了强强联合,优势互补,人才培养成效更加突出,科学研究成果更加丰硕,服务国家和社会的贡献度逐步提高。

社会主义新时代,山大追求卓越,奋楫强国。学校深刻领会“扎根中国大地办大学”的精神实质,聚焦“四个服务”,擘画“三步走”安排,制定实施“六大战略”,谋划推进“强校兴国”行动,加快推进“由大到强”历史性转变。学术基本面进入国内高校第一方阵,整体实力及主要办学指标接近或进入世界 200 强,圆满完成“双一流”建设一期目标任务,为服务健康中国、文化强国、交通强国等重大战略,助力区域和国家高质量发展作出了重要贡献。

今年 5 月,习近平总书记给《文史哲》编辑部全体编辑人员回信,充分肯定《文史哲》杂志在弘扬中华文明、繁荣学术研究等方面所取得的突出成绩,体现了对山东大学的亲切关怀,让我们备受鼓舞、倍感振奋。在回信中,习近平总书记强调,要增强做中国人的骨气和底气。在庆祝中国共产党成立 100 周年大会上,习近平总书记更进一步提出,增强做中国人的志气、骨气、底气。回首学校 120 年办学历程,山东大学积淀形成了“家国情怀、担当精神、崇实品格、创新素养”的“山大基因”,并将它们深深地镌刻在民族复兴、国家建设、时代发展的煌煌史册的山大篇章之中,生动诠释了做中国人的志气、骨气、底气的山大特质。展望未来,相信同学们经过山大的学业培养和文化浸润,会将这种特质薪火相传、继往开来,不断开创属于自己、属于山大的新的辉煌。在此,我对同学们提三点希望,与大家共勉。

一要秉承“为国家图富强”的办学宗旨,坚定理想信念,不断增强做中国人的志气。同学们都知道,127 年前,在威海海域发生了甲午海战。此战一败,改变了中国的历史走向,是为国殇。无数仁人志士从此踏上了“天下兴亡,匹夫有责”的救国救民之路。山东大学诞生于民族危亡之际,其前身是创办于 1901 年的山东大学堂,“为国家图富强”是学校与生俱来的历史责任、精神特质。改革开放之初的 1984 年,山东大学响应国家号召,以服务沿海开发开放为目标，率先在威海设立校区，开创了我国名校异地办学的先河。近40年来，威海校区在学校的坚强领导和大力支持下，“筚路蓝缕，以启山林”，栉风沐雨、玉汝于成，是学校一校三地办学的重要一极，正在努力成为学校建设世界一流大学的“新亮点”。同学们生逢伟大时代，负笈山东大学，求学威海校区，就要牢记责任在肩、使命在前，要心怀“国之大者”、坚定报国信念，将个人奋斗融入民族复兴、国家富强的伟大征程，在担当中诠释时代责任、在奉献中实现人生价值。

二要牢记“学无止境，气有浩然”的校训，涵养家国情怀，不断增强做中国人的骨气。同学们将来进行思想政治教育，会到郭永怀纪念馆参观学习。郭永怀先生祖籍荣成，与山东大学颇有渊源。新中国成立后，他毅然放弃国外的优越条件回到祖国，领导和参与了我国核弹、导弹和人造地球卫星的研制工作，为我国国防科技事业呕心沥血、鞠躬尽瘁。1968年，他因飞机失事不幸遇难，时年59岁。他是唯一一位以烈士身份被追授“两弹一星功勋奖章”的科学家。去年年初，面对突如其来的新冠肺炎疫情，山东大学齐鲁医院、第二医院的医疗队员白衣执甲、逆行出征，援鄂抗疫、抢救生命，英勇无畏、舍生忘死，彰显了山大人历久弥新的家国情怀。这些人既是同学们身边的英雄，也是中华民族铮铮铁骨的代表。同学们面对成长过程中的困难和挑战，要心怀乐观与希望；面对前进道路上的挫折和失败，要秉持坚韧和勇毅，在战风斗雨中乘风破浪，在激浊扬清中扬长补短，在守正创新中成长成才。

三要践行“崇实求新”的校风，培养崇实品格，发扬求新精神，不断增强做中国人的底气。一直以来，我校培养出来的学生以“基础扎实、作风朴实、工作踏实”而著称于世，肯吃苦、不怕累、能奋斗的山大人在祖国建设的各条战线上辛勤耕耘、默默奉献。我校光学系1980级校友薛其坤院士被称为“7—11”教授——早上7点进入实验室，晚上11点才离开。几十年来，他带领团队苦干实干，在国际上首次实验观测到了量子反常霍尔效应，成果发表于《科学》杂志，被誉为“中国实验室发表的诺贝尔奖级的物理学论文”。当今时代，唯创新者进，唯创新者强。我校数学院的彭实戈院士在随机控制理论这一世界性难题上另辟蹊径，创立了倒向随机微分方程理论。这一学术成果被业界誉为“近10年来随机控制理论的两个最重要贡献之一”。同学们正处于人生的金色年华，希望你们认真学习，夯实基础，不断拓展知识的深度和广度；敢于突破，勇于创新，用好奇心、求知欲和创造力将爱国之心、报国之志转化为强国之能。

同学们！再过20天，山东大学将迎来120周年华诞，强校兴国的时代接力棒现在传递到你们的手中。希望你们弘扬山大文化，传承“山大基因”，以社会主义建设者和接班人的使命担当，与祖国同心、与梦想同行、与时代同频，不负时代，不负韶华，早日成为担当民族复兴大任的时代新人！

山东大学副校长、山东大学(威海)校长刘建亚在2021届毕业生毕业典礼上的讲话

（2021年6月25日）

亲爱的同学们、老师们，各位来宾：

大家好！

仲夏时节，万物并秀。今天，我们在这里隆重举行2021届毕业生毕业典礼。在此，我代表学校全体师生员工，向大家即将开始新的人生旅程，表示热烈的祝贺和美好的祝愿，也向辛勤培育、关心诸位成长的老师、家长，致以崇高的敬意和衷心的感谢！

四年前，诸位同学负笈担簦、求学问道，来到黄海之滨、玛珈山下，为百年山大新添了蓬勃朝气。四年来，威海校区贯彻落实学校一体发展战略，全力打造“双一流”建设新亮点，取得显著成效。我们坚持立德树人根本任务，“三全育人”综合改革不断深化，全国新文科建设工作会议在威海校区召开。深度参与“北斗系统”“嫦娥工程”等重大科技工程，为“天问一号”火星探测作出重要贡献。“山东论坛”“中华复兴论坛”等高端学术论坛在学界产生较大影响。多人获评“长江学者”“泰山学者”等高层次人才称号。建成50余个国家级、省级一流专业、一流课程。在“挑战杯”等课外学术科技竞赛中，获评国家奖140余项、省级奖2500余项。已与14个国家、地区的119所高校签订合作协议，成立了山东大学首个中外合作办学机构——山东大学澳国立联合理学院，国际化工作取得突破性进展。打造“稷下讲坛”“大师讲坛”“孔子学堂”等精品文化活动。新的宿舍大楼投入使用，新工科与交叉学科科研楼主体封顶，校园美化绿化水平不断提升，宜学宜居的氛围愈加浓厚。“一番新风景，为君开设”。威海校区的师道授业、学子从游、蓝天碧海、夏荫冬雪已成为莘莘学子心中永恒的记忆、永远的风景线！

回首过往，岁月匆匆。2020年，突如其来的新冠肺炎疫情，让我们更深刻地体会到家与国的命运同体、个人和时代的休戚相关，给我们所有人带来了刻骨铭心的记忆与思考。虽然，当下疫情的硝烟仍未散尽，但“又恰是，人间六月，叶蓂方吐”，我相信胜利的曙光就在前方！诸位同学经受了疫情的严峻考验，顺利完成了学业。机电与信息工程学院的王子豪同学，在“互联网＋”“挑战杯”等各项赛事中摘金夺银，是你刻苦科研的结晶；荣获校长奖、宝钢优秀学生奖、学生十大年度人物等荣誉，是你辛勤付出的回报。希望你在今后科研的道路上，瞄准“卡脖子”问题，积极创新，为国家科技发展贡献自己的力量。文化传播学院的张奇同学，你不仅学习出色，在校期间平均学分绩点位列专业第一；而且积极参

与志愿服务，走访慰问抗战老兵，以温暖铭记历史，用脚步丈量青春，希望你在以后的求学路上，继续保持知行合一，读万卷书，行万里路。商学院的孙晓云同学，你的参军入伍经历让你成为同学眼中“巾帼不让须眉”的牛人，毕业后你将前往西藏成为一名消防战士，虽然从迷彩绿换成了消防蓝，但不变的是你报效国家的志气与豪迈，让我们共同祝愿祖国山河无恙。在2021届毕业生中，有近1200名同学将在国内外知名学府继续深造，不少同学响应国家号召，扎根西部、服务基层。不管诸位选择的道路如何不同，但是都在践行着山东大学“为天下储人材，为国家图富强”的办学初心，都在续写着山东大学“学无止境，气有浩然”的生动诗篇。

诸位同学，疫情期间的经历、思考和感悟会成为你们独特的人生阅历。这场全球大流行的疫情，既对生命安全构成了一种严重威胁，使我们感慨命运的无常；同时也对整个人类文明形成了一次强烈冲击，使我们感受到“环球同此凉热”。个人的命运总是融入在时代的洪流中，往往荆棘丛生、充满坎坷，但是隐藏在命运深处的必然性，则指示着生命的意义和价值所在。诸位要把握时代脉搏、聆听时代声音，在苦难中磨砺意志、在挑战中超越自我，不断提升人生的格局和境界。在此，我想与诸位交流几点思考，与大家共勉。

第一，坚定信念，把准人生的方向。“志不立，天下无可成之事。”“立志而圣则圣矣，立志而贤则贤矣。”山东大学自立基以来，始终秉承“为天下储人材，为国家图富强”的办学宗旨，春风化雨，薪火相传。120年来，从这里走出的科学巨匠、共和国元帅、艺术名家、商界精英和众多的社会栋梁，崇实求新、担当作为，为国家、为民族、为社会作出属于山大人的卓越贡献。当前，世界百年未有之大变局加速演进，中国正处于“两个一百年”奋斗目标的历史交汇期，我们比历史上任何时期都更接近中华民族伟大复兴的目标！青年兴则国家兴，青年强则国家强。青年一代有理想、有担当，国家就有前途，民族就有希望。诸位同学正处于人生发展的黄金期，正处在砥砺奋进的新时代，生逢其时、重任在肩，树立坚定的理想信念，才能确立正确的人生方向。希望诸位坚守“为国家图富强”的初心，铭记“国之大者”的责任，勇于担当，砥砺前行，不辱使命，在实现中国梦的伟大征程中努力贡献自己的力量。

第二，勇于奋斗，要做人生的主人。马克思曾经说：“青春的光辉，理想的钥匙，生命的意义，乃至人类的生存、发展，全包含在这两个字之中：奋斗！”这里我要说一下海洋学院李鑫同学的故事。来自广西贵港的李鑫同学，家庭经济条件并不好，但是自立自强的他坚信“宝剑锋从磨砺出”，从入学独自一人到校报道开始，就不断突破自我，奋力拼搏。担任班级学习委员，在提高自己学习成绩的同时，开展一对一帮扶，与班级同学一起进步；积极开展体育活动，在一校三地运动会中有他矫健的身姿；到四川广元支教，赴山西上党调研，为威海铁人三项比赛做志愿者，都有他忙碌的身影；在立志参军后，从零开始加强身体机能锻炼，在北疆零下20多度的风雪中进行刻苦训练，最后总成绩名列榜首，被评为连队优秀个人。“天下无难能不可为之事，而有能为必可成之人。”做自己人生的主人，在“内卷”“躺平”中绝无可能，需要经历时间的考验、风雨的洗礼，才能看到最美的彩虹。希望诸位提振“君子以自强不息”的精神状态、保持“会当击水三千里”的奋斗姿态,不断增强做中国人的骨气和底气,敢于有梦、勇于追梦、勤于圆梦,用奋斗成就无悔青春。

第三,要怀抱梦想,拓宽人生的境界。习近平总书记强调:“青年的人生目标会有不同,职业选择也有差异,但只有把自己的小我融入祖国的大我、人民的大我之中,与时代同步伐、与人民共命运,才能更好实现人生价值、升华人生境界。”哲学家冯友兰曾将人生分为自然境界、功利境界、道德境界、天地境界。自然境界是在人的生物本能范畴内求解人生意义,功利境界是在物质利己的前提下刻画人生百态。这两个境界是低层次的,诸位在山大(威海)受教,浸润着齐风鲁韵、涵养着斯文在兹,就要摆脱这两个境界的束缚,努力走向利他的道德境界和仁者的天地境界。无法否认,当今社会,我们在享受文明发展成果的同时,也不可避免面临社会思潮、生活方式、价值观念多元的复杂影响,要在五彩斑斓的生活环境中不致迷失自我,就要将自己的理想信念、奋斗目标、人生轨迹与社会进步、民族复兴、国家富强同向同行。希望诸位以“会当凌绝顶”的胸襟气度和“功成必定有我”的历史担当,让青春在为祖国、为人民、为民族的奉献中焕发出更加绚丽的光彩,谱写新时代的命运交响曲!

诸位同学,今天是个让人眷恋的日子,你们将从这里出发,不论飞得多高多远,母校是你们永远不变的牵挂,山大(威海)是你们永远的精神港湾!欢迎诸位常常回家!

山东大学(威海)党工委书记尹作升在“庆建党百年”党员宣誓暨“光荣在党 50 年”纪念章颁发仪式上的讲话

（2021 年 6 月 17 日）

同志们：

在全国深入开展党史学习教育、喜迎中国共产党百年华诞的重要时刻，我们在此隆重集会，举行“庆建党百年”党员宣誓仪式暨“光荣在党 50 年”纪念章颁发仪式。在此，我代表校区党工委向获得“光荣在党 50 年”纪念章的 39 名老党员表示崇高的敬意，向今年上半年加入党组织的 644 名新党员表示热烈的祝贺，向校区各基层党组织和奋斗在各个岗位的全体共产党员致以诚挚的问候！

中国共产党自诞生至今，已经走过了 100 年的光辉历程。100 年来，中国共产党始终以马克思主义为指导，义无反顾肩负起实现中华民族伟大复兴的历史使命。无论是弱小还是强大，无论是顺境还是逆境，我们党都初心不改、矢志不渝，团结带领人民历经千难万险，战胜各种考验，付出巨大牺牲，创造了一个又一个彪炳史册的人间奇迹。中国共产党的 100 年，是矢志践行初心使命的 100 年，是筚路蓝缕奠基立业的 100 年，是创造辉煌开辟未来的一百年。100 年波澜壮阔的历史雄辩地证明，中国共产党无愧于历史、无愧于时代、无愧于人民，是一个伟大、光荣、正确的党，是带领中国人民从一个胜利走向另一个胜利的党。

近年来，威海校区充分发挥党的领导最大优势，以高质量党建引领各项事业高质量发展，发生了令人瞩目的新变化。“十三五”期间，校区深度参与“北斗系统”“嫦娥工程”“火星探测”等重大科技工程，获批科研经费超过 4 亿元，与“十二五”末相比实现了超 2 倍增长；引育院士、长江学者等各类高水平人才近 50 人，3 人次入选“全球高被引科学家”；山东大学澳国立联合理学院获批成立，成为教育部直属“双一流”重点建设高校与世界一流大学联合办学的代表性成果；学生参加各类竞赛获评国家奖 140 余项、省级奖 2500 余项，涌现出“中国大学生自强之星”等先进个人及集体 18 个。这些成绩的取得，得益于学校党委的坚强领导，得益于全体师生的共同奋斗，更得益于广大党员先锋模范作用的充分发挥。

37 年前，山东大学以“敢为天下先”的胆识和气魄，创建了威海校区，老一代创校者作为“劈山开路人”,以对党和国家教育事业的无限忠诚和崇高热情,在盐碱地上建立起一所现代化的大学。他们的青春记录着校区从无到有、从小到大的发展历程,他们的汗水浸润着开基创业、艰苦奋斗的精神,他们的品格激励着校区每一名师生砥砺前行、奋发有为。今天荣获“光荣在党 50 年”纪念章的 39 名老党员就是他们中的典型代表,我提议,让我们以最热烈的掌声,向每一位校区发展的参与者、奋斗者和奉献者,致以最为崇高的敬意和最为衷心的感谢!

今天,还有 600 余名优秀教工和学生加入了党组织,面向鲜红的党旗,郑重许下了一生的承诺。从你们的铿锵誓言中,我们感受到了青年党员对党的无限热爱,对未来的美好憧憬。相信你们一定能够像优秀的老党员一样,不负青春韶华、不负时代,树立正确的人生观、价值观,把个人命运与国家前途联系在一起,把自己的目标同国家结合起来,用实际行动体现对党和人民的无限忠诚。

借此机会,我谈几点希望,与同志们共勉。

一是注重理论学习,加强党性修养,不忘“来时路”。深入学习习近平新时代中国特色社会主义思想,树牢“四个意识”、坚定“四个自信”、坚决做到“两个维护”,坚定马克思主义信仰不动摇,坚持中国特色社会主义信念不动摇,常怀律己之心,提升思想境界、培养高尚情操,牢固树立正确的世界观、人生观、价值观,自觉把个人理想追求融入国家和民族的事业之中,勇做走在时代前列的奋进者、开拓者,书写无愧时代的青春之歌和精彩人生。

二是练就过硬本领,塑造实干品格,走好“脚下路”。习近平总书记指出:“幸福都是奋斗出来的。”广大青年党员要主动适应时代发展和社会变革,涵养敢为人先的锐气和逢山开路、遇河架桥的意志,既能做到仰望星空,又能做到脚踏实地,树立科学精神、培养创新思维、提高创新能力,将学习作为首要任务,扎实打牢基础知识,不断提升实践能力,迈稳步子、夯实根基、久久为功,艰苦奋斗、攻坚克难,用勤劳的双手、一流的业绩,成为勇担中华民族复兴大任的栋梁之才。

三是传承优秀文化,开拓国际视野,坚定“未来路”。“青年是整个社会力量中最积极、最有生气的力量,国家的希望在青年,民族的未来在青年。”广大青年党员自觉培育和践行社会主义核心价值观,深刻领悟和学习中华优秀传统文化、革命文化和社会主义先进文化,汲取坚定前进、滋养身心的精神力量,在认识国情、了解社会、放眼全球中受教育、经磨砺、长才干,将更多的“中国制造”变成“中国创造”,讲好中国故事、发出中国声音,成长为中华文化的“代言人”和“传承人”,为世界贡献更多的中国智慧和中国方案。

5 月 9 日,是全体山大人都难以忘怀的日子,习近平总书记给《文史哲》编辑部全体编辑人员回信,让我们备受鼓舞,深感振奋。让我们牢记习近平总书记的殷切期望与嘱托,深入开展党史学习教育,从党的百年奋斗历程和伟大成就中,赓续光荣传统、传承精神谱系、凝聚奋斗伟力,以一往无前的姿态接过时代的接力棒、开启奋斗的新征程,勇担使命、勇毅笃行,以更加优异的成绩庆祝中国共产党建党 100 周年和学校建校 120 周年!

重要文件

山东大学(威海)教职工政治理论学习制度

为加深教职工对习近平新时代中国特色社会主义思想和党中央大政方针的理解，增强“四个意识”，坚定“四个自信”，做到“两个维护”，提高运用党的创新理论指导实践、推动工作的能力，形成解放思想、追求卓越、凝心聚力建设“双一流”的浓厚氛围，推动校区转型发展更好更快，根据学校相关文件精神，结合校区实际，特制定本制度。

第一条 学习任务

(一)全面贯彻党的教育方针，全面落实立德树人根本任务，积极主动承担起培养又红又专、德才兼备、全面发展的中国特色社会主义合格建设者和可靠接班人的历史使命。

(二)提高教职工思想政治觉悟，坚定道路自信、理论自信、制度自信、文化自信，引导教职工自觉践行社会主义核心价值观。

(三)用马克思主义中国化的最新理论成果武装头脑，提高教职工政治理论素质，提高运用马克思主义立场、观点、方法分析和解决问题的能力。

(四)及时了解和掌握国家大政方针，牢固树立政治意识、大局意识、核心意识、看齐意识，坚决维护习近平总书记党中央的核心、全党的核心地位，坚决维护党中央权威和集中统一领导。

第二条 学习内容

(一)马克思列宁主义、毛泽东思想、邓小平理论、“三个代表”重要思想、科学发展观、习近平新时代中国特色社会主义思想。

(二)党章党规党纪和党的基本知识。

(三)党的路线、方针、政策和决议。

(四)国家法律法规。

(五)社会主义核心价值观。

(六)党的历史、中国历史、世界历史和科学社会主义发展史；学校和校区发展史。

(七)推进中国特色社会主义事业所需要的经济、政治、文化、社会、生态、科技、军事、外交、民族、宗教等方面知识。

(八)改革发展中的重点、难点问题。

(九)高等教育及相关领域知识和理论。

(十)上级党组织和学校党委要求学习的其他内容。

第三条 学习时间

教职工政治理论学习主要包括集中学习和个人自学。集中学习每周1次,原则上安排在每周四下午。

第四条 学习形式

(一)以集体学习为主,多种形式相结合。采用精读文件、专题讨论、观看视频、辅导讲座、专题报告、经验交流、调研考察等方式进行。

(二)积极开展自学。倡导教职工开展自学读书活动,做好读书笔记,撰写学习心得体会。

(三)运用新媒体新技术使教职工政治理论学习活起来。积极利用微信群、QQ群等新媒体形式,调动教职工政治理论学习的积极性主动性,增强政治理论学习的吸引力感染力。

第五条 党工委宣传统战部负责统筹,明确年度学习内容和学习要求,加强督促检查。

第六条 各基层党委(党总支、直属党支部)负责本单位教职工政治理论学习的组织实施、管理指导和督促检查。各党支部发挥具体组织作用,广大党员和党员领导干部发挥带头学习作用。

第七条 教职工政治理论学习组织落实情况要作为重要内容纳入各单位党建考核、领导班子和领导干部综合考核。教职工参加政治理论学习情况要作为重要内容纳入教职工年度考核和各级各类评奖评优。

第八条 各基层党委(党总支、直属党支部)要结合实际,于每年初研究制定本单位年度教职工政治理论学习计划,年末就本单位教职工政治理论学习情况进行总结,相关材料报校区党工委宣传统战部备案。严格学习考勤制度,指定专人做好学习记录,确保学习时间、内容、人员、效果"四落实"。

第九条 建立健全教职工政治理论学习档案制度,包括学习计划、学习通知、出勤情况、讨论交流记录、学习总结等。

第十条 理论学习中心组成员、党员领导干部等要带头学习,发挥示范和表率作用。

第十一条 坚持理论联系实际,把集中学习与个人自学、学习理论与研究问题结合起来,妥善处理好工作与学习的关系、业务学习与政治理论学习的关系,学以致用、用以促学。鼓励教职工结合工作实际撰写调研报告和理论文章。

第十二条 各基层党委(党总支、直属党支部)要重视政治理论学习的宣传报道工作,利用网站、微信、微博等各级各类宣传阵地,及时宣传教职工政治理论学习的动态、经验和成效。

第十三条 本学习制度由校区党工委宣传统战部负责解释。

第十四条 本学习制度自公布之日起施行。

山东大学(威海)党建引领高质量发展实施意见

为切实加强党的全面领导,提升威海校区党的建设质量和水平,深入推进治理体系和治理能力现代化,威海校区党工委在学校党委领导下,坚持以习近平新时代中国特色社会主义思想为指导,学习贯彻党的十九大和十九届二中、三中、四中、五中全会精神,认真学习习近平总书记关于高校党的建设和思想政治工作重要讲话精神,贯彻落实学校第十四次党代会和党建工作会议精神,按照《山东大学(威海)管理体制机制改革实施方案》《山东大学(威海)落实一体发展战略推进高质量发展三年行动方案(2020～2022 年)》有关要求,紧扣创建一流大学新亮点的校区发展定位,切实发挥好党建引领校区事业创新发展的政治核心作用,为实现高质量发展和"由大到强"历史转变提供坚强政治保证、思想保证和组织保证,结合校区实际,现提出如下实施意见。

一、坚持政治统领,发挥党的领导优势

坚持学校党委对校区事业的全面领导,履行校区党工委管党治党、办学治校政治责任,深刻领会、准确把握习近平新时代中国特色社会主义思想和习近平总书记关于教育的重要论述,深入学习贯彻《关于加强高校党的政治建设的若干措施》,不断增强"四个意识"、坚定"四个自信"、做到"两个维护";坚持从讲政治高度做好校区工作,实施校区机关干部政治能力提升行动,举办机关干部"政治能力提升班",不断提高干部的政治判断力、政治领悟力和政治执行力。贯彻落实《中共山东大学委员会关于深化一校三地管理体制机制改革的意见》,对照《推进落实〈关于巩固深化"不忘初心、牢记使命"主题教育成果的意见〉举措清单》,增强推进党的政治建设的自觉性和坚定性,确保学校党委各项决策部署落地见效,对涉及学校改革发展稳定的重大事项、突发事件及时向学校党委报告、请示。不断完善党对校区事业发展的领导体制,充分发挥党的领导优势,统筹推进校区改革发展稳定工作,引领推动各项事业高质量发展。

二、强化思想建设,凝聚融合发展共识

加强政治理论武装,健全完善党工委理论学习中心组学习制度和教职工政治理论学习制度,创新学习形式,将理论学习与贯彻落实党的十九届五中全会精神结合起来,与深化校区转型发展结合起来,与落实"强院兴校"行动、"百廿山大　强校兴国"行动结合起来,组织开展好个人自学、集中研讨、专题调研等活动,提升思想政治素质。持续推动宣传思想守正创新,建立完善对内对外宣传工作机制,聚焦"学院、学科、学者、学生",不断

拓宽宣传渠道,强化官方新媒体建设,加强宣传队伍建设,依托山大视点、山大日记、百微山大等融媒体平台,加强与新闻媒体沟通联系,讲好校区故事,传递好校区声音。把教师思想政治工作摆在更加突出的位置,大力加强"课程思政",探索建立教师思想状况定期分析制度和监督考核制度,全面及时深入了解教师思想政治状况,构建起教育、宣传、考核、监督、奖惩相结合的师德师风长效机制,引导教师以德立身、以德立学、以德施教,做学生健康成长的指导者和引路人。积极构建大统战工作格局,着力强化党外知识分子、无党派人士思想政治引领,充分发挥他们在学校"双一流"建设和服务山东发展中建言献策、参政议政的作用,不断巩固共同思想政治基础,凝聚各方力量,为学科交叉、融合发展强力蓄能。

三、加强组织建设,提升基层党建质量

贯彻新时代党的建设总要求,坚持强基固本、大抓基层,突出政治功能,以提升组织力为重点,着力加强基层组织建设。依托一校三地党建工作体制,深化"双包双联"工作机制,不断完善校区党工委、学院党委、党支部、党员"四位一体"组织工作体系,落实党建工作专题会议制度,推动校区党工委做到"四个过硬"、学院党委做到"五个到位"、党支部做到"七个有力"、党员做到"四个合格"。进一步理顺学院集体领导、党政分工负责、协调运行的工作机制,健全党委会和党政联席会议制度,提高议事决策效率和水平,坚持党建工作与教学科研工作同研究、同部署、同落实,有效破解"两张皮"问题,推动学院党建和业务工作深度融合。以党组织书记抓基层党建项目为抓手,深入推进校区"双创""双带头人"项目培育创建,力争在学校、省级、国家级党建工作标杆学院、样板支部创建上有所突破。深化高校党支部建设规范提升,落实师生党支部工作指导标准,围绕强化政治功能、提升组织力、建强战斗堡垒,以标准化建设促进规范,以优质化建设提升质量,以特色化建设打造品牌,不断提升党支部建设质量,推动全面从严治党向基层延伸;创新基层党组织建设,探索"党支部建在学科上",建立与学科、团队、平台等"三位一体"科研组织模式相匹配的基层党支部,全面提升基层党支部建设制度化、规范化、科学化水平。配齐建强专职组织员队伍,定期开展业务培训,提升队伍专业素养和业务能力。以迎接建党100周年为契机,实施"学习·诊断·建设"行动,探索组建党员强院行动先锋队,充分发挥党员干部在"强院兴校"中的先锋模范作用。从严做好发展党员工作,加大在高知群体中发展党员工作力度,提升党员发展质量。健全完善基层党建工作体系、制度体系和考核体系,严格落实好"三会一课"和主题党日活动、组织生活会制度,推动校区基层党组织全面进步全面过硬,为打造一流大学建设新亮点提供坚强组织保证。

四、坚持党管干部,打造高素质干部队伍

深入贯彻新时代党的组织路线,树立正确选人用人导向,全面落实干部队伍"五大体系"建设;落实学校党委一校三地一体化培训体系,研究制定《山东大学(威海)干部能力提升三年行动方案》，增强教育培训针对性，提升干部治理能力和水平，提高服务师生员工、处理实际问题和应对复杂局面的能力；贯彻执行《山东大学中层领导人员管理办法》，大力发现培养选拔优秀年轻干部，深入做好校内、校地双向挂职工作，鼓励和引导年轻干部到直接联系服务师生的一线岗位经受锻炼；贯彻落实《山东大学中层领导班子和领导人员考核工作办法》，健全校区机关及直属单位年度考核机制，制定《山东大学（威海）机关及直属单位履职尽责考核工作方案》，充分发挥考核在干部选任、绩效分配、评奖评优等方面的作用，激发干部担当作为、干事创业，努力锻造忠诚、干净、担当的高素质干部队伍。坚持党管人才，规范人才引进程序，严把政治关，做到"凡引必审"，推行人才直通车机制，落实党员领导干部联系服务人才制度，做好个性化服务，加大对学院急需的高层次人才和青年人才的引育力度，为学院、学科发展提供人才支撑和智力保证。

五、实施文化引领，汇聚一体发展合力

大力培育和践行社会主义核心价值观，从战略的高度科学谋划校区文化建设，推动《山东大学文化引领战略实施纲要》落实落地，充分发挥文化委员会作用，构建完善的文化建设规章制度，统筹做好校园文化建设的整体规划。围绕传承山大文化、塑造环境文化、打造特色文化、丰富活动文化等四个方面，凝练校区特色文化、学院文化、学科文化，促进一校三地文化资源共同共融、共建共享、共进共强，形成"一体多元"的大文化格局。以 120 周年校庆为契机，传承百廿山大传统文化，大力弘扬"抗疫精神"，进一步发挥文化建设价值感召和精神激励的作用。结合校区功能定位，科学规划文化景观和文化设施，建设文脉传承又别具特色的大学校园。发挥"一院一品"校园文化建设品牌引领作用，带动校区各学院积极开展品牌创建工作，实现院院有品牌、月月有精彩，周周有活动。深入挖掘校区历史文化价值和精神内涵，凝聚同一个山大的校园文化底蕴，将山大文化和山大精神内化为校区师生共有的价值观念和思维方式，凝练有认同感和归属感的文化内核，构筑起山大人的共同精神家园，以特色鲜明的山大文化坚定自信、凝聚合力、推动发展。

六、落实立德树人，构建三全育人体系

贯彻落实《高校思想政治工作质量提升工程实施纲要》《中共山东大学委员会关于加强和改进全员全过程全方位育人工作的意见》和《中共山东大学委员会关于台账式落实〈教育部等八部门关于加快构建高校思想政治工作体系的意见〉的工作方案》，以立德树人为根本宗旨，构建纵到底横到边的"三全育人"新格局。以学生党建为龙头，把组织建设与教育引领结合起来，构建"组织、学工部门统筹协调，基层党委统一领导，辅导员具体指导，学生主动性充分发挥"的学生党建工作领导体制和工作机制。健全完善领导干部联系班级，机关党支部、教工党支部与学生党支部结对帮扶共建制度，打造学生品牌支部、样板支部。开展本科生导师制及班主任制，进一步完善专任教师与思政队伍的协同教育机制，推进全员育人体系建设。深入开展"青春心向党、建功新时代"党员教育实践活动,认真落实山东大学(威海)开展"党性教育基地进高校、高校青年学子进基地"活动计划,将理论课堂、朋辈引导与实践教学相结合,提升教育效果。推进《学生公寓文化建设实施方案》落地,做好国际学生趋同化教育管理,大力推进党团活动室、党员工作站、党员先锋示范宿舍创建等平台建设,建立健全辅导员进公寓值班制度和住楼辅导员考核制度,推动辅导员队伍把思政工作阵地向学生公寓延伸。办好"挑战杯"等大学生创新创业赛事,充分运用信息化手段,大力开展精准服务,促进毕业生更加充分、更高质量就业。以关工委为载体,进一步发挥离退休老干部、老教师、老党员的作用,着力加强对学生的党史、新中国史、改革开放史、社会主义发展史和中华优秀传统文化教育,把思想价值引领贯穿教育教学全过程,推动知识传授、能力培养与理想信念、价值理念、道德观念教育有机结合,努力培养德智体美劳全面发展的社会主义建设者和接班人。

七、加强统筹谋划,深化校区改革发展

系统推进"一体发展""优化结构""提升质量""强化保障"等4项重点任务,构建切合校区实际的高质量发展体系。科学编制校区"十四五"事业发展规划和有关专项规划,指导教学科研单位修订完善《中长期发展规划(2018～2025)》,实现落实《推进高质量发展三年行动方案(2020～2022年)》与系统谋划"十四五"事业发展的有效衔接。推进校区发展战略咨询委员会建设,为校区改革发展提供战略咨询服务。探索成立校区理事会,着力拓展校区办学资源。积极向研究型校区转型,坚持"压缩文科、强化理工",合理调整学科专业结构、师资队伍结构、人才培养机构,为未来事业发展强力蓄能。全面加强教学质量管理,推进教育教学资源共建共享,确保专业建设水平、人才培养基准、学位授予标准"一体化",构建多维立体的高水平育人体系。不断提升学术核心竞争力,转变学科建设思路,由"单点突破"转为"集群发力",积极构筑"理学、人文、社科、工科"四大版块协同发展的"雁形阵",实现校区学科发展的冲刺跃升。加强人才队伍建设,加大高端人才引育力度,激发各类人才政策效能,形成校院两级人才工作合力,不断提升队伍整体水平,不断深化人事制度改革。积极拓展国际合作,拓展与世界高水平大学的实质性合作,全力提升校区国际学生工作水平,深入开展"国际学分计划"和学生海外经历项目,高标准推进联合理学院建设发展。提升服务威海水平,发挥一校三地办学优势,打造"山大系"品牌,加快工研院、发研院、医联体、实验学校等重点平台建设,继续拓展服务地方发展的领域和渠道。推进综合预算改革,多渠道筹措办学经费,加快推进材料与空间科学科研楼、新工科与交叉学科科研楼建设,进一步优化教学科研用房配置,加快各类公共交流空间建设。建好东门专家公寓教工食堂,加快山大威海实验学校建设,推进教工社保关系转移工作,构建师生员工就医转诊"绿色通道"。实施教工住宅区环境提升和学生公寓文化内涵提升工程,全面改善师生的居住生活环境,开展校园环境治理,建设平安校园、美丽校园。坚持通过深化改革来破难题、解新题,加快改革创新,推动任务落实,增强校区发展内生动力。

八、狠抓作风建设，推动服务提质增效

校区机关职能部门要强化政治机关意识，努力在深入学习贯彻新时代中国特色社会主义思想上作表率，在始终同党中央保持高度一致上作表率，在坚决贯彻落实党中央、学校党委各项决策部署上作表率，建设让学校党委放心、让师生满意的模范机关。“十四五”期间，校区将按照“一二三”工作思路，深化一校三地管理体制机制改革，推进落实“1＋4＋N”各项重点改革任务。深入贯彻落实《深化新时代教育评价改革总体方案》，切实将思想和行动统一到党中央关于深化新时代教育评价改革的决策部署上来，在学校统一部署下，推进教育评价改革。深入实施《强化特色增值服务实施意见》《“学院直通车”制度》《深化机关职能部门“放管服”改革实施办法》《效能监察和服务质量公开质询工作方案》等文件，开展服务“四学”工程，系统推进为学院发展“汇智、减负、蓄能、强基”特色增值服务，加强跨校区、跨部门、跨学院的工作协同，努力做强以保值服务为基础、以增值服务为重点的服务型校区。坚持以师生为本的理念，整合校区各部门有关服务职能，设立山东大学师生服务大厅（威海），为师生提供方便快捷高效服务。不断加强协同联动，巩固提升“师生办事只跑一趟”效果，为师生提供更多优质服务。继续推行机关及直属单位“管理服务质量提升年”建设活动，狠抓工作落实，建立服务清单反向问责机制，有效提升机关部门服务能力和服务质量。

九、深化党内监督，落实全面从严治党

聚焦贯彻落实习近平总书记重要指示批示精神和党中央重大决策部署，充分发挥全面从严治党引领保障作用，持续推进正风肃纪反腐。贯彻落实全面从严治党“一办法三清单”，重点加强对领导干部履行全面从严治党主体责任和个人遵守党纪情况的监督，对执行不力的严肃问责，强化制度执行刚性，有效传导责任压力。坚持“三不”一体推进，精准运用监督执纪“四种形态”，抓早抓小，防微杜渐，以“零容忍”的态度查处违反各项纪律的行为。常态化开展专项约谈，落实领导班子约谈制度及中层领导干部对本单位科级干部谈话制度，推动校区全面从严治党向基层延伸。紧盯“关键少数”和重点领域，健全廉政风险防控机制，加强对权力运行的监督制约和对内控建设的监督。落实落细巡视、巡察和主题教育等有关整改工作，以整改成效提升发展动能。深入贯彻落实中央八项规定精神及实施细则，认真贯彻执行《中共山东大学委员会关于深化作风建设、弘扬新风正气的十项要求》，持之以恒纠“四风”，深入整治形式主义、官僚主义，进一步改进文风会风，精简会议数量，提高决策效率。深化治理对党中央决策部署和学校党委任务要求贯彻落实不力、维护师生群众利益不担当不作为、对待工作不思进取推诿扯皮等突出问题。强化警示教育，注重“以案促改”，把教育提醒、监督检查、执纪问责贯通起来，推动遵规守纪成为自觉和习惯。加强监督协同，注重部门联动，整合监督力量，持续营造风清气正的校园政治生态和良好干事创业氛围。

十、严守底线思维,维护校园安全稳定

认真贯彻落实学校党委《关于加强和改进学校安全稳定工作的意见》《一校三地安全稳定工作体系建设方案》《关于加强学校安全工作常态化若干措施》《关于推进网格化管理服务体系建设的实施意见》等文件精神,切实统筹推进校区疫情防控常态化、安全工作常态化和改革事业发展,以构建网格化管理服务体系为依托,健全完善安全稳定全链条全覆盖的落实机制,将校园安全工作再落实再细化,全面推行清单式安全管理。坚持安全隐患排查制度化,定期开展安全研判分析,健全完善风险预警机制、应急联动处置机制,做好各类应急处置预案,提高应急处置能力。按照学校三位一体的"3D"工作思路,进一步理顺工作体系,增强学校、校区专项工作组、各单位之间的工作联系,扎实做好校区安全稳定工作。要严格24小时专人在岗政务值班、安全信息报告制度,做到突发事件情况第一时间报告,重要紧急信息"事不过夜、马上就报"。深入贯彻落实"党政同责、一岗双责、齐抓共管、失职追责"要求,完善各基层党委工作组工作机制与工作流程,探索专项工作组业务领域统筹领导作用和基层安全工作组发挥主体责任有机融合的渠道与途径。加大重点领域工作力度,开展安全风险隐患排查,在持续抓早抓小、防微杜渐上下功夫,发现问题立行整改、应改尽改。强化左右协同,充分发挥校区各专项组、有关部门协同作战、整体作战优势;强化内外协同,主动与属地公安、卫生、疾控部门沟通协作,共同建立应急协同机制。严格落实意识形态工作责任制,严管严控各类意识形态阵地,强化意识形态分析研判,加强网评员和信息员队伍建设,健全网络综合治理体系,完善舆情风险防范和应对处置预案,提升舆情监测力度、精度、准度,有效防范化解舆情风险。落实基层党委安全和意识形态工作考核评议制度,严格实施"一票否决",强化执纪问责。扎实推进"五个全力以赴",科学谋划,统筹布局,为把威海校区打造为学校"双一流"建设的新亮点,为学校实现"由大到强"历史性转变贡献力量。

山东大学(威海)干部能力提升三年行动方案

为深入落实一体发展战略,扎实推进校区管理体制机制改革,加快推动校区实现高质量发展和建设“双一流”新亮点,提高校区广大干部政治能力,培养造就一支忠诚干净担当的高素质专业化干部队伍,为校区改革发展提供坚强组织保证。结合校区实际,研究制定干部能力提升三年行动方案。

一、指导思想

以习近平新时代中国特色社会主义思想为指导,深入学习贯彻党的十九大和十九届二中、三中、四中、五中全会精神,加强政治建设,认真贯彻落实新时代党的组织路线,紧紧围绕学校第十四次党代会提出的奋斗目标,以学校世界一流大学建设目标和内涵式发展需求为导向,服务强院兴校行动,切实发挥干部主观能动性,提升精细化管理服务水平,推动校区治理体系和治理能力现代化,为打造“双一流”建设新亮点,实现校区高质量发展提供坚强组织保证。

二、行动目标

贯彻落实《山东大学干部教育培训规划》,用活用好一校三地一体化干部教育培训资源,在做好一体化培训基础上,坚持问题导向,围绕强院兴校行动重点任务,增强校区干部教育培训的针对性,大力加强校区干部政治理论素养和党性修养教育,培养干部增强“四个意识”、坚定“四个自信”、做到“两个维护”;聚焦提高校区干部的“七种能力”,大力开展专业化能力培训,完善分层次、分类别、多形式、重实效、充满活力的干部教育培训格局,教育引导校区干部以更加过硬的能力素质投入工作,不断激发“想干事”的主动性,增强“能干事”的本领,具备“干成事”的担当,培养造就一支理想信念坚定、政治素质过硬、业务能力强、勇于攻坚克难的高素质专业化干部队伍。

三、重点任务

一是强化理论武装,提升政治能力。教育干部注重提高马克思主义理论水平,学深悟透,融会贯通。提高政治站位,把准政治方向,坚定政治立场,明确政治态度,严守政治纪律,时刻保持政治定力,不断提高政治判断力、政治领悟力、政治执行力,自觉加强政治历练,增强政治自制力,始终做政治上的“明白人”“老实人”,切实担负起“强院兴校”政治责任。

二是强化作风建设,提升调查研究能力。教育干部树立经常化的调查研究作风,真正深入师生、深入基层,围绕强学院、强学科和改革发展实际去调查研究,倾听师生所想、所急、所盼,了解和掌握真实情况,认真研究分析,找准校区改革发展的堵点、痛点、难点。

三是强化民主法治意识,提升科学决策能力。教育干部要有战略眼光,树立战略思维和大局意识,按照科学的方法、程序和技术,深入研究、综合分析,依法依规,以新思路研究破解校区改革发展难题。

四是强化创新意识,提升改革攻坚能力。教育干部坚持创新思维,进一步强化学科意识、创新意识和改革意识,牢固树立一体发展理念,增强系统性、整体性、协同性,坚持问题导向,瞄准国家战略需求和经济社会发展需求,推进学科汇聚交叉融合,助推校区"新亮点"建设。

五是强化风险意识,提升应急处突能力。教育干部增强风险意识,肩负起"在危机中育先机、于变局中开新局"的时代使命,不断提高应急处突的见识和胆识,充分认识校区改革发展面临的挑战与困难,准确把握新挑战和新机遇,坚持安全稳定压倒一切,确保校区各项事业发展行稳致远。

六是强化宗旨意识,提升群众工作能力。教育干部坚守人民情怀,坚持师生至上理念,多向师生请教,多听取师生的意见,注重群众宣传、教育群众,全心全意为学院改革发展服务,以学院的满意度、师生的获得感作为检验工作成效的标准。

七是强化责任意识,提升抓落实能力。教育干部从讲政治的高度抓落实,脚踏实地,以上率下,把责任意识体现在真抓实干中,树立正确政绩观,勇于担当、敢于负责,为服务强院兴校、推动校区体制机制改革、推进一校三地一体发展、打造校区"双一流"建设新亮点履职尽责。

四、主要举措

坚持遵循干部教育培训规律和干部成长规律相统一,按照"两分类三提升四结合"原则,即分为中层领导干部和科级干部,分类别组织开展;不断提升干部教育培训和实践锻炼工作的针对性、系统性和实效性;实行干部集中专题培训与干部在线自学相结合、专题讲座与交流研讨相结合、集中学习与分散自学相结合、把专家请进来与把干部送出去相结合。通过开展集中专题授课、线上线下自学、座谈交流、素质拓展、外出考察、警示教育、岗位交流、挂职锻炼、实践锻炼等灵活多样的方式,锤炼干部队伍能力,提升干部队伍素质。

(一)抓实干部培训提升素质

1.中层领导干部培训。以政治建设为统领,着眼培养造就符合新时期好干部标准、忠诚干净担当、充满活力的高素质专业化干部队伍,以提高政治能力、管理能力、专业水平和职业素养为重点,加强校区各单位中层领导干部的培训。

(1)参加学校党委统一组织的中层领导干部培训(以视频会议形式为主)。

(2)根据中央、教育部和学校党委的部署要求,就贯彻落实党和国家重大决策部署、关系校区工作全局的重大问题，适时举办“政治能力提升”等专题培训班。

(3)聚焦提升学术核心竞争力这一关键，聚力做强学科、做强学院两大重点，进行强院兴校行动方案落实专题培训。对机关职能部门中层领导干部主要围绕深化“放管服”改革，为学院提供更加专业化、精细化、个性化的保值增值服务进行培训；对学院中层领导干部主要围绕完善内部治理体系，提高学科的组织化程度、加强学科交叉融合，凝心聚力谋求学院高质量发展进行培训。

(4)发挥“中国教育干部网络学院”线上培训优势，每年参加不低于 50 学时的在线学习。

(5)按照分类培训原则，适时举办党务干部、业务干部等专题研修班，通过专家授课、外出考察、交流研讨等形式，开展分类别、有针对性的业务培训。

(6)适时举办新任中层领导干部培训班，帮助新上岗干部提升领导管理能力，熟悉业务流程，尽快实现角色转变。

2.科级及以下干部培训。以思想政治素质、政治能力和业务能力为重点，加强科级干部及党政管理人员培训，积极推行校区组织部(党校)牵头主办，相关职能部门承办的培训体系。

(1)参加学校党委统一组织的干部培训(以视频会议形式为主)。

(2)参加学校党委组织的党支部书记培训班，围绕“双带头人”建设、双创工作、基层党建实务等开展专题培训。

(3)发挥“山东大学网络党校”“党旗飘飘”等线上培训优势，组织科级干部、党支部书记等开展线上专题培训，每年参加不低于 50 学时的在线学习。

(4)有计划地选派科级及以下干部参加山东大学管理人员综合素质提升工作计划。

(5)举办校区科级干部履职素养能力提升轮训，围绕不同主题定期开展科级干部培训，做到 3 年内对科级干部轮训一遍。

(6)按照分类培训原则，校区相关职能部门分别组织承办相关业务主题的党政管理人员岗位技能培训班，提升业务培训的实效性和针对性。

(7)各单位根据工作需要组织开展相关业务培训。

(二)注重挂职交流实践锻炼

1.根据学校党委安排，做好校内双向挂职工作，加大校区内机关和学院双向挂职力度，推进优秀年轻科级干部的交叉挂职；推进年轻干部多岗位锻炼和挂职交流，鼓励年轻干部教师到地方政府、企事业单位挂职锻炼，推动校地合作和服务地方，擦亮校区品牌，在挂职交流实践中锤炼干部能力素质。

2.定期组织校内双向挂职和校地挂职干部教师开展培训研讨，立足“新阶段、新理念、新格局”不断提升优秀年轻干部能力素质，教育双向挂职干部挂实职、干实事、求实绩，为推动“强院兴校”行动和一校三地一体发展助力。

3.根据工作需要，利用寒暑假选派优秀干部赴知名高校参加专题研修培训，或到国内干部培训基地参加相关主题教育培训,通过实地研修开阔眼界、提升能力。

4.强化调查研究、改革攻坚能力锻炼,结合干部专题培训、干部挂职交流,通过组合式调研、团队式攻关等方式,围绕"强院兴校""双一流"建设新亮点等重点难点问题,深入基层开展调查研究,聚焦破解一个难题、攻关一项方案形成切实可行的调研报告。

(三)强化干部监督考核激励

1.加强干部日常监督管理,严格落实全面从严治党"一办法三清单"和学校党委干部监督管理有关规定,层层压实监督责任,强化对处级领导干部兼职管理和出国境审批等日常监督管理,提升干部自我监督管理的自觉性。

2.协助做好中层领导班子和领导干部年度考核、新提拔处级干部试用期考核,强化考核结果的运用,将考核结果与教育培训、激励奖惩、能上能下、治庸治懒、问责追责等结合起来,对考核中发现的问题,及时提醒、立行整改,激发干部干事创业积极性。

3.定期开展干部作风建设和党风廉政建设教育,通过邀请专家讲座、收看违法违纪案例警示教育专题片、参观廉政教育基地等形式,引导干部绷紧廉洁勤政这根"弦",树牢底线思维、红线思维;结合典型案例定期开展干部警示教育,引导干部树立服务意识,增强法制观念,强化廉洁自律意识,营造风清气正政治生态。

五、工作要求

强化需求导向,结合校区工作实际,通过 3 年左右时间,不断拓宽教育培训方式方法,丰富教育培训内容,推进干部培训全覆盖,确保取得实效。

第一年,聚焦"五找"要求,强化教育培训针对性。以党的政治建设为重点,对标对表一校三地一体发展要求,通过认识上找差距、工作上找短板、措施上找弱项、落实上找问题、安全上找盲点,深入查找校区干部能力短板弱项,通过有针对性的系统培训,提高干部政治能力素质。

第二年,聚焦四个"更加",强化教育培训系统性。以党的政治建设为统领,通过分级分类培训,开展系统治理能力培训、制度体系建设培训,使习近平新时代中国特色社会主义思想为中心内容的理论教育更加深入,党性教育更加扎实,家国情怀培育更加深厚,专业化能力培训更加精准。

第三年,聚焦三个"自觉",强化教育培训实效性。以高质量的党建工作引领校区高质量发展,紧紧围绕学校"双一流"建设、内涵式发展目标,通过研究式、案例式、研讨式、模拟式、体验式、辩论式等形式,切实提高领导干部做到"两个维护"的政治自觉,提高领导干部履行全面从严治党责任和一岗双责的思想自觉,提高领导干部和领导班子推动"双一流"建设治理能力、治理水平、决策水平和科学化水平的行动自觉。

六、组织保障

（一）强化组织领导

在学校党委和党委组织部的领导和指导下开展干部教育培训工作，校区党工委定期研究干部教育培训工作。校区组织部（党校）承担干部教育培训工作的组织协调和综合管理职能，统筹干部培训的选派和管理工作，会同有关职能部门做好干部分类培训，确保培训工作质量。

（二）强化条件保障

加大干部培训经费投入，将干部培训经费列入年度财政预算保证工作需要。加强培训经费管理、专款专用，提高使用效益。建立干部培训经费项目化管理，推行经费跟随项目走的管理模式，保障干部培训项目的顺利进行。

（三）强化考核督导

建立干部培训考核制度，对参训干部学习情况进行全面考核，记入本人学习档案。党工委组织部定期开展督导检查，发现问题及时整改，并注重总结推广好的经验和做法。把干部教育培训考核情况作为干部选拔任用的基本要求。

山东大学(威海)2021年工作要点

2021年校区工作的总体要求是:以习近平新时代中国特色社会主义思想为指导,深入学习贯彻党的十九大和十九届中央历次全会及全国教育大会精神,坚决落实学校党委决策部署,坚决落实一体发展战略,按照学校2021年工作整体安排,立足新发展阶段,贯彻新发展理念,融入新发展格局,紧紧围绕立德树人根本任务和高质量发展主题,全面推进新亮点建设,全力确保"十四五"事业发展开好局、起好步,助力学校"由大到强"历史性转变,以优异成绩庆祝中国共产党建党100周年和学校建校120周年。

一、扎实推进党的建设

1.精心组织庆祝建党100周年系列活动。将迎接中国共产党成立100周年与巩固深化"不忘初心、牢记使命"主题教育成果相结合、与落实全面从严治党主体责任相结合、与推进"新亮点"建设和"强院兴校""强校兴国"相结合,深入组织实施"学习·诊断·建设"行动,开展系列主题宣传活动和群众性主题活动。(牵头单位:组织部、机关党委,宣传统战部)

2.开展党史学习教育。贯彻落实"学党史、悟思想、办实事、开新局"要求,深刻认识学习教育的重大意义,系统把握学习重点、精心策划教育活动,高标准高质量完成学习教育各项任务,做到学史明理、学史增信、学史崇德、学史力行,推动党史学习教育深入群众、深入基层、深入人心。(牵头单位:党史学习教育领导小组)

3.强化党的理论武装。深入学习习近平新时代中国特色社会主义思想和党的十九届五中全会精神,认真落实"第一议题"制度,制定2021年党工委理论学习中心组学习计划和教职工政治理论学习计划,发挥校区、学院两级宣讲团作用,持续在学懂弄通做实上下功夫,不断增强政治理论学习的针对性和实效性。(牵头单位:宣传统战部)

4.做好意识形态工作。建立完善全覆盖的意识形态工作体系,做好意识形态工作专项巡察反馈意见整改,开展师生思想动态定期研判,严格意识形态阵地管控,强化网络信息安全管理培训,不断提升舆情处置能力。深入推进媒体融合,发挥全媒体矩阵效应,宣传展示校区良好形象。(牵头单位:宣传统战部)

5.推进全面从严治党。以政治建设为统领,落实全面从严治党"一办法三清单",严格落实中央八项规定及其实施细则,将2021年作为校区"作风建设深化年",统筹推进全面从严治党重点工作。精准科学监督执纪问责,落实落细各项整改任务,分层次有针对性开展廉洁教育,持续深化正风肃纪,常态化开展专项约谈,推动全面从严治党向基层延

伸。[牵头单位:纪监审办公室,组织部、机关党委,党工委(校长)办公室,各有关单位]

6.提升组织建设水平。实施干部“能力提升工程”,举办机关干部“政治能力提升班”,继续做好校内双向挂职工作,督促指导规范学院党政运行机制,不断加强干部日常监督管理。加强基层党建制度体系建设,推进实施“领航工程”,实施党建示范创建和质量创优,加强党支部标准化规范化建设,提高发展党员质量,扎实推进党建信息化工作。(牵头单位:组织部、机关党委)

二、统筹改革发展稳定

7.全面抓好疫情防控。坚持“预防为主”工作方针和“主动防疫”工作要求,全面落实精准化防控措施,狠抓校园管控、联防联控、应急演练、防控宣讲等各项措施。加强日常管理和聚集性活动管理,实现疫情防控工作常态化与教育教学工作运行正常化有机融合,切实维护师生员工的身体健康和生命安全。(牵头单位:校区疫情防控工作专班)

8.坚守校园安全防线。推动安全稳定工作常态化建设,落实网格化管理,提升多层级精细化服务能力。强化底线思维,提高师生安全意识和防范能力,有效防范和化解各类风险。持续筑牢校园安全五道防线,加大人防、物防、技防投入,完善校园安防体系建设,优化校园综合治理,推进平安校园建设。(牵头单位:校区安全工作委员会)

9.科学谋划事业发展。系统科学谋划校区在“十四五”事业发展的指导思想、发展目标、重点任务和建设举措,高质量完成校区“十四五”事业发展规划和有关专项规划编制工作。构建“十四五”规划编制、实施、考核的管理闭环,制定规划分工方案,明确任务责任主体,完善实施保障机制,切实推动各项目标任务落实落地。[牵头单位:党工委(校长)办公室]

10.深化重点领域改革。深化一校三地管理体制机制改革,推进落实“1+4+N”各项重点改革任务,全面深化“放管服”改革,实施管理机构定期汇报工作、效能监察和服务质量公开质询制度。围绕服务学院、学科、学者、学生,开展服务“四学”工程,系统推进为学院发展“汇智、减负、蓄能、强基”特色增值服务体系,加强跨校区、跨部门、跨学院的工作协同。[牵头单位:党工委(校长)办公室,各有关单位]

三、增强学术核心竞争力

11.提高学科建设水平。推进学科汇聚融合交叉创新,协同制定“学者、学院、学科”一体化建设方案。进一步优化学科布局、凝练学科方向,启动实施“十四五”学科交叉团队培育专项计划,全面开展学科建设绩效考核,做好新一轮“双一流”建设周期和第五轮学科评估总结相关工作。推进威海前沿交叉科学研究院建设,打造人才汇聚、制度创新的学术创新示范区,新增布局 2～3 个交叉学科项目。(牵头单位:学科建设与研究生教育办公室)

12.提升学术创新能力。主动对接国家战略需求,策划组织重大项目、重要平台、重点团队培育建设工作。加强交叉融合型青年学术团队建设,遴选支持青年学术团队,加强教育部备案中心和国际问题研究院建设,出版发行《劳动经济评论》《东亚评论》《马克思主义文化研究》等学术集刊。建立全过程、全链条的科研跟踪服务机制,新增国家社科基金、自然科学基金重大(重点)项目 4～5 项,争取获批国家杰出青年科学基金项目 1 项,科研经费和省部级以上项目立项数量实现较大增长。(牵头单位:科研处)

四、加强人才队伍建设

13.推进师德师风建设。把师德师风作为评价教师队伍素质的第一标准,在教师引进、职称评聘、评优奖励等方面严格把关。加强教师岗前培训和在职培训,探索建立师德师风监督员制度,强化师德督导。探索建立青年教师社会实践基地,完善表彰奖励及管理办法,组织开展师德师风教育宣传月、深化学术诚信教育等活动。[牵头单位:宣传统战部(教师工作办公室),各有关单位]

14.加强师资队伍建设。发挥校地政策集成效应,提升人才的吸引力和凝聚力,做好杰出人才体系遴选、未来计划学者绩效考核、齐鲁青年学者分论坛举办等工作,大力引育高水平杰出人才,引进 40 名左右的中青年高水平教师。全面优化队伍结构,积极扩大专任教师规模,优化专聘教学人员、专聘科研人员管理,扩大博士后科研队伍和高水平外籍博士后队伍,选派 40 名以上优秀教师进行海外交流。(牵头单位:人事处)

15.做好人事人才服务。开展用人单位人才服务专员选聘培训,完善快速联动的一站式人才服务机制,全方位做好人才选聘、考核评价制度。坚持人才工作在目标管理评价考核体系中的重要地位,开展教师高级职务岗位使用中期评估,设计覆盖校区各类队伍的两级能力提升体系。继续深化校内绩效工资改革,完善以学科建设要素为核心的绩效考核分配体系。(牵头单位:人事处)

五、优化创新人才培养

16.完善三全育人体系。系统推进“三全育人”综合改革,深入探索思想政治教育改革,加强课程思政和思政课程的有机融合。发挥好课堂教学主渠道,以“四史”教育为重点加强学生思想引领,以生涯指导为主线助力学生成长成才,以公寓文化建设为突破塑造学生健全人格,以素质拓展为方向健全资助育人功能。加大辅导员引育培训考核力度,开展常态化导师培训,不断加强思想政治队伍建设。[牵头单位:宣传统战部,学生工作部(处)、团工委]

17.深化教育教学改革。落实立德树人根本任务,深入推进教育教学资源共建共享,全面实施国家级、省级一流本科专业和一流课程建设,推进实施双主修双学位、辅修专业、微专业“3M”人才培养模式。推动高水平教材编写使用,开展慕课建设培训和混合式教学培训,提升教师教育教学能力。加强招生拓展,进一步提升生源质量。加强创新平台和校外实习实践基地建设,做好第二轮本科教育教学审核评估相关准备工作。(牵头

单位:教务处)

18.加强研究生创新培养。实施导师团队育人计划,探索学科交叉培养有效途径,落实专业学位研究生教育改革方案,打造高质量行业导师队伍。打造优质联合培养基地,推行研究生海外学分制度,加强研究生海外联合培养,加强关键环节监控,完善研究生培养质量保障机制,不断提高研究生培养水平。(牵头单位:学科建设与研究生教育办公室)

19.做好创新创业教育。推动"创业课程—创业竞赛—创业实践"三级创业体系建设,积极参加"挑战杯""互联网+"等创新创业赛事,持续开展大学生就业见习"青鸟计划",扎实做好大学生创业实践工作。实现就业指导全覆盖,增强学生就业竞争力,坚持做好"一生一策",强化对特殊群体毕业生的帮扶,确保2021届毕业生总体就业率不低于90%。[牵头单位:学生工作部(处)、团工委]

六、推进国际交流合作

20.强化国际合作拓展。按照"立足日韩、突出澳洲、发展欧美、拓展一带一路国家"思路,开展后疫情时代国际化工作。进一步扩大合作网络,开拓2~3所全球排名前200高校合作伙伴;优化海外经历项目层次和结构,加强国际招生拓展;提升中外合作办学质量,推进山东大学澳国立联合理学院发展;加快课程国际化建设,争取引进海外师资课程20~30门;开展高层次人才国际化联合培养,提升中青年骨干教师国际化交流能力。(牵头单位:国际合作与交流处,各有关单位)

21.深化国际科研合作。发挥校区国际科研合作种子基金作用,依托"国际科研平台"和"国际合作联络教授",推进空间科学、数据科学、人工智能、海洋科学、交叉科学、蓝绿经济、国际问题研究等领域的国际科研合作。加强"英国研究中心"建设,积极主办承办各类国际学术会议,优化引智项目管理,多渠道、多形式引进优秀外籍人才。(牵头单位:国际合作与交流处)

七、做好校地合作与校庆工作

22.深化校地合作共建。凝聚一校三地"山大系"力量,深化与威海市的合作共建,全力推进威海工业技术研究院、威海发展研究院、高水平基础教育、齐鲁医学医联体等重点合作项目建设,围绕产业链创新链融合发展,与威海经济技术开发区等开展"一城一策""一区一案"创新平台共建,推动学院与重点企事业单位合作对接,打造社会服务特色精品项目。(牵头单位:校地合作与校友工作办公室)

23.做好百廿校庆工作。围绕"百廿山大　强校兴国"主题,大力弘扬山大文化,推进文明校园创建工作,开展校史校情教育、人才学术交流、主题教育实践、特色文体活动等系列活动,营造隆重热烈的校庆氛围。加强学院校友组织建设,通过"山大校友威海行""玛珈校友论坛"等形式营造校友文化,密切社会沟通联络,争取各类办学资源,汇聚发展力量。(牵头单位:庆祝建校120周年工作领导小组)

八、增强综合办学保障

24.全面改善办学条件。全面落实综合预算改革，实施预算绩效管理，提升内部控制综合管理水平。全面优化公房资源配置，实施教学科研用房绩效考核，探索实验室标准化管理，启用大型仪器设备共享管理系统。推进智慧校园建设，加强网络设施优化升级，完成高性能计算平台二期建设，推进应用平台一体化部署。确保东门外专家公寓投入使用、材料与空间科学科研楼竣工交付和新工科与交叉学科科研楼建设有序进行，做好新建学生公寓项目有关工作。(牵头单位：各有关单位)

25.扎实推进民生工程。推动建立“校区领导直通车”“机关部门直通车”“学生权益直通车”等制度，充分发挥各类群团组织的纽带作用，主动回应师生诉求，实现管理和服务的无缝贯通。高质量推进2021年服务师生“十件实事”，坚持深化后勤改革，全面提升校区餐饮服务保障水平。做好基础教育学校启用招生、老旧住宅小区改造、学生宿舍提升改造等民生工程，提升师生员工的幸福感、获得感和自豪感。(牵头单位：各有关单位)

山东大学(威海)2021年党建工作要点

2021年校区党建工作的总体要求是:以习近平新时代中国特色社会主义思想为指导,深入学习贯彻党十九大和十九届中央历次全会精神,增强“四个意识”、坚定“四个自信”、做到“两个维护”,坚决落实学校党委决策部署,坚决落实一体发展战略,按照学校2021年党建工作总体安排,深入开展党史学习教育,扎实推进新时代党的建设新的伟大工程,持续彰显党的领导最大优势,以高质量党建引领校区新亮点建设,为加快推进一体发展、转型发展、高质量发展提供坚强保证,以优异成绩庆祝建党100周年和建校120周年。

一、深化党的创新理论武装

1.加强政治理论学习。深入学习习近平新时代中国特色社会主义思想和党的十九届五中全会精神,认真落实“第一议题”制度,制定2021年党工委理论学习中心组学习计划和教职工政治理论学习计划,发挥校区、学院两级宣讲团作用,持续在学懂、弄通、做实上下功夫,不断增强政治理论学习的针对性和实效性。(牵头单位:宣传统战部)

2.开展党史学习教育。按照上级和学校党委统一部署,贯彻落实“学党史、悟思想、办实事、开新局”要求,深刻认识学习教育的重大意义,系统把握学习重点、精心策划教育活动,高标准高质量完成学习教育各项任务,做到学史明理、学史增信、学史崇德、学史力行,推动党史学习教育深入群众、深入基层、深入人心。(牵头单位:党史学习教育领导小组)

3.广泛凝聚发展共识。紧密结合校区发展实际和办学特色,深入贯彻新发展理念,坚决落实一体发展战略,紧紧围绕高质量发展主题,全面总结梳理校区“十三五”建设成就,高质量完成校区“十四五”事业发展规划和有关专项规划编制工作,建立规划编制、实施、考核的管理闭环,广泛听取师生员工意见建议,凝聚校区全体师生的思想共识和行动共识。(牵头单位:党工委办公室)

二、精心庆祝建党100周年

4.精心组织庆祝建党100周年系列活动。贯彻落实中央和学校党委有关决策部署,将迎接中国共产党成立100周年与巩固深化“不忘初心、牢记使命”主题教育成果相结合、与落实全面从严治党主体责任相结合、与推进“新亮点”建设和“强院兴校”“强校兴国”相结合,深入组织实施“学习·诊断·建设”行动,开展系列主题宣传活动和群众性主题活动,让党旗在基层一线高高飘扬。(牵头单位:组织部、机关党委,宣传统战部)

三、充分发挥党建引领作用

5.深化重点领域综合改革。不断深化一校三地管理体制机制改革,推进落实"1+4+N"各项重点改革任务,实施校区领导帮包联系学院、管理机构定期汇报工作、效能监察和服务质量公开质询制度,围绕服务学院、服务学科、服务学者、服务学生,开展服务"四学"工程,系统推进为学院发展"汇智、减负、蓄能、强基"特色增值服务体系,加强跨校区、跨部门、跨学院的工作协同。(牵头单位:党工委办公室,各有关单位)

6.扎实做好意识形态工作。扎实做好意识形态工作专项巡察反馈意见整改,开展师生思想动态定期研判,严管严控各类意识形态阵地,建立舆情风险预判机制,提升舆情处置能力,强化网络信息安全管理培训,探索建立意识形态工作考核制度,坚决抵御渗透和防范校园传教,建立完善全覆盖的意识形态工作体系,牢牢把握意识形态工作的领导权。(牵头单位:宣传统战部)

7.深入推进全面从严治党。坚持以政治建设为统领,推动全面从严治党"一办法三清单"落实落地,切实发挥全面从严治党引领保障作用,引导督促各级党组织落实从严治党责任,强化守土有责、守土负责、守土尽责的政治担当,健全完善层层传导、层层压实的责任落实链条,把管党治党责任延伸到每一个支部、每一名党员。(牵头单位:纪监审办公室,组织部、机关党委,党工委办公室,各有关单位)

四、加强思想政治工作创新

8.推进师德师风建设。把师德师风作为评价教师队伍素质的第一标准,在教师引进、职称评聘、评优奖励等方面严格把关,加强教师岗前培训和在职培训,探索建立师德师风监督员制度,强化师德督导,探索建立青年教师社会实践基地,完善表彰奖励及管理办法,组织开展师德师风教育宣传月、深化学术诚信教育等活动,激发广大教师爱岗敬业。[牵头单位:宣传统战部(教师工作办公室),各有关单位]

9.完善三全育人体系。系统推进"三全育人"综合改革,深入探索思想政治教育改革,加强课程思政和思政课程的有机融合,发挥好课堂教学主渠道,以"四史"教育为重点加强学生思想引领,以生涯指导为主线助力学生成长成才,以公寓文化建设为突破塑造学生健全人格,以素质拓展为方向健全资助育人功能,加大辅导员引育培训考核力度,开展常态化导师培训,不断加强思想政治队伍建设。[牵头单位:宣传统战部,学生工作部(处)、团工委]

10.加强宣传思想工作。强化互联网思维和互联网时代工作能力,深入推进媒体融合,充分调动宣传队伍的积极性,加强与主流媒体的交流合作,聚焦重要节点和重大活动,聚焦学术学者学生,紧跟新闻报道热点及需求,发挥全媒体矩阵效应,切实讲好校区故事,传递校区好声音,展示校区好形象。(牵头单位:宣传统战部)

11.做好百廿校庆工作。围绕"百廿山大　强校兴国"主题,大力弘扬山大文化,推进文明校园创建工作，开展校史校情教育、人才学术交流、主题教育实践、特色文体活动等系列活动，营造隆重热烈的校庆氛围。加强学院校友组织建设，通过“山大校友威海行”“玛珈校友论坛”等形式营造校友文化，密切社会沟通联络，争取各类办学资源，汇聚发展力量。（牵头单位：庆祝建校 120 年工作领导小组）

五、不断提升组织建设水平

12.加强干部队伍建设。实施干部“能力提升工程”，利用网络优势创新干部培训形式，提升校区机关干部的政治判断力、政治领悟力和政治执行力，继续做好校内双向挂职工作，督促指导规范学院党政权力运行机制，对各单位领导班子运行情况和班子成员工作表现情况开展调研，健全谈心谈话、函询诫勉、述职述廉、任前承诺等制度，加强干部日常监督管理。（牵头单位：组织部、机关党委）

13.提升基层党建水平。落实一校三地党建工作体制机制，加强基层党建制度体系建设，推进实施“领航工程”，精心培育标杆学院、样板支部、“双带头人”教师党支部书记工作室。建立基层党组织建设定期梳理排查机制，加强党支部标准化规范化建设。注重从高知识群体、大学生中发展党员，提高发展党员质量。扎实推进党建信息化工作，全面提升党建工作质量。（牵头单位：组织部、机关党委）

六、持续巩固作风建设成效

14.不断深化作风建设。严格落实中央八项规定及其实施细则，持之以恒纠治“四风”，将 2021 年作为校区“作风建设深化年”，深入开展“深化作风建设行动”。坚持“小机关、大服务”，全面深化“放管服”改革，推进管理重心下移，保障学院办学主体地位，着力提高办事效率，实行服务清单反向问责，有效提升校区机关部门的服务效能。（牵头单位：纪监审办公室，组织部、机关党委，各有关单位）

15.加强监督执纪问责。推动政治监督具体化、常态化，着力防范化解政治风险，继续做细日常监督，建立问题整改跟踪推进机制，精准科学监督执纪问责。继续强化规矩意识，分层次有针对性开展廉洁教育。继续开展约谈工作，提高党员干部纪律意识和规矩意识。加强财务收支、经济责任、内部控制以及预算执行等方面的审计监督，营造风清气正的政治生态。（牵头单位：纪监审办公室）

七、全力确保校园安全稳定

16.坚守校园安全防线。深入贯彻落实总体国家安全观，推动安全稳定工作常态化建设，落实网格化管理，提升多层级精细化服务能力。强化底线思维，提高师生安全意识和防范能力，有效防范和化解各类风险。积极用好“教、查、纠、防”等手段，持续筑牢校园安全五道防线，加大人防、物防、技防投入，完善校园安防体系建设，优化校园综合治理，推进平安校园建设。（牵头单位：校区安全工作委员会）

17.抓牢疫情防控工作。切实完善常态化防控机制,坚持“预防为主”工作方针和“主动防疫”工作要求,全面落实学校和校区常态化疫情防控工作方案,狠抓校园管控、联防联控、应急演练、防控宣讲等各项措施,加强日常管理和聚集性活动管理,实现疫情防控工作常态化与教育教学工作运行正常化有机融合,切实维护师生员工的身体健康和生命安全。(牵头单位:校区疫情防控工作专班)

18.做好统战群团工作。推动建立“校区领导直通车”“机关部门直通车”“学生权益直通车”等制度,实现管理和服务的无缝贯通。充分发挥党外知识分子的智力优势,组织开展“百名专家教授联百企”等活动,推动统一战线工作提质增效。成立学校教代会威海校区工作组,完善二级教代会制度,建立健全教职工互助机制。全面做好离退休工作和各类学团组织工作。(牵头单位:各有关单位)

附件　山东大学(威海)2021年服务师生十件实事

序号	事项名称	完成目标	责任领导	牵头单位
1	材料与空间科学科研楼竣工交付	加强工程质量管理,确保材料与空间科学科研楼年内竣工交付,进一步充实校区的教学科研空间	赵玉璞	基建处
2	学生宿舍提升改造	优化改造学生宿舍校园网,推进学生宿舍5G通信室分系统建设,实现宿舍通信5G覆盖及承载能力提升。对24号楼等学生公寓洗浴设备设施进行改造,积极改善学生公寓楼内洗浴条件	刘　海 李振奎 黄凯南	学生工作处,后勤管理处,信息化工作办公室
3	实施教工住宅一区老旧小区改造项目	加强与属地管理部门的协同对接,积极争取地方支持,对威海校区教工住宅一区进行老旧小区改造,对小区地下管网、绿化、休闲设施等进行全面改造,改善教职工生活居住环境	李振奎	后勤管理处
4	实现威海高新区山大实验学校招生	加快推进与高区管委会、山东山大基础教育集团三方共建“威海高新区山大实验学校”工作,实现2021年秋季顺利开学	赵玉璞	校地合作与校友工作办公室
5	积极落实各项属地人才政策	主动对接属地各类人才政策,为高层次人才申领山东省“惠才卡”和威海市“英才卡”,积极做好符合条件的教职工申请“威海市万名大学生生活津贴”工作	黄凯南	人事处
6	提升门诊部健康医疗服务质量	加强与市立医院合作,派驻医疗管理人员,扩大市立医院门诊部空间,增设常规医疗、医护设备设施	李振奎	后勤管理处

续表

序号	事项名称	完成目标	责任领导	牵头单位
7	进行泰园餐厅改造	改善泰园餐厅就餐环境、生产加工条件、安全保障措施，改变服务保障方式，实现校区饮食生活基本保障有力、安全保障到位、服务品质提升，进一步满足师生生活需求	李振奎	后勤管理处
8	提升智慧校园建设水平	完成高性能计算平台二期建设项目，建设校区云平台，推进校区信息化门户和数据平台与校本部的一体化融合，丰富和完善职能部门业务流程，推进各类应用系统的一体化部署	黄凯南	信息化工作办公室
9	建设物流快递服务中心	实现一校三地学生快递统一平台服务，建设集现代化、智能化、集成化于一体的校区物流快递服务中心，彻底改变校区快递服务空间不足、服务方式落后的问题，全面满足师生校园快递服务需求	李振奎	后勤管理处、学生工作处等
10	加快推进校区师生服务大厅建设	根据学校总体建设要求，加快推进校区师生服务大厅建设，为校区师生提供“一号咨询、一站办理、一网通办”的“一站式”服务，全面升级服务师生能力	赵玉璞	党工委(校长)办公室，各有关单位

山东大学(威海)2021年新文科建设工作方案

为进一步推进威海校区新文科建设工作，做到深度“交叉融合再创新”，同时进一步为校区专业现代化建设提供方向、标准，在校区前期扎实的新文科建设基础之上，根据《山东大学新文科建设工作方案(2019～2021)》，研究制定校区2021年新文科建设工作方案。

一、指导思想

深入学习贯彻习近平新时代中国特色社会主义思想，深入贯彻党的十九届五中全会精神，坚持教育为社会主义现代化建设服务、为人民服务，把立德树人作为教育的根本任务，全面落实教育部新文科建设工作会议和《山东大学新文科建设工作方案(2019～2021)》要求，切实践行《新文科建设宣言》，在山东大学一体发展战略下，致力于提升和完善学生思想体系，培育学生未来职业所需要的综合素质，培养最优秀的本科生，构建世界水平、中国特色的文科人才培养体系，继续以“继承与创新”“交叉与融合”“协同与共享”为主要途径，在前期工作基础上，深化改革，集成创新，持续研究，突出重点，寻求突破，彰显特色，将校区新文科建设推向深入，推向高质量发展，全面提升校区文化育人水平与教育现代化水平，逐步实现高等教育内涵式高质量发展，培养德智体美劳全面发展的社会主义建设者和接班人。

二、基本原则

(一)坚持党建领航，强化思想引领

面对世界百年未有之大变局，要直面新考验，把握中国高等教育发展新形势，坚持中国共产党的领导，坚持社会主义办学方向，坚持走中国特色的文科教育发展之路，形成中国特色文科教育的理论体系、学科体系、教学体系，为新一轮改革开放和社会主义现代化建设服务。牢牢把握文科教育的价值导向性，坚持立德树人，五育并举，全面推进思政课程和课程思政建设，立足中国国情，扎根中国大地，用习近平新时代中国特色社会主义思想铸魂育人，提高学生思想觉悟、道德水准、文明素养，培养知中国、爱中国、堪当民族复兴大任的新时代文科人才。

(二)坚持服务国家战略，深化“交叉融合再创新”

把握中华民族伟大复兴的战略全局，把握科技革命和产业变革所带来的历史机遇，服从国家发展战略需求，面对新形势、应对新变化、解决新问题，进一步解放思想，广开思路，守正创新，打破原有模式，打破学科专业壁垒，推动原有专业、课程、模式、理论的再创造、再更新、再升级，推动文文、文理、文工等专业之间深度交叉融合，运用现代信息技术赋能文科教育，深化“交叉融合再创新”；做强文科教育推动高教强国建设，加快实现教育现代化；以文化人、以文培元，努力培育中国哲学社会科学的“山大学派”；“强校兴国”，培育具有国际胜任力的时代新人，提升国家文化软实力，塑造国家硬形象，促进文化大繁荣，增强国家综合实力。

（三）遵循教育规律，坚持分类推进

尊重文科教育特点和人才成长规律，兼顾文科教育教学价值性与学术性，强化价值引领，坚持以习近平新时代中国特色社会主义思想为指导，不断提高高等文科教育的时代性、科学性和创造性。根据不同学科的专业特点，结合行业领域特定问题，促进学科门类特色发展，实现文史哲促人修身铸魂、经管法助力治国理政、艺术学美人化人。

（四）坚持学院主体，推进一体发展

坚持学院办学主体地位，推进管理重心下移，发挥学院优势，以问题为导向，以目标为引领，统筹谋划，打通经费使用，自主开展工作，形成“学院主动变革，学校督导服务”新局面。按照“一体发展、优化结构、提升质量、强化保障”的工作思路，发挥校本部与威海校区“文史见长”的学科优势，强化担当、主动作为，实行一把手牵头负责制，加强学院间、校区间对接，升级共商共建工作机制，激发校区办学活力，融汇一体发展合力，切实推进新文科建设工作向高质量、内涵式发展。

三、主要举措

（一）建立院长（主任）负责制，全面深化学科专业交叉融合

1.实行院长（主任）负责制，形成新文科建设联合工作机制，加强学院间、校区间对接，定期召开交流研讨会，结合国家战略需求、学科专业特色和学生发展需求，深入探索文科专业之间深度融通、文科与理工交叉融合的新可能、新模式，加强沟通，优势互补，交叉融合，推进文科教育高质量发展。

2.通过院长（主任）负责制，深入研讨，合理规划，科学施策，统筹布局，形成“年初规划”“年中检查”“年末报告”工作体系，有序推进学科、专业交叉融合再创新，有力夯实新文科建设工作持续发力，不断发声。

（二）坚持推陈出新，交叉融合，深入拓展“四新”建设

1.持续推进专业（方向）更优

坚持“一体发展”和“彰显特色”相统一，以“瘦身、长高、变强”为目标导向，以“新增一批，整合一批，撤并一批，优化一批”为工作准则，做强传统优势专业，做精国家战略急需专业，做实新兴交叉融合专业，持续推进专业升级改造工作。根据专业特色和社会需求对现有文科专业进行升级优化，积势蓄势谋势，做好第三批国家级、省级一流专业申报的准备工作。

2.持续推进课程更好

(1)围绕落实立德树人根本任务,以学生成长发展为中心,充分发挥哲学社会科学育人功能,进一步深化思政教育教学改革,加强“思政课程外围课程”建设,加快VR思政实验室建设,持续推进“课程思政”与“思政课程”无缝对接,以沉浸式、互动型、春风化雨、润物无声的教学方式树立学生正确的人生观、价值观和世界观。

(2)实施经典特色课程的“1＋N”方案。在专业建设中,每个专业至少建设1门经典通识课程、N门特色专业课程,全面提升课程质量。

(3)深入推进“课堂革命”,深化课堂教学模式改革,因课制宜,因材施教,推进PBL-TBL-CBL、BOPPPS和OBE等先进教学模式,在变化中提质增效。大力推动慕课建设和应用,促进优质课程资源广泛共享;推动混合式翻转课堂教学,促进现代信息技术与教学的深度融合,切实提升慕课和SPOC等开课模式的教学质量。

(4)构建校级、省级及国家级一流课程培育评选体系,着力打造一批具有高阶性、创新性和挑战度的线下、线上、线上线下混合、虚拟仿真和社会实践“金课”。

(5)增设通识教育核心课程、创新创业课程和国际化课程,强优势,补短板,重点开设信息社会类课程,打造通识核心课程“信息社会”1＋N课程体系,实现通识教育核心课程、创新创业课程和国际化课程量的积累与质的飞跃。

3.持续推进模式更新

(1)鼓励学院/院院/校区跨界融合施教。根据学科专业特点,结合领域发展趋势,改进原有管理制度和运行模式,淡化专业概念,打破学院、系所和教研室屏障,开设、开发学科、专业交叉融合特色班、实验班,同时探索各类特色班、实验班跨校区共建合作,联合招生、联合培养模式,聚焦目标,聚集合力,培养面向国家战略需求和社会实际需要的高端复合交叉型人才,延展拓宽“交叉融合,特色教育”新路径。

(2)面向高等教育发展新特征,针对学习目标的多样化和个性化,为拓展学生国际视野拓宽学生语言学习选择面;为培养国际化人才服务,开展大学外语教学改革试点,探索非英语(翻译)专业本科生通识教育必修课“大学外语”的多语种选择模式;开设“大学日语”“大学德语”“大学法语”“大学俄语”“大学西班牙语”“大学朝鲜语”等大学外语课程。

(3)推进建设“国际政治＋国际经济与贸易”“英语＋法学”“英语＋国际经济与贸易”三个五年制双学位班跨校区共建合作2.0版,实现“英语＋法学”和“英语＋国际经济与贸易”两个五年制双学位班一校三地联合招生、联合培养。

(4)推进建设“金融学”“国际经济与贸易”“法学”“行政管理”4个文科类辅修学士学位跨校区共建合作2.0版,实现一校三地联合招生、联合培养。

(5)鼓励学院开发与建设双学士学位新项目与辅修学士学位新项目。

(6)着力推进跨学院、跨专业、跨学科微专业建设新项目,计划本年度建设9个左右文科类微专业项目(含专业交叉项目),实现校区微专业建设零的突破。

(7)积极论证“日语背景法学”特色班建设可行性,实现本年度该特色班招生培养。

(8)加强国际化合作,拓宽国际合作新路径,探索国际合作新模式,开展多样化中外合作办学项目,着力培养扎根中国、面向世界、具备国际竞争能力与国际治理能力的新时代复合型高端人才。

4.持续推进研究更深

(1)依托儒家文化发祥地的资源优势和文史见长的学科优势,坚持理论性和实践性相统一,坚持"思政元素"与"专业课程"相融合,坚持"思政小课堂"与"社会大课堂"相结合,持续深化思政教育教学改革,打造思政教育与专业教育全面融合、课堂教育与实践教育有机结合的新时代思政教育示范性体系。

(2)推动文科高水平教材编写使用。着力推进马工程教材使用,做到应用尽用,推动习近平新时代中国特色社会主义思想和中国理论中国实践进教材、进课堂、进头脑。积极谋划新文科系列专业教材和通识教材。

(3)深入推进山东大学2020年新文科研究与实践项目(威海校区)建设,持续研究,早出成果,付诸实践。

(4)做好2021年度校区教育教学改革研究立项工作,开设"新文科、新工科研究与改革实践综合类项目",鼓励跨校区、跨学院、跨学科、跨专业联合申报。

(5)激发学院和教师研究内生动力,"影响一批,带动一批,成功一批,辐射一批",深入促进各级新文科项目申报与建设工作。

(6)推动科研反哺教学。强化科研育人功能,推动学院聚焦前沿,及时把最新科研成果转化为教学内容,激发学生专业学习兴趣,引领学生未来职业发展。

(三)加强新文科实验实践教学建设,提高文科人才创新实践能力

1.创新文科实验实践教学形式,加强专业实验、专业实践和社会实践,提高实验实践教学质量。鼓励师生跨校区、跨学院、跨学科、跨专业共建实验实践团队,提高学生交叉复合创新实践能力。

2.推动学院开展文科实验室和实验平台建设工作。加大文科重大科研设施投入,推动现代信息技术在实验教学中的应用,探索建设集约化、智慧化、开放性的文科教学实验室,建设一批文科虚拟仿真实验教学项目。

(四)增进学术合作,提高学术氛围,践行文化担当

开展迎校庆"百廿山大,学术报国"系列学术报告活动,加强对外学术交流,增进各方学术合作,凝聚优秀学术思想和学术成果,强化校区学术氛围,增添校区学术积淀,拓宽师生学术视野,增进校区文化繁荣,增强校区文化软实力,增进文科建设创新力。

四、保障措施

1.深入贯彻落实《中共山东大学委员会关于实施强院兴校行动的意见》和《山东大学学院综合预算改革实施方案(试行)》,下放权力,赋能学院,强化学院主体地位,扩大学院预算编制范围,放宽经费使用限制,落实经费统筹使用自主权,确保学院可根据建设目标

和任务自主配置财务资源,切实调动学院开展新文科建设各项工作的积极性和内动力。

2.深入贯彻落实《深化新时代教育评价改革总体方案》等相关文件精神,结合校区教研工作实际,全面衡量各院部围绕教学研究所开展的各类项目业绩,统筹评价各院部内涵发展和特色建设方面的成效,修订、完善教研业绩津贴奖励划拨办法,加大力度鼓励教师积极投入教学研究,推动教学改革,产出高水平教学成果,切实提高本科教学水平和质量,培养一流本科人才。

3.深入贯彻落实《关于深化高等学校教师职称制度改革的指导意见》,学院(部)根据学科和专业实际情况,科学论证,合理筹划,调整教师职务及岗位聘用申报条件,增加教学业绩与教学研究比重,统一上报,学校审议,完善教师评价机制,激励教师教书育人,落实立德树人根本任务,加快教育现代化,推进高等教育内涵式发展。

4.落实跨校区本科教学资源共建共享联席会议制度,由分管本科教学副校长牵头,本科生院和威海校区教务处直接负责,相关部门和学院积极参与,定期召开联席会议;建立本科教学资源共建共享年终单项考核评价体系;切实推进一校三地文理农工医专业共建、课程共设、资源共享、研究共进。

5.建设专业级在线课程制作室,培育校区在线课程专业设计录制团队,因课因师制宜,充分沟通,量身定制,助推校区在线课程量增质变,实现校区本科课程“双万计划”飞跃式发展,有力助推校区新文科专业与课程建设量质双赢。

6.开展分级分类教研立项、教学成果奖等申报培训和个性化指导,力邀校内外评审专家和教研/教学获奖教师传经送宝,切实延展校区教研视域,提升校区教研水平。

7.组织跨校区、跨学校、跨国界教学能力提升培训活动和高水平教师发展活动;组织跨校区教学比赛和教学示范活动;加强师资队伍建设,帮助教师制定专业发展计划,找准学术定位,提升现代化教学实践水平、教学研究水平和交叉融合创新能力,适应新的教学发展需要。全力推荐优秀骨干教师冲击省级、国家级教学竞赛以及优秀教师、教学名师等荣誉评选,提升教师职业成就感、荣誉感、自豪感。

8.严格审核,系统归纳,齐心发力,持续发声,做到“会学习、懂教育、善总结、有发表”,充分利用各类传媒信息平台,及时总结和积极推广新文科建设工作新举措、新成果以及管理服务新理念、新经验,保持校区新文科建设前沿地位。

山东大学(威海)“学生权益直通车”职能部门联动机制实施办法

为进一步贯彻落实“学党史,办实事”的工作思路和民主治校的基本原则,扎实做好服务学生工作,提升机关管理服务效能,充分发挥学生会联系学校与学生的桥梁纽带作用,创造性地做好增值服务和特色服务,校区团工委会同相关职能部门特制定本办法。

第一章　总　则

第一条　“学生权益直通车”职能部门联动机制(以下简称“联动机制”),是相关职能部门对学生反映的关于学业学习、权益维护、实习实践、创新创业、心理健康等问题进行反馈和解决的工作方式。

第二条　联动机制由校区团工委负责牵头实施,协调各职能部门共同参与;校区团工委指导学生会(研究生会)负责问题收集和调研反馈;学生工作处、教务处、后勤管理处、图书馆、信息化工作办公室、保卫处等各相关职能部门负责回应和解决学生反映的问题。

第三条　联动机制在实施过程中,应遵循“高效、务实、切实为广大学生着想”的原则,提升问题解决效率。

第二章　问题收集与受理

第四条　为确保多渠道收集学生所反映的问题,“学生权益直通车”设置以下 7 条线路:

1 号线:权小威 QQ 在线——QQ 号码 3523574177;

2 号线:权益委员在线——由各班级权益委员负责;

3 号线:食堂在线(饮食管理中心)——由后勤管理处负责;

4 号线:宿舍在线(宿管中心)——由学生工作处负责;

5 号线:商铺维权在线(如超市、洗衣机等)——由后勤管理处负责;

6 号线:水电维修服务在线——由后勤管理处负责;

7 号线:召开学生代表座谈会,收集学生问题。

第五条　对于通过 1 号线、2 号线,即“权小威”平台、班级权益委员在线收集的问题,由校区学生会（研究生会）提交至相关职能部门受理。

第六条 对于通过3号、4号、5号、6号线，即食堂在线、宿舍在线、商铺维权在线、水电维修服务在线收集的问题，由负责线路的相关职能部门直接收集、受理。

第七条 对于7号线，即学生代表座谈会反映的问题，校区团工委将根据学生们反映问题的整体情况，适时召集学生代表参加座谈会，由相关职能部门负责人对学生提出的问题进行现场受理。

第三章 问题答复与反馈

第八条 通过"学生权益直通车"各条线路所反映的问题，相关职能部门受理后需在工作日1～2天内进行答复。针对个别紧急问题，相关职能部门须在第一时间赴现场给予解决。对于未解决的问题，团工委应联系相关职能部门做好后续工作。

第九条 对于职能部门做出的答复，由团工委指导学生会（研究生会）在一定范围及时反馈。针对个性问题，校区学生会（研究生会）可通过点对点沟通等形式向相关学生进行反馈；针对共性问题，校区学生会（研究生会）可以通过微信推送、学院通知等形式进行反馈。

第十条 校区团工委指导学生会（研究生会）定期进行学生满意度回访调研，并将调研情况提交给相关职能部门。

第四章 部门联席会议

第十一条 部门联席会议是校区团工委与各职能部门保持日常沟通、协调解决问题的工作方式。部门联席会议需邀请学生代表参与座谈。

第十二条 分管学生工作的校区领导负责召集部门联席会议；各职能部门主要负责人是部门联席会议的成员，负责回应和解决学生代表提出的问题；团工委负责组织会务、草拟议题、督促落实议决事项等工作。对于需要多部门联动配合解决的重要问题，需确定牵头部门，由相关部门制定详细的解决方案。

第十三条 各职能部门需确定一名联系人，与团工委保持日常事务性联系，负责本部门学生反映问题的对接处理。

第五章 登记与留存

第十四条 所有经联动机制进行反映、解决的权益问题需由校区团工委负责信息登记、进度跟进以及定期回访。

第十五条 所有权益问题的内容、解决过程、结果及学生满意度调研情况等相关信息，须形成详细清单，经校区团工委及职能部门确认后留存，以备查验。

第六章　附　则

第十六条　本办法自发布之日起实施。

山东大学(威海)开展
“解放思想,追求卓越,凝心聚力,转型发展”
大讨论活动工作方案

为深入贯彻落实党史学习教育“学党史,悟思想,办实事,开新局”要求,强化思想引领,助力校区高质量发展,经研究决定,在校区范围内开展“解放思想,追求卓越,凝心聚力,转型发展”大讨论活动(以下简称“大讨论”)。有关安排如下:

一、活动目的

在广泛深入开展党史学习教育基础上,通过组织开展大讨论活动,进一步强化师生思想引领,统一和深化校区师生对转型发展的认识,明确校区的办学指导思想和办学定位,坚定转型发展信心,把工作思路真正转到“调结构,抓改革,强保障,促发展”上来,为加快推进校区转型发展奠定思想基础。

二、指导思想

以习近平新时代中国特色社会主义思想为指导,深入贯彻党的十九大和十九届二中、三中、四中、五中全会精神及全国教育大会精神,坚决落实学校党委决策部署,坚决落实一体发展战略,立足新发展阶段,贯彻新发展理念,融入新发展格局,紧紧围绕立德树人根本任务和高质量发展主题,全面推进新亮点建设,全力确保“十四五”事业发展开好局、起好步,加快推进校区逐步向科研型校区转变,以优异成绩庆祝中国共产党建党100周年和学校建校120周年。

三、主要内容

大讨论活动以转型发展思想为引领,聚焦校区高质量发展,按照“六个紧密结合”的要求扎实推进:一是与党史学习教育紧密结合,二是与《山东大学(威海)落实一体发展战略推进高质量发展三年行动方案(2020～2022年)》部署安排紧密结合,三是与学校强院兴校行动紧密结合,四是与贯彻落实校区“十四五”规划紧密结合,五是与推动学校党委巡察威海校区党工委问题整改落实紧密结合,六是把解决思想问题和解决实际问题紧密结合。重点围绕以下九个专题组织研讨:

(一)党建引领高质量发展专题

认真学习习近平总书记关于高校党的建设和思想政治工作重要讲话精神,贯彻落实学校第十四次党代会和党建工作会议精神，按照《山东大学（威海）管理体制机制改革实施方案》《山东大学（威海）落实一体发展战略推进高质量发展三年行动方案（2020～2022年）》有关要求，紧扣创建一流大学新亮点的校区发展定位，研讨如何切实发挥好党建引领校区事业创新发展的政治核心作用，加强和改进思想政治引领工作，为实现高质量发展和“由大到强”历史转变提供坚强政治保证、思想保证和组织保证。[牵头单位：组织部、宣传统战部；责任单位：各党委（党总支、直属党支部）]

（二）统筹改革发展稳定专题

1.全面抓好疫情防控，坚守校园安全防线。一是围绕如何实现疫情防控工作常态化与教育教学工作运行正常化有机融合，切实维护师生员工的身体健康和生命安全展开研讨。二是聚焦完善校园安防体系建设，优化校园综合治理，推进平安校园建设展开研讨。[牵头单位：党工委（校长）办公室；责任单位：校区各单位]

2.科学谋划事业发展，深化重点领域改革。一是按照校区“十四五”规划确立的指导思想、发展目标和重点任务，研讨如何细化落实举措，推动“十四五”规划高质量落地。二是研讨如何进一步深化一校三地管理体制机制改革，推进落实“1＋4＋N”各项重点改革任务，加强跨校区、跨部门、跨学院的工作协同。[牵头单位：党工委（校长）办公室；责任单位：校区各单位]

（三）提升学术核心竞争力专题

1.围绕提高学科建设水平，研讨如何推进学科汇聚融合交叉创新，制定完善“学者、学院、学科”一体化建设方案。（牵头单位：学科建设与研究生教育办公室；责任单位：各教学科研单位）

2.围绕提升学术创新能力，谋划如何主动对接国家战略需求，推进策划组织重大项目、重要平台、重点团队培育建设工作。（牵头单位：科研处；责任单位：各教学科研单位）

（四）加强人才队伍建设专题

1.着眼于优化人事人才服务，加强工作研讨，探索建立快速联动的一站式人才服务机制，全方位做好人才选聘、考核评价制度。推动统筹谋划，充分发挥校地政策集成效应，提升人才的吸引力和凝聚力，大力引育高水平杰出人才，全面优化队伍结构。（牵头单位：人事处；责任单位：各教学科研单位）

2.立足加强师德师风建设，深入学习贯彻全国教育大会精神，紧密围绕立德树人根本任务，以培育“四有”好老师和“四个引路人”为导向，组织好师德师风建设月活动，研讨如何以制度规范建设为统领，以青年教师教育培养为重点，充分发挥教师党支部战斗堡垒作用和党员教师先锋模范作用，持续推动师德师风建设常态化长效化。[牵头单位：宣传统战部（教师工作办公室），责任单位：校区各单位]

（五）优化人才培养专题

1.围绕系统推进“三全育人”综合改革开展广泛研讨。深入探索思想政治教育改革，加强课程思政和思政课程的有机融合。发挥好课堂教学主渠道，以“四史”教育为重点加强学生思想引领,以生涯指导为主线助力学生成长成才,以公寓文化建设为突破塑造学生健全人格,以素质拓展为方向健全资助育人功能。(牵头单位:教务处;责任单位:学生工作部、团工委,宣传统战部,各教学科研单位)

2.聚焦致力于培养中国最优秀的本科生和最具创造力的研究生育人目标,研讨如何通过教育资源共建共享和体制机制创新,提升人才培养能力。(牵头单位:教务处,学科建设与研究生教育办公室;责任单位:各教学科研单位)

3.围绕完善创业教育体系建设组织研讨。推动"创业课程—创业竞赛—创业实践"三级创业体系建设,积极参加"挑战杯""互联网+"等创新创业赛事,持续开展大学生就业见习"青鸟计划",扎实做好大学生创业实践工作。实现就业指导全覆盖,增强学生就业竞争力,坚持做好"一生一策",强化对特殊群体毕业生的帮扶。[牵头单位:学生工作部(处)、团工委;责任单位:各教学科研单位]

(六)推进国际合作专题

围绕强化国际合作拓展和深化国际科研合作开展研讨。按照"立足日韩,突出澳洲,发展欧美,拓展'一带一路'国家"思路,研讨后疫情时代国际化工作。进一步扩大合作网络,优化海外经历项目层次和结构,提升中外合作办学质量,加快课程国际化建设,开展高层次人才国际化联合培养。依托重点项目和平台推进国际科研合作,积极主办承办各类国际学术会议,优化引智项目管理,多渠道、多形式引进优秀外籍人才。(牵头单位:国际合作与交流处;责任单位:各教学科研单位)

(七)校地合作与校庆工作专题

1.以威海工业技术研究院、威海发展研究院、高水平基础教育、齐鲁医学医联体等重点合作项目建设为抓手,研讨如何凝聚一校三地"山大系"力量,持续深化校地合作共建,实现校地双赢。(牵头单位:校地合作与校友工作办公室;责任单位:校区各有关单位)

2.围绕"百廿山大　强校兴国"主题,以山东大学120周年校庆为契机,认真研讨谋划校区系列校庆活动,营造隆重热烈的校庆氛围,展示校区良好形象和发展亮点。[牵头单位:党工委(校长)办公室;责任单位:校区各单位]

(八)增强综合办学保障专题

以全面改善校区办学条件、推进民生工程,提升校区师生员工幸福感、获得感和自豪感为目标,研讨如何更好推进重点项目落地。(牵头单位:后勤管理处、基建处、资产与实验室管理处)

(九)强力蓄能、强院兴校专题

各教学院部按照学校强院兴校行动部署安排,深入研讨如何聚焦提升学术核心竞争力这一关键,聚力做强学科、做强学院两大重点,强力蓄能,切实推进以强院带动兴校,推动校区整体高质量发展和竞争力提升。(牵头单位:各教学院部)

四、任务与进度安排

（一）动员启动阶段（2021 年 5 月 6 日至 5 月 15 日）

各牵头单位以转型发展思想为引领，召开动员大会，抓好组织发动；校区领导到分管（联系）单位调研指导，加强学习和宣传，营造出“思想转型，措施落地”推动校区高质量发展大讨论活动的声势和氛围。在此基础上，各牵头单位形成工作落实方案，于 5 月 15 日前报送电子版材料至党工委宣传统战部（邮箱：sdwhxcb@sdu.edu.cn）备案。

（二）学习研讨阶段（2021 年 5 月 16 日至 6 月 15 日）

组织学习相关的政策理论和文件精神，紧紧围绕“解放思想，追求卓越，凝心聚力，转型发展”举办专题讲座，召开座谈会、研讨会，围绕加强党的建设、统筹改革发展稳定、增强学术核心竞争力、加强人才队伍建设、优化创新人才培养、推进国际合作交流、做好校地合作、增强综合办学保障、推动强院兴校等九个专题进行学习研讨。

（三）落实总结提升阶段（2021 年 6 月 16 日至 6 月 30 日）

根据工作落实方案推动重点工作落地，全面总结梳理“大讨论”成果，形成工作意见和建议，各牵头单位形成总结报告，为校区党工委决策提供依据，助力校区转型发展。

五、工作要求

（一）精心组织，周密安排

大讨论活动通过学习研讨、调查研究、讲座论坛、撰写心得等形式开展。各单位紧紧围绕活动主题和讨论专题，按照校区部署精心组织、安排好各个阶段的工作任务，坚持问题导向，围绕自身工作开展学习研讨活动，解放思想、转变观念、形成共识。

（二）加强宣传，营造氛围

充分利用校园网、专题网站、官方微信、宣传栏等多种媒体平台及时宣传报道活动进展情况，营造良好的舆论氛围；总结交流好的经验和做法，全面展示“大讨论”活动带来的新思路、新举措、新进展、新成效。

（三）加强督导，确保实效

校区领导全程参加联系单位的讨论及相关活动；各单位、各部门要加强对本单位讨论活动的自我督查，做到全员参与，全过程参与，扎扎实实抓好活动各阶段工作，防止虎头蛇尾，避免走过场，确保整个活动达到预期目的。

（四）认真梳理，巩固成果

本次活动既是为校区转型发展进行的解放思想、转变观念的一次大讨论活动，也是对校区办学成果和经验的总结。各单位要在学习、讨论的基础上认真做好梳理归纳工作，形成书面总结报告，把大讨论成果转化为校区转型发展的实际行动，以工作成效检查大讨论的成果。

山东大学(威海)专题会议制度与议事规则

第一章　总　则

第一条　为充分发挥专题会议的议事决策作用,促进专题会议制度化、规范化、程序化,确保科学决策、民主决策、依法决策,提高议事效率,结合校区实际,制定本规则。

第二条　山东大学(威海)专题会议是为研究解决校区某一专项工作,或为准备校区党工委会和党政联席会议题,或为落实学校与校区相关文件和会议精神而召开的会议。

第二章　议事范围

第三条　主要议事范围包括:

(一)校区领导分管工作范围内需统筹协调的某项具体工作。

(二)需要协调开展的某项重要活动。

(三)需要协调解决的某个具体问题。

(四)需要处理的突发性事件。

(五)需要提交校区党工委会、党政联席会研究的事项。

(六)贯彻落实学校文件、会议和校区党工委会、党政联席会议决事项的具体举措。

(七)贯彻落实领导批示的具体举措。

(八)其他需要研究处理的具体事项。

第三章　会议组织与议事程序

第四条　专题办公会议根据需要不定期召开,一般由党工委书记、校长或校区分管领导召集并主持召开,与此项工作有关的校区领导和部门(单位)负责人参加会议。应主持会议的校区领导如有特殊情况,可委托其他校区领导主持会议。

第五条　议题所属部门提请召开专题办公会议,须事先向校区分管领导汇报,经同意后方可组织召开专题会议。

第六条　需要多个校区领导参加的会议,应由会议召集人与其他校区领导事先协调沟通,并达成一致意见。

第七条 政策性强、敏感度高以及涉及师生员工切身利益的事项，在召开专题会议前，会议召集人要及时向校区主要领导汇报。

第八条 专题会议议事程序一般为：

（一）专题会议的议题、参会人员（或单位）由会议主持人提出，议题所属部门负责会场安排及会议通知。

（二）会议主持人或议题所属部门（单位）负责人说明议题情况，与会人员要结合各自工作实际充分发表意见，会议主持人综合与会人员意见作出决定。

（三）议题所属部门（单位）负责会议记录及会议纪要起草、分发与存档工作。

（四）会议纪要须经党工委（校长）办公室审核，报请会议主持人签发，由党工委（校长）办公室编号印制。

第四章　会议纪律

第九条 参加专题办公会议的单位、部门原则上要求主要负责人到会。主要负责人确因特殊情况不能到会时，须委托本单位、部门其他分管此项工作的负责人参会，参会人员在专题会议上的发言代表本单位、部门意见。

第十条 对专题办公会议讨论决定的事项，如有涉及本人或其亲属利益关系，或其他可能影响公正决策的情形，相关人员应当予以回避。

第十一条 与会人员应遵守会议纪律，不得在会后发表与会议议决结论不一致的意见。

第五章　会议决议的落实

第十二条 专题办公会议决定的事项由各有关单位按照会议纪要严格贯彻落实。会议决定事项在执行过程中，如遇特殊情形需调整执行方案时，要及时向会议召集人汇报；确需复议的，应按复议后的决定执行。任何单位或个人不得擅自更改或否定专题会议决定。

第六章　附　则

第十三条 本规则自发布之日起施行，由党工委（校长）办公室负责解释。原《山东大学（威海）专题会议制度》（山大威校字〔2013〕30 号）同时废止。

山东大学(威海)落实强院兴校行动强化特色增值服务实施意见

为进一步深化管理体制机制改革,夯实学院办学主体地位,强化校区特色增值服务,提升学院综合发展能力,助力学校“由大到强”的历史性转变,根据《中共山东大学委员会关于实施强院兴校行动的意见》(山大党字〔2020〕10 号)和《山东大学(威海)管理体制机制改革实施方案》(山大党字〔2020〕26 号)等文件要求,现提出如下实施方案。

一、总体要求

(一)工作目标

深入落实一体发展战略,紧密围绕校区新亮点建设的发展定位,聚焦做强学科、做强学院两大重点,推动实现管理重心下移,建立完善以面向学院发展为核心的特色增值服务体系,全面提升校区党政管理机构的行政效能,充分激发学院的办学活力、内生动力和发展潜力,加快推动校区高质量发展和“新亮点”建设。

(二)基本原则

1.坚持党的领导。把加强学校党委全面领导贯穿校区和学院改革发展的全方位、全过程、全覆盖,坚决落实学校党委的各项决策部署,充分发挥党的领导最大优势。

2.坚持一体发展。全面落实一体发展战略,推动“同一个山大”建设,以提升学院发展质量推动研究型校区转型,以加速校区高质量发展融汇学校一体发展合力。

3.坚持做好服务。牢固树立“以学院为中心、以师生为中心”的工作理念,根据学院实际和学科特点,有针对性地提供发展资源和政策支持,推动学院的创新发展、特色发展和科学发展。

4.坚持问题导向。聚焦学院改革发展的实际需求和部门管理服务的薄弱环节,强化协同联动,切实解决师生员工反映的突出问题,确保管理服务工作无缝衔接、运行顺畅、师生满意。

二、重点任务

为保障工作目标落实,校区将统筹推进“为学院发展汇智”“为学院发展减负”“为学院发展蓄能”“为学院发展强基”等四项重点任务。

(一)为学院发展汇智

校区领导帮包学院。建立校区领导班子成员与学院“一对一”帮包联系制度,指导学院推进改革发展，督促学院落实学校部署，关心学院领导班子建设，听取学院师生意见。实施联系学院“四个一”工程，即校区领导班子成员每学期至少听取1次学院班子工作汇报，召开1次服务学院现场办公会，列席1次学院专题民主生活会或党政联席会，参加1次学院师生座谈会或随堂听课，有针对性地帮助学院解决改革发展中遇到的困难和问题。

管理部门联系学院。建立校区党政管理机构与学院“多对一”服务联系制度，根据学院的发展实际和弱项短板选优配强共建部门，增加与学院之间的工作协同联动，深入开展政策宣讲，定期进行工作交流，共同破解发展难题。管理部门要充分利用资源、管理、信息等方面的优势，拓宽主动服务学院、服务师生的渠道，每学期至少深入联系学院开展交流对接2次，积极解决学院在发展过程中遇到的各种实际困难。

干部员工服务学院。建立校区机关工作人员“全方位、全天候、全身心”服务学院制度，选聘机关干部担任挂职副院长、思政教师、班主任等，鼓励机关工作人员深入学院讲解业务流程，了解师生诉求，协助办理业务，交流发展建议。校区机关工作人员每学期至少深入学院开展业务交流2次，提出业务流程优化建议或学院发展建议1～2项。

（二）为学院发展减负

全面提升管理水平。推进“放管服”改革，按照“能简则简、能放则放、能并则并”的原则，清理涉及学院的各类审批事项，实施校区机关审批事项备案制，原则上一律取消属于学院自主决定事项的职能部门双签。做好制度“废改立”，按照一体发展要求，统一执行学校的管理文件，开展校区党政管理制度的全面清理和修订工作，减少文件数量、提升文件质量、提高办文效率。减少会议数量和规模、提升会议效率，减少督查检查考核事项和频次，未经学校和校区同意，不得要求学院“填表报数报材料”，避免“过度留痕”。制定实施《校区干部能力提升三年行动计划》，全面提升管理干部的业务能力、综合素质和服务水平。

推进服务公开承诺。开展面向学院和师生的业务工作流程再造，全面推行校区党政管理机构“服务清单”制度，面向师生公开部门的工作职责、服务范围、审批事项和服务承诺，明确工作规范、办理流程、办结时限。全面推行首接负责制、一次性告知制、限时办结制、AB岗工作制等工作规范，做到政策清、业务熟、态度好、效率高，实现师生办一件事只跑一趟的目标。

创新主动服务形式。主动回应广大师生的诉求，加快山东大学师生服务大厅（威海）建设，全面推进校区常规业务工作“网上办”，职称评审、新生入学、学生毕业等业务“集中办”，需要前往属地管理部门、学校职能部门和其他上级部门办理的业务“帮代办”。对于学院举办重大活动或重要会议、组织申报重大重点项目或奖励，校区对口业务管理部门要在材料把关、组织策划、保障服务、综合协调等方面全过程参与、全方位服务。

（三）为学院发展蓄能

支持学院转型升级。进一步优化学科生态，强化学科资源的统筹力度，鼓励学院进行学科布局优化,为学院推进学科交叉汇聚融合发展提供战略咨询,为新型学科布局提供研究生招生增量指标,为深化产教科教融合提供协调对接,指导学院编制"一院一册"国际化工作方案。建立跨学院、跨学科融合发展协调机制,协同制定一校三地相同学科的一体规划,落实教学科研人员校内双聘管理办法,完善重大学科基础设施共享平台建设。营造开放共享的学科交叉融合物理空间,开展"院长论坛""山海大讲坛"等跨校区、跨学院、跨学科的学术沙龙,推进学科之间的信息交流与资源共享。

推进学院人才汇聚。深化领导干部联系高层次人才制度,问政问策、解决困难、提供服务,营造尊重知识、尊重人才的良好氛围。建立学院杰出人才引进服务专员制度,精准做好杰出人才的选拔、对接和服务,按照"一人一策"个性化设计引才方案。拓宽多元引才育才渠道,实现人力资源的柔性管理,充分发挥各类创新平台的人才蓄水池作用。保障学院人事管理自主权,协助学院开展专业技术职务聘任和岗位存量晋升工作,全面优化师资队伍的梯次和年龄结构。实施教学科研单位管理服务和支撑保障人员能力提升工程。

提升学院治理水平。指导学院完善集体领导、党政分工、协调运行的工作机制,提升学院议事决策效率和水平。建立学院直通车制度,对于学院改革发展中面临的重大问题和重点事项,通过校区专题会议、挂牌督办等形式推进落实。充实院部管理人员队伍,组织开展学院治理体系现代化专项培训,提高学院管理服务的专业化水平。

(四)为学院发展强基

强化办学资源保障。优先解决学院教学科研用房需求,全面实施教学科研用房定额核算和有偿使用,加快推进材料与空间科学科研楼、新工科与交叉学科科研楼建设。深入推进综合预算改革,加强学院经费统筹使用自主权,放宽经费使用限制,下放招标采购权限,提高采购限额,充分调动学院自筹收入积极性,建立学院财务专员制度,确保改革落地生效。建设30个以上研究生联合培养实践基地,建设一批学生自我服务工作室,推进各类公共交流空间建设,创设形式多样、时时可学、处处能学的交流环境。

强化智慧校园建设。全面升级改造校园网络设施,提升大数据应用和高性能计算服务水平,推广完善"云桌面"应用系统,实现智慧校园的可视化,加快建设校园防控安全运营平台、综合保修平台、服务监督平台、安全运维平台,形成线上线下多平台联动的智慧化校园服务体系,提升"两不出"工作水平。建立学科馆员服务机制,开展学科发展影响力动态分析,为校区师生提供免费查收查引和科技查新服务,构建"全校园、全时域"的文献信息服务体系。

强化综合服务保障。建好东门专家公寓教工食堂,全面加强食堂卫生安全管理,积极做好日常修缮工作。加快推进山大威海实验学校建设,解决好教职工子女入学问题,加快推进教工社保关系转移工作,提升教工综合保障水平。加强齐鲁医联体建设,构建师生员工就医转诊"绿色通道"。实施教工住宅区环境提升工程和学生公寓文化内涵提升工程,全面改善师生的居住生活环境。整治校园行车秩序,开展校园文化环境治理,建设平安校园、美丽校园。

三、保障措施

(一)加强组织领导

强院兴校行动是学校实现“由大到强”历史性转变的内在要求,是建设世界一流大学的必由之路,更是校区推进高质量发展和新亮点建设的基础和关键。校区各单位要进一步提高政治站位,把落实强院兴校行动计划、强化特色增值服务列入部门重点工作,周密部署、精心组织、认真实施。

(二)探索长效机制

各单位要及时总结落实强院兴校行动、强化特色增值服务中的好经验、好做法,并建立一套高效的管理服务机制、一批长效的管理服务制度、多种创新的管理服务方式,全面提升管理服务的效能,为把校区建设成为“山东大学创建中国特色世界一流大学新亮点”提供坚强保障。

(三)开展考核监督

校区将进一步加强对各单位落实工作情况的督导检查,推动实施校区党政管理机构效能监察和服务质量公开质询制度,把落实强院兴校行动、强化特色增值服务作为机关部门履职尽责考核的核心内容,确保服务学院到位、师生员工满意。

山东大学(威海)“学院直通车”制度

第一条 为贯彻落实《中共山东大学委员会关于实施强院兴校行动的意见》(山大党字〔2020〕10号)和《山东大学(威海)管理体制机制改革实施方案》(山大党字〔2020〕26号)等文件精神,构建“学院吹哨、机关报到”的工作机制,建立威海校区“学院直通车”制度。

第二条 “学院直通车”制度是校区完善以面向学院发展为核心的特色增值服务体系,主动服务学院发展,主动回应师生诉求,提升校区行政效能,深化体制机制改革,落实强院兴校行动的一项重要工作制度。

第三条 “学院直通车”制度的主要形式有“校区领导直通车”“机关部门直通车”“学生权益直通车”等。

第四条 “校区领导直通车”是指学院在推进改革和事业发展中遇到综合性、全局性、关键性的重大重点问题时,可以直接向帮包学院的校区领导进行反映。

校区领导代表校区进行工作受理,对能够答复或解决的应尽快予以答复或解决;不属于本人分管范围内的事项,可协调有关校区领导和相关职能部门研究解决;属于校区层面统筹研究的事项,可提交校区党工委会、党政联席会等决策会议;属于学校层面统筹研究的事项,可在校区充分研究讨论后提交学校相应决策会议。

第五条 “机关部门直通车”是指学院在日常工作中遇到的业务性、常规性的问题,可以根据所涉及业务范围直接向相应的校区党政管理机构提出;如涉及多个管理部门或没有明确管理部门的,可以直接向党工委(校长)办公室提出,由校区领导指派责任部门。

校区党政管理机构对于学院提出的事项,应根据学院发展需要和有关政策进行业务受理,并予以妥善解决。其中,答复类事项应在3个工作日内给予明确答复;能够立即解决的业务办理类事项要立即予以办理解决,最长工作时限不得超过5个工作日;涉及多个部门共同负责的事项,由牵头单位负责协调解决,最长工作时限不得超过10个工作日;对于暂时无法解决的事项,必须明确说明政策依据、处理意见和建议解决方案。

第六条 “学生权益直通车”是指学生在日常生活和学习中遇到的各类问题,可以通过权小威QQ在线、权益委员在线、职能部门座谈会等形式,直接向校区团工委、学生会或负责所涉及事项的相关部门或职能科室提出。

各单位接到学生反映后,必须根据有关政策进行业务受理,并予以妥善解决。其中:答复类事项应在1～2个工作日内给予明确答复;能够立即解决办理的事项要立即予以办理解决,最长工作时限不得超过2个工作日;涉及多个部门共同负责的,由首接单位负责协调解决，最长工作时限不得超过 7 个工作日；对于暂时无法解决的，必须同学生做好沟通解释工作，并提出建议解决方案。

第七条 校区党政管理机构和机关工作人员必须高度重视“学院直通车”反映的各类问题，对于重大问题和共性问题要及时进行总结梳理和请示汇报，必要时通过召开校区专题会议或现场办公会等形式予以妥善解决。

第八条 校区党政管理机构和机关工作人员落实“学院直通车”制度的工作情况，将作为部门履职尽责考核、领导班子考核、个人年度考核的重要内容。

第九条 本制度自印发之日起实行，由党工委（校长）办公室负责解释。

山东大学(威海)合同管理实施细则

为深入推进依法治校,规范校区合同管理工作,有效防范合同风险,维护学校合法权益,根据《山东大学章程》和《山东大学合同管理办法》(山大综字〔2020〕17 号)等有关文件精神,结合校区工作实际,制定本实施细则。

一、基本原则

签订合同应当遵守国家法律、法规和政策规定,遵守学校合同管理制度,贯彻平等互利、等价有偿、诚实信用的原则。

二、合同管理部门

(一)党工委(校长)办公室是校区合同主管部门。主要职责包括:

1.负责校区合同管理制度的制定、修订和解释等工作,指导合同归口管理部门合同管理制度的制定、修订和解释。

2.负责校区合同的统筹管理,对合同归口管理部门的合同管理工作进行指导、监督、检查、考核。

3.对涉及校区重大事项决策、重要项目安排、大额资金使用等的合同进行合法性审查。

4.审批、管理校区综合类合同。

5.审核、制定校区合同示范文本。

6.定期对合同归口管理部门管理的合同进行分类统计、建立校区合同总台账。

7.对校区合同管理的总体情况和重大合同履行的具体情况进行分析评估,必要时提出整改意见。

8.对校区合同管理人员进行合同管理培训。

9.指导或参与合同争议的协商与处理。

10.办理学校交办的其他合同管理事务。

(二)合同归口管理部门是指经校区批准,能够代表校区进行合同审查与管理的部门。主要职责包括:

1.根据《山东大学合同管理办法》和本实施细则制定职责范围内的合同管理制度、细则、工作流程等。

2.确定本部门的合同管理人。

3.负责职责范围内合同的审批及合法性审查,实行统一编号、建立合同台账并按照要求报党工委(校长)办公室(法律事务办公室)备案。

4.将重大复杂合同报党工委(校长)办公室(法律事务办公室)进行合法性审查。

5.监督、检查、评估本部门主管业务各类合同的签订、履行、管理等情况。

6.督促、协助合同承办单位及时处理合同争议。

7.协调、解决合同管理中的事务与问题。

8.负责合同的数字化管理,在确保合同信息安全、完整的基础上实现与合同管理系统的对接。

9.办理校区交办的其他合同管理事务。

10.合同归口管理部门具体如下:

综合类合同、科研合同、资产合同、人事合同、教育培训合同、维修施工合同、基建合同分别由归口管理部门按照既定工作流程进行审核与管理。

序号	合同类型	归口管理部门
1	综合类合同	党工委(校长)办公室
2	科研合同	科研处
3	资产合同	资产与实验室管理处
4	人事合同	人事处
5	教育培训合同	继续教育学院
6	修缮合同	后勤管理处
7	基建合同	基建处

三、合同的起草

(一)校区合同一般包括:

1.战略合作合同、全面合作合同。

2.合作办学合同。

3.科研技术合同。

4.聘用合同、劳动合同。

5.建设工程合同。

6.采购合同。

7.修缮合同。

8.赠与合同。

9.委托合同。

10.租赁合同。

11.供用水、电、气、热力合同。

12.其他类合同。

(二)合同承办单位在合同签订前应当充分了解合同对方当事人的主体资格、信用状况、生产能力等有关情况，确保其具备履约能力。

(三)合同文本原则上应当由校区或以校区为主起草。科研合同项目委托单位有专门要求的，可根据实际情况采用。合同文本的选择应按照如下顺序进行：

1.校区已制订合同示范文本的，原则上使用校区合同示范文本，并根据实际需要对合同内容予以充实和完善。

2.无适用的校区合同示范文本的，承办单位可以使用国家、主管部门、行业协会规定或推荐使用的合同范本，但需根据实际情况对文本进行补充、修改，依法维护学校权益。

3.无政府部门或者行业协会提供的合同范本的，承办单位(或业务归口管理部门)应当从维护学校权益出发，积极争取由我方草拟合同条款，主导合同的谈判和订立；确需对方草拟合同文本的，承办单位(或业务归口管理部门)应当就合同条款积极进行谈判、严格审核合同内容，确保合同条款最大限度实现学校权益。

4.合同文本的语言应准确、严谨、简练，其中的术语、特有词汇、重要概念应设专款解释，涉及数字、日期时须注明是否包含本数，涉及金额的数字应同时附上中文大写。

5.合同的内容、条款必须合法、完整、明确、具体、严谨，必须如实、准确地反映合同各方的真实意思表示。除根据法律规定或按合同性质必须具备的条款外，还可以根据具体情况约定其他条款。合同一般应包括以下条款：

(1)当事人的姓名(名称)、住所，法定代表人姓名、职务，代理人姓名、职务、联系方式，对方当事人为自然人的，要写明身份证号。

(2)标的。

(3)数量。

(4)质量。

(5)价款或者报酬。

(6)履行期限、地点和方式。

(7)违约责任(违约责任要明确、具体，不能笼统规定“承担违约责任”)。

(8)解决争议的方法。

(9)其他根据合同的种类、标的应当具备的条款(包括但不限于合同正副本的份数，补充协议和附件的效力，合同是否公证，合同中的定义条款，合同的生效条件，技术、商业秘密的保护，合同的有效期限等)。

6.合同文本要明确约定校区持有四份，其中一份用于合同归口管理部门备案，一份用于校区档案室归档，一份由承办单位保存，一份办理财务手续使用。

四、合同的审核

(一)校区合同审核流程:发起人→本单位负责人(或分管此项工作的单位副职领导)审核→业务归口部门审核→业务相关部门会签→法务审核(合同金额超过5万或者重要合同)→党工委(校长)办公室行政科盖章。

(二)本单位负责人(或分管此项工作的单位副职领导)进行审核时,在《用印申请表》上签署审核意见并签字盖章(合同管理系统审核流程与线下审核流程一致),以示该合同已完成合同承办单位的审核程序。

(三)归口管理部门进行审核时,主要审核合同的合法性、严密性与规范化。归口管理部门在《用印申请表》上签署审核意见并加盖部门公章(合同管理系统审核流程与线下审核流程一致),以示该合同已完成归口管理部门的审核程序。

(四)合同承办单位在将合同报送审核时,一般应为每个部门审核预留2～3个工作日的时间。审核部门应在上述时间之内提出审核意见,遇有需要调查核实有关事项或对有关问题作深入讨论分析等特殊情况的,可适当延长审核时间,由此可能影响签约工作进程的,要与合同承办单位交流确认,必要时还要由合同承办单位与合同对方当事人进行协商沟通。如承办单位与归口管理部门之间存在不同意见,双方经协商不能达成一致的,由承办单位、归口管理部门依程序报各自校区分管领导研究处理。

五、合同的签订

(一)严禁以学校名义签订任何性质的担保合同,未经批准不得以学校名义签订投资合同和借贷合同。

未经批准或授权,任何单位和个人不得以学校名义对外签订合同。

严禁校区各部门、教学院部、科研机构等单位以本单位名义对外签订合同。

(二)校区各单位对外签订各类合同(协议)单位名称统一为:山东大学,落款加盖"山东大学合同专用章"与"威海校区校长公务方章"(需在《用印申请表》上正确填写),具体参考范本详见《合同(协议)格式》样板(附件1)。

(三)山东大学法定代表人授权委托威海校区校长在遵守国家法律法规和山东大学章程制度的前提下,签署威海校区的各类合同(协议)。

(四)合同履行期限要有明确的约定,原则上在合同文本中不能存在约定合同期满自动续约之类的条款,可明确为"合同期满前××日内,双方磋商续约事宜"。

(五)合同的负责人原则上为科研项目负责人、单位正职领导(或者分管该项业务的副职领导)。

(六)合同的签字盖章,原则上应由合同对方当事人先行在合同上签字盖章,或者双方同时签字盖章。合同对方先签字盖章的情况下,校区合同承办人必须对合同逐条核对,保证合同内容无误。

(七)合同末页为空白的,应标明“此页无正文”字样,以示该页仅为签字盖章页。严禁将仅有校区签字盖章却无合同条款的合同末页,交由对方签字盖章。向国家或地方政府申报科研项目的合同有此情形的,可按项目资助方的要求执行。

六、合同的履行

(一)合同承办单位及其承办人应负责合同的履行,跟踪、监控和推动合同的履行,及时向校区分管领导报告合同履行进展,协调解决或由校区协调解决合同履行中遇到的问题,全面维护学校权益。

(二)合同归口管理部门负责督促和协助合同承办单位依法依约履行合同,根据承办单位的建议和校区要求,协助承办单位解决合同履行中遇到的问题。合同履行过程中,需要有关部门和单位配合的,合同承办单位可以报告校区分管领导协调有关部门和单位提供帮助,有关部门和单位应给予配合和帮助。

(三)合同正式生效前,合同承办单位不得实际履行合同。除即时清结的合同外,未签订书面合同前,任何合同内容不得实际履行。除法律另有明文规定或合同有约定外,不得擅自改变或转让合同义务。

(四)合同生效后,如对方不履行合同义务或者履行合同义务不符合约定,合同承办单位应当及时向归口管理部门汇报,进行综合研判,并向对方发出要求履行或者采取补救措施的书面函件,督促其尽快履约。如因对方违反合同而使己方受到损失,应当及时采取措施防止损失扩大,并注意收集、保全有关证据。如果己方不能履行合同,合同承办单位应当立即将相关情况报告校区分管领导和合同归口管理部门,并积极采取补救措施,减少损失;遇有不可抗力等情况影响合同履行时,应当及时以书面形式通知对方,并积极采取措施减少损失发生,并注意收集、保全有关证据。

七、合同争议的解决

(一)发生合同争议应争取通过双方协商来解决,协商不成的,可依合同约定选择通过仲裁或诉讼解决。一般情况下,应约定由校区所在地的人民法院管辖,对方当事人为外地的,也可选择威海仲裁委员会仲裁,便于校区通过法律程序来维护合法权益。

(二)校区需要向对方主张权益的,应在法律规定的诉讼时效内提起仲裁或诉讼,或通过向对方发送主张权益的函件中断诉讼时效,同时应注意避免损失扩大。

(三)合同争议的解决以合同承办单位为主进行。争议发生时,合同承办单位应及时向校区分管领导进行报告并通知合同归口管理部门,同时应迅速收集有关证据,研究应对的措施和方案,并向校区提出解决争议的意见建议。因合同纠纷争议引致仲裁或诉讼的,合同承办单位应积极依法进行应对和处理,不得拖延和应付。

(四)争议处理完毕,合同承办单位应形成书面报告,说明争议处理的过程和结果,并分析原因、总结经验。学校受到损失的,要明确造成损失的原因和责任,以及为防止损失所采取的措施等。

八、合同的档案管理

(一)综合类合同由合同承办单位将合同签订及履行过程中所形成的合同资料按年度统一移交党工委(校长)办公室校史档案室归档。

(二)其他合同由合同归口管理部门按年度统一移交党工委(校长)办公室校史档案室归档。

九、责任追究

(一)在合同签订和履行过程中有下列情形之一,合同归口管理部门、合同承办单位及其他有关部门应及时采取补救措施。给学校造成损失的,应由负有责任的当事人及其所在单位或部门负责人承担相应的赔偿责任,并根据情节轻重追究其他责任:

1.未认真调查合同相对方的主体资格、履约能力或权限等,造成学校权益损失的;

2.隐瞒真相或虚构事实或与合同相对方串通,造成学校权益损失的;

3.合同履行过程中失职、渎职或者违反廉洁规定,造成学校权益损失的;

4.违反合同信息安全保密规定,泄露合同签订与履行过程中涉及的国家秘密、工作秘密或商业秘密,导致学校乃至国家利益损失的;

5.遗失相关合同文本等重要资料、文件,造成学校权益损失的;

6.违反法律、法规或《山东大学合同管理办法》以及本实施细则规定,造成学校权益损失的其他情形。

(二)未经授权以本部门、单位的名义或使用本部门、单位印章对外签订合同的,校区将依照有关规定追究责任部门、单位及责任人员的行政责任。

十、其他

(一)本细则由党工委(校长)办公室负责解释。

(二)本细则自 2021 年 9 月 1 日起施行。

附件:

1.合同(协议)格式(略)

2.合同编号规则(略)

3.合同台账(略)

山东大学(威海)新工科建设工作方案
(2021～2022年)

为主动把握科技革命和产业变革的历史机遇,应对后疫情时代战略新兴产业的发展浪潮和激烈竞争,服务国家创新驱动和"两新一重"战略布局,以新工科建设"复旦共识""天大行动""北京指南"为指导,深入推进校区新工科建设工作,特研究制定校区新工科建设工作方案(2021～2022年)。

一、指导思想

以习近平新时代中国特色社会主义思想为指导,全面贯彻党的十九届五中全会精神和党的教育方针,全面落实立德树人根本任务;坚持为人民服务,为中国共产党治国理政服务,为巩固和发展中国特色社会主义制度服务,为改革开放和社会主义现代化建设服务;坚持面向世界科技前沿、面向经济主战场、面向国家重大需求、面向人民生命健康,不断向科学技术广度和深度进军;与校区新文科建设有机融合,优势互补,为新文科建设提供新命题、新方法、新技术、新手段,顺应新一轮科技革命和产业变革的新趋势,服务国家战略和区域发展需要,加快校区新工科建设工作,探索形成一流水平、山大特色、校区亮点的高等工程教育体系,培养一批思想政治素质过硬、工程实践能力卓越的高端复合创新型工科人才,促进校区人才培养走向全面,走向深入,走向贯通,为实现中国高等教育高质量发展,为建设社会主义现代化强国,为实现中华民族伟大复兴作出应有贡献。

二、基本原则

(一)坚持"四个服务",强化价值引领

坚持"为党育人,为国育才",坚持"四个服务",坚持立德树人,加强理想信念教育,厚植爱国主义情怀,把道德教育、社会责任教育、社会主义核心价值观教育融入高等工程教育各个环节,内化到新工科建设工作各个方面,不断提高学生思想水平、政治觉悟、道德品质、文化素养,不断完善学生科学的世界观、方法论,培养立场坚定,德才兼备,适应和引领新一轮科技革命和产业变革的卓越工程科技人才,提升国家硬实力和国际竞争力。

(二)坚持解放思想,创新驱动发展

进一步解放思想,集思广益,立足新发展阶段,贯彻新发展理念,构建新发展格局,聚焦新工科专业,应对新工科要求,追随技术新变化,以交叉促进融合,以融合助推创新,以创新驱动发展,更新教育内容,创新教育模式,激发人才创新活力,提升师生创新能力,加快现代工科体系高质量发展。

(三)坚持“以本为本”,注重可持续发展

准确把握高等教育的基本规律和人才成长规律,以“回归常识、回归本分、回归初心、回归梦想”为基本遵循,把本科教育放在新时代教育发展的前沿地位,做好本科教育教学资源的优化配置,不断提升本科教育教学的核心竞争力,探索研究工程教育高水平和专门人才可持续发展培养模式,为建设社会主义现代化强国和推动实现中华民族伟大复兴的历史进程提供强有力的人才保障。

(四)坚持学院主体,推进协同育人

坚持学院办学主体地位,发挥学院专业优势,推进管理重心下移,形成“学院主动变革,部门协同联动,校企产教融合,学校督导保障”的全方位、立体化教学育人新格局,切实带动校区工程教育新变革,工科建设新发展。

三、重点举措

(一)压实学院主体责任,构建高等工程教育新体系

1.建立相关学院联合工作机制,加强学院间、校区间、校企间对接,定期召开交流研讨会,结合国家战略需求、学科专业特色和学生发展需求,在理工、文工、工工、校企之间发掘交叉点,促进融合度,构建现代化综合型高等工程教育新体系。

2.深入研讨,合理规划,科学施策,统筹布局,做到年初规划、年中检查、年末报告,有序推进学科、专业交叉融合再出新,有力推进学院间、校区间、校内外交叉融合新合作。

(二)深化新工科建设,推进交叉融合再出新

1.深入推进专业(方向)更强

继续坚持“一体发展”和“彰显特色”相统一,以“新增、整合、撤并、优化”为工作准则,在前期“瘦身、长高”基础上,着力实现校区工科专业“变强”。

(1)为适应国家战略需求和经济社会发展需要,广泛调研,科学论证,加强与新时代信息技术交叉融合,新增智能制造工程专业和机器人工程专业。

(2)将人工智能专业并入计算机类招生,电子信息工程专业优化调整为电子科学与技术专业。

(3)根据新时代新动向,结合校区新工科发展新实际,持续建设智能制造工程、机器人工程和人工智能三个新工科专业;积极备战和参与第三批国家级、省级一流专业建设点申报工作。

(4)以新工科思维提升海洋资源开发技术专业的新工科属性,大量引入互联网、物联网、大数据、人工智能、精准控制、清洁生产等相关课程,并尽快通过工程教育认证。

2.深入推进课程更实

(1)通过课程思政建设研讨等活动,鼓励授课教师将思想政治教育元素引入教学大纲,带入教学现场,植入学生内心,充分发挥专业课程教学育人主阵地作用,深入贯彻落

实立德树人根本任务,不断推进课程思政建设,培育能够满足国家战略需求和促进人类命运共同体发展的新时代工科人才。

(2)坚持一体发展战略,与校本部加强交流,互通有无,在新工科专业培养方案修订和课程建设方面共商共建,步调一致,保持前沿。

(3)结合教育部一流课程"双万计划",积极建设并申报新工科类国家级、省级一流课程,打造校区新工科"金课"建设新亮点。

(4)在新工科专业课程完备基础上,增设并完善通识教育类课程、创新创业课程和实践类课程,实现新工科类课程量的积累与质的飞跃,打造并提升培育知识综合、能力集成型人才的综合课程体系。

(5)推动课堂教学革命。以学生发展为中心,通过教学改革促进学习革命,积极推广混合式教学、翻转课堂。促进现代信息技术与课堂教学的深度融合,因课制宜选择课堂教学方式方法,科学设计课程考核内容和方式,不断提高课堂教学质量。

3.深入推进模式更新

(1)吸收借鉴其他高校新工科建设经验,引进新工科导师组制培养模式,建立由学术导师、企业导师、创业导师、辅导员、高年级导师组成的导师组,实现师资的合理配备,为学生提供学术指导、学业督导、创业辅导、心理疏导,及时解决学生遇到的困难。

(2)发挥一校三地一体发展办学优势,鼓励跨学院、跨校区融合施教。根据学科专业特点,结合领域发展趋势,做好量子信息工程实验班建设;同时,探索开展其他新工科特色班、实验班跨校区共建合作,建立健全联合招生、联合培养模式。

(3)增设计算机科学与技术、机器人工程、电子科学与技术等三个辅修学士学位项目,进而做好三个新辅修学士学位项目和原有的人工智能辅修学士学位项目建设工作,探索一校三地招生和培养新模式。

(4)充分利用校区启动微专业项目建设新契机,增设先进制造等新工科微专业建设项目,面向一校三地选拔招生,开启中外专家联合授课模式,引入国际前沿知识和经验,提升国际化办学与教学水平。

(5)探索"本/博一体"国际合作联合培养模式,实现一校三地选拔招生,为学习能力强、研究能力突出的学生开辟并延展提升新路径。

4.深入推进研究更深

(1)做好校区教育教学改革研究立项工作,开设"新文科、新工科研究与改革实践综合类项目",鼓励跨学校、跨校区、跨学院、跨学科、跨专业联合申报。

(2)激发学院和教师研究内生动力,通过"影响一批,带动一批,成功一批,辐射一批",深入促进各级新工科项目申报与建设工作。

(3)鼓励新工科教材编写出版工作,高度重视提升教材的思想性、科学性、民族性、时代性、系统性,发挥好教材作为人才培养的主要剧本作用。

(4)结合工科实际,推动聚焦科技前沿,及时把最新科研成果转化为教学内容,提升教育现代化水平，激发学生专业学习兴趣，引领学生未来职业发展。

（三）加强创新创业平台建设，深化创新创业教育改革

1.高度重视学生课外学术科技创新活动。持续开展动员宣讲、经验交流、专家辅导等系列工作，进一步推动以挑战杯、智能汽车竞赛、电子设计大赛、机器人比赛、ACM 等比赛为主的学科竞赛体系建设，以赛促教，以赛促学，竞教融合，教学相长，全面提升学生创新创造能力。

2.依据大学生创业项目的发展阶段，不断夯实创新创业孵化平台建设，搭建“创业工作室”“创业加油站”等不同层级的创业孵化平台，形成全链条创业孵化链。

3.建设多层次、全过程的本科生创新创业实践教学体系，形成课程设计项目的企业征集、产学联合指导，引导学生进行创业见习，融入创业氛围，熟悉创业环境，不断完善创新创业专业指导服务。创办“创新与创业大讲堂”、暑期学校等，举办创业沙龙、创业训练营等，激发学生创新精神和创业潜能，培养学生创造思维和创业意识。

4.加强创新创业师资队伍建设，充分延揽校内专业教师和校外企业专家资源，组建一支专业性强、实战经验多、稳定性高的创新创业和竞赛指导教师队伍，携手并肩，共育人才。

（四）注重国际合作，加强新工科实验平台建设

以中外合作办学项目和山东大学—斯威本科技大学先进制造业联合研究中心为依托，对标制造强国战略和山东省新旧动能转换战略发展要求，不断推进国际化人才培养，着力打造以新工科为代表的先进制造实验平台，以材料及先进成形技术作为主要研发方向，推动学科交叉融合，布局新型交叉学科方向。

同时，深入推进机器人工程实验室和量子实验室建设；积极论证智慧互联实验室、智能制造工程实验室、人工智能实验室建设可行性，做好实验室建设前期规划和准备工作。

四、实施保障

（一）完善保障机制

落实共建共享，强化对外交流，提升部门协同意识和协同能力，增进校院两级管理默契，多级联合，多措并举，统筹推进方案实施。

（二）加强政策支持

在专业设置、人员聘用、教师评价制度、国际交流合作等方面给予有力的政策保障与支持。学院要根据实际工作开展情况，加大国家、学校政策的衔接、配套、完善和执行力度。

（三）加强经费保障

紧抓学校综合预算改革契机，夯实综合预算责任主体，放宽预算经费使用限制，提升学院财务治理体系和治理能力现代化水平，确保学院可根据建设目标和任务自主合理配置财务资源，切实调动学院开展新工科建设各项工作的积极性和内动力。

(四)加强激励监督

结合校区新工科建设工作实际,全面衡量新工科教育教学各层级实绩,统筹完善教研业绩津贴奖励划拨办法,加大力度推动教育教学改革,切实提高教育教学水平和质量;加强方案实施过程跟踪,及时发现建设中存在的问题,提出改进意见和建议,确保各项改革举措落到实处、取得实效。

(五)加强总结宣传

及时总结,加强宣传,主动发布自评报告、进展情况及标志性成果,做到示范推广的同时,接受社会各界反馈,广开言事之路,拾遗补阙,更进一步。

山东大学(威海)关于进一步加强专职组织员队伍建设实施细则

为深入贯彻落实《中共山东大学委员会关于进一步加强专职组织员队伍建设的意见》(山大党字〔2020〕25 号,以下简称《意见》),构建与基层党建工作形势任务相适应的专职组织员队伍,切实提升基层党建工作质量,结合校区实际,制定如下实施细则。

一、基本原则

(一)坚持党的领导

校区专职组织员队伍建设在学校党委和校区党工委的统一领导下,按照“政治过硬、业务精湛、作风优良、数量充足”的总要求和党管干部原则,逐步实现专职组织员在学院党组织的全覆盖。校区党工委每年召开专题会议听取和研究专职组织员的选拔配备、管理考核等工作,统筹做好专职组织员特别是处级专职组织员的管理工作。

(二)选优配强队伍

校区党工委组织部在学校党委组织部指导下,统筹抓好校区专职组织员队伍建设工作。配合做好处级专职组织员选配和科级专职组织员的选任工作;定期组织业务培训、经验交流和工作研讨,关心、帮助、指导专职组织员的工作,不断提升队伍的整体素质和能力水平。

(三)落实双重管理

专职组织员接受学校组织部门和学院党组织双重管理,日常管理考核工作以学院党组织为主。学院党委要把专职组织员队伍建设作为提升基层党建工作质量的重要举措,做好科级专职组织员选任推荐工作,指导专职组织员开展各项具体工作,安排专职组织员列席党组织有关会议,关心专职组织员成长。

二、岗位职责

专职组织员在学校党委、校区党工委和学院党组织领导下、在学校和校区组织部门指导下,专职从事基层党建和党务工作。

(一)做好发展党员工作

1.制定和落实发展党员工作计划。认真贯彻落实发展党员工作指导思想、方针和总要求,根据单位实际,科学制定和实施发展党员工作计划,按照要求比例统筹抓好入党申请人、入党积极分子和发展对象队伍建设。

2.对发展党员材料审核把关。对发展党员五个阶段、25步工作程序各环节所涉及材料,进行认真审核,严格把关,确保材料内容真实、准确、无误,确保发展党员程序规范有序,为上传“灯塔—党建在线”发展党员纪实公示系统打好基础。

3.参与发展党员谈心谈话。指导党支部做好同入党申请人、入党积极分子和预备党员经常性谈心谈话工作,及时做好与新转来入党积极分子和预备党员谈话工作,代表学院党委与发展对象和新发展党员进行谈话,有针对性地开展党的相关理论和知识教育。

4.抓好入党积极分子、发展对象和预备党员培训工作。根据学校党校工作安排,组织开展本单位入党积极分子培训和预备党员培训工作,严格培训课程设置,承担党课讲授任务,确保党课培训质量;协助党校开展党员发展对象集中培训工作。其中,处级专职组织员每年讲授党课不少于2次(4学时)。

5.严格审查党员发展对象。对党支部确定的发展对象进行审查备案,指导党支部对发展对象开展政治审查;协助学院党委对拟接收发展对象进行预审,重点审查是否具备条件、是否列入年度发展计划、手续是否完备等,形成书面审查意见并通知党支部。

6.列席发展党员有关会议。落实党委派员列席制度,代表学院党委列席党支部确定入党积极分子、确定发展对象、接收预备党员和预备党员转正等有关会议,并在会议记录上签字。

7.检查汇报党员发展情况。列席或参加学院审批预备党员和转正的党委会议,如实报告关于审批对象培养考察、现实表现、支部大会决议等情况;协助学院党委做好党员发展审批。检查党支部发展党员工作情况,分析发展工作中存在的问题,提出意见建议,每半年分别向学院党委和党工委组织部汇报本单位党员发展情况。

8.党员发展材料归档。指导党支部做好发展党员期间材料收集和归档工作,党员转正后及时将其《中国共产党入党志愿书》、入党申请书、政治审查材料、转正申请书和培养教育考察材料等,存入本人档案。协助学院党委做好发展党员材料和原始记录收集,分类做好材料归档和管理工作。

(二)做好党员教育管理工作

1.制定和落实党员教育工作计划。在学院党委的领导下,开展党员思想状况分析,制定党员教育工作计划,指导各党支部有针对性地开展党员教育。

2.抓实党员日常教育管理。经常与党员开展谈心谈话,掌握了解党员队伍思想状况,做深入细致思想政治工作,组织党员读原著、学原文、悟原理,提升党员教育实效性。

3.保障党员主体地位。创新党员教育管理方式,督促党支部尊重党员主体地位,发扬党内民主,确保党员能够自觉履行义务、充分行使权利。

4.完善党员教育管理机制。指导党支部建立党员教育联系沟通机制,落实党内经常性教育和集中教育的各项工作要求,认真研究新形势下党员管理工作机制,探索党内教育的长效机制。

5.协助学院党委做好组织关系转接、党籍管理、党员档案、党内信息统计、党员活动室等方面的工作。

（三）做好基层党组织建设工作

1.加强基层党建标准化、规范化建设。优化党支部设置，指导督促党支部按期换届；协助学院党组织开展党建样板支部培育创建工作，积极参与基层党组织活动立项和抓基层党建突破项目，切实提升基层党组织的组织力和影响力。

2.落实党内组织生活制度。指导督促党支部严肃党内政治生活，落实“三会一课”、主题党日、组织生活会、民主评议党员等制度；指导党支部熟练运用“灯塔—党建在线”等线上系统，推进基层党建信息化建设。

3.开展党建工作研究。鼓励在研究状态下开展工作，围绕创新支部设置、推动强院兴校、提升组织力开展实践研究探索新形势下做好基层党建工作的新特点、新规律；参与基层党组织建设相关会议，向学院党委提出基层党建合理化建议。

4.做好党费的收缴、管理使用和基层党建活动经费的管理使用相关工作。

（四）协助做好干部工作

1.协助做好选拔任用工作。配合学校党委、校区党工委做好处级干部选拔任用有关工作；协助学院党委做好科级干部选拔任用的谈话考察、撰写考察材料、审查干部档案、填写干部任免审批表等工作。

2.协助做好教育培养工作。配合学校党委、校区党工委做好干部集中培训的有关组织工作；协助学院党委制定本单位年度干部教育培训计划，并抓好组织实施；协助做好年轻干部教师调研、挂职等工作。

3.协助做好管理监督工作。协助做好处级以上领导干部因私出国（境）、兼职等审批管理工作；协助做好干部试用期满考核、年度考核等组织协调工作；协助学院党委做好科级干部谈心谈话、日常监督管理等工作。

（五）完成党组织交办的其他任务

三、选聘使用

各学院党组织专职组织员的任职条件和选聘使用，在学校核定的管理岗位职数内，严格按《意见》有关要求执行。

1.集中选聘。根据校区干部队伍和专职组织员队伍建设实际，由校区党工委和党工委组织部结合机关党政部门人员调整，按照“每个院（系）至少配备 1～2 名专职组织员”的要求，在校区范围内统筹选聘，确保各学院专职组织员优先配备到位。

2.组织员的选任。处级专职组织员由学校党委和校区党工委依据处级干部选拔任用程序配备，纳入学校中层领导人员管理。科级专职组织员由校区党工委依据科级干部选拔任用工作程序组织实施。

3.返聘专职组织员的选聘。校区党工委根据工作需要，从具有丰富党务工作经验的退出领导岗位或正式返聘的党员干部中选聘专职组织员。

四、教育培养

1.加强日常教育培训。建立岗前培训、实务培训等组成的全链条培训体系,坚持“请进来、走出去”“互联网+”相结合,通过专题讲座、业务培训、集中轮训、网络学习等方式,系统提高组织员履职能力。结合工作实际和年度工作安排,开展发展党员、支部建设、党员管理等方面实务培训,建立健全组织员例会、沙龙、调研、团建等制度。

2.畅通职业发展渠道。将专职组织员队伍建设纳入学校干部队伍建设整体谋划,把专职组织员岗位作为干部培养历练的重要平台,按照使用和培养相结合原则,畅通职业发展渠道,落实“双线晋升”等激励保障政策。

五、管理考核

1.强化职责要求。专职组织员在学校组织部门和学院党组织双重领导下开展工作,坚持专岗专责,确保专职组织员把主要精力放在学院基层党建工作上。对于专职组织员不履行或者不正确履行职责的,依据干部管理权限予以问责。

2.完善考核机制。建立完善校院双重管理、双重考核制度,专职组织员的日常考核和管理工作以学院党组织为主,处级专职组织员年度考核工作按照学校党委对中层领导人员考核工作办法执行;科级专职组织员年度考核由校区党工委组织部参照党组织书记抓基层党建述职评议方式进行。

根据专职组织员的岗位特点,进一步细化量化考核指标,引导组织员持续提高履职水平。在学院党组织自评基础上,进行现场或书面述职评议,综合平时表现、学院自评和领导点评、现场测评等情况,按“好、较好、一般、差”确定等次,把述职评议结果作为评先评优、选拔任用干部的重要依据。述职评议评价为“好”的,年度考核才能列为优秀等次。对年度考核结果为基本合格等次的,对其进行诫勉,限期改进,停发年度业绩绩效工资。考核为不合格等次的,按照干部管理规定程序提出降低一个职务或者职级层次任职建议,停发年度岗位绩效工资和业绩绩效工资。

3.加强激励保障。专职组织员在本职工作中表现突出、有显著成绩和贡献的,或者在承担专项重要工作中作出显著成绩和贡献的,有其他突出事迹的,按照有关规定给予表彰奖励,在干部选拔任用时优先推荐。

六、组织领导

1.校区党工委组织部在上级领导下,加强对专职组织员工作的指导,做好顶层设计,建立健全专职组织员管理工作机制,努力打造与新时代党建工作要求相适应的专职组织员队伍。

2.校区党工委组织部配合学校组织部门选优配强专职组织员,统筹抓好专职组织员队伍建设工作,不断提升队伍的整体素质和能力水平。定期听取专职组织员的工作汇报，定期组织业务培训、经验交流和工作研讨，关心、帮助、指导专职组织员的工作，确保专职组织员发挥作用。及时总结专职组织员队伍建设的经验和做法，不断提升队伍的整体水平。

3.学院党组织要切实担负起主体责任，把专职组织员队伍建设作为提升基层党建工作质量的重要举措，指导专职组织员开展各项具体工作。为专职组织员提供必要的工作场地和条件保障，关心专职组织员成长。根据工作需要，安排专职组织员列席党组织有关会议，注重听取专职组织员的意见和建议。

山东大学(威海)领导干部联系学生班级工作制度

为深入学习贯彻习近平新时代中国特色社会主义思想,特别是习近平总书记关于教育的重要论述,紧紧围绕“培养什么人、怎样培养人、为谁培养人”的根本问题,推动高校领导干部落实立德树人根本任务,切实履行办学治校、育人育才、维护稳定的政治责任和领导责任,促进校区各级领导干部把工作重心下移到基层单位,工作重点放到学生思想政治工作上,体察校情、关爱学生、答疑解惑、解决问题,推进校区“三全育人”工作综合改革,形成育人合力,校区决定继续开展领导干部与学生班团组织结对帮扶共建工作,现结合校区实际制定本制度。

一、工作任务

领导干部联系学生班级,旨在推动全校各级领导干部落实立德树人根本任务,不断加强作风建设,不断提高学生政治觉悟、道德品质、文化素养,指导学院不断加强班级建设,培养优良学风、班风和校风,为国家培养德才兼备、全面发展的人才。

(一)充分发挥领导干部理论特长,认真开展党和国家的方针政策宣讲,及时向学生通报学校改革、建设和发展情况。

(二)经常与辅导员沟通,帮助辅导员研究解决学生思想政治教育方面的问题。

(三)深入学生课堂,到所联系班级听课,了解学生的学习情况。

(四)多渠道听取学生对于学校发展的意见和建议,了解联系班级团支部学生所需、所想,为学生解难题、办实事。

(五)对所在联系班级了解到的情况进行深入研究,并积极与所在院系负责同志进行交流沟通,提出合理化建议;对于涉及学生普遍关注的热点、难点问题,及时向有关部门建议和反映。

二、工作要求

(一)校区领导联系学生班级,由学工部、党工委办公室、校长办公室会同所联系的学院协调安排,校区中层领导干部联系学生班级,由学工部、组织部会同所联系学院协调安排;每名领导干部在联系的学院至少联系 1 个班级,时间一般不少于 1 年。

(二)领导干部要主动进课堂、进班级、进宿舍、进食堂、进社团、进讲座、进网络,深入一线联系学生,校区各级领导干部至少每学期“面对面”接触学生 1 次。联系班级和所在学院负责做好相关记录。

(三)要创新联系方式,通过参加主题党日团日、主题班会、社团活动、文体竞赛等,拉近与学生距离;通过作形势报告、座谈交流、开设讲座等,用深厚的理论功底赢得学生;通过微博、微信、微视频等方式倾听学生诉求、疏导学生情绪,以“键对键”作为“面对面”的有益补充。

(四)要建立工作交流制度,完善信息收集反馈机制,对学生反映的问题、提出的建议,及时汇总分析、研究落实,杜绝形式主义、官僚主义。学工部牵头各学院党委和机关各职能部门,每学年至少召开领导干部联系学生班级工作座谈会 1 次。

三、组织领导

领导干部联系学生班级,在校区党工委统一领导下进行。校区党工委学生工作部负责牵头做好各级领导干部联系学生班级活动的对接、指导工作;学工部、组织部需履行好定期监督、检查工作;校区党工委(校长)办公室负责做好校区领导班子联系学生班级活动统计和对接保障工作;校区各部门和各级领导干部要主动与联系班级建立常态化沟通联络机制,实时关注、关心班级、学生成长;各学院要主动对接联系部门和领导,积极组织相关活动,加强宣传报道、注意提炼总结联系学生班级工作中的先进典型事例,努力营造全员育人的校园风尚。

山东大学(威海)本科生导师工作实施办法

第一章 总 则

第一条 为深入学习贯彻习近平新时代中国特色社会主义思想和习近平总书记关于教育的重要论述精神，学习贯彻全国教育大会、全国高校党的建设工作会议精神，落实立德树人根本任务，充分发挥广大专任教师在本科生思政教育、学风建设和发展指导中的重要作用，进一步强化本科生导师工作，完善三全育人机制，提高人才培养质量，根据《关于进一步加强辅导员队伍建设的意见》(山大党字〔2017〕44号)等文件精神，结合威海校区实际，特制定本办法。

第二条 本科生导师是校区学生工作队伍的重要组成部分，是从事本科生思想政治教育、加强学风建设、引导学生全面发展的重要力量，是大学生学习、生活和健康成长的指导者和引路人。担任本科生导师，教育引导学生健康成长成才，是全体专任教师的分内工作。

第三条 本科生导师工作在校区党工委的领导下，由各学院学生工作领导小组组织实施，学院分管学生工作和本科教学工作的负责人具体负责。党工委学生工作部根据本办法，指导、检查和督促各学院实施本科生导师工作。人事处负责对本科生导师考核结果的认定及使用。

第二章 职责和要求

第四条 本科生导师的主要工作职责：

1.思想引领。经常与学生、辅导员和其他任课教师沟通交流，掌握学生的思想、学习和生活情况，发挥个人优势，采取适当的方式引导学生树立坚定的理想信念，树立正确的世界观、人生观和价值观，培养有理想、有情怀、有责任、有担当的社会主义建设者和接班人。

2.学业指导。加强专业认知，帮助学生了解所学专业，树立良好的专业意识，提升专业认同感；帮助学生端正学习态度，明确学习目标，改进学习方法，激发学习动力；对学业困难学生开展学业帮扶，降低班级考试不及格率。

3.班风建设。从班级学风、凝聚力、班级文化入手，协助辅导员有效开展班集体建设，培养学生的集体主义精神和班级荣誉感，引导学生自我教育、自我管理和自我服务。

4.科研引领。引导学生积极参与各类科研创新和社会实践、志愿服务活动，并为学生参与科研立项、创新创业竞赛、社会实践调研、开展志愿服务、组织社团活动等给予专业指导，创造条件支持学生参与科研课题、前沿讲座、学术会议、市场调查等工作。

5.生涯指导。指导学生结合自身特点和发展需要确立生涯规划，调动自身及周边资源为学生升学、就业、留学提供支持。

第五条 本科生导师的日常工作要求：

本科生导师根据学院工作安排和自身实际确定指导方式，主要方式包括班主任、科研实践指导老师、社团指导老师、学业指导老师等。

1.从事班主任工作的本科生导师需指导至少一个自然班级，并至少任职 2 学年，鼓励带满一届学生。班主任应负责综合指导所带班级学生的学业、科研、社会实践、志愿服务等成长引领工作，定期与辅导员沟通交流学生情况，共同研究确定学生发展指导相关工作；同时要深入班级关心每一位同学的思想、心理状况，原则上应在 1 学年内与班级每位同学开展多种形式的谈心谈话，深入所带学生宿舍走访调研，并至少参与 4 次班级集体活动。担任班主任的本科生导师聘期内不再兼做其他类别本科生导师。

2.开展科研、社会实践指导的本科生导师需在 2 学年内指导至少 3 个科研训练项目，或指导至少 5 个社会实践（志愿服务）团队项目，或指导至少 2 个创新创业竞赛或学科竞赛（以学校核定的竞赛项目为准）团队，也可同时指导科研训练项目、社会实践（志愿服务）、竞赛等项目至少 4 项；同时还要支持 3 名以上学生参与本人相关科研课题实践调研工作。

3.开展社团指导的本科生导师需连续指导 1 个社团 2 学年，并根据学生社团指导教师相关管理文件进行指导工作。

4.开展学业指导的本科生导师需连续指导 10 名以上学生 2 学年，或在 2 个学年内累计指导学生 20 名以上；每学年与学生集体见面不少于 4 次，并与 2/3 以上学生个别谈心不少于 2 次。

5.本科生导师需按照上述要求，认真记录《本科生导师日志》，并于学年末向学生所在学院提交指导学生情况总结。总结内容包括指导学生基本情况（含指导方式、指导频次、学生参与情况等）、特色做法或经验、学生发展成效、发现的问题及改进思路等。

学院应依照上述要求对本科生导师经历予以客观认定。

第三章 岗位设置与选聘

第六条 学院在校区人事处、学工部指导下，根据生师比及专任教师职称、年龄结构等统筹安排本科生导师岗位，原则上从本学院在职教师、教师外专业技术人员中遴选，也可在其他教学院部选聘或邀请离退休教师参与。

第七条 学院应坚持政治强、业务精、纪律严、作风正的标准,把思想素质好、业务水平高、关心学生成长、组织协调能力强的教师选配到本科生导师队伍中来。

第八条 本科生导师的选聘以教学系推荐为主、教师自荐为辅,导师人选经学院学生工作领导小组审核同意后聘任,并报学生工作部备案。学院应加强本科生导师人才库建设,积极遴选、培养、储备优秀教师充实到本科生导师队伍中来。

第九条 本科生导师的聘期原则上为 2 学年,连续工作满一学年方可参与考核。低年级本科生的导师由学院统筹分配,高年级本科生的导师可采取双向选择的形式。

第四章　考核与评比

第十条 学院需建立本科生导师例会制度,每学期至少召开 2 次例会,例会由分管教学副院长、分管学生副书记联合召集,以便定期总结工作开展情况,了解把握学生思想动态和学习状况。每学年末,依据《本科生导师日志》和导师指导情况总结,学院需对本科生导师的工作进行考评,考评结果分为优秀、合格、不合格三个等级。考评的内容主要包括:导师深入学生情况、所带学生综合发展情况、学生和辅导员对导师的评价等方面。考评标准及程序由学院制定相关实施细则,并报学生工作部审核通过后备案。

第十一条 校区学生工作领导小组每学年定期组织对本科生导师的评比表彰,对积极履行导师职责,有效开展育人工作,深受学生认可,所指导学生学业成绩及综合素质稳中有升的本科生导师给予表彰;表彰比例按各学院可参评本科生导师总数的 20%确定,实行全员班主任制度的学院,表彰比例可提高至 30%。

第十二条 各学院要将本科生导师考评结果报校区学生工作部、人事处备案,校区将考评结果作为对本科生导师年度考核、表彰和职务职级晋升的重要参考。专任教师晋升高一级技术职务时,须有一个完整聘期本科生导师的工作经历并考核合格。

第十三条 本科生导师考评不合格或不履行工作职责的应及时更换;因临时出国、进修等原因导致半年以上时间不能履行导师职责的,原则上应予以调换;因个人原因造成工作严重失职的,应追究当事人的责任并立即更换。学院有权对存在弄虚作假、严重失职行为的导师确定为不合格等次,取消其当年申报高一级专业技术职务的申报资格。

第五章　保障与奖励

第十四条 校区对考核合格的本科生导师给予一定工作量认定,该项工作量可计入专任教师职称评定总课时量,但不参与校区本科生培养业绩绩效分配。其中:

班主任一学年工作量为 36 个课时。

科研立项、创新创业(学科)竞赛本科生导师每指导一个团队按照每学年 6 个课时核算,社会实践(志愿服务)、社团指导本科生导师每指导一个团队按照每学年 4 个课时核算;科研、社会实践(志愿服务)、创新创业、社团指导类本科生导师 2 学年内总工作量累加不超过 36 个课时。

学业指导本科生导师每指导 1 名学生按照每学年 0.4 个课时核算,2 学年内总工作量累加不超过 36 个课时。

科研立项、社会实践(志愿服务)、社团指导、学业指导等类本科生导师可根据自身情况自主选择指导类型,也可兼做两类及以上导师,工作量可累加核定,但 2 学年内总工作量累加不超过 36 个课时。

校区每年年终按照本科生导师实际发生工作量核定酬金,由党工委学生工作部依据学院考核结果核发。各学院可相应出台配套政策支持、激励本科生导师开展指导活动。

第十五条 校区每年在学院对本科生导师考评的基础上,对业绩突出的本科生导师授予"优秀本科生导师"荣誉称号并给予 1000 元奖励;对本科生导师工作开展富有成效、特色鲜明的学院,授予"本科生导师工作先进单位"荣誉称号,并适当提高该学年优秀本科生导师表彰比例。

第六章 附 则

第十六条 本办法所涉及的数量或比例均包含本数。

第十七条 本办法由党工委学生工作部负责解释。

第十八条 本办法自 2021 年秋季学期起实施,原《本科生导师制实施办法(试行)》(山大威校字〔2011〕13 号)同时废止。

管理与服务

党工委(校长)办公室工作

2021 年,党工委(校长)办公室在校区党工委的坚强领导下,坚决落实学校党委各项决策部署,主动服务校区党政中心工作,以政治机关建设为统领,认真做好巡视巡察相关工作,协调做好校区疫情防控和安全工作,创新做好特色增值服务,全面发挥参谋助手、综合协调和服务保障等职能,各项工作取得新进展。

一、加强政治机关建设、扎实开展党史学习教育

牢固树立"政治机关"理念。紧紧围绕学懂弄通做实习近平新时代中国特色社会主义思想这条主线,始终把政治建设摆在首位,研究制定《党工委(校长)办公室党史学习教育工作计划》,邀请党工委书记尹作升为支部讲授专题党课,组织开展集中学习研讨、主题党日、"三会一课"等学习活动 24 次,获评首批校区机关"党员先锋岗"2 个。

做好"我为群众办实事"实践活动。坚持"以师生为中心",围绕基层困难事和师生烦心事,用好"四分法",聚焦民生、改革、发展、安全等 4 个方面,形成校区层面"我为群众办实事"重点项目 9 件、二级单位层面重点项目 163 件,建立工作台账和责任清单,定期督导、销号管理,获得了中管高校党史学习教育第八指导组的充分肯定。

主动回应广大师生诉求。统筹做好校区年度服务师生十件实事工作,认真做好师生来信、来访接待工作,建立信访舆情提示单制度,协同相关部门及时、认真做好答复工作,年内办理省市 12345 政务热线 50 件,山东省信访局交办 8 件,校本部校长信箱来信 123 件,校区校长信箱来信 477 件,发出舆情风险提示单 3 份。

二、认真做好中央巡视、党委巡察相关工作

全面做好巡视巡察保障服务。牵头制定校区迎接中央巡视、党委巡察工作方案,撰写校区全面总结报告和专项总结报告,汇总各类迎巡支撑材料 170 余卷宗,组织巡视调阅材料 4 批次;做好中央巡视、党委巡察进驻期间的综合保障和协调服务,配合做好下沉

调研、谈话了解等各项工作。

着力抓好巡视巡察整改工作。牵头制定校区巡视整改方案、巡察整改方案，汇总梳理巡视整改举措 118 项、巡察整改举措 125 项，校区领导班子开展现场办公 3 次、召开整改专题会 10 余次，编发《校区巡察整改工作简报》13 期，形成《山东大学（威海）专题会议制度与议事规则》等制度性文件 24 个，确保校区巡视巡察整改工作取得实效。

三、统筹做好常态化疫情防控和安全工作

统筹“两个专班”工作。落实“3D”工作法，加强校区安全稳定、疫情防控和事业发展统筹，及时调整优化校区安委会组织架构、增加疫情防控专班成员单位，在二级单位设立安全员。迎接省市安全和疫情防控检查工作 10 余次，组织开展校区安全和疫情防控检查 11 次、应急演练 2 次，召开安全和疫情防控工作专题会议 30 次。

主动做好应急处置。在烟台出现确诊病例、威海市出现无症状感染者期间，全面做好密接、次密接学生的排查、转运、隔离工作，建立“每日两研判”会商机制，坚持每天推送疫情防控信息，全面落实各项精准化防控举措，相关处置做法和经验得到了属地政府和学校的充分肯定。

扎实做好值班值守。组织校区各单位签订安全工作责任书 18534 份；严格执行“日报告”“零报告”制度；落实山东省教育厅校园安全“一月一排查、一月一研判”工作制度；统筹做好 24 小时值班值守以及重要时间节点风险排查工作，认真落实重要信息和突发事件报告制度，确保各项工作平稳有序运转。

四、做好校区发展谋划，不断加强制度建设

科学编制“十四五”发展规划。系统梳理校区“十三五”期间发展成就，科学分析发展形势，高质量完成校区“十四五”发展规划及 10 个专项规划的编制工作，谋划了 8 个方面的重点任务、29 项重点建设举措。完成校区牵头的学校“十四五”改革发展重大任务实施方案制定工作，科学确定年度目标任务及建设进展。

不断加强制度体系规范化建设。开展规章制度和议事协调机构专项清理，初步计划废止校区相关制度性文件 65 项、撤销协调机构 9 个。研究制定校区领导班子现场办公制度、专题会议制度与议事规则、合同管理实施细则等制度性文件 10 个，助推校区治理体系和治理能力现代化建设。

五、落实强院兴校行动，做好特色增值服务

完善特色增值服务体系。制定实施《落实强院兴校行动计划、强化特色增值服务实施意见》，以面向学院发展为核心，策划“汇智”“减负”“蓄能”“强基”等 4 项重点任务。建立“校区领导直通车”“机关部门直通车”等制度，推进跨校区、跨部门、跨学院的工作协同，确保工作无缝衔接、服务精准到位。

创新做好综合保障服务。全面启用“一校三地办公协同系统”(OA 系统),实现公文管理、印信管理、合同审批、请示报告、会议管理、入校审批等流程的“网上办”“掌上办”。建设启用校区保密机房,实现一校三地机密级以下公文的电子传输。针对校园封闭管理的实际,主动开展档案线上利用服务 900 余次。完成 5.5 万余页档案材料的数字化处理,推进校区档案一校三地共享。

六、做好办公室各项日常工作

提升综合服务水平。全年加盖印信 2 万余件,参与编发《每日信息》150 期。本年度共承接各类会议 856 场次,其中视频会议 347 场。落实了 83 名教职工子女入学、转学事宜,有 50 名教职工子女顺利进入山大基础实验学校。对知行会堂和知行楼部分会议室进行了改造升级,全面提升会议保障水平。圆满完成开学典礼、毕业典礼等重大活动的协调组织工作。

做好文字信息工作。撰写巡视巡察汇报、整改方案、整改总结、年度要点等各类文字材料 60 余万字;编发校区党政文件 147 个,形成党政联席会、党工委会纪要 35 个、专题纪要 64 个;处理省市、学校各类来文约 6000 余件,紧急公文近 200 件、密级文件近 400 件,寄送机要文件 81 份,全年未发生失泄密事件。校区 2 人获评学校“保密工作先进个人”。

做好校史档案工作。全年共整理、归档各类档案 2800 余卷/件,提供档案借阅服务 1700 余人次,出具有关证明材料及借阅档案 5400 余卷/件,完成各类认证 321 份,开展校史入馆教育 88 批次、共 3400 余名学生,编印《历史的印记——山东大学(威海)校园建筑历史图册》。党工委(校长)办公室获评年度山东大学档案工作先进单位,1 名同志获评年度山东大学档案工作先进个人。

做好法律事务工作。印发《山东大学(威海)合同管理实施细则》,建立统一指导、分级审批、归口管理、业务审核、承办单位负责、全过程监督的合同管理工作机制,严控合同风险。配备专职法律事务工作人员 1 名,全年审查各类合同、协议 1500 余件,协调处理诉讼仲裁类案件 18 件,有效维护了校区和师生利益。

(王　松)

纪检监察审计工作

2021年，在学校党委、校区党工委和纪工委的正确领导下，纪监审办公室以习近平新时代中国特色社会主义思想为指导，深入学习贯彻党的十九大和十九届五中、六中全会精神，紧紧围绕学校事业发展大局，积极主动服务和融入学校新发展格局，以纪监审工作高质量发展为实现学校“由大到强”历史性转变提供有力保障。

一、坚持政治引领，着力加强政治建设

始终坚持深化理论武装、增强政治素质，把政治理论学习放在首位，将学懂弄通做实习近平新时代中国特色社会主义思想作为首要政治任务常抓不懈，以庆祝建党100周年为契机，巩固深化“不忘初心、牢记使命”主题教育成果，深入开展党史学习教育，结合工作实际、结合职能职责，努力做到学思用贯通、知信行统一。全年组织纪工委委员专题学习会4次，开展党支部学习25次、参加学校党史学习教育6次，参加学校纪委一校三地纪检干部理论学习6次，在学思践悟中不断增强政治判断力、政治领悟力、政治执行力，思想信念更加坚定，“两个维护”更加坚决。

二、坚持履职担当，推进全面从严治党向纵深发展

（一）夯实两个责任，协助压实全面从严治党责任

牢牢扛起全面从严治党政治责任，协助党工委抓好工作部署，推进责任落实，通过约谈提醒、走访调研等方式，加强全面从严治党“一办法三清单”贯彻落实情况的监督检查。督促校区领导约谈职能部门、学院负责人70余人次，集体谈话3次；以“深化审计整改、加强风险排查”专项行动为依托，下沉督导调研13次，推进职能部门和学院负责人压实全面从严治党责任。

（二）围绕“国之大者”，推进政治监督走深走实

将政治监督常态化，融政治监督于日常，实地开展常态化疫情防控监督检查26次，对校区辅导员走访宿舍情况进行专项检查，开展校区安全风险督导督查，对7个学院进行就业督导，对13个单位传达落实学校安全工作专题会议精神情况进行督查，6次对部分学院党史学习教育、学习习近平总书记重要回信精神等工作进行调研督导。对检查中发现的问题及时反馈相关单位，督促整改落实到位。

（三）做细做实日常监督，提升监督实效

通过参加有关工作领导小组会议，加强对基建、修缮工程、招标及人事招聘等重要领

域的监督;重新修订《山东大学(威海)关于加强重点领域、关键环节监督工作的实施办法》,开展对校区职能部门重点领域、关键环节廉洁风险排查工作。加强对业务外信访件转办有关单位后办理情况的督导;与党工委(校长)办公室、资产与实验室管理处联合开展校区办公用房使用情况监督检查。充分运用党风廉政意见回复,出具廉政意见函11份,回复党风廉政意见193人。

(四)严格监督执纪问责,震慑警示作用更加凸显

始终坚持"严"的主基调,一体推进"三不"。推动日常监督与执纪问责、审查调查相衔接,强化线索研判、问题查处、责任追究,持续保持惩治腐败高压态势。对信访举报定期梳理、分类处置,对业务范围内的信访件依规依纪开展核查,并对核实的违纪人员给予党纪处分,对有关单位发送纪律检查建议书,督促堵塞漏洞,改进工作。开展校区纪律处分决定执行情况专项检查,切实让纪律"长牙""带电"。

(五)深化正风肃纪反腐,推动实现正气充盈、政治清明

开展校区2020年执行中央八项规定精神情况的专项审计。对校区办公用房使用情况进行了多部门协同监督检查。开展2021年"作风建设深化年"专项行动,深入7个学院就作风建设情况进行调研。引导规范岗位绩效工资(业务专项)发放程序,开展违规发放津补贴自查工作。在重要节日等时点发布廉洁自律通知,及时提醒,巩固拓展作风建设成效。

(六)认真做好迎巡工作,强化巡视整改

认真做好迎接学校巡视、中央巡视的材料准备及接待工作,下沉学院实地督导走访,对党工委及17个基层党组织落实学校巡视、中央巡视反馈问题整改情况进行了监督检查。组织召开基层纪检委员会议,适时了解各基层党组织巡视整改情况,拧紧整改发条,传导整改压力。

(七)注重教育预防,做实做细"后半篇文章"

通过多种方式开展廉洁教育,年内为处级领导干部发放《纪律在身边——违纪违法案例解析100篇》廉政教育书籍,为纪工委委员和基层纪检委员订阅《中国纪检监察报》。纪工委书记给校区处级干部做专题讲座。协同组织部,组织校区机关干部参加省纪委领导主讲的廉政报告视频会,组织校区30多名机关干部"政治能力提升班"学员赴威海"清廉之路"乳山教学点接受廉洁和作风建设教育。紧盯监督执纪中发现的典型问题、共性问题、深层次问题,强化以案为鉴、以案促改。

三、聚焦审计工作主责主业,发挥审计监督作用

(一)做好审计常规工作,提高审计服务质量

准确把握新时代内部审计职责定位,扎实、有效开展财务收支、经济责任及各类专项审计工作,截至2021年12月底,校区共完成各类审计项目9项。各项审计工作除对特定时期的人财物等要素进行确认外,还从会计基础工作、内部控制有效性、预算管理、资产

管理、体育场馆管理以及八项规定执行情况等多个方面对被审计对象进行评价和建议，提出审计意见16条，审计意见得到了相关部门的重视与采纳，审计成果得到了较好的体现。

（二）扎实推进工程审计工作，促进落实工程管理责任

针对材料与空间科学科研楼、新工科与交叉学科科研楼认真开展全过程跟踪审计工作，加强对社会中介机构的管理和监督，为项目提供及时、有效的确认与咨询服务，更好地实现审计与整改同步、监督与服务并行的目的。坚持依法依规、客观公正、规范高效的原则，紧扣竣工结算业务活动的主要内容，通过踏勘现场、编制工作底稿等必要程序，独立开展审计工作。

截至2021年12月底，威海校区基建、修缮工程共审计56项，审计金额4872.88万元，节约建设资金161.38万元。针对发现的工程管理上的突出问题，出具管理建议书2份，发现管理问题5项，提出管理建议4项，促进相关单位纠正内部控制缺陷，防范工程建设风险，提高工程管理能力。

（三）贯彻落实专项行动工作部署，高质量完成问题整改跟踪问效任务

在审计处的统筹规划与指导下，纪监审办公室深刻领会、认真贯彻《“深化审计整改，加强风险排查”专项行动实施方案》和郭新立书记、樊丽明校长的讲话精神，坚决按照专项行动“政治引领、系统思维、目标导向、问题和结果导向、突出重点、铁腕整改”的六大工作原则，积极配合审计处工作、同向发力，对校区尚未完成整改工作的问题进行了持续跟踪督促，切实帮助各有关单位协调解决整改过程中的问题和困难，校区问题整改完成率最终达到98.7%。

（四）强化立身、立业、立信教育，加强审计干部队伍建设

加强与行业协会的工作交流，校区审计工作分管领导受邀担任威海市内部审计师协会副会长。结合日常工作，积极参与审计干部队伍的政治学习与业务培训，全面提升审计履职能力。校区审计人员年内参加中国教育审计学会、中国内部审计协会与审计处组织的各类培训交流活动9人次，促进了审计队伍综合素质和专业胜任能力的提升。

（刘伟娇）

组织工作

一、周密部署，高质量推进党史学习教育

一是提出“1＋5＋N”工作体系，开展“五大行动”，即围绕学史明理，开展大学习行动；围绕学史增信，开展思想引领行动；围绕学史崇德，开展赓续传承行动；围绕学史力行，开展服务师生行动；围绕学习教育，开展政治保障行动，共征集到活动举措 137 条。二是扎实推进“我为群众办实事”，组建校区机关管服团队，梳理实事清单 57 项，完成 51 项，切实增强师生员工的发展获得感，受到中管高校党史学习教育第八指导组的高度评价，认为“工作扎实，颇具特色，富有成效”，被党史学习教育官网报道。三是创新学习形式，举行“庆建党百年”党员宣誓暨“光荣在党 50 年”纪念章颁发仪式，被“学习强国”重点推送；举办“建党百年 · 为党书信”主题活动，从中选取 210 封学生党员手写书信转交环翠区档案馆永久保管；推进“双进”活动，组织师生赴“十八里担架道”、古田干部学院、遵义党性教育基地等开展现场学习；在威海挂牌 2 个党性教育基地，让党史学习教育活起来。

二、凝心聚力，推进基层党建提质增效

（一）坚持优质化提升

制定印发《山东大学（威海）党建引领高质量发展实施意见》，构建“四化协同”工作机制，促进党建与中心工作深度融合。把思想理论武装放在首位，严格“三会一课”组织生活，每月发布《基层党组织主题党日活动指南》，全面推进基层“山东 e 支部”建设。举办“基层党建创新论坛”，交流研讨学习成果，创新基层党建工作载体。

（二）坚持标准化建设

深入落实高校党建工作重点任务，贯彻落实中央有关文件精神和学校党委《关于加强和改进基层党建工作的意见》，充分发挥党支部战斗堡垒作用，落实二级单位党员领导班子成员联系基层党支部制度，开展星级支部定级工作，推动后进赶先进、中间争先进、先进更前进；顺利开展 59 个党支部的换届工作，新成立 1 个学院党委，完成 6 个基层党委委员补选工作。开展议事决策规范提升工作，健全完善 17 个单位党委会、党政联席会议事规则，提升基层治理体系和治理能力科学化水平。

（三）坚持示范化引领

基层党组织立项 63 项，党组织书记抓基层党建突破项目立项 22 项（其中党工委 1 项、二级党组织 17 项、党支部 4 项）。校区所有教师党支部实现“双带头人”全覆盖，获

批山东大学样板支部 3 个、“双带头人”工作室 2 个。做好“两优一先”推荐评选工作，4 人次获校级以上奖励。

（四）坚持特色化服务

制定《关于进一步加强专职组织员队伍建设实施细则》，编发《山东大学威海校区党员组织关系转接指南》《科级干部选拔任用工作指南》，为基层党建工作提供增值服务。严把质量关，全面发展审批预备党员 1207 名。为基层党组织发放《党支部工作手册》《组织员工作手册》等学习、参考材料 1.3 万余册，确保发展党员工作更加规范。

三、用心用情，做好新时代干部工作

（一）突出选拔推荐的政治标准

做好校区副职和学院中层干部的民主推荐、谈话考察等有关工作。配合学校党委做好校区中层换届调整工作，11 名同志参与学校 5 个考察组，顺利完成考察推荐工作。下半年共提拔正处级干部 13 名、副处级 25 名。全年共提拔任用科级干部 22 人、平调 12 人，推进岗位交流。

（二）提升教育培养的针对性

印发《山东大学（威海）干部能力提升三年行动方案》，年初举办机关干部“政治能力提升班”，开设专题辅导报告 12 场次，开展红色教育基地现场教学 2 次，参训学员在各类平台发表学习心得体会 20 篇；做好新任处级干部专题培训、机关科级干部专题培训等。选派 5 名干部教师到校外挂职、借调，接收 4 名青年企业家挂任副院长，为干部提供多岗位锻炼平台。举行 2020 年度校内双向挂职教师、干部交流座谈会，加强交流互动，促进工作协同，为推动校区体制机制改革和打造学校“双一流”建设新亮点贡献智慧和力量。

（三）强化监督管理的严肃性

举办廉政教育专题报告会，赴“三花”文博馆接受廉洁和作风建设教育。全年审批 12 人次中层领导干部兼职申请。落实《机关及直属单位中层领导班子和领导人员履职尽责考核工作方案》，以服务“学院、学科、学者、学生”为导向，健全考核机制，强化结果运用，发挥激励导向作用，引导机关及直属单位牢固树立为师生服务意识。

四、狠抓作风，大力推进“六型”机关建设

机关党委与组织部合署办公以来，以政治建设为统领，以作风建设为抓手，先后实施固本工程、领航工程、铸魂工程、四心工程、廉洁工程、执行力提升工程等“六大工程”，打出组合拳，着力建设“六型”模范政治机关。制定下发“第一议题”制度和党委委员联系支部制度，为每名党员过“政治生日”，通过为党员发放“政治生日贺卡”和生日礼物，重温入党誓词，召开恳谈会、茶话会，微心愿，红色观影等形式，强化党员意识、牢记入党初心，着力解决机关党建“灯下黑”问题。开展规范党组织生活专项提升行动，印制《党支部工作记录簿》。开展“服务师生机关作风大改进”行动，探索建立机关党建“1＋N”工作模式，设

立“党员先锋岗”。编发《机关职能部门服务清单》,梳理业务流程 254 项,方便师生办事参考,协同机关相关部门组建人事人才、党建、实验室管理、学生权益直通车等管服团队,落实“师生办事只跑一趟”,为学院、学科、学者、学生提供特色服务。建立校区机关作风监督员制度,从师生不同群体中聘请 13 位代表,对机关作风实时监督。

(杨　青　高佚婧)

宣传统战与教师工作

2021 年，在学校党委和校区党工委的坚强领导下，宣传统战部(教师工作办公室)坚持以习近平新时代中国特色社会主义思想为指导，用“四个意识”导航、用“四个自信”强基、用“两个维护”铸魂，把统一思想、凝聚力量作为中心环节，努力开创宣传、统战、教师工作新局面，为推动校区转型发展提供坚强思想保证和强大精神动力。

一、坚定理想信念教育，加强师生思想政治教育

(一)深入学习贯彻习近平总书记给《文史哲》编辑部全体编辑人员重要回信精神

通过召开党工委会、理论学习中心组会议、基层书记例会深入学习总书记重要回信精神，组织各学院师生开展学习重要回信精神的专题会议 20 多场，加强宣传报道，开设学习新闻专栏，编发稿件 40 多篇，组织党工委理论学习中心组、各单位党委理论学习中心组成员撰写学习体会 54 篇，以高度的政治自觉、思想自觉和行动自觉推动重要回信精神落地生根。

(二)扎实开展党史学习教育

建立“1＋5＋N”的党史学习教育工作体系，出台党史学习教育方案，制定《党史学习教育校区领导班子“学史明理”“学史增信”“学史崇德”“学史力行”集中学习研讨方案》，建立党史学习教育专题网站，编发各类稿件 200 余篇。组建党史学习教育宣讲团，校内外开展学习宣讲活动 50 余场，受众近 1 万人次。编发党史学习教育工作简报 41 期。良好的宣讲效果和扎实的学习活动广受好评，先后 3 次被中央党史学习教育官网关注报道。

(三)完善理论学习体系建设

组织学习习近平总书记“七一”重要讲话精神，依托党史学习教育宣讲团，开展重要精神宣讲。出台了《山东大学(威海)教职工政治理论学习制度》《山东大学(威海)基层党委书记学习例会制度》《山东大学(威海)关于推进形势政策报告会制度化常态化的工作方案》等一系列文件制度，制定了《2021 年山东大学(威海)党工委理论学习中心组学习安排意见》和《2021 年中共山东大学(威海)工作委员会教职工政治理论学习安排意见》。2021 年，校区党工委理论学习中心组开展集中学习研讨 7 次，列席学校党委理论中心组学习 14 次，有效推动习近平新时代中国特色社会主义思想，党的十九大和十九届二中、三中、四中、五中、六中全会精神在威海校区落地生根。

(四)强化师生思想引领

推动《威海校区党工委加强和改进思想政治引领工作责任清单台账》贯彻落实，开展

“解放思想、追求卓越、凝心聚力、转型发展”大讨论活动,凝聚起师生追求卓越、只争朝夕的向心力。完成2021年校区落实教育部等八部门《关于加快构建高效思想政治工作体系的意见》工作台账各项任务。充分发挥思政课主渠道作用,“中国近现代史纲要”“中国马克思主义与当代”入选全省学校思政课“金课”建设名单。校区39项思政课题获得思政研究会资助。

二、坚持守正创新,深入推进宣传思想工作

(一)聚力提升内宣能力

围绕学校中心工作,聚焦学校“由大到强”历史性转变和“强院兴校”行动方案,推动校区转型发展,加强策划力度和宣传强度。2021年校区新闻网共编发各类新闻1800多条,全面系统地报道了校区各项工作动态。年内先后策划刊发《以高质量党建为引领 书写校区春天的故事》《在党史学习教育宣讲中感悟思想伟力》《用心落实总书记嘱托 在大讨论中解放思想凝聚力量》《坚持示范引领,上好党史学习教育“五堂课”》《紧盯“急难愁盼”求实效,切实提升师生获得感幸福感》等评论文章,有力地鼓舞师生勠力同心、争创一流。

(二)不断提高外宣水平

转变思维,主动作为,在凝炼校区办学特色和亮点的基础上,增强在中央、省级主流媒体上发声的频率。先后在人民网、光明网、《科技日报》、山东新闻联播、学习强国平台等主流媒体平台发布外宣稿件60多篇,全面系统展示了校区办学成果。

三、广泛凝聚共识,推动统战工作提质增效

(一)把握统战工作根本遵循,贯彻落实《中国共产党统一战线工作条例》

党工委理论学习中心组专题学习《中国共产党统一战线工作条例》(以下简称《条例》),引领各基层党委(党总支、直属党支部),校区内各民主党派、统战团体,扎实推进《条例》的学习宣传贯彻工作。同时,将《条例》的宣传阐释和贯彻研究纳入了2021年思政立项选题指南,加强理论研究和阐释。

(二)指导民主党派、统战团体参政议政

完善更新校区统战人员数据库,配合组织部门对民主党派中代表性强、层次高的人选进行重点推荐,向省委统战部推荐无党派代表人士入库人选7人。2021年,推荐2人入选省欧美同学会会员,参与成立山东大学欧美同学会。推荐7人加入威海市党外知识分子联谊会。

四、坚持以人为本,认真做好教师工作

(一)发挥示范引领,不断加强师德师风建设

制定教职工思想状况定期研判制度,组织开展2次教职工思想政治状况问卷调查,

切实掌握教师的思想动态和关注热点。坚持立德树人根本宗旨，贯彻《教育部关于在教育系统开展师德专项教育的通知》要求，开展师德师风建设年活动，积极开展教书育人楷模评选。对校区年度考核评优人员、挂职人员、干部考察对象、各类人才工程申报人选等进行师德师风把关。

（二）做好教职工疫情防控工作

每天实时掌握校区教职工外出动态信息，做好入境人员登记管理，落实集中隔离或居家隔离政策。严格执行防控制度，及时传达并落实学校和属地各项防疫要求，组织教职工完成疫苗接种工作，确保各项防疫要求落实落地，有力守护了教职工生命健康安全。

（戚伟良）

学生工作

一、学生思想政治教育工作

2021年，校区把学习贯彻落实习近平总书记"七一"重要讲话精神、给《文史哲》编辑部全体编辑人员重要回信精神和十九届六中全会精神等作为重大政治任务抓紧抓实。校区以庆祝建党百年为契机，深入推进党史学习教育活动，组织各学院开展党史学习教育活动；举办党史学习学术讲座；开设微信公众号《党史小讲堂》专栏；组织学生参加教育部全国大学生党史知识竞答大会网上云答题活动；校区学生党史宣讲团团长吴睿佳入选山东高校大学生党史学习教育巡回报告团并作代表发言。

学生工作处微信公众号全年共推送各类原创文章及各类推文279篇，学生工作处网站《有问有答》栏目回复学生问题295余条。

二、学生党员教育工作

校区以"青春心向党　建功新时代"教育实践专题活动为依托，加强学生党员教育工作。举办第九期"初心讲堂"线上学生党员教育活动；举办毕业班学生党员"最后一堂党课"活动；举办"与榜样同行"经验分享活动，发挥学生党员的朋辈示范引领作用。

三、学生发展指导

（一）学生心理健康教育与指导

校区全年共接待心理咨询学生496人次，完成3988名2021级新生心理普查工作；开设心理健康教育必修课1门，心理健康教育通选课5门；开展"走进心灵"心理健康教育系列讲座50场；开展心理主题班会，校区370多个班级15000余人参与；培训新生心理委员和宿舍长1600余人；组织参加一校三地心理健康征文比赛，9篇征文获奖；组织参加一校三地心理情景剧比赛，校区两支代表队分获二等奖和三等奖；组织参加一校三地朋辈辅导技能大赛，校区两支代表队均获二等奖；成立学院二级心理辅导站3个；开展辅导员培训与专业督导共计17场；组织辅导员参加各类心理健康教育专题培训7场；组织专、兼职咨询师参加培训5场。

（二）学生就业指导

2021年，学生工作处开设2门就业创业类课程，开设37个教学班，选课学生1034人次；开设6期专题培训班，选派50余名教师参加生涯教育师资培训项目和企业挂职锻炼;开展职汇讲堂系列讲座5期,就业能力培训1期,开展大学生职业生涯规划大赛、行业简历大赛等活动。校区开设的通选课"大学只做八件事"获评2021年全省高校就业创业金课(全省共10门),课程负责人孙丽霞获得首届山东省高校教师就业指导课程教学创新大赛银奖,其申报的《KSMEA五位一体的职业生涯规划课程改革新模式研究》获评山东大学2021年校级教学成果奖二等奖;组织开展"校友思政大讲堂"活动2期,参与学生500余人次。

(三)资助育人

校区开展"添翼工程"暑期社会实践团队立项活动,支持立项团队13支;为经济困难学生开展心理调适培训、美育课程、就业能力培训等;开展"助学·筑梦·铸人""诚信教育月"等主题教育活动;开展2021年寻访"自强之星"活动,评选出校级、院级自强之星共42名。

(四)学业指导

校区继续开展"积分筑梦"学业帮扶活动,开设帮扶课程3门,累计授课22学时,76名学生报名参与;9月9日,修订发布新的《山东大学(威海)本科生导师工作实施办法》,将班主任、科研实践指导、社团指导、学业指导全部纳入本科生导师体系,充分发挥广大专任教师在本科生思政教育、学风建设和发展指导中的重要作用;各学院共选聘本科生导师361人,指导学生6547人,每位导师平均指导学生数30人左右。

(五)学生国防教育

2021年,校区通过加大自训教官的选拔、配备和培养力度,实现了由部队帮训向学校自训的转变,圆满完成了2020级和2021级学生军训任务。校区按照"一年两征"征兵模式变化的新要求,注重加强和改进征兵宣传工作,全年共有23名大学生应征入伍。

四、学生事务管理工作

(一)疫情防控和校园安全稳定常态化工作

校区始终把统筹抓好新冠肺炎疫情防控和校园安全稳定摆在突出重要位置,按照"一人一策,一生一档"完善台账,跟踪管理,做好信息摸排、疫苗接种、核酸检测、密接学生应急处置等各项工作。2021年,学生工作处共开展疫情相关信息排查工作54次,积极引导学生树立"主动防疫"意识,在校学生疫苗一针接种率99.04%,二针接种率97.77%。

(二)学生奖学金评定和违纪处理

2021年,校区本科生共评选国家奖学金178人,省级先进班集体8个,省级优秀学生23人,省级优秀学生干部11人,校长奖11人,校级优秀学生干部373人,学业奖3287人,特长奖2429人次,社会奖学金24人次,合计发放各类奖学金1168.8万元;校区研究生共评选国家奖学金31人,校长奖2人,学业奖1531人,合计发放各类奖学金628.8万元。

(三)学生资助与保险

2021年,校区共认定家庭经济困难学生1804人,占在校生比例12.7%;办理生源地贷款 1255 人,共发放生源地贷款 1017.11 万元;校园地贷款续放 62 人,金额 56.36 万元,新申请 44 人,已办理学生中申请提额 9 人;除国家助学贷款外,各类资助金覆盖经济困难学生 2591 人,覆盖比例 100%,资助总额 1352.9 万元,其中财政拨款 838.6 万元,学校划拨 509.1 万元,吸收社会资助 5.2 万元;设置勤工俭学岗位固定岗 805 个、临时岗 537 个。组织在校生参加威海市居民基本医疗保险,为在校生缴纳商业保险费 88.2 万元;受理 1237 人次门诊报销材料,报销门诊费用 50.1 万元,受理商业保险理赔 358 件。

(四)宿舍管理工作

2021 年,校区完成 1941 名本科生和 320 名研究生的宿舍调整工作,优化了学生住宿结构;组织开展 82 次安全隐患排查,查出违纪行为 197 项,开展 51 次宿舍卫生检查;开发并试行"人走断电"系统,通过技防手段确保学生宿舍用电安全。

(五)学生就业工作

校区聚焦基层岗位,"全链条"做好选调生、"西部计划志愿者"、"三支一扶"、"大学生征兵"、"大学生村官"等的培养输送,全年共开展选调生宣传、指导、培训等工作 45 期;利用智联招聘的在线招聘平台,举办毕业生就业空中双选会 2 期,累计参会用人单位 1204 家,提供职位 13.4 万余个;举办实习空中双选会 1 期,参会单位 109 家,提供实习岗位 6000 余个;全年精准推送就业信息 6000 余条;举办校园宣讲会 254 场,组团招聘 7 场,线上线下大型双选会 4 场,新建就业创业实习实践基地 9 个。

五、辅导员队伍建设

2021 年,校区招聘专职辅导员 6 人,保资辅导员 12 人。开展心理、就业、创新创业、思政素养、能力提升等专项业务培训 29 场,参与老师 900 人次。强化主责主业考核,推进辅导员"三进"工作,在 5 栋公寓楼内设置辅导员谈话室,强化公寓思政;建立辅导员与班主任、导师、任课教师联系工作机制,搭建有效沟通渠道,凝聚力量,促进全员育人、全过程育人、全方位育人。

(孙丽霞　闫红伟)

共青团工作

2021年，校区团工委以习近平新时代中国特色社会主义思想为统领，紧紧围绕党工委各项工作部署，坚持立德树人根本任务，在学生中深入开展党史学习教育，扎实推进“我为青年办实事”实践活动，塑造“建党百年、建校百廿”系列主题活动等思政品牌，落实“三全育人”，聚焦“五育并举”，着力提升团组织“三力一度”，推动共青团工作高质量发展，为培养堪当民族复兴大任的时代新人贡献青春力量。

一、以党史学习教育为主线，抓实抓牢学生思想引领工作

（一）加强青年理论学习，持续推动青年学党史入脑入心

把学习贯彻落实习近平总书记“七一”重要讲话精神、给《文史哲》编辑部全体编辑人员重要回信精神和十九届六中全会精神等作为重大政治任务抓紧抓实。全年共组织开展高水平党史专题讲座38场，举办五四青年科学报告分享会等一系列党史宣讲活动28场，参与5000余人；成立学生党史宣讲团、推出“百名团干部领读党史”栏目，以点带面，强化党史学习效果。将党史学习教育与破解现实发展难题相结合，组织开展“力行”团干部论坛5期。党史学习教育成果丰硕，微视频《追逐·星光》在学习强国推出，编辑出版图书《山东大学（威海）共青团推进党的青年学生工作优秀案例》。

（二）党建引领团建，凝聚青年力量

组织团支部依托“专题组织生活会”“三会两制一课”等形式开展党史学习教育活动近2000场，覆盖12万余人次，其中党的十九届六中全会专题学习覆盖率达100%，“青年大学习”网上主题团课学生整体学习率达到95%。组建校区第六期青马工程精英班，通过夏令营集训、课题研究等形式为青年骨干成长助力；组织235名新任团支书、学生骨干参加山东大学第32期团校培训。开展“学党史、强信念、跟党走”基层团支书思政技能专项赛、第七届活力支部大赛，发挥团支部示范引领作用。机电与信息工程学院2018级自动化一班团支部获评团中央“活力团支部”称号，海洋学院2017级学生孙亚宁获评团中央“中国大学生自强之星”称号。

（三）把学党史成效转化为实践动力，切实服务青年，办好实事

以“我为青年办实事”为工作抓手，广泛发动团学骨干开展“我为青年做件事”实践项目111项，从科研、生活、就业、考研等方面进行针对性帮扶；组织开展雷锋月“我为学校做好事”主题教育实践，9000余名志愿者参与防疫值守、就业助力、宿舍文化代言等5类志愿服务活动；248个团支部参与“我为老师做件事”课堂准备、教学秩序维护、课件整理

等班团服务活动。

二、以"百廿山大校庆"为契机，培养学生家国情怀

(一)组织开展"百年党旗招展，百廿薪火莹然"系列庆祝活动

举办"百廿薪火传，梦想新起航"2021 年迎新晚会暨校庆 120 周年文艺汇演，以朗诵、舞台剧、合唱、舞蹈、器乐等形式创编节目，激发学生爱党爱国爱校热情。推出"我与山大的奋斗故事"系列人物故事线上宣传，累计阅读量超 1 万次。举行"百廿山大　强校兴国"山东大学 120 周年校庆升国旗主题团日活动，组织学生观看庆祝山东大学建校 120 周年大会直播，引领校区学生厚植家国情怀。

(二)结合毕业季、迎新季等重要节点，开展丰富多彩的学生活动，发挥文化育人作用

举办"海韵百廿，扬帆万里"2021 届毕业生晚会、大学生文化艺术节展演、社团之星等活动，展示青年学子意气风发的精神风貌，激励山大学子挥洒青春，不懈奋斗。

三、持续推进全面从严治团，着力提升共青团"三力一度"

(一)扎实推进基层团组织规范化建设

依托"智慧团建"推进 2021 届毕业生团员"学社衔接"工作，"学社衔接"率超 96%；开展 2021 级新生团员团组织关系转接和团支部整理整顿工作、团员教育评议工作和团支部"对标定级"工作；坚持从严入团，规范团员发展流程，2021 年共发展新团员 80 人，确保团员质量，提升团员荣誉感。

(二)深化学生会组织改革，着力提升服务大局水平

全面落实团中央、全国学联二十七大工作部署，规范召开校区第十八次学生代表大会、第九次研究生代表大会；规范学生会组织架构机制，根据职能科学设置工作部门，精简人员规模；举办山东大学"十佳学生会""十佳研究生会"校区评选活动。

(三)重视学生权益问题，创新服务同学机制

制定施行《山东大学(威海)"学生权益直通车"职能部门联动机制实施办法》，充分发挥学生会联系校区与学生的桥梁纽带作用，通过"权益直通车"解决与回复学生权益问题累计 1796 个；创新服务同学机制，建成 10 个学生自我服务工作室，搭建同学互相服务平台。

四、坚持"三全育人"理念，服务学生成长成才

(一)"挑战杯""互联网＋"赛事取得突破性成绩

"党建就是生产力——寻找脱贫攻坚中的红色引擎"项目获第十七届"挑战杯"红色专项赛国家特等奖，实现了校区在"挑战杯"系列竞赛中获奖层次的新突破。在主体赛中，再次实现满额 6 件作品入围国赛，3 件作品闯入终审决赛。已荣获国家特等奖 1 项，国家三等奖 6 项，省级特等奖 10 项，省级一等奖 6 项，省级二等奖 6 项，省级三等奖 8 项，

再获山东省“优胜杯”。第七届中国“互联网＋”大学生创新创业大赛中，荣获国家银奖1项，国家铜奖1项，省级金奖3项，省级银奖1项，铜奖5项。

(二)进一步完善竞赛育人机制

举办2021年“双创”冬令营，强化并提高校区双创竞赛作品质量；依托“双创咨询室”开展线上双创咨询辅导80余次，举办“创新创业大讲堂”7期，邀请校外专家、青年创业典型介绍竞赛经验、传递创新创业精神，吸引1000余人次参与；成立学生创新创业朋辈导师团，打造重点项目“订单式”孵化机制；面向2021级新生开展“青苗计划”双创训练营，招募营员804名，帮助新生培养创业思维、提升创业能力。

(三)开展“青鸟计划”大学生就业见习行动，促进学生高质量就业

“就业服务季”组织2902名学生报名参与寒假云招聘，1705人投递简历，56人与企事业单位签约；“实践实习季”实施暑期就业见习专项，开展就业见习培训44场，专题讲座8期，235名学生参与单位实习和基层挂职锻炼；“技能提升季”组建青鸟服务队800余人次服务，筛选优质岗位2853个，发布146期推送。团干部结对帮扶就业困难毕业生363人，资助197960元；“产学研转化季”设立大学生创新创业基金，资助9个创新创业项目共计30万元。组织8位校区意向青年教师与威海市骨干企业洽谈产学研合作。

(四)加强和改进校区美育工作

在学院建立合唱团11个、舞蹈团8个。组建“美育实践课”讲师团，设置街舞、话剧语言艺术、吉他、软笔书法教学等课程64门，受益学生达到1400余人次；实行美育班主任制度，组织校区内具有艺术特长的学生为学院艺术团开展美育实践指导，提高校区整体美育实践水平。

(五)以“五结合”为原则开展劳动实践活动

联合各职能部门开展“劳动服务实践岗”项目11项，组织35个团支部参与校园落叶清扫、教室清洁、电动车规范摆放等劳动实践活动；打造劳动模范典型，评选劳动模范团支部10个、劳动实践项目10项、劳动之星10名。加强社会实践组织工作，校区1支团队获2021年全国“三下乡”社会实践优秀团队、11支团队获“镜头中的三下乡”、全国青少年红色文化展示、调研中国等全国社会实践专项优秀团队，校区获“镜头中的三下乡”全国社会实践优秀组织单位称号。

(六)推进“希望小屋”建设与帮扶工作

筹集建设资金115528.74元，建成11间山东大学(威海)冠名“希望小屋”。对接159间“希望小屋”的167名学生的健康成长需求，开展“小屋点亮大希望”专项行动，开展“青葵学堂”83次授课，组建23支“希望小屋”志愿服务队，展现山大青年担当。

(王志辉　宋　青)

工会、妇委会工作

2021 年，工会、妇委会以习近平新时代中国特色社会主义思想为指导，深入学习贯彻党的十九大和十九届二中、三中、四中、五中、六中全会精神，深入贯彻习近平总书记给《文史哲》编辑部全体编辑人员重要回信精神，紧紧围绕山东大学“双一流”建设和“由大到强”历史性转变，结合学校工作重点和本单位中长期发展规划，按照“人文关怀、精准服务、突出特色、服务大局”的思路，加强工会建设，打造人文型、服务型、学习型、创新型工会。

一、加强民主管理，教代会职权落实工作取得新进展

1.出台《威海校区关于加强和改进教代会工作方案》，着力强化政治引领、做优建功立业、做活基层组建、做细帮扶服务等增值服务和特色管理工作。

2.开通“海纳之声”热线、“教工信箱”，搭建沟通桥梁，多渠道倾听教职工意见。2021 年处理教职工关注的热点和难点问题 9 件，充分调动了广大教职工参与学校民主管理的积极性和主动性。

3.进一步完善二级教代会制度，提高基层单位对二级教代会地位和作用的认识。开展学院二级教代会建设调研活动，修订完善相关制度，全面提升学院二级教代会制度化、规范化建设水平，聚力“强院兴校”战略。

二、增强文化自信，教职工文化建设展现新局面

以“4＋N”丰富多彩的文化体育活动为载体，引领广大教职工爱党、爱国、爱校，传承山大精神与文化。

1.以文育人。举办“红歌颂百年，奋进新征程——庆祝中国共产党成立 100 周年暨山东大学建校 120 周年教职工合唱比赛”“书画绘盛世，摄影谱华章——庆祝山东大学建校 120 周年教职工书画摄影展”等活动，弘扬新时代山大文化，构筑山大人共同精神家园。

2.以体育人。组织开展校区教职工气排球比赛、羽毛球比赛、乒乓球比赛、教工运动会等体育活动，支持排球协会开展“排协成立十周年活动”、足球协会开展“华为杯校庆足球比赛”、乒乓球协会开展“青岛校区—威海校区乒乓球友谊赛”等活动，全面加强教职工体育健康工作。积极贯彻落实全民健身国家战略，开展校区教工健步走活动，开发“山威行”健步走小程序，共有 800 余名教工参加健步走打卡活动，营造了积极向上的校园文化氛围，全面助力学校“双一流”建设和实现“由大到强”历史性转变。

3.制定教师荣休制度，弘扬传承劳模精神。通过评选三八红旗手、妇女工作先进个人以及首次举办教师荣休仪式，弘扬劳模精神、工匠精神，切实发挥劳模的示范引领作用。

三、坚持精准服务理念，服务教职工水平得到新提高

1.切实把党史学习教育成果转化为工作实效，扎实开展“我为群众办实事”。经与市工会、保险公司多次协商，由校区工会派专人为教工及亲属办理保险理赔工作，实现了“让教工少跑腿”的目的，工会服务教职工的“最后一公里”越来越畅通。

2.工会资源与工作重心下移。2021 年，除按照人均额度下拨工会经费外，同时设立特色活动专项经费，鼓励基层工会积极主动地开展适合本单位实际的特色活动。

3.启动教工之家扩容建设。在第一次开展基层工会教工之家建设的基础上，开展了第二次教工之家扩容建设工作，支持翻译学院、机电与信息工程学院开展扩容建设。校区教工之家的建设也稳步推进。

4.拓展教职工保障医疗计划。为教职工提供互助保险、团体保险、专项保险保障计划，满足教职工对医疗保险的个性化需求，为教职工及亲属的健康保驾护航。互助保险和专项保险共计为 1700 余人提供保障，涵盖住院、特种重病、意外伤害和女职工特种重病等项目。团体医疗保费由工会承担，共计为 500 余名参加比赛教职工提供保障。

5.积极开展“春送慰问、夏送清凉、秋送帮扶、冬送温暖”活动，走访困难教职工开展爱心帮扶，走访慰问一线工作人员，开展职工节日福利发放工作，及时为教工子女报销入托费等。

四、聚焦主责主业，工会自身建设实现新突破

1.加强党建工作，促进党建与业务工作的深度融合。进一步提高政治站位，把加强政治建设、提高政治能力作为自身建设的首要任务，坚持政治学习，强化思想理论武装，做到党建与工会实践工作融会贯通。

2.加强思想政治引领，凝心聚力争创一流。通过思政课题立项推动工会理论研究，立项 10 项，投入专项经费 4 万元，开展实践调研、理论研究工作。

3.加强党风廉政建设，严格落实责任。强化制度建设，制定《工会物资采购管理规定》，严格采购审批工作机制。

五、强化特惠服务，女职工工作呈现新气象

1.开展庆祝“三八”妇女文化月活动。开展“书香润心田，撷来自芳华”读书沙龙活动、“诗情花艺，春满校园”花艺体验活动、“智慧女性，幸福生活”沙龙活动等等，活跃了女职工文体生活，营造了积极进取的良好氛围，凝聚了女教工“强院兴校”的强大力量。

2.邀请专家学者开展“盆底障碍性疾病的预防和治疗”“更年期保健”“0～25 岁生命的深度需求与心理营养的供给”“营养与女性健康”等讲座，为教工普及健康知识、亲子关

系知识等，满足教工多方面知识需求。

3.开展妇女工作先进评选活动，共评选省教育工会女职工建功立业标兵 1 名、建功立业标兵岗 1 名；山东大学三八红旗手 3 名、妇女先进个人 1 名。

（丛岗滋）

离退休工作

截至2021年底，威海校区共有离退休教职员工342人，其中党员169人，占49.4%。离退休工作办公室(离退休党委)牢牢把握党史学习教育这一主线，紧紧围绕从严治党、基层党建和中心工作，学党史、悟思想、办实事、开新局。

一、抓好党建工作，助力离退休工作取得新成效

(一)完善机制、创新载体，加强思想政治建设

建立完善"一月一学、学以致用"理论学习研讨机制，召开专题组织学习会议10次，各党支部累计学习研讨10次；同步开展大型活动4次，印发党史学习专题手册3期，开展"学好党史·讲好山大故事"征文活动并汇编成集，协同人事处党支部开展系列理论学习，形成了"主题联学""上下联学""协同联学"的良好局面。

(二)从严从实、建章立制，强化党的组织建设

新制定、修订了《党政联席会议制度与议事规则》等7项规章制度细则，提升议事决策规范性，从严从实抓好党的建设。开展"两优一先"评选表彰，激励和支持建设样板支部、争创"先进党支部"，促进党支部建设规范提升和党员教育管理。

(三)以巡促改、服务为先，真心办实事办好事

坚持以巡促改、以巡促建、以巡促治，建立意识形态和安全领域全方位、全天候监控机制，全面提升了党建质量和服务效能。认真整改落实巡视反馈问题，撰写相关调研总结报告4份。切实破解离退休职工党建重点难点问题，深入推进"我为群众办实事"系列活动。

二、挖掘特色形式，加强离退休职工精神文化建设

(一)学习平台与服务方式创新相结合，助力党建和服务工作双提升

印发党史学习专题手册3期，将"学好党史·讲好山大故事"系列征文汇编成征文集，既解决了学习方式单一的问题，也提升了学习效果；发放《"学党史、促党建、增服务"离退休党委工作调研问卷》并形成分析报告，为全面特色增值服务提供数据支持和现实依据。

(二)党建工作和中心工作相结合，提升服务效能

开展"庆七一、送温暖"走访慰问85岁以上老党员活动，举行"庆建党百年"党员宣誓暨"光荣在党50年"纪念章颁发仪式，组织离退休女职工进行庆"三八"观影活动，组织修

缮退休职工住宅一区、二区活动室及门球场,升级离退休教职工活动场所硬件设施等。

(三)党史学习教育和庆祝百廿山大活动相结合,助力学校事业发展

通过观看建党百年《1921》红色电影、重温入党誓词,参观马石山纪念馆,开展“学好党史·讲好山大故事”征文等活动,提升了离退休教职工关心学校事业发展、建功新时代的积极性。

(四)离退休党委和人事处党支部活动相结合,提升思想政治建设水平

与人事处党支部开展系列联学活动,共同参观威海胶东育儿所纪念馆、马石山十勇士纪念馆、十八里担架道红色展馆,深入学习贯彻习近平总书记“七一”重要讲话精神和习近平总书记给《文史哲》编辑部全体编辑人员重要回信精神、党的十九届六中全会精神;做好重阳节健步走志愿服务工作。

(张韫笛　葛彩云)

人事管理

2021年,人事处坚持以习近平新时代中国特色社会主义思想为指导,深入贯彻落实山东大学第十四次党代会精神,深刻认识"十四五"期间的新形势、新目标,在做好人事人才各项管理服务保障工作的同时,积极引进培育各类高层次人才,发挥"人才是第一资源"优势,聚势谋远、勠力同心,深化人才强校战略,着力打造高水平师资队伍以及科研队伍,为推动学校"由大到强"、建设世界一流大学提供坚强有力的人力资源支撑。

一、坚守初心,把握党史学习主线

深入学习贯彻党的十九大精神、十九届历次全会精神,积极践行习近平总书记在党史学习教育动员大会重要讲话要求,牢牢把握党史学习教育这一主线,加强人事处思想政治建设。

二、以巡促建,全面落实迎巡整改

全力做好中央巡视和山东大学党委专项巡视整改工作。校区人事处积极行动,针对反馈的意见,逐条落实,细致整改,按期完成了整改任务。

三、聚势谋远,科学编制发展规划

聚焦校区高质量发展,科学编制《校区事业发展十四五规划—队伍建设专项规划》,为校区的学科升级换代、精致发展和交叉融合谋划人才支撑。

四、聚焦质量,提升师资队伍水平

1.全面提升教职工能力。积极落实《山东大学教职工能力提升计划(2019～2021年)》及其配套方案,共选派及组织212人次参加国际教育、教学技能、英语能力、入职培训、职业规划、实验技术等9项不同类型的能力提升培训项目。

2.一体发展战略下做好各类各级专业技术职务和岗位聘任的相关工作。积极争取2021～2022年度高级专业技术职务和岗位指标,指导、规范和督导各院(部)分配好、使用好年度高级专业技术职务和岗位指标,充分发挥岗位设置对存量师资的激励和导向作用。2021年度共完成333人次专业技术职务和岗位申报聘任工作,创历史最高。

五、多措并举,人才引育稳步提升

1.服务学科建设,着力构建杰出人才团队。2021年,校区新增全职入选山东大学杰出人才体系16人(特聘教授3人、杰出中青年学者5人、齐鲁青年学者8人)。探索柔性引才模式,遴选兼职类杰出人才9人。依托院士团队,聚焦“高峰学科”,助力新文科和新工科的学科发展,积极引揽杰出人才,实现了新突破。

2.聚合校地政策,人才培育实现新突破。2021年,获评国家级人才3人(长江学者特聘教授1人、长江学者青年专家1人、国家优青1人),省海外人才快速认定专家1人。校区新增8人通过山东大学杰出人才体系校内遴选(特聘教授3人、杰出中青年学者3人、齐鲁青年学者2人),实现了近几年校内人才遴选的较大突破。

3.聚焦国家战略,人才团队承接大项目。2021年凌宗成教授新增1项国家重大研发专项,立项经费2240万元;陈耀教授新增1项国家自然科学基金重大仪器资助专项,立项经费866万元。张宁、苗威教授获得国家社科重大项目2项。高层次人才团队实质性参与了嫦娥工程国家探月研究计划及北斗导航卫星观测研究等国家战略性科研攻关。

六、拓展资源,挖掘校地政策效能

1.积极拓展地方事业编制资源。依托山东大学威海工业技术研究院,申请威海事业编制50个,突破了校区事业发展编制瓶颈,为校区事业发展注入新的活力。

2.积极拓展海内外资源。充分挖掘利用山东省“海洽会”、威海市中韩人才对接宣讲会、山东大学海外人才工作站等平台进行人才引进政策宣讲,争取更多社会资源。

3.创新人才引进模式,人才引进工作由等人才上门“请进来”转变为“走出去”寻找人才。积极参加“山东名校直通车”,先后3次赴多所高校进行专场招聘宣讲,大力推进校区工科人才引进。

4.依托“惠才卡”“英才计划”,为高层次人才服务提供绿色通道,2021年新增入选威海市“高层次人才库”21人,成功申领“山东惠才卡”12人,申领“威海英才卡”31人。组织落实“万名大学生聚集计划”,为校区教职工申领生活补贴,争取各项地方人才政策落地实施,提升校区增值服务水平。

七、积极动员,努力拓展博后队伍

2021年,共招收各类博士后人员21人,出站23人,各类博士后人员在站99人。获评山东大学特别资助类博士后4人,获评首届山东大学优秀博士后1人。

八、提升保障,参加山东省直保险

为提高校区职工退休待遇保障,将事业编制人员养老保险从威海社保转移到山东省直社保,同时退休费也相应地调整为由省社保中心发放。

九、高度重视,做好人事档案数字化建设及专项审查

截至2021年底,已完成1162卷在职教职工档案数字化(第一期)和460余人次档案

初审信息登记。

十、提升作风建设，为群众办实事办好事

完善并落实《人事处服务清单》，在打通“最后一公里”上迈出坚实步伐；搭建人才管理服务协同工作专项团队（协同平台）和“6＋1”人事人才工作沟通对接机制，探索服务新途径；“我为群众办实事”重点项目推进顺利，效果显著；落实“两不出”“一张表”要求，覆盖人事处内部常规工作业务管理模块的人事应用平台运行平稳，包含教职工入职离职、校内调动、职聘、岗聘、工资考勤报送、教职工年度考核、在职证明及收入证明开具等多项业务均已上线，面向教职工提供便捷服务，提升人力资源服务水平。

（杨　柳）

本科教学

2021年，教务处以习近平新时代中国特色社会主义思想为指导，全面贯彻党的十九大和十九届五中、六中全会精神，坚持“为党育人，为国育才”，踔厉奋发、锐意创新，在本科人才培养工作方面再谱华章。

一、招生管理与服务

（一）本科生源质量再创新高

2021年校区在山东省录取位次为16674名，比2020年提升425名，在山东省所有高校中位列第三。中外合作办学专业录取分数在山东省所有招收中外合作办学专业的高校中位居第一。第三批高考改革的8个省（自治区、直辖市），物理科目类录取分数超过特殊类型招生控制线100分以上的有4个省（自治区、直辖市），其中辽宁省和河北省均超线112分。超过特殊类型招生控制线80分以上的有7个省（自治区、直辖市）。校区在实行传统高考的16个省（自治区、直辖市）理工类录取线全部超过特殊类型招生控制线80分以上，其中，超过90分的有11个省（自治区、直辖市），超过100分的有8个省（自治区、直辖市），超过130分的有4个省（自治区、直辖市）。校区中外合作办学专业在19个理工或综合改革类省（自治区、直辖市）录取分数超过特殊类型招生控制线60分以上的有17个省（自治区、直辖市），超过80分的有10个省（自治区、直辖市），超过90分的有6个省（自治区、直辖市）。

（二）深化招生工作改革

全面总结招生工作先进做法，积极申报山东省教育厅组织的“深化高考改革　提升育人质量”优秀成果评选活动，并荣获一等奖。加强本科招生拓展工作，增加拓展组数量，邀请齐鲁晚报·齐鲁壹点栏目组来校开展“院长访谈”“山大专业零距离”“云游大学·招办主任访谈”等工作。

二、教务管理与服务

（一）做好疫情防控预案，保障教学秩序平稳运行

2021年校区本科教学共计开设2283门课程、5032个教学班。每学期开课前，组织做好疫情防控预案，确保出现突发疫情能够实现线上线下即时切换。2021年9月6日是秋季学期开课第一天，因校区学生中存在密接人员而启动紧急预案，从当日第七节课开始，校区所有课程全面转为线上方式授课。9月18日起，涉及的密接学生分批开始结束

集中居家健康监测。恢复正常学习生活后，教务处要求各院部按照“有序、分批、分类”的原则，于 9 月 20～30 日逐步恢复校区课程教学线上方式转线下教学，整个过程平稳顺利，共涉及 11 个学院、1749 个教学班、97607 人次。

(二)做好大类分流、转专业、实验班选拔，助力学生个性化发展需求

完成 2020 级和 2021 级本科生总计 2151 人次大类招生专业分流和 231 名学生的转专业工作。完成天文与空间科学菁英班、量子信息工程实验班、会计中法国际实验班、数据科学与人工智能实验班、法学＋英语五年制双学位班、国际经济与贸易＋英语五年制双学位班、国际政治＋国际经济与贸易五年制双学位班的学生选拔工作。

(三)做好推免和毕业审核工作，助力学生成长成才

2021 年度威海校区共有 485 名优秀本科生被成功推荐到各类高水平大学和科研院所读研，占 2022 届应届本科毕业生总数的 13.73％，推免生数量和占比均创历史新高。2021 年威海校区共计毕结业学生 3814 人(含毕业 3697 人、结业换毕业 30 人、结业 44 人、国际学生毕业 43 人)、获学位 3911 人(主修学位 3718 人、双学位 150 人、国际学生 43 人)，另外授予 91 人荣誉学士学位。

(四)教务组织规范有序，学籍管理严谨细致

完成全年 2283 门课程、5032 个教学班的课表编排，设计、制作完成《课程安排表》纸质版 5 册、电子版 3 套。全年共处理学籍异动 1121 人次(含国际学生 434 人次)，完成新生学籍注册 3277 人(含统招生 3264 人、2019 年保留入学资格 2021 年入学 1 人、国际学生 12 人)、保留入学资格 1 人、放弃入学资格 35 人，老生学年注册 14175 人，完成毕业生图像信息采集 3710 人，补办毕业证明书 13 人，完成新生图像信息采集 3263 人。顺利完成各类预算决算报表统计工作、高基报表数据统计、教学基本状态数据填报等工作。对 82 人次本科生进行了学业成绩警示。设计、开发线上“教务服务平台”系统。

(五)做好各类教材摸排、审查工作

按照上级部门要求，完成本科层次各类教材摸排、审查工作，涉及法学类教材 36 门课、38 本教材，外文类教材 70 门课程、85 本教材，经济学、政治学、新闻传播学学科专业课程教材 102 本。在“教材检查回头看”工作中，审查 15 个专业类合计 143 本教材。12 月底前，校区对 2021 年秋、2022 年春两个学期，除经济学、政治学、新闻传播学学科外的全部课程教材(包括选用的境外教材)进行了全面摸排、审查。

三、教学改革与教学研究

(一)加强一流专业建设，推进新文科、新工科建设

新增 9 个国家级一流专业建设点和 2 个省级一流专业建设点；新增 4 个新专业与 3 个辅修专业；实现微专业建设“零突破”，立项 11 个项目。制定发布《山东大学(威海)2021 年新文科建设工作方案》《山东大学(威海)新工科建设工作方案(2021～2022)》。于新华社发表《新时代　新使命　新变化　新成就——山东大学(威海)新文科建设改革与

实践》,樊丽明校长高度评价"威海校区新文科建设实践走在前列,值得学习"。

(二)加强一流课程建设,提高教学质量

提出"四性一度"课程建设标准,制定《山东大学(威海)一流本科课程建设工作方案》。校区1门课程获评国家级一流课程,6门课程获评省级一流课程。3门课程获评智慧树网"一流高校精品课程(专业课)"。新增36门通识教育核心课程和创新创业课程,11门在线课程,10门山东省高等学校在线开放课程平台。《市场营销学》获首届省级优秀教材称号。

(三)加强教学改革,推进共建共享。

制定《山东大学(威海)关于大学外语教育教学综合改革的指导意见(试行)》,实施大学外语教育教学综合改革。修订"教研业绩津贴奖励划拨办法",鼓励教师积极投入教学研究。获得教育部首批新文科研究与改革实践项目2项,省级教改项目6项,校区教改立项135项,山东大学教学成果奖一等奖2项、二等奖3项。完成《山东大学(威海)一校三地本科教学资源共建共享工作调研报告》,建立"本科教学资源共建共享年终考核评价指标体系",开展本科教学资源共建共享2.0工作。

四、考务管理与服务

全年安排期末考试2558场,组织完成130门课程试卷抽查。组织完成全国大学英语四、六级笔试,合计设置考场625个,报名学生18572人。组织全国大学英语四、六级口语机考,设置23个批次,2151人参考。完成13个批次、14个考场、4427人参加的全国计算机等级考试。完成2022年硕士研究生全国统一入学考试,设置140个考场,4197人参加考试。投入127.8万完成标准化考场广播放音设备更新改造。全年举办校区学术报告187场,其中"稷下讲坛"47场。出版两卷《萃他山之石　润己玉之泽——山东大学(威海)学术报告集锦》。

五、实践教学管理与服务

(一)强化培训选拔,竞赛成绩再创新高

2021年校区在各类学科竞赛中共获国家级奖项51个,省部级奖项434个,在全国大学生智能车大赛、节能减排社会实践与科技竞赛、软件创新大赛、工程实践与创新能力竞赛以及ICPC亚洲区域赛等五项重大赛事中取得历史最好成绩。其中智能车代表队获国家一等奖6项,国家二等奖6项,创历史最好参赛成绩的同时连续两年总成绩位列全国第一;工程实践与创新能力竞赛首次参赛就获得国家级金奖;在ICPC国际大学生程序设计竞赛亚洲区域赛银川站和济南站连获两枚金牌,取得历史性突破。

(二)认真筹办暑期学校,拓展学生学习经历

2021年暑期学校校区共开课131门,其中暑期精品课程74门、海外师资课程26门、助学班课程10门、辅修学位课程3门、微专业18门。空间科学与物理学院、海洋学院开

设未来山大人项目 2 个。整个暑期学校校本部学生跨校区选修威海校区课程 2 门，威海校区有 644 人跨校区选修济南、青岛校区课程，涉及课程门数 117 门。2021 年共选派海外交流学生 473 人，其中长期交流 327 人，短期交流 146 人。因疫情原因，2021 年度未选派或接收国内第二校园学习经历学生。完成 14 项国家大学生创新创业训练计划项目和 10 项省级大学生创新创业训练计划项目，完成 69 人合计 105 学分的创新学分认定。

（三）加强创新平台建设，推进实践教学

2021 年立项建设智能技术与控制创新教育平台、算法实践与智能应用创新平台、智能制造创新教育平台、企业经营模拟创新平台等 7 个校区创新平台。新增实习基地 13 处，截至 2021 年底校区各专业共建立校外实习基地 130 个。首次采用“中国知网”毕业设计（论文）管理系统，对毕业设计（论文）进行全流程管理，3940 名毕业生顺利完成毕业论文的撰写，一次检测通过率 99.97%，实现了学术不端行为检测全覆盖，评选出校级优秀毕业论文 76 篇。

六、教学促进与教师发展

（一）课程思政建设成效显著

2021 年校区共立项“课程思政教学改革研究综合类项目”和“‘课程思政’示范课程建设项目”26 项，2 门课程获评山东省普通本科教育课程思政示范课程，1 位教师在首届“智慧树杯”课程思政示范教学大赛中获卓越奖。开发 8 门“思政课外围课程”。于《齐鲁晚报》发表《立德树人，回归本来；守渠种田，遍地花开——山东大学（威海）课程思政建设工作纪实》，总结推广校区课程思政成果。

（二）加强教师培训和教学督导检查

组织 10 余次专题教学培训和各类教学荣誉评选和比赛。2 位老师在山东省第八届青年教师教学比赛获奖，17 位教师在山东大学教师教学创新大赛获奖。开展校区新入职教师在线微格教学工作坊、教学设计讲座、混合式教学培训等在线培训活动。按照时间节点，推进学期初、期中教学检查；做好高等质量监测数据统计和教学质量报告编制工作；组织线上线下相结合的教学督导工作，及时反馈督导专家听课意见、建议；完善学生评教工作，提升学生评教规范化和评教结果科学性。完善教学质量监控体系建设，完成校级督导员换届。

七、细化管理服务，保障教育教学

完成 194 间教室、4 间机房、3 间考务办、2 间分控室、1 间主控室和 1 间保密室的日常设备维护，为校区的正常教学及各类考试提供技术保障。完成校区视频课程（精品课、微课、慕课等）、学术报告、微课大赛、学校重大活动等的视频录制和后期制作。参与校区学生返校疫情防控演练，录制实时演练视频并按要求进行后期制作。建成校区课程制作室。开发建设“校区教研项目管理系统”，增设成绩单及各类证明自助打印机。

完成2018～2020级学生教材费按学期结算工作,做到学生教材费"一人一账"。完成春季学期教材采购、仓贮、发放等任务码洋170万元,课前到书率达99%以上。按照疫情防控要求,加强公共教学楼宇管理,做好疫情防控常态化下的公共教室管理。完成全年所有课程试卷印刷及教师自编讲义的印刷工作。

(赵　辉)

科学研究

2021年12月27日，中共山东大学委员会发布《关于山东大学党委教师工作部等机构调整的通知》(山大编字〔2021〕6号)，经中共山东大学第十四届委员会第109次常务委员会会议研究，决定对一校三地科研管理部门进行调整，撤销威海校区科研处，设立威海校区科研管理办公室，作为科学技术研究院和人文社科研究院在校区的派驻机构，承担组织、协调与服务等工作。

2021年，威海校区科研管理办公室按照学校和校区2021年工作要点要求，结合校区科研管理工作实际，围绕新一轮"双一流"建设、校区高质量发展等重点工作部署，不断提升科研管理服务水平，顺利推进全年度各项科研工作的组织与落实，校区科研水平再上新台阶。

一、科研工作总体概况

(一)科研项目情况

项目数量:2021年，校区各单位共有331项科研项目获批立项，其中，国家级项目立项46项，省部级项目立项61项，地厅级项目立项13项，其他纵向项目及企事业单位委托项目211项。

项目经费:2021年，校区科研项目批准总经费超1.25亿元，人文社科类(纵向)批准总经费547.6万元，自然科学类(纵向)批准总经费8416.3万元，企事业单位委托项目立项经费3601.51万元。

全年实到外来科研经费总数超过1.38亿元(其中:纵向经费10888.94万元，横向经费2920.67万元)。

(二)科研成果情况

论文:2021年，校区共发表论文664篇，其中各类检索论文数量为554篇。

专利:2021年，校区共申请发明专利105件，授权发明专利97件。

著作:2021年，校区共出版学术著作38部、艺术6辑。

二、科研工作亮点

(一)人文社科类

环境经济学团队获批研究阐释党的十九届五中全会精神国家社会科学基金重大项目"推动黄河流域生态保护和高质量发展研究"，立项经费80万元。

东北亚学院教授获批的2021年度国家社科基金冷门绝学研究专项学术团队项目"东北边疆古史谱系研究及数字人文平台建设",立项经费80万元。校区的韩国研究、高句丽渤海研究成果引起教育部的高度重视和肯定。

获得学校智库建设中心认定的权威重要智库成果10项。其中商学院老师撰写的有关海洋碳汇的智库报告在《经济内参》专报刊用,获国家领导人批示。

获得山东省第三十五届社会科学优秀成果奖5项。其中一等奖1项,二等奖、三等奖各2项。

(二)自然科学类

获批ZRHT工程国家重大专项项目1项,立项经费2240万元。

组织牵头申报国家重点研发计划青年科学项目2项,参与申报各类专项10余项,获批青年科学家项目1项。

获得国家自然科学基金各类项目资助29项,其中国家重大科研仪器研制项目1项、重点类项目3项、优秀青年科学基金项目1项。

获批青岛海洋科学与技术试点国家实验室"问海计划"课题1项,立项经费1200万元。

2021年横向科研项目立项152项,立项金额3601.51万元;实际到账2920.67万元。其中,空间科学与物理学院签订"太阳单色像观测装置技术服务"项目,立项金额500万元。

科研平台建设方面,"威海市先进磁性材料与应用技术重点实验室"获批立项,这是校区第12个市级科研平台;"威海市Low-E玻璃超硬耐腐蚀功能薄膜工程技术研究中心"在动态考评中获得优秀;"威海市新型电机与智能驱动工程技术研究中心"验收获得优秀。

与企业合作共建4处科研机构,合作经费总额1700万元,其中"山东大学—山东名流环境技术研究院"合作经费1000万元;"山东大学—驰云人工智能研究中心"合作经费500万元。

三、有关统计数据(截至2021年12月31日)

表1　2021年自然科学类各类省级以上项目立项及批准经费情况

项目类别	数量(项)	经费(万元)
ZRHT工程国家重大专项	1	2240
国家重点研发计划	1	400
国家自然科学基金	29	2949.68
装发预研项目	1	45
国家实验室"问海计划"	1	1200

续表

项目类别	数量(项)	经费(万元)
山东省重点研发计划	2	205
山东省自然科学基金	24	340
山东省技术创新引导计划(国家重点科研项目补助和奖励)	4	52.24
中国博士后科学基金	3	24
合　计	66	7455.92

表 2　2021 年人文社科类省级以上项目立项及批准经费情况

项目类别	数量(项)	经费(万元)
国家社科基金重大项目	1	80
国家社科基金重大专项	1	80
国家社会科学基金项目	5	100
国家社科基金后期资助项目	4	95
国家社科基金中华学术外译项目	1	30
国家社会科学基金高校思政课研究专项	1	20
国家社科基金专项子课题	1	25
教育部人文社会科学研究一般项目	5	46
中国法学会课题	1	10
山东省社科规划基金项目	21	58
合　计	41	544

表 3　2021 年自然科学类各单位科研项目统计数据

单位	科研项目立项(项)				经费(万元)		
	国家	省部	其他纵向	横向	纵向批准经费	横向批准经费	实到经费
澳国立联合理学院	0	1	0	0	15.00	0	10.00
海洋学院	5	5	5	22	435.83	608.75	1043.64
机电与信息工程学院	8	6	7	53	1608.40	1381.6	2583.98
空间科学与物理学院	13	9	15	37	5780.18	1162.81	7843.87
数学与统计学院	2	6	3	0	293.99	0	447.70
山东大学威海前沿交叉科学研究院	2	4	0	0	225.60	0	243.91
合　计	30	31	30	112	8359.00	3153.16	12173.10

注:表 3 所列经费为竞争性外来经费。

表4　2021年人文社科类各单位科研项目统计数据

单位	科研项目立项(项)				经费(万元)		
	国家	省部	地市	横向	纵向批准经费	横向批准经费	实到经费
东北亚学院	4	3	3	1	153	3	190.80
商学院	5	7	2	11	196.5	118.3	397.03
法学院	1	6	1	7	56	86.5	178.69
文化传播学院	1	5	1	1	40	1.5	39.60
翻译学院	1	2	0	1	36	0.35	27.35
艺术学院	1	4	0	15	43	203.7	215.56
马克思主义学院(威海)	3	2	2	0	75	0	99
体育教学部	0	0	0	0	0	0	3
其他单位	0	1	3	3	1	35	85.50
合　　计	16	30	12	39	600.5	448.35	1236.53

注:表4所列经费为竞争性外来经费,其他单位指非教学单位。

表5　2021年自然科学类各单位发表论文情况

单位	SCI收录(篇)			EI收录(篇)	SSCI收录(篇)	CSSCI收录(篇)	检索论文共计(篇)	论文总数(篇)
	Q1	Q2	总数					
海洋学院	10	28	100	0	0	0	105	106
机电与信息工程学院	1	19	79	11	0	0	90	99
空间科学与物理学院	1	34	118	6	0	0	125	131
数学与统计学院	1	13	60	0	3	0	64	68
山东大学威海前沿交叉科学研究院	3	3	16	0	2	1	19	20
合　　计	16	97	373	17	5	1	403	424

表6　2021年人文社科类各单位发表论文情况

单位	SSCI收录(篇)	CSSCI收录(篇)	KCI收录(篇)	A&HCI(篇)	EI收录(篇)	SCI收录(篇)	检索论文共计(篇)	论文总数(篇)
东北亚学院	1	9	3	0	0	0	13	27
商学院	13	12	0	0	1	6	32	40

续表

单位	SSCI 收录(篇)	CSSCI 收录(篇)	KCI 收录(篇)	A&HCI(篇)	EI 收录(篇)	SCI 收录(篇)	检索论文共计(篇)	论文总数(篇)
法学院	1	35	0	0	0	0	36	46
文化传播学院	1	22	0	0	0	1	24	38
翻译学院	7	8	0	4	0	0	19	28
艺术学院	0	8	0	0	0	1	9	19
马克思主义学院(威海)	1	12	0	0	0	0	13	15
体育教学部	0	0	0	0	0	1	1	9
其他单位	0	1	0	0	3	0	4	18
合　计	24	107	3	4	4	9	151	240

注：其他单位指非教学单位。

（王擎擎　邹晓光　方利平）

学科建设与研究生教育

2021年,学科建设与研究生教育办公室按照党中央、教育部、山东大学党委和校区党工委部署,深入开展党史学习教育活动,认真学习领会习近平总书记在庆祝中国共产党成立100周年大会上的重要讲话精神、习近平总书记给《文史哲》编辑部全体编辑人员重要回信精神和十九届六中全会精神,着力做好山大百廿校庆、巡查整改落实、"双一流"建设推进等重点工作,围绕立德树人根本任务,切实抓好疫情防控常态化下的学科建设与研究生教育工作,确保"十四五"开好局、起好步。

一、日常工作与学科建设

(一)落实党建工作新要求,全面推进党史学习教育活动开展

学科建设与研究生教育办公室党支部将党史学习教育系列活动作为支部党建主要工作来抓,通过"三会一课"形式认真学习习近平新时代中国特色社会主义思想及党的十九大和十九届二中、三中、四中、五中、六中全会精神,深入领会习近平总书记"七一"重要讲话和给《文史哲》编辑部全体编辑人员重要回信精神,增强"四个意识",坚定"四个自信",做到"两个维护",全面贯彻落实山东大学第十四次党代会对威海校区各项事业发展的总要求,并努力把学习成果转化为提升部门日常管理与服务水平的内在动力。

(二)关注疫情发展新态势,全面落实常态化疫情防控要求

作为校区疫情防控专班成员单位和与教师学生密切接触的窗口单位,严把各项活动疫情防控审批关,严格落实教育部、省教育厅和山东大学疫情防控相关要求,鼓励采用线上或线上线下结合方式举办学术活动,确保校区相关学术活动与研究生教育教学过程中疫情防控万无一失。

(三)聚焦重点工作新任务,全力抓好工作落地落实落细

协办山东大学"双一流"成就展,组织相关学院开展体现学科特色、代表学术前沿,突出学科交叉的高水平学术报告活动,营造浓厚的"百廿山大"校庆学术氛围。截至2021年11月,校区共举办校庆专题学术活动近200场次;完成学校巡视整改推进与落实工作。针对巡视组提出的增值服务体系建设、融入新发展格局、落实立德树人根本任务等三个方面反馈意见深入分析,召开专题工作会议进行研讨,制定整改任务详细清单,逐项进行任务分解并明确任务完成期限,取得良好整改效果。

(四)持续推进特色学科建设,科研成果显著

"空间学科"参与子午工程二期建设并取得积极进展,攀登计划创新团队行星科学课

题组在“嫦娥五号”采样区撞击历史研究方面取得突破成果，极光亚暴研究成果登上权威期刊封面，学术影响力进一步提升；“东北亚研究”进一步推动国别问题研究和智库建设，在朝鲜半岛问题研究方面获得重要成果。学科交叉研究成效显著，张宁教授作为首席专家的“推动黄河流域生态保护和高质量发展研究”课题获批研究阐释党的十九届五中全会精神国家社科基金重大项目立项。

（五）完成校区学科建设相关工作，提升各学科实力

认真完成校区“十四五”规划学科建设部分编制工作，协同学科建设与发展规划部组织开展对山东大学各学科建设单位“十四五”规划的分学部审议工作；配合学科建设与发展规划部，完成山东大学新一轮“双一流”建设领域的论证工作；支持和引导校区相关学科围绕“双一流”重点建设领域，积极融入山东大学学科发展框架，把握新的发展机遇，寻求新的学科增长点；召开校区学科建设与研究生教育工作会议，对校区各参评学科在第五轮学科评估中的贡献度进行精准分析，协助各学科查找弱项短板，明确发展目标并在“十四五”规划中做针对性调整，提升各学科实力。

二、研究生教育

（一）紧扣研究生教育新形势，全面促进研究生教育质量提升

聚焦立德树人根本任务，结合党史学习教育，开展师生“学党史、强思政”系列活动。组织研究生课程思政研究专家团队召开专题研讨会，强化思政育人、协同育人。

落实学术兴校、学科融合发展战略，结合百廿校庆、校区研究生教育20周年，开展系列学术庆祝活动。把“导师讲坛”融入暑期学校、各培养单位学术研讨活动。2021年各单位组织高端学术讲坛87场，暑期学校校内外招收学员757名，导师讲坛全校选修人数达到260人。

2021年招收硕士研究生757人，其中推荐免试研究生218人，推免生和统考本科毕业于“双一流”高校学生443人，占全日制录取人数的66%。2021年招收65名博士研究生，与2020年相比增幅10%。顺利完成2022级推荐免试研究生的复试录取工作，2022级推免生最终录取269人，接收推免生人数比上年增加23%。

（二）加强导师队伍建设、确保学位授予质量

2021年度分别在3月、6月、9月组织了三次研究生答辩，共授予博士学位人员11人、硕士学位人员491人。1篇博士学位论文、2篇硕士学位论文获评山东省优秀学位论文，1篇博士学位论文、1篇硕士学位论文获评山东大学优秀学位论文。

严格执行研究生导师招生资格审核制度。101名人员通过2022年招收博士研究生人员资格审核，其中有10人为初次申请招收博士研究生人员。

（三）做好学术委员会（学位评定分委员会）相关工作

成立新一届威海校区学术委员会。截至2020年11月17日，共组织召开威海校区学术委员会5次，学科学术委员会2次，学位评定分委员会6次，主要提议有科研项目评审、

学术违纪处理、学术评议、人才引进、岗位招聘、职称认定、导师资格认定、学位授予等内容。

(四)推进专业学位教育改革

开展专业学位水平评估体系分析,统计校区参评专业贡献度,以评促建。强化专业学位研究生联合培养基地建设,2021 年新签订 16 个研究生联合培养基地,新立项山东大学专业学位人才培养改革专项 3 个。

(陶　扉)

财务管理

2021 年，财务处根据学校统一部署，强化统筹各项资源，提高资金的使用效益，结合校区办学实际，持续优化支出结构，为学校“双一流”建设和“由大到强”历史性转变提供支撑保障。

一、扎实开展党史学习教育活动，加强党建引领

坚持以习近平新时代中国特色社会主义思想为指导，扎实开展党史学习教育活动。明确学习重点，对于指定学习材料进行了全面安排。组织支部党员深入学习十九届六中全会精神，深刻理解党的百年奋斗史，进一步统一思想，凝聚力量，切实增强“四个意识”、坚定“四个自信”、做到“两个维护”。用好红色资源，组织参观郭永怀纪念馆，赴乳山马石山红色教育基地参观学习等实践活动，通过图片、史料和实物，带领支部党员更直观地了解英雄事迹，接受革命传统教育，领略红色资源魅力。

二、全面加强预算管理，强统筹、保民生、促发展

2021 年，学校出台了《山东大学预算管理办法》《关于威海校区预算管理“运行靠自筹，发展靠统筹”实施意见》，提出了校区一体化过渡时期的预算管理办法，为校区的发展提供强有力支撑。空间科学与物理学院、东北亚学院、威海前沿交叉科学研究院获得重大科研立项，校区科研收入首次突破亿元。2021 年，校区共实现收入 8.64 亿元。支出方面，优先保障校区人员经费、民生需求；坚决落实党中央“过紧日子”要求，执行学校统一政策，压缩运行支出，严控支出规模；提升办学条件，聚焦学科发展，确保重点支出；不断深化预算绩效管理，提高资金使用效益；推动“强院兴校”行动落地。2021 年，校区实际支出 10.1 亿元。

三、扎实推进综合预算改革实施，推动高质量发展

认真贯彻学校综合预算改革的要求，通过以学院为主体、以学科为核心的预算改革，增强对学科的经费支持。引导各职能部门转变管理观念，推动管理重心逐步下移，为学院谋事做事、“强院兴校”提供经费管理的制度保障。2021 年末组织部分学院参加学校组织的学院综合预算实施交流会，了解学院需求，听取学院建议，完善预算综合改革后续服务工作。

四、严格落实各项制度,强化内控制度建设

落实一校三地财务管理体制机制改革工作方案要求,结合“运行靠自筹、发展靠统筹”实施意见,校区财务处按要求及时向学校财务部报送年度预算、基本建设等重要经济活动及重大资金安排,初步形成有序、明晰、规范的业务流程。2021年制定《山东大学(威海)财务工作领导小组议事规则》《山东大学(威海)招标采购工作领导小组议事规则》,相应成立财务领导小组、调整招标领导小组成员,为校区重大财务、招标采购决策及相关制度建设提供专业建议。落实“深化审计整改加强风险排查”专项行动实施方案,对照政策制度认真梳理,查找风险点,落实历次审计提出的问题整改情况,对标制度,反复打磨,建立审计风险自查自纠台账等,制定整改措施及整改计划,堵塞漏洞,补齐短板,标本兼治,抓好源头治理。

五、稳妥开展招标采购工作,为学校节约资金

为适应疫情防控形势,参照校本部招标采购管理中心的做法,实施了货物、服务类自行采购项目的电子开评标,实现了无纸化投标,节约供应商的投标成本,提高了供应商参与竞争的积极性,进一步提高招标采购工作的效率和效益。全年共组织招标采购82项。

六、做好增值与特色服务,深入推进为师生办实事

通过加强信息化建设提高办事效率;落实“学院吹哨,机关报到”的要求,了解每个学院对财务服务需要并应要求深入学院进行讲解;积极利用财务微信联络群,及时解答师生财务咨询;发放业绩津贴时为老师进行纳税筹划,提供几种方案进行选择;落实疫情期间税收优惠政策,启用增值税电子发票;通过加强机关作风建设,深化首接负责制等措施,用心服务,将为师生办实事落到实处。

(宋　婷)

国际合作与交流

2021年,在学校党委及校区党工委的坚强领导下,国际合作与交流处努力克服疫情带来的不利影响,迎难而上、多措并举,推动校区国际化建设工作稳步前进。

一、党史学习教育活动扎实开展

始终把党史学习教育摆在首要位置来抓,组织学习贯彻习近平总书记"七一"重要讲话精神、党的十九届六中全会精神等政治理论学习活动共计17次,召开党史学习教育专题组织生活会1次,党支部书记讲授党课1次,实地参观天福山起义纪念馆1次。结合党史学习教育活动,将理论学习与实践调查有机结合,深入各学院开展国际化工作调研6次,开展国际交流业务培训7次,持续提升精细化管理和精准化服务水平。

二、国际合作网络持续扩大

与英国兰卡斯特大学、德国慕尼黑工业大学(亚洲)、意大利米兰比可卡大学等签署或续签合作协议16项,合作院校增至15个国家和地区的120所高校。2021年6月,各部门紧密配合,圆满完成澳大利亚驻华大使一行的接待工作。2021年12月,在中韩建交即将30年之际,与韩国仁川广域市教育厅签署协议,在人才培养、学者交流等方面开展合作。

三、学生国际化稳步推进

克服疫情不利影响,创新开发"海外云课堂"。全年484人参加海外经历项目,290人赴海外继续深造,合计774人。通过海外经历校长奖助学金资助等多种形式,资助162名学生参加海外经历项目和高水平国际会议。

年内在校国际学生432人,其中本科生363人,硕士研究生16人,博士研究生13人,语言进修生35人,交换生4人,进修生1人,分别来自16个国家和地区。通过"国际学生导师"项目和"国际化课程"项目,提升学院和导师招生积极性,建设外语授课课程群,加大硕士、博士层面国际学生招生工作力度。积极推进趋同化管理,语言进修生管理工作整体移交至国际教育学院,开发校区国际学生招生管理系统,完善相关工作规范和制度体系。

四、教师国际化取得新突破

山东大学讲席教授 Jonathan Locke Hart 当选欧洲科学院院士(外籍),外籍教师

Nanan Balan 获得“山东省人民友好使者”称号，外籍专家 Maria Luísa Bastos 被授予“威海市荣誉市民”称号。推动中外合作办学长足发展，选派 8 名专业教师参加澳方课程培训，推动中外教师开展课程共建与科研合作。组织、指导学院申报 2021 年国家外国专家项目，点对点服务重点学院重点项目，开展省“外专双百”项目的摸排及申报工作，全年共提交 11 个国家外专申报项目。积极申报威海市外国专家驿站山东大学(威海)分站。协助机电与信息工程学院、空间科学与物理学院完成山东省“外专双百计划”项目总结及申报经费核销工作，确保项目顺利运行。

五、中外合作办学再上新台阶

课程国际化水平不断提高，中外合作办学受到欢迎。2021 年中外合作办学专业录取分为 582 分，录取位次提升 327 名。计算机科学与技术提升位次为 2068 名，为提升位次最高的中外合作办学专业。完成 7 个中外合作办学专业共计 41 门课程的外方教学工作，中外教师积极采用线上与线下相结合的灵活方式，加强课程衔接。

引进新加坡国立大学、加州大学伯克利分校等优质线上课程。落实国际学分计划，申报暑期海外师资课程 62 门，立项资助 2021 年暑期学校特色国际项目，招收国际学生 15 人。

六、科研国际化影响力不断提升

实施“国际会议”计划，启动国际学术会议专项资助，对“2021 年磁场重联国际研讨会”等 8 个国际会议进行立项资助，年内预报国际会议 22 个。与商学院合作，组织承办了“人工智能背景下的健康、旅游、人才发展国际会议”，邀请了 12 个国家和地区的专家做主旨报告，提高了校区科研国际化影响力。与科研处、学科建设与研究生教育办公室合作举办新文科建设研讨会，并做“国际化建设助力新文科发展”报告，从“国际任职、论文发表、科研平台、国际项目”等方面分析了科研国际化的发展重点，推动科研国际化不断提升。

七、120 周年校庆国际化氛围浓厚

协助举办全球大学校长论坛、山东论坛等系列活动，邀请澳大利亚、韩国、台湾地区等多所高校校长和负责人参加学校 120 周年校庆校长论坛及友好学校交流周活动。与山东省留学人员协会、威海人才协会对韩联络处共同举办“韩国留学人才云上对接会”，搭建韩国高校和威海企事业单位之间的人才交流合作平台。

(李晓霞　陈雅婷)

校地合作与校友工作

2021 年，校地合作与校友工作办公室在校区党工委的领导下，围绕中心工作，积极作为，全力推进校庆工作及重点任务事项，为校区“双一流”新亮点建设贡献应有力量。

一、部门党支部成立

2021 年 1 月 28 日，召开中共山东大学（威海）校地合作与校友工作办公室支部党员大会，会议听取了党员大会筹备情况报告，选举产生了中共山东大学（威海）校地合作与校友工作办公室党支部书记，并向中共山东大学（威海）机关委员会提交选举结果报告，部门党支部正式成立。

二、发挥党建引领作用，扎实推进党史学习教育

加强党建工作，将党建引领作用放在首要位置，不断加强党支部政治建设、思想建设、组织建设，着力提升党支部规范化建设水平。党支部严格落实“三会一课”工作要求，组织全体党员干部深入学习贯彻落实习近平总书记给《文史哲》编辑部全体编辑重要回信精神、“七一”讲话等重要讲话精神，通过开展“引领 · 赋能”专项学习等方式，推动党员干部理论水平与业务能力“双提升”。党支部扎实推进党史学习教育等各项工作，认真落实疫情防控工作要求，统筹推进安全稳定与事业发展。与威海市各区市深化“一区一策”合作共建，在服务社会发展中办实事成效显著。威海高新区山大实验学校（小学段）投入使用，圆满完成校区为师生举办的“十件实事”相关任务事项。

三、发挥桥梁与纽带作用，持续深化校地合作共建

（一）全力推进共建重点项目建设

校地合作与校友工作办公室根据校区党工委部署，全力推进《威海市人民政府　山东大学聚力精致城市与一流大学建设深化校地合作协议》落实，协同推动山东大学与威海市政府确定的山东大学威海工业技术研究院等六个校地共建项目建设。先后与威海市科技局、威海高新技术产业开发区管委会等多次组织召开专题工作推进会，为重点共建项目在团队搭建、平台谋划、任务推进等方面提供有力支撑，协助解决工研院注册、发研院人才引进等问题。2021 年 9 月 25 日，学校在威海校区召开校地合作推进情况专题汇报会，樊丽明校长听取了学校与威海市政府合作共建的六个重点项目建设推进情况专题汇报。

年内,山东大学威海工业技术研究院获批山东省新型研发机构,累计成立工程中心10个,孵化企业12家,引进专家人才六十余人,发起成立威海市复合材料学会。山东大学威海发展研究院成立智库团队20支,与清华大学公共管理学院等共同举办城市治理现代化高层论坛,“海洋碳汇”研究报告被国家有关领导人批示,智库影响力显现。威海高新区山大实验学校(小学段)开办,社会各界反响良好。山东大学附属威海市立医院(筹)挂牌成立山东大学健康医疗大数据研究院(威海)。协助举办威海韩国留学人才云上对接会等,助推威海市扩大对韩国交流合作。威海市政府专门致信感谢学校对威海科技创新工作的大力支持。年内,威海市政府给予学校平台共建与“双一流”建设资金3000万元。

(二)校区校地合作取得新成果

校地合作与校友工作办公室通过组织“三双一推”大讨论活动、服务山东典型案例专题学习等方式,在校内营造了浓厚的深化校地合作工作氛围。通过提前参与项目论证、提供《校地(企)合作共建框架性协议撰写要点提示》等多种方式,为各教学院部深化科教融合、产教融合,开展“一院一企”“N院N企”合作共建提供优质服务。2021年7月19日,校区印发《关于成立山东大学(威海)合作发展委员会的通知》(山大威校综字〔2021〕4号),校区促进合作发展的长效工作机制进一步完善。参与了山东大学服务山东工作方案2.0版论证编制等工作,并形成了服务胶东县域高质量发展的有关方案。持续深化与威海市国家税务局、文登区等校地合作共建,与山东大学科研院、威海市工信局等共同组织威海市企业家走进山东大学等活动,推动校地校企深入对接。年内,与潍坊市昌乐县政府签署合作框架协议助力地方文化产业发展;与威海经济技术开发区管委会和中船重工第七一六所携手打造创新发展新模式;与环翠区共建的山东大学海洋科技创新中心投入使用;与文登区联合开发的“信用码上见”项目,成为全省首个信用惠民数字化工程。牵头开展校区对乳山市育黎镇宅子夼村的联系帮扶,持续推进新一轮联系村帮扶工作。

四、社会资源工作

(一)积极开展建校120周年庆筹资工作

努力调动全校区力量开展社会筹资工作。5月28日校区召开了建校120周年庆筹资工作推进会暨筹资工作培训会,提高学院筹资工作水平,推动学院筹资工作项目化。校地合作与校友工作办公室协助各学院凝练具有学院特色的筹资项目10余项,编辑《山东大学百廿校庆威海校区筹资项目汇编》,加强宣传,激发校友与社会各界捐赠学校发展的情怀。配合山东大学教育基金会筹资业务线上培训工作共三期。到有筹资需求的多个学院进行走访,为学院、部门提供政策咨询与业务指导,为学院筹资工作排忧解困。做好社会筹资工作的全方位服务和督导工作,年内每两周收集各院部筹资项目进展情况,帮助学院进行项目策划、项目管理办法制定,做好项目立项、款物账务、证书发放邮寄等保障工作。

(二)社会筹资成绩良好

2021 年,威海校区接受来自社会各界和广大校友以及校区教职员工的捐赠款物共计约 1783 万元。其中,款项计 1578 万元,实物计 154 万元,威海校区校友新百廿基金捐赠约 52 万元。其中捐款百万以上企业和个人达到 5 家,机电与信息工程学院的捐赠款额达到 1256 万元。

(三)玛珈山教育基金实现校区筹资工作新突破

120 周年庆启动以来,各学院积极凝练筹资主题,形成富有学院或学科特色的筹资项目。其中,机电与信息工程学院筹资工作团队经过反复论证,与重点校友反复沟通交流,最终形成了“山东大学玛珈山教育基金”项目。此项目由原校区副校长、电子系主任云昌钦,原电子系魏新华两位退休教授以及付涛等 10 余位优秀校友主动响应学校号召发起成立,引起较大反响。截至 2021 年底,玛珈山教育基金实到经费达 1003.8 万元。该基金成为威海校区历史上首个留本基金项目及首个获赠超过千万元的项目,创造了校区社会筹资工作新高度,为山大师生、校友回馈母校、造福社会树立了榜样。

五、校庆与校友工作

(一)丰富校庆活动内容、营造浓厚校庆氛围

推动山东大学威海校友会举办“守正创新　为国育贤——庆祝山东大学建校 120 周年书画捐赠作品展”,活动共收到来自 16 省市捐赠的书画作品 145 幅;与威海市相关单位共同协调,自 10 月 13 日晚开展持续 3 天的百廿校庆主题灯光秀活动。

(二)加强联系互动,激发校友情怀

向近 300 位校友寄送了校庆 120 天倒计时纪念封与邀请函;2021 年 7 月 24 日,威海校区策划并组织“百廿 · 回家”2021 校友返校日活动。活动当日,翻译学院、文化传播学院、艺术学院分别成立院校友会;推动山东大学威海校友会举办山东大学玛珈院长论坛与玛珈校友大讲堂,向全世界山东大学校友介绍各学院学科建设、科研成果、合作交流等发展近况;邀请人民网人民创投专家咨询委员会特聘专家张奥平、中国残联副理事长程凯两位优秀校友进行分享交流,促进学校与校友间信息流动,拓展师生视野。

(三)全方位推动校友组织建设

推动山东大学威海校友会举办“情系山大 · 聚创威海”新校友欢迎会等活动;推动成立山东大学威海校友会环翠联络处,汇聚环翠校友,主动服务母校发展与社会发展。截至 2021 年 11 月,威海校区已成立 8 个院级校友会、3 个院级地方分会,进一步强化校友组织基础,提升校友服务能力。

(裴　水　段兴立　王伟莉)

资产与实验室管理

2021年，资产与实验室管理处深入学习贯彻习近平新时代中国特色社会主义思想，全面落实学校第十四次党代会精神和校区“双一流”建设行动方案，在校区党工委、行政的正确领导及各部门大力支持下，按照校区年度工作要点及本部门工作设想，聚焦巡视工作发现的问题，攻坚克难，锐意进取，自觉运用“金钥匙”破解改革发展难题，不断推动资产与实验室管理各项工作高质量发展。

一、加强党的建设，强化思想引领

（一）学习百年党史，践行初心使命

资产与实验室管理处党支部认真贯彻落实“学史明理、学史增信、学史崇德、学史力行”要求，扎实开展党史学习教育活动，从百年党史中感悟中国共产党人初心使命。认真学习领会习近平总书记给《文史哲》编辑部全体编辑人员重要回信精神，在工作和学习中坚守初心、引领创新。结合丰富多彩的教育实践活动，进一步规范“三会一课”制度，学习效果明显提升。始终坚持立德树人根本任务，扎实推进党建与业务工作深度融合。

（二）推进廉政建设，加强改进作风

对全体党员、干部职工开展廉政教育，坚决贯彻中央八项规定精神，严以律己，慎终如始，自觉接受群众监督，时刻自重自省自警自励。坚决反对形式主义、官僚主义，做到有令必行，有禁必止，持之以恒加强和改进作风。切实履行一岗双责，努力加强制度建设，不断增强廉洁自律意识，筑牢拒腐防变思想防线，切实做到心中有戒、行有所止，营造风清气正的政治生态，自觉做到不踩“红线”、不闯“禁区”、不逾“底线”。

二、聚焦工作重点，强化支撑保障

（一）推进实验室科学化、标准化、规范化建设，确保实验室安全

在9个实验室试点的基础上，成立工作专班，全面推行实验室“6S”管理，大力推进实验室标准化、规范化建设，实验环境明显改善，师生素养明显提升。组建校区专职实验室安全督导队伍，制定督导细则，对实验室安全开展全方位检查督导。概算经费2000余万元，牵头对海洋学院实验室进行排风及上下水改造，彻底消除多年未能解决的安全隐患。根据教育部、省教育厅及学校统一部署，先后对危化品、气瓶、特种设备开展实验室安全专项整治行动，保障危险化学品、气瓶、特种设备使用安全。启用实验耗材管理系统，引入二维码等信息化手段，对危化品进行盘点，进一步规范危化品全生命周期管理。组织

安全培训及2021级新生实验室准入考试，提高师生安全意识和防护能力。

(二)实施教学科研用房绩效考核，优化空间资源配置

对教学科研用房进行盘点，首次对校区12个教学科研单位办学用房进行绩效考核，有效促进了空间资源合理配置。结合新工科楼、材料楼的建设进程，按功能分区相对集中的原则制定校区办学用房调整方案，结合各单位用房定额及发展目标，核定各单位面积、位置，对腾空房功能进行论证，细化搬迁方案，制定搬迁计划，有效促进空间资源合理配置。

(三)规范公房出租出借管理，拓展办学空间

根据学校整体办学需求，严格履行相关程序，将山东大学威海国际学术中心、文华苑等委托山东学府酒店管理有限公司管理，实现国有资产保值增值的同时，搭建起学校教学科研、学科建设、人才培养及学术交流的平台。

在后勤部门大力配合下，多措并举对校内出租房进行清理。按照应收尽收原则，收回出租房54处4286平方米，其中2754平方米调整为教学科研及师生服务用房，有效缓解教学科研用房紧张的状况；1152平方米按服务项目重新公开招租，并纳入公房系统履约监管，在保障师生校内生活需求的基础上，确保资产保值增值。

(四)做好增值与特色服务，深入推进为师生办实事

顺利启用东门专家公寓C、D区，专家实现拎包入住，协调解决发现的各类问题。完成B区家具配置，对A区家具供应商违约提起诉讼并胜诉，再次进行招标。安排经费400万元，协助对知行会堂进行改造；安排经费120万元，协助对图书馆密集书架进行更新；安排经费近200万元，协助对学生食堂、医院、幼儿园等进行升级改造。

(五)圆满完成校企改革工作，保障国有资产安全

完成威海山大学术交流中心、电子所等校属企业清算注销各项工作，妥善处理企业产权、职工安置与补偿、税费交纳、股权处置等敏感和重大事项，保障了国有资产安全与职工利益。

(谢萌萌)

安全保卫工作

2021年12月27日，经中共山东大学第十四届委员会第109次常务委员会会议研究决定，威海校区保卫处更名为党工委保卫部(安全管理处)。

2021年，校区安全保卫工作持续坚持以总体国家安全观为指引，牢固树立“师生至上、安全第一”理念，深入开展党史学习教育活动，着力在学党史、悟思想、办实事、开新局上下功夫。着眼科技兴安，加大三防投入，精准服务师生，全力确保校园安全稳定，为建党百年和学校百廿校庆系列活动提供坚强的安全保障。

一、凝心聚力站排头，党的建设不断强化

坚持以党史学习教育为主线，全体党员干部职工持续在学史明理、学史增信、学史崇德、学史力行上下功夫、求实效。线上线下广泛开展“四史”学习活动，严格落实“三会一课”制度，定期组织党员过政治生日，讲红色故事，选派先进党员到古田、遵义参观见学，组织心得体会分享交流，推动学习成效深化。深入学习习近平总书记给《文史哲》编辑部全体编辑人员的回信精神和“七一”重要讲话精神，积极营造学史懂史、知史爱党的浓厚氛围，全体党员对“四史”学习扎实、认识清晰、理解深入，投身校园安保建设行动自觉，表率作用明显。

二、攻坚克难守一线，疫情防控扎实有效

全面抓好疫情防控机制落实，坚决守好校园疫情防控的一线阵地。积极克服常态化疫情防控背景下的门卫值勤工作风险大、任务重和校区安保服务交接期间安保队员想法多、顾虑大等问题矛盾，组织安保干部轮流到校门一线带班值勤，积极做好一线队员的思想工作，及时疏导化解问题矛盾，有效确保了校园安保服务顺利交接。9月初，通过招标引入第三方安保服务，有效缓解了校园安保压力。

着力加强校园交通管理，积极协调交警部门做好开放校门处的交通协管，突出做好学生入学返校、百廿校庆和迎接省市安全督导组检查等大型活动的安保管理服务。

三、综合治理破壁垒，安全防控扎实有效

坚持向安全教育要实效，广泛开展安全常识宣传教育，扎实组织“4·15全民国家安全教育日”“11·9消防安全日”、新生入学、毕业生离校等专题安全教育，组织师生积极参加安全知识竞赛，取得优异成绩。

坚持向联勤联动要实效，做好校门值勤、校园巡逻、视频巡查、传达值班和交通值勤的网格化联动，加强与公安机关的联系，定期召开校警联席协商会议，构建内外联系、力量联勤、网格联动的校园安防体系，年度破获小偷小摸、顺手牵羊等案件问题10余次，为师生挽回损失近5万元。

坚持向重点防控要实效，加强落实校园消防设施“日周月”巡查整改机制，全面加强重点区域的防火安全巡查和安全隐患督导整改，有效构建消防安全检查、督导、整改的闭合回路。

5月份，委托消防专业机构，对校区57栋建（构）筑物的消防安全状况进行拉网式排查，针对检查指出的16类问题，制定先易后难、分步分阶段逐步解决的方案。针对消防控制室配置分散问题，认真调研论证，将校区11处消防控制室迁移合并到图书馆、知行楼和24号学生公寓3处消防控制中心，消防体系不断完善。

（万　伟）

基本建设

2021年，在学校党委和校区党工委的坚强领导下，基建处坚持以习近平新时代中国特色社会主义思想为指导，全面贯彻党的十九大和十九届二中、三中、四中、五中、六中全会精神，紧紧围绕加快实现学校“由大到强”历史性转变，结合学校“十四五”基本建设重点任务，坚持围绕中心、服务大局，以“追求卓越、只争朝夕”的奋进姿态，紧抓校区项目建设，真抓实干，各项工作取得了新的成绩。

一、强化党建引领，加强基建队伍建设

1.深入推进党的建设伟大工程，充分发挥政治引领作用，加强基建领导班子政治建设，推动加强政治建设举措落地见效，教育引导党员干部旗帜鲜明讲政治，不断提高政治判断力、领悟力、执行力，强化政治领导能力、提升政治领导水平。充分发挥党的领导最大优势，破解党建和业务工作“两张皮”，建立健全党政齐抓共管、协调运行的工作机制，实现了党建与事业发展有机融合、协调推进。

2.结合基建工作实际，严格落实常态化疫情防控要求，通过个人自学和集中研讨等方式，年度以党史学习教育为主题开展的基层党组织“三会一课”和主题党日活动共计32次，深入学习习近平新时代中国特色社会主义思想和十九届五中、六中全会精神，切切实实把思想和行动统一到党中央决策部署上来，落实到学校改革发展的各项工作中去。

3.充分发挥全面从严治党政治保障作用，坚持主体责任、监督责任，严明党的政治纪律和政治规矩，多次组织召开关于加强党风廉政建设及安全工作的专题会议，坚持把廉政建设视为基建工作的生命线，以党风廉政建设为统领，加强领导班子作风建设。

二、全面履职尽责，推动各项工作深入开展

（一）严格落实疫情防控及安全稳定工作

按照学校党委统一部署，统筹推进疫情防控和校园安全稳定工作，严格落实常态化疫情防控措施，加强施工现场进场管控和人员流动的管理，进一步加强施工现场安全管理，统筹抓好各项工作贯彻落实。

（二）认真落实巡视整改工作

根据山东大学巡视整改工作部署要求，基建处第一时间传达相关文件精神并成立了专项整改工作领导小组，对工程管理过程中的薄弱环节及内部控制中存在的风险点进行了逐一查摆，研究制定了整改台账，明确了整改任务、整改时限及责任人，做到了立行立

改，确保每项整改任务落实落细。

（三）积极推进“一体发展”信息化管理工作

为更好地加强基建工作统筹，实现资源数据共享，规范完善建设工程各项审批流程，由基建部牵头建设“基建信息管理系统”平台，多次组织召开培训会议，推进平台建设工作顺利开展，努力推动实现基建管理工作规范化、精细化。

（四）有效推进在建项目保质、有序、安全进行

严格执行国家法律法规、《山东大学基本建设管理办法》以及“三重一大”决策机制，严格按照《山东大学基建工程设计变更及现场签证管理办法》，规范变更签证论证程序和审批流程，不断完善内控机制，强化“安全、进度、造价、质量”全方位管理，确保在建工程顺利推进。

1.在建科研楼项目

2021 年是科研楼项目建设攻坚之年，基建处协同参建各方，在保障防疫安全、施工质量、安全的前提下，积极合力应对疫情反复、雷雨天气增多、原材料大幅涨价等众多不利因素影响，合理调整工序，加强过程管控，严格控制造价。全年度召开工地周例会合计 83 次，召开工程造价、进度协调会、清单控制价专题会、工程变更签证论证等会议合计 89 次，组织橡胶、水磨石、地坪涂料、铝单板等建筑材料考察共计 19 次。11 月，材料与空间科学科研楼项目竣工，新工科与交叉学科科研楼项目进展顺利，投资在可控范围之内。

2.专家公寓楼项目

推进专家公寓围挡、东西门和室外广场的设计、建设工作。交付使用后，基建处定期对楼内设备、家具进行维护保养，根据入住教师实际需求，全力做好入住跟踪服务工作。督促施工单位配合完成东门外专家公寓精装修工程和室外补充工程的竣工结算，顺利完成东门外专家公寓的转固工作。

（五）落实“我为群众办实事”实践活动

以解决教师急难愁盼问题为工作出发点，以安全稳定为前提，发挥基建业务专业特长，积极主动为学生处、图书馆和海洋学院提供业务帮助，协助联系有关专家出具专业意见，论证建设方案的可行性；协助海洋学院完成实验室改造、空间科学与物理学院天文台二期工程建设；配合校区后勤部门完成家属区加装电梯及绿化改造；完成了 24＃高层学生宿舍楼、体育馆等已过质保期项目设备运行及技术服务工作。

（陈姣姣）

后勤管理与服务

2021 年，后勤管理处在学校党政的正确领导下，全体干部职工围绕学校中心工作，履职尽责，凝心聚力，为校区师生提供高质量的保障服务。

一、党建工作

以党建领航后勤改革发展。坚持以习近平新时代中国特色社会主义思想为指导，学习习近平总书记“七一”重要讲话精神和给《文史哲》编辑部全体编辑人员重要回信精神，深入开展党史学习教育，勠力把学习成效转化为工作动力和发展成效。建立寒假务虚会交流、领导班子研讨、党总支决策、新学期工作会贯彻的民主集中决策机制，完成后勤管理处党总支委员补选，完善了党领导后勤事业发展的工作体制。

二、作风建设

以整改提升后勤工作作风。认真落实中央巡视整改、党委巡视整改及各类专项整改，着力加强后勤纪律建设、制度建设、治理体系建设和内部控制体系建设，修订完善 16 项制度，将廉政建设贯穿于服务保障各个环节，重塑后勤风清气正、廉政勤政的工作作风。

三、后勤保障

以为群众办实事解决师生愁难急盼。实施了校区餐饮服务改善方案，食堂管理服务水平进一步提升；解决了学生洗浴难、师生就诊难、快递条件落后、基础设施条件差、住宅区老旧等一系列长期难题。后勤党员干部在解难题办实事中奋发而为，受到广泛赞誉。

1.强化防疫安全屏障。全面落实疫情常态化防控措施，协同各院部组织核酸检测 10 万余人次，协调威海疾控中心组织疫苗接种 24 次，第二针接种率达到 94.18%。借势学校与威海市立医院的合作，争取综合投入近 600 万元，实现校医院升级改造，增设全科医学门诊、影像 DR 检查、发热腹泻、留观病房、应急抢救、学生常规查体等诊疗服务体系，解决了师生就医就诊难的问题。

2.完善基础保障条件。实施供水供电增容改造，协助完成新建楼群供电，解决了学生生活区供水能力不足的问题，增强了校区供配电安全保障能力；完成图东教学楼供暖改造、阶梯教室改造、文化传播学院厕所改造、学生宿舍粉刷与电路改造、体育场围网安装等工程，改善教学与生活保障条件；完成校园物业一体化招标采购、新旧物业平稳交接、有序过渡工作，协同多部门实施精细化物业监管，校区物业管理服务水平得到提升；借助优势企业资源投入500余万元，在7栋学生宿舍楼建设楼内淋浴间，实现校内学生洗浴浴位数量翻番，解决了学生洗浴难的问题。借力威海市政策，争取政府资金1600余万元，对家属一区进行全面改造，改善教职工生活居住环境。

3.优化美化校园环境。实施人工湖增设护栏、调整校训石并雕刻办学宗旨、修复音乐喷泉、优化广场绿植等项目，营造百廿校庆新气象；实施学生区及闻天楼周边彩色道路改造，方便师生出行；实施图书馆外墙保温粉刷、门窗更换、屋面防水工程，解决图书馆长期渗水漏雨问题；拆除文轩苑快递临建棚改建学生休读场所，规划建设文华苑快递综合服务中心，实现了快递服务升级，提高了疫情防控水平。

4.提升服务保障能力。建设学生基本伙食保障餐厅，通过增加低价菜、免费汤品种，降低煮鸡蛋、豆浆价格，丰富饭菜品种花样等措施，改善师生饮食生活；引入优质餐饮服务企业投入300万元，彻底改变了雀园餐厅老旧面貌；创新性解决闻天楼厕所长期渗漏异味问题和学生宿舍厕所污垢问题，排查1000余处雨水管道创设道路井盖防坠网，受理应急维修1.4万余次，主动排查堵漏节水近10万吨；收发报刊信件5万余份；推动幼儿教育迈上新台阶，协同开展“美食美课”、校园保洁等劳动教育系列活动；坚决收回50余户长期出租出借房屋及外包餐厅。

（何　睦　于文浩）

图书馆工作

2021年，图书馆以习近平新时代中国特色社会主义思想为指导，深入学习贯彻党的十九届六中全会精神，以党史学习教育为契机，围绕学校新一轮“双一流”建设目标，多措并举推进党建工作和业务工作双融合双促进。通过“我为师生办实事”实践活动，进一步增强了图书馆主动服务意识，深化了服务内涵，为全校师生提供了多维度、多形式的文献资源保障。

一、党史学习教育领航党建工作

1.坚持政治理论学习，加强党员队伍建设。2021年度共开展专题学习研讨4次，主题党课4次，党员大会13次，支部委员会16次，理论中心组学习10次，实现了党史学习教育全员覆盖。

2.严格落实党风廉政建设责任制和意识形态责任制，严格履行党务、馆务公开制度，加强意识形态阵地监管和重点岗位风险点排查。全年召开党风廉政建设专题会议2次，意识形态工作专题会议2次，警示教育大会4次。

3.注重研学并举，强化党员干部的“学思悟践”。先后组织开展了“做表率、见行动”义务劳动、中我岛红色教育基地党史学习教育、环翠区烈士陵园“缅怀革命先烈，弘扬爱国精神”、“学史明理，增信强馆”党史学习知识竞赛、观看党史教育影视作品等主题党日活动。

4.抓实抓细“我为群众办实事”。设立党史学习教育读物专区，开展“庆党建，迎校庆，学党史——红色读书角”共读活动，推出“党史学习教育”专题系列书单。改造和修缮了密集书库、主楼外墙和楼梯护栏，优化了馆藏布局，提升了阅览环境。

二、多措并举推进服务工作

1.截至2021年12月31日，图书馆纸质文献总量171.94万册。其中，中文图书156.09万册，外文图书11.88万册，中、外文过刊3.59万册；学位论文总量3658册。2021年度新增中文图书3.03万册，新增外文图书1283册；订购纸质中文期刊1506种，外文期刊7种，中文报纸113种；购买各类型数据库18个。

2.2021年度共接待读者97.3万人次，年借还量12.4万册，解答师生问题2500余条，推送资源和服务160余期，信息共享空间开放时长5539小时。

3.完成文献引证报告1192份，文章3712篇。通过CALIS和CASHL进行文献传递和馆际互借150余篇次。开展分层分级培训和课程，本科生128课时，研究生64课时，新生入馆培训人数3200人。

4.以馆院联合共建、院部推荐、图书馆推送、学科馆员对接等服务方式，与院部建立起一套较为成熟和完善的合作机制，为师生提供多维度的文献资源保障。

加强“一校三地八校区”的业务组织融合，将校区文献资源建设纳入“一校三地九馆”资源共建共享体系。认真落实一校三地图书馆馆员能力提升实施计划，通过各种研修，提升馆员职业素养和履职能力。

三、持续发力举办校区特色文化活动

持续夯实图书馆在弘扬优秀传统文化、引领校园文化建设中的作用。举办了“珍惜阅读高光，奋进青春绽放”第七届读书节、“提高应急反应能力，增强公共安全意识”第七届安全月。组织开展“一院一书”读书沙龙、“献礼校庆——遇见大师”、“书香山威”经典品读等活动。筹建校友文库，充实和丰富图书馆馆藏资源，展示校友精神风采和学术贡献。举办迎校庆书画笔会和山大名人肖像展，继承弘扬山大精神，提升图书馆文化品位。

四、立足用户需求，积极创新服务模式

1.积极推广用户驱动的采购模式，精准服务师生文献需求。借助网络平台，开通“捷阅通”线上服务，为师生提供图书直借、直购的新渠道，实现足不出户“云采书”“云借书”；专项采购马工程系列教学用书，为教学服务提供了坚实支持。

2.领导班子成员带领相关部室主任和学科馆员，走进13个教学院部进行面对面座谈，征询意见和需求，实现精准服务。

3.加快RFID智能图书馆建设，打破文献资源与信息服务孤岛，真正实现一校三地文献资源共建共享。

4.推出党史学习读物推荐系列活动，以微视频的方式分期向读者推荐党史经典著作。激励读者从党史著作中回顾千秋伟业，重温百年风华。

五、荣誉与奖励

2021年，图书馆荣获山东省教育系统女职工“建功立业标兵岗”称号、2021年度山东大学三八红旗集体、山东省高校图书馆文化建设创新案例大赛特等奖、2020～2021年度CALIS联合目录馆藏数据库建设先进单位奖、山东大学《档案法》知识竞赛优秀组织奖、山东大学党史知识竞赛优秀组织单位、网络健步走比赛暨“最美学校运动达人”优秀组织奖、庆祝中国共产党成立100周年暨山东大学建校120周年教职医务员工合唱比赛校区一等奖等多项荣誉和奖励。

（薛　鹏）

网络与信息化建设

一、信息化基础设施建设

2021年，校园网出口带宽由年初10.5G提升至15.5G；实施并完成学生宿舍校园网有线、无线优化改造，实现有线网百兆至千兆升级，实现宿舍无线AP覆盖目标；本科生在线终端数量由2个提升至3个；完成工研院等7处局部网络优化改造；完成17处语音室光纤接入改造；协调铁塔公司及各运营商实施并完成学生宿舍通信5G室分建设；完成新建材料楼及新工科楼A区、C区网络接入项目的论证和采购。

2021年，信息化工作办公室面向全校开通了纯IPv6无线校园网，实现了校区所有网站及数据中心对IPv6地址的支持。

新建保密机房通过了省机要局的电子政务内网分保测评，实现了涉密文献线上传递；开通了涉密网络视频会议，提升了保密工作信息化支撑能力。

二、数字教学

2021年，信息化工作办公室持续进行139间智慧教室和相应直点播平台的运维和推广，保证教室和平台的可用性和稳定性，为广大师生提供及时、有效、便捷的课程资源在线共享服务；同时完善课程督导平台，为优质教学资源评价体系建设提供保障。

2021年，信息化工作办公室在校区内进一步推广桌面云，为教师开通桌面云账号，用于办公和教学；完成桌面云账号与门户的手机号同步对接，实现用户自主修改密码；优化商学院和机电与信息工程学院实验室桌面云的配置，提升教学体验感；完善图书馆的桌面云，增加打卡组，辅助完成相关应用。

2021年，信息化工作办公室优化了微课教室和课程中心平台的联合应用，进行用户培训并推广视频录制、上传、编辑和分析等功能。

三、应用系统及信息化建设

2021年，信息化工作办公室积极完成疫情防控平台和设备的维护工作。上线学生宿舍权限同步系统，实现宿舍系统中调整宿舍自动同步下发人脸测温识别设备。参与学校考研自习室的门禁和闸机的调研、招标、安装、调试、维护等工作，优化人脸识别门禁和测温功能，实现测温进出教学楼/宿舍楼，保障防疫安全。

2021年，信息化工作办公室自主开发部署多个系统：教研系统，实现教研业绩的线上提交、审核等工作以及教研项目的线上录入审核等；易寻失物招领小程序，对接校本部数据，在全校范围内实现线上失物招领；阶梯教室预约系统、联合理学院教室申请系统、教务调课、教室申请系统、短接接口封装、微信支付接口封装、空闲教室查询优化、微课教室申请系统、智慧教室中间库中控、课表数据查询系统优化，企业微信关注、迎新、离校、补证、数据接口等相关系统的研发。

2021 年，信息化工作办公室持续推进三地一体化建设，完成与校本部的数据对接和同步以及门户平台、服务大厅、企业微信、督导、综合报修等系统的支撑保障；完成疫情监控平台功能二次研发，包括温度告警、晚归提醒等，为疫情防控提供高效的数据共享。

2021 年，信息化工作办公室利用博达网站群制作、部署和维护各学院、机关的网站，根据需求修改网站页面、内容、权限等；推广校区 VPN 和山大云盘。

四、超级计算中心

2021 年，信息化工作办公室配合机电与信息工程学院为高性能实验课提供实训平台，为参加 ASC20 和 ASC21 世界大学生超级计算机竞赛的团队提供测试平台和环境等。

五、网络与信息安全建设

2021 年，信息化工作办公室组织开展网络安全大检查，对信息资产进行全面梳理，关停“三无”系统；上线实施应用交付设备，完成 6 个核心业务系统等保测评和定级备案；参与了教育部和教育厅网络安全攻防演练，组织国家网络安全知识竞赛，开展了“网络安全周”系列活动，提升师生的网络安全意识；完成了学生宿舍弱电间配电改造及线缆规整，持续安全优化整改，消除安全隐患。

（何荣毅）

继续教育工作

2021年，继续教育学院在学校党委和校区党工委的领导下，坚持以习近平新时代中国特色社会主义思想为指导，深入贯彻党的教育方针，充分发挥党支部战斗堡垒作用，稳步推进校区继续教育工作向高端化、项目化、品牌化、专业化和规范化方向发展。

一、强化党建引领，扎实做好党务工作

紧紧围绕党史学习教育、习近平总书记"七一"重要讲话精神和十九届六中全会精神学习主体脉络，根据《中共山东大学委员会关于在全校开展党史学习教育的实施方案》《中共山东大学（威海）工作委员会关于开展党史学习教育的工作方案》等通知要求，按照学校工作统一安排部署，深入学习领会习近平总书记关于党史的重要论述，突出学党史、悟思想、办实事、开新局，切实做到学史明理、学史增信、学史崇德、学史力行，制定详细的活动计划并严格执行，通过集中学习、讲授党课、观看爱国影片等多种形式，引导全体党员和员工增强"四个意识"、坚定"四个自信"、做到"两个维护"，紧扣立德树人根本任务和高质量发展主题，把学习教育成效转化为高质量谋划"十四五"事业发展的强劲动力。

按照《中共山东大学委员会关于"我为群众办实事"实践活动的工作方案》要求，践行以师生为本理念，把学习党史同解决实际问题、推动工作结合起来，切实发挥党组织战斗堡垒作用、党员先锋模范带头作用，进一步提升全院师生获得感幸福感安全感。

二、积极拓展合作，切实做好学历继续教育工作

根据一校三地统一部署，校区重启学历继续教育招生工作，网络教育全年招生176人，函授报名50余人。积极走访烟威地区重点企业和学校，拓展新招生合作单位，与烟台富士康公司、玲珑集团、烟台工程职业技术学院开展学历继续教育合作；与山东省老年学与老年医学学会达成学历继续教育合作意向，实现学院与行业协会的首次合作。

聚焦学历继续教育管理工作服务整体水平的提高，积极优化全过程管理，切实提升教育质量。注重课程思政引导，充分发挥学生党员骨干和班委作用，强化思想引领、加强自我管理；增强学业顾问管理，严格遵守学业顾问考核制度以及相关工作纪律，为学生提供精细化服务；做好学业指导、督学促学、成绩预警、考试答疑等各项工作，切实提升教学管理服务质量。顺利完成各类线上考试组织及毕业信息采集和审核工作，946名学生毕业、110名学生申请学位、评选15名优秀毕业生。加强理论研究与实际工作相结合，获校区教改立项一项。

三、扎实自查整改，统筹做好非学历继续工作

严格落实中央巡视和学校巡察各项工作要求，按照山东大学《“深化审计整改，加强风险排查”专项行动实施方案》和《山东大学（威海）落实“深化审计整改，加强风险排查”专项行动工作方案》部署，扎实开展专项自查自纠工作，排查出校区非学历教育风险点15项并整改落实。根据《教育部办公厅关于开展高校一些领域腐败风险专项清理整顿工作的通知》《山东大学贯彻落实“教育部办公厅关于开展高校一些领域腐败风险专项清理整顿工作”实施方案》精神，组织各办学单位对照清单的35个风险要点认真自查，即查即改，按要求顺利完成迎巡核查工作，学院按整顿要求实现非学历教育“管办分离”。

严格执行《山东大学非学历继续教育管理办法》《山东大学非学历教育培训合作办学管理办法（试行）》等文件要求，在一校三地非学历继续教育工作统筹安排下，切实做好各办学单位各类合作办学项目的运行管理，规范管理、提升服务、打造品牌。进一步细化完善项目审批和备案流程，在合作办学、项目宣传、培训质量、结业证书等方面加强管理；校区办班审批实行疫情防控专班和学院双审批制度，严格遵守学校和属地疫情防控政策，做好疫情防控工作，安全有序开展培训；学院安排督导人员对各办学单位合作项目进行定期检查和不定期抽查，发现问题及时向办学单位反馈并督导解决，切实防控风险、实现全过程监管、深化高质量发展。2021年校区共举办非学历教育培训96期，总计招生6466人次。走访校本部、中石油（华东）等相关单位并深入校区各办学单位调研交流，进一步理顺非学历继续教育培训办学流程和环节。

（刘　书）

国际教育工作

一、国际教育学院概况

2020 年 4 月，学校党委决定，国际教育学院作为威海校区的直属单位独立运行；2020 年 5 月，校区党政联席会通过了学院内设机构、工作职责和人员编制方案；2020 年 12 月，组建了学院领导班子。从 2021 年开始，学院陆续从国际合作与交流处和文化传播学院接收相关工作职责。

国际教育学院主要负责威海校区非学历国际学生的招收、培养、管理以及汉语水平测试等工作，下设综合事务部、教学事务部和学生事务部三个机构。

二、党建工作

坚持以习近平新时代中国特色社会主义思想为指导，深入学习贯彻党的十九届六中全会、习近平总书记关于教育的重要论述、“七一”重要讲话精神、给《文史哲》编辑部全体编辑人员重要回信精神、给全国高校黄大年式教师团队代表重要回信精神等，并与党史学习教育紧密结合，不断加强学院党建工作；制定完善学院党支部各项工作制度，落实“三会一课”“两学一做”长效机制，推动党支部争创“六型机关”建设，完成“我为群众办实事”项目，落实巡视、审计等整改工作，在学院事业发展中充分发挥党支部战斗堡垒作用和党员先锋模范作用。

三、招生工作

为发挥招生平台作用，方便国际学生能及时准确获取信息，学院于 2021 年 4 月建设并完善了中文、英文、韩文网站。学院制定并发布中、英、韩三语版本的招生简章，密切与 13 个社会机构、35 个国外友好高校联系，促进合作招生工作；加强校际间工作协同，积极落实与校本部的招生一体化，在统一招生标准基础上，在学校“留学山大”、校区国际招生网站同步发布招生简章，做到招生平台资源共享。2021 年共招生 35 人，生源涵盖韩国、俄罗斯、津巴布韦等 6 个国家，其中在国内 26 人，因疫情影响未能入境 9 人。年内协助校区国际合作与交流处开发国际学生招生录取系统，将国际学生的入学申请、审核、录取、报到、注册等纳入平台管理，确保申请录取过程规范高效。

四、趋同化学生管理工作

(一)协同开展入学教育

与国际合作与交流处、学生工作处、教务处、文化传播学院等单位协同合作，完成国际学生新生入学教育工作。对学生进行必要的中国法律法规教育、校规校纪、行为规范教育、教学安排和安全教育等，提高非学历国际学生的纪律观念和规矩意识，帮助其尽快适应并融入校园学习生活。

(二)细化落实日常管理

学院根据趋同化管理的要求设立了等同于留学生辅导员的专职岗位，向国际学生提供学业帮扶、心理疏导、生活服务、社团组织及课外活动等方面的成长帮助。在疫情防控常态化过程中，多部门磨合协同工作意识和本领，齐抓共管，确保学生管理安全稳定。严格执行“3D”工作机制，落实网格化管理服务体系，通过微信群联络、电话沟通、定期家访等方式，坚持一对一、点对点联络，及时传达上级和学校通知要求，做好学生生活保障、线上教学、疫情防控等各项工作，认真执行疫情防控“五个一律”工作要求，每日掌握学生动态变化，密切关注思想动态和反映问题诉求，做好心理疏导和解释工作，保障学生身心健康。

(三)奖学金评审

学院与国际合作与交流处、学生工作处、教务处等部门通力合作，精心组织威海市外国留学生政府奖学金评审工作，评选推荐 2 名语言培训生获新生奖学金。

(四)信息化管理

根据趋同化的要求及一校三地共同发展的需要，将非学历国际学生报到注册及日常管理信息纳入了山东大学统一的信息管理系统。

五、教学培养工作

完善学生专业培养方案，细化学生培养的课程设置，不断推进落实“三全育人”举措。学习层面主要侧重提升国际学生的汉语口语能力，文化层面重在帮助国际学生学习、了解中国优秀传统文化和习俗，致力于传播和推广山大文化、齐鲁文化、中华优秀传统文化，培养“知华、友华、爱华”的国际人才。为进一步提升非学历国际学生的汉语能力，提高国际学生 HSK 考试通过率，满足学生申请学历学习的需要，在实行分级教学和小班授课基础上，经与文化传播学院协调，增设了选修课“HSK 初级辅导”。

六、人员能力提升

主动赴校本部、威海市公安部门学习调研，提升外事管理经验，及时掌握政策变化，提高留学生管理应急处突能力；同时学院通过外出拓展学习、参加专题培训等方式，不断拓展管理人员的国际化视野，提高外事工作能力。年内外出调研、培训等学习 8 人次。

(刘田恬)

教学与科研

东北亚学院

2021年，东北亚学院坚持强化政治引领，扎实推进党史学习教育走深走实，把握好“十四五”规划开局之年，以巡视整改为契机，不断推动学院各项工作向前发展。

一、党建工作

2021年，东北亚学院党委以习近平新时代中国特色社会主义思想为指导，深入贯彻落实党的十九大和十九届历次全会精神，坚持和加强党对学院工作的全面领导，以庆祝中国共产党成立100周年为契机，立足新发展阶段，贯彻新发展理念，融入新发展格局，深入开展党史学习教育。

按照新时代党的建设总要求和学校部署，在学校建校120周年和巡视整改之际，扎实推进“强院兴校”行动，全面落实“我为群众办实事”清单，不断推动学院思想政治工作守正创新，以提升师生幸福感为目标，实现党建与事业发展深度融合。

学院制定了《东北亚学院党委委员联系党支部工作制度》和《东北亚学院基层党支部“三会一课”制度实施方案》，从制度上和组织上切实保障和加强基层党组织建设，提升基层党建水平。学院出台了《东北亚学院党务公开制度实施办法》和《东北亚学院院务公开制度实施办法》，这两项制度一方面健全了院务、党务公开工作机制，提高了院务、党务公开意识，加强了党风和院风建设，密切了党群、干群关系，增强了全院凝聚力；另一方面树立了学院党员领导干部和各部门廉洁、公正、高效地为全院师生服务的良好形象，营造了依法决策、依法管理的良好氛围。同时为更好地贯彻落实党的十九大精神，切实执行民主集中制，推动党政班子民主、规范决策，提高科学决策水平，充分发挥党委的集体领导作用，学院结合院情，重新修订了《东北亚学院“三重一大”议事规则》，进一步规范了决策程序。

2021年学院共发展党员63名，其中教工党员1名，研究生党员15名，本科生党员47名，顺利完成了预计发展计划。截至2021年12月31日，学院共有党支部4个，正式党员80名。

二、学科建设与科研工作

(一)师资队伍建设

开拓性展开人才招聘与考核工作,每年坚持筹办山东大学齐鲁青年论坛,坚持对人才的全过程服务与培养。2021 年,学院已建立起包括讲席讲授、特聘教授、荣聘教授、山大杰青、三级教授在内的人才体系。2021 年海外博士比例达到 57.6%,完成任期目标 137%;高被引科学家 1 人。

(二)科研工作

东北亚学院以新文科建设为导向,以区域国别学科建设为基本定位,持续推进多学科交叉融合。全年发表学术论文 61 篇(含 CSSCI14 篇、SSCI3 篇、KCI3 篇、《人民日报》文章 1 篇),刊发《东亚评论》2 辑,出版专著 2 册,译著 3 册,23 份咨政报告被采纳。组织举办国内会议 14 场,学术讲座 33 场。

11 个科研项目获批立项,其中国家社科基金冷门绝学研究专项 1 项、国家社科基金一般项目 2 项、国家社科基金专项子课题 1 项、省级项目 3 项、地厅级项目 4 项。获省级社会科学优秀成果奖三等奖 1 项,地市级社会科学优秀成果奖 7 项(一等奖 1 项、二等奖 4 项、三等奖 2 项),大韩民国学术院优秀学术图书奖 1 项。

(三)平台建设

2021 年,学院在“1+5”平台建设的基础上,强化推进五个中心的发展,31 份智库报告获得批示或采纳。

2018 年以来,经过四年的建设,东北亚新兴交叉学科建设取得初步成就,为冲击国内一流学科奠定了良好基础。学科方向明确,特色和优势进一步凸显。成功培育出区域理论与实践、海洋战略与发展、东北亚语言文学、东北亚历史文化四个特色学术团队与方向,新增国家级区域国别学一级学科论证报告已进入学科评议组研究讨论阶段。

(四)国际交流

在夯实对日韩合作基础上,开拓性建立与欧美、东南亚合作关系。与英国伯明翰大学、越南建设证券股份公司、俄罗斯科学院远东分院达成合作意向,并建成 3 门国际化课程。

三、人才培养

(一)本科生培养

在校区教务处的总体规划和引领下,积极推动大学外语教育教学改革,东北亚学院与翻译学院一起,制定了《山东大学(威海)大学外语综合改革方案》,丰富了大学外语教学的内涵,构建了适应社会经济发展需求的大学外语教学体系和课程体系,为培养多语种复合型人才奠定了制度基础。

2021 年,东北亚学院着力推动信息技术与教育教学深度融合,鼓励和支持教师开展教学方式改革创新,探索新的课程教学模式,提高在线开放课程建设水平和课堂教学质量,完成2门在线开放课程建设,已在智慧树平台上运行。同时,建设适应新时代要求的一流课程思政示范课程,在全院范围内开展课程思政示范课程建设活动,共立项6门本科生课程和3门研究生课程。

积极推进教学改革与创新。获批山东省教改项目1项、校级重点教改项目1项、一般项目2项。注重实践教学,与地方机构和企业签订合作协议,为学生提供良好的教学实践基地。积极组织学生参加各级各类专业竞赛,共获得省级一等奖3项、二等奖2项、三等奖2项。

学生海外培养工作受疫情影响,完成情况不理想,赴国(境)外本科生人数和赴国(境)外研究生人数只完成计划的62.2%和87.5%。

(二)研究生培养

在研究生培养方面,继续扩大招生规模,2021年招收研究生55人,创历年新高,其中,推免生接收24人,"双一流"高校生毕业生20人。年内,学院研究生在各类比赛中获得国家级奖项7项、省级奖项9项,是学院自建院以来研究生取得的最好成绩。

(三)学生工作

2021年,紧扣立德树人根本任务和高质量发展主题,以全员班主任制推进"三全育人"纵深发展,开展师生德育类、体育类、实践类等共建项目,加强师生互动交流,制定学院《五育并举工作方案》。持续开展三年的"青苗班"学生骨干训练营工作案例获得山东省辅导员工作案例大赛一等奖。2018级国际政治班获评省级优秀班集体。学生参赛项目获评"挑战杯"省级一等奖2项,"互联网+"比赛省级银奖1项,均为历史最好成绩。同时引导学生服务国家战略,1名研究生参与服务西部计划,2名本科生参与国际组织实习。

贯彻落实就业工作"一把手工程",院长、书记作为毕业生就业工作第一责任人,坚持全员育人理念,形成全员抓就业、促就业的工作格局。通过领导班子成员联系班级制度、一生一策台账跟踪管理服务等措施,持续推进3A帮扶工作机制,拓宽多领域就业渠道,搭建优质高端就业平台。

(张琳琳)

商学院

2021年,商学院发展进入"高质量发展"攻坚阶段。围绕立德树人,聚焦"双一流建设目标",遵循守正创新、价值引领、分类推进的"三个基本原则",将贯彻执行学校党委的部署要求和倾听教职工意愿、诉求有机结合,追求卓越、只争朝夕,开启特色一流商学院建设新征程。

一、党政工作

2021年,商学院党委强化党建引领,落实意识形态责任制要求,深化党史学习教育,切实发挥党建举旗定向作用,统筹推进防疫、发展和安全稳定工作。

建设党支部品牌项目21项,新发展党员121名;开展商院特色文化校庆、学术校庆、开放校庆、平安校庆系列活动;扎实推进"我为群众办实事",落实8个重点项目。党建质量进一步提升,1项党支部党建突破项目获学校优秀成果,2项分获学校优秀基层党支部活动一等奖和三等奖;新立项书记抓党建突破项目1项、基层党组织活动项目4项及院级思想政治工作精品(培育)项目14项。

二、师资队伍情况

2021年,商学院共有全职教职工145人(含外籍教师1人),其中教师岗106人,非教师岗39人;在编人员132人,编外人员13人;年内新入职、校内调入9人,离职、校内调离4人;教授24人,副教授、副研究员48人,讲师、助理研究员34人。另有兼职人才5人(教授4人,副教授1人)。

引育并举,提高人才队伍建设。年内培育山东大学杰出中青年学者1名。引进齐鲁青年学者1名、兼职讲席教授1名、外籍教师1名。入选校区青年学者未来计划2名。

三、学科科研与服务地方

(一)科研与学科建设

1.加强科研团队建设,夯实科研平台建设基础,优化建设创新型社科智库平台,成立了"山东大学自贸区研究院""山东大学威海发展研究院""山东大学金融标准化研究中心""商学院科研创新团队"。创新发展,构建"人才—专业—平台—项目—成果"创新链,推进"学科、学位点、专业"一体化建设。主办承办国际国内学术论坛及举办"百廿山大,学术报国"系列报告共28场。获批国家级项目5项、教育部项目2项、省级项目5项;在

SSCI、CSSCI期刊发表论文57篇。

2.立足强院兴校,利用新文科建设契机,主动识变应变,推进学科交叉、融合,探索新时代新商科新发展路径。本科方面,增设2个文理融合“新文科”微专业,新增2个国家一流专业。获省级一流课程1门、省级课程思政示范课1门;上线5门慕课;立项23门海外师资课程、17门暑期精品课程、15个院级课程思政专项,建设2个虚拟仿真实验软件平台,开展课程思政培训和ISW培训,新增省级课程思政教学名师1人,获全国及校级教学奖项8项,立项校级教改项目12项(含2项重点)。研究生方面,入选“山东省研究生教育优质课程”1门,获“2021研究生导学思政”项目2个;生源质量大幅度提升,推免率达69.6%;课程改革取得新成效;举办研究生教育20周年专题陈列展。

(二)服务地方

面向国家重大战略需要,对接区域社会和经济发展,建立科研与服务地方协调发展机制,构建“智库支撑、人才培养、教育培训、三位一体”的社会服务体系。疫情期间攻坚克难,承担中贸促商事服务有限公司等单位委托课题,承接山东省税务系统等单位管理培训,不断提升服务社会能力和水平。

四、人才培养

(一)本科生教育

2021级本科招生11个专业共630人,年内转入学生12人,2021届毕业学生924人。2021年,本科生42人次获得国家奖学金,升学率为37.46%。

(二)研究生教育

2021年,商学院有博士学位授权点2个,硕士学位授权点7个,其中专业学位硕士授权点4个。博士研究生导师11人,硕士研究生导师35人。录取硕士研究生191人,博士研究生5人。年内共有141名硕士研究生毕业,其中全日制硕士研究生78人。2021年,研究生4人次获国家奖学金。

五、对外交流合作

多位推进,提高国际学术声誉。新增SSCI国际学术期刊编委3人。合作办学平稳运行,组织“海外学子献礼百廿山大”和“商学院国际化建设成就展”等校庆活动。

六、学生工作

五育并举,学团工作再展新篇。科研育才,承办省“三创”赛,科创及学科竞赛获国奖11项,省奖28项,其中1项获第十七届“挑战杯”红色专项国家特等奖,创校区历史新高。劳动实践育人,235个团队1868人次参与寒暑期社会实践,6096人次参与支教、海洋保护和关怀残障人群等志愿服务,社会实践获得国家级奖励7项。学院蝉联校区运动会六连冠,“跃动商研”等体育活动覆盖全院。商学院团委荣获山东大学2021年度红旗团委等 5 项集体荣誉，学生组织获评山东大学“十佳学生会”“十佳研究生会”，两个班级分别获评山东省五四红旗团支部、山东省优秀班集体。

（张　晨　荆晓文）

法学院

2021 年是建党百年，建校百廿，“十四五”开局之年。办学 25 年来的山东大学法学教育威海板块，深植文史底蕴，凸显法政底色，不断推进学科建设特色发展和一流人才培养事业。学院共有教职工 65 人，教授 16 人，副教授 18 人，其中，山东大学特聘教授 2 人、山东大学杰出中青年学者 2 人。拥有法学、政治学和社会学三个一级学科，学院本着以本为本，培养一流本科生的理念，开设了计算法学、“法学＋英语”双学位班、党内法规和监察法学、日语背景法学班、新闻法学、法学与行政管理、司法社会工作等特色实验班。

一、党建工作

1.坚持党建引领作用。学院党委深入学习贯彻习近平新时代中国特色社会主义思想，全面落实中央巡视工作要求，认真抓好巡视反馈意见的整改落实。统筹推进疫情防控和常规工作，按时完成党支部换届选举工作，圆满完成校庆各项工作。在不断深化一校三地一体化建设，实施“强院兴校”发展战略的宏大背景中，在加快推动山东大学“双一流”建设，实现“由大到强”历史性转变的强劲进程中，遵循“党的建设引领事业发展，学科建设统领全面工作”的基本方针，积极谋划和整体推进山东大学法学学科一体化建设、高质量发展，做大做强山大法科，努力做出具有自身风范和气质的山大法学。

2.推进学习教育常态化制度化。开展党史学习教育，组织理论中心组学习 10 次，开展院领导接待日活动 20 次，推进完成“我为群众办实事”重点项目 5 项，组织党史知识竞赛，观看红色电影，党性教育培训基地观摩培训，以丰富党史学习形式，加强党员的党性修养，增强党组织的活力。

3.成立学生党建服务中心，推进党员“双报到”制度落地，设置党员先锋岗，开展党员联系宿舍活动；成立 3 支学生党史宣讲团，开展进班级、进宿舍的党史学习活动。全年新发展预备党员 147 人，转正党员 60 人，新培养积极分子 227 人(其中教师 1 人)。

二、学科建设

在新一轮一流学科建设“马克思主义理论与国家治理”领域，开展科学阐释习近平法治思想的合作科研，共建山东大学习近平法治思想研究特色和优势，推动习近平法治思想进教材、进课堂、进头脑。以“马克思主义理论与国家治理”学科板块为依托，着眼于新公法—人大制度、法律方法—立法学、党内法规—监察法学、体育法学—老年法学等学科维度，构建新公法学全国高地，进一步形成法学学科错位建设和发展格局。2021 年度引育特聘教授2人，山大杰青1人，人才队伍建设有了实质性进展。

三、教学工作

1.计算法学特色班升级为校级实验班，日语背景法学教育特色班首次组建招生；推进计算法学、应急法学和党规监察法学等领域试点专业复合和法律硕士教育改革，以本科生特色教育和研究生优势培养，造就“就业竞争最强实力、学业深造最大潜力、思想和实践最具创造力”的一流法科生。计算法学、党内法规监察法学人才培养实现本硕博连线，渐近“横向连通、纵向贯通”。2021年4月24～25日，以“百年党内法规制度建设与理论创新”为主题，组织了第一届全国党内法规学博士论坛。

2.加强教育教学人才队伍的建设。2021年立项本科校级教改项目8项、研究生校级教改项目7项（其中重点2项），资助3位老师开展线上线下混合课程建设；出台《法学院教学业绩绩效量化考核办法》；组织编写《计算法学概论》《党规学》《地方立法学》等新法科教材。

3.济南市委办公厅与山东大学（威海）合作共建党内法规教学研究实践基地，助力学院进一步提升党内法规教育教学、科学研究水平以及高素质党内法规人才培养。

四、科研工作

1.组织开展高水平学术活动。主办15场全国性学术会议，举办35场“名家讲坛”学术报告，4期“论文工作坊”，校庆期间组织了6场高端学术论坛；获批国家社科基金项目1项，教育部项目1项，山东省社科项目4项，累计到账经费178.8万元（其中纵向经费78.7万元）。

2.产出更多高水平学术成果。发表学术论文46篇，其中CSSCI论文27篇（含权威1篇，CLSCI 10篇），SSCI论文1篇，智库认定成果5项，出版著作1部。

五、社会服务和校友工作

1.深入推进社会服务工作。举办合作办学班次25期，学院承接班次3期，共计28期，培训人数达2153人次，培训费391万余元；收到捐赠款项40万元，合计年收入117.4万余元。

2.加快推进校友会工作。相继成立上海校友分会、济南校友分会，筹备北京、河南、临沂校友分会，发挥校友在支持学院建设和育人体系中的作用。

3.2021年12月17日，成立威海市法学会市域社会治理研究会，并举办“市域社会治理理论与实践”论坛，致力于打造市域社会治理的高水平智库，努力为市域治理现代化和法治建设做出贡献。

六、学生工作

1.强化五育并举,完善思政教育体系。制订《法学院班主任工作实施细则》,首聘8名青年教师、3名博士生担任本科生班主任。推进学风建设月活动,继续打造“法治文化节”“习近平法治思想宣传月”等品牌活动;2021年新开拓就业市场9处,建立就业创业实践基地6所,荣获“2021届毕业生服务国家战略就业优秀组织单位”称号。2019级党内法规与监察法学班获得山东省先进班集体,1名学生获评山东省优秀学生干部,2名学生获评山东省优秀学生。

2.实践教学成果丰硕。荣获第十二届“挑战杯”全国大学生创业计划大赛省级铜奖,“第十九届Jessup国际法模拟法庭比赛”中国赛区三等奖,“第十五届中国大陆地区红十字国际人道法模拟法庭竞赛”全国一等奖、“辩方最佳书状”第一名、“初赛最佳检察官”,第二届“开炫盾杯”全国高校法庭模拟辩论赛全国二等奖、优胜奖等多项赛事奖项。

(时　珊　黎海鹰)

文化传播学院

一、党务工作

充分发挥学院党委的政治引领和支撑保障作用。健全党委会和党政联席会会议制度，通过推进“我为群众办实事”实践活动，确保党史学习教育成效。

落实中央巡视整改工作，推进全面从严治党。坚持问题导向，制定51条整改措施，确保整改到位；持续加强党风廉政建设。

贯彻立德树人根本任务。通过基层党组织立项活动，推进党建工作与中心工作相融合，教工党支部有2项课题被列为党组织书记抓基层党建突破项目。

注重加强党支部组织力建设。完成7个基层党支部换届工作，选优配强党支部书记；推进党建“双创”工作，做好党员发展和培训工作，严把发展党员质量关。

二、学科建设与科研工作

专业建设方面，2021年设立“语言产业”和“新媒体创意写作”两个微专业建设项目，并于当年开始招生培养。

课程建设方面，“出镜记者与现场报道”“国学基础”获批第二批省级一流课程。

“思政课外围课程”建设方面，与马克思主义学院(威海)联合，开发“人学与人生”等8门同类课程，以此架设“思政课程”与“课程思政”的创新性桥梁。

交叉融合特色课程建设方面，开设开发“新闻法学”等交叉融合特色班；尝试在新闻学专业开设“高等数学”“Python编程”等课程。

2021年度，学院教师发表学术论文43篇，其中CSSCI来源期刊及被人大复印报刊资料转载论文共23篇，SSCI来源期刊2篇，SCI来源期刊1篇；出版学术专著11部，其中2部著作由Routledge出版社出版；立项国家级课题1项，教育部课题1项，省部级课题4项；1位教师的著作获“首届詹伯慧语言学奖”提名奖。

三、师资队伍建设

引进兼职讲席教授1人，副研究员1人，副教授1人，助理研究员1人，统招博士后入站1人。现有教师队伍中，1人晋升教授，1人晋升副教授。

四、教学工作

落实常态化疫情防控措施，创新教学方式方法，加强教材建设和管理，实现“马工程”

教材全覆盖。

教学创新、教改研究和教学成果培育成效显著。张毅获首届山东大学教师教学创新大赛二等奖,朱新林、张毅获威海校区优秀教案评选二、三等奖,郑薇获评山东大学青年教师教学比赛一等奖。“国学基础”课程获评省级一流课程,新增7门全校通识核心课程。9位教师获批威海校区教改研究项目立项资助,其中张超、朱新林和张毅3位老师获批重点资助。5位教师申报省级教改研究项目。

组织开展11场“百廿山大,学术报国”百场学术报告活动,促进师生与国内外学术界的交流沟通。

人才培养质量稳步提升。2021届本科毕业生升学深造率达37%,2022届本科毕业生推免数量和质量较去年有显著提高。

完成新闻实验教学中心VR实验室、融媒体实验室建设工作并投入使用。

五、国际化建设与留学生工作

论证并提交《山东省华文教育基地》申报书,与临沂职业学院国际教育学院合作建立教学实习基地。

与台湾世新大学共建4门线上本科课程,完成与国际教育学院语言生的分类管理与培养,完成留学生本科培养方案的趋同化修订。

2位教师获国际研究生导师项目立项,2位教师获研究生国际化双语课程立项。与韩国庆北大学建立合作关系,与泰国格乐大学洽谈汉语国际教育、联合培养等方面的合作。

六、学生工作

围绕立德树人根本任务,打造具有学院特色的“五育平台”。在山东大学120周年校庆活动期间,组织“山大与党共成长”山大故事宣传赛等4项学生文艺活动。

2021年度,1人获评第十七届“挑战杯”全国大学生课外学术科技作品竞赛红色专项活动国家三等奖,实现学院该奖项零的突破;获批山东大学2021年度大学生创新创业训练计划国家级立项1项;获评山东省大学生创业计划大赛三等奖1项;3支团队获评全国“千校千项”团队风采和青春影像奖项;2支团队入围省级推优答辩;学院研究生会获评威海校区“优秀研究生会”。1人入围本科生校长奖学金,2人入围山东大学“自强之星”答辩。

严守安全稳定责任底线,做好学生服务管理工作。举办4期网格长培训工作,制定辅导员每天进宿舍值班制度;开通学院“书记直通车”;举办3期“校友讲坛”,为学生提供公考、就业规划、礼仪、摄影及图片后期处理等专业指导。

七、服务地方

与潍坊市昌乐县人民政府签署产学研战略合作协议,参与主创的非遗保护微电影

《绝唱——乳山琴书》荣获“第十四届中国·山东青年微电影大赛”社会单元纪录片银奖。

开展威海方言研究，已获批为国家社科基金项目；开展“古典与现代”旗袍文化研究。

发挥学院师资和技术优势，为政府相关部门提供 VR 直播；与威海广播电视台海洋频道达成战略合作，为《海这边　海那边》电视栏目提供创意服务。

张超教授的 4 篇智库成果被山东省委宣传部采用，其中 1 篇解读类报告被报送至中宣部，2 篇智库成果被中央广播电视总台外语频道采用。

（刘　琼）

翻译学院

一、学院概况

翻译学院在山东大学外国语言文学学科一体化发展的大背景下，坚持以观念更新为先导，以制度创新为动力，以师资和学科建设为核心，以培养符合社会发展需要的复合型国际化人才为目标，深化师资等资源共享，全面强化素质教育，形成了以本科教育教学为主体，大力发展研究生教育以及博士后培养工作的完整育人体系，以翻译学教学为优势，以“英语＋×语种”和国际化为特色的办学体系。

翻译学院拥有外国语言文学一级学科博士学位授权点，下设英语语言文学、外国语言学及应用语言学 2 个二级学科博士学位授权点；拥有外国语言文学一级学科硕士学位授权点，下设英语语言文学的二级学科硕士学位授权点；拥有翻译硕士专业学位授权点，下设英语笔译 1 个专业。

截至 2021 年底，翻译学院共有专职教师 87 人，其中教授 7 人、副教授 19 人；博士生导师 5 人，兼职博士生导师 3 人，硕士生导师 16 人，获得博士学位及在读博士共 53 人，欧洲科学院外籍院士 1 人，加拿大皇家科学院院士 1 人，获国务院政府特殊津贴 1 人，教育部新世纪优秀人才 1 人，山东省教学名师 1 人，“山东省优秀研究生导师”1 人，山东大学兼职特聘教授 2 人，杰出中青年学者 2 人(含兼职 1 人)，齐鲁青年学者 1 人，青年学者未来计划 3 人，近 2/3 的教师有国外著名大学留学、访学经历。多名教授在全国和省级学会中担任会长、副会长等职务，并有多名国内外知名学者、专家被聘请为翻译学院的兼职或客座教授。

二、党建工作

翻译学院党委以政治建设为统领，坚定不移地贯彻落实党中央和学校党委决策部署，切实发挥党委政治核心和领导核心作用，以政治上的加强推动全面从严治党向纵深发展，引领带动翻译学院事业发展全面提高。

扎实开展党史学习教育，认真抓好中央巡视和校内巡察整改落实工作。用好线上线下教育平台，组织开展“学‘七一’讲话，做合格党员”党史学习教育竞赛等线上活动，全年开展翻译学院党委主要领导专题思政大课 2 次，党委委员主题党课 10 次，组织沈秀芹纪念馆、天福山起义纪念馆、胶东育儿所参观学习活动和《长津湖》观影等全院性主题党日活动 10 余次。

切实加强组织建设，严把发展党员“入口关”。组织开展入党积极分子、重点发展对象培训班各2次，全年发展师生党员3批共88人；优化支部架构，调整、拆分成立4个本科生党支部，成立学生党建服务中心，构建横纵向结合的基层党建工作网格。

完善党建制度体系，2021年新制定发布《翻译学院党委会议事规则》《翻译学院党政联席会议事规则》《翻译学院党务院务公开制度》等制度文件。提升党建服务群团工作的能力，组织参加“教职工羽毛球赛”“建党百年合唱比赛”“教职工广播操比赛”等工会活动。

三、师资队伍与学科建设

大力做好人才引育工作，1人被评为欧洲科学院外籍院士，1人入选山东大学齐鲁青年学者，进一步完善了翻译学院的人才梯队。承办“中国外国文学学会英语文学研究分会第七届年会”；组织数字人文高峰论坛、青苗论坛、博雅论坛20余场；协同前沿交叉科学研究院，组织数字人文高峰论坛。

四、科学研究

2021年度翻译学院教师共发表学术论文40余篇，其中SSCI、A&HCI论文12篇，CSSCI检索论文12篇，出版专著、译著7部；国家社科基金中华学术外译项目立项1项，省部级项目4项，到账经费39万元。“挑战杯”全国大学生课外学术科技作品竞赛获国家三等奖1项、省级特等奖1项、省级二等奖2项、省级三等奖1项。

翻译学院专著资助计划资助1部专著。

五、教学工作

（一）研究生教育

1人获评山东省优秀研究生导师，1人获评山东大学优秀研究生导师。举办第九届全国大学生“英语菁英”夏令营与第三届研究生学术论坛；设立研究生项目资助计划，开展第一届翻译硕士翻译大赛。研究生发表CSSCI论文3篇，北大核心论文1篇。

（二）本科生教育

翻译学院积极推动一流课程建设。“英语国家文化”荣获2021秋冬学期智慧树网“一流高校精品课程（专业课）”。

积极开展专业改造升级，努力将大数据及人工智能等新科技融入翻译专业的课程建设当中，开设“译后编辑”课程，提升专业内涵。

建设微专业课程3门，分别为“国际沟通、谈判与领导力提升”“俄语与中俄跨文化交际”“德语语言与德国研究”，为学生的国际化人才培养及专业的多元发展提供便利。

资助教材项目6项，课程项目2项，一般教研项目5项；制定了《山东大学（威海）大学外语教育教学综合改革方案》。

举办翻译学院教师讲课比赛,提升教师的教学水平。在校区组织的2021年度青年教师教学比赛中,翻译学院推荐的两名教师分获校区文科组第一名和第六名。

六、学生工作

切实提高政治站位,强化思想引领,深入扎实做好学生思想政治工作。按照党中央及山东大学党委要求,结合翻译学院学科特点,有创造性地组织开展学生党史学习教育活动。

以党建带团建。先后举办“百年峥嵘燃燎原星火,时代激昂做奔涌后浪”“使命铸魂请党放心,青年有为强国有我”“劳动的青春最出彩”主题团日活动。翻译学院团委蝉联“山东大学红旗团委”荣誉称号。

坚持实践育人。在2021年上半年落幕的全国第十七届“挑战杯”大学生课外科技作品竞赛红色专项活动和山东省第十七届“挑战杯”大学生课外科技作品竞赛活动中,翻译学院学生负责的4项课题荣获国家三等奖1项、省级特等奖1项、省级二等奖2项、省级三等奖1项,实现了自第十六届“挑战杯”首次获得国赛三等奖以来的又一次大的突破。

加强心理疏导,护航健康成长。设立“心畅坊”翻译学院学生二级心理辅导站。1篇心理工作案例在山东大学优秀心理辅导案例评选活动中荣获三等奖。继续开展“绿动”青春活动,完善疫情期间的心理危机联络机制,继续依托学院“树洞邮箱”平台,收集学生来信,关注疫情期间学生心理现状,积极进行疏导。继续注重完善危机干预体系,定期组织进行案例研讨。

经过周密筹备,翻译学院校友会成立大会于2021年7月24日在山东大学威海校区隆重召开,共有来自全国各地的160余名校友参会,效果良好。

七、国际交流与合作

在海内外疫情依然形势严峻的情况下,翻译学院转换思路,开拓国际交流和人才培养的新方式和新策略。在培养国际化方面,共组织66名学生参加世界名校线上线下访学项目;共计27位本科毕业生申请出国(境)读研;共开设面向一校三地的7门海外师资课程。在师资培养方面,翻译学院共计派出5位教师赴海外攻读博士学位、访学或借调至驻外使馆工作。在科研国际化方面,与海外专家联合申报2项外译项目、合作发表国际期刊论文6篇。在国际影响力方面,翻译学院讲席教授Jonathan Locke Hart当选欧洲科学院外籍院士,彰显了山东大学外国语言文学学科的国际影响力和蓬勃生命力;由翻译学院主编的国际期刊《国际翻译与应用语言学》出版发行2期,扩大了期刊的国际影响。

八、社会服务

翻译学院教师加入威海发展研究院语言文化服务团队,2021年度共计100余人次承担各类活动、会议及论坛的翻译工作。完成与威海市外办合作的“威海市公示语翻译项目”第二期翻译及校订工作。承办威海市翻译协会2021年年会，促进翻译研究学科的交叉融合，加强威海市翻译行业从业人员的相互交流。与山东英格利国际教育交流有限公司合作，提供语言培训服务。

（丛海燕　刘肖君）

艺术学院

一、党建工作

1.艺术学院党委围绕以高质量党建引领学院高质量发展的目标要求，强化领导班子政治建设，发挥好关键少数引领带动作用。进一步修订完善了学院党委会会议议事规则和党政联席会议议事规则，有效落实民主集中制和“一岗双责”，提升议事决策能力和水平。强化顶层设计，制定了“十四五”规划。全年共召开党委会36次、党政联席会31次，推出《信息周报》30期470条信息，进一步做好党务和政务公开。

2.着力于学懂弄通做实习近平新时代中国特色社会主义思想，注重用党的创新理论武装头脑、指导实践、推进工作，强化理论武装和思想引领。扎实推进党史学习教育，认真学习贯彻习近平总书记“七一”重要讲话精神，党的十九届五中、六中全会精神，习近平总书记给《文史哲》编辑部全体编辑人员重要回信精神及关于教育工作的系列重要讲话批示指示精神，夯实思想根基。正向引导与警示提醒相结合，扎实开展师德师风专题教育。进一步改进完善学习制度，组织理论学习中心组学习12次、教职工集体学习8次。

3.扎实推进落实中央巡视整改任务、“深化审计整改　加强风险排查”专项行动和校内巡察整改任务，学院政治生态持续改善。

4.树立“安全第一”理念，坚持把纪律和规矩挺在前面，守住底线，维护学院安全稳定大局。持续深入落实党风廉政建设责任制，坚定落实中央八项规定及其实施细则和学校的有关规定要求，驰而不息纠治“四风”。落实网格化管理制度，严谨细致落实常态化疫情防控各项措施，确保万无一失；经常性开展安全风险隐患排查和整改，做到人人有责、事事提醒、层层把关。

5.围绕庆祝中国共产党成立100周年、山东大学百廿校庆和艺术学科恢复办学20周年，积极承担校庆重点项目，推进学院“文化建设年”工作。两地艺术学院共同承担了《为国育贤》大型音乐舞蹈晚会、“百廿山大”重大历史题材美术创作工程和庆祝山东大学建校120周年暨迎新晚会等校庆重点项目。学院编创推出了“信仰就是力量”——庆祝中国共产党百年华诞红色经典舞蹈晚会、“歌声中的百年”音乐会和“艺”心向党系列活动。扎实开展文体活动，做好工会工作，学院凝聚力和向心力进一步增强。

6.深入抓好基层党建。突出抓党支部政治功能建设，彰显带头引领作用。健全完善组织管理体系，强化责任担当，每个系级班子中至少有1名党员成员，将原本科生党支部分成了本科生第一党支部和本科生第二党支部，强化专业特色和工作联动。年度发展党员 82 人,其中教工党员 2 人。

二、一体化建设

贯彻执行《山东大学艺术学科一体化发展规划纲要》和《山东大学艺术学院 山东大学(威海)艺术学院“强院兴校”行动方案》,健全完善制度体系和运行机制,落实落细一体谋划、优势互补、资源共享、平台共建、师生交流的各项措施。

与校本部艺术学院共同承办 2021 年山东大学艺术节。共享资源,成功申报音乐学国家级一流专业建设点,积极申报美术学、视觉传达设计等一流专业。

三、人才培养

(一)人才培养亮点频现

新增音乐学国家一流本科专业建设点,获批省级本科一流课程 2 门、校级重点教改项目 4 项,完成线上精品课程建设项目 1 项;国家级比赛获奖 8 项,省部级获奖 44 项,其中获第十二届中国舞蹈“荷花奖”现代舞入围奖 1 项,获教育部全国大学生艺术展演优秀案例评选一等奖 1 项、大学生艺术实践工作坊二等奖 1 项。新增研究生实践教学基地 1 个,聘任行业导师 4 人;获评山东省优秀硕士学位论文 1 篇;获山东省专业学位研究生教学案例库立项 1 项。修订了《艺术学院本科生导师制工作实施办法》,聘任了新一批本科生导师。

(二)积极发挥美育育人功能

学院打造美育思政教学团队,推进民族乐团、管弦乐团、舞蹈团和合唱团建设,成立美术馆,以音乐厅和美术馆为平台,面向校内外推出系列展演活动,共举办演出 37 场、展览 18 场。举办了四期“美育课堂”系列活动,分为 8 个课堂,受众超过 700 人。学院美育成果获得肯定,“学习强国”平台推送了 3 期学院作品。

(三)做好学生管理与服务

加强学生工作队伍的思想建设、能力建设,全年参加线上线下培训 36 人次,获得各级奖励 34 项。强化运用新媒体,学院微信公众平台“山威艺苑”共发布 234 次,总计 428 篇推文,平台阅读量达 20.2 万,山威抖音号艺术瞬间话题单条最高浏览量 1.9 万。坚持开展“灯塔引航”学生骨干培训、举办“星火讲堂”等专题培训 25 场。坚持“3+2”心理辅导模式,学院作品作为校区唯一代表参加一校三地心理情景剧大赛;承办一校三地“画解心情”心理健康主题绘画设计大赛。学院被评为山东大学心理活动月“优秀组织单位”。

(四)加强社会实践与创新创业教育

暑期社会实践活动以“艺”心向党、庆祝建党百年、助力乡村振兴为主题,参与团队共 15 支、成员 177 人。在第十七届“挑战杯”竞赛中,获得省级三等奖 1 项。“菁莪工作室”通过校区首批大学生创新创业基金资助项目立项支持。持续扎实推动就业工作,实现了学校提出的学生高质量充分就业目标。

四、人才队伍建设

年度晋升副教授 4 人，到岗齐鲁青年学者 1 人、外籍专家 1 人，入选青年学者未来计划 1 人；新增海外博士 1 人，海外博士比例达到 11.7%。做好人才服务工作，为高层次人才配备服务专员。

五、学科建设

按照《艺术学院科研创新团队支持计划实施办法》，根据学科特点进行分类支持，继续加强团队建设，打造新型团队。2021 年，学院获批国家社科基金后期资助项目 1 项、教育部人文社科规划项目 1 项、山东省社科规划项目 2 项、立项横向科研项目 13 项，实到科研经费 170 余万元；共发表论文 20 篇，其中 CSSCI、SSCI 论文 8 篇，国际检索论文数量有所提升；共出版学术专著、编著 11 部。

六、国际交流与合作

求真务实，为师生提供国际化办学平台。依托暑期学校，开展线上国际化特色课程，2021 年度共引入海外课程 3 门，涉及音乐、舞蹈和环境设计三个专业，为师生国际化视野提升提供了平台。全职引进 1 名外籍专家教授。

（刘洁文）

海洋学院

2021 年，海洋学院坚持以习近平新时代中国特色社会主义思想为指导，全面落实学校第十四次党代会决策部署，深入推进“强校兴国”“强院兴校”行动，全力确保“十四五”高质量发展开好局、起好步。

一、扎实推进党的建设伟大工程

海洋学院始终把加强党的政治建设摆在首位，把不忘初心、牢记使命作为加强党的建设的永恒课题。充分发挥党委在把方向、管大局、保落实上的领导作用，先后召开 16 次党委会、15 次党政联席会，严格落实民主集中制，班子合力进一步巩固增强。

结合党史学习教育，开展“我为群众办实事”活动，严格整改落实中央巡视和学校党委巡察反馈意见。截至 2021 年年底，巡视反馈的所有问题全部整改到位。

二、加快建设高素质人才队伍

在 2020 年引进宋微波院士的基础上，继续加大招才引智的力度，积极对接吸引院士及国内外高层次人才打造学院高层次人才体系。

积极鼓励本院青年教师申报高水平人才项目，针对学院具有较大发展潜力和较强创新意识的青年教师，加速培养能够进入国内外科技前沿的优秀学者，制定并实施《山东大学海洋学院青年教师卓越计划实施办法(试行)》，资助青年教师 4 人次。

组建博士后人才储备队伍，入职学科博士后 4 人，其中获山东大学特别资助学科博士后 2 人。

三、认真落实立德树人根本任务

着重提高教学研究水平。瞄准一流专业申报和工程专业认证，出台《海洋学院提升本科教学水平若干措施》等激励措施，充分调动教职工开展教学研究积极性。2021 年度获评省级一流课程建设项目 1 项，实现海洋学院省级课程建设项目零的突破。获校区教改立项 18 项，其中重点项目 4 项，为历年立项数最高。获 2021 年度山东大学青年教师教学比赛威海校区比赛理工科组一等奖 1 项、获山东大学(威海)2021 年教学成果二等奖 1 项。

学生就业质量稳步提升。学院积极拓展就业市场，实施一生一策，充分发挥专业老师的作用，对就业困难学生进行重点帮扶。

四、切实增强学术核心竞争力

整合科研力量,打造高水平科研团队,通过基金申报经验交流、学科经费激励考核机制,推进学院科研项目申报。2021 年度,获批国家自然科学基金面上项目 2 项,青年项目 3 项,年度到账科研总经费 1000 余万元。获山东省海洋科技创新奖二等奖 1 项。10 月 16 日,与山东微生物学会海洋微生物学专业委员会等共同承办第一届山东省海洋微生物学学术研讨会。

五、持续提升国际合作交流能力

与澳大利亚塔斯马尼亚大学就山东大学—塔斯马尼亚大学“3＋2”项目进行线上对接,对两校合作交换意见。在 2021 级本科生培养方案中增设 4 门外教课程。

9 月 28 日,与美国佛吉尼亚理工大学共同举办“海洋牧场生态系统动力学”国际合作种子基金成果汇报会;11 月 2～3 日,与中国水产学会海洋牧场专委会、山东水产学会等共同主办“现代海洋牧场科学与技术”国际学术研讨会。

六、大力提升服务社会能力

积极走访考察企业,结合导师团队建设,研究生专业学位培养模式改革,推进科教融合、产教融合。与多家企事业单位签订横向课题合同,到账金额近 400 万元。与山东名流集团签订“山东大学—山东名流环保技术研究院”共建协议,合同金额 1000 万元,2021 年度到账 200 万元。与威海润泽食品有限公司共建海洋牧场装备与技术研究实验室,吸纳投资 180 万元。山东大学(威海)海洋科技创新中心获得威海市环翠区科技局招院引所扶持资金 300 万元。构建完成科创中心组织体系,破解中心发展瓶颈。

七、隆重庆祝学校百廿华诞

在保障“平安校庆”的基础上,顺利完成 3 项校庆重点活动。组织 7 场百廿山大学术报告活动及多项校庆系列活动。1 月 9 日,海洋学院校友会成立大会暨产学研融合人才培养研讨会隆重召开,海洋学院校友会成立。9 月 12 日,海洋学院校友会医药行业分会成立大会成功举行;9 月 25 日,海洋学院校友会青岛分会成立大会顺利召开。截至 2021 年年底,接收校友、合作企业等捐赠资金近 50 万元。

八、强化支撑保障

严格落实常态化疫情防控各项举措要求,按照 3D 工作思路,确保安全稳定发展局面和师生员工生命健康。依托学校督办项目“学院楼通风、上下水改造工程”按工程工作方案有序实施,于 12 月完成全部实验室改造及搬迁工作,有效提升学院实验条件和安全水平。

(孙　艳)

机电与信息工程学院

2021 年，在学校党委和校区党工委的正确领导下，机电与信息工程学院聚焦中央巡视、学校巡察反馈意见整改，抓实抓细抓紧工作落实，营造风清气正的政治生态和良好育人环境。探索建立新工科发展的长效机制，深入落实立德树人根本任务，进一步激发科技创新活力，干实事，谋实效，增实力，凝心聚力推动学院事业高质量发展。

一、党建工作

开展“七一”评优表彰，学院党委、控制系教工党支部在山东大学 2020 年度党组织书记抓基层党建突破项目和基层党组织立项活动中获得表彰、机械系教工党支部被评为“山东大学党建样板党支部”，不断推动基层党建工作提质增效。始终绷紧疫情防控和安全工作这根弦，统筹推进疫情防控、安全稳定和事业发展。将师德专题教育与教师思想政治工作有机结合，编发《师德手册》。进一步健全学院完善议事规则，切实增强学院的谋事能力、统筹能力、发展能力。开展党风廉政警示教育，引导党员干部强化自我监督，筑牢拒腐防变思想防线。开展“深化审计整改，加强风险排查”专项行动，推动风险隐患的早预防、早化解、早处置。深入开展“我为群众办实事”实践活动，共 9 项重点推进项目。

二、科学研究

凝练学科方向，优化学科队伍，承接大项目的能力逐渐增强。2021 年，获批国家重点研发计划 2 项，国家自然科学基金项目 6 项，参与国家重大科研仪器研制项目 1 项，军工项目 1 项。总立项经费 5321 万元，总到账经费 3021 万元。年内共发表 SCI、EI 和 CPCI-S 索引学术论文 92 篇，发明专利授权 48 项。

三、学生培养

继续加强新工科建设与学科交叉融合发展，新建智能制造工程和机器人工程两个新工科专业，并建设了计算机科学与技术、机器人工程、电子科学与技术辅修专业及先进制造微专业。进一步推进教学改革和课程建设，获山东省教改立项 2 项、山东大学教学成果一等奖 1 项，本科生课程思政示范项目 2 项、立项校级教改项目 18 项，完成慕课上线 3 门。完善教学信息化管理系统，增加辅修专业招生系统。

本科学生实践创新成果丰富，在各类竞赛中共获国家级奖项 68 人次、省级奖项 87 人次。摘得第七届中国“互联网＋”大学生创新创业大赛银奖;第十六届全国大学生智能汽车竞赛总成绩继续蝉联全国第一名;第七届全国大学生工程实践与创新能力竞赛中,获得国家金奖。ICPC 国际大学生程序设计竞赛亚洲区域中取得了2金的好成绩;中国虚拟现实大赛中获得国家一等奖 1 项、国家二等奖 2 项,创历史最好成绩。2021 届本科毕业生总体就业率达到 95.06%,2022 届毕业生推免工作成绩突出,138 名本科生被保送至“双一流”建设高校,其中 54 人为奖励计划保研。

研究生生源质量不断提高,2021 年学院共录取硕士研究生 160 人,其中推免生 28 人,比 2020 年增加 40%。成功申请 2 项山东省研究生教育质量提升计划和研究生教育创新计划项目,以及 6 项山东大学研究生教育教学改革研究项目。30 名研究生在省级以上科技竞赛中获奖,2 支团队获暑期社会实践校级立项,邀请国内外专家作学术报告共 16 场次,举办研究生暑期学校。组织研究生导师培训会 2 场,参与研究生导师 100 人次。加强就业指导,做好职业生涯教育和就业实习实践,2021 届研究生毕业生就业率为 100%。

四、实验室建设与管理

定期对网格化管理运转情况实行实时督查,确保学院实验室防疫安全。2021 年,重点建设了电子系量子通讯专业方向的本科实验室,建设了 4 个 6S 管理实验室试点标杆实验室,受到学校和教职工的好评。实验室建设和管理工作获得山东大学 2020 年度实验室工作先进集体,2 名实验员获得山东大学实验室工作先进个人称号,1 名实验员获得山东大学实验室大型设备管理工作先进个人称号;获批实验室建设与管理研究项目重大项目 1 项、重点项目 1 项和一般项目 1 项。

五、师资队伍建设

继续加强教师队伍的引进和培养。学院引进教师 5 人,新聘教授 1 人,副教授 1 人;晋升教授 2 人,副教授 9 人。2021 年,获得未来学者计划支持 2 人,齐鲁学者计划支持 1 人。

六、国际交流与合作

继续推进国际合作办学项目,与澳方合作院校召开 2 次联合管理委员会会议,进一步探讨深化合作领域。依托山东大学—斯威本科技大学先进制造业联合研究中心,与斯威本科技大学共同招收博士生,共有联培博士 30 余名。年内共派出 33 名在校生参加澳、加、英、美等国的短期海外经历项目与联合培养项目。82 人获得出国留学深造机会,其中 64 人进入 QS 前 100 位世界名校。

七、学生工作

学院以“院长茶座”精品活动、班主任工作制为抓手，稳健推进三全育人、五育并举工作落实落地，巩固提升学风建设工作成效。

加强学生政治教育思想引领工作，2021 年共发展学生党员 235 人，学院团委连续第七年获评“红旗团委”，同时获评“创新创业”等 3 个单项先进集体称号。2021 年 6 月，2018 级自动化 1 班被团中央授予“全国高校活力团支部”荣誉称号；2018 级机械设计制造及其自动化（中澳合作办学）1 班、2018 级自动化 1 班获评省级“先进班集体”，机器人与电子设计协会入围“全国高校百强学生社团”候选名单。在 2020～2021 学年山东大学五四表彰中，9 个团支部获评“优秀团支部”，274 人获评山东大学“优秀团员”，101 人次获评单项“先进个人”。

以“分类建册、一人一策”为遵循，精准推进学生就业工作，年内组织学生参加 35 场院内宣讲，推送 567 条就业信息，为毕业生实现更加充分、更高质量就业提供了更多机会。

巩固网络思政阵地，强化互联网育人功能，“青春机信”公众号发送推送 372 篇，粉丝数达 6122 人，全年累计增长 1960 人。开设“活力团支部”等特色专题，凸显学院特色，反响良好。

在 2021 年寒暑假社会实践活动中，学院参与人次超 1300 人，145 支团队立项，最终产生 1 支省级优秀团队、11 支校级优秀队伍、18 名校级优秀个人，酷乐科技调研团获南风窗全国百强团队称号。

八、校友工作

在山东大学 120 周年校庆期间，学院组织开发“校友通”App，通过信息化手段凝聚校友，为校庆和校友捐款工作做出了贡献。成立山东大学玛珈山校友基金会，发起金额 1000 万元，学院共获得捐赠金额 1260 万元。

（牛森森）

空间科学与物理学院
空间科学研究院

一、党建与思想政治工作

空间科学与物理学院充分发挥学院领导班子集体智慧，严格履行党政联席会议和党委会制度，严格执行“三重一大”事项集体决策，能够做到公开、公正、公平。持续发挥“全院一盘棋”的优势，在疫情防控、意识形态工作专项巡察整改、审计整改、中央巡视、第五轮学科评估、安全稳定、120 周年校庆等工作中群策群力，圆满完成了各项工作，探索形成了“党建＋人才工作”“党建＋服务地方”“党建＋科研项目”“党建＋暖心服务”四种党建促发展的模式，并且形成了“关键时刻能冲得上、能打硬仗”的学院氛围。学院党委入选山东大学党建工作标杆学院培育创建单位，教工第二党支部入选山东大学党建工作样板支部培育创建单位。

二、教学与人才培养

空间科学与物理学院认真落实立德树人根本任务，坚持为党育人，为国育才，不断创新拔尖人才培养体系，培养富有“山大基因”、具备全球胜任力、堪当民族复兴重任的时代新人。“天文与空间科学特色人才培养体系建设”课程建设获山东省高等教育教学成果二等奖。获国家级教改项目 1 项，获山东大学（威海）教学成果奖一、二等奖各 1 项，获山东大学（威海）优秀教案比赛一、二等奖各 1 项，获山东大学教师教学创新大赛一等奖 1 项，出版教材 1 部。在第十六届校级科研立项中 48 个项目获得立项支持，其中含省级创新创业项目 1 项，山大重点项目 1 项；2021 年，由本科生导师指导本科学生发表高水平论文 13 篇，其中被 SCI 收录论文 11 篇，EI 收录 1 篇；指导本科生参加数学和物理类竞赛，累计 46 人次获得省级奖励，其中在第十七届“挑战杯”山东省大学生课外学术科技作品竞赛获特等奖 2 项，在全国决赛中获一等奖 1 项、二等奖 1 项。

2021 年，录取研究生中 211 高校生源超过 60％，整体生源数量和质量大幅提高。研究生教研和课程思政均取得多项突破，获山东省研究生教育教学改革研究项目立项 1 项，山东大学（威海）“国际生导师”项目立项 1 项，山东大学（威海）研究生国际化课程建设项目立项 2 项。获山东省优秀硕士学位论文 1 篇，山东大学优秀博士学位论文 1 篇，山东大学研究生优秀学术成果奖 2 项，山东大学研究生国家奖学金 2 项。史全岐教授获评山东省优秀研究生指导教师。

三、师资队伍建设

学院牢固树立"人才是第一资源"的理念，坚持党管人才，聚天下英才而用之，2021年学院人才队伍建设取得质的突破。陈耀入选教育部长江学者特聘教授，夏利东入选山东大学杰出人才体系特聘教授(第二层次)，郭瑞龙入选山东大学杰出人才体系杰出中青年学者(第二层次)，李凯入选齐鲁青年学者(校内)。在青年队伍建设方面，新聘预聘制副教授1人，副研究员2人，学科博士后4人(其中特别资助1人，重点资助3人)。同时，全面加强师德师风建设取得显著成效，夏利东获评山东大学先进教育工作者；徐天河获评山东大学优秀教师、2021年度宝钢优秀教师；张清和获评2020～2021年度赵九章优秀中青年科学奖。史全岐和许艳获山东省鼓励社会力量引进高层次人才奖励。石米杰获2021年度山东大学优秀博士后二等奖。

四、科学研究及学科建设

2021年，新立项国家自然科学基金11项(包括国家重大科研仪器研制项目1项、重点项目2项、优秀青年基金1项)，国家重大项目1项，山东省重大科技创新工程1项，山东省自然科学基金3项。年度新立项纵向科研经费6133.2万元，实际到账科研经费6380.1283万元。发表科研论文(SCI收录)118篇，国家发明专利授权16项。

高水平研究成果不断涌现，亮点频出。张清和联合国际研究团队在地球极区电离层上空发现"太空台风"，成果发表在*Nature Communication*，并被*Nature*选为研究亮点；刘晶联合国际研究团队揭示太阳耀斑辐射扰动磁层空间，成果发表在*Nature Physics*；李波和史全岐研究团队分别在领域内权威期刊*Space Science Reviews*发表综述文章；多学科交叉的研究成果"Earth Wind as a Possible Exogenous Source of Lunar Surface Hydration"(地球风可作为月球水的可能外部来源)发表在领域内权威期刊，并被*Nature*和美国天文学会网站收录为研究亮点；另还有多项研究成果被选为期刊封面文章、仪器亮点、美国地球物理学会亮点工作。收嫦娥五号月壤样品开展分析工作，自主研制的日冕仪首次获得白光日冕图像，提供气象信息预报有效支撑天问一号着陆过程。正在实施的国家重大科技基础设施—子午工程二期、国家重点研发计划等顺利执行；荣成站、文登站、丽江站三个野外台站建设按计划推进；新建喀什台站完成方案设计、合同签订。

五、服务地方

天文台接待参观来访、举办线下科普活动近40次，发表原创科普图文近50篇，科普视频14部，线上直播5次，志愿服务活动时长约800小时，受众近3万人次。

与威海市一中签订《大学先修协议》，为威海市一中学生提供大学物理先修课程。

参加威海高新区妇联组织的高新区儿童友好科创联盟，学院作为第一批的16家合作单位之一，将利用科普教育平台为威海市中小学生提供科普服务。

六、国际合作与交流

主办子午工程高端用户国际研讨会、磁场重联国际研讨会，卫星导航与遥感研究中心与波尔图大学开展2021年卫星导航与遥感线上国际学术研讨会。

七、特色工作

为庆祝山东大学建校120周年，空间科学与物理学院将山东大学威海天文台发现的两颗小行星分别命名为“济南”星与“青岛”星，该命名提案已获国际小行星命名委员会审批通过；获山东大学淄博校友会捐赠价值25.8万元天球仪。

牵头成立山东天文学会。学会挂靠山东大学空间科学研究院，其成立对于推动山东省内天文和空间科学领域的科学研究、教育及科学普及等工作具有重要意义。

“月球行星天象直播与科普活动”获评2021年全国科普日优秀活动。

八、集体荣誉

空间科学与物理学院党委获评2021年度山东大学先进基层党组织，学院获评山东大学2021年度人才工作先进单位、山东大学(威海)2021年度本科教学管理先进单位等，在2021年度山东大学中层领导班子考核中被评为优秀。

(夏雪莲)

数学与统计学院

一、发挥党建引领作用，不断加强党的领导和党的建设

坚持以习近平新时代中国特色社会主义思想为指导，高质量推进党史学习教育，完成“我为群众办实事”重点任务 6 项，报送党史学习教育专题组织生活会案例 1 项。全力做好中央巡视和学校巡察整改工作，强化标本兼治，修订完善制度文件 17 项，以巡视巡察整改的实际成效提升办学治院水平。严格贯彻民主集中制，健全党风廉政建设工作机制，扎实推进议事决策规范提升工作，全年累计召开党委会 18 次。

规范基层党组织设置，优化按照专业纵向设置学生党支部，增设研究生第二党支部，规范完成党支部换届选举工作。强化“一支部一品牌”建设，持续开展学院“先锋行”“四心引领”工程等品牌实践活动，建立师生党支部共建联动机制。2021 年，学院获基层党组织突破项目优秀成果 1 项，基层党组织活动立项优秀成果三等奖 1 项，山东大学“双带头人”教师党支部书记工作室立项 1 项。

着力推动新时代思政工作守正创新，完善理论学习中心组学习规则、教职工政治理论学习制度，制定方案扎实开展师德专题教育，精心组织 120 周年校庆文化活动。严格规范党员发展工作，全年发展党员 80 人、入党积极分子 140 人。

二、深入教育教学改革，全面提升人才培养质量

重视课堂教学，注重校区间课程共建共享，开设 3 门国际暑期课程，学院三个专业均为国家级一流本科专业建设点。

强化课程思政建设，邀请专家就一流课程和课程思政建设与学院教师交流，“概率论与数理统计”课程获山东省课程思政示范项目，5 人获课程思政教学名师。提升教研水平，发表教研论文 4 篇，立项校级教育教学改革研究项目 10 项。

不断提升人才培养成效，2021 年全国大学生数学建模竞赛获一等奖 1 项、二等奖 9 项；学院研究生获得人工智能发明专利授权 2 项，发表学术论文 13 篇。数据科学与人工智能实验班近 40％学生到国内外知名大学继续深造。

三、重视师资队伍建设，着力提升学术创新能力

加强高素质师资队伍建设，2021 年度晋升教授 1 名，副教授 3 名；3 人岗位上升为教授三级岗。引进教师 1 名。

增强学术核心竞争力,邀请30余位国内外知名专家、学者开展学术交流。2021年获国家自然科学基金立项3项(其中面上项目2项,专项项目1项),获山东省自然科学基金立项3项(其中青年基金1项,面上项目2项)。参加国家重点研发计划课题1项、国家自然科学基金/重点国际(地区)合作研究项目1项,获得横向项目1项。2021年实际到账经费总计339.34万元。2021年全院发表SCI论文55篇,以第一作者或通讯作者发表的52篇,其中与国外合作完成5篇。

四、深入推进"三全育人",助力学生成长成才

全员参与强化思想引领,健全制度实行"全员导师制"。坚持开展"先锋行"打卡活动,助力学生养成良好行为习惯。开展"学生干部成长营"系列活动共计7场,参与达420人次。注重先锋引领,举办"励志周末"在校学生经验分享会,树立示范作用。持续开展"积分筑梦"学业帮扶活动,200余人参与受益。

统筹推进"五育并举",开展学科特色体育美育劳育活动。学院开展"运动达人计划"活动,举办"趣味周末"体育活动,成立"COMS"合唱团,组织开展魅力数学游园会、多米诺创意展示、数独大赛等特色活动。学院制定实施劳育方案及劳育清单,一个项目获2021年劳动实践项目立项。

强化实践育人,2021年暑期社会实践荣获校区优秀团队1支,校区专项优秀团队3支,优秀指导教师1位,社会实践先进个人3位。第十二届"挑战杯"全国大学生课外学术科技作品竞赛获得省级三等奖2项。

五、拓展校企合作,提升服务地方水平

推动校企合作与共建。联合数据科学研究院与青岛海尔海纳云科技控股有限公司、百度集团、中科曙光国际信息产业有限公司签订合作协议,百度捐赠价值550万计算资源,中科曙光向学院数据科学专业师生免费开放智能计算云平台。

深入开展校地合作,完成威海市文登区社会信用"码上见"系统的研发。与文登区大水泊镇人民政府签订合作合同。

六、搭建平台促发展,强化国际交流与合作。

拓宽学生国际视野,2名博士生赴国外联合培养,1名本科生赴国外进行学年交流项目,1门国际化课程获校区立项支持。

丰富国际学术交流,与国外高校及科研机构组织了随机微分方程及其相关主题系列国际研讨会,每2周定期举办1次。

(刘东霞　王祎璠)

马克思主义学院(威海)

一、党务工作与思政教育

1.聚焦主题教育,提高学习效果。学院党委坚持以习近平新时代中国特色社会主义思想为指导,深入学习贯彻党的十九大和十九届历次全会精神,聚焦“学党史、办实事”主题,结合学院实际,完成“我为群众办实事”重点项目6项。2021年共组织党委中心组理论学习12次、教职工政治理论学习20次,各支部开展主题党日活动17次。认真抓好中央巡视、校内巡察以及审计中发现和反馈问题的整改落实,建立问题台账和清单,压实主体责任,制定完善整改方案和措施并建立长效机制。不断增强师生的获得感和幸福感,为打造新亮点、实现高质量发展汇聚广大师生磅礴力量,为实现“由大到强”历史性转变做出新的更大贡献,以优异成绩庆祝中国共产党成立100周年。

2.紧抓样板支部建设,强化引领示范作用。2019年11月、2020年11月学院教工第一支部分别入选“山东大学(威海)党建工作样板支部”和“双带头人”教师党支部书记工作室培育创建单位。2021年11月,教工第二党支部入选“山东大学党建工作样板支部”和“‘双带头人’教师党支部书记工作室”培育创建单位。学院2个支部的入选,进一步推动了学院党建工作迈上新台阶,为强院兴校提供强有力的组织保障。

3.努力服务于中心工作,始终把政治引领放在首位。2021年,学院教学改革及各项事业发展在中央电视台、学习强国、山东新闻联播等媒体报道5次,光明网发表学院党史学习专题文章3篇。

二、教学工作与学生培养

1.紧抓教学竞赛活动,切实提高思政课教学质量。2021年,共设立4项教学改革项目,举办4次大型思想政治类比赛活动,上线5门思政慕课,召开12次思政课集体备课会,组织2021级新生赴刘公岛进行爱国主义教育主题活动,并举办刘公岛主题征文活动。

2.适应新形势发展,创新开展课程建设。2021年,各教研室召开集体备课会,对教学大纲、教学进度、统一课件、线上讨论、考核方式等进一步规范要求,以“雨课堂”、桌面云等教学工具为依托,将线下专题教学和线上热点问题讨论相结合,并上线多门混合式课程。

3.注重过程培养,提升培养质量。扎实开展好学院“厚博系列”品牌活动,每周开展一次前沿论坛、每两周开展一次厚博读书会活动。充分利用夏令营、研究生招生拓展等方式,不断提高生源质量。2021 年共接收推免研究生共 8 人,其中威海校区 7 人,夏令营录取 1 人。建立导师定期谈话制度,完善心理辅导制度,规范前沿论坛管理制度,针对学生在学习和生活中出现的各种问题,导师团队进行精准指导。高度重视校友作用,积极开拓就业渠道,邀请优秀校友举办针对性线上指导 3 次,连续 13 年实现高质量百分百就业。

三、学科建设与科学研究

1.加大人才引育力度,提高队伍水平。2021 年共引进青年教师 5 人,建立青年教师“手拉手”制度,利用学院厚博论坛学术活动的平台和资源,从集体备课、学术研究、论文写作等方面着手,由学院学术团队负责人组织进行分类专题指导,大力提升青年教师的教学、学术水平能力。

2.完善“厚博论坛”品牌活动,进一步营造学院学术氛围。为了提高厚博论坛的效果和质量,在每学期开学初由教师向学院提交 2021 年参加厚博论坛论文写作提升计划,学院根据教师提交的论文题目和在研的课题情况,邀请国内马学科知名专家进行专题指导。

3.依托学院四个学术团队,推动学科建设内涵式发展。2021 年发表各类论文 34 篇,其中 CSSCI 及以上论文 14 篇。出版学术著作 3 部,1 名青年教师的博士论文被评为全国优秀博士论文。

4.举办多层次学术会议,加强学术交流与提升。2021 年,举办国际国内学术会议 3 次,名家讲坛、厚博论坛、学术报告 22 场次,邀请省内外专家 42 人次。

5.积极申报各类各级项目,增加科研经费。2021 年获批国家级项目 3 项,省社科规划项目 2 项,山东大学威海发研院服务地方团队项目 1 项,威海市项目 2 项,科研合同经费 86 万元。

四、国际合作与服务地方

1.2021 年成功承办“第三届世界文化论坛”国际性学术会议,进一步开拓国际学术交流与合作渠道,推动学院科研合作国际化迈上新台阶。

2.依托现有思政实践基地资源,在企业党建、地方红色资源整理、非遗文化传承、社会治理能力提升等方面开展横向科研合作,学院 1 个科研服务团队和项目入驻“威海发展研究院”,拓展科研服务地方空间。

3.依托学院“马学科”理论优势开展各级各类党政干部和党员及企事业单位员工的形势与政策、特别是习近平新时代中国特色社会主义思想的教育培训,在服务地方发展同时开辟学院创收渠道,提高学院财务自主能力。

（王晓宏）

山东大学澳国立联合理学院

2021 年，山东大学澳国立联合理学院坚持以习近平新时代中国特色社会主义思想为指导，深入学习贯彻习近平总书记“七一”重要讲话精神、给《文史哲》编辑部全体编辑人员重要回信精神和党的十九届六中全会精神，紧紧围绕立德树人根本任务和高质量发展主题，坚定不移落实各项重点工作，统筹推进疫情防控常态化、安全稳定常态化和事业改革发展，全力确保“十四五”开好局、起好步。

一、发挥党建优势，提升党建工作质量

规范提升学院议事决策程序，完善了学院党委会会议与党政联席会议制度和议事规则，实行分工协作、集体领导、民主管理、科学决策的领导机制。

严格落实党委理论学习中心组学习制度、党支部“三会一课”制度、教职工理论学习制度，做到党史学习教育全覆盖并结合庆祝中国共产党成立 100 周年、建校 120 周年开展系列活动。

学院党委把党史学习教育作为年度重大政治任务，成立了学院党史学习教育领导小组，并根据学院实际设计和细化各群体党史学习教育的内容与安排，明确学习目标要求，营造浓厚氛围，开展特色活动，将学习教育贯穿全年。

认真开展“我为群众办实事”实践活动，聚焦民生、改革、发展和安全四个方面，共确定 10 个重点项目，由学院独自承担的重点项目均已顺利完成。

严格落实中央巡视、校内巡视整改要求，结合学院实际，认真梳理存在问题，明确整改目标措施，详细制定责任清单，并积极落实整改，确保中央巡视组和学校党委指出的问题和提出的意见建议全部整改落实到位。

深入落实学校“一体发展”战略，以党建联动推动中心工作联动，深入开展支部“1＋1＋1”联动共建，推进资源共建共享，开创全面合作、彼此联动、相互促进的发展模式。

切实做好疫情防控与安全稳定工作，压紧压实各级安全责任，提升风险防范意识，加强安全日常督查，强化舆情处置应对，统筹推进疫情防控常态化、安全稳定常态化和事业改革发展。

根据学院党委安排和党员实际情况，于 9 月将原有学生党支部调整设置为学生第一党支部、学生第二党支部。

2021 年度学院党委发展预备党员 43 名，新确定入党积极分子 171 名，均为学生。

二、全力推进学院事业改革发展

为进一步推进学院治理体系和治理能力建设，健全管理体制和保障机制，激发学院办学活力和内生动力，针对学院制度建设和执行中所遇到的问题与困难，专门组织召开了联合理学院综合改革专题会议及多次协调会，研讨人事管理制度、师资队伍建设、人才引进方案、薪酬制度改革等涉及学院改革发展的重大问题。

10月11日，组织召开了联合理学院战略规划委员会成立暨第一次会议，会议听取了学院建设情况的汇报，审议了《山东大学澳国立联合理学院教师聘用管理办法》，并围绕管理体制机制、人才引进、人才培养、国际合作等方面的问题展开讨论，为学院的发展提出了战略性意见与建议。学院认真研究落实委员会对学院发展的指导意见，深入推进同各职能部门间的联动，努力在人才培养、队伍建设、资源拓展等方面进一步深化人事体制机制改革，推动学院高质量发展。

三、高质量完成联合教学工作

(一)培养质量体系建设

9月1日，与澳方召开联合教学管理委员会，研讨教学质量增强框架协议与“3＋1＋1”培养方案，以进一步保证联合培养质量。增聘学院教学指导委员会委员4位，并组织开展每学期内不少于两次听课活动。全面深化本科教育教学综合改革，制定院内教学改革与研究项目相关管理办法，组织评审并通过校级教改项目8项，其中重点项目2项。

(二)日常教学稳步开展

2021年度学院共计开课164门，其中专业理论课131门，专业实践课程30门，暑期野外实习课程3门；另引进校本部师资开设复变函数、运筹学2门，联合校本部师资开设全校通选创新创业类课程2门。

举办“明思讲堂”“格物讲堂”系列讲座，联合数学学院、数学与统计学院，举办数学及其交叉学科学术报告会累计20场，另邀请澳方开展学术技能提升讲座3场。

根据学校转专业相关政策成立学院转专业工作领导小组，制定学院内转专业管理规定和实施细则，并于5月顺利完成了学院2020级学生转专业工作。

(三)澳方授课组织实施

澳方授课共计35门，涉及3个年级、24个班次。因疫情原因，澳方无法来校授课，学院积极沟通、协调完成线上授课，同时密切关注培养方案中澳方授课课程的内容与难度情况，根据学生学习状态对授课内容与方式进行适当调整。

(四)品牌活动成功举办

7月3日，学院举办了2021年开放日活动，山东大学和澳大利亚国立大学双方校领导、联合理学院和澳大利亚国立大学理学部相关领导与教授专家、2021级考生及家长等通过线下与线上方式共同参加了活动。活动进行了全程现场直播，活动视频累计观看量近 8000 次。

四、立体化构建人才培养体系

(一)加强班团建设,做好组织育人

以党员发展和学生骨干培养为抓手,以班风建设为重点,打造优秀班级和团支部建设。通过会议、讲座、座谈、走访等多形式多渠道教育活动,扎实做好学生思想教育工作,强化学生骨干梯队培养;通过评选,树立先进典型,用榜样带动班级,形成良好班风院风。

(二)加强学风建设,做好专业育人

完善学风制度,以学业促进和科研提升为重点,围绕素养培育,制定工作计划,有效利用线上线下双线教学模式,引入澳国立教学资源,全面服务学生的学习和发展需要。成立学业助推辅导团,梳理学业困难学生,开展学习帮扶和答疑活动。

(三)加强竞赛指导,做好科研育人

以“三全育人”为统领,做好第二课堂、专业竞赛工作,增强学生专业素养和实践能力。鼓励学生主动参与各类科研竞赛和实践活动,全年学院学生在各类竞赛活动中获得校级以上奖项 20 余项,含国家级 2 项、省级 5 项。

(四)加强纪律建设,做好管理育人

推动日常管理制度化、系统化、规范化,完善网格化管理体系,提升管理育人服务职能。坚持常态化考勤打卡,严格请销假制度和日常归寝查寝制度,并对违纪学生及时处理,做好学生安全管理无缝隙。

(五)关注特殊学生,做好心理育人

对各类特殊群体学生做到精准帮扶,关注心理问题学生,做好心理疏导;对于疑似心理问题学生,逐一谈话了解并予以甄别;对于潜在问题做到及时发现、及时汇报,并做好家校沟通合作。

(六)开展学生活动,做好文化育人

秉承“多方面个性化培养、人人成才”理念,遵循“品牌性、可行性、广泛性、娱乐性、教育性”活动方针,从学生实际发展需要出发,结合建党 100 周年和百廿校庆,开展丰富多彩的学生活动,营造良好的校园文化氛围。

五、加快推进国际人才引进与合作交流

(一)大力引进海外人才

学院面向海外长期招聘高水平专任教师,2021 年度引进 1 名山东大学齐鲁青年学者、3 名助理研究员,并相继推荐 7 人次申报国家自然科学基金优秀青年科学基金项目(海外)、教育部长江青年学者、山东大学齐鲁青年学者等人才项目。

(二)加强澳方合作交流

通过搭建交流平台,不断深化与澳国立的合作交流,加强跨文化沟通,增进互学互

鉴。澳方高度重视且深度参与学院开放日、新生开学典礼、家长见面会、Coffee time 学术与文化交流等学院开展的一系列活动。

在学校 120 周年校庆之际,澳大利亚国立大学通过多种方式积极参与百廿校庆系列活动。10 月 11～13 日,山东大学 2021 年全球友好学校交流周在中心校区以线上线下方式举行,澳国立中国办事处主任 Nancy Yu 来校参加线下活动,探讨交流合作机会。10 月 14 日,全球大学校长论坛在中心校区举行,澳国立校长、诺贝尔物理学奖得主 Brian P. Schmidt 教授线上参加论坛并发言。同时,澳国立理学部通过录制视频的方式向山东大学建校 120 周年送上了祝贺与祝福,理学部部长 Kiaran Krik 教授向山东大学建校 120 周年表示热烈祝贺。

(三)积极开展国际化相关工作

2021 年度学院 5 位专业课教师以线上方式参加海外培训项目,10 名学生参加线上海外经历项目。

认真完成教育部中外合作办学机构年度报告、学生注册等国际化相关工作。

(王　路)

体育教学部

2021 年，体育教学部在学校党委和行政、校区党工委和行政的正确领导下，以习近平新时代中国特色社会主义思想为指导，认真学习党的十九大和党的十九届历次全会精神和学校第十四次党代会精神，落实强院兴校发展战略，在做好疫情防控工作的同时，充分发挥体育育人功能，各项工作均取得新进展。

一、全面加强和改进党的建设

认真学习贯彻习近平新时代中国特色社会主义思想，增强“四个意识”，坚定“四个自信”，做到“两个维护”。集体组织学习习近平总书记“七一”重要讲话精神和给《文史哲》编辑部全体编辑人员重要回信精神，努力增强政治能力、纪律意识和规矩意识。

坚持问题导向，强化政治担当。结合中央巡视和学校巡察工作，针对发现的问题，重点对合同管理、场馆管理等明确整改任务，层层落实责任，认真组织整改，逐项落实，确保各项整改措施落地见效。政治生态和育人环境不断改善，党风、政风、教风持续好转。

积极开展党史学习教育活动，通过理论中心组学习和教职工理论学习，努力增强理论学习的实效，切实提高广大党员的理论素养，涵养良好的政治生态。

发挥党支部在改革发展中的引领作用。明确了教学部体育育人、群体工作和学科科研三大工作重点。

持之以恒抓好党的纪律建设。始终把严肃政治纪律和政治规矩放在首位。加强警示教育，通过学习党内法规和观看警示教育片等形式，提升党员干部廉洁从政的自觉性，营造不敢腐、不能腐、不想腐的氛围。

2021 年度转正党员一名，确定两名教师为培养对象。

二、认真落实疫情防控责任

成立疫情防控工作领导小组。通过线上线下会议、微信群、现场检查等方式传达落实上级疫情防控精神和要求。修订完善《教师上课过程中异常情况处理方案》《室内场馆入馆过程中异常情况处置方案》《体质健康达标测试过程中异常情况处置方案》等制度方案并认真落实，确保教学、群体等工作的顺利进行。

三、加强课堂教学工作

根据学校校历改变的情况，在全面征集汇总教师的意见和建议的基础上，修订与完善了各项目课程的教学大纲、教学计划、教学进度,研究改进了考试方法和标准,使教学工作顺利进行,圆满地完成了教学任务。

组织青年教师参加教学观摩活动,促进青年教师的授课质量与教学水平快速提高。

课程建设方面,"大学生健康教育与自卫防身"在中国大学慕课上线。提高大学生自我管理健康的能力,收到了非常好的教学效果。

四、积极开展群众性体育活动

在做好疫情防控的前提下,举办校区运动会,组织开展篮球赛、足球赛、羽毛球赛、乒乓球赛等竞赛项目,参与学生数千人次。

开展了学生体育协会换届选举工作,落实了指导老师以及社团新媒体注册等工作,督导各体育社团开展丰富多彩的各项体育活动。组织学生体育协会参加"玛珈山风景线"和"体育嘉年华"项目立项活动。8 个体育社团获评三星级以上社团,指导教师获"优秀指导教师"荣誉称号。其中竞技武术、舞灵舞蹈社团获校级"十佳社团"称号。

组队参加山东省第十六届大学生运动会,取得男子篮球队、女子羽毛球队两个团体第三名和羽毛球女子单打、女子双打第二名的优异成绩。

五、积极开展科研工作

积极鼓励广大教师参与开展科研活动,支持教师参加学术交流,注重教师参加科研能力提升培训。给予配套经费支持教学改革立项,立项校区重点教改项目 1 项,一般项目 2 项。

六、加强体测工作

制定体测工作计划,校区 4 个年级体测工作有序开展,大一、大二学生采取随堂测试的方法,大三、大四学生采取以班级为单位的预约制测试。全体教师利用周末和课余时间,历时两个多月,顺利完成了体能测试工作。

七、增强体育场馆服务功能

制定并完善各场馆的管理制度。为满足师生锻炼需求,在做好疫情防控的前提下,全面开放所有场馆,严格控制同时进馆人数,安装使用了场馆线上预约系统,提高了场馆使用效率。认真排查体育场馆内外安全隐患,对存在安全问题的地方及时进行整改。更换泰苑餐厅东侧篮球场篮球架,优化教学锻炼环境。

(沈胜领)

威海前沿交叉科学研究院

2021年，山东大学威海前沿交叉科学研究院（以下简称前沿院）在学校党委和校区党工委的正确领导下，深入贯彻落实习近平新时代中国特色社会主义思想和党的十九大、十九届四中、五中、六中全会精神，坚决落实一体化发展要求，以党的政治建设为统领，致力于促进前沿科学的探索研究与学科发展的交叉融合，着力打造新亮点，各项工作取得新的进展。

一、学生工作

前沿院在"一体化战略"下开展招生宣传工作，利用山东大学的资源拓展前沿院招生工作，在优秀大学生夏令营选拔工作中，通过严格把握考核程序，精心组织导师考核小组，选拔出真正优秀的学生。加快结构优化步伐，持续改善学生的学科结构，会计学专硕开始招生。强化专业课程教材建设，立项建设"十四五"规划教材1部。创新人才培养成绩斐然，研究生有1人获得国家奖学金，发表SCI/SSCI论文10篇，CSSCI论文1篇。

二、科学研究

2021年，前沿院共发表论文42篇，其中*Cell*子刊1篇，*Nature*子刊2篇。张宁教授入选科睿唯安2021年"全球高被引科学家"名单、2021全球前2%顶尖科学家"年度科学影响力"和"终身科学影响力"榜单，李佳硕研究员入选全球前2%顶尖科学家"年度科学影响力"榜单和昆仑英才拔尖人才项目。此外，张宁教授获山东省第三十五届社会科学优秀成果奖二等奖，赵旭教授获得IOP出版社"中国高被引文章奖"。

2021年，获批国家自然科学基金面上项目1项、山东省自然科学基金项目5项，其中：山东省优青项目1项、面上项目1项、青年项目2项。张宁教授获批研究阐释党的十九届五中全会精神重大项目1项（山东省唯一入选项目，经费80万元）。全年获批直接经费225万元。

科学研究多方位服务国家战略。《多措并举建设低碳乡村实现乡村振兴与碳中和兼容互促》为我省实现乡村振兴和碳中和两大战略目标提供了有价值的参考，获山东省省委书记批示。"推动黄河流域生态保护和高质量发展研究"课题围绕如何在生态保护的前提下推动黄河流域高质量发展这一核心问题展开系统性分析。

三、学术活动

2021年，前沿院以"蓝绿大讲堂"为平台共举办高端学术讲座19次，邀请包括著名经济学家 Andrew Foster 教授、Roger von Haefen 教授,国际系统与控制科学院院士余乐安教授,山东大学讲席教授傅有德等知名专家学者作学术报告;主办、协办“黄河流域碳达峰与碳中和路径高峰论坛”“新文科与数字人文高峰论坛”“齐鲁青年论坛资源环境经济与管理分论坛”“工业清洁生产与绿色一带一路研讨会”“国家自然科学基金重点项目开题启动会”“国家社科基金重大项目开题启动会”“国际产业生态学会专场会议”等高端学术会议、论坛;运营“蓝绿发展研究院”微信公众号,不断扩大前沿院影响力。

四、服务地方工作

2021 年,郭亮教授团队完成威海市文登区社会信用“码上见”系统的研发。该系统为全国首创,着力搭建个人信用展示、党建信用管理、志愿服务、信用兑换等功能体系,得到了包括新华社、大众日报在内的多家媒体高度赞扬,山东省发改委发文全省推广。前沿院还与威海市文登区大水泊镇人民政府签订合作合同,运用人工智能技术赋能乡村振兴建设,该项目受到国家乡村振兴局主要领导的高度关注。

(薛　峰　丛　菱)

2021 届毕业生名单

本科毕业生名单

东北亚学院

朝鲜语

龙　煜　艾　菲　白敬婷　陈　灿　陈海燕　陈且兆　陈一鸣
陈郁舒　崔明旭　段世煦　冯　硕　高　畅　高璐瑶　高明明
耿欣怡　郭亚非　郭亚妮　纪　惟　姜　华　蒋铁民　焦奕娆
金子然　晋佳敏　李锦洋　李睿轩　李诗雨　李玉秋　李智信
刘季临　刘家昌　刘靖渠　刘　磊　刘萌萌　刘　琴　刘甜甜
刘欣悦　刘雅涵　刘泽南　刘增康　刘倬言　吕雪瑶　马靖坤
彭秋水　乔　莹　任蕙苁　任　艺　任雨娟　任泽鹏　施　珺
苏冰鑫　苏雪宁　孙雅宁　孙宇晗　汤严辉　田　娇　王春翰
王灵语　王世彤　王晓亮　王　鑫　王　衍　王毓喆　韦肖杭
文　畅　吴佳鑫　吴守阳　吴雪晴　向水平　肖亚东　谢沁儒
徐　茵　鄢　萌　杨　斌　杨涵智　杨小萌　叶文杰　于　帆
于　翔　于英琦　臧南希　战聪聪　张瀚中　张弘毅　张静文
张　璐　张　璐　张如意　张晓鹏　张轩源　张一诺　张翼宇
张月轩　张贞贞　赵梦珠　周浩锴　周志强

日语

权香伊　吴香妍　李晖扬　王雯卿　柏明君　董盈希　姜雨彤
金子煜　李　馨　李雅慧　刘朵朵　刘晓宇　罗　艺　马若兰

马淑馨	沙　蕊	王　翠	王　巧	王雨佳	夏文雅	邢玲燕
杨金萍	杨源野	余明彬	张　迪	张　琰	张怡宁	赵　媛
郑洽信	凌露绮	张禾君				

法学院

法学

张万康	李继瑶	刘仕琦	张睿涵	张振源	金鼎新	李　鸣
李　琦	李文佳	石传恒	柯　昊	孙　步	廖　皓	罗天成
毕翼飞	毕瑜婕	别致颖	蔡　茹	陈　琛	陈成哲	陈涵雨
陈理铎	陈樱珊	崔文昊	丁子悦	董文龙	方艺雯	付立超
付运海	傅天麒	高肇焜	葛晓晨	顾志林	管　珺	郭雅宁
郝嘉敏	胡继丹	胡明昊	槐镇宇	季文韬	贾成昭	贾帅康
翦叶婵	姜　霖	姜彦霞	金雪梅	李　纯	李福容	李明颖
李欣蔚	李雪辰	李奕程	李仔贤	梁明艳	梁雨鑫	廖润知
刘澳雪	刘博雅	刘孟晗	刘　派	刘晓菁	刘栩妍	刘昭煜
龙之琪	卢一鸣	罗　斌	马　钦	马巍铭	梅艺凡	宁启帆
欧娜娜	逄清源	秦朝蔚	曲　於	任翔宇	任旭征	石晓旭
孙浩迪	田彬彬	田春霞	汪真如	王　芳	王　斐	王广鑫
王　敏	王　荨	王琼琼	王伟业	王曦煊	王忻艺	王　鑫
王赵峰	韦雨红	温翠菊	温　锦	吴峻岭	吴苑婷	谢金良
谢雯鹏	辛梦卿	辛向婧	许　晴	薛　雪	闫玉寒	杨晗光
姚若楠	叶寅川	于霄阳	曾幼瑜	张嘉睿	张靖宇	张孟秋
张明君	张　倩	张　思	张心语	张宇宸	张泽禹	赵乐康
赵瑞卿	郑婧雯	周凯敏	周琪雅	朱小瑾	朱　雨	邹诗涵
陈　怡	胡晴雁	叶学诚	袁人豪	贝文静	戴　畅	周子仪
李晨阳	魏　畅	魏天真				

行政管理

赵　翔	朱亚婷	王振宇	辛贤辉	刘金城	邓兰丽	牛一凡
单学丽	张梦朔	陈子玺	崔世佳	丁　艳	董　可	杜佳沅
杜　雪	樊星辰	樊雨润	郭　妍	郝双玉	赫祥宇	侯博文
胡　彬	胡园园	霍雨欣	郎高静	李冬梅	李佳琪	李舒月
李　婷	梁铠杰	梁　嫣	刘庆岩	刘心怿	刘　洋	刘泽华

卢洒　陆晓雅　吕晨曦　马文亮　马玥　米光辉　钮美华
钱德余　任静　任祥龙　师月　束庆林　宋月　唐姚卓琳
汪亦卿　王佳佳　王文静　王小龙　王雪莹　王亚鑫　吴孟
吴天皓　薛媛媛　殷辉　于凰　于相杰　余婕　张慧
张金蕾　张锟　张瑞航　张晓蕾　张艳　张莹　赵润泽
周万朔　周晓英　周娅　宗宇

社会工作

王壮壮　熊恋台　初振东　杜高艳　范鸿昊　冯贝贝　何梓瑞
胡蝶　胡天　来延昭　李东悦　李佳慧　梁雅婷　林靖松
刘家宙　刘涛　刘希林　刘亚琪　吕仕伟　马玉林　马珍珍
毛丹　任博文　孙慧敏　万紫娟　王露露　王阳　王宇森
向梦　肖应君　颜松　姚晶晶　尹青青　尹子金　翟云楚
张鹏宇　张晓琳　张颖　朱希玉　庄瑞琦　邹光琦

翻译学院

翻译

张立鑫　石晓妤　卞雪凤　陈文心煜　陈瑶　池俞憬　炊婷婷
丛铭洋　代彦雯　段屹雪　方云港　高文慧　何宝琴　何静
侯迪迪　黄锦宜　姜颖慧　蒋易安　李慧　李惟　李新宇
李兴丽　李梓秦　梁晨璐　梁可　刘扬　吕娟　吕小涵
麻宸菲　马璐瑶　蒙楠熙　彭小倩　沙乙玄　沈思懿　石兰珂
宋俊　孙菡　唐荣琪　王可欣　王旭　王语宁　吴君怡
谢宜　许晓亭　许雨彤　薛思媛　杨蝶　杨铭慧　尹晓萌
于静怡　臧琪　曾国强　曾依淼　占雅婷　张浩男　张思齐
张小滔　张雅琳　邓畅　高梦鸽　张子玉阳

英语

桂琳琳　苑凯淇　孟洋洋　陈琦　朱雪莹　邵逸雯　王逸凡
包佳宁　陈旭阳　成晓雨　崔海燕　杜澳凡　高小燕　郭庆
何珊珊　侯鑫　华海琳　蒋彤　金美玲　李佳音　李建立
李雪妍　李雨桐　李紫萌　刘欣　刘雪　刘莹　刘雨霏
刘子豪　卢新悦　陆义涛　吕静　马鸣　孟琪　曲可心

全坤荧　孙妍　唐雅婷　王心童　王悦竹　王紫涵　魏诗琳
吴金浩　武静雯　武麦韦　杨凤　杨嘉懿　杨梅煜　杨伊雯
杨子怡　于鲁宁　余敏　张锐　张伊雯　张玉　赵汗青
赵梦琦　赵尚可　周士迪　朱金睿　陈臻炀　张澳迎

英语(英德双语)

冯哲　黄婉芳　程慧　范志慧　冯卓　高凡越　高菲
高意　杲海啸　龚江南　洪欣爽　胡帆　胡明杏　黄靖怡
黄圆圆　姜晨晨　李沣运　李黄炫仪　李娟　李姝樊　李晓旭
李逸群　李圆圆　李玥　林玉兰　凌雪凡　刘渝沛　刘雨
刘雨蒙　卢佳琪　罗晓曦　聂秋茹　牛慧锦　齐诗淼　宋旭阳
谭姿娇　陶慧敏　田雨昕　王晨洋　王福蕊　王静楠　王甜甜
王逸宸　魏天赐　吴小翠　吴依凡　夏无双　徐铭　杨欣慧
姚元庆　袁珍　张凌宇　张文华　张芷荧　赵欣　朱治有

英语(英俄双语)

金圣喜　叶媛媛　赵梦元　郭晋超　菅雅宣　康佳仪　李苏瑶
李志威　刘灵惠　刘倩含　骆佳鑫　毛昕煜　聂冰清　全慧英
王春晓　王一童　徐博　杨心怡　张碧瑄　张坤璐　张明霞
张晴晴　张熹蕊　张羽蝶　赵婷婷　周冰如　周幸

英语(英法双语)

吕沐泽　杨梦瑶　章依琳　陈露鑫　陈凝　陈新颖　崔雨桐
房绍聪　冯盛斌　付可馨　高洁　郭奕辰　韩若蕾　何晓钧
和子荟　胡新萌　黄婕文　姜震　蒋春月　金敏　李聪惠
李娜　李强　李文琳　李孝贾　李鑫浩　林晓瑜　刘晓莹
刘轩溢　刘燕燕　刘子玉　马延旭　宓恬　倪张弛　潘玲玲
潘宇祥　裴云肖　亓凡　孙尚尚　孙怡欣　王佳雯　王轲霏
王艳瑜　王云轩　吴玉　辛彤　薛盈　杨馨煜　余俊丹
张曼玉　张梦杰　张玮　张显钧　周嘉诺　庄文清　禚晓彤

英语(英西双语)

邓闵茜　崔琛　狄雯丽　董梦月　高涵　古斯莹　韩芮洁
胡京铭　雷静宜　雷绍成　李惠珍　梁泳岚　龙君山　曲立帆
万维茜　王晓彤　王一叶　吴云翾　辛晓晨　杨春　袁林

赵金羽　赵婉莹　周　缨

海洋学院

海洋资源开发技术

白伟浩	陈楚文	陈洪博	陈慧敏	陈　颀	成天乐	程宇轩
代宝家	董艳灵	杜　庆	高翊然	桂玲玲	郭婧雯	何　壮
侯宗浩	胡思懿	胡婷婷	胡艳茹	胡　耀	黄忠龙	贾成雨
蒋文贤	金　迪	李浩宇	李鸿霖	李霁峰	李嘉鑫	李克熠
李　奇	李天伦	李　韵	梁发盛	刘　搏	刘圣水	刘天任
刘文昕	罗韦俊	蒙柳汶	莫　磊	聂祥兴	牛钦民	戚　蕾
任凡冲	沈锦成	史朕嘉	宋甜硕	苏振杰	孙　靖	孙荣徽
田惠元	王廣震	王晓萱	王星元	温海岗	吴嘉乐	吴俐琳
吴宇浩	吴雨晨	武正义	夏培琪	夏皖月	肖　尧	徐富成
徐希震	杨红映	姚羽墨	尹家世	于　偈	张成翔	张定维
张家傲	张健平	张锦辉	张润泽	张晟铭	张现珠	张笑雨
张绪涛	张钰婷	赵梦凡	赵玉龙	周　忆	周兆瑞	邹广宇

海洋资源与环境

徐博文	陈晓琳	倪智琳	王宇琦	纪楚轩	赖昆林	陈泓璋
陈　虹	陈旭洋	董　敏	方子硕	桂丽文	惠健刚	江春嬉
蒋晓冰	居开轩	李　楠	李芃生	李习帅	李子昕	练　欢
梁介宁	廖凌志	刘方正	庞　磊	沙婉潇	史雪婷	舒瑞霖
孙　妙	田素杰	王　鑫	王梓帆	魏祥涛	夏　雨	肖　潇
肖卓明	颜晓萌	杨仕诚	杨宇歆	于　洋	于泽晨	袁红玉
张佩瑶	张兴华	赵国辉	甄　旭	郑越扬	钟丽雪	钟燕琳
周　晗	朱广举	朱自强				

生物技术

杨　凡	李雯玉	范鹏飞	冯凯强	傅　瑜	郭　爽	姜海林
焦东方	李家乐	李　诺	李　秦	李泰临	李永正	李　由
李　哲	刘继兴	刘润林	闵德萍	穆　莉	牛丽君	齐　壮
秦亚龙	任　盈	史芮溪	史伟伟	孙慧雯	王　耀	王　悦
文志伟	吴尚明	鲜于代为	徐世灿	许寅翼	薛　铭	鄢仪茹

颜鹏汶　叶　慧　叶　萌　于学鑫　詹　瑞　张曙光　张英娇
赵　雪　庄浩健　庄　岩　谭若兰

生物科学

马心怡　沈　浪　唐　珊　俞　遥　白　颖　卜令昭　蔡松宏
陈晓琳　陈　肖　成　果　董培鑫　杜一斌　方心园　付日顺
盖　鹏　龚智超　郭春霞　郭峻伊　黄展昊　纪瑾怡　姜金佐
姜泳卓　李靓玉　李文天　李晓辉　李　岩　刘国云　刘梦辉
刘素素　刘则旭　骆佳旭　毛　馨　倪紫源　任　婧　尚钰峰
史雪晶　孙凯新　孙月岑　索传磊　唐雅欣　滕慧玲　田峻成
王临岳　王若涵　王文雷　王依萌　王姿琦　韦　薇　鲜　清
项江鹏　邢　蓉　邢曾祯　徐　蓉　徐扬清　薛子钰　杨　磊
于　航　喻明珠　云芳菲　张凌宇　张珊珊　赵一霏　周邦肇
周筱睿　周　旭　朱玉菲

药学

程　扬　程泽宇　丛德政　崔胜凯　丁锡尧　段瑞琦　房厚辰
冯子凡　付　娆　高　悦　谷美华　韩文淑　景　珺　李梦媛
李仁杰　李夏云　李雪菡　刘晓彬　刘壮壮　柳方彬　卢世洁
鲁　妍　马舒元　马雪梅　孟繁茵　倪良元　谭　越　王宝训
王继斌　王嘉慧　王如鑫　王　涛　王晓晨　王　鑫　王奕飞
王奕然　席晓明　夏浩翔　夏淑君　向　靖　许馨琪　颜　彬
杨庆星　杨婷婷　易彦均　于佳慧　于力学　张长胜　张敬瑜
张凯旋　张明辉　张文雅　张永俊　张玉娟　赵丹阳　郑建梅
郑　彤　郑咏琪　钟金妙　周子馨

应用化学

王星澜　陈　夕　赵　文　张征铭　夏子恒　崔苗苗　崔　爽
崔昕晖　范喜悦　付宇雯　高　冉　葛喜欢　郭召全　何怡漫
贺子倩　侯润东　胡家丹　黄子玉　贾雨耀　黎金霞　李进科
李　晋　李凯征　李　鑫　林梦如　刘钟蔚　刘梓萌　鲁振宇
罗　娟　倪鑫阳　潘怡帆　邵明慧　沈雪媛　史宗炫　苏雅琳
孙嘉辉　孙梦辰　孙榕尉　孙亚宁　王惠馨　王　彤　王晓帆
王研钊　王逸潇　王胤喆　王志成　魏子谦　吴孟然　徐兆鹏
杨　文　袁　梦　张海燕　张　杨　张　雨　张子雁

机电与信息工程学院

材料成型及控制工程

王得旭　王　宇　蔡浩龙　党清华　丁嘉楠　董路坦　董晓阳
方　胜　郭峻源　韩　创　韩　越　何巧林　黄　斌　姜昌可
兰乙琪慧　李　超　李方琰　李　河　李丽凤　李　凌　李敏敏
李明学　刘昊东　刘继远　刘梦想　刘子健　马艺丹　蒙星霖
宋庆志　王　蒂　王柳涵　韦元凯　谢志猛　徐凯汇　严　飞
杨超群　袁　磊　曾梦越　张浩千　张继尧　张新宇　张泽宇
赵泽华　郑佳成　朱祖荣

测控技术与仪器

韩港玉　李智琛　马艾琳　武和平　曾紫悦　蔡江润　曹　恒
陈鸿鹏　陈佳宇　陈钊旸　初　鹭　崔自强　邸钦渤　丁语嫣
丁贞煜　段一丙　付俊宁　傅兆晖　郭　宝　郭　芸　胡　威
黄晶华　蒋　静　金泽轩　李翰勉　李天柱　李雯昕　梁　爽
林锦懿　刘俊杰　卢明倩　罗琪頔　马孝冬　曲畅生　尚雯珂
石旺龙　苏　腾　孙　博　孙愉婷　万　科　王红娜　王金铭
王乐彬　王小彤　王　旭　王尧磊　魏世龙　邬博舒　吴勉之
武天洪　肖　遥　肖　瑜　徐丹丹　薛少雄　薛艳军　杨　康
杨　甜　杨　峥　于丰正　于　煊　张家林　张仁杰　张霞霞
张志源　张宗政　张作元　赵华寅　赵雪婷　郑礼靖　周　帆
周子扬　王淑玮　廖　俊　龙明峰　罗凯源

电子信息科学与技术

吕锦豪　张刘昶　焦竞杰　赵富裕　薄润青　卜海芋　常桂林
陈　鸿　陈　璐　陈容川　陈雪静　陈玉雨　丁亚伟　董法彬
董法强　付星明　高天宇　葛凯强　顾堂君　郭世平　郝鸿浩
胡　晓　胡玉枝　季　坤　姜晨皓　金　涛　李秉轩　李德瑞
李远瑞　李　悦　李卓睿　林逸飞　刘　洁　刘理玄　刘秋杨
刘梓昂　马　骏　马　明　牛　瑶　宋浩伟　孙　克　孙鑫浒
唐欣然　陶　煜　田雨歆　王嘉翊　王　宁　吴凌霄　吴子越
徐　亮　杨春玥　杨　箐　于溯洄　于　泰　袁梓云　张富浩

张舒豪	张鑫伟	张泽汇	赵飞宇	赵劲舟	周煜全	刘嘉璐
周天宇	陈宝翔	姚子贺	张　逢			

机械设计制造及其自动化

候文斌	黄　东	胡天奇	吉　哲	任相宇	乔鹏旭	孙天一
杨允泽	张昊男	张现艺	单刘毫	曹洪源	常　皓	崔宏祥
崔　凌	戴建华	范　哲	冯　硕	谷天骄	郭鹏宁	胡润发
黄龙斌	姜鹏飞	焦仁杰	雷　霆	李冠志	李金波	李增盛
刘绍波	刘维龙	刘晓明	龙存慧	马俊飞	宁文平	农　田
沈钧贤	王金帅	王鹏超	王武平	王新宇	吴振宇	伍　凯
谢春圆	辛稀龙	邢文锦	徐家乐	杨嘉钊	杨　君	尹红杰
于铭哲	袁伟强	臧　烁	翟　哲	张发智	张福明	张桂宇
张昊天	张洪喜	张　雨	赵文雅	赵子喆	鲍妍玫	曹麒元
陈俊宇	陈启明	陈姿羽	程珂欣	丛千皓	董　强	范子煊
顾家硕	郝英辰	何　然	何湘炜	胡嘉睿	纪文睿	姜　鲲
蒋涛芮	焦　阳	乐尚质	李宏禹	李佳航	李留洋	李明坦
李新飞	李衍盛	林显赫	刘　畅	刘德新	刘森茹	刘书晟
刘天浩	刘炜灏	刘逸芝	刘玉瑶	楼晨宇	吕天琨	商泽群
尚华清	尚星宇	石　畅	宋子墨	孙　硕	田李欣	仝润青
佟昆驰	王博轩	王瀚磊	吴际鹏	吴佳峻	吴守宇	夏陈爽
徐梦寒	徐怡平	许东方	许　璐	于浩越	于其辰	俞颖娇
袁毓珺	岳峻宇	张　辽	张茜卓	张容祥	张睿阳	张若臣
张天旭	张文硕	赵　栋	赵法博	赵若希	赵　硕	赵文韬
赵心宇	郑淞元	朱子健	李昀峰	吴彦达	许志豪	

计算机科学与技术

卞鹏泽	吴惠旻	郑梓琪	朱城慰	张芸雯	蒋卓轩	林轩宇
陈敏哲	陈睿琦	陈宇和	龚嘉宗	华瑞东	贾沛漪	蒋　潇
刘耀中	陆　超	秦毅文	宋浩然	王鹏祺	王　瑞	闻冬青
张冠阳	朱育泽	王泓澈	刘宇康	李朝阳	卢宇飞	杨　参
庄文浩	王馨怡	陈　果	陈霄鹤	崔　旭	杜涵彪	范晨阳
冯丹彤	高　佳	管兴政	郭明飞	郭治彤	郝宏盛	侯振松
黄杨帆	季克欣	贾兆彦	江慧敏	解纯豪	李楚萍	李鹏飞
李鹏民	李心哲	李宇健	刘　瑾	吕兆麟	苗秀娟	齐笑天
钱　锐	邱红君	史加振	孙　茹	田　真	王晶晶	王蕾锦

王林飞	王孟欣	王巧玲	王秋圆	王若瑾	王硕晗	王逸凡
王占鸿	王子新	王梓涵	王紫辰	韦　欢	韦书琛	韦振扬
肖　笑	徐莫迟	姚吉祥	叶小伟	张傲雪	张馨予	张学楠
赵铠阳	赵　悦	钟　尧	朱　奖	曹炜年	昌弋人	陈　博
陈道启	陈凌升	程丽云	崔瑞凯	崔文涵	狄明宇	段晓萱
段瑶光	范恒豪	高永佑	耿文清	苟　博	郭煜畅	何雨辰
侯东平	胡　真	黄启明	纪雨晨	贾彦灏	姜　迪	李丹童
李晟邦	李姝翰	李天添	李怡冉	刘卜语	刘达维	刘家真
刘嘉旭	刘盛意	刘世萱	刘文杰	刘烜哲	刘　一	刘懿锋
刘宇航	刘自轩	陆勇作	栾　田	罗宗屹	牟童瑶	牟文健
潘姿仪	秦逸然	宋　歌	粟麒宇	隋佳璐	孙嘉硕	谭靖琳
田小夕	田欣然	童仕霖	王建棋	王科迪	王　越	王云展
王子豪	魏东来	魏际童	吴初婕	吴若磊	吴宜函	吴中锐
夏雨萌	肖　扬	徐新程	杨超毅	杨　杭	杨明浩	杨士成
尹冀鹏	尹嘉吉	尹雪洋	于瀚翔	袁广野	苑兆泉	臧玺清
曾　倩	展　超	张方倩	张丰毅	张　航	张家豪	张　鹏
张天萌	张　哲	张哲源	郭子毓	郝思成	王淑婷	宗久淋
程风华	任彦直	陶又铭	潘智康			

软件工程

李杨智	宋昊洋	王俊涵	于翀宇	张　茜	田钧涵	董文琦
董牧阳	吕烺天	汪家锋	曹　俊	丁　越	董振北	付　强
高　攀	高舒欣	高向祎	谷体林	郭　旺	何　维	衡玉山
洪嘉瑞	胡传杰	胡珑杰	胡文涛	黄少强	黎金宇	李佳艺
李萌萌	李思达	李天一	李亚东	李弈东	李　钊	令狐东格
刘晨光	刘　溦	刘文熙	刘文一	刘志强	刘志伟	逯骏豪
骆　腾	马玉珍	潘家兴	施　易	孙　琳	谭　天	谭云天
万婷婷	王安然	王俊琪	王　然	王新志	吴　杰	吴俊贤
夏浩东	熊文韬	徐长皓	徐礼红	徐逸之	徐泽政	许　邵
许思怡	叶羽康	伊嘉诚	尹清宇	于庆利	于延锐	于展祥
袁　鑫	曾鹏武	翟冰冰	张彬君	张君石	张均耀	张　开
张凯翔	张　润	张伟杰	张晓豫	赵乾宽	赵子跃	郑　旭
周旭光	邹汶成	吴怡萱	范　猛	梁　霄	肖　龙	陈琦玮

数字媒体技术

谭魏文　张璀　高启坤　敖连升　柴季　崔慧兰　何坤龙
姬晓蕾　靳婧　李佳颖　李银　刘爱洁　刘精楠　刘桐
刘奕阳　刘哲　罗予煖　孟如意　孟晓蕾　沈效龙　师建德
宋尚熹　覃业畅　谭倩　汪艺蕾　王嘉欣　王天泽　魏晓瑞
徐一方　姚惠峰　于萌萌　张雅茹　张洋　赵逸　钟超
周争晖　周洲　朱梓媛　祝园　张涵鑫　闫硕　彭心蕊
熊昕

通信工程

方书剑　王霖　王泳潮　陈世文　易先廉　李雨龙　陈浩
张鲁豫　孙浩哲　杨茗喆　刘云鹏　尹卓然　傅凯迪　韩悦嘉
华欣纭　庄世昌　马瑶希　白阿文　白祯帅　曹鹏宇　陈露
陈麦雪　陈生阳　崔浩洲　丁桂璇　董凯轩　窦国恩　段冠华
段浩然　付琦允　耿钰琪　顾鹏　郭闽安　郭子扬　胡兴洪
黄康　黄祎翔　及雅诺　贾子豪　孔馨伟　李华萍　李加冕
李林　李凌霄　李韶涵　梁少岩　刘超越　刘嘉琳　刘培颖
刘睿　刘世博　刘淑娟　刘岩曦　刘玥　卢仕霖　马舒
门轩　孟欣怡　彭兆康　屈明睿　任纪虎　任洁　申思迪
时凯璐　苏琛　孙兰欣　谭明超　唐英杰　汪衍　王啸威
魏浩宇　巫思睿　吴朋泽　吴逸川　谢一航　辛璐瑶　徐伟辰
徐中义　闫明琦　杨冠　杨宏　袁锐杰　张成祥　张丹
张鸿飞　张津瑞　张乃心　张玉佳　赵东方　赵文海　周远鹏
周子瞳　易伟溪　李本泉　孙云鹏　王哲　杨然　张世涛
孙勇　赵广峰　彭道杰　韦晨昊

自动化

陈阳　曾蓝莹　张鹭　程学超　焦可欣　曹汤伟　陈洁
陈俊琳　杜飞娇　杜萱　杜宇霁　丰晨煜　高超起　顾冠超
胡恒华　黄号　蒋凌宇　乐虹伶　李佳凝　李梦娇　李秋雨
李婷婷　李卫　李晓卓　李杨　林鑫辰　刘德　刘高峰
刘好闯　刘先坤　刘新宇　刘洋　刘依霖　刘卓林　陆婷夏
吕播阳　罗宇彪　马明翔　毛路　彭庭薇　彭宇轩　齐鑫
强济宇　盛嘉梁　石睿　宋常旭　宋凯　苏玲　隋森

孙孟闪　谭世天　王福赫　王康博　王　萌　王振强　王政英
魏　超　吴北伐　徐裕隆　许凡凡　许开心　许　硕　严诗音
杨锡霖　杨雄焱　杨钰鸿　杨　悦　姚加威　袁一帆　岳梦昊
占志强　张洪铂　张立安　张昕元　张　煜　张　震　赵麟琨
钟迎莹　周飞龙　邹佳峻　刘　政　张涵之　周易衡　沈君裕
岳　宸　石其同

空间科学与物理学院

空间科学与技术

刘毅恒　张心宇　孙锡磊　乔　一　刘子嘉　杜镕金　刘　姗
王逸飞　陈　宓　傅奕欣　吴　征　毕杰皓　陈淑君　陈兆浩
房　锟　傅　越　高嵩博　高宇冰　郭银辉　黄艳彤　贾德旭
鞠恩明　李耀坤　刘延文　刘映妤　马铭悦　宁　斌　商芃芃
邵　同　税擎苍　孙泽源　覃基鹏　唐　涛　万　洁　王　越
王子鹤　魏恒远　夏　昊　张鸿飞　张　雷　张天乙　赵韵宁
郑　好

应用物理学

孔　靖　陆　盛　陈鑫榕　朱栩量　艾笑春　包义颖　毕志阳
蔡振鹏　陈佳艺　陈景润　陈婧文　陈靖光　陈婷婷　陈　卓
迟浩晨　戴雨璇　单清阳　冯毅虎　付志伟　高　晗　高　原
郜梦迪　顾　悦　郭厚邦　郭若禹　胡逸凡　黄正超　季　旺
姜丁瑞　晋通文　雷沛明　李　昂　李金泽　李锦萍　李进荣
李俊阳　李铭琛　李文超　李彦昭　李益玥　刘婧娴　刘守勇
刘　爽　刘笑男　刘秀兰　孟　康　米翔宇　苗子豪　潘祖齐
屈琳杰　任艺霖　商祥烁　石新正　史先德　宋佳昕　宋文琳
孙博宇　孙蜀阳　孙宪洋　孙泽群　滕绪强　田　达　田重阳
王福程　王光正　王业成　王治郅　魏苏伟　武恩惠　夏春生
夏祥鑫　肖　全　熊廷栋　徐　玲　徐雪怡　徐亚宁　许天洪
薛浩然　薛志琨　延嘉璐　杨　雯　杨玉洁　杨中原　叶晓玲
尹若彤　俞子涵　曾文彪　张　杰　张津齐　张闽亮　张少竹
张舜尧　张　涛　郑启娴　朱虹煜　邹冬炜　邹　林　左修辉

商学院

保险学

问乐媛　毕晓晨　蔡　然　丰雪松　高松伟　顾超逸　郭家璇
胡锦灿　胡　微　黄永康　李飞飞　李　坤　李　娅　林　蕾
刘　澳　刘　振　马浩辉　孟　响　庞　婕　彭苏英　司　岩
宋　林　苏文韬　孙晓玉　王梦媛　王　琪　王雅铭　王雨涵
吴沁妍　夏泽辰　向昕蓓　肖榆峻　邢嘉宝　熊海艳　许　可
于滟文　张　薇　赵宸琛　赵兴举　郑雨暄　周婉玉　江　珊
张　科　白　南　杨德林　徐嘉骏

电子商务

陈彦君　成　鑫　郭小妹　侯超楠　侯雪莹　李姗姗　李思萱
李　妍　李玉莲　李玉山　李子涵　廖祥斌　刘进兴　刘庆华
刘　响　刘子豪　马桂芳　闵诗兰　秦湘渝　饶瑞林　孙梦璠
陶晓雯　万　蕊　王　芳　王雪清　王羽婵　魏仁贵　吴　瑞
吴艳钦　邢　星　徐丽媛　徐鹏越　徐苇航　余濡岚　岳　莹
张亚萌　张有熠　张子冰　郑　鑫　钟露叶　周炫廷　朱勋胜
李翌菲

工商管理

王增鑫　林欣婷　杨青云　常　京　陈　欢　陈　煜　程灵雪
崔大勇　崔　进　崔心宇　邓　田　董安才　杜宇千　付一杰
葛　灏　郭光凯　韩沛杭　何　珍　黄恩泽　霍梦春　霍薪羽
李　欣　梁浩晴　梁咏琪　刘　成　刘　双　龙思佳　卢宣彤
罗国辉　邵　巧　施燕燕　王一倩　吴国才　肖一鸣　谢文涛
邢　静　徐鼎黄　徐亚博　颜　姝　杨梦菲　叶法钦　叶　宏
张靖雪　张增辉　张争婵　周晓露　周　钰　王逸轩　宁星玮
赵艺华

国际经济与贸易

任英琪　邹健男　田晓微　李岸芳　陈　倩　陈晓茹　陈旭晴
陈依扬　陈志锋　崔嘉琪　段　曦　高宁娱　郭书颜　韩一菡

和晨阳　胡帅奇　胡小艺　李春雨　李瑞智　李晓寒　李修远
李宣羽　林　彤　刘冰洁　刘洪良　刘家屹　刘若桦　刘婷婷
刘雨琦　路　坤　马芳馨　门禹彤　孟春彤　孟鹏飞　莫嘉璇
潘　琳　祁兰迪　钱清好　邵婉婷　邵晓倩　申露蓉　师　诗
孙魁旭　孙铭泽　孙玉娇　郜径舟　谭云月　陶雅婷　王建娜
王竟尧　王　楠　王　瑶　王一凡　王岳玮　王展博　王子奕
吴　筱　吴　啸　吴　言　辛华钰　徐琪一　许　锐　许　双
杨　鸣　杨　莹　杨　媛　叶妍妍　尹丹宁　于昊然　于文哲
于哲晨　张海姣　张珊珊　张文博　张　赢　张雨菁　赵晓琳
赵逸凡　赵　勇　周业淳　周　映　周　悦　程　阳　吴怡婷
周子建　朱泽萍　武美旋　吉　祥　冉林娇　王雨菁　徐含笑

会计学

潘懋俊　孙晓云　于沐汎　王逸哲　何雨薇　刘亭铄　刘　媛
孙基弟　徐子溦　杨闳博　朱韵竹　郎晨晨　杨舒雯　郭舜尧
陈　茉　高逢洲　刘　昊　王紫彤　曹诗雨　陈乐怡　方元杰
鲁琦盛　毛正杰　施昕瑜　夏雨珂　展　振　朱欣艺　艾佳佳
安雪琪　白庆炜　白雪莹　白　璃　曹鸿盈　常文凯　常　新
陈可欣　陈　岚　陈　硕　陈　轩　陈　颖　程秀玲　崔　越
丁　凡　丁　怡　董一德　董颖洁　董雨佳　杜峰辉　杜　辉
丰伟玲　冯怀正　冯娅娜　付明远　高文洁　公瀚平　郭端午
郭　祺　郭奕欣　郭韵雨　贺纪腾　侯思宇　胡涵知　黄方正
黄芳娜　黄赫涵　黄紫仪　贾　立　姜　珊　解懿菲　康婷婷
雷　安　黎钰峰　李从容　李芳静　李泓涛　李泓漪　李　惠
李俊康　李凌蔚　李沛东　李　权　李睿灵　李若彤　李淑婷
李汶玲　李小宛　李晓蔚　梁沐茵　列小倩　林　明　刘　栋
刘珂心　刘　璐　刘瑞彤　刘文静　刘相函　刘一霖　刘以靖
卢伟敏　陆雨桐　吕风光　吕琪倩　罗　颖　罗运娜　马菲莲
马丽雯　缪朝薇　潘文瑾　潘　悦　彭　博　彭丹丹　彭燕菁
彭　瑶　彭志豪　亓泽明　秦　曦　饶　彤　任　杰　任　衍
商晨曦　石含萍　史冰蟾　史欣雨　宋龙玉　宋文龙　宋子提
苏蒙玲　孙锦彤　孙逸秋　覃丹雅　滕彤卿　田思雨　田　奕
王菡清　王浩宇　王　珺　王　敏　王　蕤　王淑娇　王　鑫
王旭娟　王月琴　魏小敬　文嘉妮　吴家玮　吴秋雨　鲜　然
向洺颍　向昱萌　谢　玮　邢子飞　徐小坤　许邓颖　许　多

薛欣怡	闫佳卉	严妍	颜菡	杨博	杨磐凯	杨普淳
杨胜男	杨弈文	杨月悦	姚漪杨	叶奉林	殷仁涛	殷鑫萍
尹江斌	尹曼青	尤笑雨	于金平	余华键	曾安琪	展丽丽
张迪	张慧璇	张洁	张洁	张绍智	张梃玉	张文如
张晓梅	张仪琳	张颖颖	张瑜	张宇涵	张悦	赵春露
赵煦童	赵玉美	郑文治	周淼	周心玥	周妍	周颖慧
周正阳	邹知迅	黄津源	曲韵	赵欣怡	刘凯玥	魏燕骄
张蓓	孙溶君	李嘉栋	鲍玲	刘丽荣	张曼林	任佳欣
王誉静	周天琦	赵逸萱	鲁诗琪			

金融学

孙毓浩	刘晶鑫	周煜翔	郭煜峥	王蓉	杨溪	鲍晓航
李宜琛	李子琦	王一帆	孙淑钰	刘智宪	孟德玄	石千起
敖雪怡	陈晶	崔智恩	邓海霖	邓璐瑶	丁哲	董帅
段茗轩	段宇航	甘雨林	高碧荣	高瑾昕	耿丹彤	耿新梦
郭春雨	郭昊林	郭子仪	郝阳歧	侯欣然	胡丽	黄雨璇
姜博天	姜先鹤	金艺珍	景载喻	来芳宇	冷朝晴	李宾涛
李昊霖	李慧祥	李嘉畅	李劲松	李柯达	李霞	李雨诗
李语桐	李昭颖	林胜美	刘贵源	刘慧琳	刘骏霖	刘萧仪
刘宇杰	刘雨薇	刘致奥	卢婕	吕佳津	罗元昊	马赛
莫承燕	宁永意	齐宇	钱佳俊	秦梦昕	邱文勇	尚位青
沈莉	石宝玲	时梦瑶	苏瑶	苏中玉	隋馨雨	孙璠
谭子东	汪锐	王曼茜	王鹏淦	王冉	王心如	王欣悦
王雨辰	王子殊	文皓	吴皓宇	吴恒屹	吴梦娜	吴玉发
伍巾帼	向玥颖	肖皓岚	肖啸	徐金辉	徐俊鹏	徐淑玮
闫珊	央尖措毛	杨辰彧	杨婕	杨万巧	杨文镇	杨宇霄
余悦鑫	袁喜乐	张宏帅	张鸿鹏	张嘉琦	张金元	张君宇
张峻铭	张蓉蓉	张烁	张苏云	张伟栋	张雪涵	张译丹
张玉	赵蕊	赵思同	赵文歆	赵永丽	周庭禹	邹敬丹
邹若霓	白青瑞	白溢阳	包皓宇	曹原	陈一诺	陈宇
陈钰炜	成美晨	迟雨微	仇力平	高歌	高若甫	葛馨远
耿宁子	何昊	胡弘毅	胡明政	纪方舟	鞠澈	康洋
李博宇	李程程	李洁华	李汶骏	李亚捷	李一凡	李雨轩
梁宸	梁越	林晓琦	林宇辰	刘斌飛	刘洁	刘林霖
刘育轲	刘子菡	刘子文	马骏	马晓宇	毛凤芹	梅诗琪

宁　可　沈新玥　束　婳　宋嘉洛　隋鸿豳　田佳麟　田润麟
王本阳　王　晨　王晨伏　王瀚文　王轲正　王路枰　王睿涵
王婷萱　王　晓　王晓文　王昕荷　王雪晴　王怡晨　王宇峰
韦金宝　魏兆辰　吴嫣然　项吕邦　肖　界　谢家琦　辛霁晔
徐　琪　薛俊迈　杨佳琪　姚　月　于昊冬　于　硕　俞晓轩
张国宇　张恒远　张梦琦　张青山　张馨心　张渝知　张岳威
赵博文　周海洋　周心竹　朱佳琪　朱心仪　庄子璇　俎新昆
江小冬　刘　畅　潘钰伟　沈家悦　盛品钧　颜春盛　杨清月
余雯琦　傅钰婷　吴　磊　汤　研　沈　君　刘　畅　邵芊韵
郝嘉伟　唐若琪

旅游管理

陈秋蓉　陈晓蓉　程盛义　崔泽朔　丁怡秋　冯枢峣　付成志
高卓明　郭守森　何亚梁　胡曼捷　蓝晓巧　黎杞柳　林　莉
卢　颖　穆志成　秦一汇　覃　圣　陶靖皓　汪　东　王昌两
王久燕　王璐瑶　王　瑞　王思静　王雯斐　徐国津　杨梦洁
杨　竹　于浩月　曾子倩　翟诗雨　张朝晖　张婧钰　张力文
张　硕　张馨怡　张一全　周孟立

人力资源管理

曲　艺　王艺迪　方愉聪　凌启祥　倪涵之　周　婕　杨　峻
陈孟圆　党金铭　董睿琦　堵无忌　段　潇　付一彤　付志强
高海威　龚玉红　韩允昌　贺明月　胡　涛　姜晓宇　解　娟
金如意　乐凌云　李　萌　李卫宇　李　闻　李育姗　李贞美
林芳竹　刘芳慧　刘瀚钊　刘珊珊　刘星灿　刘泽睿　卢雅惠
罗　霞　马霞圆　苗玉萍　潘伟峰　彭可意　彭晓晨　邱　雨
邱　钰　曲彦俊　石玲玲　宋瑞丰　宋燕飞　孙　黔　郜紫曦
谭蓝蓝　谭　薇　田锦涵　王晨曦　王冠玉　王家蕊　王康生
王诗淇　王　爽　王　妍　王紫君　吴慧林　吴美银　夏智信
谢　玥　徐　菲　闫明玉　颜惠燕　杨晓彤　于金涵　曾　捷
张　帆　张　淼　张熙菁　张　选　张　妍　张晏榕　张占鑫
赵国欣　赵小薇　张　璐　马雪纯　张　媛

市场营销

马海庆　李鑫蕾　姚　烁　王婷婷　张伊宁　张　琪　陈建新

陈丽双　程安琪　房海娅　付小庆　高经纬　高　俊　高起飞
高文杰　关　莹　何怡莹　侯　震　胡晓玥　黄伟春　金妍虹
李嘉慧　李　珂　李乐敏　李　敏　李文静　李颖妍　李　煜
李　壮　刘逸初　刘　悦　陆霄芫　莫惠菁　任佳星　史文东
司自豪　宋佳怡　宋家林　苏泓宇　唐　欢　唐卉菁　田艳芸
万玉鑫　王得智　王美蔺　王　淼　王茸茸　王思梦　王天南
王文浩　王　逸　王玉辉　王聿萱　王紫璇　魏德禹　吴　昊
吴静宜　徐丽桃　许　佳　杨　珍　于宏晔　张大为　张嘉玲
张　帅　张　腾　张雄森　张　璇　甄玉鹏　周士豪　周小键
朱胜男　朱志豪　田思祺

物流管理

李　蘅　蔡岚翔　陈宏伟　陈　蕊　程　微　戴　逸　董　烜
高　宇　贺芷惜　蒋佩瑶　蒋　睿　蒋兴东　解向宜　瞿小茜
李佳玮　李紫梦　廉德洲　梁崇恩　林沈达　林松涛　刘　博
刘嘉雯　刘　青　刘思逸　刘同枝　刘　源　毛润鑫　彭嘉祺
石砾硕　唐嘉璐　唐　圆　王　菲　王诗媛　王艺棚　王子恺
魏　民　徐佳欢　徐永馨　薛高锋　薛琬媛　杨云龙　叶　蕊
殷红丽　于　涵　张珮琛　张宛荧　张雨航　张志伟　赵　卓
周　洲　周子焱　朱　灰　贺　禧

数学与统计学院

数学与应用数学

郭聪聪　李青松　张克宇　王钰涵　牟　娇　张燕蓉　蔡逸仙
陈玉凤　陈钰慧　丁成旭　丁　一　高慧敏　高文璇　郭若星
韩凯丽　韩业辉　李焕琳　李佳琪　李佳颖　李　谋　李钦政
李庆兰　刘　玮　刘心夷　刘雨濛　刘肇晶　芦智昊　陆裕璇
吕舒畅　吕智超　宁德洁　平力丹　苏凯超　王鼎一　王国梁
王永鑫　王　煜　魏佳佳　薛　炀　杨晨宇　杨瑞康　于克欣
于智超　袁如玉　袁　骁　张国政　张　昊　张凯炜　张明鑫
张　欣　赵鸿儒　赵炜逸　朱科达　朱奕昂　李祥媛　刘芳延
董岱骐

统计学

祁　灵　魏小哲　薛天祚　陈　琦　陈玉慧　郝少波　张晶晶
顾　峰　赵晨冰　尹梓锦　李文聪　刘　晶　张嘉萌　方濛菡
王应时翔　段璎珊　李嘉乐　卢　芮　夏炳权　徐泽仕　薛　茗
姚　蕾　张　驰　白家野　曹晓蕊　曹　卓　陈　洪　仇荣荣
崔志毅　戴天策　邓春辉　董书涵　杜慧婷　杜昕霞　杜一诺
范欣然　房玮嘉　付超英　高雪丹　高羽瑶　葛彦宏　郭琳琳
郭晓寒　郭雨萌　韩冰清　韩　露　胡显澳　黄逸翔　吉　雯
江佳佳　蒋双如　解玉洁　孔欣宇　兰丽菊　李昊昱　李孟晗
李诗雨　李　爽　李天然　李尉溪　李　璇　廖静文　林钰莹
刘宸非　刘涵嘉　刘梦祯　刘文婕　刘欣悦　刘宇宽　刘　泽
刘宗尚　娄焕艺　鲁含章　逯昊宇　鹿婧怡　路祉昕　罗荞荞
罗若琦　罗引航　马澳遨　马晨征　马骁宁　毛　璇　毛梓权
孟昀翔　倪　翔　宁春玉　彭雨薇　阮碧辉　宋易航　苏宇奇
孙　铭　陶明君　田　欣　汪文平　汪　晓　王闻达　王筱宁
王欣宇　王彦辉　王禹丹　王子皓　吴　洁　肖梦琪　谢巧银
邢晓莉　薛守聪　杨舟凡　叶　扬　殷宇佳　殷自艳　尹小琛
于　跃　余谦锐　袁业杨　翟雨璇　张高萱　张露予　张　璐
张千一　张瑞龙　张学熙　张　悦　赵曼羽　赵　莹　周秀亭
周怡佳　周　颖　朱泽阳　庄　崴

信息与计算科学

马绪成　文　章　赵环宇　马　骁　汪新涛　安瑞琪　曹朋朋
陈志斌　冯　敬　桂　颖　韩　瑜　侯佳慧　黄嘉宇　黄梓逸
江艺珂　姜修宇　黎昱琛　李丹琦　李　静　李　珂　李善勇
李世钰　李　想　李雪彤　李玉堂　刘　唱　刘力文　刘天骄
刘育亨　卢振霄　罗一程　马纤纤　亓　泽　秦　澳　石天宇
宋鑫明　孙丰勋　孙章爽　王柏霖　王均超　王仕达　王一诺
韦广添　肖文隽　谢留葳　徐梓恒　许梦娇　杨济豪　杨　柯
殷子涵　臧　爽　张　傲　张博宇　张佳珺　张馨竹　张一凡
张卓良　庄文昊　吴家福

文化传播学院

汉语国际教育

李雪岑　郭文鑫　曹文慧　陈安君　陈淑雅　崔一凡　贺煦友
纪瑞萍　李　想　李重孚　李　茁　刘　锦　刘璐琦　刘梦薇
刘　越　龙玥宏　潘　垚　邱　璇　邱　悦　任书琪　孙飞宇
佟　阳　王　晶　王雯满　王宇航　王钰霏　吴昊晶　谢博文
谢芸佳　辛　雨　熊静雯　杨子江　于宏苑　张君陶　张可慧
张宇航　张钰佳　赵良禹　赵美伊　赵鹏瑶　赵启蒙　郑雨菲
朱娱薇　苏奕璇　张竹芮　吕　蔓　刘　敏　吕亚辉　黄凌君
蓝子欣

汉语言文学

赵肖悦　盛渝林　钱　赟　张　璐　陈锡昂　何丽媛　赖雅琪
王淑钒　訾　越　毕京兰　边珈琪　曹嘉琪　曹　娇　陈月月
程浩勋　崔　烁　崔羽婷　董喜月　杜　聪　方　楠　付　臻
高玉洁　郭　琳　郭翔宇　郭昱辰　郭子润　韩钦羽　韩蔚然
何春蕾　何　添　贺子钦　姜明佳　康立强　李宝唯　李成祥
李楚仪　李竑屾　李金宇　李京南　李璐媛　李清扬　李树琪
李晓琪　李智妍　梁　诗　梁玉梅　林柏旭　刘倩炜　刘雅宁
马惠雯　马璐瑶　马左宏　牟俊烨　彭柳兰　戚朕瑜　乔　航
屈雯阳　全张钰　任　佳　石　嘉　石姝颜　石小右　宋慧皓
苏　滢　孙聪文　孙汝铭　孙腾跃　孙天洋　唐　旭　汪杉宇
王鸿远　王　靖　王培聪　王竹旖　王　卓　王梓宁　魏　文
吴咏薇　郗婉玉　仙　爽　谢可欣　邢文雅　徐暖阳　徐雯雯
杨　佳　杨　静　杨　凯　姚厚亦　于丹阳　张瀚文　张可欣
张　奇　张盛旭　张　婷　张　艺　张　颖　张子祺　赵健卓
钟灵毓秀　周大焱　周欣雨　周一婷　周玉婷　朱涵琳　宗文雅
文心怡　杨歆培　曾　怡　傅嘉彤　吴雨轩　毕嘉欣　钱偶敏
杨羽佳　张　浪　朱玉莹　张雅琳

新闻学

陈浩然　李袆凡　李若凡　刘鑫林　白　港　蔡可心　蔡维佳

柴仁杰　陈涵清　陈　伟　陈　珣　崔恩龙　邓媛祯　丁　璇
杜文婷　樊思雨　付义明　付振宇　高姝睿　高宇帆　郝　栋
衡敏婵　胡景轲　胡晓菲　胡宇菲　黄　琴　金寒晟　黎双清
李明月　李诗楠　李天祺　李欣航　李星熠　李胤宏　李增旭
梁智华　梁子超　林晓丹　刘珂寒　刘　琳　刘思菲　刘文凯
刘奕江　刘宇阳　刘　铮　吕佳慧　罗邦宸　马悦然　潘　蔚
任淑芬　任亚丽　史兴元　孙　帆　孙丽云　孙一凡　孙　颖
孙　瑜　覃霜玥　谭　杰　滕倩瑶　田雪迎　王百川　王茜钰
王瑞萱　王婷婷　王　鑫　王星月　王艳艳　王雨娟　魏　芳
温萍萍　向静芳　熊林瑶　徐凤仪　徐　静　徐乾程　徐　杨
许镔杰　杨岸江　杨　娅　杨雨寒　杨　钰　伊丽娜　于钦园
余世婕　袁佳琪　张克苏　张晟昊　张诗钰　张玺韬　张　颖
张又文　张泽文　赵婷婷　赵莹莹　赵元彬　朱　鑫　朱紫彤
林芝瑶　王书凝　袁巾博　王婉莹　周妮仪　张铱芮　苗旺堃
朱一迪

艺术学院

环境设计

鲍晨歌　宾　媛　曹洪智　曹治豪　崔佳霖　戴裕燃　邓思雨
樊明帅　房克凡　顾凌颢　郭一鸣　韩智秋　何　璐　洪蕴茜
侯金廷　胡　文　胡欣欣　黄秉伦　纪姝亦　金蓓蓓　李俊瑶
李　容　李雯朵　李一凡　李滋怡　刘凌杰　刘祎晨　刘翼铭
罗思语　宁文静　彭慧婷　钱雨萱　曲威扬　孙靖淇　汤　珺
王　慧　王嘉梅　王梦秋　王舒雅　王晓悦　王韵泽　魏敬惠
吴紫琦　谢　威　徐　杰　徐锦东　徐　影　徐泽凡　闫　晗
颜思忆　杨帛枭　叶梓涵　易芷珊　殷文静　于　菲　原心艺
袁晨曦　张超彦　张　元

美术学

陈方园　陈文槿　陈　艳　楚宇昂　冯鑫蕊　付广敏　高彤彤
何天怡　洪婧婧　黄　浩　孔仙仙　李晨轩　李芳臣　李　倩
李文豪　李　旸　刘　海　刘晓晗　刘雅琪　刘　勇　罗紫嫣
马文琛　马媛媛　倪丽敏　潘羲燕　钱际州　曲德胜　屈　妍

冉繁润　宋英囡　孙　娣　万子潆　王思雨　王英同　王　玥
吴　越　薛　健　杨　虎　尤　洋　于晓菲　曾司琦　张呈硕
张珂嘉　张　权　张雪桐　张紫路　赵福亮　赵　婕　赵　鑫
朱成龙

视觉传达设计

陈非非　陈琦勇　代薇洁　段于川　高京京　黄英丽　解念潘
李　慧　李　玥　廖事辉　刘昱含　吕　雪　马　娜　马新宇
孟　蝶　孟子锐　宁　敏　宋思成　孙　琳　田润雨　童　威
王　淦　王梓旭　温婷茹　薛帆帆　郁　钰　张靓尧　张心怡
张紫涵　赵慧媛　甄玮玮　周悦霖　朱逸卉　朱志威

舞蹈编导

白冰雪　白清清　白钰婕　卞峥奇　柴雨欣　迟佳宜　崔若诗
邓鑫瑜　付奥亚　高丽鑫　谷晓舒　韩　润　韩鑫宇　何佳龙
贾文森　孔思婷　黎　捷　李炳毅　李　诺　李思维　李雨柔
梁有为　刘冰倩　刘欣雨　刘映含　吕佳蔚　潘纪帆　石　琼
孙东钰　田书羽　王纪孔　王瑞山　文秋智　吴　平　邢瀚文
徐丰顺　徐敬智　薛梦雅　闫瑾仪　闫梦楠　闫　素　殷志远
张思佳　张婷婷　张雪莹　张煜菡　赵　妍　郑永涛　周小雨
左知欣

音乐学

齐玉欣　王　乐　鲍计超　卜晓康　常宗源　陈睿丽　崔喻婷
丁珊珊　董笑楠　高　嘉　高晓雪　高兆彤　郭娅聪　郭宇琛
黄国栋　焦　琦　李　超　李　敏　梁一林　梁钰祺　林诗怡
刘浩然　刘　华　刘睿哲　卢明嵩　马　玉　毛睿忻　祁昊庆
冉宇婷　任璟玥　任相龙　尚　玮　孙睿璘　孙　岩　孙子涵
檀晨露　汪宇轩　王泓锴　王　岭　王玉洁　席培瑶　谢佳琪
熊雯艾尔　徐晓晓　许鹏鑫　薛飞宇　闫欣怡　杨钧涵　杨　楠
杨欣宜　郁万航　曾　晨　曾秋璇　张广顺　张梦萦　张思璇
张雪菡　张艺璇　张颖婕　赵常昊　赵海如　赵珩忻　郑华章
周启晨

（教务处　提供）

双学位学生名单

法学院

法学

曾安琪	柴雨欣	崔世佳	崔　烁	付成志	傅嘉彤	郭　滢
衡敏婵	侯倩倩	胡明政	姜明佳	李俊康	李威序	李　想
梁钰祺	梁子超	刘轩谧	邱　雨	全张钰	沈惠惠	孙　茜
孙怡欣	孙　瑜	王茸茸	吴怡婷	辛霁晔	邢子飞	徐家乐
杨　凯	杨　娅	于宏晔	于沐汎	张　璐	张　璇	张　媛
赵海如	赵天宇	郑　鑫	周　旭	邹　林		

商学院

金融学

艾　菲	鲍　玲	蔡可心	曹嘉琪	陈郁舒	陈姿羽	程安琪
程珂欣	邓　田	董　可	杜佳沅	杜　雪	冯　硕	凤　婷
傅　越	高肇焜	韩冰清	何梓瑞	赫祥宇	胡　彬	胡继丹
惠健刚	纪文睿	翦叶婵	蒋　静	李春怡	李竑屾	李晖扬
李　敏	李睿轩	李诗雨	李雯昕	梁雅婷	梁雨鑫	刘　搏
刘方正	刘浩然	刘凯玥	刘丽荣	刘森茹	刘　双	刘甜甜
刘　杨	刘奕江	刘则旭	刘智恒	卢一鸣	罗琪頔	吕舒畅
马靖坤	马心怡	毛　丹	孟淑英	任淑芬	任　盈	史雪晶
宋佳怡	苏凯超	苏雪宁	孙慧雯	孙宇晗	陶明君	仝润青
王鼎一	王　斐	王　峰	王　浩	王书凝	王筱宁	王　鑫
王艳艳	王一诺	王一童	王艺迪	王英同	王宇航	魏仁贵
温　锦	吴静宜	吴天皓	吴雪晴	夏　雨	向　梦	谢雨桐
辛贤辉	徐鹏越	许雨彤	鄢　萌	杨红映	杨舒雯	尹青青

于相杰　　于　翔　　翟雨璇　　张靖宇　　张　璐　　张曼林　　张　萌
张孟秋　　张　权　　张　松　　张文硕　　张轩源　　张月轩　　赵若希
赵艺华　　赵韵宁　　周妮仪　　朱孟晓　　訾　越

（教务处　提供）

硕士毕业生名单

东北亚学院

朝鲜语口译

单　丽　　郭凯越　　李文洁　　林佳丽　　刘　遵　　马玉腾　　宋香君
宋晓璇　　孙　越　　谭学博　　田思佳　　王　辉　　王　月　　闻秋芬
赵志迪　　周晓倩　　杜守坤　　黄亚秀　　谭绍玉　　魏晓鹏　　张怀梅
张绮雨　　陈翘楚　　刘　荣　　郝维翠　　尹　帅

亚非语言文学

池巧珍　　李南希　　苏星宇　　唐　晓　　王　梅　　徐爱玲　　徐友英

商学院

工程管理

车金燕　　胡顺利　　毕昊林　　卞德晨　　陈　丹　　迟　靖　　范莉梅
高　山　　李东旗　　李　静　　李林林　　李　琳　　李美美　　李思怡
李玉文　　卢立中　　吕晓彬　　吕燕平　　马海翠　　孟庆伟　　莫宇欣
曲小文　　任　杰　　邵俊杰　　沈胜鹏　　孙佳青　　孙静静　　孙　源
王璟增　　王美娇　　王向艺　　王晓莎　　魏志超　　温　泉　　吴佳宁
邢淑静　　徐　毅　　许丰成　　颜汉卿　　杨瑞强　　于得水　　于吉利
于鹏凯　　苑　琳　　张　冬　　张　军　　赵迎晨　　周靖炘　　朱丽媛
朱兴文　　朱　旭　　胡译仁　　周　状　　李　毅　　彭　贝　　曲诘瑄
王正伟　　徐祥文　　于忠华　　张　航

会计

白　雪　　李明哲　　林夏玉　　万尚儒　　张喻亭　　赵　洁　　刘　铭

王乐维　　周婉莹　　李梦溪

金融

陈　慧　　范晓涵　　胡　禛　　贾　楠　　江　琦　　金　鑫　　李和靖
李慧敏　　李金容　　李　婧　　李怡颖　　李政阳　　刘梦园　　刘　阳
罗强强　　孟　妍　　苗力中　　尚明顺　　邵罗范　　宋超凡　　孙觐宏
王朝君　　王　宁　　王　倩　　闫凯锋　　杨　超　　杨　军　　杨　燕
张　豪　　张美燕　　张胜宇　　赵恺博　　赵晓萌　　赵　璇　　赵艺颖
杨　灿　　李　可

财政学

李　昆　　李　峥　　刘　雯　　温　馨

产业经济学

杜卓群　　刘　毅　　孙　欣　　吴佩霖　　许维杰　　杨　菲　　张　露
张　帅　　邹　玥

劳动经济学

陈茜茜　　刘晓晗　　温　浪

企业管理

顾　凡　　郭建洋　　李惠娟　　刘彦羽　　卢京艳　　毛　柱　　邱钰颖
王　丹　　王砺智　　于贾燕　　周思浩　　朱思颖　　刘小源　　王晓涵

西方经济学

李凯丽　　杨欣愉　　张润鑫　　张天放

法学院

法律(法学)

程　方　　杜友震　　高　铭　　韩乐祺　　姜　萍　　李慧琳　　廖利梅
吕　盈　　孙嘉奇　　王睿康　　杨平钰　　杨　闪　　杨　燕　　岳启凤
张　蕊　　张伊靖　　张　智　　赵慧津　　时芸芸　　于晓钰

法律(非法学)

陈文馨　　杜鹏飞　　付　政　　郭保利　　贺　春　　姜美宇　　李姿璇
刘佳琦　　孟俊才　　苏阳洋　　王潇怡　　邢巍岩　　杨　晨　　杨鸣宇
张潇潇　　张秀玲　　张　洋　　朱新鑫　　曹玉莹　　张　琦　　刘　海

法学理论

李祎博　　李钰莹　　刘佳宁　　刘　潘　　刘　玥　　申子琪　　王　敏
王志成　　徐钦政　　杨笑琰　　张丽欣　　李　红　　孙楚凝
LEE JUNJAE(外籍)

行政管理

耿秀贞　　孟　娟　　秦丹婷　　孙　菲　　刘丽昕　　刘旭东

刑法学

董　曼　　段莹莹　　侯欣欣　　吉石香　　曲彦蓉　　孙雪容　　王静静
张嘉琪　　赵玉倩　　宋一凡　　王迎香

文化传播学院

比较文学与世界文学

陈人嘉　　邓福燕

文艺学

陈梦晖　　刘　畅　　翟家齐

新闻学

李　佳　　刘苗苗　　孟　妤　　张春宇

语言学与应用语言学

冉依琳　　夏川越　　张伊楠

中国现当代文学

边巧宇　　韩镇宇　　胡龙飞　　李自菲　　杨仁双　　张晓帆　　张雨萌

翻译学院

英语笔译

董春风　高一歌　谷国阳　郭梦鸽　侯祉睿　李素云　刘　笑
亓春雪　舒　琦　王　卉　王　潇　武东博　张思敏　郑兴丽
朱佳慧　房彩红　符　丹　李　航　谢　君　杨力群　杨雪梅

英语语言文学

陈　曦　经友萍　李乐乐　贾雨萱　刘秋实　杨　琳

艺术学院

美术

汪羿宏　边淑倩　郭文可　林　坤　刘少伟　齐梦瑶　王晓文
武晓丽　张晓旺　刘　霞　魏少楠

美术学

张萍萍

艺术设计

付　昊　郭嘉宝　马佳丽　于　政　张　朋　李　斌　张彦羽
周　杨

音乐

贺莉芳　陈清心　陈　昕　刘　爽　钱　晨　任龙玥　孙晓峥
薛荣鑫　杨白莹　张　冬　胡力华

音乐与舞蹈学

高婧茹　韩　璐

海洋学院

海洋化学

曲新颖

海洋生物学

王旖颖　　臧梓含

化学工程

黄颂扬　　张　萌

生态学

高志朋　　潘　婕　　王吝安

生物工程

曹　琪　　杜倩倩　　韩　卓　　郝　爽　　刘冠泽　　刘　媛　　孟　琛
王超楠　　王国力　　王　晶　　邢茂辰　　徐　岩　　张金玉　　赵　敏
刘　聪

微生物学

冯　希　　孙训科　　王韬洁

微生物与生化药学

贾富娟

药物化学

李俊宇　　王晶晶　　虞丽容

机电与信息工程学院

材料工程

戴　锐　　刘学男　　刘志德　　孙禄涛　　王一喆　　徐蓉蓉　　尹啸天
张庆霞

材料科学与工程

崔雅宁　潘琳茹　庞法远　孙乐川　张赫之　赵　康

电子与通信工程

贺文博　李　潮　李文斌　李　哲　李壮壮　刘宜荣　谭　文
王桂烁　王　晗　钟倩文　吕杰超

机械工程

戚嘉铄　陈　伟　陈　鑫　杜晓强　冯登运　郭登辉　姜　媛
梁晋辉　隆逸洲　王光明　徐文龙　薛于凡　张龙飞　朱相明
朱志霖　杨儒亚

机械制造及其自动化

陈浩然　谷潇潇　韩琛洋　李明皓　李　岩　刘　玮　马　军
闵鑫瑞　妥之彧　闫银坡　殷　猛　张浩然　赵玉佩　冀方东

计算机技术

陈怡然　贾　琳　李　嘉　祁　舟　王嘉琳　袁德明

计算机科学与技术

曹钲晨　单云帆　盖立兵　郭　瑞　肖　然　张峰达　周　莉
张文豪

控制工程

车　峰　程　艳　高昌林　郭怀龙　黄志远　纪仕鑫　解建行
李加伦　刘媛媛　邵　阳　王子健　张双建　赵一笼　邓燕军

控制科学与工程

曹学强　成若石　杜　浩　杜俊毅　刘传正　刘国程　刘鲁钰
刘　洋　孙显科　吴　峰　徐国强　张振玺

信息与通信工程

高渝强　韩佳奇　王子成　张明通　周杨铭

空间科学与物理学院

地球物理学

陈婷婷　　金佳琦　　李　芸　　刘宇晴　　钱茂程　　唐　宁　　王润之
徐　珂　　姚佩雯　　张子龙　　赵金燕

空间物理学

赵凌新

物理学

陈天翔　　姜钰琛　　李弘伟　　马淑祥　　许文政　　杨高乐　　扎玛托福
张开远　　赵云鹏

数学与统计学院

概率论与数理统计

张乐乐

基础数学

唐述凝　　王丽娟　　王梦冉

统计学

王春翔　　姚添元　　徐梦洁

运筹学与控制论

陈亚光　　黄艳红　　王　麟

马克思主义学院(威海)

马克思主义中国化研究

程新宇　　英荣发

思想政治教育

曹　娜　　刘胜男　　王　涛　　王月圆　　许星雅　　袁海峰　　赵宏雯
郑夏童

（学科建设与研究生教育办公室　提供）

博士毕业生名单

东北亚学院

亚非语言文学

柴　琳

法学院

法律方法论

曹瀚予

文化传播学院

比较文学与世界文学

校　潇

文艺学

鹿晓燕

语言学及应用语言学

刘凤芹

海洋学院

海洋生物技术

曾千慧

生态学

李浩恬

微生物学

张　婧

机电与信息工程学院

信息与通信工程

薛　鹏

空间科学与物理学院

地球物理学

杨红雷　　王帅民　　王　建　　张　帅　　宁　昊

等离子体物理

柏诗晨　　马羽璋

理论物理

王一凡

数学与统计学院

概率论与数理统计

邢传智

(学科建设与研究生教育办公室　提供)

各类委员会与领导小组名单

山东大学(威海)党史学习教育领导小组成员

组　长:刘建亚　山东大学党委常委、副校长,威海校区校长
　　　　尹作升　党工委书记
副组长:李振奎　党工委副书记
　　　　杜言敏　党工委副书记、纪工委书记
　　　　周慧如　党工委副书记
成　员:赵玉璞　党工委委员、副校长
　　　　刘　海　党工委委员、副校长
　　　　夏利东　党工委委员、副校长
　　　　黄凯南　党工委委员、副校长

山东大学(威海)"深化审计整改　加强风险排查"专项行动领导小组人员名单

组　长:刘建亚　尹作升
副组长:赵玉璞　杜言敏
成　员:李振奎　刘　海　周慧如　夏利东　黄凯南

山东大学(威海)党工委教师工作委员会

主　任:党工委教师工作委员会由分管教师思想政治工作的校区领导兼任

成　员:宣传统战部(教师工作办公室)、纪监审办公室、党工委组织部、党工委学生工作部、学科建设与研究生教育办公室、人事处、教务处、科研处、国际合作与交流处、保卫处等部门主要负责人。

山东大学(威海)党工委巡察整改工作领导小组成员名单

成立威海校区巡察整改工作领导小组,全面领导和负责校区巡察整改工作,领导小组组成人员名单如下:

组　长:刘建亚　尹作升

成　员:赵玉璞　李振奎　杜言敏　刘　海　周慧如　夏利东　黄凯南

巡察整改工作领导小组下设办公室,负责巡察整改综合协调、文字材料等工作。办公室组成人员名单如下:

主　任:李振奎　杜言敏

成　员:杨　玉　周大白　张文玺　姜　强　王景瑞

设立巡察整改工作督导督察组,负责督导督察巡察整改工作,组成人员名单如下:

组　长:杜言敏

成　员:周大白　张文玺

山东大学(威海)合作发展委员会

校区合作发展委员会由主任、常务副主任、副主任、委员组成。

主　　任:刘建亚

常务副主任:赵玉璞

副 主 任:李振奎　刘　海　周慧如　夏利东

委　　员:党工委(校长)办公室、组织部、宣传统战部、学生工作部、人事处、教务处、科研处、学科建设与研究生教育办公室、财务处、国际合作与交流处、校地合作与校友工作办公室、资产与实验室管理处、基建处、后勤管理处等部门主要负责人。

校区合作发展委员会办事机构设在校地合作与校友工作办公室。各院部须指定专人负责学院合作发展工作。

山东大学(威海)财务工作领导小组

组　长:刘建亚

副组长:赵玉璞

成　员:党工委(校长)办公室、纪监审办公室、人事处、教务处、科研处、学科建设与研究生教育办公室、财务处、国际合作与交流处、资产与实验室管理处、基建处、后勤管理处等部门主要负责人。

领导小组成员根据工作调整及职务任免自动调整。

领导小组下设办公室,办公室设在财务处,作为领导小组日常办事机构。

山东大学(威海)招标采购工作领导小组

组　长:赵玉璞

成　员:党工委(校长)办公室、纪监审办公室、财务处、资产与实验室管理处、基建处、后勤管理处等部门主要负责人。

领导小组成员根据工作调整及职务任免自动调整。

领导小组办公室设在财务处,负责领导小组工作职责的落实和实施。

山东大学(威海)全国计算机等级考试工作领导小组

组　长:刘　海

副组长:王湘云

成　员(按姓氏笔画排序):

王　亮　王景瑞　宋　嵩　林朝旭　赵　辉　徐　健

秘　书:边　婧

山东大学(威海)大学英语四、六级考试领导小组

组　长:刘　海

副组长:王湘云

成　员(按姓氏笔画排序):

王景瑞　李万军　林朝旭　周大白　赵　辉　姜　强　徐　健

秘　书:边　婧

山东大学(威海)本科招生工作领导小组

组　长:刘建亚
副组长:刘　海　杜言敏
成　员:王湘云　周大白　宋　嵩
秘　书:刘立山

山东大学(威海)全国硕士研究生招生考试(初试)工作领导小组

组　长:刘　海
副组长:王湘云　周大白
成　员:王　亮　王景瑞　杨　玉　林朝旭　姜　强　徐　健　刘会刚
　　　　宋　嵩　赵　辉　薛施贞
秘　书:边　婧

山东大学(威海)人事人才工作领导小组

组　长:校区校长、党工委书记
副组长:协管人事、组织工作的校区领导
成　员:组织部、宣传统战部(教师工作办公室)、人事处等职能部门主要负责人。
领导小组下设办公室,办公室设在人事处,由人事处负责人兼任办公室主任。
领导小组成员根据工作调整及职务任免自动调整。

表彰与奖励

2021 年各级各类科研成果奖

序号	成果名称	获奖时间	获奖类别	获奖等级	获奖者
1	箕氏朝鲜史	2021.02	威海市第二十三次社会科学优秀成果奖	市级一等奖	苗 威
2	孟子的“天爵人爵”思想及其对新时代公职人员职业伦理构建的价值	2021.02	威海市第二十三次社会科学优秀成果奖	市级一等奖	马秋丽
3	论音乐艺术院校声乐教学模式改革——“以生理学系统声乐教法”为例	2021.02	威海市第二十三次社会科学优秀成果奖	市级一等奖	王 岩
4	法理在指导性案例中的实践运用及其效果提升	2021.02	威海市第二十三次社会科学优秀成果奖	市级一等奖	孙光宁
5	中韩进出口贸易及韩国商品集散地形象研究	2021.02	威海市第二十三次社会科学优秀成果奖	市级一等奖	魏文忠 颜相子
6	基于语料库的日常会话评价功能研究	2021.02	威海市第二十三次社会科学优秀成果奖	市级一等奖	李艳娇
7	Sustainability of Hotel, How Does Perceived Corporate Social Responsibility Influence	2021.02	威海市第二十三次社会科学优秀成果奖	市级二等奖	孔海燕 布乃鹏 袁 悦 王康萍
8	China's Carbon Emission Peak Pre-2030: Exploring Multi-Scenario Optimal Low-Carbon Behaviors for China's Regions	2021.02	威海市第二十三次社会科学优秀成果奖	市级二等奖	孙作人

续表

序号	成果名称	获奖时间	获奖类别	获奖等级	获奖者
9	论北村宗教小说的文化表征及偏执危机	2021.02	威海市第二十三次社会科学优秀成果奖	市级二等奖	于京一
10	朝鲜半岛新形势下深化中韩安全合作的思考	2021.02	威海市第二十三次社会科学优秀成果奖	市级二等奖	毕颖达
11	莫拉利斯《死亡纵队长》中的生命政治	2021.02	威海市第二十三次社会科学优秀成果奖	市级二等奖	李晓丽 李保杰
12	吉川英治《三国志》改写研究	2021.02	威海市第二十三次社会科学优秀成果奖	市级二等奖	武　鹏
13	环境冲突治理中的结构固化与功能障碍	2021.02	威海市第二十三次社会科学优秀成果奖	市级二等奖	张　乐
14	提升威海乡村振兴文化软实力的思路与对策研究	2021.02	威海市第二十三次社会科学优秀成果奖	市级二等奖	赵姗姗 黄艳涛 邵　宁 邢　萍 于迎雨
15	Enhancing Destination Image and Competitiveness: A Tourism Planning Approach	2021.02	威海市第二十三次社会科学优秀成果奖	市级三等奖	布乃鹏 肖洪根 潘东杰 孔海燕
16	中国区域绿色创新效率收敛性研究	2021.02	威海市第二十三次社会科学优秀成果奖	市级三等奖	吕岩威 谢雁翔 楼贤骏
17	浙江九姓渔民方言研究	2021.02	威海市第二十三次社会科学优秀成果奖	市级三等奖	刘　倩
18	莫言小说《丰乳肥臀》韩译本误译研究	2021.02	威海市第二十三次社会科学优秀成果奖	市级三等奖	郑冬梅 李海菊
19	红色文化资源数字化传承利用研究——以威海为例	2021.02	威海市第二十三次社会科学优秀成果奖	市级三等奖	孙　克
20	文化软实力“潜”与“显”的唯物史观解读	2021.02	威海市第二十三次社会科学优秀成果奖	市级三等奖	郝书翠

续表

序号	成果名称	获奖时间	获奖类别	获奖等级	获奖者
21	思想政治教育领域前沿热点研究可视化分析	2021.02	威海市第二十三次社会科学优秀成果奖	市级三等奖	韩巧霞 徐国亮
22	案例指导制度在弘扬社会主义核心价值观中的独特优势	2021.12	威海市第二十四次社会科学优秀成果奖	市级一等奖	孙光宁
23	老子的帐幕——理雅各、林语堂英译《道德经》辩读	2021.12	威海市第二十四次社会科学优秀成果奖	市级一等奖	管恩森
24	国外批判视野下的新冠肺炎疫情与资本主义	2021.12	威海市第二十四次社会科学优秀成果奖	市级一等奖	焦　佩
25	新修辞学视域下国外"修辞人格"研究的动态分析——基于Citespace的可视化分析	2021.12	威海市第二十四次社会科学优秀成果奖	市级二等奖	李　克 经友萍
26	中国区域绿色创新效率时空跃迁及收敛趋势研究	2021.12	威海市第二十四次社会科学优秀成果奖	市级二等奖	吕岩威 谢雁翔 楼贤骏
27	掘开历史的地表——郭沫若前期文艺论著版本校勘之发现与研究	2021.12	威海市第二十四次社会科学优秀成果奖	市级二等奖	孟文博
28	中国学者朝鲜半岛研究文献分析(2006～2015)(上、下册)	2021.12	威海市第二十四次社会科学优秀成果奖	市级二等奖	王　玮
29	随迁子女入学限制、儿童留守与城市劳动力供给	2021.12	威海市第二十四次社会科学优秀成果奖	市级二等奖	吴　贾 张俊森
30	释放数据的力量:数据新闻生产与伦理研究	2021.12	威海市第二十四次社会科学优秀成果奖	市级二等奖	张　超
31	风险制造与风险规避:突发公共卫生事件中的人为因素及交互作用	2021.12	威海市第二十四次社会科学优秀成果奖	市级二等奖	张　乐
32	日本文化与思想	2021.12	威海市第二十四次社会科学优秀成果奖	市级二等奖	张体勇
33	克服信任赤字,实现全球联防联控	2021.12	威海市第二十四次社会科学优秀成果奖	市级二等奖	张　磊

续表

序号	成果名称	获奖时间	获奖类别	获奖等级	获奖者
34	南洋理工大学现代化办学理念及实践路径研究	2021.12	威海市第二十四次社会科学优秀成果奖	市级三等奖	边 婧 李成超
35	文旅融合背景下威海非物质文化遗产保护与传承研究	2021.12	威海市第二十四次社会科学优秀成果奖	市级三等奖	孙 克 杨子林 戚军玉 张秀丽 贺喜焱
36	上海合作组织参与全球卫生治理:优势、挑战及路径选择	2021.12	威海市第二十四次社会科学优秀成果奖	市级三等奖	李雪威 王 璐
37	思想政治理论课学理性提升的困境及化解	2021.12	威海市第二十四次社会科学优秀成果奖	市级三等奖	马秋丽

（科研管理办公室　提供）

2021年教师获得表彰与奖励

序号	获奖者单位	获奖者	荣誉名称	获奖时间	批文号
1	党工委组织部	赵　昆	山东省教育系统优秀党务工作者	2021.06.28	鲁教工委字〔2021〕18号
2	人事处	田晓琼	山东大学优秀共产党员	2021.06.29	山大党字〔2021〕38号
3	马克思主义学院（威海）	吴文新	山东大学优秀共产党员	2021.06.29	山大党字〔2021〕38号
4	党工委组织部	赵　昆	山东大学优秀党务工作者	2021.06.29	山大党字〔2021〕38号
5	空间科学与物理学院	夏利东	山东大学先进教育工作者	2021.08.11	山大人字〔2021〕53号
6	空间科学与物理学院	徐天河	山东大学优秀教师	2021.08.11	山大人字〔2021〕53号
7	空间科学与物理学院	张　鹏	山东大学首届教师教学创新大赛一等奖	2021.01.16	山大教字〔2021〕2号
8	商学院	周宏燕 谷祖莎 沈　君	山东大学首届教师教学创新大赛二等奖	2021.01.16	山大教字〔2021〕2号
9	马克思主义学院（威海）	吴清清 焦　佩 房世刚 孙阳阳	山东大学首届教师教学创新大赛二等奖	2021.01.16	山大教字〔2021〕2号
10	机电与信息工程学院	常树旺	山东大学首届教师教学创新大赛二等奖	2021.01.16	山大教字〔2021〕2号
11	空间科学与物理学院	孙　珲 宋淑梅 王昆仑 辛艳青	山东大学首届教师教学创新大赛三等奖	2021.01.16	山大教字〔2021〕2号

续表

序号	获奖者单位	获奖者	荣誉名称	获奖时间	批文号
12	马克思主义学院（威海）	韩巧霞 张　磊 马　莲 崔　微	山东大学首届教师教学创新大赛三等奖	2021.01.16	山大教字〔2021〕2 号
13	海洋学院	吕新芳	山东省第八届青年教师教学比赛优秀奖	2021.06.13	鲁教师函〔2021〕28 号
14	马克思主义学院（威海）	韩巧霞	山东省第八届青年教师教学比赛优秀奖	2021.06.13	鲁教师函〔2021〕28 号
15	体育教学部	张　颖	山东大学 2021 年度本科教学荣誉—优秀教学奖	2021.09.06	山大教字〔2021〕29 号
16	商学院	周宏燕	第三届全国高校混合式教学设计创新大赛校赛一等奖	2021.11.12	山大教字〔2021〕41 号
17	文化传播学院	张　毅	第三届全国高校混合式教学设计创新大赛校赛二等奖	2021.11.12	山大教字〔2021〕41 号
18	文化传播学院	郑　薇	2021 年度山东大学青年教师教学比赛一等奖	2021.12.22	山大教字〔2021〕44 号
19	翻译学院	张雪莱	2021 年度山东大学青年教师教学比赛一等奖	2021.12.22	山大教字〔2021〕44 号
20	数学与统计学院	杨　秀	2021 年度山东大学青年教师教学比赛一等奖	2021.12.22	山大教字〔2021〕44 号
21	商学院	李　瑞	2021 年度山东大学青年教师教学比赛二等奖	2021.12.22	山大教字〔2021〕44 号
22	海洋学院	丁　一	2021 年度山东大学青年教师教学比赛二等奖	2021.12.22	山大教字〔2021〕44 号
23	马克思主义学院（威海）	崔　微	2021 年度山东大学青年教师教学比赛二等奖	2021.12.22	山大教字〔2021〕44 号
24	体育教学部	邱海业	2021 年度山东大学青年教师教学比赛二等奖	2021.12.22	山大教字〔2021〕44 号
25	艺术学院	任　灏	2021 年度山东大学青年教师教学比赛三等奖	2021.12.22	山大教字〔2021〕44 号

续表

序号	获奖者单位	获奖者	荣誉名称	获奖时间	批文号
26	文化传播学院	李艳娇	2021年度山东大学青年教师教学比赛三等奖	2021.12.22	山大教字〔2021〕44号
27	翻译学院	杨　欣	2021年度山东大学青年教师教学比赛三等奖	2021.12.22	山大教字〔2021〕44号
28	数学与统计学院	王　树	2021年度山东大学青年教师教学比赛三等奖	2021.12.22	山大教字〔2021〕44号
29	空间科学与物理学院	付晓辉	2021年度山东大学青年教师教学比赛三等奖	2021.12.22	山大教字〔2021〕44号

(组织部、人事处、教务处　提供)

2021年学生获得表彰与奖励

国家奖学金(本科生)(178人)

巩浩宇	张雯宇	吕紫烟	林斌斌	王艇戈	孔勐勍	贾梦毅
段　萌	李泊以	范泰延	潘震林	于波洋	省文萱	马　超
胡羽飞	杨增昊	杨雅欣	邹忻容	陈　莹	崔骆灏	黄　悦
王虹艺	姚佰可	顾佳乐	王新颖	沈诗南	包术一	段林君
温杨洋	颜晓钰	侯文昊	高　诚	梁　楠	刘文秀	薛俊菊
张凡冰	王　珂	毛润源	马文娟	高树坤	张玉晴	陈清博
张玮嘉	任瑞龙	毛梓宇	王自豪	郑琳琳	王梦潇	吴奇政
嵇长凯	孙正凯	刘　洋	朱鹏阳	刘晓禹	曹紫荻	李迎欣
于善泽	徐勤凯	陈姿君	陈龙泽	周梓博	孙天琦	邓旭尧
汪彦东	陈佳宁	田　鑫	王学良	王一磊	亓政浩	王守超
袁昱宗	李智易	王羽楠	赵凯文	赵一鸣	荣山雨	孙增祎
耿庆源	王君豪	许志豪	李俊彦	高嘉琳	张　鉴	陈香君
周润杰	王雪纯	郑书玥	宋怡娴	孟哲平	薛文潇	曹陈宇
严永祺	刘雨菲	李世奥	刘一帆	孙成琪	庞雨璇	金文萱
徐思勉	林书安	王新惠	周瑞恒	邢力元	王　玥	高红福
张同贺	叶万怡	刘林忻	周咏琦	高　璐	江　燕	李雅瑾
王　雁	孙道明	陆雅琪	刘峻瑜	高文妍	郑舒宜	郝浩宇
卿欣念	张雨涵	李安妮	王国炜	周思彤	兰姝涵	王荣萍
刘兴民	夏雨欣	吉　驰	王奕然	徐文锦	李茜夏	张雅琳
高　铭	陈震豪	王明月	颜韦玮	王宇媛	唐瑞昀	都一凡
王福临	许健源	刘润泽	范传进	刘　宇	张天浩	代明曈
卢晓燕	吴禺辰	王海洋	张婧怡	陈嘉呈	王婧怡	宋思怡
宋子蕤	陈文颖	余海鹏	王辰熙	仵　迪	洪定康	郭　卓
马紫箫	宋　媛	庞一帆	曾敏灵	张泽贤	李安妮	张庭铨
王晨曦	林子震	陈祉萱	王方怡	高昕逸	孙如一	袁　辰
赵唯嘉	王增艳	周嘉捷				

国家奖学金(研究生)(32人)

姚寰宇	王一钒	王志成	李琼琼	李柯欣	王　硕	李亚兰
翟宇航	张　滕	乔笛宇	高彩霞	邱泽萱	宁文婧	侯宜春
胡友鹏	彭腾飞	陈国霞	魏彬彬	周　瑞	孟利选	杜明足
赵佳锐	赵星明	赵雪莉	杨佳美	王　奕	王可欣	黄　琦
王新鹏	傅　宇	曹淑君	王晓平			

国家励志奖学金学生名单(408人)

闫梦雪	向羽丽	李爱宇	曾　璐	张芷若	李　洁	张思懿
卢易儒	高雪宁	袁学静	张西蒙	王　川	杜帅兵	陈浩楠
宋晓伟	周莹莹	席佳琪	郭秀美	邵艳丹	陈　科	王　晶
赵孟霞	邱　敏	崔晓婕	向琴奋	史肖阳	西玉莹	何　蕊
李张诗涵	许浩天	刘林炉	游红玲	尹秀琳	司兴鹏	柴汭智
徐　冉	梁馨艺	翟雨林	刘　松	杨芳芳	邓敬茹	王雯君
王彩月	黄　宏	曹玉帆	秦聪聪	秦世玉	乔浩婷	史立芳
王腾飞	刘云美	高晓雨	王雅倩	陈丝冉	潘佳薇	刘梦莉
张　岩	杨　杰	卢英姿	李　婷	徐梦妍	白雨欣	夏　溢
渠子轩	吕武佳	赵　琳	师宛露	王俊金	段文娟	肖毅琼
何彦树	王艳芳	周春霞	王　敏	王　妍	杜怡佳	梁兴茂
王金慧	梅子涵	沈　凡	邢若飞	王　舒	张艺译	张先浩
秦亚轩	李丹丹	庞苗苗	朱仁萍	魏文瑶	高　丹	李雪敏
李明杰	蒋　欢	胡雨蒙	范瑞丰	唐　颖	陈文政	原　浩
彭潇莹	赵梦阳	温玉洁	李新媞	牟丽媛	郭慧玲	罗力珲
张振龙	王　芳	刘丰睿	许浩月	韩　萌	马玉宝	赵亚鹏
邢　鑫	李一鸣	周　晓	任兆玮	牟荟琳	朱　橹	李小江
孙　敏	杨　悦	许蕾蕾	陈姿言	张　薇	邱　盈	谢苏洋
王　悦	温泽华	张浩哲	张　烨	师千一	姜金圆	潘振霞
宏思迪	李雯芊	刘　阳	毛安伟	卢俊兰	李启月	薛珂青
崔文慧	包娜娜	于　成	刘思雯	孙文辉	张艺馨	刘若川
程何乐	田立营	姜德波	李　卓	曾兆楹	陈荟如	韦雪钫
张　敏	刘国政	王延硕	胡　青	廖平方	阮森淼	高　翔
刘　泽	史博航	关之琳	孙浩然	周我飞	葛　迪	殷志洋
吉泓光	秦保伟	陈雨晴	宋宏展	邵壮壮	沈鑫宇	谢　婷
李　明	秦晴晴	刘　芾	张鑫勇	魏冰洋	何虹霖	李天强

陈　媛　沈鸿飞　刘　水　兰许华　李　娜　闫晶晶　郭　燕
黄　超　陈慧贞　李杰鹏　刘一村　司　玥　刘　璇　刘肖肖
李佳玲　张　慧　李兴发　陈思涛　杨俊清　陈　爽　张　琦
宋　博　韩雪蕊　王旭颖　郭康彪　刘佩杰　郭婷婷　陈欣蕊
蒋潆葳　杜子怡　刘文玉　张玲群　李茂辰　初宏轶　刘　强
何文颖　朱文韬　张　振　赵笑迎新　赖经珍　庞涵雪　付媛媛
张　志　卢小霞　吴黎明　邢　悦　李荣俊　于雪梅　罗道鑫
周东兴　崔胜豪　闫天宇　朱亚洲　雷俊丹　孙乃杰　胡市航
王驰卓　董　亮　娄帅超　崔金山　张恒昊　张文雅　梁天元
赵　怡　郭　乐　廖颖颖　欧阳祝平　李家欣　王雪飞　齐浩桐
李　妍　杨智华　卢肖君　叶永庆　张欣玥　冯舒逸　杨佳璐
夏雨虹　刘春龙　奚丹阳　魏居龙　何　力　刘双颖　盖舒晴
黄　浩　李清祥　马晓彤　杨　佳　张　华　李静毅　杨博雯
陈艳涛　勒红红　任婷婷　黄佳武　杜钦钦　李　雁　杜小渊
潘玉鹏　郭志炜　孔德文　王　晨　李昕恬　曾　莹　罗乐棋
宋　迪　支春晓　许慧旗　张　妍　郭丹丹　杨淑玲　聂仪利
杨晓科　仇佳瑞　王允高　胡静怡　郭馨萱　韩淑璐　王君恒
铁桎豪　徐　丽　张珂鑫　孙文佳　王锦怡　李　敏　栾　昊
吕欣雨　黄　盼　张　月　吴琴桢　门诗雨　张　娇　闫加双
韩迎雪　张银萍　张美旗　邢晓璇　梁宝琪　常　鑫　郑梦骋
李永驰　彭　思　张　滋　顾从帅　赵艳蕾　付韵萱　董春青
李彩兰　金　鑫　廖祥磊　袁　敏　房　镇　张　琦　郭玉祥
刘粉粉　曾　薇　董欣蕾　崔　灿　安文洁　袁　尚　菅丽君
贾鹏旭　韩耀南　郑晓雪　杜晓燕　张振法　聂袁情　黄凯莉
周思远　尹爱华　张盟笛　夏秀静　邹　颖　郭文银　刘　佩
张　音　王雪宁　牟晓真　谢秋吉　曾能法　刘自恒　罗寒孝
任雅雯　曹鑫怡　康　婉　李欣儒　王淑媛　彭　威　胡兰丹
肖韵怡　杨代源　管连俊　周明月　余　点　张　妍　陈秋蓉
孙中芬　盛鹏成　王晨湾　潘　坤　刘亚青　潘思齐　李晓甜
曹晓颖　吴蕾蕾　代佳丽　王予涵　张先赛　张　越　马雪飞
于萌萌　韩　杨　蒙月仿　陈宇楠　陈利萍　陈子琪　冯欢露
刘佳铭　王静怡　徐　静　郭子欣　柯志宏　刘梦珂　耿晓茹
冯婷婷　付　程

山东省政府励志奖学金(60人)

王　硕	刘润宇	汪心怡	杨晶晶	杨　钦	曹晓舟	包浩渊
杨　琨	母利霞	杨　丹	张双玉	张亚男	郭珂琳	石文珍
李亚琦	许　鑫	徐敬城	刘发源	孟晓萍	张润东	高　宇
李佳颖	崔明月	潘柳伊	冯奥涵	秦美凤	郭红欣	刘　爽
杨　洁	赵方倩	王婧怡	胡博毅	肖　顺	赵梦凡	孙佩珊
唐伟峰	王　欢	张状元	宋付昂	杜昌萌	易芝信	李思宇
赵　宁	史士贸	韩明洲	郭秋艳	高凤林	苏丽芳	张祥燕
王　莎	吴扬勇	马佳聪	向志宏	徐海涛	王云龙	李　清
妙宗岩	孙欣欣	张永强	于耀龙			

山东大学校长奖学金(14人)

吕紫烟	邢力元	潘震林	宋子蕤	董艺蕾	张庭铨	颜晓钰
任瑞龙	郑书玥	都一凡	栗文哲	李华杰		

傅宇(研究生)　杜明足(研究生)

山东大学优秀研究生干部(研究生)(60人)

王心宇	安　培	黄廿一	李佳兴	俞　露	李晓晴	张树艳
荣　毅	郝新亚	姜润东	王　婧	葛彤彤	赵红蕾	邵长臻
倪佳玉	王昌慧	马晨露	张西安	刘传东	李常勇	翟宇航
张晓凯	高荧寅	孙亚楠	王淑月	秦　艳	徐秋月	伊晓敏
王雨馨	李　婷	李雨晴	郑凯通	段琦琪	鲍　喆	曹心宁
来永超	李国光	马　倩	于海珠	张　昭	陈中华	张汉生
鲁晓玲	王　璐	张佳婷	臧国琛	李建江	罗欢欢	张　浩
朱鹏元	于飞瑜	朱晓琼	肖雨辰	贺鹏志	崔佩彩	李梦雪
李占新	王爽爽	赵伶俐	邵　璇			

山东大学研究生道德风尚奖学金(2人)

都　骋　　吴睿佳

(学生处　提供)

第十七届“挑战杯”山东省大学生课外学术科技作品竞赛

特等奖

刘丽涵　赵思远　曹晓舟　刘林忻　刘　津　张同贺　李欣儒
蔡嘉宁　郭安南　胡芷晴　王　媛　秦一鹏　史鉴兴　李家臻
康　喆　侯淳彬　吴锦程　满建佐　王羽昕　贺　景　刘雨琪
于　淦　尹若彤　宋怡娴　万珍珍　王睿洁　薛文潇　王中舒
严永祺　朱栩量　刘晓燕　于绪昊　王雪纯　袁小清　刘昱赫
陈鹏飞　刘　阳　聂海慧　吴　榕　仇力平　田佳蕊　于彤彤
尹晨钟

一等奖

姚寰宇　吕紫烟　李苏瑶　巩浩宇　王羿欢　杨晏乙　宋旭阳
郭宇轩　张睿涵　王玉琪　吴雅格　许　越　李　响　王　硕
宁美玉

二等奖

郭宇轩　张睿涵　王玉琪　吴雅格　许　越　李　响　王　硕
宁美玉　王嘉诚　邹　洋　高　诚　马文娟　寇荣骜　徐汇聪
邹启航　张笑雨　梁思源　高　婷　潘震林　高雨桐　胡慧中
郭　乐　王钟琪　李维浩　郭玉祥　姜子明　郭馨阳　宋欣蔚
徐炽玉　王偲偲　王奕然

三等奖

刘海凌　王雨晴　苑浩月　刘欢文　段　萌　呼雪祺　王自豪
盛靖斐　周长国　刘锦雯　房宇阳　陈明泰　李泊以　周小雨
孙泓静　李安妮　周　垚　王雅静　许邓颖　尹曼青　王博翰
杨奕萌　郭思涵　吕风光　宋俞静　曹鑫怡　肖思童　刘兴民
詹新悦　袁　敏　张宸琛　顾佳乐　张方圆　刘　巍　葛晨宇
杜玉珊　杜浩然　信德君　常　皓　刘丽涵　郭丹丹　李　明
张雨涵　李泰齐　徐莫迟　郭明飞

第十七届“挑战杯”大学生课外学术科技作品竞赛红色专项活动

特等奖

张同贺　王　辉　白欣阳　张　璇　郭馨阳　窦艺鸣　岳春晓
王子昂　赵峰锐　郭宇轩

三等奖

王　妍　杨辰麒　符文庭　姜子明　董春青　曹玉帆　罗雪怡

鲍江山	邢志豪	管连俊	高文妍	孙兆悦	方怡君	徐承璇
张诗淼	于佳囡	赵一帆	黄虹菲	吕政良	闫泰祺	刘美好
李　敏	梅子涵	张梓璇	冯可心	杨　乐		

第十七届"挑战杯"山东省大学生课外学术科技作品竞赛红色专项活动

一等奖

傅吉凯	邱　舒	郭佳丰	曹瑶函	张清航	卿欣念	王吉冠
刘雨菲	郑　洁	江伟全	郭嘉彤	杨雅婷	陈雪晴	曹潇潇
王姝颖	石路洋	李嘉瑞	李晨希	李晓晗	林京园	汤晶晶
郭　卓	郝展韬	于明轩	孙　钰	王宇媛	朱玲娜	李卓远

二等奖

吴　榕	王国炜	郝浩宇	陈鹏飞	王嘉琪	詹楚楚	马章涛
张　煊	韩荣荣	林君菲	袁安宁	陈　莹	郎　铭	盛文浩

第十七届"挑战杯"山东省大学生课外学术科技作品竞赛"黑科技"专项赛

一等奖

宋家宜	李晨涵	刘峻瑜	奚　麟	祝晗升

二等奖

王洪波	杨陈西雨	李如曦	刘贺清	杜明足	孙康娴	王雪卿

三等奖

刘　淼	杨珺博	田　鑫	张宏宇	王学良	宋　纪	周芸帆
丁赫然						

第七届中国国际"互联网+"大学生创新创业大赛

银奖

李华杰	周思彤	刘　淼	李　阳	王明月	房宇阳	刘文婧
曹紫荻	王君豪	宋文哲	杨珺博	孟楚翘		

铜奖

吴睿佳	高烎寅	鞠天宇	王雪娜	范传进	朱东辉	朱卓行
王　敏	孙哲元	杨雅欣	陈禹衡	李　鼎	魏江小丝	王　萌
曹　睿						

第七届山东省"互联网+"大学生创新创业大赛

金奖

程文肖	水　月	王予晟	盖新宇	李子轩	陈芷轩	刘津玮

陈怡翰　武敬信　梁晨瑶　魏冰洋　王炳人　周旖慕笛

银奖

王一钒　王心宇　岳鹏程　安　培　史　话　宋欣屿　于亦璇
张自华　孙圣杰　王强强

铜奖

康　喆　刘雨琪　侯淳彬　吴锦程　崔浩然　刘兴民　张帅杰
刘　淼　杨珺博　尹佳雯　张宏宇　宋　纪　吴奇政　王学良
田　鑫　周梓博　宁文婧　宋文哲　韩卓晟　伊保钊　王文浩
姜　松　肖丽珍　李荣俊　翟如岳　王　一　苗淏溟　张　帅
米　淼　周凌霄　赵伟光　郑新彦　庄乾铎　郭康彪　张中然
王玉鑫　史　超　汪皴池　匡佳洋　许　婧　胡　乐　苏紫乔

第十二届山东省大学生创业计划大赛

一等奖

王洪波　杨陈西雨　彭　钰　房宇阳　刘　巍　张雅琳　刘兴民
邹超越　高亚楠　王明月　任泓锦　汪胡星辰　马昌娇　易芝信
王婉莹　迟瑗佳　刘张力翰

二等奖

闫匡奇　王洪波　朱梓漫　夏雨虹　杨陈西雨　彭　钰　张童桐
武嘉鑫　施　恺　侯奕彤　卿欣念　张帅杰　李令千　罗　磊
彭潇莹　司　玥　卿欣念　申效宇　赵　怡　陈　立　白欣阳
张　熙　王玉鑫

三等奖

王玉鑫　张雪宁　孙　惠　司　玥　宋天然　徐瑜聪　胡诗奇
宋安琪　杨天政　张　璇　张雨涵　呼雪祺　李茜夏　周依童
周嘉捷　匡佳洋　孟祥骥　张哲祎　胡汉泽　于骏汀　翟彦彬
史承达　邵舒琪　李　欣　黄祺鹏　金宇彤　温雅文　郭馨阳
王　宏　邹思湉　郭新雨　王舒馨　闫兴月　唐　宁　李政绪
温泽华　丁照兴　李子涵　叶鹏腾　李润莹　孙　钰

第十八届中国研究生数学建模竞赛

二等奖

陆佳烨　迟福琳　王丽娜　武　影　张守良　王志伟　刘　威
董　雨　余忆琳　宋孝楠　宋文博　李永波　范继港　董　琳
宋勃仪　于海珠　杨　策　付晓龙

三等奖

宋仓海	于兆涛	于松黎	吴　群	赵怡梦	刘晨博	梁俊超
梁增绪	程中鼎	肖奇民	王世贤	高思赞	马富彬	刘　建
赵曼羽	王政昊	王璐尧	王志伟			

2021 年青年中国行全国 100 强团队

外扬美谈实践团
红色引擎寻访团
“筑梦蓝天,绿动华夏”调研团

2021 年调研中国十强团队

城市微光调研团

2021 年调研中国百强团队

运筹助农调研团
“医废优化,助力未来”调研团
无废城市调研团
寻界调研团
碳寻纪调研团
护航调研团
关爱儿童,治愈童年团队
时间银行调研团
声之形调研团
红色引擎寻访团
维权调研团

2021 年调研中国最受期待的十个课题

碳寻纪调研团
城市微光调研团

2021 年调研中国最佳人气队伍奖

碳寻纪调研团
城市微光调研团

2021 年调研中国优秀调研记录奖

城市微光调研团

2021 年“三下乡”社会实践活动全国优秀团队

红色引擎寻访团

2021 全国大学生“千校千项”活动团队

风采奖

泉心泉意社会实践队

“崴在力行”党史宣讲团

青春影像类奖项

“爱的三角”支教团

“学党史　强信念　跟党走”全国青少年红色文化传承展示活动优秀团队

红小六——红色精神寻访团

星火寻迹实践团

“赤龙入我心，山海拾众星”党史宣讲团

世纪红星调研团

2020 年度优秀通讯站(中国青年网评选)

山东大学(威海)校园通讯社

2020 年度中国大学生自强之星

孙亚宁

2020～2021 学年全国“活力团支部”

山东大学(威海)机电与信息工程学院 2018 级自动化一班团支部

2020 年度“中国电信奖学金·飞 Young 奖”

张同贺

“金葵花在行动”大学生创意短视频征集活动

全国二等奖

岳春晓　　窦艺鸣　　刘廷模　　高　淇　　邓　漓　　万子易　　王子怡

王灵娇　　李子涵　　石锦露

（团工委　提供）

第十六届全国大学生智能汽车竞赛

全国一等奖

张所航　王思阳　魏居龙　邹　锋　李文浩　李政辛　青　贤
邹雨辰　赵国胜　朱思宇　侯淳彬　周东兴　钟黄伟　赵泽洋
王自豪　李梅爽　赵明玥

全国二等奖

高宏宇　陈雨禾　钱龙玥　李俊彦　王君豪　徐志超　邹雨辰
赵国胜　朱思宇　罗　瑞　马诣涵　苗淏溟　郭　凯　王守超
任佳麟　陈　锐　李昕隆　王艺晓　孙宁杰　杨　喆　王焌成

山东省一等奖

张所航　王思阳　魏居龙　邹　锋　李文浩　李政辛　青　贤
邹雨辰　赵国胜　朱思宇　侯淳彬　周东兴　钟黄伟　赵泽洋
王自豪　李梅爽　高宏宇　陈雨禾　钱龙玥　李子贤　亓政浩
韩睿智　赵明玥　罗　瑞　马诣涵　苗淏溟　郭　凯　王守超
任佳麟　陈　锐　李昕隆　王艺晓　孙宁杰　杨　喆　王焌成

山东省二等奖

李俊彦　王君豪　徐志超　崔海勤　刘子晖　赵润萌　卫孝瑞
茅陈昕　郑　睿　柏欣宏　张　涛　韩　薇　晋雄韬　武博楠
迟鑫雨　冯永升　余海波　杨靖怡　周涵智　唐增焱　舒　丹

山东省三等奖

杨惠翔　张　琦　刘欣越　韩俊鹏　张凌赫　刘　珂　辛宝庚
李明睿　潘玉鹏

“TI杯”全国大学生电子设计竞赛

全国一等奖

钱龙玥　邢语轩　王君豪　杨　喆　亓政浩　柏欣宏

全国二等奖

郭　凯　王守超　苗淏溟　张所航　王思阳　魏居龙

山东省一等奖

冯永升　茅陈昕　余海波

山东省二等奖

卫孝瑞　张凌赫　韩俊鹏　潘泽宇　孙增祎　李龙斌　施　恺
徐海滨　步亚非　易芝信　王晨晔　骆文瑞

山东省三等奖

郑　睿　于　成　王亚鹏　张　涛　晋雄韬　李子贤　王浩龙
李梓杭　房皓祺　杨惠翔　周涵智　张　琦　罗月彬　刘　珂
潘家伟　崔海勤　刘子晖　赵润萌　荣山雨　李辰宇　吴海粟
周明义　邱飞翔　刘汉良　杨曌坤　杨曌坤　黄奕文　苏俊彦
张　志　张泽涵

全国大学生数学建模竞赛

全国一等奖

刘润泽　孙天琦　司　维

全国二等奖

周梓博　李容融　张　振　许健源　赵羚杰　夏日欣　张天浩
何砾杰　张鹏飞　周婉芸　孔思齐　王翔宇　胡新为　郭　凯
王一磊　葛容宇　王思涵　马　然　郭雅欣　姚景宁　方　培
王泽栋　谭群垚　代明瞳　徐敏昊　黄胤凯　滕　翡

山东省一等奖

黄施捷　赵新宇　胡澳治　宋朴琦　刘嘉凝　魏晨东　刘雨菲
李迎欣　丁彦皓　张清航　朱国政　李常兴　崔文慧　张良收
侍国妍　王绍山　许蕾蕾　李晓桐　顾玉龙　施　恺　张诗笛
陈龙泽　渠子轩　李鸣禧　薛啸天　贺文轩　张铧予

山东省二等奖

张宇轩　张文浩　吴黎明　李明洋　汪彦东　王玮林　杜婉宁
罗力珲　李从奥　李懿霖　刘育航　柳　洋　郭文波　王一脉
于　成　刘新茹　王智敏　申庆昱　张恒昊　刘功林　曹柏铭
吕星宇　张涵峥　陈振坤　金　涛　罗　鑫　宋佩博　张佳仪
张一阳　冯嘉麒　梁宝辉　赵梦阳　陈紫嫣　王晨湾　程香植
王守超　徐子荀　牛俊鹏　薛文潇　虞若凡　宋　琳　陈姿言
周厚鑫　张　薇　丁薄云　李俊翔　陈思嘉　刘　昱　陈凯亮
杜帅兵　洪艺琛　牟静雅　孙　林　张桐瑜　朱雨晨　吕姝璇
施宇寰　孟家豪　宋　迪　高　锋　曹源欣　任嘉琦　施钧瀚
代佳丽　王嫣然　周凌霄　徐昊天　徐佳伟　周文浩

山东省三等奖

朱奕澄	于云聪	宋钰豪	杜东晓	关希悦	高诗语	张艳妮
李　明	梅雅琴	魏熙柠	张欣怡	崔浩天	吕发安	欧阳祝平
赵政钧	王艺涵	李天晓	邹沂霖	王晨晔	王正阳	胡熙瑞
舒逸林	王昕雨	秦宗毅	赵大成	郝明卓	余政鑫	刘　御
宋梦宇	谭　笑	秦美凤	刘致瑞	欧城睿	孙明洋	崔炫晶
高嘉钧	吕政良	王伟燕	杨　洋	刘涵卓	朱胤璘	唐宇鹏

美国大学生数学建模竞赛

特等奖提名

巩克睿	熊心平	王梦潇	王福临	毛梓宇	程　鑫	王浩龙
张琳倩	周雨菁					

一等奖

李欣儒	马淑婕	闫宇瑄	李泽熹	王　彪	韩淑璐

二等奖

栾梦颖	肖海雯	臧姝珂	汪涵君	吴锦程	王郡浩	都一凡
任瑞龙	董　珂	张靖煜	高华辰	刘晓禹	朱懿铭	仇佳瑞
王竞由	张　笑	林暖婷	常　鑫	周　璟	涂安琦	严煜婷
舒　丹	李欣然	滕艳明				

“外研社·国才杯”全国英语写作、阅读、演讲大赛

全国二等奖

郑以帅

全国三等奖

顾佳乐

山东赛区一等奖

张灵羽　　郑以帅　　顾佳乐

山东赛区二等奖

刘婧雯　　沈诗南　　尹思琪

全国大学生英语竞赛

特等奖

施钧瀚　　王钺盛　　洪定康　　聂袁情　　赵舒宁

一等奖

宋敏毓　　徐佳瑞　　刘嘉川　　高　铭

二等奖

耿广瑞　张小薇　李佳璇　陈芳远　高小雅　朱　晴　陈震豪
黄庭欢　李家臻　谢悦康　朱　俊　崔莹佳　樊静晖　胡羽飞
宁美玉　汤天翊　唐源蔚　魏怡然　张玮嘉　邹忻容　金文萱
刘辛夷　全俊伊　唐瑞昀　杨璐源　张雪凝　张烨茜　张钟洋
朱成林　陈姝蓉　高树坤　韩伊铭　李艺萌　王艇戈　魏心玮
许志豪　尹　澈　邹佳颖　陈哲霖　王江霖　陈佳仪　刘婧雯
姚佰可　顾佳乐　王　硕　肖思童

三等奖

陈咏楚　陆培琳　陆　洋　吕紫烟　毛语乐　王逸航　徐霏垚
徐若清　曾　好　陈妤婕　洪明澜　兰姝涵　刘佳音　刘文玉
王之仪　胥文博　杨雅欣　张轶伦　赵景欣　陈建宇　陈思涛
刘亿扬　孙嘉祎　肖浩欣　熊雁妃　袁思墨　张紫涵　蔡笑天
陈科晔　方灵娜　付世卿　金　戈　李佳璘　李仁杰　李羽曦
林舒曼　屈静婷　师杨鹤　施钧铭　王子毓　徐　驿　翟晴航
曹昕睿　傅玲雅　刘　畅　史雅轩　宋骄阳　田佳欣　王福临
张先赛　张　元　仇滨译　代季秀　蒋秋颖　柯玲玲　刘又宁
陆雅琪　唐一诺　王梦潇　吴一荞　徐士博　徐　宇　徐竹瑶
杨任迪　杨云迪　张　驰　张以欣　朱昊頔　邴　雪　胡晓凤
司源康丽　崔晓婕　赵　扬　李慧芝　邹　颖　崔骆灏　何书燃
孙文辉　解念潘　袁　辰　蔡　妍

第十届全国英语口译大赛山东赛区

北部大区赛三等奖

王语宁

山东省一等奖

王语宁

山东省二等奖

韩晶晶　鹿　瑶

山东省三等奖

张灵羽　肖思童　王荟晔　刘怡含　董艺蕾　张熹蕊

全国大学生节能减排社会实践与科技竞赛

全国一等奖

李华杰　曹紫荻　朱鹏阳　张所航　魏居龙　张腾文　蔡嘉宁

郭安南　胡芷晴　王媛　秦一鹏　史鉴兴　李家臻　吴奇政
刘森　田鑫　王学良　杨珺博　宋纪　张宏宇　周思彤
严永祺　李阳　王明月　房宇阳　王志昊

全国二等奖

李家臻　杨喆　陈明泰　宋尚振　蒋宣扬

全国三等奖

康喆　侯淳彬　吴锦程　满建佐　王羽昕　刘雨琪　彭潇莹
李恩泽　牛崟霖　宋思怡　王清薇　苑浩月　周梓博　刘雪琦
朱思宇　秦亚轩　杨玖龙　丁贞煜　钱龙玥　邹雨辰　赵国胜

第45届国际大学生程序设计竞赛亚洲区域赛

全国金奖

李朝阳　肖龙　于帅聪　严一涵　庄昊霖

全国银奖

李朝阳　刘文涵　庄昊霖

全国铜奖

肖龙　周鑫　宣启楠　李朝阳　刘文涵　庄昊霖　曾鹏武
李济帆　王筱童　陈龙泽　孙天琦　祁盛文　郭天宸　孙普华
朱浩天　严一涵　崔海勤　王君豪　梁致嘉　于帅聪　吴黎明
柳洋

CCPC中国大学生程序设计竞赛

全国二等奖

周鑫　严一涵　宣启楠　滕翡　黄子懿　张奕飞

全国三等奖

孙天琦　庄昊霖　陈龙泽

全国优秀奖

祁盛文　汤子锋　宁涛　于帅聪　吴黎明　柳洋　贺昱斌
杨沛霖　汪彦东　常婧雯　陈香君　尹旋宇

山东省大学生机电产品创新设计竞赛

山东省一等奖

孟芸竹　嵇长凯　郝笛轩　马志寅　夏雨欣

山东省二等奖

张恒昊　何欣璐　高印浩　王一磊　杨铮增　曾相喆　孙潇

任泓锦　马志寅　孙　潇　任泓锦　马志寅　曾相喆　张　琦
王学良　刘欣越　王梦潇　杨铮增　张恒昊　张　琦　杨思铭
许　森

山东省三等奖

宋家宜　刘峻瑜　奚　麟　李晨涵　祝晗升　嵇长凯　孟芸竹
赵国胜　郭康彪　马志寅　曾相喆　任泓锦　孙　潇　刘　巍
谷欣怡　王君豪　徐志超　袁　浩　赵邦原　臧传海

第十一届山东省大学生程序设计竞赛

山东省二等奖

于帅聪　周　鑫　宣启楠　孙天琦　朱胤璘　陈龙泽　刘文涵
庄昊霖　曾鹏武　黄施捷　施钧瀚　黄泽浩　祁盛文　宁　涛
汤子锋

山东省三等奖

杨洪宇　徐晏辰　罗世阳　杨昊霖　张　皓　杨思铭　江　楠
滕　翡　刘丰睿　吴黎明　柳　洋　司　维　杨沛霖　汪彦东
贺昱斌

第八届山东省大学生机器人大赛

山东省三等奖

姜文中　王丙涛　邵　琪　易芝信　马林坤　疏　顺　许家路
王志诚　刘文垚

全国大学生工程实践与创新能力大赛

全国一等奖

王炳人　唐　彪　张　岩　张舒南

第七届山东省大学生工程训练综合能力竞赛

山东省一等奖

王丙涛　易芝信　邵　琪　万季风　王炳人　唐　彪　张　岩
张舒南　朱邦瑞　任灏洋　王　超

山东省二等奖

李梅爽　赵泽洋　王自豪　陈羽馨　杨罂坤　汤天翊　冀皓煊
侯嘉鹏　孙瀚斌　段连水　祁昊冉　杨新荷　盛鹏成　马志寅
曾相喆　任泓锦　孙　潇　孟芸竹　赵国胜　嵇长凯　郭康彪

朴晟赫　　李家臻　　高允龙　　罗　畅　　陈娅雯　　余海瑶　　张倚铭
卓晓玲

山东省三等奖

彭冬至　　张语轩　　马　可　　高东轩　　周明义　　邱飞翔　　刘汉良
李子轩　　刘津玮　　文曜华　　谢皖婷

第二届山东省大学生创新方法大赛

山东省二等奖

任佳麟　　黄　晶　　杨奕萌　　樊欣萍　　王昱权

泰山设计杯文化创意设计大赛

山东省三等奖

王炳人　　陈娅雯　　余海瑶　　卓晓玲　　高　奥

第九届全国高校数字艺术设计大赛

全国二等奖

刘思言　　陈芷轩　　王予晟　　邹冠杰　　李子轩　　刘津玮　　文曜华
谢皖婷　　王政江　　王梦秋　　魏敬惠　　顾凌颢

全国三等奖

房克凡　　徐泽凡

山东省一等奖

刘思言　　陈芷轩　　王予晟　　邹冠杰　　李子轩　　刘津玮　　文曜华
谢皖婷　　王政江　　胡劲南　　彭　琦　　张　岩　　王旭阳　　王梦秋
魏敬惠　　顾凌颢　　房克凡　　徐泽凡　　田涣溶

山东省二等奖

张倚铭　　陈娅雯　　余海瑶　　李柯垚　　陈怡翰　　田新宇　　程文肖
高羽嚣　　相文豪　　王　静　　武璐真　　张帅杰

山东省三等奖

陶嘉宜　　周子舒　　王景璟

第十四届中国大学生计算机设计大赛

全国一等奖

刘力恺　　刘乃昌　　陈雨晴

全国二等奖

杨清云　　杜昌萌　　董一鸣　　陈怡翰　　张舒南　　杨清云　　杜昌萌

董一鸣　　陈怡翰　　张舒南

全国三等奖

刘力恺　　刘乃昌　　陈雨晴　　胡劲南　　彭　琦　　张　岩　　王旭阳
田新宇　　程文肖　　高羽罍　　相文豪　　王　静

全国 3D 大赛

全国特等奖

石翔慧　　张倚铭　　王敏婕　　邱靖晶　　王　星

中国高校计算机大赛——2021 团体程序设计天梯赛全国总决赛

全国二等奖

刘丰睿　　杨思铭　　施钧瀚　　杨沛霖　　孙天琦　　徐晏辰　　张　皓
汤子锋　　傅宇喆　　黄施捷

全国三等奖

于帅聪　　陈龙泽　　祁盛文　　滕　翡　　周　鑫　　庄昊霖　　李朝阳
肖　龙　　曾鹏武　　刘文涵

山东省一等奖

梁致嘉　　周润杰　　陈　格

第十二届蓝桥杯全国软件和信息技术专业人才大赛

全国二等奖

孙天琦　　祁盛文　　刑永超

全国三等奖

宋文博　　张　昭　　朱浩天　　陈龙泽

全国优秀奖

翟文升　　李俊彦　　孟祥晴　　乔浩然　　宋晨旭　　汪彦东　　王晨晔
徐晏辰　　杨洪宇

山东省一等奖

祁盛文　　宋文博　　刑永超　　乔浩然　　张　昭　　孟祥晴　　陈龙泽
王晨晔　　翟文升　　李俊彦　　宋晨旭　　朱浩天　　汪彦东　　徐晏辰
孙天琦

山东省二等奖

司　维　　许志豪　　方　禧　　崔航海　　吴黎明　　杨思铭　　曹津铭
贺昱斌　　杨洪宇　　张靖煜　　滕　翡　　柳　洋　　赵旭东　　陈　格
赵佳乐　　刘　震

山东省三等奖

赵一鸣　生　威　吴海粟　都玉钊　傅宇喆　于云聪　田行健
宋昊飞　李茂辰　杨梓鑫　张振龙　金　涛　史柳村　周润杰
朱一鸣　路思彤　郭天宸　徐展学　张一弛　辛宝康　曹源欢
王嘉成

第十四届全国大学生软件创新大赛

全国一等奖

刘浩森　朱鹏阳　张腾文　徐海洲

全国二等奖

潘慧蓉　王　琛　王郡浩　白雨欣

全国三等奖

李墒菊　郭海靖　秦聪聪　邹文沁

第八届山东省大学生科技创新大赛

山东省一等奖

刘　淼　吴奇政　杨珺博　田　鑫　张宏宇

山东省二等奖

王洪波　彭　钰　杨　帆　崔胜豪　杨发明　蔺雨馨　张　坤
胡　乐　盖新宇　程文肖　李子轩　水　月　王予晟

山东省三等奖

李先艳　韩　薇　吴　蕊　柏欣宏　程子轩　张恒昊　杨铮增
陈　立　孙　钰　许　森　孟　鸽　杨舒婷　昌翔宇　翟如岳
于绪昊　王雪纯　刘晓燕　袁小清　董晓彤　杨　喆　邵舒琪
张垚鑫　袁昱宗　李兴发

第五届山东省大学生智能控制大赛

山东省一等奖

李先艳　吴　蕊　范继港　张良收　马　硕　孙宁杰　李亚菲
宋勃仪　应仲谋

山东省二等奖

赵高琳　西玉莹　武博楠　李子涵　董　琳　颜丙硕　王爱佳
刘晨旭

山东省三等奖

孙倩倩　易芝信　何　力　何思源　戴子君　刘可轩　李子涵

吕姝璇　　邵　琪　　孔　皓　　李继正

第八届"学创杯"全国大学生创业综合模拟大赛山东省创业营销专项赛

山东省一等奖

王淑媛　　李佳容　　胡丁丁

第十五届全国高校商业精英挑战赛创新创业竞赛

全国二等奖

李奕璇　　徐　赛　　张雅琳　　徐梦缘　　谈一鸣　　王云龙

CCF 大学生计算机系统与程序设计竞赛

全国金奖

李俊彦　　庄昊霖

全国银奖

陈龙泽　　王筱童

全国铜奖

朱浩天　　孙普华　　曹津铭　　周润杰　　吴黎明　　赵凯文　　田行健

第九届全国大学生数字媒体科技作品及创意竞赛

全国一等奖

田新宇　　程文肖　　高羽嚣　　相文豪　　王　静　　胡劲南　　彭　琦
张　岩　　王旭阳　　张倚铭　　陈娅雯　　余海瑶　　李柯垚　　陈怡翰

全国三等奖

彭　琦　　周　云　　赵光子　　杜昌萌　　周云庆　　刘思言　　陈芷轩
王予晟　　邹冠杰　　杨清云　　杜昌萌　　张舒南　　董一鸣　　陈怡翰

中国机器人及人工智能大赛

全国二等奖

西玉莹　　何　力　　马　硕　　赵高琳

全国大学生 FPGA 创新设计竞赛

全国三等奖

冯永升　　胡杨成　　朱文韬

国际青年人工智能大赛

全国一等奖

邵　琪　　王爱佳　　易芝信

全国二等奖

张良收　　马　硕　　孙宁杰

全国大学生物理实验竞赛(创新)

全国一等奖

马一诺　　王政龙　　孙志睿　　郭文龙　　牛俊鹏　　宋怡娴　　史晓影
万珍珍　　曹陈宇　　严永祺

全国三等奖

李守帅　　姜　昊　　吴佳霖　　赵依洋　　王驰卓

全国优秀奖

冯婧桐　　魏熙柠　　张清航　　李常兴　　刘一帆

中国好创意暨全国数字艺术设计大赛

全国一等奖

田新宇　　程文肖　　高羽翯　　相文豪　　王　静

全国二等奖

彭　琦　　李子轩　　刘思言　　石翔慧　　王予晟　　张倚铭　　陈娅雯
余海瑶　　李柯垚　　陈怡翰　　李子轩　　刘津玮　　文曜华　　谢皖婷
王政江　　刘思言　　陈芷轩　　王予晟　　邹冠杰

全国三等奖

彭　琦　　周　云　　赵光子　　杜昌萌　　周云庆

中国虚拟现实大赛

全国一等奖

胡劲南　　彭　琦　　张　岩　　王旭阳

全国二等奖

彭　琦　　李子轩　　刘思言　　石翔慧　　王予晟　　田新宇　　程文肖
高羽翯　　相文豪　　王　静

第十三届山东省大学生科技节——大学生物理科技创新大赛

山东省一等奖

欧阳祝平　陈可心　袁小清　宋怡娴　史晓影　万珍珍

山东省二等奖

李守帅　吴佳霖　姜　昊　刘功林　王　睿

山东省三等奖

马一诺　孙志睿　牛俊鹏

第十三届山东省大学生科技节——山东省大学生物理学术竞赛

山东省二等奖

李守帅　吴佳霖　吴钧玮　高铭森　姜　昊

第十三届山东省大学生科技节——第五届山东省大学生物理竞赛

山东省一等奖

胡市航　徐思勉　张天益　李恩泽　左长盛　张天昊　王君豪
李方宜

山东省二等奖

居颂林　王政龙　顾关桦　郭文龙　刘育航　张清航　李梓晖
代翊政　李毅良　王嘉骏　符芷铭　赖圳民　张宇轩　凌　晨

山东省三等奖

郑铭冉　李可欣　陈振坤　李润泽　李旭东　付圣杰　欧阳祝平
王驰卓　陈　睿　郑家骏　黄家乐　游皓云　吴　浩　刘　阳
顾　硕　祖仁贵　陈雨晴　许　锋　邵一博

第十三届山东省大学生科技节——山东省大学生创业计划大赛

山东省二等奖

谭汶静　陈芳远　颜昶熙　周芸帆　孙　钰　程　爽　梁宝辉
张天昊　李中昊　司　玥　卿欣念　申效宇　赵　怡　陈　立
白欣阳　张　熙　王玉鑫

山东省三等奖

孟祥骥　于骏汀　张哲祎　胡汉泽　翟彦彬　史承达　徐　赛
王雨蒙　杨　钦　谈一鸣　刘钰荣　宋依鸽　安文洁　李靖远
余月雅　向　虹　亓应豪　易左兮　訾顺凯　张诗语　郭　懿
冯浩程　王允忱　于中锐　李奕璇　薛歆玥　张雅琳　徐梦缘

章姝颖　　邵舒琪

第十三届山东省大学生科技节——山东省大学生复合材料科技创新竞赛

山东省二等奖

张文豪　　王昊欣　　沈鸿飞

第十三届山东省大学生科技节——第八届山东省物联网创造力大赛

山东省一等奖

易芝信　　王婉莹　　迟瑗佳　　刘张力翰

山东省三等奖

王丙涛　　马林坤　　肖　顺　　王兆恒　　张新宇　　荣山雨　　路思彤
陈鸿飞　　陶颖萱

第十三届山东省大学生科技节——山东省大学生智能技术应用设计大赛

山东省一等奖

王　欢　　胡思佳　　魏小曦　　赵高琳　　李文涵　　高怡哲　　任子岳

山东省二等奖

邵　琪　　易芝信　　于善泽　　岳耀腾　　唐宇鹏　　张鹏举

山东省三等奖

李先艳　　吴　蕊　　冯婧雯　　杨振国　　迟鑫雨　　亓政浩　　王爱佳
刘晨旭　　张良收　　马　硕　　孙宁杰

第十三届山东省大学生科技节——山东省数字媒体创意大赛

山东省一等奖

刘思言　　陈芷轩　　王予晟　　邹冠杰

第十三届山东省大学生科技节——新媒体艺术大赛

山东省一等奖

刘思言　　陈芷轩　　王予晟　　邹冠杰

山东省三等奖

田新宇　　程文肖　　高羽翯　　相文豪　　王　静

第十三届山东省大学生科技节——山东省大学生单片机应用创新设计大赛

山东省一等奖

李先艳　　吴　蕊　　柏欣宏　　韩　薇

山东省三等奖

王丙涛　易芝信　荣山雨　路思彤　陈鸿飞　李志坚　胡于晨
陈昊然　刘鸿轩　王全章　王　轩　张天宇　王智民　黄文莉
胡佑鑫　李晨曦　李家政　杨　晨　张　暄　刘晓宇　吴　蕊
李先艳　刘晓宇　王　欢　张良收

第十三届山东省大学生科技节——山东省大学生软件设计大赛

山东省一等奖

张倚铭　陈娅雯　余海瑶　李柯垚　陈怡翰　胡劲南　彭　琦
张　岩　王旭阳

山东省二等奖

李子轩　刘津玮　文曜华　谢皖婷　王政江　赵旭东　周文浩
杨俊卿

山东省三等奖

孔德政　刘思雯　韦家鑫　李新冉　郭璐璐　李静雯　杨梦瑶
周芸帆　丁郝然　杨俊卿　赵法淇

第十三届山东省大学生科技节——第八届山东省大学生电子信息应用技术大赛

山东省一等奖

易芝信　杨曌坤　胡思佳

山东省三等奖

田新宇　程文肖　高羽翯　相文豪　王　静　王丙涛　马林坤
陶颖萱　王婉莹　岳广琛　姜文中　杨瑞雪　赵凯文

山东省优秀奖

邵　琪　何　力　吕姝璇　葛晨宇　于善泽　邬子旭　钱宇凡

第十三届山东省大学生科技节——山东省互联网+康养旅游大赛

山东省一等奖

任金珂　王子怡　于欣冉　安悦绮

第十三届山东省大学生科技节——山东省大学生创新创意设计大赛

山东省一等奖

张庭铨　徐　捷　曹馨源　赵光子

山东省二等奖

王文青　张帅杰　李丹丹　魏梦婷　马士龙　李威龙　赵光子

丛　源　　林子震　　彭潇莹　　高澜侨　　陶嘉宜

山东省三等奖

李滋怡　　李威龙

第二届山东省大学生金相技能大赛

山东省一等奖

赵邦原

山东省三等奖

吴欣沅　　李洪尧

第五届(2020～2021)全国大学生集成电路创新创业大赛(华北赛区)

三等奖

杨紫琪　　王婉莹　　康俊杰

ASC世界大学生超级计算机竞赛(ASC20-21)预赛

二等奖

顾植誉　　虞若凡　　黄施捷　　王怡然　　曹紫荻　　杜晨赫　　李文博
施钧瀚　　王一脉　　范小颖

第十五届“西门子杯”中国智能制造挑战赛全国初赛

二等奖

殷志洋　　吉泓光　　赵思源

第十届全国海洋航行器设计与制作大赛暨第三届“海上争锋”中国智能船艇挑战赛

全国二等奖

王海仲　　张国瑞

第四届全国大学生天文创新作品竞赛

全国一等奖

刘乃昌　　王　彪　　赵紫旭　　王佳琪　　牛俊鹏

全国二等奖

刘成栋　　刘力恺　　陈雨晴　　王驰卓

国际刑事法院英文模拟法庭比赛

全国一等奖

张天雨　贾雅婷　王江霖　郭宇轩　王　硕　李兆元

JESSUP 国际法模拟法庭比赛中国赛区

全国三等奖

吴雅格　许新冉　王允高　王　蓓　刘漪尧　李　可　潘震林
胡明昊

第五届全国学生“学宪法 讲宪法”活动山东赛区演讲比赛

山东省一等奖

黄嫣然

山东省第三届社会工作案例大赛

山东省三等奖

崔家骏　许　诺　曹　顺　谭锦妮　高娓萱　张恒硕　邓　淼
孙燕姿

第十五届中国大陆地区红十字会国际人道法模拟法庭竞赛

全国一等奖

李　响　韩伊铭　徐若清　刘漪尧　杜　莹　张宸琛　赵思远
吴雅格

全国高校商业精英挑战赛物流与供应链竞赛全国总决赛

全国二等奖

孟群航　陈可欣　张　静　马　超

全国高校商业精英挑战赛会计与商业管理案例竞赛

全国一等奖

赵笑迎新　朱一韬　王云龙　孙涵清　陈慧敏

全国二等奖

董淑娴　崔雨萌　邸俐萌　吴培铭　张益萌

全国三等奖

朱唯嘉　王志昊　孟群航　陈筱磊

第十三届创新创业全国管理决策模拟大赛

全国二等奖

李润莹　孙小茹　张嘉畅

全国三等奖

符宝月　李润莹　侯雅兰

第十一届全国大学生市场调查与分析大赛

全国二等奖

刘兴民　吕孟帆　王雨杭　王昊男

第十一届全国大学生电子商务“创新、创意及创业”挑战赛

全国二等奖

滕　源　王艺雯　孔　雄　钟　林　钟　玥

全国三等奖

邵　琪　彭　钰　张文雅　郭文银　单鑫成

山东省特等奖

滕　源　王艺雯　孔　雄　钟　林　钟　玥

山东省一等奖

邵　琪　彭　钰　张文雅　郭文银　单鑫成　闫匡奇　陈雯娉
邓震宇　王洪波

山东省二等奖

王玉鑫　匡佳洋　孙　惠　田涣溶　苏紫乔

第六届大学生艺术展演活动

全国二等奖

周小雨　孙泓静　李安妮　王雅静　周　垚

山东省一等奖

周小雨　孙泓静　李安妮　王雅静　周　垚　王玉洁　赵海如
陈睿丽　张雪菡　马　玉　刘　华　檀晨璐　闫欣怡　曾　晨
张梦颖　王泓锴　杨钧涵　徐晓晓　王　岭　张颖婕　徐子婷
王慧珍　梁钰琪　李煜琪　陈　聪　肖斯嘉　于天睿　张湇馨
杨馨茹　唐　威　徐嘉璐　王　玥　陈姝文　郑焱文　张叶戈
王　晶　刘家汐　曲纯洁　叶丰华　李文璐　李文涛　戚艳茹
肖林琳　朱海文　崔源培　邓雅丽　丁泽旭　高昕逸　贺紫璐

李宗华	刘安祺	刘林炉	苏珮峣	王雯君	邢铭驿	于东冉
邓依娜	岳明心	秦悦萌	刘蕴涵	夏凤顺	罗洪坤	赵寿恒
杨　琨	谭晓菁	贾士旺	徐昊宇	鞠文萱	王舒超	张　齐

山东省二等奖

褚伦坤	焦　琦	李建塘	卢敏篙	鲍计超	谭晓菁	于东冉
丁泽旭	杨钧涵	陈睿粒	徐子婷	曲纯洁	郑焱文	于天睿
邢铭驿	刘浩然	原　浩	卞峥奇	刘思源	田芷菁	刘　珺
陈　薇	左诗雨	安可欣	左知欣	白冰雪	白天宇	陈浩楠
郑奔驰	王紫阳	杨修贤	郝含坤	何彦树	石月宁	陈祉萱
王卓琳	魏科田	李俊妍	马倩文	杨奕轩	顾瑞坤	郝瑞莹
郭欣茹	邵　雪	白　霜	李祉仪	李羽琪	李海桐	朱思同
何佳龙	孔思婷	张思佳	闫　素	宋金珂	唐嘉怡	龚丽元
刘　珺	王　语					

山东省三等奖

易芷珊	陈芷萱	郭欣茹	白　霜	刘　珺	田伊菲	迟文妮
王一琛						

（教务处　提供）

山东省研究生优秀学术成果奖

题目：废弃鲍鱼壳资源高值化利用
作者：杜明足
导师：陈景帝

山东省优秀博士学位论文

题目：申圭植的中国体验与文学创作研究
作者：刘霞
导师：牛林杰

山东省优秀硕士学位论文

题目：BDS-2/BDS-3 精密数据处理理论与方法研究
作者：方震龙
导师：徐天河

题目:基于微气候参数化模型的尽远古村生活空间宜居优化设计研究
作者:申珂婷
导师:张剑

山东大学优秀博士学位论文

题目:日冕磁环中的横向振荡在日冕加热问题及冕震学中的可能应用
作者:郭明哲
导师:李波/Tom Van Doorsselaere

山东大学优秀硕士学位论文

题目:基于正交导频的 STBC MIMO-OFDM 系统信道估计研究
作者:汤瑞光
导师:周晓

(学科建设与研究生教育办公室　提供)

聘用相关专业技术职务及岗位人员名单

关于聘任王德华等224名同志相应专业技术岗位的通知(节选)

山大人字〔2021〕78号

（威海校区）

各有关单位：

根据我校杰出人才和新进人员专业技术职务聘任的有关规定，经学校研究，决定聘任王德华等224名同志相应专业技术岗位。聘任名单如下：

教授三级岗：

张　宁(自2021年6月起聘)

教授四级岗：

毕颖达(自2021年8月起聘)　　吴　贾(自2021年8月起聘)

李　新(自2021年7月起聘)　　庄会彬(自2021年3月起聘)

郭瑞龙(自2021年3月起聘)　　李　远(自2020年12月起聘)

王　勇(自2020年12月起聘)

研究员四级岗：

于晓龙(自2021年8月起聘)　　王　帅(自2021年5月起聘)

副研究员三级岗：

牛晓茹(自2021年7月起聘)　　卢俊婷(自2021年6月起聘)

穆大鹏(自2021年6月起聘)　　初智勇(自2021年6月起聘)

王冬冬(自2021年1月起聘)　　张淑娟(自2020年12月起聘)

牟利成(自 2020 年 12 月起聘)　　徐海娜(自 2020 年 12 月起聘)

助理研究员三级岗:

康元环(自 2021 年 8 月起聘)　　刘　玲(自 2021 年 8 月起聘)

潘盼盼(自 2021 年 7 月起聘)　　来永玲(自 2021 年 7 月起聘)

张值豪(自 2021 年 7 月起聘)　　冯　争(自 2021 年 7 月起聘)

蒋　鹏(自 2021 年 7 月起聘)　　黄漓江(自 2021 年 6 月起聘)

赵志勇(自 2021 年 6 月起聘)　　武晓玮(自 2021 年 4 月起聘)

孙志强(自 2021 年 3 月起聘)　　布乃鹏(自 2021 年 1 月起聘)

龚　亚(自 2021 年 1 月起聘)　　李国辉(自 2021 年 1 月起聘)

助理馆员二级岗:

陈　丹(自 2021 年 9 月起聘)　　李　璐(自 2021 年 8 月起聘)

于艳艳(自 2021 年 8 月起聘)

助教二级岗:

尹　帅(自 2019 年 12 月起聘)

助理实验师二级岗:

巩　志(自 2021 年 3 月起聘)　　冷　芳(自 2021 年 1 月起聘)

助理审计师二级岗:

苏美玲

山东大学

2021 年 10 月 11 日

关于聘任王新春等 722 名同志相应专业技术岗位的通知(节选)

山大人字〔2022〕3 号

（威海校区）

各有关单位：

根据《关于开展 2021 年度专业技术岗位调整工作的通知》(山大人字〔2021〕75 号)等文件精神，经个人申报、单位审核推荐、各系列专家组评审、公示、学校学术委员会审定等程序，学校研究决定聘任王新春等 722 名同志相应专业技术岗位，除特殊情况外聘任时间自 2021 年 9 月算起。聘任名单如下：

一、教学科研岗位

三级岗：
东北亚学院：苗　威　张景全
法学院：王瑞君　门中敬　张　乐
商学院：宁光杰
数学与统计学院：齐海涛　张玉森　亓兴勤
海洋学院：杜宗军　李　霞
空间科学与物理学院：刘　晶　胡绍明
机电与信息工程学院：陈　原
五级岗：
商学院：韩国圣
艺术学院：纪维剑　孔繁文
机电与信息工程学院：姜秀娥　宁淑荣　王成优　周　强
数学与统计学院：陈明涛
六级岗：
商学院：王　杰　吕岩威　马万里　李　燕　王一兵
法学院：许敏兰

翻译学院:梁　远

艺术学院:李　静　张娅妮　赵　鸿　张铁成

海洋学院:穆大帅

机电与信息工程学院:许庆阳　金长龙　郭春生　衣振萍

空间科学与物理学院:许　艳　孙　珲　刘维新

数学与统计学院:解　兵　孙海伟　续焕英

马克思主义学院(威海):闫惠惠　陈　宾

体育教学部:张　奇

八级岗:

商学院:刘丹丹　周晓歌

翻译学院:李淑康

艺术学院:钟晓红

机电与信息工程学院:高　翔

马克思主义学院(威海):崔　微

体育教学部:姜　川　高同进(教学型)

九级岗:

商学院:李　瑞

法学院:贾景峰　周　慧　刘　佳

文化与传播学院:李艳娇　蔡象丽

艺术学院:袁　莉　范文慈

海洋学院:丁　一　于秀霞

机电与信息工程学院:孙　祺　刘　娟　张德敬　张丽娜　梁　莹

数学与统计学院:陈　潇

二、思想政治教育岗位

六级岗:

威海校区法学院:时华忠

八级岗:

文化传播学院:李　丁

九级岗:

机电与信息工程学院:王　瑞

空间科学与物理学院:洪　峰

三、工程、实验岗位

六级岗：

实验技术：

机电与信息工程学院：郭荣生

空间科学与物理学院：冯士伟

工程技术：

基建处：金世玉　姚云龙

八级岗：

实验技术：

艺术学院：张纯梅

海洋学院：刘　旭

机电与信息工程学院：孙　蛟

工程技术：

威海校区教务处：姜学思

九级岗：

实验技术：

机电与信息工程学院：李晓坤

空间科学与物理学院：辛艳青　陈　旭

海洋学院：宋　萃

工程技术：

资产与实验室管理处：韩　凉

信息化工作办公室：王小群

后勤管理处：王洪瑞

四、图书、档案、文博岗位

六级岗：

图书馆：师晓青

八级岗：

图书馆：薛　鹏

九级岗：

图书馆：邹莉莉　宋　梅　胡水亮　陶一瑄　杨　威　赵　洁

十一级岗：

图书馆：陈乃强

五、会计、审计岗位

八级岗:
财务处:朱学芬
九级岗:
财务处:徐　伟　洪佩群

六、中小学教师岗位

九级岗:
后勤管理处:陈　晶

山东大学
2022年1月3日

关于聘任刘晓艺等533名同志相应专业技术职务的通知(节选)

山大人字〔2022〕4号

（威海校区）

各有关单位：

根据《关于开展2021年度专业技术职务聘任工作的通知》(山大人字〔2021〕74号)等文件精神,经个人申报、单位资格审核推荐、中级评审委员会评审、校外同行专家鉴定、学科评议组评审、公示、学校学术委员会审定等程序,学校研究决定聘任刘晓艺等533名同志相应专业技术职务,除特殊情况外聘任时间自2021年9月算起。聘任名单如下：

一、高等学校教师系列

教授：

文化传播学院:周新顺

海洋学院:姜昭阳

空间科学与物理学院:黄正化　姜云国　杜桂强

数学与统计学院:李　静

商学院:刘　超

机电与信息工程学院:褚兴荣　毕云峰

前沿交叉科学研究院:李佳硕(青年教师特别评审)

副教授：

文化传播学院:梁　艳

翻译学院:黄　爱　李晓丽

艺术学院:靳雅权　郑　岩　尹建宏　章　勇

商学院: 陈　欣　布乃鹏

法学院:冯　威　黄兰松

体育教学部:展　凯　李　博(教学型)

海洋学院:吕新芳　陈　浩　李英秀

空间科学与物理学院:刘　晨　高　凡

数学与统计学院:穆增超　于　波　孙午阳

机电与信息工程学院:徐东亮　苏艳蕊　翟　强　杨润涛　王　侃　程　昀
俞军涛　张　亮　曲美霞

讲师三级岗:

郑洪宇

二、思想政治教育系列

副教授:

刘凤华

讲师三级岗:

党工委学生工作部:谈　殷

商学院:尹金龙

法学院:闫　玥

海洋学院:佟海燕

机电与信息工程学院:李　倩　邹汶洋

三、工程、实验系列

正高级实验师:

机电与信息工程学院:王延刚

高级实验师:

威海校区商学院:鞠传宝

实验师:

机电与信息工程学院:孟令涛

工程师:

信息化工作办公室:杨浩志　付　达

四、教育管理研究系列

研究员:

党务:

党工委(校长)办公室:杨　玉

副研究员:

行政:

教务处:赵　辉

助理研究员：

行政：

人事处:王亚飞

学研办:王文思

科研处:王擎擎

资产与实验室管理处:林娇艳

数学与统计学院:刘　扬

五、会计、审计系列

会计师：

财务处:刘　俊

山东大学

2022 年 1 月 3 日

关于聘任李树强等 101 名同志相应专业技术岗位的通知(节选)

山大人字〔2022〕36 号

（威海校区）

各有关单位：

根据我校杰出人才和新进人员专业技术职务聘任的有关规定，经学校研究，决定聘任李树强等 101 名同志相应专业技术岗位。聘任名单如下：

一、预聘制教师岗位

研究员四级岗：

海洋学院：

陈　晓(自 2022 年 1 月起聘)

二、合同聘用制教师岗位

助理研究员三级岗：

文化传播学院：

郑　薇(自 2021 年 9 月起聘)　　李缙英(自 2021 年 9 月起聘)

白洋本(自 2022 年 3 月起聘)

马克思主义学院(威海)：

耿　捷(自 2021 年 9 月起聘)　　刘晓慧(自 2021 年 10 月起聘)

靳　贺(自 2022 年 1 月起聘)

数学与统计学院：

刘晓珍(自 2022 年 2 月起聘)

三、思想政治教育教师岗位

助教二级岗(预聘制辅导员):

文化传播学院:

朱慧敏(自 2020 年 10 月起聘)

商学院:

姜文立(自 2020 年 12 月起聘)

机电与信息工程学院:

姜佳男(自 2020 年 10 月起聘)

助教二级岗(预聘制心理教师):

威海校区党工委学生工作部(学生工作处、武装部):

王　婷(自 2020 年 10 月起聘)

山东大学

2022 年 4 月 15 日

新聘研究生指导教师名单

2021年新聘博士研究生指导教师名单

序号	所属培养单位	姓名	二级学科名称
1	数学与统计学院	卜育德	统计学
2	威海前沿交叉科学研究院	李　源	人口、资源与环境经济学
3	空间科学与物理学院	杜桂强	理论物理
4	空间科学与物理学院	付　辉	地球物理学
5	空间科学与物理学院	Maria Luísa Machado Cerqueira Bastos(兼)	地球物理学
6	文化传播学院	崔　春	中国现当代文学
7	东北亚学院	刘　畅	亚非语言文学
8	海洋学院	张　伟	海洋科学
9	机电与信息工程学院	宋　勇	控制科学与工程
10	机电与信息工程学院	毕云峰	控制科学与工程
11	海洋学院	葛长字	资源与环境

(学科建设与研究生教育办公室　提供)

2021年新聘硕士研究生指导教师名单

序号	所属培养单位	姓名	二级学科名称
1	东北亚学院	石　坚	朝鲜语口译
2	东北亚学院	黄永哲	朝鲜语口译
3	东北亚学院	刘惠莹	朝鲜语口译
4	法学院	周　颖	法学理论
5	翻译学院	徐高楠	英语语言文学
6	翻译学院	赵　翔	英语笔译
7	翻译学院	崔莹辉	英语笔译
8	海洋学院	李　树	生物与医药
9	海洋学院	马庆林	生物与医药
10	机电与信息工程学院	孔晓明	计算机科学与技术
11	机电与信息工程学院	袁宪锋	控制科学与工程
12	机电与信息工程学院	徐东亮	计算机科学与技术
13	机电与信息工程学院	张丽娜	控制科学与工程
14	机电与信息工程学院	张　亮	电子信息
15	空间科学与物理学院	武　昭	地球物理学
16	空间科学与物理学院	刘　晨	物理学
17	马克思主义学院(威海)	韩巧霞	马克思主义理论
18	马克思主义学院(威海)	马　莲	马克思主义理论
19	商学院	郝延伟	金融学
20	商学院	刘丹丹	金融
21	商学院	李　超	金融
22	数学与统计学院	杨　杰	概率论与数理统计
23	数学与统计学院	胡琴琴	统计学
24	数学与统计学院	杨丰凯	统计学
25	数学与统计学院	宋慧敏	运筹学与控制论
26	数学与统计学院	皮庆华	基础数学

续表

序号	所属培养单位	姓名	二级学科名称
27	文化传播学院	周　妍	新闻学
28	艺术学院	范文慈	音乐
29	艺术学院	徐　驰	音乐
30	艺术学院	王　岩	音乐
31	艺术学院	季慧慧	音乐
32	艺术学院	张金娣	音乐
33	艺术学院	章　勇	艺术设计
34	艺术学院	张传涛	艺术设计

(学科建设与研究生教育办公室　提供)

组织机构与干部任职名单

中共山东大学(威海)工作委员会

党工委书记:尹作升

党工委副书记:李振奎(2021 年 1 月起任)　杜言敏(2021 年 1 月起任)　周慧如

纪工委书记:杜言敏(2021 年 1 月起任)

党工委委员:刘建亚　尹作升　赵玉璞　李振奎(2021 年 1 月起任)
　　杜言敏(2021 年 1 月起任)　刘　海　周慧如　夏利东
　　黄凯南(2021 年 7 月离任)　肖金明(2021 年 10 月起任)

校长、副校长

校　长:刘建亚

副校长:赵玉璞　刘　海　夏利东
　　黄凯南(2021 年 7 月离任)
　　肖金明(2021 年 10 月起任)

中层领导干部

单　位	职　务	姓　名
党工委(校长)办公室	主任	杨　玉
	副主任	顾　炜
	副主任	李　松
纪监审办公室	纪工委副书记、主任	周大白
	副主任	薛施贞
党工委组织部、机关党委	部长、书记	张文玺
	副部长、副书记	梁奉军
党工委宣传统战部(教师工作办公室)、工会、妇委会	部长、主任	姜　强
	副部长、副主任兼工会主席、妇委会主任	朱桂华
	副部长、副主任	魏　斌
党工委学生工作部(学生工作处、武装部)、团工委	部(处)长	王景瑞
	副部(处)长	孙丽霞
	副部(处)长	刘会刚(～2021.03)
	副部(处)长	孔　雷(2021.08～　)
	副部(处)长兼团工委书记	李彤彤
	副处级辅导员	于和利
人事处、离退休工作办公室(离退休党委)	处长、主任、党委书记	黄建军
	副处长、副主任	葛彩云
	副处长、副主任	吕兆生
教务处	处长	王湘云
	副处长	赵　辉
	副处长	宋　嵩
科研管理办公室(2021年12月设立,原科研处撤销)	处长	高　军
	副处长	吴玉阁

续表

单　位	职　务	姓　名
学科建设与研究生教育办公室	主任	吴丙新
	副主任	陈昌珠
财务处	处　长	于燕臣
	副处长	牛光辉
国际合作与交流处	处长	孔海燕
	副处长	孟凡波
校地合作与校友工作办公室	副主任	刘晓军
资产与实验室管理处	处　长	王福安
	副处长	宋玉厚
	副处级干部	原所东
党工委保卫部(安全管理处)(2021 年 12 月,原保卫处更名)	处　长	林朝旭
	副处长	王绍林
基建处	处　长	王祖杰
	副处长	张　珂
	副处级干部	孙可寒
后勤管理处(后勤管理处党总支)	处长、书记	徐　健(2021.01～　)
	副处长	刘会刚(2021.03～　)
	副处长	佟　强
	正处级干部	陈广奕(2021.01～　)
图书馆(图书馆直属党支部)	馆长、书记	谢穗芬
	副馆长	左　峰
	副馆长	王学福
信息化工作办公室	主　任	王　亮
	副主任	王　伟
继续教育学院	院　长	张秉江
	副院长	贾　鹏
	副处级干部	宋云龙(2021.03～　)
国际教育学院	院　长	蒋保臣
	副院长	张正武
	正处级组织员	杨金才
威海前沿交叉科学研究院	副院长	吕　健

续表

单　位	职　务	姓　名
东北亚学院	院长(兼)	赵玉璞
	党委书记	谷丽霞
	副院长	张景全
	副院长	郑冬梅
	党委副书记	陈　昕
商学院	院长、党委副书记	戚桂杰
	党委书记	袁相万
	副院长	杨　林
	副院长	夏　辉
	副院长	刘　超
	副院长	陈学胜
	党委副书记	郭晓妮
	党委副书记	孔　雷(～2021.08)
	党委副书记	韩鲁青(2021.08～　)
	正处级组织员	韩延伟(2021.01～　)
	副处级组织员	井海波
法学院	院长、党委副书记	肖金明
	党委书记	汪全胜
	副院长	姜世波
	副院长	刘　军
	副院长	门中敬
	党委副书记	侯丽娜
文化传播学院	院长、党委副书记	张红军
	党委书记	于培丽
	副院长	管恩森
	副院长	周新顺
	副院长	尹海良
	党委副书记	周玉宏

续表

单　位	职　务	姓　名
翻译学院	院长、党委副书记	申富英
	党委书记	栗庆冬
	副院长	李万军
	副院长	李　克
	副院长	梁　远
	副院长	崔　英
	党委副书记	常伟东
	正处级组织员	王迎宾
艺术学院	院长(兼)	李晓峰
	党委书记	李恒江
	副院长	张　剑
	副院长	纪维剑
	副院长	赵　鸿
	党委副书记	宗文婷
	正处级组织员	刘　玮(～2021.06)
海洋学院	院长(兼)	贾　磊
	党委书记	孙文范
	常务副院长(聘)	梁振林
	副院长	杜宗军
	副院长	李　霞
	副院长	葛长字
	党委副书记	牛志强
	正处级干部	邹　海(2020.12 校区任命专职组织员)
机电与信息工程学院	党委书记	彭兆强
	常务副院长、党委副书记	王　丽
	副院长	刘若伦
	副院长	陈　原
	副院长	姜　斌
	副院长	宋凯凯
	副院长	郭春生

续表

单　位	职　务	姓　名
机电与信息工程学院	党委副书记	单登科
	党委副书记	高佚婧
	正处级组织员	叶军堂
	正处级组织员	辛洪云
空间科学与物理学院	党委书记	迟　涛
	常务副院长(副处级)	王守宇
	副院长	陈　耀
	副院长	胡绍明
	副院长	吕英波
	党委副书记	李　冶
	副处级组织员	贾慧卿
空间科学研究院	行政副院长	杜　猛
数学与统计学院	院长(聘)	张益唐
	党委书记	于振涛
	常务副院长、党委副书记	綦建刚
	副院长	李　娟
	副院长	齐海涛
	副院长(聘)	郭　亮
	党委副书记	王鹏飞
马克思主义学院(威海)	院长、党委副书记、兼马克思主义学院副院长	吴文新
	党委书记	郝书翠
	副院长	马秋丽
	副院长(聘)	焦　佩
	正处级组织员	李洋修
山东大学澳国立联合理学院	院长(兼)	刘建亚
	党委书记	单丙波
	执行院长	吕广世
	党委副书记	范其学
	副院长(聘)	柏　铭
	副院长(聘)	常晓梅
	副处级组织员	姜　胤

续表

单　位	职　务	姓　名
体育教学部	直属党支部书记(兼)	周慧如(2021.03～　)
	主　任	孙晋海
	副主任	王友坤
	副主任	张　奇
非实职处级干部	正处级干部	徐希锋(～2021.08)

(组织部　提供)

机构设置

部门名称	内设机构名称
党工委(校长)办公室	行政事务科
	外联与会议服务科
	文秘科
	信息科
	校史档案室
	校区总值班室
	挂靠单位:法律事务办公室
	挂靠单位:督察督办工作办公室
纪监审办公室	—
党工委组织部、机关党委	挂靠单位:党校办公室
党工委宣传统战部(教师工作办公室),挂靠单位:工会、妇委会	挂靠单位:校报编辑部
党工委学生工作部(学生工作处、武装部),挂靠单位:团工委	学生管理科
	大学生资助管理中心
	大学生心理指导中心
	大学生就业创业指导中心
	学生公寓管理服务中心
	研究生工作办公室
	学生思想教育科
	挂靠单位:大学生科技创新中心
人事处、离退休工作办公室(离退休党委)	人事科
	师资与专业技术职务管理科
	工资与社会保障科
	综合信息服务科
	档案科
	博士后工作办公室
	离退休综合服务中心
	挂靠单位:杰出人才工作办公室

续表

部门名称	内设机构名称
教务处	教务科
	考试管理科
	教学研究科(高教研究所)
	实践教学与学科竞赛管理科
	教学服务科
	招生办公室
	电教中心
	挂靠单位:教学促进与教师发展中心
科研管理办公室	科学技术办公室
	人文社科办公室
	服务地方办公室
	重点(军工)项目办公室
学科建设与研究生教育办公室	研究生综合业务科
	研究生培养科
	学科建设办公室
财务处	财务管理科
	计划管理科
	核算科
	基建财务科
	招投标工作办公室
国际合作与交流处	境外专家事务科
	综合管理科
	国际交流科
	留学生事务管理科
	国际教育合作科
	海外经历工作办公室
校地合作与校友工作办公室	合作发展科
	社会资源科
	校友工作科

续表

部门名称	内设机构名称
资产与实验室管理处	教师公寓服务中心
	实验室管理科
	仪器设备管理科
	物资管理科
	产权管理科
	公房土地管理科
党工委保卫部(安全管理处)	综合治理科
	校卫队
	校内交通与车辆管理科
基建处	工程技术科
	规划预算科
	综合管理科
后勤管理处	综合管理科
	发展规划科
	能源管理科
	内控监审科
	安全监管科
	物业管理与维修服务中心
	饮食管理服务中心
	学生生活服务中心
	幼教服务中心
	收发与快递服务中心
	教职工住宅区管理办公室
	卫生健康中心
图书馆	办公室
	文献建设部
	读者工作部
	信息技术部
	信息咨询部

续表

部门名称	内设机构名称
信息化工作办公室	综合科
	网络信息技术部
	一卡通管理部
继续教育学院	办公室
	教学管理部
	培训部
	学生管理办公室
国际教育学院	综合事务部
	教学事务部
	学生事务部
威海前沿交叉科学研究院	—
东北亚学院	办公室
	团委
	挂靠:山东大学东北亚研究中心
商学院	办公室
	团委
法学院	办公室
	团委
文化传播学院	办公室
	团委
翻译学院	办公室
	团委
艺术学院	办公室
	团委
海洋学院	办公室
	团委
	实验中心
机电与信息工程学院	办公室
	团委
	实验中心
	计算中心

续表

部门名称	内设机构名称
空间科学与物理学院	办公室
	团委
空间科学研究院	办公室
数学与统计学院	办公室
	团委
马克思主义学院(威海)	办公室
山东大学澳国立联合理学院	综合事务部
	教学事务部
	学生事务部
	对外交流与合作发展部
体育教学部	办公室
	挂靠单位:体育场馆管理中心

(人事处　提供)

教职工名单

2021年各类在职人员名单

校区领导

刘建亚　尹作升　赵玉璞　李振奎　杜言敏
刘　海　周慧如(女)　夏利东　黄凯南(2021年7月离任)
肖金明

党工委(校长)办公室

王　松　司献英(女)　李　松　杨　玉　杨　强
何　峰　宋修静(女)　陈楷丰　赵林林(女)　姜　刚
顾　炜　葛洪涛

纪监审办公室

王　晶(女)　刘伟娇(女)(其他聘用人员)　苏美玲(女)　李　晨(女)
周大白　薛施贞

党工委组织部、机关党委

李祥鹏　李萌芮(女)(其他聘用人员)　杨　青(女)
宋艳霞(女)(其他聘用人员)　赵　昆　梁奉军

党工委宣传统战部(教师工作办公室)、工会、妇委会

丛岗滋　朱桂华(女)　刘　波　刘胜民

林亚南(女)(其他聘用人员)　姜　强　曹雅婷(女)(其他聘用人员)

戚伟良　傅振国　滕丹丹(女)　魏　斌

党工委学生工作部(学生工作处、武装部)、团工委

刁伟燕(女)　于和利　于淑一(女)　王志辉　王彦涛

王恬玉(女)(其他聘用人员)　王继涛　王景瑞　王　婷(女)

孔　雷　丛　瑛(女)(其他聘用人员)　冯超华(女)(其他聘用人员)

吕杰超(其他聘用人员)　刘凤华(女)　刘红芬(女)　刘　萍(女)

闫红伟(女)　许进善　孙丽霞(女)　孙秀影(女)(其他聘用人员)

李彤彤(女)　李海静(女)　李琦辉　邹　伟(女)

宋　青(女)(其他聘用人员)　张文学　陈　剑　陈　莹(女)

邵俊杰(女)　房永超　赵笑菊(女)　施见勇　秦小云(女)

谈　殷(女)

人事处、离退休工作办公室(离退休党委)

于艳艳(女)　马学峰(其他聘用人员)　马海源(女)(其他聘用人员)

王亚飞(女)　田晓琼(女)　吕兆生　李传先　杨　柳(女)

宋叙咏(女)　张大勇　张韫笛(女)(其他聘用人员)　张　雷

赵亮云　黄建军　葛彩云(女)

教务处

马晓红(女)　王湘云　王　群(女)　边　婧(女)　朱　慧(女)

华　慧(女)(其他聘用人员)　刘　冰　刘晓玲(女)　刘立山

刘峻锴(其他聘用人员)　刘静霏(女)(其他聘用人员)　孙伟松

李世康　李　楠(女)　邹玉平(其他聘用人员)　沙　沙(女)

宋　光　宋　嵩　张　帆(女)　林晓清　赵　梅(女)

赵　辉　姜学思　祝　君(女)(其他聘用人员)　袁　伟(女)

栗　春　韩秀峰　熊云菲(女)　缪莎莎(女)(其他聘用人员)

薛　峰　戴　虹(女)

科研管理办公室

王龙祥(其他聘用人员)　王倩倩(女)(其他聘用人员)　王擎擎(女)
方利平(女)　邓宏军　吴玉阁(女)　邹晓光　高　军
唐　哲(女)(其他聘用人员)　崔孟暄

学科建设与研究生教育办公室

于贝贝(女)(其他聘用人员)　王文思(女)　邬　迪　吴丙新
陈昌珠(女)　陶　扉

财务处

于燕臣　万　辉(女)　王俊苏(女)(其他聘用人员)　王　靖(女)
牛光辉　冯　群(女)　邢恩静(女)(其他聘用人员)　朱学芬(女)
刘　俊(女)　李　齐(女)　肖建会　宋　婷(女)
胡国盼(女)(其他聘用人员)　洪佩群(女)　徐　伟　栾　红(女)
韩卓飞(女)　蔡玲玲(女)

国际合作与交流处

孔海燕(女)　冯愉展(女)(其他聘用人员)　仵　眉(女)　刘　亮
李晓霞(女)　张家豪　陈　超(女)　陈雅婷(女)(其他聘用人员)
孟凡波　耿菁璐(女)　高绍山　臧晓娜(女)(其他聘用人员)

校地合作与校友工作办公室

王伟莉(女)　刘晓军　段兴立　梁春圆(女)(其他聘用人员)
裴　水(女)

资产与实验室管理处

王福安　乔　威　孙巍峰　牟　峰(女)　李国华

肖艳楠(女)　宋玉厚　张先军　林娇艳(女)　胡小林
原所东　韩秀莉(女)　韩　凉　谢萌萌(女)(其他聘用人员)
谭　明

党工委保卫部(安全管理处)

万　伟　王绍林　车吉龙　尹凤琴(女)　刘　杰
刘保安(其他聘用人员)　刘　海　孙茂云(其他聘用人员)
杨海剑(其他聘用人员)　肖文良　吴志强　林朝旭
胡启超　袁海龙　戚永臻(女)　崔永庆(其他聘用人员)
隋连君

基建处

王祖杰　刘运春　孙可寒　李　强　连海宁
张立铎　张　珂　陈姣姣(女)(其他聘用人员)　金世玉(女)
姚云龙　秦　耕　蔡可心

后勤管理处

于文浩　于占秋(其他聘用人员)　于承志　于德军
马泽中(其他聘用人员)　王东彦(女)　王　栋(其他聘用人员)
王洪瑞　牛晓军　尹明柱(女)　丛良日　冯　静(女)
邢小云(女)　吕明军(其他聘用人员)　任一丹(女)(其他聘用人员)
刘永军　刘会刚　刘庆忠　李军端　李　昕
李忠欣　杨卫华　杨　刚　杨枢华(女)
杨海江(其他聘用人员)　何　睦(女)　佟　强　邹　静(女)
邹德杰　宋修记　宋新强　张华虎　陈广奕
陈　晶(女)　赵玉屏(女)　徐　健　徐　斌　高　文(女)
高海刚　高　巍(女)　郭亦辉　梁可志　程广文
程　倩(女)　谢军红　管松刚(其他聘用人员)

图书馆

万　春(女)　王兰英(女)　王　玮(女)　王　忠　王学福

王春华(女)　王振妘(女)　王晓萌(女)(其他聘用人员)　艾　雰(女)
左　峰　史琳琳(女)　毕艳娜(女)　师晓青(女)　刘　丽(女)
刘　旸　刘　静(女)　刘　聪(女)　李　静(女)　李　璐(女)
杨　威　邹莉莉(女)　宋　梅(女)　张　进(女)(其他聘用人员)
张　杰(女)　张果红(女)　张晓丽(女)　张海砾(女)　张维彬
陈乃强　陈　丹(女)　陈　静(女)　林凤姬(女)(其他聘用人员)
岳　理(女)(其他聘用人员)　郑　磊　赵　洁(女)　赵　萍(女)
胡水亮　胡长华(女)(其他聘用人员)　姜玉晶(女)　聂麟枭
高　雪(女)　郭学娟(女)　郭海红(女)　陶一瑄(女)　陶桂芬(女)
曹　爽(女)　崔　明　鹿　遥(女)　谢穗芬(女)　慕春川(女)
阚洪海　薛　芹(女)　薛　鹏　戴颖梅(女)(其他聘用人员)

信息化工作办公室

王小群(女)　王　伟　王　亮　王　淼(其他聘用人员)
付　达　阮慧丰　李世伟(其他聘用人员)　李　军
李智超　杨浩志　何荣毅　宋显隆(其他聘用人员)
岳　鹏　袁胜忠　董　凯(其他聘用人员)　程雨芊(女)
谭业红(女)

继续教育学院

马　杰　王宝红(女)　王　聪(女)　刘　书(女)　刘钧仁
宋云龙　宋立新(女)　张秉江　贾　鹏　徐海峰

国际教育学院

牛俊喃(女)(其他聘用人员)　刘田恬(女)(其他聘用人员)　许　东
宋奎艳(女)　张正武　蒋保臣

威海前沿交叉科学研究院

于艳妮(女)　马逍天(女)　王　娜(女)　田沛佩
丛　菱(女)(其他聘用人员)　吕　健　刘　茜(女)　齐　超
李　伟(女)(其他聘用人员)　李佳硕　李　源(女)　张　宁

赵　旭　　钟洪麟

东北亚学院

丁　玲(女)　于明燕(女)　于莉颖(女)　马雨瑶(女)(其他聘用人员)
王欣媛(女)　王宝霞(女)　王彩芹(女)　方浩范　尹锡万
石　坚(女)　丛衍萍(女)　边　宁(女)(其他聘用人员)　毕颖达
刘加明　刘宝全　刘晨晨(女)　刘惠莹(女)　孙志强
李冬新(女)　李　远　李国辉(女)　李学堂　李荣荣(女)
李海榕(女)　李雪威(女)　杨延龙　谷丽霞(女)　闵英兰(女)
初智勇　张　进　张体勇　张京青(女)　张琳琳(女)
张景全　陈　昕(女)　武　鹏　苗　威(女)　和春红(女)
金　哲　郑冬梅(女)　郑　艳(女)　赵姗姗(女)　赵艳华(女)
柏宝清(女)　洪　静(女)　徐海娜(女)　高梓菁(女)　郭秀梅(女)
黄永哲　黄明玉(女)　常吉祥(其他聘用人员)　崔明旭
梁懿文(女)　潘雨晨

商学院

于晓雪(女)　于惠(女)(其他聘用人员)　于静静(女)　马万里
马卫红(女)　王一兵　王小梅(女)　王长全　王兆祥
王　杰　王春平　王素娟(女)　王晓燕(女)　王萧涵
王锡秋　王　磊　井海波　车路刚(其他聘用人员)
卞慧丽(女)　尹文清(女)　尹金龙　布乃鹏　卢书泉
卢俊婷(女)　付光新　付宜强　仪富强　白锐锋
宁光杰　师韵茗(女)　曲国霞(女)　吕岩威　吕爱权
吕淑华(女)　朱顺贤　朱　峰(女)　朱峰峻　刘　一(女)
刘丹丹(女)　刘　文(女)　刘　平(女)　刘永仁　刘　沛
刘　艳(女)　刘爱静(女)　刘　超　刘　喆(女)　刘　锋
苑　迪(女)　刘　震(女)　齐军领　许　先(女)　孙　丹(女)
孙作人　孙　虹(女)　孙　恒　杜宏宇(女)　巫威威(女)
李依凭(女)　李昭辉　李　超　李　瑞(女)　李　静(女)
李　慧(女)　李　燕(女)　李　燕(女)　杨　林(女)　杨　茗(女)
杨　盼(女)(其他聘用人员)　杨　雯(女)　杨　慧(女)　吴佩林
吴　贾　谷祖莎(女)　沈　君　宋迎春(女)　宋祎品(女)

张永成	张志平(女)	张建波	张信信(女)	张爱荣
张　晨	张舒婷(女)	张霖坤	陈　伟	陈　欣(女)
陈学胜	陈　茜(女)	罗润东	岳　军	金京玉(女)
周　军	周宏燕(女)	周桂梅(女)	周晓歌(女)	孟　红(女)
赵天舒(女)	郝延伟	荆晓文(女)(其他聘用人员)		段　敏(女)
侯　慧(女)(其他聘用人员)		姜文立(女)	宣　锋	袁相万
夏　辉(女)	徐　萍(女)	徐　婷(女)(其他聘用人员)		凌士显
郭建强	郭晓妮(女)	陶　宏	黄漓江	崔丰慧(女)
崔宇明	崔　昕	梁文玲(女)	梁　军	董昭江
董斐然(女)	蒋守芬	蒋　鹏	韩延伟	韩　冰(女)
韩国圣	韩鲁青	程子健	谢清华(女)	路少英
臧运蕾(女)	樊　敏(女)	鞠传宝	魏文忠	籍　刚

法学院

于立强	门中敬	门潇洪(女)	卫学芝(女)	马春霞(女)
马艳朝	马莉萍(女)	王　娆(女)	王　强	王瑞君(女)
方　芳(女)	古莉亚(女)	冯　威(女)	刘　佳(女)	刘　洋
刘　涛	刘培茜(女)	闫　玥(女)	安玉萍(女)	许敏兰(女)
阮竹君(女)	孙文平(女)	孙光宁	孙希尧	孙卓华(女)
孙　政(女)	牟利成	李秀芬(女)	李　波(女)	李新廷
杨永伟	时华忠	时　珊(女)(其他聘用人员)		汪全胜
宋琳璘(女)	张小宁	张世全	张　乐	张伟强
张传新	张其山	张景明	武　飞(女)	金玄武
周　红(女)	周晓政	周　慧(女)	赵　沛	钟玉珍(女)
侯丽娜(女)	姜世波	姜爱丽(女)	贾焕银	贾景峰
原蓉蓉(女)	郭剑雄	黄兰松(女)	崔永春	程婕婷(女)
谭　谦	黎海鹰(女)			

文化传播学院

于培丽(女)	王冬冬	王艳丽(女)	王瑞华(女)	尹海良
邓晓玲(女)	包　宇(女)	曲　敏(女)	朱月月(女)(其他聘用人员)	
朱新林	朱慧敏(女)	庄会彬	刘小源(女)	刘久廷
刘北野	刘　冰	刘　倩(女)	刘　琼(女)	汤　瑞(女)

许广义　许丙泉　许　乐　孙飞翔(女)(其他聘用人员)
杜丽荣(女)　李　丁(女)　李　岩　李荣章　李艳娇(女)
李莉萌(女)　李缙英(女)　杨海燕(女)　来永玲(女)　吴　静(女)
邱　崇　冷　芳(女)　宋　琦(女)　张　中　张红军
张晓曼(女)　张银堂　张　超　张德苏　张　毅(女)
苟振红(女)　周玉宏　周　妍(女)　周　俊　周新顺
郑　薇(女)　孟文博　胡小平　胡玉华(女)　战立忠
侯玲文(女)　姜亚林　洪树华　耿　平(女)　贾文山
徐秀春(女)　唐鹏举　崔　春(女)　鹿晓燕(女)　梁　艳(女)
韩松涛　曾　英(女)　蔡象丽(女)　管恩森　魏　红(女)

翻译学院

于　伟(女)　于秀莲(女)　马　坤(女)　王小敏(女)　王飞飞(女)
王苏华(女)　王迎宾　王德萍(女)　王　蕾(女)　王　璐(女)
韦福林　仇　敏(女)　孔　文(女)　孔维珊(女)　丛海燕(女)
冯　超　邢路威(女)　曲　奕(女)　吕丽丽(女)　朱玉堂
刘天放　刘　凤(女)　刘玉娥(女)　刘刚义　刘伟丽(女)
刘肖君(女)(其他聘用人员)　刘祥田　许全娜(女)　孙凤芹(女)
孙占萍(女)　孙田丰　孙立华(女)　孙萃英(女)　李万军
李玉梅(女)　李　克　李　杰　李依思(女)(其他聘用人员)
李　玲(女)　李　彦(女)　李晓丽(女)　李淑康(女)　李　蕊(女)
杨　欣(女)　谷秀春(女)　张文静(女)(其他聘用人员)　张　君(女)
张树玲(女)　张莉莉(女)　张晓君(女)　张晓菲(女)　张梦佳(女)
张雪莱(女)(其他聘用人员)　张彩波(女)　张淑娟(女)　张　雄
张殿玉　陈怀凯　陈　啸(女)　周守玉(女)　周美青(女)
郑　艳(女)　单小芳(女)　孟子艳(女)　赵　云(女)　赵玉珊(女)
赵晏黎(女)　赵菊青(女)　赵　翔　赵　鹍(女)　赵　薇(女)
赵　巍(女)　胡红娟(女)　胡晓雪(女)　柯　晓(女)　咸慧慧(女)
姜琳琳(女)　宫　丽(女)　栗庆冬　贾文峰　徐高楠(女)
郭全照　唐　正(女)　唐鑫梅(女)　黄秀国(女)　黄　爱(女)
曹春玲(女)　戚玉晶(女)　常伟东　崔　英(女)　崔莹辉(女)
崔鹏飞(女)　梁　远(女)　董　薇(女)　程　丽(女)　靳　锁
蔡东玲(女)　黎东良

艺术学院

王友斌	王　岩	王春杰	王黎娟(女)	尹建宏
孔繁文	司维东	曲　轩	曲笛鑫(女)	吕琳(女)
任　灏	刘　卓	刘怡汝(女)	刘彦鹏	
刘洁文(其他聘用人员)		刘洪展	刘　楷	安祥祥
许　耘	纪维剑	杜　祎(女)	李　宁	李恒江
李　新(女)	李　静(女)	吴　静(女)	吴静寅	邱　涛
何林东(其他聘用人员)		谷海燕(女)	宋扬帆(女)	张传涛
张　兵	张纯梅(女)	张欣然(女)	张金娣(女)	张　剑
张娅妮(女)	张铁成	张　锐	陈国亮	范文慈(女)
季慧慧(女)	周婷婷(女)	郑　岩(女)	宗文婷(女)	赵丹(女)
赵江源	赵　青(女)	赵　鸿	赵　燕(女)	荚立刚
钟晓红(女)	侯新茹(女)	姜　超(其他聘用人员)		姚桂丽(女)
袁亚妹(女)	袁　莉(女)	贾乾初	顾云亮(女)	徐　驰
徐德雷	高　锐(女)	高颖囡(女)	郭　立	郭　敏
郭　瑾(女)	陶晓丽(女)(其他聘用人员)		曹桂红(女)	常　丽(女)
章　勇	梁　军	董薇薇(女)	靳雅权	詹保国
穆潇雨(女)(其他聘用人员)		戴艳萍(女)		

海洋学院

丁　一(女)	于　方(女)	于秀霞(女)	于珊珊(女)	万培红(女)
马庆林	王亚民	王　刚	王春荻(女)	王相伟
王　哲	王　硕(女)	王　曦(女)	车玉菊(女)	牛志强
尹　帅	孔令明	厉　萍(女)	叶萌祺(女)	田　芯(女)
白　楠	丛　伟	邢　翔	曲春风	吕新芳(女)
朱立新	乔丽娜(女)	庄静静(女)	刘　旭	刘　建
刘春利(女)	刘　玲(女)	刘洪展	刘莹莹(女)	刘爱秋(女)
刘雪芹(女)	刘　燕(女)	许明淑(女)	孙文范(女)	孙春水(女)
孙　艳(女)	孙晓红(女)	杜宗军	李玉春	李志华
李丽芳(女)	李英秀(女)	李　树	李海蓓(女)	李裕强
李　霞(女)	杨滨僮(女)	连子如(女)	肖　玲(女)	佟海燕(女)
谷　珉(女)	邹　海	怀其勇	宋　波	宋春霞(女)

宋　萃（女）　宋淑亮　宋　雯（女）　张小葵（女）　张丹丹（女）
张　伟　张法忠　张　莉（女）　张　倩（女）　张　鹏
陆　榕（女）　陈冠军　陈　浩（女）　陈景帝　苗艳丽（女）
苗晓庆（女）　金艳梅（女）　周燕霞（女）　郑凤英（女）　孟凡君
赵丽华（女）　赵　宏　郝志鹏　柏　铭　柳　瑶（女）
侯旭光　侯俊峰　昝肖肖（女）　姜　波　姜昭阳
祝　茜　夏海峰　柴迎梅（女）　郭战胜　梅俊学（女）
戚明颖（女）　龚　亚（女）　康元环　梁振林　梁　浩
宿美玲（女）　葛长字　韩晓弟　谢卫东　谢旭光
谢武德　赖鹏翔　翟俊伟　潘世会　潘盼盼（女）
穆大帅

机电与信息工程学院

于冬梅（女）　马广英（女）　王小利　王天宇　王文玉（女）
王　为　王　帅　王成优　王延刚　王　丽（女）
王　良　王　松　王明旭　王　侃
王春鹏（其他聘用人员）　王挺侹　王胜海　王艳玲（女）
王婉霞（女）（其他聘用人员）　王　瑞　牛万程　牛晓茹（女）
牛淼淼（女）　仇腾飞（女）　卞玉龙　方　腾　孔红英（女）
孔晓明（女）　叶军堂　叶　准　田容雨　丛小茗
冯　东　宁淑荣（女）　巩　志　毕云峰　曲向宁（女）
曲昌荣（女）　曲美霞（女）　吕　强　朱林森　乔琨（女）
刘秀萌（女）（其他聘用人员）　刘若伦　刘　杰　刘　勇
刘　娟（女）　刘萍萍（女）　刘　猛　衣振萍（女）　许中卫
许庆阳　孙甲冰　孙　宁　孙合友　孙宏刚
孙　洁（女）　孙　蛟　孙　祺　严中华　严发宝
苏艳蕊（女）　苏　琨（女）　杜清府　李巧云（女）　李光明
李会强（女）（其他聘用人员）　李　栋　李　勇　李素梅（女）
李晓坤　李　倩（女）　李　捷（女）　李雪莲（女）　李敦峰
李　婷（女）　杨　飞　杨晓慧（其他聘用人员）　杨润涛
杨慧鑫（女）　肖　鹏　邹汶洋（女）　邹晓玉（女）　辛洪云
宋玉美（女）　宋礼鹏　宋凯凯　宋　勇　张见全
张　立　张亚涛　张军蕊（女）　张志伟　张克国
张丽娜（女）　张承进　张　亮　张桂芳（女）　张值豪

张　斌　张　遥　张德敬　陈　原　林淑霞(女)
岳振明　金长龙　周东涛　周　岩　周　晓(女)
周　强　庞　豹　郑　舒　单登科　孟令涛
赵永健　赵志勇　赵海慧(女)　赵瑞杰　俞军涛
姜元先　姜文(女)　姜秀娥(女)　姜佳男　姜　斌
郭　新　洪晓英(女)　宫建红(女)　贺　红(女)　袁宪锋
袁　灏(女)　夏一帆　徐东亮　殷　建　高东兴
高志峰　高佚婧(女)　高　翔　高寒竹　郭春生
郭荣生　郭　娜(女)　郭尊华(女)　郭　楠(女)　黄文高
黄香君(女)　曹　海　常树旺　崔文韬　康钦马
梁立凯(女)　梁成辉　梁　莹(女)　彭传校　彭兆强
彭　鹏　董晓舟　董晓剑　董恩清　董　超
韩爱丽(女)　程　杰(女)　程　昀(女)　路士州　窦尚孝
褚兴荣　蔡辉涛　翟　强　翟　鹏　潘景昌

空间科学与物理学院

丁　强(女)(其他聘用人员)　于　惠(女)　王　冰　王守宇
王昆仑　王　勇　王爱芳(女)　王　硕　亓　斌
尹红星　孔祥良　艾佳明(其他聘用人员)　石米杰
石维彬　申　新(女)　田安民　史全岐　付晓辉
付　辉　丛伟艳(女)　冯士伟　邢赞扬　吕茂水
吕英波　乔　乐　刘　芬(女)　刘　晨(女)　刘维新
刘　晶　关成波　江　楠　汤朝灵　许　艳(女)
阮桂平(女)　孙大鹏　孙明哲　孙　珲　杜桂强
杜增敏(女)(其他聘用人员)　李书翰　李延辉　李　凯
李　波　李　勃　李　敏　李　冶(女)　肖　超
吴爱玲(女)　何雅文(女)(其他聘用人员)　辛艳青　宋红强
宋胜男(女)(其他聘用人员)　宋淑梅(女)　迟　涛(女)
张长明(其他聘用人员)　张　江　张树芬(女)(其他聘用人员)
张清和　张　鹏　张鹏彦(女)　陈　旭　陈绍霞(女)
陈　耀　武中臣　武　昭　范璐璐　郑卫民
郑瑞生　胡绍明　姜云国　洪　峰　姚淑涛
贾　慧(女)　贾慧卿(女)　夏冰颖(女)(其他聘用人员)　夏雪莲(女)
倪宇恒　凌宗成　高　凡　高东洋　高建华

郭迪福　郭瑞龙　黄正化　曹　晨　康　苒(女)
韩建平(女)　路　光　霍秋红(女)　穆大鹏

空间科学研究院

杜　猛

数学与统计学院

卜育德　于　波　于振涛　马羽璋　王金涛
王育松　王祎璠(女)　王树(女)　王　勇　王效强
王紫山　王鹏飞(女)　赵华祥　亓兴勤(女)　卢　红(女)
皮庆华　刘东霞(女)　刘甲国　刘　扬(女)　齐海涛
孙午阳　孙伟华(女)　孙华清(女)　孙庆峰(女)　孙春艳(女)
孙爱军(女)(其他聘用人员)　孙海伟　孙　磊　孙　薇(女)
牟超洲　李太玉　李秀艳(女)　李　娟(女)　李　斌
李　静(女)　杨丰凯　杨　秀(女)　杨　杰(女)　杨金才
肖　华　宋慧敏(女)　张乃千(女)　张玉森　张　冉
张永平　张　旭　张爱平(女)　张海洋(女)(其他聘用人员)
陈　伟(女)　陈明涛　陈　剑　陈　潇　周　丽(女)
赵宇轩　赵銮磊　胡琴琴(女)　柏诗晨　柳军涛
袁海静(女)　郭明哲　郭　亮　郭新伟　曹恒春
曹祝楼　曹　鲁　常　洛(女)　续焕英(女)　蒋方翠(女)
蒋玉蛟　傅宗奕　解　兵　綦建刚　廖宝超
穆增超　魏晓丽(女)

马克思主义学院(威海)

于少青　马秋丽(女)　马　莲(女)　王晓宏　付文忠
冯　争(女)　刘晓慧(女)　闫惠惠(女)　孙阳阳　孙　克
李谷悦　李洋修　李　燕(女)(其他聘用人员)　杨永兴
杨发源　杨培祥　吴文新　吴清清(女)　宋　群
张　磊(女)　陈永刚　陈　旭(女)　陈　宾　武晓玮(女)
房世刚　郝书翠(女)　秦　淮　耿　捷(女)　高万库
崔　微(女)　韩巧霞(女)　焦　佩(女)　鲁法芹

山东大学澳国立联合理学院

于晓龙　于　培(女)　王君涵(女)(其他聘用人员)　王　春
王　路　王　蔚(女)　刘芳芳(女)(其他聘用人员)　闫　俏(女)
孙晓晨(女)(其他聘用人员)　李志泉　李佳昊　吴　静(女)
宋无为(其他聘用人员)　范其学　周美娟(女)　单丙波(女)
姜　胤　贾宏福　徐　鑫(女)(其他聘用人员)

体育教学部

王友坤　王　丽(女)　曲爱宁(女)　吕海东
刘晓燕(女)(其他聘用人员)　孙田果(女)(其他聘用人员)　孙绍轩
牟利明　李志伟　李　兵　李岩杰　李胜杰
李　博(女)　邱海业　沈胜领　宋修妮(女)　张　奇
张　顺(其他聘用人员)　张鹏飞(其他聘用人员)　张　颖(女)
陈孟松(女)　苗　波(女)　范　珣　郑志磊　郑洪宇
战文腾　姜　川　贺海宁　袁书营　高同进
高　辉　展　凯　曹　鹏

(人事处　提供)

2021 年离退休人员名单

丁双林　丁吉山　丁新杰(女)　卜庭瑞　于秀珍(女)
于建中　于贵良　于洪浩　于淑兰(女)　于曙光
万建都　上官千红(女)　马庆振　马晓莲(女)　王乃愚
王　水(女)　王月英(女)　王凤林(女)　王书源　王玉珍
王玉梅(女)　王业国　王永菊(女)　王吉玺　王亚玲(女)
王向晨　王兴臣　王丽敏(女)　王宏秀(女)　王国和
王明霞(女)　王　迪(女)　王宝萍(女)　王宜华　王相民(女)
王钦丽(女)　王桂芬(女)　王桂荣(女)　王晓兰(女)　王晓青(女)
王爱兰(女)　王爱丽(女)　王海立　王培一　王常瑞(女)
王淑琴(女)　王寄鲁　王维权　王　强　王翠萍(女)
王德忠　云昌钦　牛文军　牛方玉　牛运祥
计旭东　尹玉洁(女)　尹永财　尹相信　邓庆妮(女)
卢　新　叶　青　丘昌武　从亚丽(女)　从　新(女)
包树珍(女)　冯永江　毕庶玲(女)　毕超杰　师恩培
曲洪启　曲桂月　吕国文　吕静萍(女)　朱小莉(女)
朱友善　朱东彦(女)　朱启忠　朱　玲(女)　朱榜芹(女)
乔桂英(女)　仵从巨　任怀平　任莉娜(女)　邬绍伟
刘玉堂　刘玉殿　刘宁仁　刘延芳(女)　刘秀华(女)
刘秀萍(女)　刘　玮　刘押兄(女)　刘昌泰　刘　明
刘学荣(女)　刘建平　刘绍玲(女)　刘笃坤　刘润兰(女)
刘润芝(女)　刘家相　刘培茜(女)　刘敏华(女)　刘琳琳(女)
齐　娜(女)　闫国智　闫涛蔚　闫耀玫(女)　关洪斌
汤庭跃　许玉琪　许志升　许志浩(女)　许伯群
孙玉华(女)　孙玉梅(女)　孙玉燕(女)　孙光云(女)　孙芳功
孙秀玲(女)　孙秀梅(女)　孙迎春　孙建国　孙素梅(女)
孙　颖(女)　孙翠兰(女)　牟国章　杜新民　杜新胜
李中章　李玉玲(女)　李　华(女)　李志洲　李　丽(女)
李岚萍(女)　李宏君　李　林　李建宁(女)　李绍明
李重阳　李桂荣(女)　李浩然　李淑兰(女)　李淑琴(女)

李森林　李善杰　李福早　杨元明　杨田林
杨兰田　杨永竹　杨机红(女)　杨在斑　杨志敏
杨志强　杨　丽(女)　杨　兵　杨枢华(女)　杨律高
杨莲芬(女)　杨培德　连文锁　肖梅香(女)　时敬芹
吴传智　吴孝堂　吴　苹　吴　怡(女)　吴宪君(女)
吴晓林　吴淑芳(女)　何立清(女)　何剑平　何艳霞(女)
何恩宗　谷敏照　谷源秘　邹积敏　闵英兰(女)
汪明强　沈春梅(女)　宋乐永　宋进庆　宋志平
宋　英(女)　宋宗勤　宋春华(女)　宋洪秋(女)　宋桂英(女)
宋晓玲(女)　张义贞(女)　张卫国　张文军　张　平
张永霞(女)　张宇宏(女)　张军杰(女)　张宏智　张英珊(女)
张旻昊(女)　张忠豪　张　鸣(女)　张佳梁　张学智
张宝堂　张宗正　张建民　张建芬(女)　张建琪
张　威　张桂香(女)　张桂琴(女)　张爱萍(女)　张家臣
张崇禧　张　铭　张淑梅(女)　张景芬　张智奎
张瑞萍(女)　张新风(女)　张　静(女)　张德成　陈丽华(女)
陈　忠　陈建民(女)　陈绍著　陈章通　邵力华
邵文利　邵志勤(女)　武秀英(女)　苗进义　范　军
范远安　范智伟(女)　范智敏(女)　林　宇(女)　林治冰(女)
尚桂红(女)　易新民　岳士肖(女)　金玉兰(女)　金西平(女)
金　霞(女)　周玉美(女)　周玉梅(女)　周幼兰(女)　周坤林
周　怡　郇艳丽(女)　郑大材　郑长春(女)　郑亚民(女)
郑　阳　郑恒秋　郑淑敏(女)　孟喜君(女)　赵永先(女)
赵　延　赵自强　赵笃玲(女)　赵　原(女)　赵恩华
赵　晶(女)　赵　燚(女)　赵福吉　郝玉琴(女)　胡志明
胡启萍(女)　修永伦　侯桂英(女)　施永友　姜　平
姜　红(女)　姜树东(女)　洪惠民　姚丽荣(女)　骆功建
袁建华(女)　耿生民　聂中庆　聂传凤(女)　栗　霞(女)
夏丽华(女)　柴月禄　徐世荣　徐立和　徐　华(女)
徐　来　徐振东　徐桂华(女)　徐桂珍(女)　殷　馨(女)
栾昌大　高万云　高伟志　高　举(女)　郭秀兰(女)
郭　洁(女)　陶　琳(女)　陶遵信　梅玉芳(女)　曹大英
曹玉玲(女)　曹立军　曹　红(女)　戚务政　龚　蓬(女)
常晓梅(女)　崔风松　崔新东(女)　康凤华(女)　康振国

梁一儒	梁　丽(女)	梁滋学	隋济民	董文毅
董以山	董　莹(女)	董献忠	韩圭东	韩孟勇
景　梅(女)	焦凤秀(女)	焦成秀	焦秀兰(女)	曾　伟(女)
谢琴肖(女)	靳明忠	蔡　红(女)	蔡　瑾(女)	管　立(女)
谭云秀(女)	谭文焕	翟晓黎(女)	黎全民	德　智
潘吉钦(女)	薛　青(女)	戴　蓓(女)	鞠玉清(女)	魏中华(女)
魏新华				

(人事处　提供)

基本情况统计

2021 年教育事业统计基本数据

一、在校生情况		统计数值
本科生及研究生	本科生	14073 人
	硕士研究生	1952 人
	博士研究生	256 人
	合计	16281 人
成教学生	成人专科生	1 人
	成人本科生	284 人
	网络专科生	502 人
	网络本科生	531 人
	合计	1318 人
国际学生		406 人
在校生总计		18005 人
二、教职工情况		**统计数值**
教职工	专任教师	844 人
	行政人员	221 人
	教辅人员	160 人
	工勤人员	32 人
	专职科研人员	25 人
	其他附设机构人员	3 人
	总计	1285 人
校外教师		46 人
行业导师		4 人
外籍教师		26 人
离退休人员		338 人
附属中小学幼儿园教职工		3 人

续表

三、专任教师职称情况	统计数值
正高级	153 人
副高级	296 人
中级以下	395 人
总计	844 人
四、校舍情况	**统计数值**
教学及辅助用房	178289.67 m^2
行政办公用房	43013 m^2
生活用房	184974.98 m^2
教工住宅	97040.7 m^2
其他用房	32223.37 m^2
合计	535541.72 m^2
五、学校资产等办学条件	**统计数值**
学校产权占地面积	875629.1 m^2
校园足球场	4 个
图书	179.73 万册
数字终端数	8020 台
网络多媒体教室数	218 间
固定资产总值	163209.6661 万元
教学科研实习仪器设备资产值	28598.9603 万元
六、其他情况	**统计数值**
本科专业	65 个
省级一流学科数量	1 个
国家级、省部级研究机构设置	6 个
定期公开出版的刊物数	4 种
直属院(系)数	13 个

注:1.统计节点为 2021 年 9 月 30 日。

2.统计时期为 2020 年 10 月 1 日至 2021 年 9 月 30 日。

[党工委(校长)办公室　提供]

本科招生专业

朝鲜语　国际政治　法学
社会工作　政治学与行政学　翻译
英语　英语(英德双语)　英语(英俄双语)
英语(英法双语)　英语(英日双语)　英语(英西双语)
海洋科学　海洋资源开发技术　电子科学与技术
机器人工程　机械设计制造及其自动化　计算机科学与技术
人工智能　软件工程　通信工程
智能制造工程　自动化　空间科学与技术
物理学　生物科学　应用化学
应用物理学　工商管理　供应链管理
国际经济与贸易　会计学　金融学
数学与应用数学　统计学　信息与计算科学
汉语言文学　新闻学　环境设计
美术学　视觉传达设计　舞蹈编导
音乐学

(教务处　提供)

硕士招生专业

世界经济	国际政治	亚非语言文学
朝鲜语口译	世界史	西方经济学
人口、资源与环境经济学	应用经济学	金融
会计学	企业管理	会计
工程管理(非全日制)	法学	法律(非法学)
法律(非法学)(非全日制)	法律(法学)	法律(法学)(非全日制)
行政管理	文艺学	语言学及应用语言学
中国现当代文学	新闻学	英语语言文学
英语笔译	艺术学理论	音乐
音乐(非全日制)	美术	艺术设计
艺术设计(非全日制)	机械工程	材料科学与工程
信息与通信工程	控制科学与工程	计算机科学与技术
电子信息	电子信息(非全日制)	机械
机械(非全日制)	材料与化工	海洋科学
微生物学	材料与化工	材料与化工(非全日制)
资源与环境	资源与环境(非全日制)	生物与医药
生物与医药(非全日制)	药学	物理学
地球物理学	电子信息	基础数学
概率论与数理统计	运筹学与控制论	统计学
马克思主义理论		

(学科建设与研究生教育办公室　提供)

博士招生专业

国际政治
应用经济学
文艺学
外国语言文学
信息与通信工程
机械
资源与环境
粒子物理与原子核物理
基础数学
统计学
亚非语言文学
企业管理
中国现当代文学
机械工程
控制科学与工程
海洋科学
生物与医药
地球物理学
概率论与数理统计
人口、资源与环境经济学
法学
新闻传播学
材料科学与工程
电子信息
微生物学
理论物理
机械
运筹学与控制论

（学科建设与研究生教育办公室　提供）

大事记

2021年大事记

1月

4日　根据山大党任字〔2021〕1号文，经2021年1月4日第十四届党委第77次常委会研究决定：

韩建新同志任青岛校区党工委委员、常务副校长，免去其威海校区党工委委员、常务副校长职务；

郭培良同志任青岛校区党工委副书记、纪工委书记，免去其威海校区党工委副书记、党工委委员、纪工委书记、体育教学部直属党支部书记职务；

杜言敏同志任威海校区党工委副书记、纪工委书记，免去其青岛校区党工委副书记、党工委委员、纪工委书记、法学院党委书记职务；

李振奎同志任威海校区党工委副书记，免去其青岛校区党工委委员、副校长职务；

赵玉璞同志任威海校区副校长，免去其威海校区党工委副书记职务；

徐健同志任威海校区后勤管理处副处长。

免去陈广奕同志的威海校区后勤管理处处长职务，另行安排。

5日　校区召开领导班子调整会议。山东大学常务副校长王琪珑，党委副书记陈宏伟，山东大学副校长、威海校区校长刘建亚出席会议。校区党工委书记尹作升主持会议，并宣读了学校党委关于威海校区领导班子成员的任免决定。

12日　校区党工委副书记李振奎带队对校园安全工作进行督导检查。校区安委会各专项工作组牵头单位负责人参加活动。

13日　校区首届“新文科”学科建设与学术发展研讨会在闻天楼报告厅举

行。副校长黄凯南出席会议并讲话。各教学科研单位从事交叉科学研究的专家学者就“新文科”背景下如何开展学科交叉研究等问题进行深入交流。

17 日　校区机关党委 2020 年度党支部书记履行全面从严治党责任和抓基层党建述职评议会在知行楼 304 会议室举行。党工委副书记李振奎出席会议并讲话。

18 日　校区机关干部政治能力提升班开班。党工委书记尹作升出席开班仪式并作开班报告。党工委副书记李振奎主持开班仪式。党工委副书记、纪工委书记杜言敏，副校长刘海出席开班仪式。

22 日　2020 年度校区领导班子和机关及直属单位中层领导班子汇报评议会举行。山东大学副校长、威海校区校长刘建亚主持会议。党工委书记尹作升代表校区领导班子述职并作个人述职述廉。校区领导班子成员、全体副处级以上领导干部和部分教代会、党代会代表参加会议。

27 日　根据山大党任字〔2021〕8 号文，经第十四届党委第 70 次常委会研究决定：韩延伟同志任商学院正处级组织员，免去其威海校区后勤管理处党总支书记职务。

28 日　校区领导班子召开 2020 年度民主生活会。学校第十六督导组组长、纪委副书记、监察处处长张桂珍到会指导。校区党工委书记尹作升主持会议并作总结讲话。

本月　威海市政府致信感谢学校对威海科技创新工作的大力支持。

本月　李波教授团队联合国际科研团队在国际期刊 *Space Science Reviews* 上发表关于日冕快腊肠波的综述文章 Magnetohydrodynamic Fast Sausage Waves in the Solar Corona。

本月　山东大学“太阳爆发及其对行星空间环境的影响”攀登计划创新团队、空间科学研究院磁层与太阳风相互作用课题组和行星科学课题组，联合国内外多个单位科研人员，通过多学科交叉研究（空间物理、天体化学和行星光谱学），提出并证实“地球风”可在月球表面生成水。相关研究成果发表于业内权威杂志 *Astrophysical Journal Letters*，并被 *Nature* 杂志和美国天文学会收录为研究亮点（research highlight），美国宇航局 ARTEMIS 卫星主页和空间天气信息网（spaceweather.com）等分别以《地球磁层产生月表水的首次证据》《空间天气的一种新形态：地球风》等为题进行了深入推荐，并指出其可为整个太阳系的行星与其天然卫星的物质交换提供新的思路。

2月

4日　根据山大党任字〔2021〕9号文,经2021年1月27日第十四届党委第79次常委会研究决定:徐健同志任威海校区后勤管理处处长(试用期1年)、党总支书记。

同日　山东大学威海工业技术研究院牵头成立威海市复合材料学会,并在威海临港区举行成立大会暨第一次全体会员大会。

同日　学校召开聚焦"四个落实"自查自纠、未巡先改专项行动工作推进会,部署贯彻落实教育部中管高校巡视整改巩固深化调研座谈会精神。学校党委书记郭新立主持会议并作总结讲话。威海校区党工委汇报了深化中央巡视整改以及围绕"四个落实"自查整改相关情况。

5日　校区获评2020年度促进威海市高新区经济发展先进单位。

22日　*Nature Communications* 在线发表了山东大学"太阳爆发及其对行星空间环境的影响"攀登计划创新团队、空间科学研究院极区电离层—磁层耦合课题组组长张清和教授领导的国际团队最新研究成果,并被 *Nature* 选为研究亮点。该项研究成果首次在地球极区电离层与磁层发现了类似台风或飓风的现象,将其命名为"太空台风"(Space hurricane)并揭示了其形成机制。

27日　山东大学"太阳爆发及其对行星空间环境的影响"攀登计划创新团队夏利东教授课题组,携手中国科学院云南天文台利用我国自主研制的50mm白光日冕仪首次成功观测到太阳白光日冕图像。该进展受到中国政府网站、新华网、《科技日报》、《光明日报》等国内重要媒体的关注。

28日　校区党工委召开专题会议,传达学习学校有关会议精神,研讨改革发展和安全稳定工作,就进一步推进校区"十四五"期间和2021年重点工作任务进行安排部署。山东大学副校长、威海校区校长刘建亚出席会议并作总结讲话,校区党工委书记尹作升主持会议。

3月

2日　校区设视频分会场参加山东大学党史学习教育动员部署大会。

同日　校区设视频分会场参加山东大学2021年全面从严治党工作会议。

同日　根据山大人字〔2021〕19号文,威海校区苗威、肖金明、夏利东教授入选山东大学特聘教授，于艳妮、孙光宁、杨林教授入选山东大学杰出中青年学者，聘任起始时间为 2021 年 1 月。

3 日　山东大学副校长、威海校区校长刘建亚，校区党工委书记尹作升带队调研部分重点项目推进情况，就专家公寓使用、山大门诊部改造、幼儿园项目推进、科研楼内部布局使用进行现场办公，要求机关单位深化工作作风，提高工作效能，优化资源配置，做好增值服务，并提出了“最大限度激发人才活力，最大限度服务学科建设，最大限度满足师生需求”的工作要求，以做精、做优重点项目激发起打造新亮点的内生动力。

同日　校区机关干部政治能力提升班举行党的十九届五中全会精神专题辅导报告会，山东大学杰出中青年学者、法学院（威海）副院长门中敬教授作题为“贯彻五中全会精神　加快事业发展步伐”的专题报告。校区党工委副书记李振奎主持报告会。党工委副书记周慧如出席报告会。

4 日　校区召开新学期基层党委书记学习例会。党工委书记尹作升出席会议并讲话。会议传达学习了中共山东大学第十四次委员会第七次全体会议、学校全面从严治党会议精神以及意识形态工作有关要求，并对校区 2021 年工作要点和 2021 年党建工作要点进行了安排部署。

12 日　校区副校长赵玉璞，山东山大基础教育集团总校长、山东大学附属中学校长赵勇与威海市高区管委会副主任侯成阳在高区火炬大厦洽谈实验学校建设工作。

15 日　根据山大编字〔2021〕1 号文，经中共山东大学委员会第 43 次常务委员会会议研究，决定成立山东大学威海发展研究院。该研究院为学校直属独立建制的科研机构，不单列人员编制。

17 日　学校党委巡视组巡视威海校区党工委工作动员会在知行楼召开。党委巡视组组长周谷平作动员讲话，党委副书记、纪委书记、巡视工作领导小组副组长陈向阳就即将开展的巡视工作提出具体要求。山东大学副校长、威海校区校长刘建亚主持会议，校区党工委书记尹作升作表态发言。

18 日　共青团山东省委副书记尚胜波一行来校区调研，校区党工委书记尹作升会见尚胜波一行，双方就校区共青团建设及学生创新创业工作座谈交流。校区副校长刘海主持座谈会。共青团威海市委书记申万兵、校区副校长黄凯南出席活动。

19 日　山东大学威海发展研究院智库团队启动会议在校区召开。校区副校长、山东大学威海发展研究院院长黄凯南出席会议并致辞。威海市政府副秘书长杨华卫、威海市发改委副主任于习文、威海市国资委副主任董家成参加会议并作专题报告。

23 日　根据山大党任字〔2021〕13 号文，经 2021 年 3 月 22 日第十四届党委第 82 次常委会研究决定：周慧如同志兼任体育教学部直属党支部书记；刘会刚同志任威海校区后勤管理处副处长，免去其威海校区学生工作部（处）副部（处）长职务。免去：宋云龙同志的威海校区后勤管理处副处长职务，另行安排。

同日　《光明日报》（理论版）刊登了商学院罗润东教授、马克思主义学院（威海）韩巧霞老师的署名文章《人工智能的要素属性及其对就业的挑战》。

24 日　校区党工委副书记、纪工委书记杜言敏在知行楼六楼多功能会议室为党员干部作题为“从自身做起，为推进全面从严治党贡献力量”的专题报告。

25 日　校区党工委书记尹作升主持召开党工委（扩大）会议，深入学习领会中央及学校有关会议精神，推动落实“深化审计整改　加强风险排查”专项行动，促进校区治理体系和治理能力现代化。学校党委巡视组副组长袁魁昌到会指导。会议审议通过了《威海校区落实“深化审计整改　加强风险排查”专项行动的工作方案》，听取了校区“抓好内控机制建设，提高风险防控水平”整改情况汇报，安排部署下一步专项行动开展工作。

同日　香港特别行政区政府驻上海经济贸易办事处（驻沪办）入境事务组主任翁志强及驻山东联络处一行 4 人访问威海校区，校区副校长夏利东会见来访客人。

26 日　校区与威海市文登区校地合作对接座谈会在知行楼 304 会议室举行。山东大学副校长、威海校区校长刘建亚，文登区委书记张宏璞出席会议并讲话。文登区委常委、组织部长刘军出席会议，校区副校长夏利东主持会议。

本月　校区党工委理论学习中心组召开专题会议，深入学习习近平总书记在党史学习教育动员大会上重要讲话精神以及学校党史学习教育动员部署大会精神，各位中心组成员交流了学习体会。山东大学副校长、威海校区校长刘建亚出席会议。校区党工委书记尹作升主持会议。

本月　山东大学“太阳爆发及其对行星空间环境的影响”攀登计划创新团队、空间科学研究院极区电离层—磁层耦合课题组刘晶教授与美国国家大气研究中心王文斌研究员，中国科学院地质与地球物理研究所刘立波研究员，美国达特茅斯学院 William Lotko 教授等组成的国际团队在著名学术期刊 *Nature Physics*（5 年影响因子 21.797）发表关于太阳耀斑的地球空间效应研究的最新成果。论文题为“Solar Flare Effects in the Earth's Magnetosphere”，山东大学为论文第一和通讯作者单位，刘晶教授为第一通讯作者。

4 月

1 日　校区党史学习教育宣讲团副团长、马克思主义学院（威海）院长吴文新教授为师生党员作“坚守初心克百年苦难　勇担使命创世纪辉煌——学习中国共产党百年辉煌史（导读）”专题报告。校区党工委副书记周慧如主持报告会。各学院党委书记、副书记，全体教师、学生党支部书记，机关干部政治能力提升班学员参加会议。

2 日　《文艺报》“党的领导与百年文艺”栏目刊发文化传播学院院长张红军教授党史理论文章《中国共产党与最早的两个现代文学社团》。

5 日　山东卫视《新闻联播》节目以“祭英烈　学党史　初心不忘永向前”为题报道校区师生“缅怀英烈学党史”活动。

6 日　2021 届山东大学（威海）毕业生就业双选会（春季）在校区体育中心羽毛球馆和篮排球馆举行。校区副校长刘海到现场指导工作。本次双选会共有 233 家用人单位参会，提供就业岗位 2 万个。

8 日　根据山大党任字〔2021〕17 号文，经 2021 年 4 月 7 日第十四届党委第 83 次常委会研究决定聘任：

黄凯南为山东大学威海发展研究院院长；

戚桂杰为山东大学威海发展研究院执行院长；

曹廷求为山东大学威海发展研究院副院长；

武常岐为山东大学威海发展研究院副院长；

肖金明为山东大学威海发展研究院副院长；

张红军为山东大学威海发展研究院副院长；

李晓峰为山东大学威海发展研究院副院长；

刘昌明为山东大学威海发展研究院副院长；

张景全为山东大学威海发展研究院副院长。

8～9 日　校区连续召开三次工作推进会，督促指导“深化审计整改　加强风险排查”专项行动专项走深走细走实。校区党工委书记尹作升主持会议。

9 日　山东大学威海前沿交叉科学研究院张宁教授作为首席专家申报的课题"推动黄河流域生态保护和高质量发展研究"获全国哲学社会科学工作办公室研究阐释党的十九届五中全会精神重大项目立项。

10～11 日　《全国学校健康教育指导纲要》研讨会在校区举行。校区党工委书记尹作升、教育部体卫艺司副处长樊泽民出席开幕式。教育部长江学者、全国高校健康教育教学指导委员会主任委员、华东师范大学季浏教授作主旨发言。山东省教育厅体卫艺处副处长杨文，校区党工委副书记周慧如，全国高校健康教育教学指导委员会委员参加会议。

15 日　党史学习教育官网登载《山东大学(威海)在党史学习教育宣讲中感悟思想伟力》，充分肯定校区党史学习教育宣讲活动。

17～18 日　校区组织 2020 级学生赴刘公岛开展"不忘青春初心，牢记历史使命"爱国主义教育活动。2020 级本科生、研究生和部分研究生导师共 4200 余人齐聚刘公岛，通过参观学习厚植爱党爱国爱社会主义情感。

21 日　校区组织召开人事人才工作交流会。山东大学副校长、山东大学(威海)校长刘建亚，校区副校长黄凯南出席会议并讲话。

24～25 日　第一届全国党内法规学博士研究生论坛在威海举行。本次论坛由山东大学法学院(威海)、山东大学党内法治研究中心承办，与会专家学者和博士研究生围绕论坛主题"百年党内法规制度建设与理论创新"展开深入探讨。

27 日　山东大学副校长、威海校区校长刘建亚，校区党工委书记尹作升带队调研校园文化建设、实验室安全改造、学生宿舍躲迁改造、快递驿站建设等项目，聚焦"我为师生办实事"进行现场办公。校区领导赵玉璞、李振奎、杜言敏、刘海参加现场办公活动。

同日　校区在知行楼举行高端智库"十四五"规划建设专题研讨会。与会人员围绕"十四五"期间校区高端智库的发展方向和重点建设内容进行了交流研讨。

28 日　中国前驻韩国大使、现任中国民间智库察哈尔学会东北亚事务首席研究员邱国洪做客第三十八期"大使讲坛"，在闻天楼报告厅为校区师生作题为"'萨德'问题背后的大国博弈"的报告。校区副校长赵玉璞主持报告会。

29 日　校区召开新文科建设工作调研座谈会。全国新文科教育研究中心执行主任仝兴华出席会议并讲话。校区副校长刘海主持会议。

30 日　山东大学党委巡视组向威海校区党工委反馈巡视情况。学校党委副书记、纪委书记、巡视工作领导小组副组长陈向阳传达了学校党委关于巡视工作的指示精神，对巡视整改工作提出明确要求。校党委巡视组副组长袁魁昌代表巡视组反馈了巡视情况。山东大学副校长、威海校区校长刘建亚主持会议。威海校区党工委书记尹作升代表校区领导班子作表态发言。

同日　校区召开贯彻落实学校党委巡视反馈意见整改动员部署会。山东大学副校长、威海校区校长刘建亚主持会议，校区党工委书记尹作升作巡视整改动员讲话。会上，刘建亚传达了郭新立书记关于做好威海校区巡视整改工作的重要讲话精神。刘建亚强调，做好巡视反馈整改工作是当前一段时期威海校区的重要政治任务，各单位要以对党负责、对学校负责、对校区事业负责的态度，主动担当的精神、从严从实的作风、驰而不息的韧劲，认真抓好整改工作，为落实全面从严治党责任、打造“双一流”建设新亮点提供坚强政治保障。尹作升在动员讲话中就威海校区贯彻落实学校党委巡视整改工作要求，做好整改落实工作提出三点要求：一是统一思想认识，提高政治站位，深刻把握巡视整改重要意义。二是严肃工作要求，明确整改时限，建立整改落实的全过程、全链条督查机制，集中精力有序推进整改工作。三是强化组织领导，压实工作责任，坚决确保整改工作取得实效。

5 月

7 日　山东省政协常委、教科卫体委员会主任郭建磊，副主任林建宁、高勇、蒋永涛一行来校区考察调研。校区党工委书记尹作升、副校长刘海，威海市政协副主席李淑芳陪同调研。

8 日　校区第十届“唱响主旋律，传扬正能量”歌咏比赛暨庆祝建党100 周年歌咏晚会隆重举行。校区师生、有关高校院所代表等3000 余人现场参与了活动。活动同时通过山东电视台闪电新闻组织了现场直播，累计受众达 10 万余人次。

11 日　山东大学与威海市在中心校区明德楼一楼会议室交流对接“山东大学校友威海行活动”有关事宜。山东大学常务副校长王琪珑、威海校区副校长赵玉璞，威海市委统战部分管日常工作的副部长周兵出席活动并讲话。

14～15 日　山东大学第二届全民运动会暨威海校区第三十二届田径运动会在田径运动场举行。

14～16 日	校区参赛作品获第十七届“挑战杯”全国大学生学术科技作品竞赛红色专项国家特等奖,这是校区在该赛事中获得的最高奖项,刷新了参赛纪录。
18 日	威海军分区司令员姚玉辉一行 3 人来校区调研国防教育相关工作。校区党工委书记尹作升会见姚玉辉一行并座谈交流。副校长刘海陪同调研。
19 日	校区与威海高新区、经开区先后举办校企“双进”活动。会上,东北亚学院与高新控股集团签署了共建大学生实践教学基地协议,威海市委组织部副部长徐力和校区副校长赵玉璞共同为“山东大学实践教学基地”揭牌。
21 日	校区第五届“诵红色经典,做时代新人”大学生中华经典诵读大赛决赛在玲珑学堂举行。
26 日	校区举行新工科与交叉学科科研楼封顶仪式。新工科与交叉学科科研楼项目于 2019 年 12 月份启动建设,占地面积 13153 平方米(19.73 亩),总建筑面积 68861.79 平方米,其中塔楼地上 25 层,建筑高度 99.70 米,建筑面积 27410 平方米;连楼 8 层,建筑高度 31.7 米,建筑面积 16070 平方米;地下 2 层,地下部分建筑面积 17126 平方米(500 个停车位),项目总投资 39945 万元。
27 日	校区“传承红色基因,践行初心使命”五四青年科学报告分享会在玲珑学堂举行。
29～30 日	“中国共产党百年文化足迹:政党文化与世界多样化文明互鉴”第三届世界文化论坛暨第二届中国文化分论坛在校区举行。本次论坛由山东大学马克思主义学院(威海)承办。校区党工委书记尹作升出席论坛开幕式并致辞,副校长黄凯南主持开幕式。来自 10 多个国家的 100 余位专家学者参加会议。

6 月

1 日	威海市委副书记、市长闫剑波来校区开展党史学习教育主题宣讲,与师生代表交流党史学习心得体会,勉励师生紧密结合开展党史学习教育,脚踏实地做好工作、完成学业,在新征程中展现新作为。校区党工委书记尹作升主持宣讲会。
2 日	威海市教育系统消防安全管理工作会议在校区召开。会前,山东大学副校长、威海校区校长刘建亚会见了威海市消防救援支队支队长孙进春、市教育局总督学吴大明一行。校区党工委副书记李

振奎出席有关活动。

9 日　校区党工委书记尹作升带领校区领导班子成员赴威海胶东育儿所纪念馆、马石山十勇士纪念馆开展党史学习教育，并在马石山十勇士纪念馆揭牌成立山东大学党性教育基地。

10 日　党史学习教育校区领导班子“学史增信”集中学习研讨在知行楼417会议室举行。校区党工委书记尹作升主持会议并讲话。

15 日　校区党工委副书记李振奎带队开展校园安全检查工作，并主持召开专题会议研究部署校园安全稳定工作。

同日　校区与意大利米兰比可卡大学召开视频会议，探讨两校合作事宜。意大利米兰比可卡大学国际事务副校长 Gabriella Pasi，校区副校长夏利东，山东大学讲席教授、国际问题研究院院长张蕴岭出席会议。

17 日　校区隆重举行“庆建党百年”党员宣誓暨“光荣在党50年”纪念章颁发仪式。山东大学副校长、威海校区校长刘建亚，威海校区党工委书记尹作升，校区领导赵玉璞、杜言敏、刘海、夏利东、黄凯南出席仪式。党工委副书记周慧如主持仪式。

18 日　庆祝中国共产党成立100周年暨山东大学建校120周年教职医务员工合唱赛威海校区分赛在艺术学院音乐厅举行。

同日　山东大学学生全球治理与国际组织发展协会(威海)揭牌仪式暨国际组织专场讲座在校区举行。中国联合国协会常务理事王纪元、校区副校长刘海出席活动并为协会揭牌。活动中，刘海为王纪元颁发“山东大学学生职业发展导师”和“山东大学国际组织人才培养推送工作顾问”聘书。

19 日　山东大学副校长吴臻来校区调研，就本科教育教学工作举行座谈。校区副校长刘海出席座谈会。

同日　由山东大学威海前沿交叉科学研究院主办的首届“新文科与数字人文高峰论坛”在校区召开。80余位高校专家学者及研究生参加了论坛。校区副校长黄凯南出席论坛并致开幕词。

23～24 日　山东大学党委副书记张永兵来校区调研指导工作，深入一线开展校园安全检查，与有关负责人座谈交流安全稳定、意识形态和师德师风建设等工作。校区党工委书记尹作升，党工委副书记李振奎、周慧如出席活动。

24 日　校区党工委副书记、纪工委书记杜言敏带领“政治能力提升班”学员赴威海“清廉之路”乳山教学点——冯德英“三花”文博馆接受廉洁和作风建设教育。

25 日　校区2021年毕业典礼暨学位授予仪式在图书馆广场举行。山东大学副校长、威海校区校长刘建亚出席典礼并讲话，校区党工委书记尹作升主持典礼。校区领导班子全体成员出席活动。

28 日　校区在知行楼六楼多功能会议室召开信息化建设工作会议。山东大学副校长、威海校区校长刘建亚出席会议并讲话。山东大学信息化工作办公室常务副主任葛连升、校区各职能部门及直属单位主要负责人、各教学院部及直属科研单位主要负责人、各单位信息员、信息化工作办公室全体骨干人员参加会议。校区副校长黄凯南主持会议。

29 日　校区在知行楼六楼多功能会议室举行“机关干部政治能力提升班”结业仪式。山东大学副校长、威海校区校长刘建亚，校区党工委书记尹作升出席仪式并讲话。

同日　根据山大党字〔2021〕38 号文，威海校区田晓琼、吴文新获评“山东大学优秀共产党员”称号，赵昆获评“山东大学优秀党务工作者”称号。

7 月

1 日　校区在图书馆广场隆重举行“庆祝建党百年，谱写青春华章”升国旗活动。山东大学副校长、威海校区校长刘建亚，校区党工委书记尹作升带领全体领导班子成员出席活动。校区有关职能部门负责人、各学院党委书记、全体学生工作人员、师生党员及青年学生代表等近 1000 人参加活动。

同日　校区师生集中收听收看庆祝中国共产党成立 100 周年大会，认真聆听、学习习近平总书记重要讲话。

同日　根据山大党任字〔2021〕33 号文，免去刘玮同志的艺术学院(威海)正处级组织员职务。

6 日　由山东省留学人员协会、威海校区共同主办，校区国际合作与交流处、威海人才协会对韩联络处(金桥联盟)共同承办的“韩国留学人才云上对接会”成功举行。威海市委常委、组织部部长刘升勤，前中国驻韩大使邱国洪，威海市人力资源与社会保障局局长王子明，威海市外事办公室党组书记焦华等出席会议。校区副校长夏利东出席活动并致辞。

9 日　根据山大研字〔2021〕61 号文，威海校区教师付文忠获评山东大学第十三届“我心目中的好导师”。

10～18 日　校区 2020 级本科生进行军训。

13 日　根据山大党任字〔2021〕36 号文，经 2021 年 7 月 12 日第十四届党委第 91 次常委会研究决定：黄凯南同志任人文社科研究院院长，免去其威海校区党工委委员、副校长职务。

15 日　校区围绕“学史崇德”“学史力行”组织开展党史学习教育集中学习研讨活动。山东大学副校长、山东大学(威海)校长刘建亚出席活动，校区党工委书记尹作升主持会议并作总结讲话。

21 日　山东大学副校长、山东大学(威海)校长刘建亚主持召开校区发展战略咨询座谈会。中国科学院院士、北京大学张继平教授，中国科学院院士、中国科学技术大学叶向东教授出席座谈会。校区党工委书记尹作升出席会议并讲话。

22 日　东北大学党委副书记兼秦皇岛分校党委书记孙正林一行访问威海校区，校区党工委书记尹作升会见来访客人并座谈。副校长赵玉璞出席座谈会。

28 日　山东大学健康医疗大数据研究院(威海)揭牌仪式在威海市立医院举行。山东大学副校长、威海校区校长刘建亚，山东健康医疗大数据管理中心副主任秦凯世，威海市政府副秘书长王伟，山东大学齐鲁医学院常务副院长曲波，威海市立医院党委书记林治军、院长李振光等参加揭牌仪式。

28～29 日　威海市企业家进校园及校友企业活动举行。40 余名威海市属以及荣成、文登的企业高管先后来校区及威高集团、天力电源等校友企业座谈交流。校区副校长赵玉璞、威海市工业和信息化发展中心主任唐文强等出席相关活动。

29 日　威海市中级人民法院副院长梁伟和执行二庭厅长郭庆文到校区走访调研在建科研楼项目。校区副校长赵玉璞会见梁伟一行。

31 日　中国科学院院士、中国科学院国家数学与交叉科学中心主任郭雷做客校区稷下讲坛，在知行楼六楼多功能会议室作题为“智能系统的数学理论——控制论的某些贡献与启示”的学术报告。山东大学副校长、威海校区校长刘建亚主持报告会。

本月　山东大学讲席教授、加拿大皇家科学院院士，翻译学院 Jonathan Locke Hart 教授当选欧洲科学院院士(外籍)。

8 月

5 日　攀登计划创新团队空间科学研究院胡绍明课题组合作在国际科学期刊 *Nature Communications*(影响因子 14.919)发文揭示红超巨

星参宿四的致暗之谜,该成果由中国科学院国家天文台主导,山东大学和美国密苏里大学等单位合作完成。

11 日　根据山大人字〔2021〕53 号文,威海校区徐天河被评为 2021 年"山东大学优秀教师",夏利东被评为 2021 年"山东大学先进教育工作者"。

24 日　第十六届全国大学生智能汽车竞赛落下帷幕,山东大学代表队获得国家一等奖 7 项(其中威海校区 6 项)、二等奖 9 项(其中威海校区 6 项)、三等奖 2 项,总成绩继 2020 之后蝉联全国第一。此外,单项竞赛取得历史性突破,校区参赛团队电磁越野组、智能视觉组参赛组分别获得全国第一名,讯飞智慧餐厅组别位列全国第三。

同日　江西财经大学副校长刘小丽一行访问威海校区。校区副校长夏利东会见来访客人,并就国际化办学相关工作进行座谈交流。

25 日　山东玲珑轮胎股份有限公司捐赠仪式在知行楼 304 会议室举行。山东大学原党委常务副书记李建军,威海校区党工委书记尹作升,威海校区副校长赵玉璞,山东玲珑轮胎股份有限公司董事长、机电与信息工程学院 1993 届校友王锋,玲珑集团党委副书记张琦,玲珑轮胎股份有限公司副总经理李建星出席仪式。校区副校长刘海主持仪式。

27～28 日　校区参赛团队在第十四届全国大学生节能减排社会实践与科技竞赛决赛中获国家级一等奖 4 项,国家级二等奖 1 项和国家级三等奖 3 项,其中社会实践类作品首次获得国家一等奖,校区同时获得优秀组织奖。

31 日　校区与国网威海供电公司签署校企合作共建框架协议。山东大学副校长、威海校区校长刘建亚,国网山东省电力公司党委副书记、副总经理钱平,共同为"山东大学教师实践基地"揭牌。校区副校长赵玉璞、国网威海供电公司总经理陈志勇共同签署《山东大学—国网威海供电公司校企合作共建框架协议》。

9 月

1 日　威海市副市长孙付春来威海校区调研。山东大学副校长、威海校区校长刘建亚会见孙付春一行。副校长赵玉璞、夏利东一同参加活动。

同日　威海高新区山大实验学校举行启动仪式暨 2021 级开学典礼。山东大学副校长、威海校区校长刘建亚,威海市高新区管委会主任刘伟，威海校区副校长赵玉璞，山东山大基础教育集团总校长、山东大学附属中学校长赵勇，山东山大基础教育集团秘书长、山东大学附属中学常务副校长庄晓迎，威海高新区管委会副主任侯成阳出席仪式。威海高新区山大实验学校是由山东大学(威海)、威海高新区管委会、山东山大基础教育集团三方合作共建的一所九年一贯制公办学校，占地约合 137 亩，建筑面积约为 8.2 万平方米，办学规模约为 4100 名学生。

2 日　根据山大党任字〔2021〕44 号文，经 2021 年 8 月 25 日第十四届党委第 95 次常委会研究决定：孔雷同志任威海校区党工委学生工作部(学生工作处、武装部)副部长、副处长，免去其商学院党委副书记职务；韩鲁青同志任商学院党委副书记。

12 日　校区党工委书记尹作升主持召开 2021 年秋季学期工作推进会议，传达学校疫情防控工作领导小组专题会议精神，安排部署校区秋季学期各项工作。校区领导赵玉璞、李振奎、杜言敏、刘海、周慧如、夏利东出席会议。尹作升对秋季学期重点工作作了全面部署，要求重点从做好巡视整改工作，全面加强党的建设，统筹改革发展稳定，全面提升发展质量，做好百廿校庆工作，改善综合办学条件等六个方面推进新学期工作。

15 日　校区党工委副书记李振奎带队开展校园安全检查工作，实地查看了湖西门出入口、学生餐厅、学生宿舍、科学实验楼、幼儿园、安全监控室等重点场所的安全管理和运营情况。

同日　校区召开 2021 年下半年应征入伍学生欢送会，7 名应征入伍学生及退役学生代表等参加了座谈会。

17 日　山东大学威海校友会环翠联络处启动暨士平公益基金捐赠仪式举行。校区党工委书记尹作升、威海市环翠区区委书记徐明出席仪式并讲话，共同为山东大学威海校友会环翠联络处揭牌。校区副校长赵玉璞，环翠区委常委、组织部部长张元波，宣传部部长沈燕萍，副区长尹振山出席仪式。仪式上，校友张元波代表山东大学威海校友会、威海魏桥科技工业园有限公司董事长张艳红代表士平公益基金会向学校捐款。沈燕萍、尹振山为校友代表颁发“青鸟计划”引才大使聘书。在校地合作签约仪式上，校区宣传统战部部长姜强、环翠区民政局局长杨华清共同签订《山东大学(威海)青年教师社会实践基地协议书》，校区团工委书记李彤彤、环翠区团区委书记李鑫共同签订青年志愿者团队及校地联谊合作协议。

24 日　校区与澳大利亚西澳大学召开 2021 年度金融学专业中外合作办

学项目联合管理委员会会议。山东大学副校长、威海校区校长刘建亚,校区副校长夏利东,西澳大学常务副校长 Tayyeb Shah 出席会议。

25 日　校区 2021 级新生开学典礼暨迎新晚会举行。山东大学校长樊丽明出席典礼并讲话。山东大学副校长、威海校区校长刘建亚主持典礼。校区党工委书记尹作升、校区领导班子全体成员出席活动。

26 日　庆祝山东大学建校 120 周年书画作品捐赠展举行。校区党工委书记尹作升出席活动并致辞。威海市文学艺术界联合会主席张建岭,威海市委宣传部三级调研员姜伟,威海高区管委会副主任侯成阳,校区校领导赵玉璞、杜言敏、周慧如出席活动。

28 日　山东大学第六届齐鲁青年论坛开幕。校区邀请来自德国图宾根大学、英国南安普顿大学、美国密西根大学、日本京都大学、韩国成均馆大学、奥地利国际应用系统分析研究所、香港城市大学、澳门城市大学、武汉大学等知名高校的青年人才,分别参加了校区举办的多场分论坛活动。

30 日　校区举行 2021 级学生军训总结表彰大会。

本月　攀登计划创新团队、空间科学研究院“太阳与地磁活动对极盖区冷/热等离子体云块发生率和空间尺度的影响研究”取得新进展,研究成果在 *Geophysical Research Letters* 在线发表(Zhang Duan, et al., 2021,JCR 和中国科学院地学 1 区,影响因子 4.72)。该工作主要由山东大学空间科学研究院、挪威卑尔根大学、美国加利福尼亚大学洛杉矶分校及美国约翰斯·霍普金斯大学应用物理实验室等单位研究人员合作完成。

10 月

11 日　山东大学澳国立联合理学院战略规划委员会成立大会暨第一次会议在威海召开。中国民主同盟第十二届中央委员会副主席、中国数学会理事长田刚院士,北京师范大学—香港浸会大学联合国际学院校长汤涛院士现场出席会议。西安电子科技大学原校长、党委书记郑晓静院士,南方科技大学第二任校长陈十一院士,北京大学副校长张平文院士,中国科学院数学与系统科学研究院陈志明院士,中国科学技术大学陆夕云院士通过视频方式出席会议。山东大学副校长、威海校区校长、山东大学澳国立联合理学院院长刘建亚出席活动,校区党工委书记尹作升主持活动。

同日　根据山大人字〔2021〕78号文，经学校研究，决定聘任威海校区张宁(自2021年6月起聘)为教授三级岗；聘任毕颖达(自2021年8月起聘)、吴贾(自2021年8月起聘)、李新(自2021年7月起聘)、庄会彬(自2021年3月起聘)、郭瑞龙(自2021年3月起聘)、李远(自2020年12月起聘)、王勇(自2020年12月起聘)为教授四级岗；聘任于晓龙(自2021年8月起聘)、王帅(自2021年5月起聘)为研究员四级岗；聘任牛晓茹(自2021年7月起聘)、卢俊婷(自2021年6月起聘)、穆大鹏(自2021年6月起聘)、初智勇(自2021年6月起聘)、王冬冬(自2021年1月起聘)、张淑娟(自2020年12月起聘)、牟利成(自2020年12月起聘)、徐海娜(自2020年12月起聘)为副研究员三级岗；聘任康元环(自2021年8月起聘)、刘玲(自2021年8月起聘)、潘盼盼(自2021年7月起聘)、来永玲(自2021年7月起聘)、张值豪(自2021年7月起聘)、冯争(自2021年7月起聘)、蒋鹏(自2021年7月起聘)、黄漓江(自2021年6月起聘)、赵志勇(自2021年6月起聘)、武晓玮(自2021年4月起聘)、孙志强(自2021年3月起聘)、布乃鹏(自2021年1月起聘)、龚亚(自2021年1月起聘)、李国辉(自2021年1月起聘)为助理研究员三级岗；聘任陈丹(自2021年9月起聘)、李璐(自2021年8月起聘)、于艳艳(自2021年8月起聘)为助理馆员二级岗；聘任尹帅(自2019年12月起聘)为助教二级岗；聘任巩志(自2021年3月起聘)冷芳(自2021年1月起聘)为助理实验师二级岗；聘任苏美玲(自2021年7月起聘)为助理审计师二级岗。

12日　山东大学附属威海市立医院(校医院)揭牌仪式在威海校区举行。校区党工委书记尹作升，齐鲁医学院党工委书记刘洪渭，威海市卫健委党组书记、主任王文，校区党工委副书记李振奎，山东大学附属威海市立医院党委书记林治军，山东大学附属威海市立医院院长李振光出席仪式。齐鲁医学院常务副院长曲波主持仪式。山东大学附属威海市立医院(校医院)扩建后面积达1400余平方米，由山东大学附属威海市立医院全科医学科统筹运行，与医院实行一体化管理同质化服务。

14日　校区召开党史学习教育“我为群众办实事”专题推进会议，总结“我为群众办实事”实践活动推进情况，研究部署下一步党史学习教育工作。

同日　山东大学玛珈山教育基金启动仪式暨机电与信息工程学院第一

届本科生创新创业项目答辩会在知行楼六楼多功能会议室举行。校区党工委书记尹作升、副校长赵玉璞，玛珈山教育基金捐赠代表等出席活动。仪式上，尹作升为玛珈山教育基金捐赠者代表、校区原副校长、教授云昌钦，1994 届电子学与信息系统专业校友、威海天罡仪表有限公司董事长付涛，威海魏桥科技工业园有限公司办公室主任张晶及山东交通学院威海校区教师崔文超颁发捐赠证书。

15 日　校区在图书馆广场隆重举行"百廿山大　强校兴国"——山东大学 120 周年校庆升国旗主题团日活动。校区全体领导班子成员出席活动。校区有关职能部门负责人、各学院党委书记、全体学生工作人员及 1500 余名学生代表参加活动。

15～23 日　山东大学百廿校庆暨法学院(威海)二十五周年院庆系列高端论坛在威海校区召开。本次系列高端论坛共包括"人民代表大会制度与新公法体系"高端论坛、"建党百年:体育政策与法治的发展"体育法学高端论坛、"法律方法与治理现代化"高端论坛、"国家治理现代化与老龄化治理"老年法学高端论坛四部分，来自全国各地的百余位专家学者齐聚玛珈山下，共享学术盛宴、共商法律发展。

17 日　城市治理现代化高层论坛暨第十六届清华大学公共管理高层论坛以北京、威海双会场形式举办，该论坛为山东大学 120 周年校庆系列活动之一。威海市委书记张海波，威海市委副书记、市长闫剑波，威海市委常委、秘书长侯世超，威海市委党组成员、副市长孙付春，威海校区党工委书记尹作升，青岛校区副校长曹现强等在威海会场参会。本次论坛由清华大学公共管理学院、山东大学威海发展研究院、山东大学政治学与公共管理学院联合主办，商学院具体承办。

22 日　2021 人工智能背景下的健康、旅游、人才发展国际会议(2021，AIHTT)在威海校区举行。山东大学副校长、威海校区校长刘建亚出席开幕式并致辞。本次会议由威海校区主办，邀请了英国社科院院士、教育部长江学者、国际著名 SSCI 期刊主编、海内外知名大学教授等作主旨演讲。来自 12 个国家和地区的专家学者通过线上方式参加了会议。

23 日　山东大学国际问题研究院、东北亚学院与上海研究院国际战略研究中心合作举办第六届"中华复兴论坛:世界变局与中国"。

23～24 日　校区组织 2021 级学生赴刘公岛开展"弘扬伟大建党精神　赓续

革命精神谱系”爱国主义教育活动。来自各学院的2021级本科生、硕士研究生和博士研究生共4500余人齐聚刘公岛,在参观学习中推进党史学习教育,厚植爱国情怀,坚定理想信念,争做新时代青年。

28日 根据山大党任字〔2021〕50号文,经2021年10月18日第十四届党委第103次常委会研究决定:肖金明同志任威海校区党工委委员、副校长,试用期一年。

29日 校区举行2020年度校内双向挂职教师、干部交流座谈会。党工委副书记李振奎出席会议并讲话。党工委组织部部长张文玺主持会议。

本月 校区共有485名学生被成功推荐到北京大学、清华大学、浙江大学、复旦大学、上海交通大学、山东大学等高校和科研机构免试攻读研究生,推免生数量和比例均创历史新高。在推免学生中,攻读硕士学位学生426名、直博生59名。

本月 攀登计划创新团队、空间科学研究院“受极盖区冷等离子体驱动的极光亚暴西行浪涌形成与演化过程研究”取得新进展,研究成果发表在*Journal of Geophysical Research*: *Space Physics*,并被遴选为8月份该期刊的封面文章。该工作主要由山东大学空间科学研究院、美国加州大学洛杉矶分校、美国阿拉斯加大学、美国波士顿大学等单位的研究人员合作完成。

11月

11日 校区与乳山市政府校地合作对接座谈会在闻天楼会议室举行。校区副校长赵玉璞、乳山市政府副市长刘海霞等参加座谈交流。

12日 山东省人民政府外事办副主任孙业宝一行来校区调研。校区副校长赵玉璞、夏利东出席调研座谈会。威海市外事办党组书记焦华等人陪同调研。

同日 习近平法治思想宣传月暨山东大学(威海)第四届法治文化节开幕仪式在玲珑学堂举行。威海市委全面依法治市委员会办公室副主任、守法普法协调小组副组长、司法局党组书记、局长刘士侠,校区党工委副书记周慧如,副校长、法学院院长肖金明出席开幕仪式并致辞。

16日 校区党工委副书记李振奎带队赴乳山市育黎镇宅子夼村开展联系村帮扶工作对接活动。

同日　党史学习教育官网以“山东大学(威海):紧盯‘急难愁盼’求实效,切实提升师生获得感幸福感”为题,报道校区“我为群众办实事”实践活动开展情况。

19日　校区召开党工委会议专题学习党的十九届六中全会精神,部署贯彻落实工作。山东大学副校长、威海校区校长刘建亚出席会议并讲话,校区党工委书记尹作升主持会议。

23日　山东省教育厅(省委教育工委)新闻中心主任、一级调研员宋全政应邀在知行楼六楼多功能会议室为校区全体副处级以上干部作“高校领导干部媒介素养提升”专题辅导报告,校区副校长刘海出席报告会,党工委副书记周慧如主持报告会。

30日　校区举行材料与空间科学科研楼竣工仪式。山东大学校长樊丽明,威海市委副书记、市长闫剑波,山东大学副校长芦延华,山东大学副校长、威海校区校长刘建亚,山东大学(威海)党工委书记尹作升,威海高区管委会副主任侯成阳出席仪式。校区副校长赵玉璞主持仪式。材料与空间科学科研楼为校区“十三五”基本建设规划实施项目,属于山东大学重点建设项目,使用教育部“双一流”国拨资金建设。项目于2019年6月启动建设,占地面积约1351.9平方米,总建筑面积约3.6万平方米,建筑高度91.9米,其中地上23层,地下2层。

本月　“太阳爆发及其对行星空间环境的影响”攀登计划创新团队申报的星载太阳耀斑毫米波辐射探测谱仪(简称“SoFar”)项目获国家重大科研仪器研制项目支持,直接经费866.4万元,项目研制周期为5年。

12月

2日　党史学习教育官网以《山东大学马克思主义学院(威海)扎实开展党的十九届六中全会精神宣传宣讲工作》为题,报道校区开展党的十九届六中全会精神学习贯彻情况。

3日　校区与韩国仁川广域市教育厅通过视频方式举行合作协议签署仪式。山东大学副校长、威海校区校长刘建亚,校区副校长夏利东,仁川广域市教育监都成勋,威海市教育局副局长邵海东,仁川广域市教育厅东亚国际教育院院长刘忠烈出席仪式。

10日　校区党工委书记尹作升在知行楼六楼多功能会议室为党员干部宣讲党的十九届六中全会精神。校区领导李振奎、杜言敏、周慧如出席报告会。校区副处级以上领导干部以及机关科级干部代表300多人聆听了报告。

同日　山东大学特聘教授、人文社会科学青岛研究院院长、政治学与公共管理学院和马克思主义学院博士生导师方雷教授应邀作题为“中国共产党的政治品行——党的十九届六中全会精神解读”的主题报告。校区党工委书记尹作升主持会议并讲话。校区领导李振奎、杜言敏、周慧如出席会议。

14日　文化传播学院院长、威海市作家协会主席张红军教授作为山东作家代表团代表，在北京人民大会堂参加中国文联第十一次全国代表大会、中国作协第十次全国代表大会，现场聆听了习近平总书记在开幕式上的重要讲话。

16日　山东省第十六届大学生运动会落下帷幕。校区学生代表队在所参加的篮球、游泳、武术、足球、乒乓球、羽毛球、田径、网球等八个项目比赛中，共获得团体及单项冠军18项(次)、亚军21项(次)、季军15(次)。其中，威海校区武术代表队以各单项比赛6金7银5铜以及包揽了男子团体、女子团体、团体总分三项冠军，取得历史最好成绩；游泳代表队以7金8银6铜和团体总分、男子团体冠军、女子团体亚军再创辉煌；男篮甲组第三名，羽毛球女子团体第三名、网球女子团体第二名，均实现了历史性突破。

同日　济南市委办公厅与校区合作共建党内法规教学研究实践基地成立仪式在校区知行楼举行。仪式上，双方共同签署了合作协议，校区党工委书记尹作升与济南市委办公厅副主任亓国庆共同为党内法规教学研究实践基地揭牌。揭牌仪式结束后，与会相关人员举行了“党内法规人才培养理论与实践”座谈会。

27日　山东大学印发《关于山东大学党委教师工作部等机构调整的通知》(山大编字〔2021〕6号)。经中共山东大学第十四届委员会第109次常务委员会会议研究，决定对部分机构进行调整。其中，威海校区保卫处更名为党工委保卫部(安全管理处)；撤销威海校区科研处，设立威海校区科研管理办公室，作为科学技术研究院和人文社科研究院在校区的派驻机构，承担校区科研组织、协调与服务等工作。校区科研管理办公室设2名副主任(副处级)，分别兼任科学技术研究院副院长、人文社科研究院副院长。

31日　山东大学(威海)校企合作座谈会暨捐赠仪式在知行楼举行。捐赠仪式上，副校长赵玉璞代表校区接受企业方代表威海三立建设工程有限公司、山东富尔工程咨询管理有限公司、威海市建筑设

	计院有限公司等捐赠支票样牌,赵玉璞分别为各企业代表颁发捐赠证书。
本月	校区28个项目获批2021年度国家自然科学基金项目立项资助。其中,国家重大科研仪器研制项目1项、优秀青年科学基金项目1项、重点国际(地区)合作研究项目1项、核技术创新联合基金项目(重点支持)1项、重大项目课题1项、面上项目12项、青年科学基金项目11项。

校区建筑面积:535541.72平方米。

在校全日制本科生14073人,博、硕士研究生2208人,留学生406人,成人教育及网络教育学生1318人。

在职教职工1285人,其中专任教师844人,专任教师中副高及以上职称449人。

2021年招收本科生3265人,本科毕业生3699人。

(赵林林)